유교적 경세론과 조선의 제도들

유형원과 조선후기

2

CONFUCIAN STATECRAFT AND KOREAN INSTITUTIONS : Yu Hyŏngwŏn and the Late Chosŏn Dynasty by James B. Palais

유교적 경세론과 조선의 제도들

유형원과 조선 후기

2

제임스 B. 팔레 지음 | 김범 옮김

Confucian Statecraft and Korean Institutions

–Yu Hyŏngwŏn and the Late Chosŏn Dynasty

산처럼

| 일러두기 |

1. 이 책은 제임스 버나드 팔레(James Bernard Palais)의 *Confucian Statecraft and Korean Institutions—Yu Hyŏngwŏn and the Late Chosŏn Dynasty*(University of Washington Press, 1996)를 완역한 것이다. 원서는 1,280쪽의 단행본 한 권으로 되어 있지만, 분량을 고려해서 번역본은 1, 2권으로 나누었다.
2. 외래어 인 · 지명은 외래어 맞춤법 표기에 맞춰 표기했다.
3. 미주는 원서에 실린 지은이의 주석이며, 본문의 각주는 보충 설명이나 원서의 오류 등과 관련된 사항을 옮긴이가 삽입한 것이다. 아울러 미주에서 그러한 사항이 있을 경우는 그 내용을 괄호에 넣은 뒤 옮긴이의 주석이라고 표기했다.
4. 본문의 괄호 안에 있는 내용설명과 물음표?는 원서에 따른 것이다.
5. 본문의 인 · 지명 등에 필요한 한자나 영문은 원칙적으로 처음 나왔을 때만 표기했다.
6. 원서의 연도는 모두 서기로 표기되어 있지만, 편의를 돕기 위해서 괄호 안에 왕대나 연호를 병기했다.

차례

유교적 경세론과 조선의 제도들 2
유형원과 조선후기

차례

유교적 경세론과 조선의 제도들 1

유형원과 조선 후기

제5부

관제개혁

제5부 서론

17세기 제도개혁을 위한 방대하고 포괄적인 방안을 가졌던 유형원이 조선 중기의 중앙집권적 관료제도의 구조와 운영에 커다란 관심을 기울인 것은 놀랄 만한 사실이 아니다. 그것은 왕명을 효과적이고 충실하게 수행해 체제의 질서와 안정을 유지시키는 관료체제와 관련된 문제였다. 왕명을 이행하는 것은 국왕의 지시를 매일 전달하는 것을 넘어서 국왕에게 조언하고 제안하고 문제를 해결하는 기능을 포함했다. 그런 임무들은 주로 중앙의 행정 관서가 맡았는데, 그 관서들은 자신의 계획을 고안하거나 하위 관서의 의견을 모아 국왕에게 전달했으며 국왕과 함께 정책을 결정했다. 대부분의 유학자들은 이런 정책수립 단계에서 개혁안을 성공적으로 시작하는 것은 국왕과 그가 선발해 최고 행정 관서에 임명한 신하의 수준에 달려 있다고 믿었다. 그러나 현존하는 제도의 결점을 분석하는 데 헌신한 유형원 같은 학자에게 정부 관서의 조직과 운영방식을 바로잡는 것 또한 핵심적인 사안이었다.

유형원은 정부의 조직과 운영에 관련된 문제를 몇 개의 부분으로 나누어 논의했다. 그는 낭비를 없애고 효율성을 높이기 위해서 관서의 합리적 개편을 포함한 구조적 변화를 고안했으며, 실적 평가를 위해 임기와 절차를 포함한 관원의 인사 규정을 논의했다. 또한 그는 의례의 절차를 준행하고 확고한 도덕적 가치에 복종하며 자의적이고 과시적이며 방탕한 낭비의 습관을 제한하기 위해 법률을 동원하는 데 반대하면서 의례에 대한 독립적인 장을 썼다. 더욱이 그는 지방 제도의 구조적 개편뿐만 아니라 지방을 통제하기 위한 방안도 고안했다. 이런 방안에는 향촌 농민들의 이익을 위한 가격 안정, 구휼과 환자還上 행정, 그리고 정부의 지시를 준수하면서 지방 수령의 권력을 보완하기 위해 고안된 반半자치적인 향약과 관련된 일련의 초안이 포함됐다.

제15장

국왕과 그의 조정朝廷

"국왕(연산군)의 위엄이 지나쳐 신하들은 두려움에 떨었다.
지금 부복俯伏하는 관행도 폐조廢朝에서 온 습속이다."[1]

| 국왕 지출의 축소

국왕에 대한 충성은 유교적 신조의 하나이지만 대부분의 이상주의적인 유학자들은 국왕의 자의적인 왕권 행사가 선정을 위협하는 행위로 보았다. 유형원은 무능한 국왕을 대체하는 수단에 대해서는 어떤 논의도 배제하면서 조선 국왕들의 전통적인 합법성을 의심 없이 받아들였으며, 왕조의 어떤 국왕도 폐위되어야 한다고 한번도 말한 적이 없었다.

그러나 국왕의 정통성을 의심치 않았음에도 유교적 경세학자로서 유형원은 국왕의 전제주의와 독재의 가능성을 막는 데 사용할 수 있는 많은 방안을 고안했다. 이런 쟁점과 관련해서 유형원은 주로 세 가지 분야를 다뤘다. 첫째는 국왕이 자신과 종친과 총신에게 쓰는 지출과 궁극적으로는 국가 재정, 특히 호조와 독립적으로 운영되는 내수사의 지출을 규제하는 것이었다. 거기에는 혼례 · 장례 · 연회를 치르고 정치적 충성의 포상을 받을 만한 공신을 임명하는 등의 국왕 자신과 관련된 업무를 추진할 수 있는 결정권도 포함됐다. 이런 사안들은 모두 예산의 문제였지만, 왕권과 신권臣權의 균형이라는 주제와도 연관됐다.

그의 관심의 두 번째 영역은 일정한 유교적 가치를 존중하도록 설득하는 상징적 방법으로 국왕을 이용하는 것이었으며, 세 번째 관심은 관료체제를 운영하고 매일의 국무를 처리하는 권한의 분배와 관련된 문제였다. 후자는 매일의 국무를 처리하는 데 절대적인 권력을 갖고 있다고 상정된 국왕과 그의 충성스럽고 순종적인 신하 사이에 적절한 권력의 분배와 관련되어 있었다.

귀족

왕자들

재정적 보수주의자로서 유형원은 특히 국왕과 그의 인척에게 국고가 지나치게 지출되는 문제를 걱정했다. 그는 특히 왕자들에게 하사된 부수입을 우려하면서 그들에게 지급되는 재원을 제한해 비용을 줄이려고 시도했다. 당시의 규정에서 국왕의 후손들은 4대까지 종친의 신분과 특권을 보유했지만, 유형원은 고전과 유교도덕에 대한 지식을 시험해 왕자들의 봉책封冊을 고침으로써 국고의 지출을 줄이려고 했다. 붕어한 국왕의 증손자까지 모든 왕자들은 20세가 되면 봉책을 받았는데(한국의 풍습에서는 아기가 태어나면 바로 한 살이 되고 다음해로 넘어가면 두 살이 된다), 『소학』과 주희가 주석한 사서四書 중 하나에 통달했음을 증명해야 했다. 만약 30세까지 시험을 통과하지 못하면 그는 종친의 칭호는 받았지만 정규 녹봉의 절반만 받았다. 재위하고 있는 국왕의 왕자는 16세에 봉책됐지만, 고전 시험에서 떨어지면 20세 이후 녹봉을 절반으로 삭감당했다. 이런 제안은 왕자를 봉양하는 비용을 줄이고 모든 왕자들에게 유교 경전의 지식을 주입하는 두 가지 목적을 갖고 있었다.

유형원은 모후의 지위에 따라 왕자들에게 귀족의 등급을 할당하자는 제안도 내놓았다. 이것은 모든 왕자들 중에서 선발된 극소수에게만 최고의 품계와 소득을 허용하려는 방안이었다. 그것을 위해서 그는 정비가 낳은 세자와 그밖의 대군, 그리고 빈의 왕자군을 구별했다. 세자는 정1품을 받았고 그의 맏아들은 종2품을 받았지만, 대군들은 종1품을 받았고 그들의 아들들은 종2품을 받았으며, 그렇게 국왕이 붕어한 이후 4대까지 내려갔다. 4대가 지난 뒤에 태어난 사람들은 관직에 나아갈 수 있었다.[2]

정처(또는 정비)의 장자嫡長子와 그밖의 아들庶子을 구분한 유형원의 논리는 1659년에 붕어한 효종은 소현세자가 독살(또는 살해)당한 뒤 봉림대군으로서 왕위를 계승했기 때문에 인조의 적장자가 아니라 차자(서자)로 제례를 올려야 한다는 송시열의 주장과 비슷했다. 유형원은 전통적으로 조선에서 서자라는 용어는, 정처의 장자를 제외한 모든 아들을 가리키는 중국의 정의와는 달리, 첩이 낳은 아들을 가리키는 용어로 사용됐다는 송시열의 견해를 공유했다. 그러나 유형원은 두 가지 용법 모두 조선에서 널리 쓰이고 있다는 점도 인정했다. "예전에는 적장자만이 '적嫡'이라고 불렸고 그 나머지 여러 아들들衆子은 '서庶'라고 불렸다. 또 처의 아들을 적이라고 하고 처의 아들을 서라고도 했다."[3] 달리 말하면 조선에서는 '서'를 두 가지 의미로 사용하는데, 봉책하는 데도 그것을 기준으로 삼아야 한다는 것이었다.[4]

송시열은 중국 또는 고전적 정의에 입각해 효종은 인조의 서자라고 규정하면서 인조의 장자로 사망한 소현세자보다는 한 단계 낮은 상복을 입어야 한다고 주장했기 때문에 결국 사사됐다. 많은 사람들은 조선에서는 그 용어를 천첩의 아들이라는 의미로 사용한다면서, 국왕에게 서자라는 표현을 사용한 송시열을 공격했다. 두 번째로 남인들은 송시열의 거친 논리가 효종을 국왕의 적법한 계승자 이하의 어떤 인물로 정의함으로써 효종의 합법성을 침해했다면서 그를 사사해야 한다고 주장했다. 유형원이 1689년(숙종 15)까지 살았더라면 송시열의 운명을 공유했을 것이지만, 그가 그런 주장을 편 목적은 종친을 위한 복상 기간을 결정하는 것이 아니라 왕자들을 후원하는 비용을 줄이기 위해 그들의 품계를 산정하는 방법을 확립하는 데 있었다.

유형원은 조선에서 '서'라는 용어는 천첩의 아들을 뜻하는 것이 아니라는 송시열의 입장을 받아들였지만, 왕자군을 대군보다 한 품계 낮게 두었다는 측면에서 첩의 아들에 대한 전통적 차별을 인정한 것이었다. 그가 그렇게 한 근거는 어머니의 양 · 천신분이 아니라 처 · 첩의 구별에 있었다. 달리 말하면 그는 차별의 원리를 유지했지만 세습된 노예제도와 결부된 오명은 제거하려고 노력했던 것이다.

그는 어머니의 신분(즉 양인이 아닌 노비)에 의거해 차별된다면 "부자의 도리가 무너져" 아들이 아버지를 존경하지 않고 의붓형제 사이의 우애가 훼손될 것이라고 지적했다. 이런 이유들 때문에 그는 모계의 문지門地가 높고 낮은 데 관련된 모든 논의를 없애는 데 찬성했다.[5] 그는 빈의 경우 세습적 노비제도에 부수된 오명을 떼어내려고 했지만, 동시에 첩이라는 지위와 그 아들인 서자에 대한 조선의 고유한 편견을 인정하고 합법화한 것이었다.

유형원은 자신이 왕자를 세 범주로 정의한 까닭은, 많은 왕자들을 봉양하느라고 발생한 재정의 문제점과 관련된 주희의 발언을 인용함으로써, 지출을 줄이려는 목적이라는 사실을 분명히 밝혔다. 또한 그는 한대의 황제들은 황자들에게 토지를 분급하고 그들을 왕으로 책봉했지만 그 왕의 적장자만이 왕자의 칭호를 받을 수 있도록 허용했다고 지적했다. 서자라고 불린 나머지 아들들은 모두 후侯라는 칭호를 받았으며, 다시 그들의 적장자만이 그 칭호를 세습할 수 있었다. 나머지 아들들은 귀족의 품계를 받지 못했으며, 몇 세대가 지난 뒤에 황실의 후손들은 대부분 양인(서인)의 지위로 떨어졌다.[6] 특권적 칭호를 받을 수 있는 왕자들의 범주를 제한한 것은 국고에서 거대한 소득을 누릴 수 있는 부류를 한정한 것이었다.

조선에서 서자에 대한 양반의 차별에 반대한 유학자들은 왕조 개창 이후 이런 관행의 불의에 계속 항의해왔다.[7] 그러나 유형원은 적자보다 하위의 범주로서 서자를 없애려는 의도가 없었다. 그는 모든 형태의 차별을 없애 완전히 평등한 사회를 만들려고 하지는 않았으며, 빈에게서 세습적 노비제도의 오명을 없애려고는 했지만, 왕실에 들어가기 위해 그 가문을 보증하는 특별한 문서가 필요 없는 그런 여성들보다 왕실과 혼인관계를 맺은 양반 여성의 우월성을 보존하는 데 더욱 관심을 가졌다고 생각된다.

유형원은 고대 중국에는 고전적 선례가 없다는 사실을 알았기 때문에 일정한 설명 없이 귀족계층을 위한 자신의 방안을 승인하지는 않았다. 주대에 영지의 분급封建은 국왕에게서 허락받은 귀족의 칭호와 지위를 영원히 변동 없이 물려줄 수 있다는 의미였다. 진이 중국을 통일하면서 봉건제도가 폐지되고 관료제도가 시작된 이후 국왕들은 4대까지 왕실의 혈통을 세습하는 것으로 제한하고親盡 각 세대마다 명칭과 지위를 격하시킴으로써 그 규정을 수정했다.

유형원은 대군의 마지막 자손에게 적용되는 예외도 만들었는데, 그는 유생으로 인정받으면 다음 세대까지 종실의 지위를 이을 수 있도록 허락받았다—이것은 왕족에게 유교를 교육시키기 위해서 비용 절감의 목적을 유보한 것이 분명했다. 다른 경우, 그는 왕자의 품계와 비용을 제한하기 위해 중국의 선례를 빌려 첩에 대한 편견을 수정했다.

공신

유형원은 공신을 다루는 특정한 규정도 마련했다. 공신들은 15세기에 특히 심각한 문제였는데, 국왕들은 자신을 도운 후원자와 충신들에게 이런 특별한 포상을 내렸기 때문이었다. 공신들은 그 신분에 상관없이 수조권과 노비와 중요한 관직을 받았으며, 특히 15세기 중반 세조가 단종을 폐위시키고 즉위한 이후 그들은 정치적인 이유에서 높은 관직에 올랐기 때문에 독립적인 학자들은 그들에게 반대했다.

1506년 연산군을 폐위시키고 등극한 중종은 117명의 공신과 2백 명의 원종공신을 발표함으로써 자신을 추대한 반정의 공로자들을 포상했다. 대간은 하급 관원과 자격 없는 사람들이 너무 많이 승진하거나 토지와 노비를 하사받았다면서 그 긴 공신 명단을 공격했다. 1519년(중종 14) 조광조는 공신의 관직 독점으로 야기된 출사出仕의 정체 현상을 해소하기 위해서 능력 있는 학자들에게 관직에 나올 수 있는 기회를 허락하는 천거과를 특별히 실시하도록 주도했지만, 결국 그와 동료들은 체제에 대한 그들의 도전을 두려워한 국왕과 대신들에게 숙청됐다.[8]

유형원은 조광조에게 공감했지만 17세기 중반 공신을 감소시키는 데 직접 기여하지는 못했다. 그는 공신과 왕자 · 부마 같은 왕족을 연결시키고, 후원을 제한했으며, 15세기에 책봉된 원종공신은 인정하지 않았다. 그는 공신의 적장자와 그 손자에게 종2품의 품계를 주고, 일부 군현에 고대에 실시됐던 식읍食邑이나 수조권을 분급함으로써 그들에게 다시 보상했다. 또한 그는 주대 봉건제도에서 있었던 공 · 후 · 백 · 자 · 남작의 5등급에 걸친 귀족의 칭호를 다시 시행하려고 했다.

공신 지위의 화려한 노출을 줄이기 위해서 그는 명함에 공신이라는 칭호를 넣거나 송과 고려에서 사용됐던 지나치게 긴 공신호功臣號를 사용하지 못하도록 했다 — 유형원은 그런 현상을 암흑과 쇠퇴의 시대가 시작된 징후라고 불렀다. 종친에게 할당된 노비는 1~7명의 범위에서 제한됐으며, 공신은 충훈부에 소속된 조예만을 부릴 수 있었다. 이런 규정은 국왕, 그리고 영지를 받은 봉건 제후와 결혼한 공주에게만 노비와 사령을 지급한다는 고대의 원칙을 따른 것이었는데, 당시는 공무와 무관하면 노비를 지급하지 않았다. 그러나 봉건제도가 사라진 이후 그런 봉건적 칭호를 받은 종친들은 관직을 갖는 것이 금지됐기 때문에 그들의 지위는 정치적 지배와는 무관하게 됐다.

봉건제도가 시행된 고대에는 덕행이 부족한 종친들은 관직을 갖지 못할 뿐만 아니라 서인의 지위로 격하됐다. 그들의 유일한 책임은 장례를 돕고 유능한 인재를 관직에 추천하며, 궁중의 축하연에 참석하고 국왕의 순행에 수행하는 것이었다. 그들은 자신에게 딸린 종자의 비용을 대부분 직접 댔으며 국고의 지원은 받지 않았다.[9] 요컨대 유형원은 표면적으로는 국고의 지출을 줄이는 수단으로 공신을 후원하는 부수입과 비용을 제한하려고 했지만, 국왕이 자신의 종신에게 부와 명예와 권력을 전해줄 수 없도록 만들려는 의도이기도 했다.

검소한 장례

유형원이 정부에서 후원하는 장례의 규정을 마련한 것은 주로 매장에 드는 비용과 일반 농민들에게 무상으로 요역을 과도하게 지우는 폐단을 줄이려는 의도였다. 그는 이런 규정의 선례들 또한 고전에서 원용했으므로, 그의 개혁안은 조상숭배의 경건한 종교의식을 없애려는 의도는 아니었다. 반대로 그는 왕족을 위한 국장國葬의 비용은 그런 자격이 있는 종친을 최고의 품계를 갖거나 가장 가까운 혈연관계를 가진 인물로 국한하면 크게 줄일 수 있다는 제안에 반대했는데, 국왕은 모든 왕족에게 선물을 제공하고 제례의 비용을 대야 할 의무가 있다고 판단했기 때문이었다. 같은 이유로 그는 국가에서 장례와 제례의 후원을 받을 수 있는 개인의 범위를 왕족과 1~2품의 관원에서 당상관으로 넓혔다. 거기에는 3품의 일부 관원과 외국에 사신으로 파견된 인물들이 포함됐다. 달리 말하면 그는 왕족에게 지출되는 비용의 절감과 검소를 요구했지만, 국가가 후원하는 장례에 일부 관원을 더하는 데는 반대하지 않았던 것이다.

그는 이런 장례의 비용, 그리고 봉분을 쌓는 노동을 양인들에게 부과하는 관행은 제한해야 한다고 주장했다. 그는 보상 없는 요역을 징발하는 전통적 관행 대신 필요한 노동력을 고용하도록 했다. 중앙 각사는 장지까지 가는 경로와 거기에 배치된 역참과 도로를 지정하고, 승인된 비용을 열거해서 역참마다 붙여놓은 뒤 관계된 지방 수령에게 사본을 전달했다. 봉분을 쌓는 인부는 해당 지방에서 사흘 동안만 고용했으며, 모두 노동의 보상을 받았다. 개인적 업무를 위해 무상으로 노동력을 징발한 관찰사나 수령은 1백 대를 맞고 변방에 일반 정병으로 보내졌다. 노동력이 많이 들지 않았지만 개인의 이익을 위해 인부에게서 면포를 대신 걷은 수령이나, 장례 비용을 국가에서 받았는데도 다시 수령에게 무상 노동을 요구한 양반가문은 범죄 혐의로 고발됐다. 봉분을 쌓는 인부의 숫자는 사망자의 신분에 따라 제한됐으며, 모든 보상은 국고에서 지불됐다.

지방에서 필요했던 요역 중에서 더욱 귀찮은 것 중 하나는 상여를 메는 것이었다. 유형원은 다른 지방보다 양반과 고위 관원의 장례식이 많았던 경기도의 농민은 한 달에 5~6회 정도 거주지를 통과하는 상여를 져야 했다고 추산했다. 그들은 미리 길에 나가서 상여가 자기 마을에 도착하는 며칠 동안 스스로 식사를 해결하면서 기다려야 했다. 그들은 상여를 다음 지역으로 넘기는 동안 좀더 빨리 움직이라고 재촉하는 감독자의 매질을 견뎌야 했다. 국법에서는 상여를 소가 끌도록 했지만, 수령들은 이 규정을 무시하거나 사망자의 친척 대신 지방 주민들에게 소의 비용을 대라고 요구했다. 경기도 전체에서 장지까지 상여를 운반하는 노역에 적어도 1천여 명이 동원됐다. 장례를 감독하기 위해 각 현에 파견된 서리들은 농민의 집에 머물면서 그들에게 자신을 위해 노동하거나 그 비용으로 30~40필의 면포를 내라고 요구했다. 가난해서 그럴 능력이 없는 사람들은 그런 서리들을 위해 며칠이나 몇십 일씩 일해야 했다. 이런 문제 때문에 노역뿐만 아니라 상복의 비용은 장례 경로에 위치한 현에 나누어 배정됐다. 봉분을 만드는 인부는 거주지에서 상당히 떨어진 장지에서 일하기 위해 며칠씩 집을 떠나야 했다.

유형원은 장례에 동원되는 요역은 전세보다 더 나쁘며, 전시의 군역과 동일한 부담이라고 주장했다. 그는 상여를 메는 요역을 금지하고 말이 끄는 수레나 사망자의 이웃끼리 협동해서 처리하도록 제안했다. 그는 사람이 운반하는 상여 대신 말이 끄는 수레로 대체하고 동원 인원의 제한과 향촌이 협동해 장례를 치르는 방안에 대해 명확히 설명한 『예기』의 내용을 믿었다.

또한 유형원은 국경에서 복무하다가 사망한 군사는 소속 부대에서 즉시 임시로 장례를 치른 뒤 국가의 주관 아래 그 시신을 그의 집으로 옮겨야 한다고 규정했다. 그는 이런 조처는 북방의 추위로 사망한 많은 군인의 시신이 길가에 버려져 썩어 개나 돼지가 먹는 "광경은 너무 비참해 차마 볼 수 없기 때문에" 필요하다고 주장했다. 거주지에서 멀리 올라와 수도에서 복무하는 가난한 군인들도 추위로 사망해도 시신을 집으로 보내지 않는데 "국가의 대신과 관원들은 그런 광경을 목격하고도 생각할 필요가 없는 일상적인 문제처럼 보는데, 이것은 정부가 실패하고 있다는 징후"라고 그는 비판했다. 유형원은 만약 그 시신을 집까지 옮길 수 있는 친척이 없다면, 국가가 책임지고 그를 매장해야 하며 그가 소속된 부대의 지휘관은 부대를 이끌고 상여를 운반하고 매장하는 의례에 술을 따라야 한다고 주장했다.

대체로 왕실의 능묘와 그 일대는 농사나 방목이 법률로 금지됐으며, 그런 금역禁域의 넓이는 그 신분과 품계에 따라 바뀌었다. 유형원은 지관地官이 좋은 자리라고 판정한 곳에 무덤을 새로 만들기 위해 옛 무덤을 파내고 유골을 다른 곳으로 옮기는 경우도 있다는 서경덕의 비판을 받아들여, 농지와 방목지를 무차별적으로 이용하지 못하도록 제한했다.[10]

유형원은 국가에서 후원하는 장례와 관련된 요역을 줄이는 데 관심을 기울였지만 왕실의 지출을 제한하지는 않았는데, 그의 주요한 목적은 국왕이 장례 비용에 들어가는 자금과 요역을 요구할 수 있는 권력을 제한하는 것이었다.

연회 : 비용과 예식 절차의 규정

관원들을 위한 연회는 문명화된 국가인 조선에서는 중요한 의례의 일부였지만, 유형원은 봄과 가을에만 관원들에게 연회를 참석하도록 하고 모든 비용은 국가에서 지불하도록 함으로써 절약하려고 했다. 유형원은 정부가 음식과 기구를 제공하되 관원의 품계에 따라 접시와 술잔의 숫자를 제한하도록 주장했다. 술잔의 크기도 규격화한 뒤 모든 지방에 분배해서 현지에서 술잔을 더 만드는 데 모형으로 사용하도록 했다. 연회에 참석한 모든 관원들은 연단에 올라가고 내려갈 때 절하는 횟수와 시점을 규정한 엄격한 절차를 준수해야만 했다. 음식과 집기의 제한을 어긴 사람은, 유형원이 주장했듯이 연회와 그 규정의 전체적인 초점은 "국왕과 신하 사이의 관계를 조화롭게 만드는 것"이었음에도 불구하고, 연회에서 쫓겨나 처벌받았다.

'조화'는 물리적 위협에 의해서 확립되는 것이 분명했으며, 연회에서 연주되는 음악은 당시 유행하던 여악女樂이 아니라 고대 중국의 아악을 따라야 했다. 꽃은 꽃병에 담겨 진열되거나 손님이 먹어서는 안 됐으며, 유밀과油蜜果는 차릴 수 없었지만 허용되는 규격은 사방 4촌인 것만 허용됐다. 국왕은 15조각을 먹을 수 있었지만 최하 품계의 관원은 6조각이 배당됐다. 이런 엄격한 규정에 따라 진행된 연회는 "공검恭儉을 가르치고 자혜慈惠를 보이기 위한 목적에서 여는 행사이므로, 집기는 모두 이런 격식을 따라야만 말폐가 없어질 것이다."

유형원은 관원들을 위한 몇 개의 추가적 연회를 허용했다. 그는 관찰사나 절도사, 중국과 일본에 파견되는 사신, 국내에 파견되는 어사 등을 높이기 위한 연회를 마련했다. 지방에서 국왕에게 올리는 공식서한을 가진 사신을 접견하기 위한 연회도 있었지만, 그것들은 참석자와 정부 모두에 의해서 낭비를 부추기는 것으로 지목받았기 때문에 오랫동안 지속되지는 않았다. 그럼에도 불구하고 고대의 국왕들은 관원과 장인匠人들의 도덕적 기준을 높이기 위해 그런 연회를 베풀었는데, 단순한 오락이나 신하들의 칭찬이나 아첨을 받기 위한 목적이 아니었기 때문에 조선에서도 열어야 했다. 그러나 유형원은 소비를 제한해 지출을 줄일 수 있으므로 연회 또한 수확이 좋지 않으면 중지될 수 있다고 판단했다.

조선에서는 불필요한 연회가 많이 열렸으며, 특히 의정 · 육조 판서 · 충훈부 · 종친부宗親府 · 의빈부儀賓府가 개최한 연회가 많았다. 고대나 당대唐代에는 신하들이 국왕을 칭송하거나 그의 후대厚待에 감사드리기 위해서 연회를 개최한 사례가 없었기 때문에 그런 연회들은 부당했다. 그러나 한 고조는 신하와 제후들이 개최한 축하연에 참석했으며, 송대에는 황제의 생일을 축하하고 천지天地에 제물을 바치는 연회를 봄 · 가을로 열어 신하들은 황제의 장수를 기원하고 황제는 답례로 꽃을 하사했다.

그러나 유형원은 이런 연회들은 "장난과 같아서 고대에 의례를 참으로 존중한 것과는 반대"라고 비판했다. 국왕을 기리기 위해 중앙 관서에서 계속 연회를 여는 것은 신하의 위치와는 맞지 않는 주제넘은 행위였으며, 절차의 실수와 지출의 낭비에 핑계가 됐다. 고대 중국에서 연회의 유일한 목적은 "신하가 힘과 능력을 다해 국가의 일을 수행했기 때문에 국왕이 음식을 차려 노고를 치하하는 것이었다."[11]

내수사의 혁파 : 신하들의 통제

왕정에서 재정정책은 국왕에 직속된 관서가 관리하는 자금이 급격하게 늘어날 가능성이 컸다. 왕실 재정의 가장 영향력 있는 관서는 내수사였는데, 유형원은 국왕이 나라의 모든 재화에 대한 합법적인 사용권을 갖고 있으므로 내수사는 전혀 필요치 않다고 판단했다. 그 관서의 유일한 합법성은 소량의 물건을 일시적으로 저장하는 임무에 있었기 때문에, 유형원은 작은 나라의 국왕은 수상보다 10배의 수입만이 허용된 고대의 규정을 근거로 독립적인 내수사는 그런 목적을 위해서는 전혀 필요하지 않았다고 지적했다. 그 관서가 혁파되면 그 노비들은 중앙 각사와 지방 관청에 다시 배치될 것이었다. 내수사가 소유한 토지는 농민에게 분급되고, 그 노비들은 왕자나 공주에게 할당될 것이었다(예상과 달리 유형원은 공노비를 면천하기보다는 다른 관서에 다시 배치시키자고 요구했다!).

유형원은, 단종은 국왕의 지출을 줄였지만 성종은 내수사를 확대해서 그런 검소의 모범을 폐기했다고 지적한 성종대 남효온南孝溫의 발언을 인용했다. 내수사의 지출은 그 관원이 지방으로 자주 출장을 나가고, 수도에 그 관서의 독자적인 창고를 유지하며, 먼 바다를 통해 조운하는 선박을 관리하는 포구에서 지나치게 많은 곡식을 보관해 썩게 만들었기 때문에 증가했다. 가장 나쁜 사례는 국왕이 본궁농사本宮農舍를 사유재산으로 확보해 사찰이나 음사淫祀에 재정을 지원하는 데 사용하는 것이었다.

16세기에 이이는 국왕이 사유재산을 보유하는 것은 부당하므로 선조에게 내탕內帑의 모든 자금을 넘기라고 주청했다. 국왕은 국가의 생산과 국고를 어쨌든 이용했으며, 자신의 지출을 제한할 의무가 있었다. 유형원은, 내수사는 유사시에 사용할 국가의 자금을 남겨놓은 장소였을 뿐이므로 국왕은 책임 있는 관서에 그것을 이관해야 한다고 주장함으로써 국왕이 그 자신의 독립적인 재산을 유지할 권리가 없다는 주장을 입증하려고 노력했다.[12]

또한 유형원은 국왕의 어선御膳과 의전에 관련된 비용을 줄이려고 했다. 이미 꿩을 살 수 있는 자금을 지급받아서 8천 명의 응군鷹軍을 보유했으며 농민에게 면포를 걷어 그들을 봉양하던 사옹원司饔院을 폐지하고 응군을 정병으로 복귀시켜야 했다.[13] 응군의 혁파는 시장에서 물건을 직접 구매함으로써 관서의 숫자를 줄이는 선례로 기능할 것이었다(뒤의 공납개혁과 관련된 논의를 참조). 유형원은 궁중에서 사용하는 육류·어류·소금·연료 등을 담당하는 사재감司宰監을 공물주인貢物主人에게서 해당 물품들을 직접 구입함으로써 혁파하자고 제안했다. 그는 궁궐의 각사가 그런 물건들을 구입할 필요 없이 충분히 비축하고 있다고 해도, 부족한 기간에는 수도의 백성들이 그런 물건을 궁궐에 기꺼이 팔 것이라고 생각했다.[14]

그러나 국왕이 자신을 위한 목적에서 자금을 쓸 수 있는 권한을 줄이자는 유형원의 주장은 무시당했으며, 그 문제는 1894년의 갑오개혁에서야 해결됐다. 그의 태도는 대부분의 유학자가 가진 검소한 태도의 전형이었지만, 국왕의 낭비를 신하들이 감독해 왕권을 억제함으로써 그것을 좀더 합리적인 권력으로 만들려고 했다.

❙ 상징으로서의 국왕

국왕의 적전 : 농업의 장려

유형원이 가장 중요하게 생각한 의식 중 하나는 국왕이 적전籍田을 의례적으로 경작하는 고대의 전통이었는데, 그것은 중국과 유학에서 중농주의적 전통을 나타내는 중요한 상징이었기 때문이었다. 그는 주 문왕과 주공부터 농업을 중시한 기원을 추적했다. 그리고 그는 그 의례는 주 선왕宣王(재위 기원전 827~782)이 즉위하면서 양기陽氣가 땅을 뚫고 올라와 씨앗이 자라도록 하는 생명력을 전해주는 봄에 처음 씨앗을 뿌릴 때 시행됐다고 서술했다. 선왕이 적전을 친히 경작하기에 앞서 정화하는 의식이 열렸고 신하들은 금식했으며, 같은 날 토지신에게 술과 음식을 바쳤다. 그 뒤 국왕은 농민들이 근면하게 노동하는지를 확인하기 위해 추수기에 전국을 순행했으며, 사계절 중 세 계절을 농업에 관심을 쏟았으며 군사훈련은 겨울에만 실시했다. 그런 전통은 그 뒤 주의 제후들에게 계승됐으며 기원전 178년 전한의 문제도 같은 의식을 거행했다.

유형원은 국왕이 적전을 상징적으로 경작하는 것에서 수확을 늘리기 위한 실제적 방법으로 관심을 넓혔다. 그는 조조晁錯가 농업 생산은 가난과 굶주림을 가져오는 홍수나 가뭄의 비극을 막는 데 필요한 잉여생산을 공급하는 데 핵심적이라면서 한 문제에게 올린 말을 인용했다. 농민들은 굶주림에 직면하면 도덕적 기준을 유지하기 어렵기 때문에 고통은 부정과 이단적인 신앙을 불러왔다. 충분한 숫자의 사람들이 토지에 정착해서 농업에 시간을 투여하지 못하기 때문에 가난이 발생했으며, 많은 사람들이 농업을 버리는 이유는 번잡한 농법의 변화와 예측하기 어려운 자연, 그리고 세리 · 서리 · 채권자들의 약탈로 고통받기 때문이었다. 이런 고통에서 벗어나는 유일한 방법은 황제가 농업 생산을 증가시키는 데 관심을 쏟는 것이었다. 달리 말하면 통치자의 의례적인 경작은 농민들에 대한 관심과 양육을 통해 농업 생산을 유지하고 관원들의 불법을 근절하는 데 헌신하겠다는 것을 상징화하려는 의도였다.

전한 경제景帝(재위 기원전 156~140)도 적전을 경작했고 황후는 양잠을 했으며, 두 사람 모두 풍작을 기념해 태묘太廟에서 의례를 거행했다. 치세의 마지막 해(기원전 87)에 무제는 그동안 자신이 전쟁에만 지나치게 치중했다고 후회하면서 이제는 농업에 관심을 기울이겠다고 선언했다. 그가 수속도위搜粟都尉로 임명한 조과趙過는 1묘의 밭에 고랑 3개를 만들어 해마다 번갈아 농사짓게 하는 방법인 대전代田을 만들었으며, 두 마리의 소에게 쟁기를 끌게 했다. 이런 방법으로 수확은 이전보다 두 배로 늘어났다.[15]

유형원은 중국에서는 고랑과 대전을 도입했기 때문에 요하遼河지역에서는 조선보다 훨씬 높은 생산성을 올린다고 지적했다. 그는 조선인에서는 괭이와 보습을 좁고 작게 만들어 고랑을 파서 거기에 씨앗을 심고 잡초를 제거할 것을 제안했다.

농업 생산을 강조하는 것은 산업화 이전의 경제에서 분명히 중요했지만, 유형원은 국왕이 직접 경작하는 행동은 농민들에게 더욱 열심히 일하고 좀더 진보된 농법을 채택하도록 자극하는 종교적 의미를 갖고 있다고 생각했다. 주대 이후 중국 황제들은 이런 의식을 간헐적으로만 거행했으며, 당 · 송 이후의 황제들은 순행이나 연회를 거행하기 위한 핑계로 그 의식을 치렀기 때문에 그 의미를 잃었다. 그러므로 유형원은 그런 의례에서는 연회를 열지 말아야 하며 농업과 무관한 모든 업무, 예컨대 황제를 찬양하고 죄인을 용서하고 관원을 임명하는 행사는 중지해야 한다고 주장했다. 국왕은 지방의 관찰사와 수령에게도 휘하의 관원들을 이끌고 같은 의식을 거행하도록 지시했다.[16]

그는 1경의 적전을 사직단社稷壇 뒤에 설치하도록 규정했다. 그가 구상한 제도에서 그 구역을 경작하는 농민은 (정전제의 전통을 따라) 사직단에서 거행되는 의례를 돕기 위해 수확의 9분의 1을 납부했으며 전세와 군포를 면제받았다. 국왕은 『예기』에 기록된 절차에 따라서 봄에 자신의 구역을 직접 경작했는데, 그 책의 규정대로 정월부터 시작할 필요는 없었으며, 조선에서는 토지가 실제로 경작되는 음력 2월부터 시작했다. 그는 쟁기를 수레에 싣고 신하들과 함께 동쪽 교외로 나가 개토改土했으며, 그런 뒤에는 사직과 종묘宗廟에서 희생제와 산천제를 올렸다. 왕비 또한 나인들을 이끌고 파종했으며 국왕은 주대의 규정에 따라 여러 차례 제초했다. 술과 음악은 의식에서 금지됐으며, 정부는 그곳을 경작하는 농부들에게 부담을 주지 않기 위해서 소와 모든 장비를 댔다.[17]

국왕이 친경하는 의례적 행위를 유형원이 중요하게 생각했다는 사실은 농업이 부와 복지를 산출하는 주요한 원천으로 확신했음을 보여준다. 농업 이외의 산업과 상업도, 농업보다 우월하지는 않지만, 그것과 동일한 정도의 부와 번영을 창출할 수 있다는 사실을 유형원이 알았다면 그는 존경할 만한 새로운 대상을 찾을 수 있었겠지만, 그의 종교적 상징의 전당은 고전적 가능성에 엄격하게 국한되어 있었다.

유형원은 국왕이 백성에게 모범을 보이기 위해서 상징적으로 의례를 거행하는 것이 중요하다는 점을 분명히 강조했지만, 그것이 최고 권력자로서 국왕의 역할을 확대해야 한다는 의미는 아니었다.

경로

경로敬老는 유형원이 제안한 향약에서 주요한 특징이었기 때문에 그가 매년 가을에 노인들을 위해 축하연을 열도록 한 것은 자연스러운 일이었다. 국왕은 매년 성균관을 방문할 때 80세 이상의 노인들을 초청해 음식을 하사하면서 잔치를 베풀어야 했다. 물론 이 의식의 선례도 고대 중국에서 왔다. 『예기』에 따르면 순 임금은 간소한 심의深衣를 입고 경로연을 베풀었는데, 공영달孔穎達은 주석에서 순 임금은 1년에 네 번 경로연을 열었으며 그것은 하·은·주까지 계승됐다고 썼다. 『예기』에서도 수도의 태학 이하의 학교에서 노인들을 기렸다고 기록했다.

유형원은 한대와 5세기 후반 북위, 6세기 중반 후주에서 이런 의례를 중시했다는 증거를 추적했다. 유형원은 후주에서는 주대의 의례를 본받아 거행했는데, 특히 황제가 노인들을 위해서 고기를 직접 자르고 술을 따르며 조언을 구한 것은 그들에 대한 자신의 겸손과 존중을 나타내기 위한 배려였다고 서술했다.[18]

유형원은 이런 의례를 매년 열 수는 없을 것이라고 인정했지만, 적어도 국왕은 노인들에게 음식을 공급하도록 예조에 지시해야 한다고 주장했다. 양로연은 신분에 상관없이 80세 이상의 모든 노인을 기리기 위해 매년 열어야 했으며, 연로한 부인들은 왕비의 내정에서 열린 잔치에 참석했다. 유형원은 이런 행사들은 주대의 위엄 있는 의식보다 격식과 신중함이 부족하기 때문에 문제가 있다고 생각했다. 게다가 나라 안에는 그들 모두에게 연회를 베풀기에는 노인이 너무 많았으므로 덕망 있는 사람들만 초청하는 것이 더 낫다고 판단했다.

의례의 궁극적인 목적은 단순히 노인들에게 음식을 공급하는 것이 아니라 국왕이 노인들에 대한 존경을 표시함으로써 연소자가 연장자에게 그렇게 행동하도록 만들려는 것이었다. 국왕은 이런 수단을 통해 백성들이 부모에게 효도하고 형제와 우애 있게 지내며 힘으로 약자를 억누르지 못하게 교화시켰다.[19]

최고 권력자로서의 국왕

삼공 : 세 명의 도덕적 조언자

기원전 10세기 무렵 개창된 주는, 『서경』와 『주례』의 서술이 서로 합치하지는 않지만, 완전히 유기적으로 구성된 정부의 모범을 이루었다고 평가됐다. 『서경』에 따르면 국왕은 음양과 자연의 변화의 이치를 알고 덕망과 능력이 있는 사람 중에서 선발한 삼공의 보좌를 받았으며, 삼공은 법률을 제정하고 국왕을 도와 제국을 다스렸다. 그들은 그 아래에 있는 삼고三孤의 보좌를 받았다. 그러나 『주례』에는 이런 6명의 신하 대신 비슷한 명칭의 다른 관직이 나열됐는데, 송대의 주석학자인 채침蔡忱은 『주례』는 성인에 의해서 편집됐고 『사기』만큼 존중할 만한 가치가 있다고 믿었다. 『주례』에는 주공이 시행하려고 계획했지만 그러지 못하고 사망한 관제가 실려 있다.[20]

『서경』에 서술된 육경은 모든 관원을 책임진 총재冢宰, 교육을 관장한 사도司徒, 의례를 담당한 종백宗伯, 국방을 맡은 사마, 형벌을 처결한 사구司寇, 경제를 운영한 사공司空이었다. 또한 유형원은 삼공에 적합한 덕망을 가진 인물을 찾을 수 없으면 육경 중 한 사람이 승진해 겸직할 수 있었는데, 가장 좋은 보기는 주공 자신이었다고 서술한 송대 호안국胡安國의 주석을 인용했다.[21] 송대의 주희는 이런 견해에 반대하면서 삼공의 임무는 특정한 행정 업무가 아니라 정부의 기본 원리에 대해 국왕에게 조언하는 것이므로 육경에서 삼공을 분리해야 한다고 주장했다.[22]

반면 『주례』는 『서경』의 간결한 설명보다 좀더 복잡한 관료제도를 서술했지만, 삼공은 역시 육경 위에 있었다. 이런 장관들의 명칭은 달랐지만 한대의 주석학자인 정사농鄭司農은 그들이 『서경』의 육경과 같다고 서술했다. 그들은 천관(장관) · 지관(교육) · 춘관(의례) · 하관(국방)·추관(형법)·동관(경제)이었다. 이런 관원들은 그들의 임무를 규정한 독립적인 법률과 10명씩의 부하가 있었다.[23]

유형원이 송대를 연구하면서 주로 참고한 자료인 마단림의 『문헌통고』와 『송사宋史』「직관지職官志」에서는 송대의 삼사三師는 주의 삼공과 같은 기능을 하기 위해 만들어졌지만 공석인 때가 많았다고 언급했다. 이것은 황제가 공리公利를 무시하고 사리私利를 추구하지 못하도록 막는 통치의 기본적인 도덕원리에 대한 객관적인 조언을 듣지 않았다는 사실을 암시했다.[24]

조선의 중앙관제에 대한 개혁안을 논의하면서 유형원은 주의 삼공처럼 국왕에게 3명의 조언자를 두어야 한다고 주장했지만, 육경과는 분리해야 한다는 주희의 견해는 무시했다. 그 대신 그는 육경이 삼공을 겸직할 수 있게 하고, 삼고는 당의 제도처럼 없애도 된다고 규정했다. 이런 제안의 핵심은 국왕과 세자는 용인할 수 있는 방식으로 행동하고 도덕을 지키며 예절을 준수하도록 만드는 도덕적 모범자와 교사가 주위에 포진해야 한다는 생각이었다. 삼공은 효율적인 행정가나 특정한 전문가보다는 도덕적 정직성에 가치를 두어 선발했다.

의정부와 승상 : 관료적 자치

승상

그러나 유형원의 가장 중요한 제안은 5명의 당상관과 3명의 당하관으로 구성된 의정부로서, 1명의 의정이 수장을 맡아 육조를 포함한 행정부 전체를 감독했다. 의정부는 1400년 정종이 고려부터 이어지던 도평의사사都評議使司를 대체하기 위해 만들었는데, 유형원은 조선이 개창된 이후 최고의 신하인 의정을 1명으로 할 것인지 3명으로 할 것인지를 둘러싸고 상당한 논쟁이 있었다고 지적했다. 유형원은 1명의 승상丞相

을 두었던 중국의 사례에 따라 그것이 옳다고 결론지었다. 한 군데에서 그는 의정부를 상부相府라고 부르기도 했다. 그가 구상한 의정 또는 승상은 그 아래의 좌·우의정과 함께 주대의 제도처럼 국왕에 대한 조언자인 삼공으로 활동했다.[25]

유형원은 주대에 1명의 승상이 전체적인 국정을 책임진 것은 좋은 관제에 필수적이라고 분석하면서 오랫동안, 심지어는 일생 동안 한 사람을 승상으로 임명한 사례가 많았던 진·한대의 관행을 상찬하는 2개의 발언을 인용했다. 예컨대 후한의 중장통仲長統은 그 제도 덕분에 전한이 번성할 수 있었다고 확신했다. "대체로 한 사람을 임명하면 그가 정치를 전임專任하고 여러 사람을 맡기면 서로 의지한다. 전임하면 의견의 충돌이 없지만, 서로 의지하게 되면 갈등이 생긴다."[26]

『후한서』의 저자인 범엽은, 도가와 법가의 이상에 입각해서, 1명의 승상을 두는 제도에서는 국정이 너무 잘 다스려져 국왕은 손가락을 움직일 필요도 없다면서 그 이점을 설명했다.

> 고대의 국왕들은 승상을 1명만 임명해 천하를 다스렸기 때문에 정치가 한 곳에서만 나와 통일성이 있게 됐다. 합당한 재상을 얻으면 국왕은 올바른 도리를 얻으므로 공손하게 아무 일도 하지 않아도 천하가 다스려진다.[27]

유형원은 『당서』「직관지」에서 당의 제도는 1명의 승상에게 부여했던 책임을 삼성三省 중 두 성의 수장에게 분산했다고 비판한 기록을 발견했다. 더욱 나쁜 것은 당 태종(재위 626~649) 이후 이부상서吏部尙書나 비서성의 승지처럼 약간 품계가 떨어지는 관원들도 국가의 최고회의에 소집됐던 것이었다. 7세기 중반에는 그런 하위 관원들이 일시적으로 승상의 역할을 맡는 것을 정당화하기 위해 새로운 관직을 만들어 혼란이 가중됐다.

송의 호안국 또한 당대의 이런 상황을 개탄하면서 승상을 1명만 두어야 한다고 강조했다. 국왕에게 복수의 조언자를 둔 처음의 동기는 승상의 조언에서 생길 수 있는 잘못을 토론해서 바로잡을 수 있다는 것이었지만, 그런 장치를 두었어도 이임보李林甫·양국충楊國忠·원재元載 같은 권신의 출현을 막지 못했다.[28]

호안국은 승상이 사소한 일까지 관리하고 일상적인 업무가 포함된 모든 서류에 결제해야 한다고 생각하지 않았다. 그는 승상의 임무는 주대의 삼공처럼 국왕과 정부의 올바른 도리를 논의하고 국왕이 올바른 행동을 하도록 자극하며, 뛰어난 인재를 널리 찾아 정부에 발탁하고 백성의 의견을 참고하며, 국왕이 보지 못하는 문제들을 발견하는 것이라고 보았다.[29]

승상과 의정부의 상충된 임무

유형원은 승상을 1명만 두자는 중장통·범엽·호안국의 견해를 강력히 지지했을 뿐만 아니라 조선의 관제에서 의정부를 다시 가장 높은 지위에 올려야 한다고 주장했다. 의정부는 1555년(명종 10) 왜구의 침입에 맞서 남부 해안의 방어를 감독하기 위해 비변사가 설치되면서 지위가 약화됐다. 유형원은 다른 부분에서는 비변사의 혁파를 주장했지만, 관제를 논의한 장에서는 그런 문제를 직접 언급하지는 않으면서 비변사는 송의 병부兵部와 비슷한 기관이라고 파악했다.[30]

또한 그는 비변사와 비슷한 명의 병부와 관련된 자료를 검토했다. 그는 당 후반인 760년대 황제에게 문서를 전달하는 환관이 맡은 직책인 내추밀사內樞密使의 기원을 추적했다. 9세기 말엽 그 관직을 맡은 환관은 재상의 권한을 빼앗았다. 오대(907~960)에는 그 관서에서 환관을 축출하고 추밀원이라고 개칭했다. 송대에 추밀원은 국방을 맡았으며, 민정을 맡은 중서성中書省과 같은 서열이었다.

송 신종 원풍元豊(1078~86)연간에는 추밀원을 혁파하고 군사 업무에 관련된 모든 권한을 병부에 이관하자는 의견이 올라왔지만, 관서들의 경쟁을 통한 견제와 균형을 선호한 신종은 그 의견을 받아들이지 않았다. 그 뒤 그 관서는 원대를 거쳐 명대까지 지속됐다.[31] 이런 제도의 역사를 검토하면서 유형원은 조선은 권한을 잘못 이양함으로써 근본적인 국방 위기를 불러온 상황과 동일한 과정을 겪고 있으므로 다시 문반 관서가 국방 업무를 관할하도록 복구해야 한다고 확신했을 것으로 생각된다.

다음으로 그는 의정부의 하위 관서인 육조의 개편안도 구상했다. 육조의 개편은 조선 초기에 중요한 쟁점이었는데, 강력한 왕권을 추구한 국왕들은 의정부가 왕권에 방해가 된다는 사실을 알았기 때문이었다. 태종은 1405년(태종 5) 의정부의 권한을 국가의 중요 사안에 관련된 협의로 제한했으며, 판서들이 의정부를 거치지 않고 국왕에게 직계直啓하도록 함으로써 육조의 위상을 강화했다. 22년 뒤인 1436년(세종 18) 세종은 판서들이 안건을 의정부에 보고해 서사署事를 얻도록 함으로써 의정부의 위상을 복구했다.

단종대에 의정부의 권력은 더욱 강화됐지만, 세조는 육조의 직계를 허락함으로써 태종의 시책을 복원했다. 이런 정책의 변환은 왕권과 신권의 길항拮抗을 반영한 결과였는데, 유형원은 의정부와 신권의 우위를 분명히 지지했다.[32]

유형원은 이 문제와 관련해 중장통과 범엽 등의 언급에서 다시 영감을 얻었다. 25년 후한을 개창한 광무제는 전한 말엽 신하가 황제의 권력을 압도했던 상황을 교정하면서 자신이 직접 모든 관서를 감독하려고 했는데, 중장통은 그런 조처가 "폐단을 지나치게 교정했으며 그 결과 신하들에게 국사를 맡기지 않았다"고 지적했다.[33]

범엽도 『후한서』에서 황제가 승상을 두지 않고 직접 통치하려고 하면서 일어난 문제들을 서술했다.

> 후세에는 국왕이 신하를 의심해 재상의 직위를 나누어 자신이 권력을 장악했다. 그 결과 신하는 정치는 국왕에게 있다고 생각해 나라의 치란과 백성의 휴척休戚을 자신의 책임으로 생각하지 않았기 때문에 현명한 신하는 자신의 식견을 펼 수 없었고 능력이 부족한 신하가 용납됐다. 이것은 관직이 바르지 않고 임무가 통합되지 않았기 때문에 나타난 결과였다. 만약 과거를 상고해 관제를 만들려고 한다면 1명의 재상이 천하를 통치하도록 해야만 정치를 말할 수 있을 것이다.[34]

당의 제도를 언급한 범엽은 같은 문제가 다른 형태로 나타난 현상을 지적했는데, 그것은 권력이 정규 관서에서 황제의 개인적 비서로 옮겨간 것이었다. 그런 현상은 660년대 당 고종이 문서를 초안하기 위해 이른바 북문학사北門學士를 등용하면서 시작됐다. 8세기 중반 현종은 학자들을 높이기 위해 한림원翰林院을 창설했는데, 이것은 유교적 경세학자들이 상찬할 만한 조처였지만 현종은 그 안에 학자들과 함께 불교·도교·서화書畵·음악·바둑·술수術數 등을 맡은 부류도 배속시킴으로써 오히려 비판을 불러왔다. 그 뒤 그는 그들을 자신의 비서로 이용하기 시작했으며, 그들은 내상內相으로 불리거나 천자사인天子私人으로 불렸다. 그들은 모두 한림원에 임명되어 거기서 1년 정도 근무한 뒤 황제의 칙령을 작성하는 임무를 받았다. 그들은 비교적 어린 나이에도 불구하고 국가 연회에서 승상을 제외한 모든 관원의 상석에 앉았다. 호안국은 진정한 성군은 개인적 의견에 따라 국가를 운영하거나 총신과만 상의하지는 않을 것이라면서 이런 제도를 신랄하게 비판했다. 그는 승상만이 황제에게 이런 임무를 할 자격이 있다고 보았다.[35]

유형원은 송대에는 1명의 승상 대신 여러 명의 재상이 있었으며, 삼성三省의 장관뿐만 아니라 품계가 낮거나 경험이 적은 관원에서도 재상을 선발했다고 파악했다.[36]

중요한 심의나 결정은 그들이 소속된 이른바 외정外廷, 즉 정규 관제에서만 이루어지지 않았다. 당의 최고 행정 관서였던 상서성과 문하성은 송대에는 중서성으로 변경되어 존속됐는데 당에서는 외정에서 정무를 심의했지만 이제 문서를 전달하는 서리 임무로 격하됐으며, 문하성 또한 승여乘輿, 황실의 보물, 품계, 관원의 실적 고과 등의 다소 부차적인 임무를 맡게 됐다.

가장 중요한 정책은 황제의 금역인 내정의 정사당政事堂에서 근무하는 중서中書와 추밀원의 관원 같은 황제의 측근이 결정했다. 재정 사무는 호부보다는 삼사三司에서 처리했다.[37] 요 · 금 · 원 같은 이민족이 송을 제압할 수 있었던 까닭은 부분적으로 이런 잘못된 관제 때문이었다는 측면을 이런 분석은 분명히 암시했다.

마단림은 주대에는 관원들이 모두 능력에 따라 선발됐으며 잘못을 조언하거나 교정했지만, 그 뒤 전한 중반 내관과 외관이 구분되면서 환관이나 총신은 내정에서 황제를 가까이 모실 수 있었지만 사대부들은 외정에서 서리의 임무만을 받았다고 주장했다.[38]

끝으로 명대에 정승은 호유용胡惟庸의 개혁으로 폐지되어 황제가 육부에 직접 명령함으로써 자의적인 황제권의 행사를 제어할 수 없게 됐다.[39] 구준 또한 황제들이 상서성 · 중서성 · 추밀원 같은 당 · 송대의 최고 국정기관을 혁파한 까닭은 전제 권력을 팽창시키려는 목적이었다고 지적했다.[40]

유형원은 주대의 제도를 원형 그대로 복원할 수 있다고 믿지는 않았지만, 자의적 왕권을 제한하고 무관에 대한 문관의 우위를 보장하는 수단으로서 승상과 의정부의 필요성을 강조한 중국의 학자와 신하들에게 커다란 존경을 보였다 — 이것은 문관도 전통적인 군사기술과 지식을 충분히 습득해야 한다고 주장한 그의 견해와는 상치된다.

왕실의 결혼 : 왕비 간택의 배경

유형원은 당시 왕비와 왕실의 배우자를 간택하는 관행에 특히 비판적이었는데, 특히 유력한 후보자의 얼굴과 신체 조건을 보기 위해 그들을 궁궐로 부르는 것에 대해서 그러했다. 그는 이런 관행은 15세기 전반 자신의 아들이 부마로 선발되는 것을 거부한 인물의 재산을 태종이 몰수하고 후보자를 면접하기 위해 관원의 자제를 궁궐로 부르면서 시작됐다고 생각했다.

16세기 후반 이이는 이런 관행을 비판하면서 성인이나 덕망 있는 뛰어난 인물의 후손을 찾은 이전 왕조의 국왕들을 칭찬했다. 유형원도 외모나 의복의 상태, 또는 점쟁이의 조언에 따라 배우자를 선택하는 데 반대했다. 그는 왕비나 왕자 · 공주의 배우자는 가문을 보아야 하므로 그 부모를 심사해서 선발해야 하고, 후보자와 관련해서는 그 행동이 의례에 맞는가를 보아야 한다고 생각했다. 즉 후보자의 가문을 확인한 뒤 대신의 동의를 얻어야 했다. 그는 가문의 지위를 확인하는 목적을 명시하지는 않았지만, 이런 논의에서 어느 정도 유추할 수 있다.

유형원은 왕실의 배우자는 국왕이 "궁궐의 깊숙한 곳에서 문을 걸고" 자의적으로 간택하기보다는 신하들의 조언을 들어 선발해야 한다고 조언했다. 현재 시행할 수 있는 절충안을 만들기 위해서 의례에 관련된 고전을 연구하는 것처럼, 고대의 의례를 그대로 재현할 필요는 없었다. 주대 이후 왕실의 배우자를 선발하는 최상의 방법은 송대의 방식이었다고 판단한 유형원은 범조우가 철종 원우元祐(1086~94)연간에 대비에게 간택의 방법을 조언한 상소를 전재했다.

범조우는 올바른 절차의 핵심을 네 가지로 요약했다. 중국 고대에 황제와 제후들은 대국의 제후와 성군, 또는 뛰어난 개인의 부계 후손에서 배우자를 선발했기 때문에 그 가문을 살펴보았다. 만약 그런 범주에 적절한 후보자가 없으면 그런 인물들의 모계에서 선발했다. "예전의 제왕들은 미천한 부류를 지존의 배우자로 맞지 않았기 때문에 그 복조福祚가 성대하고 자손이 번창했습니다." 하 · 은 · 주가 오래 지속된 까닭은 황후를 현명하게 선택한 덕분이었다.

삼대에 황후나 왕비의 후보자는 덕망 있는 여성이어야 했으며, 그런 정책의 효과는 황후들이 타락했기 때문에 나라가 멸망했다는 『시경』과 『서경』의 사례에서 증명됐다. 황후는 모든 제후국의 모범이 되어야 했는데, 젊은 여성이 앞으로 그런 역할을 할 수 있다고 판단하기는 어려웠기 때문에 그 대신 후보자의 가문과 부계 조상을 심사했다. 범조우는 주대 이후 뛰어난 덕망을 갖춘 황후는 얼마 되지 않았으며, 대부분 잘못된 황후가 어떻게 실패와 혼란을 가져오는지를 보여주는 사례였다고 생각했다. 그러나 그는 자신의 송대는 그와는 반대로 덕망 있는 황후를 선발하는 데 성공했다면서 고대 문헌을 지속적으로 참조해 이런 전통을 잇기를 희망했다.

신랑이 된 국왕이나 왕자는, 공자가 조언했듯이, 본질적으로 관계가 상승한 황후나 공주를 자신과 동등한 지위로 높인다는 의미를 상징하기 위해 최대의 예우를 갖춰 직접 신부를 맞아야 했는데, 범조우는 그것을 하늘과 땅, 해와 달, 음과 양의 관계에 비교했다. 범조우는 황후를 선발하는 절차를 담은 제안에서 이런 조항을 소개했는데, 고대의 의례서에 나와 있기 때문이 아니라 황제의 국혼에 관련된 규정이 없어서 그동안 사士에게 적용되는 절차를 따라왔으며 그것은 신랑과 동일하게 신부를 존중하는 데 적합하지 않았기 때문이었다. 범조우는 백성이나 이민족의 천박한 풍습은 신부를 존중하지 않으므로 궁중의 규범으로 받아들여서는 안 된다고 믿었다. 그는 현재의 관습을 폐기하고 자신이 추천하는 방안에 따라 고쳐야 한다고 주장했다.

끝으로 그는 신하들과 충분한 논의를 거쳐 간택해야 한다고 지적했는데, 고대에 천자는 간택하기 전에 대신들에게 자문을 구했고 약혼자를 맞이하면서 공작들을 동반했으며 결혼식에 제후들을 참석시켰다. 송 인종은 신하들의 반대로 황후 간택을 변경하기도 했다. 일부 신하들은 황후의 간택은 외부의 간섭을 받지 않고 황제가 결정해야 하는 가정의 문제라고 생각했지만, 범조우는 자신의 의견을 개진했다.

> 고대에 천자가 황후를 맞이할 때는 대신과 제후들이 참여했습니다. 집정執政과 근신近臣을 한 사람만 두는 것은 그에게서 천하의 여망을 자문하려는 의도입니다. 하물며 천하를 자애롭게 돌볼 황후를 세우는 중요한 문제는 말할 것이 있겠습니까.

유형원은 사대부계층의 자문을 얻고 그 가문의 자녀 중에서 황후를 선발하자는 범조우의 제안에 크게 공감했다. 같은 계층 출신의 관원들이 협의해 후보자들의 가문을 조사하자는 그의 제안은 황후와 그 부계 친척의 영향력을 강화시켰다. 이미 조선에서는 저명한 양반가문에서 왕비를 간택하는 것이 관행으로 정착됐으며, 송의 제도는 이미 자리잡은 사회적 관행을 강화한 것이었다. 국혼과 관련된 양반의 영향력은, 그것을 직접 관리하지는 않았어도, 당시의 사회적 · 정치적 위상을 유지하는 중요한 수단이었다. 그러나 유형원이 구상한 이상적 사회의 양반은 덕행에 기초한 사대부계층으로 대체됐기 때문에, 그가 범조우의 방안에 큰 공감을 표시한 것은 이전 사회의 세습적 양반보다는 새로운 사회의 지배계층을 강화하려는 의도로 생각된다. 그러나 그는 국왕이 사대부 이외의 계층에서 직접 왕비를 간택하는 것은 반대했다. 그 절차는 당시의 양반이든 유형원이 생각한 이상적인 사대부든 관원들이 관장해야 했다.

아울러 유형원은 사회의 모든 계층에서 당시 조혼하는 풍습을 없애야 한다고 주장했다. 유형원은 고대의 결혼 연령은 남성은 30세 이상, 여성은 20세 이상이었지만 현재는 남성 16~30세, 여성 14~20세로 낮아졌는데, 그 주요한 이유는 왕실이 우선 조혼을 채택하고 그 뒤에 지배계층이 받아들였기 때문이라고 생각했다. 또한 그는 신랑이 처가로 가서 거주하는 제도 — 조선에서 시행된 모계혼의 유제遺制 — 대신 공자가 추천한 대로 신랑이 신부를 직접 맞이하는 친영親迎을 시행해야 한다고 제안했다. 그는 이런 관행은 양이 음을 지배해야 한다는 원리에 반대되지만, 이전의 원초적인 모계적 혼인풍습이 아니라 성리학적 기준에 맞는 부계적 혼례에 따라 여성을 대우해야 한다고 생각했다. 끝으로 그는 결혼과 모든 의례의 비용 · 의복 · 절차를 최대한 검소하게 할 것을 요구했는데, 이것은 국왕이 자의적으로 왕권을 과시하려는 경향을 유교적 규범에 입각해 억제한 또 다른 사례였다.[41]

조참 : 접근성

유형원은 의정부를 국가의 최고 심의기구로 복구함으로써 의정의 자문을 통해 절대 왕권의 독재와 전제를 막을 수 있기를 바랐다. 그러나 그는 단순히 의정부와 대간 같은 관서를 존속시키는 방안으로는 왕권의 독재를 충분히 견제할 수 없다고 생각했다. 국왕이 균형 잡힌 정부라는 이상을 지키고 그것을 현실에 적용하는 데는 의례의 실천이 중요했다. 의정부의 목적은 합리적인 제도를 만드는 데 필요한 정보와 비판에 국왕이 마음을 열도록 하는 것이었다.

유형원은 관료제도가 시행된다고 해서 국왕이 신하와 백성들의 의견을 자동적으로 들을 수 있다고 생각하지는 않았다. 그는 인조가 신하들의 의견에 귀를 기울이지 않는다는 허적의 비판을 인용했다. "전하께서는 깊숙한 궁궐에만 계시고 신하들을 거의 접견하지 않습니다. 매일의 국무는 직접 살피지 않으시고 서류에만 의거하십니다. 한마디로 결정할 수 있는 사안에도 긴 문서가 필요하고, 잠깐이면 시행할 수 있는 조처도 며칠씩 지연됩니다."

그는 인조가 신하들의 의견을 듣지 않은 행동은 전체적으로 정부 운영의 효율성을 무너뜨린 나쁜 선례가 됐다고 판단했다.

> 주상께서 통치에 나태하시기 때문에 신하들도 직무에 게으릅니다. 신하들은 제대로 근무하지 않으며, 간혹 근무하더라도 게으르게 시간을 보내면서 수많은 사무를 모두 서리에게 맡기니, 기강이 해이해지고 법령이 혼란스러워졌습니다.

또한 그는 국무에 관련된 신하들의 의견을 듣기 위해 소집했던 윤대輪對를 인조가 폐지한 것을 개탄했다. 허적은 인조가 신하들의 대답이 고식적이라고 판단해서 그 제도를 없앴다고 인정했지만, 며칠마다 여러 신하들과 논의하면 채택할 만한 가치가 있는 의견이 한두 개는 나올 것이라고 주장했다. 이런 '훌륭한 제도'를 논의가 피상적이라는 이유로 폐지한 것은 "음식에 한번 목이 막히자 식사를 포기하는 행동"과 같았다.

허적은 세종이 편집을 지시해 1474년(성종 5)에 완성된 『오례의』에 체계화된 조선 전기의 상참常參과 조참朝參의 선례를 다시 시행해서 이런 문제를 해결하자고 제안했다. 상참은 매일 대신들과 편전便殿에서 가졌으며, 조참은 이틀마다 신하들과 정전에서 열었다. 이런 회합은 외국의 침략을 알리는 봉수대의 보고가 있었는지를 확인하면서 시작해 범죄와 국방을 논의했다. 그 다음에는 관원들의 상소와 대간의 탄핵,

의정부와 육조가 제출한 인사 문제를 논의하는 것이었다. 국왕은 모든 논의에 참석했다.

허적은 황음荒淫한 연산군이 이런 제도를 모두 폐기했는데 중종이 반정으로 등극한 뒤에도 복구하지 못했다고 지적했다. 허적은 1537년(중종 32) 사관의 초책草冊에서 그 제도가 30년 넘게 시행되지 않았지만 그 동안 매일 "상참을 정지했다"고 성실하게 기록한 사실을 발견했는데, 이것은 그 제도가 반드시 복구되어야 한다는 열망을 상징한 것이었다. 그는 작년(연도는 나와 있지 않다)의 기록에는 그런 내용이 없다면서 역대 선왕들의 치도가 사라진 것을 깨닫고 눈물을 흘렸다고 썼다.

그는 인조에게 『오례의』를 공부해 조참을 매일 다시 시행하고, 상소를 올린 신하들을 접견해 그들의 임무를 특별히 강조하며, 그들의 업무와 실적을 조사해 포상하거나 파직해야 한다고 주청했다. 아울러 중앙 각사의 모든 관원들은 매일 아침 출근해서 그 전날에 한 일을 보고해야 했다. 이런 방안이 엄격하게 준행된다면 하급 서리들이 정규 관원들의 임무를 맡을 수 없을 것이었다.[42]

이 문제와 관련해서 유형원은 1574년(선조 7) 명에서 돌아온 조헌이 명의 접견 절차를 보고한 상소를 중요하게 참고했다. 조헌은 황제와 신하가 긴밀하게 접촉해야 한다고 강조했다. 육부는 일이 있을 때마다 "황제에게 직접 보고했으며" 언관들도 "상소를 작성해서 황제에게 직접 올렸다." 지방 관원들도 황제에게 보고할 일이 있으면,

> 이졸吏卒을 대동해서 어전의 계단에 엎드려 소속된 관서와 이름을 아뢰니다.……작은 모자와 창의敞衣를 입은 이졸들도 모두 황제의 용안을 뵙고 부복해 머리를 조아렸습니다. 머리모양과 의복이 다른 이민족도 황제 앞에서 예우를 받았으며, 황제는 친히 그들에게 음식을 하사했습니다.

조헌은 모든 신민들이 황제를 알현할 수 있다는 사실뿐만 아니라 외국인에 대한 그의 개방성에 감명을 받았으며, 모든 신하들은 그에게 감사와 충성을 바칠 것이라고 확신했다. 아울러 그는 조선에는 이런 위엄 있는 가치가 결여되어 있다고 확신했다. 육조의 관원들은 조참에 참석할 수 있었지만, 중앙 관원들은 국무를 보고할 수 있는 정규적인 기회가 없었다. 관찰사들은 국왕을 뵐 수 있었지만, 하위 관원과 서리들은 명의 제도처럼 국왕과 대면할 수 있는 기회를 전혀 갖지 못했다.

> 전하는 조정에 자주 참석하지 않으시어 대신과 시종들이 옷자락을 보기도 어려우며 감사와 수령들은 직접 지시를 받지 못하고 승정원에서 "이전의 지시대로 시행하라"는 말만 듣고 파견됩니다. 아, 이런 지시가 어찌 인심을 감동시킬 수 있겠습니까. 조정이 이와 같다면 지방 군현의 관원들이 사무에 나태하리라는 것은 물을 필요도 없습니다.

그러나 조헌은 조선 국왕이 항상 이렇지는 않았다고 옹호하면서 15세기 초반 세종은 국사를 논의하고 임지로 부임하는 수령들을 만나기 위해 조참에 매일 성실하게 참석했다고 지적했다. 세종은 그 자리에서 자연재해와 기근의 대비, 임지에서 처리할 사무를 지시했다. 또한 그는 하위 관원들이 올린 상소를 모두 살펴보기 위해서 매일 의정부와 만났으며, 그 결과 사무를 번잡하게 만들지 않으면서도 순조롭게 처리할 수 있었다. 요컨대 조헌은 선조에게 명의 만력제와 세종의 선례를 따르라고 주청한 것이었다.[43]

유형원이 이 상소를 인용한 까닭은 적어도 한 세기 동안 조선의 국왕들은 궁궐에 칩거한 결과 자신의 의도를 펴거나 신하들의 보고와 의견을 충분히 듣지 못했으며 국무를 매일 협의하는 일상적인 절차를 중단했기 때문이었다. 유형원은 과거의 모범적 국왕들이 시행한 제도를 준행함으로써 자의적이고 게으른 국왕이 사치와 허영을 자행해 나타난 현재의 결함을 교정해야 한다고 주장한 것이었다.

또한 유형원은 조선의 어떤 회합에서는 아첨하는 관원의 축하만 받고 중요한 국무는 논의하지 않는다고 비판했다. 그는 특히 원정元正(새해)과 동지, 국왕의 생일에 열리는 조하朝賀를 비판했는데, 주대에는 그런 회합이 없었으며, 사계절마다 신하와 제후를 모은 『주례』의 회합과 1년과 3년마다 제후를 초빙한 『예기』「왕제」의 모임에서는 국사의 보고를 듣고 해결책을 논의하거나 교훈을 주는 자리였다는 것이었다. 황제가 축하와 칭찬을 목적으로 조하를 연 것은 후세의 관행일 뿐이며, 그것은 천리에 따른 고대의 제도가 아니라 인욕을 만족시키기 위한 행사일 뿐이었다.

원정 조하는 한 고조 7년(기원전 200) 10월에 처음 열렸는데, 그달에 새해를 축하한 진秦의 풍습을 따른 것이었다. 그 뒤 후한에서 새해는 음력 1월로 바뀌었다. 동지 조하는 3세기 위·진대에 시행됐는데, 지방에서는 사절을 보내 축하했다. 동지는 양기가 일어나기 시작하는 날을 상징하므로 조하는 타당한 행사라는 견해도 제시됐지만, 그래도 그것은 고대의 관행과는 어긋나는 제도였다. 그 뒤 당 현종(재위 713~156)은 자신의 생일에 축하연을 열기 시작했으며, 이 제도는 송과 명에서도 매년 여는 관행이 됐다.

당대 이후의 두 기록에서 유형원은 당 태종이 생일연은 출산할 때 어머니의 고통을 상기시킬 뿐이라면서 열지 못하도록 했다는 내용을 인용했다. 그러나 점점 거만해지고 신하들도 아첨하게 되면서 현종은 자신의 생일을 기꺼이 축하받았지만, 그것은 황제가 그의 부모를 기리거나 신하들이 황제를 찬양하는 정당한 방법이 아니었다.

유형원은 원정 조하는 고대 중국에서는 시행되지 않았어도 어느 정도는 정당하지만, 황제가 축하와 선물을 받는 것은 잘못이라고 생각했다. 동지는 양기가 처음 나타나는 시기이므로 중요하지만, 고대의 국왕들은 궁문을 닫고 정무를 처리하지 않음으로써 그날을 기렸다. 그러나 황제의 생일연은 도덕적 정당성이 전혀 없었다. 유교문화의 위대한 촉진자 중 한 사람인 명 태조는 동지나 자신의 생일에 축하연을 열지 못하게 했다. 태조의 자비는 14세기 후반 이후 황제들에게 모범이 됐지만, 유감스럽게도 그의 고귀한 의도는 아첨하는 신하들에 의해 훼손됐다.[44]

유형원은 국왕이 국사를 시행하는 데 바쳐진 고대의 이상적인 조참을 채택하는 것이 가장 좋다고 결론지었다. 그는 매달 초하루에 세자와 모든 신하들을 입궐시키고, 지방에서도 망궐례望闕禮를 올리도록 규정했다. 한 달에 닷새마다 1~6품의 조정 관원들은 국왕이 참석하는 조참에 소집됐다. 의정부 · 육조 · 성균관 · 사헌부 · 한성부에서 1명, 홍문관弘文館의 당상관 2명, 그리고 그날의 임무를 맡은 의정부와 육조의 관원들은 매일 교대로 상참에 참석했다. 완전한 출석을 보장하기 위해서 보고해야 할 사무가 있는 관원들은 국왕에게 그것을 직접 보고하기 위해 단상에 올랐으며, 모든 품계의 문무 관원들은 이틀마다 중앙 관서의 정규적인 순서에 따라 국왕의 질문에 응답했다. 지방에 임명된 모든 관원들은 임지로 떠나기 전이나 돌아온 뒤 '고대의 방식대로' 그들의 경험을 국왕에게 보고했다.

그런 뒤 유형원은 주대에서 시행된 조참의 유형을 서술했으며, 황제가 국사를 시행하기 위해서 매일 아침 관원들을 만나서 의견을 듣고 그들은 순서대로 상소를 올리고 국왕의 질문에 답변했으며 황제는 그런 의견의 시행을 숙고하고 결정하기 위해 내정으로 돌아갔다가 다시 조정에 나와 최고 대신들의 조언을 듣고 논의하면서 고려했다는 구준의 주석을 언급했다. 구준은 이런 폭넓은 토론과 심의를 거친 결과 관원들은 모두 최종 결정이 옳다고 확신했으며 지방 관원들은 그런 결정을 적극적으로 시행할 수 있었다고 주장했다.

또한 유형원은 주대 이후에 시행된 몇 가지 사례를 소개했다. 당에서는 9품 이상의 관원들은 매달 1일과 15일의 조회에 참석했고, 5품 이상과 관찰사 · 어사御史 · 원외랑員外郎 · 태상박사太常博士는 매일 상참에 나아갔으며, 5품 이상의 무관은 매달 5 · 11 · 21 · 25일에 열리는 조회에 출석했고, 3품 이상으로 각사를 책임진 관원과 장관들은 직무에 따라 각종 회합에 배석했다. 천자는 매일 상참을 열었고, 1일과 15일에는 내정의 편전에서 조회를 개최했다. 구준은 내정의 조회는 다소 소홀하게 취급됐다고 지적했다. 요컨대 유형원은 원리는 주대의 제도를 따랐지만 세부 절차는 당대의 격식을 채택한 것이었다.[45]

그의 요점은 그런 회합의 공식적인 의례나 절차는 국왕이 중요한 국사를 처리하고 결정하는 적절한 방법을 복원하기 위한 매우 중요한 지침이라는 것이었다. 이전의 국왕들은 적어도 국무의 질서를 적절히 유지하지 못했기 때문에, 의례의 지혜는 국왕의 자의적인 결정권보다 우월한 외부적 권위의 원천으로 작용해 그를 선정으로 다시 이끌 수 있다고 유형원은 판단했다.

경연 : 자율성

유형원은 국왕에게 고전을 교육하기 위한 제도인 경연의 중요성을 당연히 확신했지만, 왕권이 너무 압도적이어서 신하들이 자신의 의견을 공개적이고 솔직하게 표현하지 못했기 때문에 경연의 진정한 정신이 훼손되어왔다고 비판했다. 그는 경연의 위압적인 분위기가 최대한 사라지지 않으면 진정한 교육을 시행할 수 없다고 생각했다. 그는 경연관이 경연에서 편안히 앉아 있을 것이라는 예상과는 달리 그들은 국왕이 자신의 발언을 받아들일지 확신할 수 없었기 때문에 쉽게 아뢰지 못했다는 조광조의 언급을 인용했다.

조광조는 그런 두려운 분위기가 조성된 원인을 정희왕후貞熹王后에게 돌렸는데, 그녀는 1418년(태종 18년) 파평 윤씨 가문에서 태어나 1455년(세조 1) 세조의 왕비가 됐으며 예종과 2명의 자녀를 낳았다. 그녀는 어린 예종을 위해서 1468(예종 즉위)~69년 동안 수렴청정을 시행했고 그것은 성종이 성년이 되기 전인 1475년(성종 6)까지 계속됐다. 그녀는 1483년(성종 14) 세상을 떠났다. 조광조는 그녀가 확립한 선례는 연산군까지 계속됐는데, 연산군은 경연에서 국왕을 쳐다보기 위해서 고개를 들었다는 이유로 심순문沈順門을 처형하기도 했다고 지적했다. "국왕의 위엄이 너무 지나쳐 신하들이 두려워 떨었다. 지금 부복하는 관행 또한 폐조廢朝의 남은 습속이다."[46]

또한 유형원은 경연에서 신하들을 부복하게 한 것은 존중하는 태도가 아니라면서 반대한 조헌의 견해를 인용했다. 개창 당시의 국왕들은 경연관들을 편안히 앉도록 했으며 특히 세종은 "집에서 아버지가 자녀들에게 하듯이 조용히 둘러보며 질문했다." 그 결과 신하들은 백성들의 고충이나 나라의 어려움에 대해 주저하지 않고 아뢰었다. 정희왕후는 자신과 국왕 앞에서 신하들을 부복하게 했지만, 16세기 중반 명종은 다시 경연관들을 편안히 앉도록 허락했다.

조헌은 국왕이 신하들을 모욕하고 제압한 결과 원활한 의사소통에 필요한 분위기가 훼손됐다고 비판했다.

> 국왕은 반드시 마음을 비우고 신하들의 발언을 들으며 그들을 직접 대면해서 의견의 수용 여부를 심의한 뒤에야 신하들의 뜻이 소통하고 국사의 부족한 부분을 보충해 융성한 태평을 이룰 수 있습니다. 이전부터 국왕이 그 위세를 떨쳐 신하들이 두려워하는 데도 치도를 이룬 사례는 없었습니다.[47]

달리 말하면 유형원은 국왕의 전제적 독재의 해악을 근본적으로 막기 위해서 경연의 친화적인 분위기에서 견해를 공개적으로 표현할 수 있어야 한다는 조광조와 조헌의 고전적 견해를 적극적으로 찬성한 것이었다. 그러나 그런 환경은 국왕의 선택에 의해서만 이룰 수 있었으며, 왕명보다 높은 어떤 법률이나 자유로운 의사표현이라는 기본적 권리에 호소해서 얻을 수는 없었다.

신하와 국왕의 개인적 유대

그러나 국왕에 대한 유형원의 태도는 완전히 부정적이거나 조심스러운 것은 결코 아니었다. 국왕은 모든 신하들보다 우월한 국가의 최고 통치자이며 최고 권력자였지만, 유형원은 관료조직의 합법성을 인정하면서도 주대의 봉건제도에서 형성된 제후와 가신의 개인적 유대는 비인간적인 관료조직보다 좋다고 믿었다.

봉건제도에서 있었던 개인적 유대를 도입하기 위해서 유형원은 관직을 제수할 때 국왕이 신하를 직접 대면한 주대의 제도는 국왕과 신하의 개인적 접촉을 유지하는 데 필수적이라고 지적했다. "이렇게 하지 않으면 군신의 예의를 밝히고 상하의 감정을 소통시킬 수 없다." 모든 관원은 적어도 6년에 한번은 국왕을 알현하기 위해 입궐했다. 드물기는 했지만, 국왕에게 직접 청원하는 것은 상관을 통한 간접적인 소청보다 여전히 선호됐다.[48]

| 결론

이런 목표를 이루기 위한 방안은 그러나 단순하고 수월하지 않았기 때문에 유형원은 국왕이 통치 방식을 바꾸도록 간청하는 대신 이미 정착된 관행과 일정한 타협을 시도했다. 우선 종친이 몇 세대에 걸쳐 계속 증가됨으로써 야기되는 비용의 증가를 제한하는 것이었다. 그는 당시의 법률에서는 4대까지 종친의 특권적 신분을 보존했기 때문에 종친을 양인신분으로 전환하도록 간단히 요구할 수는 없다는 것을 잘 알고 있었지만, 종친의 품계에 따라 지출을 좀더 엄격히 제한할 수 있다고 생각했다.

또 다른 방안은 왕자들을 세자와 대군 · 왕자군, 또는 비가 낳은 대군과 빈이 출생한 왕자군으로 나누는 것이었다. 그의 목적은 품계가 떨어지는 부류에게 지급되는 녹봉을 줄이려는 것이었지만, 그런 차별을 시행하기 위해서는 서얼에 대한 조선의 전통적인 편견을 받아들여야 했다. 그러나 일부 빈의 세습된 노비신분에 대한 편견은 폐기해야 한다고 주장했다는 점에서 그는 조선의 주요한 제도적 특징인 노비제도를 혁파하려는 자신의 궁극적인 목적을 유지했다. 그러나 전체적으로 그는 왕정의 유용성과 4대까지는 종친의 특권을 유지해야 한다는 필요성은 의심하지 않았으며, 최선의 방안은 관련된 비용을 줄이는 것이었다.

그는 공신과 관련해서도 비슷한 방법을 제시했다. 그것은 국왕과 국가에 공훈을 세운 인물들을 포상하는 제도였지만, 순수한 유학자가 보기에 그들은 국왕의 총신에 지나지 않았으며 그들에 대한 후원은 납세자를 희생해 국가의 재원을 유출시키는 것이었다. 그는 원종공신은 폐지하되 정공신은 유지하자고 제안했지만, 정공신도 등급을 확정하고 녹봉을 삭감하며, 자격의 보유 기간을 줄이고 후손은 일반적인 지위를 갖도록 함으로써 제한하려고 했다.

국가의 장례와 연회는 국고를 대규모로 소비하는 행사였지만, 유형원은 그것이 문명화된 국가에서는 핵심적인 의식이라는 판단 아래 폐지하는 데 반대했다. 그는 국가의 후원으로 장례를 치를 수 있는 변방의 군사와 관원을 늘리려고 했으며, 관원들을 위해 국가가 비용을 대는 잔치를 좀더 열어야 한다고 주장했다. 그 대신 그는 엄격한 비용 절감 규정을 세우고 무상의 요역을 폐지하고 국가가 지불하는 고공으로 전환함으로써 지출을 제한하려고 했다. 그러나 국고가 소비되는 의례의 합법성은 전혀 문제삼지 않았다.

그는 내수사의 혁파를 직접 요구한 경우에도 국왕을 명목상의 통치자로 전환하자는 종류의 주장은 전혀 제기하지 않았으며, 국왕이 검소하게 소비하도록 왕실의 지출을 신하들이 확인해야 한다는 의견만 제시했다. 청일전쟁(1894~95) 동안 일본의 군사적 후원으로 성립된 갑오내각이 추진할 때까지 그런 목표를 이루지 못했다는 사실은 조선의 왕권은 양반이나 신하들이 계속 규제하기에는 훨씬 강력했다는 측면을 보여준다. 그러나 양반은 국왕의 지출에 관련된 전권을 줄이려고 하지 않았으며, 자신들의 토지와 노비 소유권을 보호해주는 대가로 그것을 그에게 기꺼이 허락했다.

국왕과 관련된 유형원의 두 번째 주제는 백성을 도덕적으로 교화하기 위해 의례를 준행하는 문제였다. 이 주제는 국왕의 적전 경작과 경로연에 관련된 강조에서 서술됐는데, 두 가지 모두 전통적 유교적 주장에 농업의 우위와 경로의 필요성을 서술했다. 유형원은 이 두 가지 사안과 관련된 의례를 국왕이 공식적으로 거행해 존경을 표시함으로써 시간이 흐르면서 거기에 나타난 준행의 문제점, 즉 농민들은 좀더 이윤을 낼 수 있는 분야로 전환해 농업을 무시하거나 완전히 폐기했으며 연장자를 무시하는 경향이 유교적 규범을 사회의 모든 사람에게 주입하려는 국가의 시도에도 불구하고 나타나는 현상을 고칠 수 있기를 희망했다.

끝으로 국왕과 관련된 세 번째 사안은 왕권을 신하들이 제어하는 문제였는데, 이것은 유교의 전통적인 경향 중 하나였다. 그는 강력한 수상을 두어 관원조직 전체를 통솔케 하려고 했는데, 이것은 국왕을 국사의 결정에서 일정하게 소외시키고 그를 유교적 신하들의 의견에 적극적으로 찬성하도록 만들려는 시도가 분명했다.

신하들이 국왕을 견제하게 해야 한다고 단언한 그의 궁극적 목적은 16세기의 최고 기구인 비변사를 폐지하고 의정부를 다시 설치하는 것이었다. 이것은 그의 방안 중에서 결국 성취된 소수의 목적 중 하나였다. 17세기 전반 의정 최명길은 비변사를 송의 추밀원과 비교하면서 선도적으로 비판했다. 그러나 그는 그것을 조선 전기의 의정부가 아니라 고려시대에 채택했던 당 · 송의 제도를 기초로 삼고 명의 제도를 부분적으로 수용한 형태로 대체하려고 했다.[49]

그 문제는 커다란 논쟁을 일으키지 않았지만, 1864년(고종 1) 고종은 대원군의 섭정 아래서 비변사를 의정부로 대체함으로써 유형원이 주장한 핵심적 문제를 실현했다.[50] 그 정책을 실질적으로 추진한 대원군이 유형원의 생각에서 영향을 받았을 가능성은 있지만 증명할 수는 없다. 그 개혁은 육조의 임무를 다시 할당하고 사간원을 혁파하며, 관찰사를 강화하고 군현의 경계를 다시 획정하며, 중앙과 지방의 이서를 전문화하자는 유형원의 다른 관제개혁안과 함께 이루어지지 않았지만, 유형원의 생각과 일정한 관련은 있었을 것으로 추정된다.

그러나 의정부의 복구는 1862년 대규모의 임술민란으로 왕조가 뿌리까지 흔들리고 외국의 침략 위협이 고조되지 않았다면 시행되지 않았을 것이다. 당시 대원군은 국가의 운명을 다시 일으키는 것은, 외부적 제도가 관원을 정직하고 효율적으로 변화시킬 수 있듯이, 관제의 구조에 달려 있다고 확신했다. 대원군의 개혁은 중대한 위기 국면에서 10년 동안 지속됐지만, 많은 문제들을 해결하지 못한 채 남겨두었다. 예컨대 내수사를 혁파하고 국왕의 재정을 정규 관서로 이관하자는 유형원의 제안은 국방 재정을 효율적으로 확보하는 데 핵심적이었지만, 그런 변화는 1894년 일본의 후원을 받은 갑오개혁에서야 이루어졌다. 17세기 지방 제도를 개혁하는 데 실패함으로써 불필요한 관원과 이중적 비용이 늘어나고 향리들이 농민을 더욱 착취하게 됐으며, 이런 모든 문제는 임술민란의 원인으로 작용했다.

또한 유형원은 주대처럼 도덕적 모범자들을 삼공으로 선발해 국왕의 주위에 포진시켜야 한다고 생각했다. 국왕은 신하들의 심의와 감독에 따라 왕비를 간택해야 했으며, 유교화된 지배계층 — 당시의 양반과 그리 다르지 않은 — 의 규범에 따라 적격자의 기준을 세움으로써 비빈을 선택할 수 있는 국왕의 자유를 줄이려고 했다. 그는 이 문제와 관련해서 명확한 입장을 보이지는 않았지만, 학대받는 다른 신분을 동정했음에도 불구하고, 국왕이 비천한 하층신분에서 왕비를 충동적으로 선발할 수도 있다고 우려한 것은 명확했다.

끝으로 유형원은 국왕의 정무와 관련해서 국왕이 내정에서 총신들만 접견하면 백성의 문제를 알 수 없다면서 반대했다. 그는 신하들이 국왕을 알현하고, 고대와 중세의 방식대로 직접 대면해 충성을 표시하도록 했으며, 15세기 후반 이후 경연에서 국왕의 우월하고 거만한 분위기를 줄여야 한다고 강조했다. 그런 국왕의 거만한 태도 때문에 경연관들은 자신의 의견을 피력하고 국왕을 올바르게 인도하는 역할을 수행하지 못했다.

이런 모든 문제들과 관련해서 유형원은, 국왕은 상징적 기준으로 기능하고 의례를 거행해 도덕적 기준을 보여주며, 농업을 중시하는 경제적 철학을 강화하고 재정 지출, 제례와 연회의 거행, 매일의 국무에서 신하들의 규제를 수용해야 한다는 고전적 유교규범의 영향을 받았다.

제16장
중앙 관제의 개혁

유형원이 관제를 다룬 목적은 권력을 행사하려는 황제들이 관원을 증가시키는 경향을 막는 것이 왕조 중반의 핵심적인 임무라는 주제를 다룬 글의 맨 끝에 짧게 요약되어 있다. 당 초반 태종은 730명의 신하만으로도 "제국의 유능한 인재를 모두 모아서" 전국을 다스릴 수 있다고 선언했지만 당말 관원이 과도하게 늘어나면서 체제는 혼란에 빠졌다. 명 태조도 개국 초기에는 관직을 신설하는 것을 범죄로 취급하면서 감축시켰지만, 곧 같은 문제가 만연됐다.[1]

한대 이후 관직의 급증과 복잡성

주의 모범

유형원은 고전 문헌과 그 주석, 그리고 그 이후에 진행된 중국의 관제사를 연구함으로써 관제의 기본 원리를 도출했다. 그중 첫 번째는 경제의 원리라고 할 수 있는데, 관제는 필요한 업무를 수행할 수 있는 최소한의 관직으로 유지되어야 한다는 것이었다. 이것은 조정의 사무를 합리적으로 분장해 중복되는 부분을 없앴다는 두 번째 원칙과 긴밀하게 묶여 있으며, 그것은 "관직을 설치하고 임무를 나눈다設官分職"는 표현으로 자주 사용됐다. 유형원은 이 원리들을 자신의 시대에 적용해 불필요한 관직을 모두 없애야 한다고 요구했다.

유형원은 주를 개창한 문왕은 1백 명의 관원만으로 제국을 다스렸던 고대의 성군인 요 · 순 임금이 확립한 간단성의 원칙을 계승했다고 확신했다. 하 · 상대(기원전 2000~1000년경)에는 사회가 좀더 복잡해져 관원이 좀더 필요해졌지만 그래도 2백여 명의 관원이면 됐다.[2]

앞 장에서 언급했듯이, 『서경』과 『주례』는 서로 내용이 일치하지는 않았어도 행정의 책임을 분담한 육경을 서술했다.[3]

관원과 복잡성의 증가

유형원은 한~명대의 관제사를 개관하면서 각 왕조마다 중앙 정부의 구조를 매우 자세하게 서술했다. 그는 주대의 완벽한 관제가 관직의 숫자와 복잡성이 증가하면서 훼손됐다는 주제와 일치하는 사례들을 자세히 묘사했다. 한대에는 육부를 유지하지 않고 부적합한 관서들을 창설했기 때문에 부정확과 비효율의 문제에 시달렸지만, 적어도 한가하거나 불필요한 관원을 만들지 않는다는 고전적 원칙을 지켰다는 측면에서 이후의 모든 왕조들보다는 나았다.[4] 그는 두우의 『통전』을 인용해서 진 · 한이 주의 육경을 정확히 모방해 자신들의 정부를 조직할 수는 없었지만 "제도가 지나치게 복잡하지는 않았다"고 언급했다.[5]

유형원은 여러 자료를 인용해서 한대 행정의 우월한 특징들은 3세기 위 · 진대에 많은 관직과 관품이 만들어지면서 점차 사라졌다고 평가했다. 우문씨宇文氏가 세운 단명한 북주(557~581)는 『주례』에 서술된 제도를 원형 그대로 복원하려고 시도했으며 그 뒤 주희는 그런 노력을 상찬했다.[6]

불행하게도 이런 짧은 개혁은 6세기 후반 수가 정규 관원을 늘리고 산관散官이라는 새로운 범주를 만들면서 중단됐다.[7] 북주는 주의 육경으로 돌아가려고 시도했지만, 수는 백성들이 이전의 조직에 너무 익숙해졌기 때문에 고대의 제도는 적응하기 어려울 것이라는 판단에서 위 · 진대의 관제로 회귀하기로 결정했다고 두우는 썼다. 수에서는 한대의 비서를 본받아 육부의 장관을 상서라고 불렀고, 독립적인 사司 · 감監을 추가로 설치한 뒤 그 책임자에게 6명의 상서와 함께 문서의 관리를 맡겼다. 이런 조처로 고대에 육경이 가졌던 명령의 통일성은 무너졌다. 또한 두우는 수대의 최고 대신들은 물론 많은 하부 관서의 책임이 중복됐다고 비판했으며, 단순하고 경제적인 관제를 유지해야 한다고 강조했다.[8]

이 점을 강조하기 위해서 유형원은 육성六省 · 구시九寺*와 그밖에 황제와 태자에게 소속된 수많은 관서들로 구성된 당의 완벽한 관제를 거의 6쪽에 걸쳐 제시했다.[9] 중국 주석학자들이 이미 자세한 주석을 달아놓았기 때문에 유형원은 자신의 해석을 덧붙일 필요가 없었다. 두우는 『통전』에서 여러 차례의 개편(662, 670, 691, 705년)이 있었지만 명칭과 임무를 변경한 것을 제외하면 거의 효과가 없었다고 평가했다. 706년(당 중종 신룡神龍 2) 한직을 일부 포함한 2천 명이 넘는 원외관員外官이 만들어졌으며, 그 뒤 황제들은 법률에 규정된 관제를 고려하지 않고 관

* 『반계수록』을 참조하면 육성은 상서성 · 문하성 · 중서성 · 비서성 · 전중성殿中省 · 내시성이며, 구시는 태상시太常寺 · 광록시光祿寺 · 위위시衛尉寺 · 종정시宗正寺 · 태복시太僕寺 · 대리시大理寺 · 홍로시鴻臚寺 · 사농시司農寺 · 대부시大府寺다.

직을 신설했다. 당 조정은 주기적으로 감축해 그런 증가의 흐름을 저지하려고 했는데, 632년(당 태종 정관 6) 태종은 중앙 관직의 숫자를 643개로 줄였으며 737년(당 현종 개원 25)과 740년 현종도 감축을 지시했다.[10] 그 뒤 주희는 당에서 불필요한 관원이 많아진 까닭은 이전 왕조의 관원들을 대부분 유지하는 치명적 실수 때문이었다고 지적했다.[11]

사실 불필요한 관원을 없애고 관료조직의 규모를 줄여야 할 필요는 후한대부터 인식됐다. 광무제는 4백 개의 군을 혁파하거나 통합했으며 관직을 10퍼센트 줄였다. 서진 무제(재위 265~290)가 관제를 축소하는 동안 순욱荀勗은 정규 관원과 이서뿐만 아니라 정부 업무도 줄여야 한다고 언급했다. 그는 서류를 간소화하고 잡무를 없애야 한다고 강조하면서 위 명제(재위 227~240)가 관직 감축을 독려하기 위해 제국 전체에 사신을 보낸 것을 상찬했다.[12]

8세기 초반 한원韓瑗 또한 관원의 필요성을 결정하는 원칙을 명료하게 서술했다. 그것은 업무의 분량과 유형을 계산해서 관원을 임명하고 그들에게 그 임무를 수행할 책임을 부여하는 것이었다. 임무가 없는 관직은 둘 필요가 없었는데, 농업 · 양잠 · 산업 · 상업 같은 생산적 업무에 종사할 인구를 줄이기 때문이었다.[13]

8세기 후반 두우는 이런 내용을 반복했다. 그는 당대唐代에 추진된 관원 감축을 자세히 서술한 뒤 필요한 관원만을 임명하고 불필요한 관직은 만들지 않은 주를 상찬했다. 관료조직은 9백만 명의 인구에 봉사하기 위해서 1만 명을 넘었지만, 안록산의 난 이후 유망이 증가함으로써 호적에 등록된 인구의 3분의 1 정도가 사라졌다. 인구와 거주지의 급격한 변화는 지방 행정조직에 커다란 타격을 주었다. "한 주에 3천 호가 넘지 않는데도 50~60명의 관원을 두니, 양은 10마리인데 목동이 9명인 것과 같다. 그들은 이서와 백성을 착취해 커다란 폐단을 일으킨다." 관원 감축은 가장 부패하고 독단적인 관원을 파직함으로써 백성을 이

롭게 했지만, 생계를 잃을 것을 두려워한 관원은 반대했다.[14]

9세기 전반의 이길보李吉甫는 같은 주제를 되풀이하면서, 많은 사람들이 군역을 지거나 상인 · 승려 · 도관으로 활동하고 있기 때문에 인구의 30퍼센트만이 고된 농사를 짓고 있다고 설명했다. 그들은 납세해서 1만 명에 이르는 중앙 관원을 봉양해야 했으며, 군현의 크기는 수령의 과도한 지출에 맞추기 위해서 줄였다. 그러므로 이길보는 군현을 통합해 관원의 숫자를 줄이고 녹봉을 제한해 비용을 절감하자고 건의했으며, 현종은 그의 건의를 받아들여 808명의 정규 관원과 1천7백 명의 산관을 감축했다.[15]

관원을 축소하고 복잡한 행정을 간소화하려는 시도는 송대에 실패했는데, 관직에 정원이 고정되어 있지 않았고 기존의 관서와 동일한 임무를 가진 관서가 중복해 설치됐으며 겸직이 많았기 때문이었다. 예컨대 수도의 관원들은 지방 수령의 임무를 추가로 받았지만 그 임무를 자주 무시했다. 10세기 후반 왕안석의 개혁도 관제의 혼란과 불필요한 관원에서 야기된 문제를 바로잡는 데 실패했다.[16]

합리적이고 경제적인 행정은 송대에 심각하게 훼손됐지만, 명대에는 육경의 모범을 본받으려는 시도가 이루어졌다. 구준은 명의 육부가 주의 육경과는 다소 임무가 달랐지만 비슷한 관직이라고 설명했는데, 유형원은 자신이 존경하는 학자의 견해를 기꺼이 받아들였다. 예컨대 명의 이부는 주의 총재와 같았으며, 호부는 주의 사도, 공부는 주의 사공과 같았다.[17] 그럼에도 불구하고 간단성의 원칙과 육경에게 특정한 임무를 합리적으로 분배하는 것은 주가 멸망한 뒤 폐기됐다.[18]

유형원은 이러한 중국의 경험에서 정부의 고전적 형태가 『주례』의 서술과 완전히 같을 수는 없지만 한 사람의 총재와 육경 아래 조직되어야 한다는 사실을 배웠다. 후대의 왕조가 덧붙인 모든 제도, 특히 관서의 신설과 업무의 중복 같은 문제는 해당 관서를 혁파하거나 임무를 합쳐 육경 중 하나에 소속시켜야 했다. 한직이나 산관, 불필요한 관직은 모두 혁파해야 했다.

| 조선의 관제 개편

관서와 관원의 감축

유형원은 당시의 조선으로 관심을 돌려 경제성과 단순성의 자명한 이치를 되풀이하면서 불필요한 관원과 중복된 임무의 감축을 주장했는데, 16세기 후반 이이가 선조에게 명보다 조선에 관직이 더 많으니 지방 수령을 줄여야 한다고 다소 과장된 주청을 올린 내용을 인용했다. 중앙과 지방의 관직은 임무와 지역을 통합함으로써 동시에 감축할 수 있었다.[19]

유형원은 1411년(태종 11) 춘추관春秋館에서 분리된 관서인 예문관藝文館이 홍문관과 춘추관의 임무와 중복되므로 혁파하자고 주장했다. 유형원은 경연의 폐지도 바랐는데, 왕권을 제한하는 임무를 가진 그 제도는 성적이 뛰어난 급제자를 포함한 그밖의 관원들이 겸직했기 때문이었다.[20] 세종은 젊은 학자들을 후원하기 위해서 독서당讀書堂을 특설했지만, 시간이 지나면서 그 관서 또한 다른 사례들처럼 권위가 떨어졌다. 유형원은 거기에 배속된 젊은 관원들이 학문에 집중하기보다는 한가로이 시간을 보내거나 당쟁에 간여하거나 패행을 저질렀다고 판단했다.[21] 그는 경연관들이 이런 유감스러운 행태를 모방했으므로 폐지하자고 주장했다.

또한 유형원은 군사제도에서 과도하고 필요 없는 부대와 조직을 없애자고 제안했다. 『반계수록』「직관지제職官之制 하」에서는 조선 전기의 오위제도에서 조직된 중앙과 궁궐의 방어를 재편하고 병조의 업무와 중복되는 도총부를 혁파하자는 제안이 담겨 있다. 또한 그는 오군영 중 훈련도감을 제외한 4군영을 혁파하고 고려 후기의 선전관宣傳官(당시는 선전소식宣傳消息이라고 불렸다)을 설치하자고 제안했다. 선전관은 국왕의 근신이 수행하거나 내금위가 맡아도 괜찮았다.[22]

그밖의 여러 불필요한 관서들도 혁파하는 것이 좋았다. 종9품의 녹봉을 받는 잡직은 명확한 임무 없이 대량으로 양산됐다. 지방에서 목장을 감독하는 감목관監牧官은 수령이 대체할 수 있으며, 주로 임진왜란중에 별장別將과 별모장別募將의 휘하에 신설된 권관權官은 진관과 봉수를 통합하자는 유형원의 계획이 채택되면 혁파될 것이었다. 끝으로 임진왜란과 병자호란 이후 늘어난 영장은 허용할 수 있는 규모까지 감축될 것이었다.[23]

산직과 겸직의 혁파

조선에서는 특정 관서의 책임을 대신에게 겸직시키는 제조제도提調制度를 점차 많이 도입했다. 이런 제도가 송대의 관행과 비슷하다고 판단한 유형원은 제조를 모두 혁파하고 판서나 당상관에게 책임을 모두 이관해야 한다고 주장했다.

유형원은 의사醫司·장악원·관상감·사역원 같은 특정한 관서도 예외를 인정하지 않았는데, 그런 특별한 지식을 가진 제조는 정규 관원을 해당 관서의 공식적인 책임자로 임명한 뒤에도 유용하게 활동할 수 있다는 이유에서였다. 그는 책임과 명령의 통합을 거부하면서 가장 능력이 뛰어난 사람보다는 '올바른 사람'을 임명하는 것이 좀더 중요하다고 주장했다. 기술이 필요한 관서에는 하급 관직에 교수教授를 임명하면 됐다. 제조는 장관의 권한을 혼란시키고 약화시켜 업무에 태만하게 만들 뿐이며, 예상보다 제조의 전문지식이 부족하면 아무런 이익이 없을 것이었다. 달리 말하면 유형원은 전문가보다 보편적 지식인의 우월성을 강력하게 주장한 것이었다.[24]

또한 그는 법전에 규정된 관직 중 60~70퍼센트가 겸직이어서 다수가 임무를 태만히 하고 있으므로 혁파해야 한다고 주장했다. 고대처럼 그들은 관직의 고하에 상관없이 자신의 임무를 전적으로 책임져야 했다. 그가 알기에 한대는 물론 해이하고 엉성한 관료제도가 시행된 위·진대에도 겸직이 없었다. 겸직은 당에서 시작되어 송에서 번성했으며 조선은 그런 유감스러운 상황을 재생산했다. 더욱이 겸관들은 그들의 직책을 요란스럽게 나열했기 때문에 그들의 명함에는 직책이 몇 줄씩이나 기록됐다.

아울러 의사·관상감·사역원에는 체아라고 불린 한직이 있었는데, 유형원은 그것을 정규 녹봉은 받지 못하면서 1년에 4회씩 시재를 치러 그 성적에 따라 녹봉을 받는 관원이라고 정의했다. 유형원은 이런 산관들이 해당 관서의 정규 관직을 차지하기 때문에 정규 관원의 위상이 무너져 무능한 사람이 마구 임명되고 적절한 조직과 명령체계가 파괴된다고 생각했다. 그는 정부의 모든 관서는 관원에게 부여하는 정규 품계와 고정된 녹봉이 있어야 하며, 관원들의 높은 수준을 유지하기 위해서 반년마다 시재를 치러야 한다고 주장했다. 사자관寫字官·화원·악공 같은 최하의 기능직은 직무의 고과에 따라 녹봉을 가감할 수 있었다.[25]

긴급한 현안을 처리하기 위해 도감이라는 특별한 관서를 설치한 것 또한 없애야 할 관행이었다. 유형원은 정원을 모두 채운 관원과 서리, 노비로 구성된 도감이 일상적인 사안에도 자주 설치되고 있다고 지적했다. 그런 관행은 고려 후기에 국정이 혼란스러워지면서 생겨나 유감스럽게도 조선시대까지 계속 이어졌다.[26]

중앙 행정의 합리화

유형원은 수도의 인구를 관리하고 범죄자를 처벌하는 책임을 맡은 불필요한 관서들을 혁파하자고 제안했다. 그는 오부五部와 고려시대 이후 금오위와 포도청捕盜廳이 맡은 범죄자의 체포와 감시 임무를 형조, 궁극적으로는 전옥서典獄署로 이관하려고 했다. 전옥서는 고려에서 이월된 관서로서 형조·한성부·사헌부에서 사법 처리를 위해 옮겨진 다양한 범죄의 용의자를 가둬두었다가 형조로 다시 보내는 관서였다. 그것은 형조·한성부·사헌부에 감옥을 세우면 혁파할 수 있었다.[27] 끝으로 정2품 이상으로 70세가 넘은 사람을 위한 기로소耆老所는 국왕이 이미 그런 사람들에게 쌀과 고기를 하사하기 때문에 전혀 쓸모가 없었다. 국왕이 농장·어전·염전을 관대하게 분급함으로써 기로소에서 사용하는 비용이 많아졌기 때문에 그것은 이익보다는 지출을 늘렸다.[28]

간언

유형원은 간언과 탄핵, 문서 처리를 맡은 관직을 줄였다. 그는 "국왕의 덕망과 정의를 돕기 위해서" 간언을 올리는 5명의 관원과 59명의 서리로 구성된 홍문관을 존속시켰는데, 그것은 당시 사실상 언론기관의 하나가 되어 있었다.[29] 또한 관원을 탄핵하고 풍속을 교정하는 6명의 관원과 66명의 서리로 구성된 사헌부도 그대로 두었지만, 사간원은 불필요하다는 이유로 혁파했다. 간관은 그런 임무를 가진 독립적인 관서가 실제로 자유롭게 발언할 수 있는 기회가 줄었기 때문에 한대에 '언로를 넓히려는' 목적에서 처음 임명됐지만, 유형원은 사간원을 존속시킬 필요가 적다고 판단했다. 이전에는 신하들 모두 어떤 사안에 대한 비판을 제기할 수 있었지만, 후세에는 간관만이 비판의 자유를 허용받았는데 그들 대부분은 국정의 문제점을 지적하는 대신 국왕이나 개혁자들이 자신들을 혁파하려는 시도를 막는 데 그런 권한을 사용했다.

또한 유형원은 언관이 실제로 정치를 혼란스럽게 만들었음을 보여주는 중국의 두 가지 사례를 인용했다. 호치당胡致堂은 잘못되고 부당한 탄핵에 주의를 기울여야 한다고 당 무제에게 조언했으며, 명의 구준은 이런 습성이 송대까지 이어졌다고 비판하면서 사실에 근거해 탄핵하고 중상하지 말아야 한다고 지적했다.[30] 달리 말하면 전통시대 중국과 조선에서 탄핵과 간쟁의 허용과 인정을 둘러싼 논쟁은, 중상과 잘못된 탄핵까지 옹호하지는 않았지만, 신하들의 감독과 간언을 인정한 제도 안에서 진행된 것이었다. 유형원은 둘 사이의 적절한 균형을 찾으려고 노력했다.

문서와 역사기록

유형원은 정부의 문서를 관리하고 전달하는 책임은 승정원에 소속된 6명의 승지와 89명의 이서가 계속 맡지만, 역사적 참고를 위한 문서는 춘추관의 관원이 기록하도록 했다. 중국에서 사료의 보관에 관련된 탈선적인 절차의 하나는 승상이 국사國史를 감독하는 것이었다. 송대에 사마광을 존경한 범조우는 승상이 사료를 열람하는 것을 비판했으며, 당의 유지기劉知幾는 필요보다 훨씬 많은 사관이 있으며 대부분은 자신의 의견을 표명하는 데 주저한다고 지적했다. 한대의 사관은 황제의 일상 업무는 기록하지 않았으며, 자신의 임무에 따라 비판적 관점에서 사료를 작성함으로써 정적을 위태롭게 하거나 귀족들에 대항하는 위험을 감수했다.

송대의 구양수는 관원들의 선행과 악행을 정확히 기록한 사관을 칭찬했으며, 관직의 임면任免 같은 평범한 기록만 서술하려던 사관들을 비판했다. 시정기時政記와 기거주起居注는 사건의 자세한 내용을 담았지만, 관원들은 그런 자료에 포함된 위험을 민감하게 느껴 그것을 간단한 연대기로 축소시켰다. 구양수는 후세의 "선행을 고무하고 악행을 징계하기 위해서" 현직 관원의 특정한 범죄를 기술하고, 앞으로 그런 실수를 반복하지 말도록 통치자의 실수를 명시해야 한다고 사관에게 조언했다.[31] 유형원은 대신들의 정치적 방해 없이 성실하게 사료를 기록할 수 있어야 한다고 믿었다.

신설된 관서들

육조

유형원은 3개의 특수한 사司가 배속된 육조를 구상하면서, 각 조와 관련된 모든 사안을 완전하고 분명하게 관할할 수 있는 권리를 부여했다.[32] 이 사의 조직은 당의 육부나 조선의 육조와 비슷하지만 똑같지는 않았다.[33] 그것은 조선의 다른 사회적 환경과 유형원이 구상한 특별한 관제의 핵심 중 일부를 반영했다. 이 제도를 통해서 그는 송대의 제도에 생겨난 많은 독립적인 관서와 제조를 없애고 그것들을 관련된 각 조에 적절히 통합하려고 했다.

장금사

예컨대 그는 형조 안에 장금사掌禁司를 만들어 당시의 의금부를 대체하자고 제안했다. 의금부는 대신이나 저명한 학자의 공직상의 비리나 도덕적 타락을 다루는 국왕의 직속기관이었으며, 판관은 고위 대신들이 겸직했다. 유형원은 고대 중국에서는 그런 특별한 사법기구를 둔 선례가 없었다면서 그것을 존속시키는 데 반대했다. 주대의 사구司寇와 한대의 정위廷尉는 형조와 동일했으며 범죄사건의 책임을 갖고 있었기 때문에 이 임무는 형조에 맡기는 것이 합당했다.

그러나 유형원은 이런 방안에 따라 양반의 품위를 떨어뜨려서 양인·노비와 함께 법정으로 그들을 보내려는 의도는 아니었으며, 양반 피고는 양인과 분리되어 독립된 감옥에 가두어야 한다고 제안했다. 적어도 이 경우 그는 양반의 불공정한 세습적 특권을 수정하는 것보다 제도적 형식의 타당성에 더 큰 중요성을 부여한 것이었다.[34]

형조에 소속된 장예사

또한 유형원은 형조 아래에 장예사掌隷司를 독립적으로 설치할 것을 주장했지만, 이 경우에는 중국의 권위 있는 선례가 없었다. 그 관서는, 여러 측면에서 볼 때 노비제 사회로 생각되는 사회에서 특히 중요한 문제인 노비의 소유권과 신분에 대한 논쟁을 판결하기 위해서 조선시대에 설치됐다. 장예원은 15세기 중반 세조가 이미 설치했지만, 유형원은 중복되는 관서를 없앤다는 방침과는 반대로 이 경우는 그것을 장예사와 함께 존속시켰는데 노비인구가 급증하면서 소유권을 둘러싼 소송이 늘어났기 때문이었다. 이런 업무의 분량은 장예사의 인원을 늘리면 간단히 해결할 수 있으므로 이 해결책은 이상한데, 세조가 만든 관서를 혁파하는 데 주저했을 가능성이 크다고 생각된다.[35]

유형원은 독립된 노비 관서가 중국에는 선례가 없음을 인정하면서 노비제도 자체와 마찬가지로 그것이 폐지되어야 한다고 주장했지만, 노비제도가 혁파되고 그 결과 노비소유권을 둘러싼 소송도 사라질 때까지 그 관서는 혁파될 수 없었다. 그는 소송을 판결하기 위해 장예원을 존속시켰을 뿐만 아니라 공노비를 중앙 각사의 조예皂隸 등으로 계속 사용하려고 했다. 예컨대 의정부에는 24명의 서리 외에도 90명의 조예가 배치됐다.[36]

공조의 고공 관리

유형원은 요역을 고용노동으로 대체하고 호조보다는 공조에서 관할하도록 했다. 그는 각종 역사役事에 동원된 고공을 감독할 수 있도록 영조사營造司의 인원을 자유롭게 늘리고, 노동의 품질과 효율성을 높이기 위해서 한 달마다 실적을 조사하도록 했다. 품질 관리는 회유와 협박을 증감하는 데만 의존하지 않고 처벌을 수반했으며, 게으르고 무능한 사람은 매질해 쫓아버렸다. 그럼에도 불구하고 그는 국가사업과 관련된 모든 노동은 임금을 받는 고공給價雇人이 해야 한다고 주장했다. 요컨대 그는 국가사업을 노비나 요역노동에서 임금노동으로 자유화하려고 시도했지만, 고용인인 국가가 육체적 처벌을 시행해도 고공의 권리나 위엄을 방어하려고 하지는 않았다.

공조의 양전 행정

또한 그는, 양전사업은 보통 호조가 관장했지만, 자신의 전제개혁에 수반된 해당 업무는 공조에 맡겼다. 그는 생산과 산업을 감독하는 책임을 모호하게 기록한 『서경』과 『주례』를 근거로 이런 결정을 정당화했다. 『서경』에서 토지를 감독하는 장관인 사공은 사민(사 · 농 · 공 · 상)의 거주지와 직업을 안정시키고 계절에 따라 토지의 이익과 생산을 조정했다.[37] 그러나 『주례』에서는 동관冬官이 산업이나 공사를 맡았다. 그 장의 대부분은 없어졌지만 후대의 주석학자들은 그것이 공조의 원형이

었다고 추정했다.[38]

유형원은 『서경』의 사공이 양전의 책임을 맡았으며, 현재 조선의 호조는 업무가 과중하지만 공조는 건설을 감독하는 임무 외에는 거의 하는 일이 없다고 지적했다. 그는 이것은 고대에 임무를 잘못 할당했기 때문이라면서 공조가 양전사업과 관련된 여러 업무를 수행하도록 했다. "공조가 토지를 관장한 뒤에라야 경계가 획정되고 백성의 거주가 정착되어 민생이 안정될 것이다."[39]

의례와 오락

유형원은 중복되는 관서를 폐지해 정부의 비용을 줄이려고 했지만 국가적인 의례와 오락은 여전히 필요하다고 보았다. 유교국가에서 의례의 봉행과 빈객의 접대를 맡은 장악원은 핵심적인 관서로 유지됐지만, 유형원은 당시 970명의 정원에서 아악과 속악을 통합하고 일부 악공을 과감하게 삭감함으로써 모두 1백 명으로 대폭 줄였다. 또한 그는 장님 악사樂師를 등용한 고대의 제도를 복원할 필요가 있다고 보았지만, 그 방안은 악공이 청의 의복과 격식을 따라야 할 필요가 생기자 폐지했다.[40]

또한 유형원은 오락을 담당한 관서도 따로 두었다. 통례원通禮院은 외국 사신의 접대를 맡은 명의 홍로시鴻臚寺를 본받은 것이었다. 조선에서 접대는 예빈시禮賓寺에서도 맡았다. 유형원은 고공을 고용하고 다른 관서에 소속된 한가한 공노비를 일시적으로 동원해 연회에 들어가는 과도한 비용을 충당하려고 했다. 국왕의 오락과 법적으로 허용된 연회의 비용은 사옹원이 관리했고, 필요한 물건은 지방 정부에 공납으로 바쳐진 자금으로 시장에서 물건을 사는 방식으로 전환됐다. 유형원은 국왕 · 왕비 · 세자의 집기와 침구를 마련하고 음식과 술과 차를 만들며

등불과 연료 등을 준비하는 등의 사무를 매우 세심하게 조직했다. 이런 업무는 상의원尙衣院과 사복시司僕寺에서 관장했다.[41]

천문 · 의약 · 외국어

유형원은 기술을 다루는 부서를 만들어 필요한 기능을 가진 사람을 널리 등용하려고 했다. 그는 관상감, 당시의 전의감에서 이름을 바꾼 태의원太醫院, 사역원에 대략 24명의 관원을 배치했다. 천문 · 지리 · 측우 · 의약 · 어학에 재능을 가진 전문가는 누구나 교수나 훈도를 겸임하고 특별한 토지가 분급됐으며 시재를 거쳐 품계와 녹봉이 올라갔다.

전의감은 국왕은 물론 양인을 진찰하고 약을 처방했다. 단일한 조직인 명의 제도와는 달리 당시 조선은 내의원 · 전의감 · 혜민서의 삼의사三醫司로 분할되어 있었다. 유형원은 내약국內藥局과 의학醫學을 통합해 40명의 학생을 입학시키려고 계획했다. 그들은 계절마다 한 번씩 시재를 치러 가장 우수한 사람은 승진했으며, 좋은 성적을 받은 사람은 토지 1경씩을 받았다.

그는 모든 관서를 통합하려고 구상했지만, 내의원은 독립적으로 유지시켰다. 그러나 그는 의술이 필요한 백성을 외면하고 국왕을 치료하기 위해 최고의 의원을 내의원에 배치하는 것보다는 의학에 뛰어난 잠재적 재능을 가진 학생을 얻는 데 주요한 관심을 두었다. 그는 의술을 맡은 단일한 부서를 두어 모든 의원을 거기에 배치한 뒤 국왕과 양인을 모두 치료하게 하는 제도를 선호했다.[42]

사역원은 한학(중국어)에 30명, 여진학(만주어)에 20명, 왜학에 15명, 몽학에 5명의 학생을 배치해 교육하면서 매달 식량을 주고 토지를 분급했다. 그는 그 학생들에게 체아직에 따라 녹봉을 주어 신분을 저하시키지 말고 안정적인 경제적 기반을 제공해야 한다고 생각했다. 역관은 정규 관원이 아니었고 사신과 동일하게 취급되지 않았기 때문에 유형원은 사역원의 장관은 정5품 관원으로 임명하고 역관은 낮지만 정규 관원으로 상승시키기를 바랐다. 명에서는 학식이 있는 거인擧人은 외국어 능력에 따라 관직에 임명되고 품계를 받을 수 있었기 때문에 이런 문제는 특히 중요했다.[43]

시장의 통합관리

또한 유형원은 시장을 감독하는 관원을 최소한으로 줄이고, 왕조 개창 당시 만들어져 1466년(세조 12) 당시의 이름을 갖게 된 평시서平市署를 혁파하자고 제안했다. 평시서는 상점, 도량형, 상품의 형태와 가격을 규제했는데 유형원은 그 관서를 유지할 것인지, 그 임무를 다른 관서로 이관할지는 확신이 없었다. 명에서는 (주대부터 당대까지 시장을 관리하는 관서를 중앙에 설치한 것과는 반대로) 시장을 담당한 단일한 관서가 없었다. 유형원은 시장을 관할하는 중앙 관서를 통합해 한성부에 소속시키려는 희망을 피력했다. 그러면 호조는 세수와 상품 가격을, 공조는 도량형을, 형조는 법률 위반과 계약을 둘러싼 분쟁을, 한성부는 수도의 시장을 관리하게 될 것이었다. 화폐와 시장에 대한 그의 태도가 점차 발전하고 있던 관련 분야에 대한 요구와 관련해 새로운 임무를 담당할 행정 관서가 필요하다고 확신했는지는 충분히 보여주지 않는다. 그러나 생산과 교역의 확대가 사회에 미치는 거대한 변화의 영향을 아는 사람은 누구나 육경에 책임을 분산한 고전적 방식보다는 호조와 공조를 통합한 관서를 창출해야 한다고 생각할 것이었다.[44]

통화와 창고업

정부조직의 또 다른 범주는 시장과 상업 활동에 관련된 관서들이었다. 유형원은 요역이 고용노동으로 바뀔 것으로 예상했지만, 경제 규모가 확대됐다고 해서 통화의 생산도 그만큼 필요할 것이라고 추정할 만큼 진보적이지는 않았다. 사실 그는 국왕이 현재처럼 화폐의 발행을 계속 금지할 것으로 예상했으며, 지폐를 발행하고 노비의 신공을 관리하는 사섬시는 더이상 필요치 않으리라고 판단했다. 그 임무는 호조로 이관될 수 있었다.[45]

수도의 창고는 3개였다. 유형원은 상평감常平監을 군자창軍資倉과 합쳐 매매한 상품을 보관해 시장의 가격을 안정시키자고 제안했다. 다른 두 창고는 특별한 목적을 가졌다. 풍저창豊儲倉(좌창左倉)은 수도로 유입되는 모든 미곡과 화폐를 저장했으며 광흥창廣興倉(우창右倉)은 정규 관원들의 녹봉을 지급했다. 유형원은 좌 · 우창에 보관된 자금은 종친과 정규 관원의 녹봉뿐만 아니라 서리와 공노비, 군사를 포함한 모든 녹봉과 지출을 포함한 정부의 합법적인 모든 지출에 사용한다고 명시했다. 이런 사항에서 유추할 수 있는 유형원의 전체적인 재정제도의 핵심은 요금 · 뇌물 · 선물 · 역가役價보다는 재정을 중앙화해서 정부의 재원으로 모든 비용을 관리하는 것이었다.

유형원은 상품을 운반할 때는 도난을 막기 위해 정확하게 기록해야 한다고 강조하면서 창고와 수송을 맡은 관원은 언제나 자금의 이송을 포함한 모든 문서에 서명하도록 규정했다. 창고를 관리하는 영관領官은 창고의 자금을 관리했으며, 창고에 소요되는 비용을 지불할 상위의 책임은 병조의 당상관이 가졌다. 달리 말해서 유형원은 서명된 문서를 좀 더 철저히 관리하고 상위 관서에서 재원을 감독하면, 과거에는 성공하지 못했지만, 정부의 자금 손실을 줄일 수 있을 것이라고 기대했다.[46]

그밖의 업무

유형원이 존치하려던 중앙 관서를 모두 열거할 필요는 없지만, 그는 도화서圖畵署 · 활인서活人署 · 제릉諸陵 · 진사원進士院 · 훈련도감(경병부京兵府로 개칭) 등의 관서는 유지해야 한다고 생각했다. 그는 와서瓦署에 소속된 20명의 와장瓦匠의 녹봉을 올려주어 국가가 그들의 생계를 보장해주어야 한다고 규정했다.[47] 그는 매년 성균관에서 가장 뛰어난 유생 30명을 선발하는 진사원의 정원을 늘려 좀더 많은 기회를 주도록 했다. 그는 액정서掖庭署의 환관을 50명에서 30명으로 줄였지만 국왕 · 왕비 · 세자에게 60명의 환관을 추가로 할당했으며, 그들은 녹봉을 더 받기 위해서는 사서와 소학 같은 기본적 유교 문헌을 공부하도록 했다. 또한 유형원은 환관이 처첩과 함께 사는 당시의 관행을 비판하면서 그럴 경우 처벌해 쫓아내도록 했다.[48]

유형원은 약간만 조정해 한 관서에서 다른 관서로 임무를 옮기고, 대신들의 범죄와 노비를 처리하는 관서를 신설하며, 요역을 고용노동으로 전환시키면서 전통적 육조의 골격 안에 정부의 업무를 거의 모두 조직하기 위해서 최선을 다했다.

관원과 서리의 규제

관원과 서리의 인원 감축

중앙 관제를 개편하려는 유형원의 목적은 관원과 서리의 숫자를 경제화하고, 정부에서 녹봉을 받지 못해 수수료나 뇌물에 의존하는 당시의 상태를 개선해 국가가 그 전체 비용을 대는 데 있었다. 그는 경관을 모두 540명으로 제한하고 45명의 녹사, 480명의 서리, 양인과 노비로 구성된 2, 955명의 조예, 그리고 1천 명의 소사小吏를 배치했는데, 여기에는 종친 · 의빈 · 공신 · 봉군封君에게 지급된 2백~3백 명의 이예吏隸는 포함되지 않았다. 천관우는 유형원의 제안이 중앙 관서에 소속된 관원의 3분의 1, 정규 관원의 60퍼센트, 육조와 기타 관서에서 565명의 고위 관원을 줄였다고 추산했다.

독립적인 관서가 줄고 존속된 관서들도 대부분 육조 중 하나에 배속되어 관리와 감독을 받았는데, 호조에 4개, 예조에 16개 등 모두 39개의 관서가 그러했다. 아울러 13개의 관서가 간쟁 · 종친 · 성균관 같은 특별한 업무를 맡기 위해 유지됐다. 유형원은 관제를 수정해 축소하고 의정부와 육조의 기능을 강화함으로써 통제력을 가진 관서를 개혁했지만, 전체적인 구조를 급진적으로 바꾸지는 않았다.[49]

중앙 관서의 이서를 위한 녹봉

이서가 정규 관원의 권력과 권한을 침탈하는 문제는 왕조 개창 이후 줄곧 개혁의 대상이었다. 이런 측면을 묘사하기 위해서 유형원은 정규 관원들은 앞으로 어떤 일을 맡을지 모르기 때문에 이서들이 그들의 권한을 침탈한다는 17세기 초반 허적이 인조에게 올린 발언을 인용했다. 광해군대 영의정이었던 조식은 "이서들이 모든 일을 처리한다"고 말했다고 허적은 언급했다.[50] 이런 상황은 중앙 정부에서 그들에게 녹봉을 지급하지 않았기 때문에 그들은 유일한 생계수단으로 부정을 선택할 수밖에 없게 되면서 악화됐다.

유형원은 중앙 관서의 이서직은 전체적으로 개편해야 하며, 그들의 정직과 청렴을 보장하기 위해서 정부에서 녹봉을 지급해야 한다고 생각했다. 유형원은 주대의 이상적인 제도를 원용하려고 했는데, 그들은 창고를 관리하는 부府, 문서를 맡은 사史, 일의 진행을 맡은 서胥, 심부름을 맡은 도徒였다. 주대 이서의 명칭과 임무는 일정한 수정 없이는 도입하기 어려웠기 때문에 유형원은 그것을 녹사 · 서리書吏 · 조예 · 소사小史라는 자신의 용어와 정의로 대체했다. 종인從人이라는 다섯 번째 부류는 승여乘輿를 탈 수 있는 자격을 가진 사람들을 위해서 말을 끌었다.[51]

유형원은 당시 조선에서는 중앙 관원에게 소속된 이서를 보상이 주어지지 않는 요역의 일부로 백성들에게서 징발하고 있다고 비판했다. 요역에 보상이 따르지 않는 것은 현실에 맞지 않았는데, 이서와 조예들도 생계를 위한 수입이 필요했기 때문이다. 녹봉을 지급하지 않음으로써 그들은 직업의 위신을 잃고 수수료나 뇌물에서 수입을 챙길 수밖에 없었다. 직무의 위신이 떨어지면서 그 업무와 관서의 효율성도 저하됐다.

명의 구준은 주대에는 이서의 정원이 제한됐고 농사를 짓지 못해 발생한 수입의 손실을 녹봉으로 보상받았으며, 한대에도 이서를 존중하고 그들이 자신의 가치를 느끼게 하기 위해서 그런 제도를 유지했다고 언급했다. 그러나 후대에는 그 정원이 너무 많아져 정부는 그들을 통제하고 봉양할 수 있는 능력을 잃었다.[52]

정부 운영의 효용성을 보장하기 위해서 유형원은 이서를 정규 관원으로 전환시켜 매일 일정 시간 동안 정규 업무를 할당해야 한다고 판단했다. 그는 이렇게 하면 그동안 공무보다는 사무私務에 치중했던 이서의 부당한 행태를 바로잡을 수 있을 것이라고 믿었다. 관서에 배속되지 못해 임무를 갖지 못한 관원과 이서들은 정규적으로 출근하지 않았기 때문이었다. "대체로 관원들은 출근하지 않고 집에 있었으며 이서들도 마찬가지였다."[53]

당시의 제도에는 이서의 교대 근무와 정규 임무가 모두 규정되지 않았는데, 이서에게는 특정한 임무가 없었으며 특정한 관서에서 의무적으로 근무해야 하는 시간도 없기 때문이었다. 유형원은 각 관서에 청사를 짓고 책임자를 배속하며 특별히 할 일이 없더라도 이서들에게 일정한 임무의 계획을 할당하도록 했다. 달리 말하면 중앙 관서들은 지방의 관원과 향리처럼 기능하고, 향리들은 교대로 근무해서 쉬는 시간을 받아야 한다는 것이었다. 끝으로 이서들은 모두 녹봉을 받았으며 정기적으로 시재를 치러 승진 또는 퇴출됐다.

이서에서 가장 높은 녹사는 의정부와 육조에서 공문서를 담당했다. 그들은 정규 관원을 돕도록 배치됐지만, 유형원은 어떤 경우 관원의 통제를 받지 않고 좀더 전문적인 임무를 수행하도록 했다. 그들은 이서 중에서 가장 뛰어난 인재만을 선발해 숫자를 줄이고 수준을 높였다.

서리書吏는 1품부터 당상관까지 1명씩 배속되어 시중을 들었으며隨從 나머지는 관청에 근무하면서直廳 사무를 보았다. 그들 중 가장 뛰어난 부류는 녹사로 승진했다. 선발은 최소 9년의 근무 경력과 이조에서 치르는 시재의 성적을 합산해 이루어졌다. 서리는 『효경孝經』과 사서四書 외에 『경국대전』·해서楷書·행산行算을 시험으로 치렀다. 그의 상관은 후보자가 흠이 없거나 범죄를 저지르지 않았다는 사실을 서면으로 보증했다.

녹사의 선발은 유형원이 정규 관원의 선발을 규정한 절차보다 더욱 복잡했다. 우선 이조에서 6년 동안 서리로 근무한 뒤 육경과 『가례家禮』를 시험했다. 그 시험을 통과한 사람은 녹봉과 토지를 추가로 지급받았는데, 이것은 개국 초기 이서들의 자질을 높이기 위해서 정도전이 제안한 방식과 비슷했다.[54]

당시에 의무를 마친 서리는 역승驛丞으로 근무하도록 했다. 그는 서리를 녹사로 승진시키는 시험과 추천제도를 시행해 15세기에 정규 관원의 지위와 권력을 높이기 위해서 격하된 서리의 위상과 후원을 복구하려고 시도했다.

반면 유형원은, 조선 전기의 제도를 따라, 서리가 의무를 마쳐도 정규 관원으로 승진시키지는 않으려고 했다. 고려 전기의 이서는 다수가 관원이나 향리 가문에서 선발됐기 때문에 신분이 높았으며, 당시는 7년 반을 근무하면 정규 관원으로 승진할 수 있었고 14세기 후반에는 9년으로 늘어났다. 15세기 중반까지 대략 4백~5백 명의 이서들이 정규 관원으로 승진했지만, 그 뒤 그들은 관서에 따라 최소 8년에서 31년— 평균 22년— 동안 근무해야 했기 때문에 그렇게 하기가 점점 어려워졌다. 그럼에도 불구하고 15세기 후반에는 정규 관직에 임명되는 문과 급제자보다 승진한 이서가 더 많았으며 문과 급제자의 2.2퍼센트가 현직 이서였다. 정규 관원으로 승진하기를 기다리는 이서의 적체를 해소하기 위해서 『경국대전』에서는 이서가 종6품에 도달하는 데 필요한 기간을 8년 정도로 줄였으며 그 뒤 녹사는 지방 수령이나 갑사 같은 무반 체아직으로 임명될 수 있었지만, 정규 관원으로 전환되어 정6품 이상으로 승진할 수는 없도록 규정했다. 이미 세조는 이서가 경직으로 승진하는 것을 금지했으며, 수령직은 물론 무반 체아직을 얻는 것도 더욱 어려워졌다. 그들은 그저 명목상의 영직影職만을 받았다.

양인 농민의 자제들은 좀더 낮은 이서직으로 좌천됐지만, 15세기에 문음을 받은 양반의 자제들은 녹사가 될 수 있었는데, 1473년(성종 4) 서거정徐居正은 주대에는 부·사·서·도들도 "학자로 포함됐다"면서 이런 관행을 칭찬했다. 그러나 1466년(세조 12) 무반 체아직은 녹봉을 받지 못하게 됐으며 그 뒤에도 지방 수령·역승·도승渡丞으로만 옮겨갈 수 있게 됐다. 문과 급제자가 증가하면서 그동안 수령에 임명됐던 이서를 대체하기 시작했으며, 시험에 의한 녹사의 선발도 대신들의 문음 자제와 친척들이 점차 많이 임명되면서 줄었다.[55]

고려시대에는 말기를 제외하고는 서리나 관공장官工匠 같은 비정규 관직을 포함해서 모든 관원들에게 녹봉이 지급됐기 때문에 유형원의 계획은 직역을 보상하기보다는 고려의 제도를 복구하는 쪽에 가까웠다. 그러나 조선 전기에 이서들은 녹봉을 받지 못했지만 일정한 수입을 제공하기 위해 녹관祿官(그 뒤 체아직으로 불렸다)으로 임명됐으며, 그들은 정부의 운영 비용을 줄이기 위해 잠시 동안 교대로 근무하면서 녹봉을 번갈아 받았다. 녹관으로 대체된 이서의 숫자는 1414년(태종 14) 19퍼센트와 1462년(세조 8) 10퍼센트로 줄었으며, 그것은 1466년 녹봉을 지급하지 않기로 결정되어 완전히 혁파됐다.[56]

유형원은 자신이 살던 시기에 녹사가 (수령은 말할 것도 없고) 역승으로 은퇴할 수 있는 기회는 문벌과 영향력 있는 관계를 갖고 있는 사람들만이 그런 자리를 얻을 수 있는 미세한 기회를 얻었기 때문에 완전히 없어졌다고 썼다. 그는 주대의 양인은 부·사·서·도로 근무할 수 있었지만, 정규 관원으로 나아갈 수는 없었다고 지적했다. 유학과 상반된 황제인 진 시황은 "유학자와 이서를 축출했으며" 그 뒤 한대에는 이서들이 정규 관원이 될 수 있는 관행이 시작됐다. 이런 관행은 15세기까지 조선에 영향을 주었지만, 17세기 중반 완전히 종식됐다.

조선에서 녹사를 포함한 이서의 지위는 18세기 중반 매우 하락해서 중인의 일부가 됐으며 기술관보다 천시됐다. 유형원은 음서의 자격을 가진 대신들의 자제를 채용하는 대신 취재取才를 치르도록 하고, 그것을 통해 일반 이서를 녹사로 승진시킴으로써 그 임무를 전문화하는 개혁안을 제시했다. 아울러 정규적인 녹봉을 지급하고 도덕교육을 강화하며 범죄를 저지른 부류는 자격을 박탈함으로써 이서의 지위를 향상시키려고 했다. 그러나 그들이 뇌물을 받거나 사기를 저지르면 퇴출되어 군역에 충원됐다.

세 번째 부류는 양인에서 충원되어 다양한 임무를 맡은 조예였다. 각사의 관원에게 배속된 조예의 숫자는 1품 관원에게는 7명부터 7품 관원에게는 1명으로 제한됐다. 나머지는 할당된 관서에서 근무했다. 유형원은 정부의 모든 관서와 관원에게 조예를 두었으며, 그들을 모두 양인에서 충원한 당시 중국의 제도를 높이 평가했다.[57] 그러나 조선에서 조예는 대부분 공노비였기 때문에 각사에는 양인과 노비신분의 조예를 관리하는 장부가 따로 있었다. 유형원은 노비가 인구에서 매우 높은 비율을 차지하고 있으므로 공노비는 물론 사노비도 조예로 충원해야 한다고 지적했다. 그는 현재 상황에서 노비를 조예에서 제외하기는 어렵지만, 교혼에서 양인 어머니의 소생은 면천하자는 자신의 제안이 받아들여져 노비가 부분적으로 감소한다면 번상 정병을 조예로 둘 수도 있을 것이라고 예상했다.

유형원은 진정한 국왕이라면 모두 세습적 노비제도를 폐지할 의무가 있지만, 그렇게 하지 못한다면 적어도 노비에게 주는 녹봉을 양인 수준까지 올려야 한다고 재차 강조했다. 그가 살던 시기에도 조예로 근무하는 노비와 양인의 의무는 동일했다. 앞으로 양인과 노비는 개인의 자격에 따라 모두 조예로 근무할 수 있었다. 현재는 정부가 양인과 노비 조예에게 녹봉이나 특별한 직함, 임무를 부여하지 않았지만, 곧 그렇게 될 것이었다. 양인과 함께 조예로 일하는 사노비는 신분의 차별을 받지 않았기 때문에 정부가 조예를 평등하게 취급하는 정책도 곧 시행될 것이었다.[58]

가장 낮은 범주는, 조선에서만 있는 부류였는데, 각사에 분포한 소사였다. 유형원은 그들을 그 일에 자원한 소년이라고 정의했지만 이서 또는 사노비의 소생인지는 밝히지 않았다. 그들의 신분은 지역에 따라 달랐는데, 특히 함경도에서는 관원과 천첩 사이에서 태어난 서얼이 그 일을 독점했다. 유형원은 고대에는 소년을 고용하지 않았으므로 앞으로는 중단해야 한다고 지적했다. 그는 부모의 신분에 상관없이 16세 이후부터 그 일을 할 수 있도록 했다. 20세가 되면 가장 뛰어난 사람은 서리의 공석을 채웠으며, 그 다음은 조예가 되거나 귀가해 농사를 지었다. 주대에는 천관天官이 소사를 감독했지만, 당시에는 각사의 장관이 소사를 임명하고 그들의 장부를 관리했다. 그 명단은 일단 이조로 보냈으며, 녹봉을 지급하기 위해 다시 호조로 보내졌다.

이서 중 가장 낮은 부류는 종인이었는데, 모든 당상관에게 2명씩, 당하관에게 1명씩 배속됐다. 법률에서는 과도한 비용을 줄이기 위해서 관청의 종인과 사노비까지 모두 포함해서 정1품 관원에게 12명, 7품 이하는 3명으로 총수를 제한했다.

유형원은 승교乘轎·승헌乘軒·승마乘馬와 관련된 규정도 마련했다. 1~2품의 경관만이 초헌軺軒을 탈 수 있었는데, 이것은 진 시황부터 시작된 관습이었다. 조선에서는 원래 고관에게만 허용됐지만, 17세기 무렵에는 모든 관원들이 탈 수 있었다. 유형원은 노비와 종인의 지위와 대우를 높이려고 생각했지만, 이런 특권은 왕자와 의정에게만 허용했으며 앞으로 양인들도 초헌을 탈 수 있을 정도로 보편화된 뒤에만 그런 권리를 확대하려고 했다. 달리 말하면 하층신분은 상층신분에게 허용되는 특권을 가질 수 없다는 것이었다.

아울러 그는 공무를 수행하는 관원에게 역원의 말을 빌려주는 것을 제외하고는 견마牽馬를 사용하지 못하도록 금지했다. 유형원은 지위에 따라 재산과 권력을 자랑하는 것을 막고 정부의 지출을 줄이기 위해 종인의 사용을 엄격히 제한했다.[59]

관품

유형원은 관품제도의 근본적인 오류를 수정하는 데도 관심을 기울였다.[60] 주요한 문제의 하나는 무관에 대한 차별대우였다. 문관과 무관의 품계가 엄격히 구분되어 있을 뿐만 아니라 무관의 최고 품계는 정3품 당하관이었다. 주가 멸망한 이후 문관과 무관은 둘로 나뉘어 문관은 문학적 기능 외에는 지식이 없고 무관에게서는 문학적 임무를 더이상 기대할 수 없게 됐다는 마단림의 지적에 고무된 유형원은 무관을 문관과 독립적이지만 그와 상당하는 정 · 종의 18품계를 부여하려고 했다.[61] 유형원은 품계는 6세기 수대부터 시작됐는데, 당시는 무관을 차별하지 않고 산관의 품계만 부여했다. 관품제도는 당이 문반과 무반을 나누고 품계를 수십 개로 늘리면서 확대됐는데, 유형원은 중국 역사상 가장 나쁜 실수 중 하나라고 지목했다.[62]

조선의 불규칙한 관품제도는 여러 부수적인 문제를 낳았다. 조선에서는 9품을 정 · 종으로 나누었으며, 정3품의 상계上階와 하계를 기준으로 당상관과 당하관을 나누었다. 이 구분은 확고했지만 정3품 이하의 관원들도 일부 포함됐다. 유형원은 당상관의 범주를 폐지하기보다는 정3품 이상의 관원에게만 그 명칭을 한정해야 한다고 판단했다. 즉 종3품 이하의 관원에게는 당상관이라는 명칭을 부여하지 말아야 했다. 그 주된 목적은 하위 품계에서는 소수만이 당상관으로 진출할 수 있게 함으로써 고관의 수준이 떨어지는 것을 막으려는 것이었다.

또한 유형원은 7~9품의 참하관은 정 · 종을 구분하지 않는 당시의 제도는 유지할 수 있지만, 제도 전체를 그렇게 바꿀 경우만 가능하다고 제안했다. 달리 말하면 정 · 종의 일반적인 구분이 없어지면 품계는 18개에서 9개로 줄 것이지만, 그렇지 않다면 참하관도 정 · 종을 구별해야 한다는 것이었다.[63]

관품제도의 이런 개편은 문관과 무관의 칭호를 공평하게 한 부분을 제외하면 당시의 제도를 거의 그대로 유지한 것이었다. 앞서 유형원은 관원들이 주대의 인문적 기풍을 배우도록 다시 교육시켜 유교 경전과 중국 역사뿐만 아니라 무예와 음악에도 일정한 지식을 가져야 한다고 강조했다. 무관을 승급시킨 것은 문관을 위축시켜 무관의 지배를 용인하려는 의도가 아니라 문과에 급제할 수 있는 공식을 기계적으로 암기한 부류에서 고대의 균형 잡힌 보편적 지식인으로 관원을 바꾸려는 목적이었다.

원형 그대로는 아니었지만, 유형원은 기본적으로 고대 중국의 구명九命에 기초한 18품계를 채택하려고 생각했다. 그는 삼국시대나 통일신라 시대의 명칭으로 돌아가기보다는 자국에만 있는 고유한 이름을 없애려고 했는데, 고대 중국의 모범과 가장 가까운 타협점을 찾으려고 했기 때문이었다.

행정의 이완과 낭비의 교정

산만한 업무 수행

유형원은 17세기 중반 허적이 국가 재정의 혼란을 지적한 발언을 인용했다. 지방 수령들은 공조工曹의 업무를 위해서 많은 자금을 냈지만 아무것도 받지 못했다. 빈농들은 병조에 소속된 보병에게 물건을 운반하라는 요구에 시달렸지만 병조는 그들에게 지불할 재원이 부족했다. 관원과 이서들은 거의 화폐와 곡물을 모으고 공무로 국고를 지출하며, 범죄사건과 민사소송을 처리하고 중요한 의례를 거행하는 임무와 관련된 지식이 거의 없었다.[64]

허적은 이런 상황의 부분적인 이유를 정규 관원들이 이서에게 일처리를 대신 맡기고 업무를 돌보지 않기 때문이라고 지적했다. 유형원은 모든 관청에서 있어야 하는 위엄과 존중의 공식적인 정신이 결여됐기 때문에 관원들이 제대로 출근하지 않는 것이라고 판단했다. 이런 정신의 모범은 1574년(선조 7) 조헌의 상소에서 제시됐는데, 명의 예부는 매일의 업무를 의례에 가까운 공식적 절차로 시작한다는 것이었다. 당상이 도착하기 전에 하관들은 중앙 관청의 계단 좌우에 도열해 서로 인사하면서 당상이 후문에서 들어와 청사로 들어가 착석하기를 기다렸다. 당상이 도착하면 하관들은 그에게 일제히 절하고 답례를 받은 뒤 서로 인사하고 청사를 떠났다. 이런 절차는 이서들도 사행했다. 그런 뒤 관원들은 자기가 소속된 관서로 가서 일과를 시작했다.

임무를 띠고 지방에서 올라온 관원은 올바른 절차와 예절에 따라서 중앙 마당의 단상으로 나아가 무릎을 꿇고 낭청에게 청원서나 보고서를 전달하고, 낭청은 그것을 당상의 책상에 놓았다. 지방 관원이 절하고 물러나면, 그 서류를 맡은 관원은 농의와 결정에 자신들의 의견을 전달했으며, 모든 결정은 하루나 이틀 안에 내려졌다. 두 번째 올리는 청원이거나 여러 백성들이 올린 탄원이면 결정은 당일로 내려졌다. "이처럼 중국 관서의 절차는 정규적이고 엄격하며 업무처리에 지연이 없었다."

조헌은 의례와 그 절차는 관서에 봉사의 진지한 분위기를 조성하기 때문에 매우 중요하다고 확신했으며, 조선의 관청에서는 느슨하고 시간을 낭비하며 산만하게 업무를 처리한다고 비난했다. 그러나 문제는 좌랑佐郎과 정랑正郎이 서로 공식적으로 존중하지 않는 것이 아니었는데, 그들은 서로 말할 때도 고개를 감히 들지 못했으며 관서의 장관에게 모든 공식 업무를 성실히 보고했다. 그가 문제로 지적한 것은 업무처리의 지연이었다.

> 공사公事를 어떤 관서에 맡기면 거기서는 그 일을 모두 처리하지 못해 열흘에서 한 달까지 걸리기도 합니다. 백성들의 송사는 서리書吏에게 뇌물을 주지 않으면 판결이 내려지지 않습니다. 신은 이런 폐단을 없애지 않으면 결국 나랏일이 다스려지지 않게 될까 걱정됩니다.[65]

유형원은 중앙 관서에서 근무하는 관원들은 정규 근무시간에 출근하지 않고 집에 머물러 있으며, 지방 관원들은 공무를 처리하는 대신 사적인 손님을 만나서 오락을 즐기거나 개인적인 일을 본다고 직접 확인했다. 지방 감영에서 관찰사 다음의 관직이었던 도사都事는 사무를 결정할 때 관찰사와 함께 앉아서 조언하지 않았으며, 하루에 한번 문안만 올렸을 뿐이었다. 관찰사와 절도사는 관원들이 업무를 수행하고 백성들이 고통을 겪고 있는지를 살펴보기 위해 도내의 모든 군현을 정기적으로 순행하도록 되어 있었는데, 완수하려면 상당한 시간이 필요한 업무였다. 그러나 관찰사는 수령은 만나보지도 않고 각 현의 업무를 하루만에 살펴보고 서둘러 마무리했다.

유형원은 만약 주요 관원들이 가족과 함께 수도에 거주하면서 업무시간에 출근하도록 하면 "모든 관서에서 명령이 시행되고 사무가 일정하게 처리될 것이며, 백성들은 (관원에게 본연의 임무에 충실하라고) 요구하지 않을 것"이라고 결론지었다. 그는 합당한 이유가 없으면 관원들은 매일 출근케 하는 규정을 제안했다.

지방에서는 도사뿐만 아니라 병사와 수사의 이서들도 상관의 관청에서 열리는 모든 업무 회합에 참석하도록 했다. 관찰사는 적절한 이서를 선발해서 함께 각 현을 순행해 작은 현에서는 최소 3일, 큰 현에서는 6일을 머무르면서 철저히 조사하고 수령을 모두 만나 그들이 업무를 충실히 수행하는지 확인해야 했다. 순행의 비용은 지방 재정에서 충당하고, 농민에게 자의적으로 요구할 수 없었다. 아울러 관찰사와 절도사는 모든 학교를 방문해서 공자에게 의례를 올리고 도덕교육을 강의했다. 그들은 지방의 현안을 알기 위해 백성들에게 질문하고 향리와 관원들의 부정한 징세를 막기 위해 도량형을 감독했다. 이렇게 조사함으로써 관찰사는 지방 수령의 포상이나 처벌할 근거를 확보했다.

매일 엄격히 출근하는지를 확인하기 위해서 관원이 출근했음을 알리는 표지를 관서 문에 붙이도록 했다. 일과가 끝나면 하위 관원과 이서들은 상관이 퇴청했음을 알리는 신호가 떨어진 뒤에야 귀가할 수 있었다. 그러나 유형원은 공무가 없는 날은 관원들이 손님을 만나거나 책을 읽거나 음악을 연주하거나 활쏘기를 연습하는 등 자기가 하고 싶은 일을 하도록 허락했다—이것은 그가 원칙적으로 자유주의를 믿었기 때문이 아니라 "중국에서 시행되고 있는 방식이라고 들었기 때문"이었다. 요컨대 조선의 느슨한 관료적 관행을 바로잡기 위한 유형원의 규정은 명의 관료제도를 상찬한 조헌의 상소에서 큰 영향을 받은 것이었다.[66]

당시 명이 쇠망하고 있다는 징후는 이미 명확했기 때문에 조헌이 현지에서 한두 주 정도 머무른 뒤 그 나라에 대한 보고서를 작성할 수 있을 정도의 '즉각적인 전문가' 중 한 사람이었거나, 또는 당시 조선의 관료적 관행이 너무 해이해 쇠락하고 있던 명의 관료제도조차 놀랍도록 숙련되고 엄정하게 보였는지 판단해야 한다.

그러나 유형원의 동기는 달랐는데, 그는 두 번의 호란과 1644년 명의 멸망, 그리고 조선에 대한 청의 영향력이 확고해진 뒤 이 부분을 썼기 때문이다. 청은 위대한 명의 문화를 멸망시킨 야만족이라는 생각이 조선에 만연했고 유형원의 마음에서도 그러했을 것이기 때문에, 16세기 후반 중국의 현실에 대한 조헌의 과장된 시각은 그가 명대 후반에 상소를 올렸을 때보다 더욱 설득력 있게 다가왔을 것이다.

연회와 음주의 제한

방탕한 사치의 폐단에 대한 유형원의 관심은 왕실의 연회를 넘어서 정부의 모든 부분으로 확대됐다. 그는 연산군대의 신하들은 번영의 시대를 살고 있는 것처럼 호화로운 연회를 즐겼고, 검소하라는 지속적이고 '간절한' 탄원을 무시하면서 쾌락에 탐닉했으며, 백성들의 도덕 또한 폐기됐다고 중종에게 조광조가 올린 비판을 인용했다.

아울러 유형원은 조선에서 사치스러운 연회와 음주에 탐닉하는 경향이 늘어나고 있다는 조헌의 비판도 인용했다. 조헌은 자신이 관찰한 중국인들은 손님에게 음식을 접대할 때 항상 집기의 숫자와 술잔의 크기, 술잔을 돌리는 횟수를 제한했다고 선조에게 보고했다. 중국 관원들은 자신의 기호나 손님을 대접하기 위해서 백성에게서 닭이나 생선 하나라도 빼앗지 않았다. 전체적으로 명의 문화를 과장되게 상찬하면서 그는 중국인들이 술을 좋아하지 않으며 음주 때문에 행정이 마비되지는 않는다고 주장했다.

그러나 조헌은 조선인들이 비용은 전혀 생각하지 않고 언제나 음식과 술을 풍성하게 장만한다고 믿었다. 비용을 줄이기 위해 집에서 식사해야 하는 내수사의 관원들은 음식과 물건을 과도하게 지출했으며, 향촌의 가난한 유생들도, 규모는 작았지만, 너무 인색하다는 비판을 두려워했기 때문에 같은 잘못을 저질렀다.

지방 수령들은 손님을 접대하는 데 음식과 집기를 제한한 규정을 아랑곳하지 않았는데, 자신을 방문한 관원들은 얼마나 풍부하게 음식과 선물을 제공받았는가에 따라 스스로의 가치를 판단하며, 수령들은 그들의 기대를 저버릴 용기가 없었기 때문이었다. 국왕도 자신이나 손님을 위해서 소를 잡기 전에 두 번 생각해야 했지만, 향리들은 수령의 손님을 접대하면서 주저 없이 그렇게 했다.

상황은 중국으로 오가는 사신과 관련해서 더욱 악화됐다. 그때는 술과 음악을 곁들인 아홉 차례의 잔치가 한밤중까지 이어졌다. 소를 잡고 많은 쌀을 들여 술을 빚었을 뿐만 아니라 백성에게서 물품을 징발했고 향리들은 등잔 기름과 베개와 이불을 댔으며, 노비들은 그들이 좋아하는 과일과 야채를 바치느라고 힘들었다. 너무 힘든 노비들은 이런 폐해를 견디다못해 도망갔다.

조헌이 보기에 가장 심각한 해악은 조선인의 고질적인 과음이었다.

가장 심각한 부류는 국경과 원지遠地에서 근무하는 장교들이었는데 "그들은 술을 더욱 좋아해서 진지를 버리고 월경越境해서 며칠 동안 술에 취해 군사들은 돌보지 않습니다. 적이 그 틈을 타고 공격한다면 어떻게 막을 수 있겠습니까."

조선인들은 술을 좋아해서 그것 때문에 '요절하는' 사람도 많았다. 조헌은 이런 풍토를 없애기 위해 국왕이 조처를 취할 수밖에 없다면서 명 태조의 금주령을 공포해야 한다고 주장했다. 그는 지방의 향음주례·향사례, 손님을 위한 중요한 연회와 희생제에 사용할 작은 용량의 술잔 모형을 만들어 지방에 보내야 한다고 조언했다. 또한 그는 모든 공식적인 자리에서 제공되는 술잔의 횟수를 제한한 중국의 법제를 따르고, 잔치에서 세 차례 이상 건배하는 사람을 처벌하라고 건의했다.

조헌의 제안은 유형원에게 커다란 영향을 주었으며, 유형원은 국왕에게 세 가지 사항을 제안했다. 모든 관원들은 식사를 직접 가져와야 했다. 지방을 방문한 사신과 손님의 음식과 기구는 그의 품계에 따른 규정에 맞추어 제한됐다. 국왕의 공무로 지나가는 사신과 관원, 또는 외국에서 돌아오는 사신들만이 무례하고 홍청대는 잔치가 아니라 공식적인 연회를 즐길 수 있었으며, 그밖에는 잔치가 허용되지 않았다.[67]

중국의 의복과 언어

말총 갓의 폐지

유형원의 개혁안에서 가장 의미 있는 한 가지 측면은 매우 사소하게 보이는 문제였는데, 그것은 '모든' 의복과 모자를 중국 제도로 채택하자는 계획이었다. 그러나 유형원은 독자들에게 당시 중국 의복에 어떤

'오류'라도 있으면, 예컨대 중국 의복이 고대의 격식에 충실하지 않다면, 정부는 고대의 의복제도를 연구해서 그 오류를 바로잡아야 한다고 주장했다. 그 결과 유형원은 조선의 전통적인 말총 갓을 폐지하고, 『예기』에 서술된 심의深衣를 채택하며, 여성에게 중국식 모자를 착용시키고, 지방 관원도 중앙 관원과 같은 의복을 입도록 하는 규정을 요구했다.

이런 생각의 직접적인 영감 또한 조헌의 상소에서 왔다. 명의 의복에 대한 조헌의 존경은 일본 메이지시대의 급진적인 서구화론자들이 주장한 무차별적인 문화수용을 떠올리게 한다. 명과 조선이 청에게 복속되고 70여 년이 흐른 상황에서 조헌의 중국 선호는 매우 매력적이었기 때문에 유형원은 다양한 중국의 의상에 대한 조헌의 긴 서술을 인용했다.[68]

명 홍무洪武(1368~99)연간의 의복 형태와 치수를 연구한 조헌은 당시 조선의 의상과 모자와 비교해서 그 의상의 우월성 · 실용성 · 단순성 · 경제성을 칭찬했다. 그는 평양과 의주 등의 일부 지방을 제외한 향리들의 천박하고 조잡한 복장을 개탄하면서 모두 정식 의복을 입게 해야 한다고 제안했다. 그는 남성에게는 명의 머리모양을 따르게 하도록 조언했는데, 15세 이하의 소년은 땋게 하는 대신, 그리고 20세 이상의 고관의 자제나 유생 · 양인들은 상투와 갓 대신 생머리를 하도록 했다. 여성들은 긴 비녀로 쪽을 지는 중국풍을 채택하고 모자에 너무 많은 모피를 사용하는 사치스러운 풍습을 버리도록 했다.

그는 중국 남성들이 착용한 여러 모자, 특히 유학자들의 테가 넓은 모자와 무관들의 모피 모자, 그리고 그밖에 서리와 양인들이 착용한 모자를 좋아했다. 그는 말총 모자도 중국에 있지만 유일한 모자는 아니라고 지적했다. 그러나 조선에서는 '귀천을 막론하고' 모든 사람들이 값비싼 말총 갓을 착용한다고 비판했다. 아울러 그는 신분에 따라 다른 모자를 써야 한다고 주장했는데, 신분차별을 옹호하는 그의 태도를 보여준다.

조헌은 일부 사대부 가문에서는 자녀들에게 중국식 머리모양을 따르도록 하고 싶어도 국왕이 허락하지 않을까봐 시행하지 못했다는 말을 들은 적이 있다고 언급했다. 조헌은 선조가 이런 명의 풍습을 모두 받아들이고, 사대부 가문이 그렇게 하도록 허락하면 백성들이 모범으로 삼아 따를 것이라고 생각했다. 그는 앞으로 어느 때인가는 중국에서도 조선이 문명국의 선진적인 의복을 입은 나라가 됐다고 말할 것이라고 기대했다.[69]

조헌은 중국 의복의 우월성을 존경하는 한편, 조선 남성의 가장 특징적인 의복인 말총 갓을 비판했다. 자국의 풍속을 혐오하고 중국의 우월성을 숭배한 그는 명의 위대한 문명이 다양한 문화뿐만 아니라 야만적인 생활방식까지도 전체적인 통일성으로 전환시킬 수 있다는 사실을 의심치 않았다. 수도에서 1만 리나 떨어진 중국 남부의 운남雲南과 남서부의 귀주貴州는 최근까지 비중국 또는 야만적 문화와 의복을 따랐지만, 이제는 모두 중국적인 의복을 입었다.

"하물며 우리 같은 기자의 나라는 중국의 수도와 4천 리도 떨어져 있지 않으니 실제로는 주대에 있었던 오복五服의 제후와 다를 바 없지만 의관은 부끄러운 부분이 많습니다."

그는 모든 형태의 중국 의상을 그려서 바칠 테니 그것을 복사해서 지방에 배포해 조선 의복을 중국풍으로 바꾸자는 제안으로 결론을 맺었다.[70]

조헌이 보여준 중국과 명 문화의 우월성에 대한 존경과 조선 풍습의 열등성에 대한 감정은 당시 조선의 지식인들보다 조금 극단적이었지만, 기이하거나 비난의 대상으로 비치지는 않았을 것이다. 그러나 지금의 관점에서 보면 조헌의 발언은 매우 당혹스러운데, 극단적인 민족주의가 지배하는 북한에서는 『반계수록』을 번역하면서 앞서 인용한 부분을 삭제할 정도였다.

유형원이 조헌의 상소를 길게 인용하고, 그것을 근거로 명의 의복제도를 실제로 채택하자고 제안했다는 사실은 그 자신이 중국의 방식을 존경했으며, 그를 포함한 실학자들에게서 자주 유추되는 근대적 민족의식이 부재했다는 측면을 보여주는 강력한 증거다. 조헌은 물론이고 유형원의 태도는 보편적 타당성을 가진 웅장한 문화와 문명에 자신들이 동참하고 있고 자국의 백성들을 그 문화의 수준까지 올리는 것이 자신들의 역할이라고 믿었던 당시 조선 학자들의 심성적 특징이었다. 유형원은 명의 문화뿐만 아니라 고전적 고대의 표준에도 매혹됐는데, 명의 의복이 고전에 서술된 제도를 정확하게 복원한 것이 아니라면 조선의 학자들은 그 차이를 발견해서 고대의 원형에 맞도록 바로잡아야 한다고 덧붙였기 때문이었다.

그런 목적에서 그는 1613년(광해군 5) 한백겸이 심의를 길게 서술한 내용을 인용했다. 한백겸은 『예기』를 철저히 분석해 주희의 두 제자가 의복의 형태와 관련된 일부의 해석을 논박했다. 그는 원자료에 초점을 맞춰 그 의미를 파악하기 위해서 추론하고 숙고했는데, 이것은 18세기 청의 고증학考證學보다 앞선 방법이었다.[71]

중국어의 발음과 회화

지금까지 중국 고전에 대한 유형원의 존경을 입증하는 충분한 증거를 보아왔지만, 그는 중국어 회화에 대해서는 전혀 언급하지 않았는데 그것은 논의한 주제와 전혀 무관했기 때문이었다. 그러나 명의 의복을 채택하자고 강조했다는 사실을 보면, 그는 청의 지배 아래 있더라도 당시 중국에서 배워야 한다고 믿은 것이 분명하다. 유형원은 조선의 지식인들이 중국 고전을 충분히 읽지만 중국어 회화는 거의 하지 못한다는 유감스러운 사실을 발견했다.

15세기 초반 세종은 한어의 발음사전을 편찬하라고 지시함으로써 이 문제에 직접 맞섰는데, 우선 신숙주가 주석을 단 『홍무정운역훈洪武正韻譯訓』을 펴냈으며, 그것이 너무 방대하자 『사성통고四聲通考』라는 축약본을 만들었다. 유형원은 세종이 승문원承文院을 만들어 처음 입사한 관원들에게 한어와 이두를 배우도록 했다고 언급했다. 세종은 『사성통고』를 사용해 그 관원들에게 한어 발음을 가르쳤으며, 그들에게 어학 학습의 일부로 모든 한자를 중국 발음으로 사용하도록 지시했다. 그러나 유감스럽게도 이런 지시는 철회되어 조선의 관원과 이서들은 그 뒤 한자의 조선 발음을 사용했다. 중국과 국가의 중대 사안을 논의할 때마다 통역에게 모든 일을 맡긴 것은 사안을 충분히 이해하는 데 상당한 장애가 됐다.[72]

유형원은 중국인과 의사소통을 쉽게 하기 위해 세종의 중국어 교육안을 복구해야 한다고 생각했고, 열정적인 민족주의자가 분개할 만한 표현으로 그런 생각을 나타냈다.

> 선왕의 뜻을 따라 오랑캐를 한족으로 변화시키려고 한다면 민간의 언어를 한꺼번에 바꾸기는 어렵더라도 모든 문자를 중국 발음으로 따르고, 선비가 배우는 경서의 언해는 모두 『홍무정운』의 발음을 적용해 읽고 외우게 해야 한다.[73]

또한 유형원은 자신이 구상한 새로운 학교에 다니는 모든 학생들은, 고전 중국어는 중국에서도 쓰이지 않지만, 그 발음으로 고전을 읽게 했다. 그는 이렇게 하면 한어를 말할 수 있는 사람을 많이 양성할 수 있으며, 관원들에게 한어 회화를 시험해 그 성적에 따라 승진이나 강등시키는 방안을 추천했다. 나아가 그는 중앙의 모든 문관을 승문원에 모아

두 서적을 한어와 이두로 각각 암송케 하는 법률도 고안했다. 그들은 발음에서 절반 이상이 옳은지를 기준으로 승진되거나 강등됐다. 아울러 수도의 성균관과 사학, 지방 향교의 학생들은 표준적인 한어 교재로 석 달마다 암송 시험을 치렀다.[74]

강요는 아니었지만 넓은 범위의 문관에게 중국과의 외교적 의사소통과 중국의 상황에 대한 일반적 이해를 촉진하기 위해서 한어학습을 추진한 유형원의 태도는 우월한 중국 문명에 무기력하게 복종하거나 자국어를 완전히 모욕한 결과는 아니었는데, 그는 한어 발음의 설명과 필사를 위해서 이서들이 이두를 사용하거나 한글을 사용하도록 허용했기 때문이었다. 민족주의자들도 한어 회화가 중국에 간 조선의 지식인들이 대부분 사용한 방법인 전통적인 필담筆談보다 훨씬 유용하다는 사실은 모두 인정했다. 그러나 "오랑캐를 한족으로 변화시키기 위한" 수단으로 한어를 배워야 한다는 그의 발언은 조선의 지식인이 중국 문화, 특히 고전적 중국 문화의 보편적이고 국제적인 표준을 존경하는 태도가 특수한, 그러므로 부족한 조선 고유의 문화를 압도한 시대에만 나올 수 있는 발언이었다.

결론

유형원은 고대 성인의 제도를 원형 그대로 복원하려고 시도한 근본주의자는 아니었지만, 전체적인 관료제도는 국왕을 도덕적인 방향으로 인도하는 1명의 수상과 2명의 의정을 두고 정무는 육조가 분장해야 한다고 믿었다. 육조는 그 하위 관서를 통솔해 업무를 추진하며, 모든 관서들은 육조 중 하나에 배속됐다. 임무의 중복과 한직은 물론 국왕의 측근과 정규 관원, 문관과 무관 사이의 피상적인 구분은 모두 철폐해야 했다.

유형원은 불필요한 관서를 철폐하려고 계획하면서 단지 주대의 근본적인 선례로 돌아가려고 시도한 것이 아니라 중요한 관제의 원리를 새로 도입했다. 유형원은 전문적인 간관이 건강한 정치에 도움보다는 해악을 끼치는 것으로 밝혀졌다는 판단에서 그 인원을 줄였다. 유형원은 관원의 정원을 감축했을 뿐만 아니라 재원이 완전히 확보된 상태에서만 임무를 수행하도록 함으로써 정부의 지출을 줄였다. 그는 상점과 시장을 한 관서에서 통합해 관리하도록 해서 임무의 중복을 없애고 수도의 불필요한 경찰 관서를 혁파했으며, 군사조직을 합리화하고 사간원을 혁파했다.

그러나 그는 노비제도를 비판했지만, 폭증하는 소유권 분쟁을 다루기 위해서 기존의 장예원과 함께 노비를 다루는 장예사를 신설했다. 그는 춘추관을 지배한 대신의 영향력을 줄이고 의관 · 역관 등의 수준과 품계를 높였으며, 환관의 교육 수준을 제고하고 정확한 기록을 작성하며 수령과 번갈아 확인케 함으로써 창고 운영을 투명하게 했다. 이런 논의는 주대의 위대한 제도를 상찬하면서 시작되어 행정 절차와 비용을 합리화하는 것이 중요하다고 강조하면서 끝났다.

유형원은 중앙 각사의 이서와 관련된 문제에 관심을 기울였다. 그의 가장 중요한 제안 중 하나는 모든 이서에게 녹봉을 줌으로써 조선의 관료제도에 고착된 부패의 주요한 원인의 하나를 제거하려는 것이었다. 그러나 유감스럽게도 그 제안은 채택되지 않았다.

또한 그는 이서의 조직을 두 등급으로 나누고 시험을 거쳐 서리가 녹사로 승진할 수 있도록 했다. 역설적이지만, 관료제도가 시행된 조선시대보다 귀족제도가 우세했던 고려시대에 이서는 정규 관원으로 좀더 자유롭게 올라갈 수 있었고, 16세기 초반까지도 녹사는 대신의 자제 및 급제자와 동등한 지위로 간주됐으며, 6품까지 오른 뒤에는 과거를 치르거나 정규 관직으로 옮길 수 있었다. 주대에는 이서가 관원과 동등하게 간주된 선례가 없었기 때문에, 그는 이서의 지위가 좀더 높았던 조선 전기의 제도를 복구하려고 하지는 않았다. 그는 당시의 일부 견해처럼, 직능의 숙련도와 교육 수준에 따라 구분되어야 한다고 생각한 쪽에 가까웠다. 그는 정규 관원과 이서의 근본적인 구분을 받아들였지만 (그런 관행에 대한 마단림의 비판과는 반대로) 이서에게만 해당되는 취재시험을 개선하고 그들 자체의 승진체계를 만들려고 했다.[75]

이서는 정규 관원과는 다른 방법으로 등용됐으며 이서로만 근무해야 했다. 이서에 대한 그의 태도는 보편적 인문지식인을 선호하고 특정한 기술지식을 가진 기술관을 폄하하는 인식을 보여주었다. 한영우는 이런 태도가 15세기 초반의 분위기보다는 왕조 중반의 성리학의 편견 때문이라고 지적했지만, 그런 설명은 유형원의 태도와는 모두 일치하지 않는다. 사실 15세기 후반의 일부 성리학자들은 왕권과 중앙집권적 관료제도의 강화, 문무관의 평등한 대우, 모든 신분에 대한 관직의 개방 같은 유형원의 핵심적 제안과는 반대되는 입장을 가졌다. 유형원은 양반의 특권에 반대하고 이서를 전문화해서 그들의 지위와 신분을 높이려고 했지만, 일생의 절반을 학교에서 보편적 인문지식을 배우고 연구하는 데 바쳐야 하는 상층신분의 정규 관원과는 구분하려고 했다.[76]

유형원은 자신의 개혁을 점진적으로 추진해 관서의 잡무를 처리하는 조예로 공노비를 동원하지 않으려고 했지만, 노비제도가 혁파되기 전까지는 조예의 지위와 녹봉을 양인 수준까지 올리기를 바랐다. 그는 신분에 상관없이 조예에게 정규적인 녹봉을 지급함으로써 부정과 비효율의 주된 원인을 없애려고 했다. 또한 그는 녹봉을 받지 못하는 소사를 폐지하고 그 자리를 정규 관직으로 전환시키려고 했다. 그의 제안이 관료제도의 하층에서 중요하고 핵심적인 개혁을 시도한 것은 분명했다.

유형원의 포괄적인 관제개편안은 합리적인 개혁과 계획에 입각했다는 특징을 가졌지만, 그는 역사와 관습보다 개인적 지식이 우선하거나 우월한 기준이 된다고 인정하지는 않았다. 그의 이성적 능력은 전통적 교육, 혼인 풍습, 남성 우위, 획일적인 관료제도의 전통을 존중했지만, 낭비 · 나태 · 비효율 · 부정과 노비 · 여성 · 서얼에 대한 부당한 차별을 없애려고 노력했다. 그가 강제적인 요역을 임금노동으로 대체하려고 한 사실은 당시의 변화하는 상황에 유연하게 대응하는 태도를 보여주지만, 근대 경제의 잠재적인 활력을 아직 감지하지는 못했다. 그는 고전의 원칙과 제도, 그리고 여러 세기에 걸친 중국 주석학자들의 지혜에서 영감을 얻었다고 고백했지만, 당시의 산적한 조선의 현안을 분석하는 작업은 그런 자료에 의존해서는 충분히 수행할 수 없었다. 그것은 변화하는 시간에 적응해야 할 뿐만 아니라 당시 행정의 약점을 날카롭고 합리적으로 해부할 수 있어야 했다.

유형원은 제대로 출근하지 않고 업무를 느슨하게 처리하는 현상을 심각한 행정적 폐단으로 지적하면서, 모든 관원들이 공식적인 의례를 갖춰 상관을 영접하고 높은 문명 수준에 적합한 의복을 입도록 하면 그런 문제를 해결할 수 있을 것이라고 판단했다. 그런 목적에서 그는 조선의 고유한 말총 갓과 의복을 명의 제도로 대체하자는 조헌의 제안을 지지했다. 의복뿐만 아니라 중국에서 시행된 정치의 모범은 조선의 문명을 계속 발전시키는 데 매우 중요했기 때문에, 한자의 발음과 한어 회화를 교육하고 습득할 필요가 있었다. 유형원은 명의 문화에 매혹된 조헌에게서 많은 영향을 받았지만, 책의 전편에 걸쳐 명보다는 고대 중국의 고전적 규범과 선례를 좀더 강조했다는 측면에서 16세기의 명에서만 영향을 받은 것은 아니었다.

그럼에도 불구하고 유형원이 주나 명, 또는 다른 왕조의 모범을 차용해야 한다고 강조한 동기는 물질과 기술적 진보의 존중이나 순수한 이성적 능력의 확신, 또는 자국의 제도와 풍습을 선호하는 민족적 감정에서 온 것이 아니라 중국의 전통에서 영향을 받은 것이었다. 그가 정부 업무에서 의례의 실천을 강조한 까닭은 고대의 모범에서 영향을 받은 것이었으며, 그는 당시 조선은 그런 규정에서 너무 멀리 벗어나 있다고 확신했다. 또한 그는 당시 조선의 계몽은 뒤떨어졌지만, 의례나 행동의 격식을 엄격히 준수해야 하며 그럼으로써 그 의례에 참석한 사람들을 도덕적으로 변화시켜야 한다고 믿었다.

제17장
인사정책

유형원은 행정의 폐단을 개혁할 수 있는 제도를 마련하는 데 헌신했지만, 좋은 정부는 법률이 아니라 사람에게 달려 있다는 유교의 근본적인 전제를 무시할 수는 없었다. 그는 교육을 증진시켜 훌륭한 지배계층을 양성하는 방안에 커다란 관심을 기울였지만(제4~5장 참조), 국가의 가장 뛰어난 인재는 관직에 등용해 행정적 경험을 쌓게 하고 무능한 인물은 도태시키기 위해 평가하는 문제에도 주목했다.

조선의 관료제도에서 정규 관원과 이서는 부정 · 무능 · 정실의 원천이었으며, 국왕이 제정한 훌륭한 법률을 시행하는 데 장애가 되어왔기 때문에 그는 이런 문제를 근절할 수 있는 해결책을 마련해야 한다고 판단했다. 그는 이조의 관원은 각 관원의 개인 기록과 재직 기간 등의 사항을 전혀 모르며, 병조에서는 군역의 어려움이나 복무 기간을 판단할 수 있는 자료가 없다고 지적했다.[1]

언제나처럼 유형원은 고대 중국의 우월한 규범과 모범을 연구하고, 그런 제도가 쇠퇴하면서 그 뒤 중국과 조선의 관제사에서 관원을 평가하는 불합리한 방법이 나타난 긴 역사를 기록했으며, 그런 교훈을 자신의 시대에 적용하려고 시도했다. 그러나 그는 이런 과정을 통해서 독자들에게 단순히 도덕적 교정이 필요하다고 권고하는 대신 여러 시대에 걸쳐 많은 국왕 · 신하 · 학자들이 제안한 제도의 조정과 개혁의 시도를 보여주어 선택하도록 제시했다.

중국의 인사제도

주의 봉건제도 : 정기적인 실적평가

유형원은 중국의 인사제도를 연구한 결과, 『주례』에 서술된 대로, 모든 관원의 실적을 3년마다 평가하고 9년마다 전면적인 고과를 실시해 포상과 처벌을 실시한 주대의 제도가 완벽에 가깝다고 판단했다. 뛰어난 관원은 품계와 녹봉을 올려주어 포상했지만, 무능한 사람은 파직됐다. 하관夏官에 소속되어 인사를 맡은 사사司事는 모든 관원의 품계와 장단점을 매년 수합해 기록했다. 그는 오랫동안 관직에 임명할 만한 최고의 관원을 국왕에게 보고했으며, 승진시킬 만한 사람을 선발했다.

평가의 기준은 여섯 가지였는데, 덕행 · 능력 · 책임감 · 공정성 · 준법 태도 · 판단력이었다. 『예기』「왕제」에 따르면 최고 대신들은 오래 논의해 진사 중에서 가장 뛰어난 인재를 선발해 관직에 임명했다. 진이 주대의 제도를 폐지해 관료제도가 시행되면서 사사의 책임은 이부吏部로 넘어갔다.[2]

한의 관료제도 : 장기 근속과 천거

한은 관원이 승진하기까지 10년 정도 장기 근속시키고, 지방 수령을 임명하기 전에 황제가 후보자를 모두 면접함으로써 주대의 기본적 인사제도를 유지했다. 무제 때 동중서는 당시의 관행과는 반대로 관원은 재직 기간보다는 업무 수행 능력에 따라 고과해야 한다고 건의했다. 선제宣帝(재위 기원전 73~48)는 지방 수령에 임명될 수 있는 2천 석의 관원은 농민이 그를 불신하지 않는다면 자주 교체하지 않고 오랫동안 임명할 것이므로 매우 신중하게 판단해야 한다고 지시했다. 지방 수령의 임무를 원활히 수행하면 그 뒤 중앙의 고위직에 발탁됐다. 군국郡國에서는 대신이나 어사御史에 적합한 후보자를 추천해야 했다.

성제成帝(재위 기원전 32~6)는 5명의 상서尙書를 두었는데, 그중 2명에게는 인사 문제를, 1명은 상시조常侍曹에 근무하면서 대신과 관련된 사안을, 그리고 나머지는 이천석조二千石曹를 담당하도록 했다. 후한 광무제는 이부조吏部曹를 설치해 지방 수령의 천거를 맡겼다. 영제靈帝(재위 168~189)는 고위 대신을 임명하는 관서로 선부상서選部尙書를 두었으며, 그 관서는 3세기 위에서는 이부로 개칭되면서 장관을 뜻하는 이름이 됐다.[3]

유형원은 이런 역사를 자세히 설명하는 대신 본받을 만한 선례를 제시하기 위해서 한대 인사제도의 장점을 집중적으로 소개했기 때문에 전한대까지 나타난 관료 행정의 문제는 언급하지 않았으며, 다만 선제 때 좌웅은 지방 수령이 너무 자주 바뀌므로 적임자는 영구히 그 자리에 임명해야 한다고 주장한 사례만 소개했다. 유형원은 17세기 조선 관료제도의 주요한 문제 중 하나가 짧은 임기라고 판단했기 때문에 이런 비판을 추려냈다.

한대 이후 인사 행정의 주요한 문제들

후한이 멸망한 뒤 인사 행정은 주와 한의 훌륭한 수준에서 하락했는데, 유형원은 중국 문헌을 철저히 검토해 최악의 사례를 지적했다. 그중 하나는 짧은 임기였으며, 그밖에도 문지와 세습된 신분이 임용에 영향을 미치고, 제국이 확대되고 관료제도가 발전함에 따라 심층적인 면접 평가가 자료에 의거한 기계적인 선발방식으로 대체된 문제를 자세히 논의했다. 그가 과거제도를 경멸했다는 사실은 앞서 제4~5장에서 언급했지만, 이 부분에서 그는 공정한 실적 평가보다는 재직 기간을 중시한 관행을 특히 자세히 검토했다.

또한 그는 중국에서 채택된 개혁안, 특히 천거제도의 도입과 — 이것은 공립학교를 설치하는 방안에서 논의했다(제5장 참조) — 지방 수령 및 중앙 대신들이 자신의 부하를 임명하는 문제를 살펴보았다. 그는 자신이 제안한 인사개혁안에 인용한 자료를 밝히지는 않았지만, 독자들이 이 자료를 소화해서 당시 조선의 상황에 적용할 수 있기를 기대했을 것이다.

잦은 이동과 장기 근무

유형원은 3세기 진晉의 이중李重이 당시는 한대보다 인사이동이 더 잦다고 개탄한 자료를 인용했다. 그는 『주례』의 규정을 복원해 3년마다 관원의 실적을 조사하고 지방 관원의 임기를 늘리자고 제안했다.[4] 8세기 당의 두우 또한 한대 이후 관원들은 매년 실적을 평가받았지만, 고대에는 지방 관원의 임기가 9년이었다가 위 · 진 시대에는 6년으로, 수 · 당대에는 3~4년으로 줄었다고 비판했다.[5]

당 고종 때의 유상도劉祥道는 같은 문제에 대한 자신의 분노를 직접 표출했다. 그는 모든 관원의 임기는 4년이지만, 매년 심사를 받고 다른 관서로 옮겨가는 짧은 임기와 잦은 전직 때문에 지방 수령의 위엄이 하락하고 있다고 지적했다. 8세기 초반 노회신盧懷愼은 주대에는 관원들이 평생 한 관직에 임명됐고 그 관직은 자손에게 세습됐으며, 뛰어난 관원은 즉시 승진하거나 다른 관직으로 옮겨가지 않고 녹봉이나 품계가 상승하거나 축하의 편지를 받았다면서 긴 임기는 승진의 경쟁을 없애는 데 핵심적이라고 주장했다. 그러나 당의 관원들은 길어야 1~2년, 짧게는 3~5개월 정도만 한 관직에 머물렀다. 이 때문에 관원들은 정직이나 염치를 모르고 근본적인 도덕원칙을 배울 시간이 없으며, 가난한 백성을 구휼할 임무를 저버렸다.[6]

779년(당 대종代宗 대력大曆 14) 이부 원외랑 심기제沈旣濟는 수대의 4년과 당대 초반의 3년이었던 임기를 늘리려고 시도했다. 그는 요·순 임금이 실시한 9년의 임기를 상찬했지만 그 기한을 5년으로 낮추었다. 또한 그는 예외적인 재능을 가진 인물은 좀더 빨리 승진시킬 수 있도록 두 품계를 올릴 수 있게 하자고 제안했다. 그밖의 경우는 모두 임기를 채운 뒤에야 전직할 수 있었다.[7]

문지에 따른 임명

귀족을 우대하는 관행은 물론 조선의 주요한 문제 중 하나였지만, 유형원은 교육·등용·토지 분배·군역을 논의하면서 이 문제에 많은 지면을 할애했다. 그러므로 그가 중국의 인사제도를 살펴보면서 이런 문제의 심각성에 일정한 관심을 기울인 것은 놀랍지 않다. 유형원은 특히 한대 이후 이부의 심사와 임명 절차에 개재한 폐단을 개선하려는 노육盧毓의 시도를 높이 평가했다. 인사를 담당한 관원은 관직 후보자의 자질을 잘 몰랐기 때문에 품계나 유명한 가문, 유력자의 자제를 선호해 추천했다. 한대에 공정한 등용 방법으로 효과가 있다고 증명됐다는 판단에서 노육은 품계와 성적을 고려하지 않고 추천을 도입해 정실과 치

열한 경쟁을 없애려고 했다.[8]

진晉(265~290)의 천거제를 옹호한 극선郤詵은 인사에서 정실이 개입하고 부모나 친척, 개인적 관계가 영향을 미친다고 비판했으며, 진실을 왜곡하는 파당을 만들어 관직을 경쟁하는 행태를 비난했다. 고대의 봉건 제후들은 다른 사람을 관직에 천거해야 할 의무가 있었을 뿐만 아니라 잘못된 천거에 대해서는 영지를 몰수당했지만, 진대에 관원들은 자율적으로 행동하고 자기 행동에만 책임을 졌으며 추천자는 피추천자의 범죄 행동에 책임을 지는 주대 천거제도의 기준을 손상시켰다.[9]

5세기의 인사제도는 절차가 관행화되고 세습적 귀족이 성장함으로써 퇴화의 최저점에 도달했다. 남제南齊(479~502)에서는 황제와 이부 관원 모두 관직 후보자를 평가하지 않았는데, 후보자의 부계 친척은 물론 주로 문서 기록과 가계에 의존했기 때문이었다. 고관 가문의 자제들은 20세가 되자마자 관직에 임명됐지만, 지위가 낮은 가문 출신들은 이서직에 국한됐고 30세가 되면 시재를 치렀다. 양梁(502~557)에서는 그 자체로는 그리 위험하지 않은 9품제를 도입했지만, 실제로 그것은 세습적인 가문과 신분을 기준으로 선호했다. 제의 등용 방법은 진陳(557~587)을 거쳐 수가 중국을 재통일할 때까지 사용됐다.

남조에서는 후보자와 관원을 평가하지 않았으며, 자리가 비면 현직 관원을 옮기거나 그들의 친척을 임명했는데, 그것이 실적 평가를 통과하는 것보다 쉬웠기 때문이었다. 모든 임명은 선조選曹가 맡았는데, 후보자의 신분이 상층인지 하층인지만 확인한 뒤 8명의 고위 관원을 뜻하는 팔좌八座에 이름을 올려 승인받았다. 황제는 후보자의 능력을 시험하기 위해서 미리 면접하지 않았으며 임명한 뒤에야 처음으로 만났다. 제에서는 관원의 실적을 평가하는 제도는 없었고 품계는 비정규적이고 자의적인 방식으로 변동됐지만, 왕검 같은 사람은 중앙 관원이 지방 수령을 선발하기보다는 그들의 과거의 업무 실적과 지방 백성들의 지지

에 따라 임용해야 한다고 제안했다.[10]

3세기 위·진시대에 중정中正이라고 불린 특별한 등용관리는 후보자의 장점을 객관적으로 평가하는 대신 문지에 따라 9품 중 어떤 등급을 줄 것인지를 결정했다. 지방 수령과 관원들은 이부의 임명을 받았지만 향촌의 천거에 기초해 부하를 등용할 수 있었다.[11] 북제(550~576)*에서는 관직을 팔고 아첨 잘 하는 사람을 임용했으며 지방 수령이 부하를 임명할 수 있는 권리를 중앙 정부가 빼앗았다고 두우는 비판했다. 그러나 지방 수령에게 부하를 임명할 수 있도록 허락한 조처는 세습적 귀족을 위한 정실주의로 쉽게 바뀌었다.

7세기의 위현동魏玄同은 당시에는 문벌과의 연관에 따라 등용되며 제술과 이해력만을 시험해 문과 급제를 결정했다고 지적했다.[12]

유형원은 안록산의 난 이후 당의 일부 신하들이 주대의 봉건제도를 복원하려고 노력했다고 기록했다. 예컨대 유질劉秩은 직업을 세습한 주대의 풍습은 중요한 기술의 전수를 가능케 했다고 상찬했다. 직업의 세습은 주가 멸망한 뒤 단절됐지만, 기술의 전수를 보장하고 직무의 수준에 따라 품계를 줄 수 있었기 때문에 당대唐代에도 직업을 세습할 필요가 있었다. 그것은 가장 뛰어난 사람만 남겨두고 나머지는 퇴출시킨다는 의미가 아니라 능력과 수준이 떨어지는 부류는 부수적인 직업에 임명한다는 뜻이었다.[13]

8세기 후반 심기제는 관원을 임명하는 데 세습된 신분의 역할이 너무 크다고 비판했다. 심기제는 고전시대와 전한대까지도 혈통에 따라 귀족으로 간주되지는 않았으며, 천자의 아들을 포함한 모든 사람은 공부할 의무가 있었다. 승상의 자제도 호세戶稅를 면제받지 못했다. 그러나 당대가 되면서 9품 안에 포함된 관원의 자제들은 세금을 낼 필요가 없

---

* 저자는 북제의 존속 기간을 570~576년으로 잘못 표기했는데(원서 650쪽), 바로 잡았다.

게 됐으며, 권력자와 고관의 친척들 또한 음서를 받아 과거를 치르지 않고도 후손을 관직에 임명할 수 있게 됐다.

고대에는 산업에 노동력을 충분히 공급하기 위해서 사士의 숫자를 제한했다. 사의 위상은 좀더 높아졌지만 농農·공工·상商 등보다 현저하게 높지는 않았다. 그러나 그 뒤 사는 농민이나 공장을 다스리고 그들이 생산한 물품을 사용하는 강력하고 우월한 계층이 됐다. "벼슬을 얻으면 신선이 되어 승천하는 것과 같으며, 벼슬을 얻지 못하면 수렁에 빠지는 것과 같다. 그 기쁨과 고통은 하늘과 땅의 차이처럼 현격하다." 달리 말하면 고전시대의 평등적 정신은 계층과 신분의 차별에 의해 침식된 것이었다.

심기제는 한의 완벽한 관료제도와 당 중반의 상황을 대비하면서 수대에 품계를 기준으로 승진시킴으로써 관원들은 편하고 부유한 삶을 거저 누리려고 하는 탐욕과 이익을 추구하는 부류로 변하게 됐다고 비난했다. 궁극적인 전언은 관원의 정원과 녹봉 및 권위를 줄이고, 그들의 책임을 늘려 백성들의 부담을 가볍게 하자는 것이었다.[14]

중앙집권적 관료제도의 일상화

인사 행정의 또 다른 문제는 관원의 평가에서 비인격적이고 관행적인 절차가 많아졌다는 사실이었다. 이런 문제의 징후 중 하나는 북위(424~535)에서 나타났는데, 이부상서 최량崔亮은 자질과 능력의 평가를 모두 폐기하고 재직 기간年格을 승진의 주요한 기준으로 바꿨다. 모든 관원들은 해촉解囑된 날짜를 기준으로 인사고과를 판정받았다. 그러나 설숙薛淑은 재직 기간에 따라 지방 수령을 선발하는 방식은 실적을 평가하는 목적을 무너뜨린다면서 비판했다. 그렇게 되면 이부상서 대신 "장부를 관리하고 이름을 호명하는 서리 한 사람으로도 충분했다." 호치당 또한 재능보다 재직 기간을 승진의 기준으로 삼는 데 강력히 반대하면서, 무능하고 부정한 관원을 색출하는 데 실패하면 그런 사람들이 대부분의 관직을 차지하게 될 것이라고 예측했다.[15]

북위 효명제(재위 516~528) 때 최홍崔鴻은 6세기 이후 실적 평가는 3년마다 1만여 명을 심사했기 때문에 완전히 관행화됐다고 말함으로써 호치당의 예측을 뒷받침했다. 인사를 담당한 관원들은 장점을 조사할 필요가 없었기 때문에 당연히 우수하다거나 만족스럽다는 평가를 내렸으며, 무능한 사람도 유능한 인재와 함께 실제로 자동적으로 승진했다.[16]

6세기 후반 수에서는 모든 관원의 임명을 이부에 맡김으로써 권력의 중앙화를 좀더 추진했다.[17] 유형원은 이부가 관리하는 인사 서류가 너무 많았기 때문에 그 서류를 능숙하게 관리해온 이서들이 인사를 좌우했다는 비판이 많이 제기됐다고 지적했다. 8세기 중반 안록산의 난 이후 다시 3년마다 실적을 평가하고 네 번째 심사 이전에 승진하지 못할 경우 퇴출시키는 방안이 추진됐다.[18]

당대에는 대신들이 모든 관직 후보자를 논의하고 1~5품의 관원들이 임명장을 받는 행사에 황제가 참석함으로써 고전적 절차를 유지했다. 6품 이하의 관원은 이부에서 직접 관장했으며, 이부와 병부는 후보자들의 신체身·언변言·작문書·판단력判을 평가했다. 모든 후보자들은 덕망, 재능, 근면에 의해 평가되는 것으로 생각됐다.[19]

유감스럽게도, 이부에서 지방 수령을 임명하는 권한을 모두 갖게 되자 그들의 수준과 권위가 떨어졌는데, 전공의 포상으로 군인들이 대거 임명됐기 때문이었다. 중앙에서 수령으로 파견된 관원들도 대부분 자질이 떨어졌다.[20]

당대에는 이서가 전반적인 인사 행정을 관할하게 됐으며, 임무에 적합한 능력을 가진 관원을 찾기보다는 장부에 기록된 품계나 제술 능력을 좀더 중시했다. 관직이나 승진을 바라는 사람은 자기계발에는 신경쓰지 않은 채 영향력 있는 인물과 친분을 맺고 아부했으며 관직을 얻기

위해서 당파를 형성했다.[21]

725년(당 현종 개원 13) 현종은 이부의 선시選試가 공정하지 않자 예부상서와 어사로 구성된 10명의 전시인銓試人을 임명해 이부를 제외한 채 내정에서 인사를 결정하게 하자 오긍吳兢은 황제가 신하들의 임무를 부당하게 간섭한다고 반대했다. 황제는 인정하고 칙령을 다음해로 미뤘다.[22]

8세기에 두우는 3세기 위대 이후 이부 관원들이 현직 관원을 면접하지 않고 주로 서류에 의거해서 평가했다고 비판했다. 그는 6년의 임기 동안 매년 실적에 따라 관원을 평가하고, 낮은 평가를 받은 사람은 파직하며, 최고의 평가를 받은 사람들만 승진시키는 방안을 선호했다. 개인적 감정에 따라 관원을 평가한 잘못이 발견되는 관원은 탄핵당했다.[23]

730년(당 현종 개원 18) 이부상서 배광정裵光庭은 후보자의 자질과 인성을 주관적으로 판단하지 못하게 해서 인사 적체를 해소하고 빠른 승진을 가능케 했는데, 그 결과 인사제도의 관행화는 더욱 가속화됐다. 모든 관원들은 품계에 따라 서열이 기재되고, 같은 품계에 머무르는 기간이 제한됐다. 범죄를 저지르지 않았으며 실적의 평가 없이 승진됐지만, 품계를 뛰어넘거나 두 단계 이상 승진은 허용되지 않았다. 그 결과 배광정은 "연공에 따라 임명한다"는 관행화된 인사 행정을 처음으로 시행했다는 오명을 얻었다.[24]

그러자 유형원은 배광정이 한대의 지혜로운 인사정책을 뒤집었다는 사실을 보여주기 위해서 한대 동중서의 발언을 인용했다. "옛날에는 공로에 따라 차등적으로 관직에 임명했으며 연공을 기준으로 삼지 않았다. 연공제도는 한대에 이미 있었지만 등용하는 방법으로 사용하지 않았다."

북위의 최량과 당의 배광정이 연공에 따라 승진시키는 제도를 만든 이후 관원의 실적을 평가하는 원래의 목적은 무너졌다. 유형원이 보기에 관원을 품계에 묶어놓는 제도는 유능하고 도덕적인 사람을 낮은 품계에 묻어 승진할 수 없도록 하는 것이었다.[25]

8세기 후반 관직의 숫자는 줄었지만 지원자는 늘어나고, 명예직과 부당한 승진의 기회를 주며, 군인에게 포상으로 관직에 임명하고 대신과 환관들이 개인적인 목적에서 서로 방해하고 관직을 팔았으며, 절도사가 관할 지역을 장악하고 부하를 직접 임명하면서 인사 행정은 타락했다. 779년(당 대종 대력 14) 심기제는 관직에 추천하는 근거로서 '덕성 · 재능 · 성실'을 조사하지 않고 '이해와 제술'의 수치적 결과로 대체한 이부의 절차를 혹평했다.

심기제는 인사 행정이 관행화된 기원을 지방 관원이 자신의 부하를 임명할 수 있는 권한을 폐지한 제 · 수대까지 거슬러 올라갔다. 그는 그 제도를 복구해야 한다고 생각했지만, 이부와 병부가 1~5품의 관원과 각사의 장관과 함께 재신宰臣의 승진을 논의하는 데 참석하도록 하자는 타협안을 제시했다. 지방 수령은 이부 · 병부상서의 승인을 받아 6품 이하의 이서를 임명할 수 있는 권리를 받았다. 심기제는 실제로 엄격히 심사하면 전체 관원 중 80~90퍼센트를 부정과 무능의 혐의로 처벌할 수 있을 것이라고 추정했다.[26] 이 주장에 깊이 공감한 유형원은 인사 행정의 개혁안으로 『통전』에서 심기제의 제안을 전재했다.[27]

과도한 도시화

또한 유형원은 지방 백성에서 수령을 선발하는 고대의 제도는 한대에 수도가 팽창하고 사치가 증가하면서 쇠퇴했고 수대에 결국 폐지됐다는 『통전』의 설명을 인용했다. 수도와 대도시가 번성하고 그곳의 상점과 시장이 늘어나면서 더 나은 생활을 누리려고 하는 주민들은 도시로 모여들었다. 수대에 관원을 등용하는 새로운 방법으로 수도에서 과거를 시행하면서 도로와 숙박업소는 응시자로 가득찼다. 남성들은 향촌에서 열심히 일하는 것을 포기하고 수도에서 자신의 목표를 이루려고 했으며, 재산을 처분해서 여행 경비를 마련했다. 이런 변화가 일어나면서 수많은 촌락이 쇠퇴하고 소수의 도시만이 번성하게 됐다. 이 문제의 유일한 해결책은 도시에서 부를 찾기 위해 편력하는 유생을 수도에 들어오지 못하게 막고 관원의 숫자를 줄이는 것이었다.[28]

수도인 한성은 중요한 도시였지만, 중국의 주요 도시만큼 인구가 많고 복잡하지는 않았다. 그러나 자본이 학자를 유혹하는 현상은 조선에서도 여전히 강하게 남아 있었다.

개혁안들

천거

유형원은 과거제도를 대체하기 위해 공립학교제도를 재편하려고 시도하면서 그 주요한 과정의 하나로 천거제도를 채택했기 때문에 중국의 천거제도에 자연히 관심을 가졌다. 3세기 위의 노육盧毓은 가장 유능하고 도덕적인 사람에게 관직을 양보했던 고대의 정신을 회복하자는 주장을 폈다고 그는 인용했다. 노육은 고전시대에 임명된 관원들은 감사의 편지를 보내고 자신을 대체할 만한 능력이 있는 사람의 이름을 써냈지만, 당시에는 다른 사람을 추천하지 않고 형식적인 감사 편지를 썼다고 지적했다. 노육은 그런 관원은 모두 파직하고 그런 감사 편지는 그 뒤 참고하도록 황제에게 보내야 한다고 요구했다. 가장 많은 추천을 받은 사람은 결원이 생기면 임명될 후보가 됐으며, 관원들은 이부에게 맡기지 않고 자신의 후임을 직접 천거했다.

노육은 이렇게 하면 당시 관원들이 자신보다 우월한 사람을 위해서 관직을 대거 내놓을 것이라고 순진하게 가정했다. 자기계발과 연구를 위해서 은거한 많은 학자들은 열등한 사람들이 그들을 국왕에게 추천

했기 때문에 국가의 관심을 다시 받을 것이었다.[29]

6세기 중반 당의 위현동은 병부에 소속된 '몇 사람이' 인사의 심사와 천거를 독점함으로써 수령의 자질이 떨어졌다고 비판했다. 그들은 광대한 제국에서 지방과 멀리 떨어진 수도에 고립되어 있었을 뿐만 아니라 사적인 이익과 기회에도 관심을 가졌다. 위현동은 당시는 승상과 중앙 관원들이 품계와 녹봉, 승진과 파직을 관리했지만, 사도와 사마가 임명할 만한 유능한 인재를 추천한 주대의 제도를 따라서 다시 기능을 분화시키려고 시도했다. 또한 그는 관원들이 자신의 부하를 임명할 수 있도록 복구하기를 바랐다.

위현동은 관원들이 학교에서 관례冠禮 · 혼례婚禮 · 상례喪禮 · 제례祭禮 · 향례鄕禮 · 상견례相見禮의 이른바 육례를 완전히 배워야 한다고 주장했다. 그는 귀족제도가 관료제도를 지배하는 구조를 깨뜨리기 위해서 이런 훈련이 필요하다고 생각했다. 위현동은 이부의 책임을 줄이고 3~9품의 모든 관원들에게 관직의 후보자를 추천하도록 함으로써 이런 습성을 없애려고 추구했다.[30]

당 고종은 신하들에게 관직에 임명할 만한 사람을 추천하도록 했지만, 승상 이안기는 그렇게 하는 관원은 자신의 붕당만 편애한다고 즉시 정적들에게 공격받을 것이므로 대부분은 비판의 위험을 감수하기보다는 침묵을 지킬 것이라고 지적했다.[31] 유형원은 이런 지적이 실적 평가와 관련된 천거제도의 약점을 정확히 지적했다고 생각하지는 않았지만, 일정한 의미가 있다고 판단해 수록했다.

당대와 관련해서 유형원은 끝으로 790년대 초반 태종 때 제기된 육지의 비판을 참고했는데, 그것은 그의 개혁안에 커다란 영향을 준 중요한 견해였다. 육지는 말에만 의존해 관원을 임용한다면 그들의 행동이 말과는 맞지 않을 수도 있으며, 행동만 본다면 유능한 인재들이 조사에서 많이 누락될 것이라고 주장했다. 확실히 믿을 수 있는 유일한 방법은 향촌의 천거와 상관이 부하와 지방 수령을 천거하는 방식이었다. "능숙한 언변, 간사한 행동과 아첨" 같은 모든 피상적 특징은 배제해야 하며, 추천자는 자신의 말에 책임을 져야 했다. 측천무후는 품관만을 선호하지 않았기 때문에 인재를 등용하는 데 성공했다. 현종도 천거를 도입했지만 곧 정실이 개재됐으며, 육지에게 천거의 모든 책임을 맡겼다.[32]

지방 수령이 부하를 임명하다

『통전』의 저자로 고대의 모범을 존경한 두우는 주대의 천자와 봉건제후는 주요 관원을 임명하는 책임을 나누어 가졌다고 강조했다. 큰 제후국의 삼경三卿 중 1명은 천자가 임명했고, 나머지 1명은 제후가 선발했다. 소국에서는 천자가 삼경 중 1명을 발탁했고 제후가 나머지 2명을 제수했다. 두 번째 서열로 모두 5명인 대부 중에서 상위 3명은 이른바 이중의 임명(1명은 천자, 2명은 제후)을 받았으며 하위 2명은 제후가 지명했다. 가장 낮은 부류인 사는 제후가 임명했다.

이런 전통은 한대까지 부분적으로 계승됐는데, 왕국이나 후국侯國 — 이것은 제국의 대부분을 통제한 중앙집권적 관료체제에서 독립적으로 유지됐다 — 의 대신 중 2명은 황제가 임명했으며 나머지 관원들은 모두 해당 왕국이나 후국의 통치자가 선발했다. 경제景帝는 제후국을 압박해 제후들이 자신의 관원을 임명할 수 있는 권한을 박탈하고, 2천 석의 관원을 지방 관직에 임명할 수 있는 권한을 중앙 정부로 모두 가져왔다.[33]

이로써 봉건제도의 흔적은 제거됐지만, 향당의 인물 중에서 능력을 시험한 뒤 부하雜役로 임명할 수 있는 지방 수령의 권한은 한이 멸망할 때까지 변하지 않고 유지됐다.[34]

몇 세기 뒤 북위의 효문제는 모든 관원들은 그들의 부하를 상 · 중 · 하로 평가하고 각 등급은 다시 상 · 중 · 하로 나누도록 했다. 상서는 6

~9품의 관원을 평가했으며, 황제와 대신들은 1~5품의 관원을 심사했다. 상상上上의 등급을 받은 사람은 승진했지만, 하하下下를 받은 사람은 파직됐다. 나머지는 변동 없이 그대로 머물렀다.[35]

779년(당 대종 대력 14) 이부상서 심기제는 절도사 · 자사 · 수령은 이부와 병부의 찬성을 얻어서 자신의 부하를 임명할 수 있도록 허락하자고 제안했다. 그는 지방 관원과 수령들이 천거하거나 임명한 이서가 불법을 저지를 경우 추천한 사람도 처벌함으로써 엄격히 통제할 수 있을 것이라고 설명했다.[36]

심기제는 지방 수령들이 이부의 대신들보다 자기 부하의 장점을 훨씬 잘 알 것이라고 믿었다. 그는 이서의 70퍼센트가 지방 수령에 의해 임명되어 수세收稅 · 군사훈련 · 국경 방어 등을 맡고 있는데, 정실이 개입할 것이라는 우려에도 불구하고 임무를 상당히 잘 수행하고 있다면서 그 제도는 부府 · 현縣은 물론 자연 촌락까지 확대해야 한다고 생각했다. 부하를 임명할 수 있는 권리를 복구하면, 일정한 관직에 등용될 수 있을 많은 백성들의 사기가 진작될 것이었다.[37]

유감스럽게도 지방 수령이 부하를 임명하도록 허락하는 제도는 8세기 후반 절도사들이 북동부의 일부 지방을 중앙 정부의 간섭 없이 운영하면서 황제의 통제에 맞서 부하를 직접 임명하는 벽소辟召를 자신의 자치적인 권력을 강화하는 수단으로 사용한 결과 훼손됐다.[38] 유형원이 인용한 『통전』 「선거잡기選擧雜記」에서도 지방 백성들은 친분이 있는 사람이나 권력을 가진 인물을 추천할 가능성이 크기 때문에 지방 수령이 서리와 부하를 직접 임명하는 제도를 갑자기 복원해도 지방 정부의 성실성은 보장되지 않을 것이라고 주장했다.[39]

조선의 신하들은 대부분 이 문제에 신중했지만, 유형원은 모든 관원의 실적을 철저히 조사함으로써 통제할 수 있다고 생각했으며, 지방 백성들이 지방 관청에서 근무하도록 하는 방안에 동조했다.

당말 인사정책의 실패

유형원은 736(당 현종 개원 24)~752년(당 현종 천보天寶 11) 승상과 이부상서를 지낸 이임보의 행태 같은 당말 인사정책의 일부 문제점을 철저히 연구하지는 않았다.[40] 그는 헌종이 관원의 심사와 그 기록을 강화하도록 강조하고, 807년(당 헌종 원화元和 2) 이후 관직의 감축을 추진했으며, 817년(원화 12) 절도사들이 부하를 임명하지 못하도록 금지함으로써 일부 지방을 직접 통제할 수 있게 됐지만—그는 뛰어난 정책이라고 극찬했다—붕어한 40년 뒤 그런 성취가 당쟁과 환관의 발호로 무너진 사실에 대해서는 큰 관심을 갖지 않았다. 827년(당 문종 태화太和 1) 문종은 과거와 등용 절차를 개혁하려고 시도했지만, 835년(태화 9) 환관 구사량仇士良은 환관의 권력을 박탈하려는 그의 시도를 막고 개혁을 포기하도록 만들었다. 852년(당 선종 대중大中 6) 인사개혁은 천거와 실적의 평가와 관련된 규정을 반포하면서 끝났으며, 그 뒤 제국은 부정과 반란으로 몰락했다.[41]

인사 절차에 대한 왕안석의 비판

유형원은 송의 등용 및 평가제도에 대한 연대기적 설명은 생략하고 12세기 중반 왕안석이 올린 긴 상소로 즉시 관심을 돌렸다.[42] 왕안석의 상소는 한대부터 당대까지 논의되지 않았던 새로운 주장을 소개하지는 않았지만 유형원이 적극적으로 찬성한 견해를 간결하게 요약했다. 왕안석은 향촌과 그 학교에서 이웃 · 교사 · 지인이 어떤 사람의 행동을 자세히 심사해 관직의 후보자로 선발하는 고전적 제도를 제술이나 중앙의 이부에 소속된 소수의 관원들의 판단에 따라서 임용하는 방식보다 훨씬 선호했다.[43] 그는 농업이나 산업에 전문지식을 가진 사람을 등용하고, 능력에 따라 관직의 서열을 달리하며, 가장 길게는 평생이 되기도 했는데, 유능한 관원을 장기 근속시키는 제도를 추천했다. 훌륭한 관원을 다른 자리로 옮겨 보상하는 대신, 고대에는 훌륭한 실적을 올렸을 경우 그의 품계와 녹봉을 올려주어 포상했다.[44]

반면 왕안석은 연공에 따라 승진하고, 특정한 행정적 지식보다는 일반적 교육을 강조하며, 그런 일반적 지식을 가진 관원을 이리저리 이동시키는 당대의 열등한 인사제도를 개탄했다. 예컨대 그는 의례나 형정刑政을 맡은 관원들은 자신의 전문 분야에서 전문적 지식을 얻기에는 너무 빨리 이직하기 때문에 훈련과 경험이 크게 부족하다고 지적했다. 그는 관원의 부형들은 관직에 있는 친척이 성실하다고 보장할 필요가 없으며, 관원들이 윤리와 기술을 배우지 못했고 근무하는 관서에서 시험을 치르지도 않는 것을 불만족스럽게 생각했다.

왕안석은 고대에는 장점과 능력에 따라 관원을 선발했기 때문에 품계를 가진 사람에게 어떤 이점이 주어지지 않았지만, 품계를 기준으로 등용하게 되자 유능한 사람은 정규 관원이 되기 어려웠으며 관직을 얻기 위해서는 영향력 있는 사람에게 아부할 수밖에 없게 됐다고 확신했다. 요컨대 당의 주석학자들보다 전문적 지식과 실제적 경험을 좀더 강조한 것을 제외하면, 왕안석은 그 시기의 개혁안에 적극적으로 찬성한 것이었다.[45]

정호 : 연영원

유형원은 제술보다는 도덕교육을 강조한 송 신종 때 정호의 견해를 인용하면서 자신의 논의를 마쳤다. 정호는 지배계층의 등용과 훈련을 담당하는 특별 기관인 연영원延英院을 만들자고 제안했다. 먼 지방에서 올라온 후보자는 거기서 머무르면서 공부하고 대신과 자주 토론하며 자세한 규정을 구상하거나 관원에게 인물을 천거했다. 연영원에서 오래 머무는 동안 그들의 능력과 자격을 평가할 수 있었다.

유형원은 정호의 연영원이 향촌의 천거와 공립학교를 복원해 승진시키고 등용하는 자신의 인사제도를 완결지은 기구라고 결론지었다. 그는 송 · 원 · 명대에서는 조선에 도입하기 위해 배울 만한 새로운 방안이 전혀 없다고 확신하면서 이 부분과 관련된 중국의 경험을 다룬 자신의 글을 마쳤다.[46]

현재의 일부 학자들이 주장하듯이 유형원이 경험주의자의 면모를 많이 가졌다면, 그는 송대 이후 시행된 관료제도를 좀더 자세히 연구했어야 했다. 그는 천거나 후원의 효율성을 확신했지만, 송대에 나타난 그 제도의 결점을 알았다면 생각을 바꾸었을 것이다. 야심에 찬 관원들은 천거의 정원을 채우기가 어렵다는 사실을 알았고, 부적당한 인물을 추천하는 상관의 요구를 저버리기는 어려웠다. 그 제도를 시행한다고 해서 세상에 알려지지 않은 유능한 인재를 발견하리라는 가능성은 확실치 않았으며, 추천이 강요되면서 아첨은 이전만큼 심각해졌다.[47]

유형원은 인사 행정을 서술한 중국의 문헌들을 검토한 결과, 관직 후보자와 현직 관원에 대한 면접 평가가 전체적인 관직제도의 완전성을 유지하는 데 핵심이라는 확신을 가졌다. 중국의 관료제도가 오래 시행되면서 그런 완전성은 여러 제도가 이완된 결과 훼손되어왔다. 객관적 평가는 연공, 세습된 신분, 개인적 관계, 정실에 기초한 승진 같은 일상적인 관행으로 막혔다. 중국에서 제국이 성장하고 발전하면서 관원의 숫자가 늘고, 관직을 꿈꾸는 야심찬 인재들이 수도와 주요 도시로 모여들었으며, 과거제도의 비인격적 절차와 현지 사정에 어두운 이부와 병부가 지방의 인사 행정을 담당하는 관행도 급증했다.

유형원은 비인격적인 평가에서 인격적인 심사로, 거대한 중앙에서 작은 지방으로, 탐욕 · 야망 · 부패에서 덕행 · 학문 · 정직으로 돌아와야만 성공할 수 있다고 결론지었다. 그런 까닭의 일부는 고대 중국의 봉건제도에서 운영됐던 완벽한 정부의 이상을 그가 많은 유학자들과 공유했기 때문이었다. 그는 관료제도의 시대를 살면서 그것을 그렇게 존경하지는 않았지만, 봉건제도로 돌아갈 길은 없다는 사실을 알았기 때문에 관료제도와 타협해서 오류를 수정하는 방법을 찾을 수밖에 없었다.

| 조선 인사 행정의 개혁

관직에 남아 있는 관원들은 경쟁력의 가장 높은 기준을 충족시켜야 한다는 점을 각인시키기 위해서 유형원은 전국에서 가장 유능한 인재를 등용해서 그들에게 충분한 시간 동안 직무를 수행케 한 뒤 실적을 평가해서 유능한 사람은 승진시키고 무능한 사람은 퇴출하려고 했다. 불행하게도 많은 관료적 관행들은 관원의 수준을 떨어뜨렸다. 짧은 임기 때문에 관원들은 직무에 익숙해지지 못하고 자주 이직됐다. 대신들이 감독을 소홀히 하면서 업무 수행과 관련된 중앙 관서의 책임은 조금 하위 관원인 낭관郎官에게 옮겨졌으며, 결국은 산관과 이서에게 넘어갔다. 이것은 중국의 날카로운 주석학자들이 언급한, 중앙에서 지방으로 책임이 이동하는 바람직한 현상이 아니라 경쟁력 있는 정규 관원에서 훈련되지 못한 산관과 이서로 관할권이 이전된 것이었다.

심사 절차

심사 절차의 이완

유형원은 모든 관원을 정규적으로 심사하면 관원의 청렴이 높아질 것이라고 확신했기 때문에 음력 12월 15일에 의정부 · 판서(이조 · 병조?) · 사간원에서 모든 관원의 기록을 심사해 승진과 퇴출 대상을 결정하도록 했다. 심사과정에 참여를 확대함으로써 유형원은, 정실의 혐의가 있을 수도 있는 이조와 병조의 하급 관원과 이서는 말할 것도 없고, 그 판서가 최종적인 천거의 권한을 배타적으로 행사할 수 없도록 했다. 이런 제안은 해당 관서의 인사 행정이 지나치게 관행화되고 이서의 개입이 지나치다는 중국의 전통적인 비판을 반영한 조처로 생각된다.

또한 유형원은 심사과정은 중국의 관행을 따라 각 관서에서 국왕에게 두세 명의 후보자만 추천하도록 숫자를 줄이면 심사과정을 능률화할 수 있으며, 결원이 너무 많으면 매달 추가로 심사해서 채울 수 있을 것이라고 제안했다. 국왕은 이조에게 인사 문제를 전담하도록 하는 대신 전망 있는 후보자를 면접해야 했다.

유형원은 인사 행정과 관련된 여러 학자와 관원들의 견해를 제시했다. 17세기 초반의 학자인 이수광은 1196년(고려 명종 26) 최충헌崔忠獻의 정변으로 정부가 전복되기 전까지 고려에서 1년에 두 번씩 인사를 시행한 것이 표준적이며 정규적인 인사제도였다고 확신했다. 그 뒤 최충헌은 인사권을 국왕과 이부에서 자신이 관할하는 정방政房으로 옮겼으며, 그 뒤 정방은 관서에 결원이 발생하면 즉시 보충했다. 이런 급속한 선발과정은 임명 전에 그동안의 실적을 심사하지 않았다는 의미였는데, 여전히 중국의 이부에서 매달 임명하는 제도와는 크게 달랐다.

이수광은, 중국의 경험과는 반대로, 인사의 문제점은 이부의 관행화가 아니라 1170년 무신란이 성공하면서 무신들이 정규적인 인사 관서를 전복시킨 데 있었다고 지적했다. 현직 관원의 실적을 허술하게 심사하는 관행은 그런 충격적인 경험의 결과로 나타난 것이 분명했다.

조헌 : 산만한 심사 절차와 노동 비용

1592년 일본군과 싸우다가 전사한 조헌도 관직 후보자를 신중하게 심사해 범죄자나 무능한 사람을 관직에서 배제한 중국의 제도를 상찬했다. 중국에서는 황제가 3년마다 관원들을 평가해서 9년 임기를 모두 채운 사람만 승진시켰지만, 조선의 관원은 자질이 떨어지고 도덕과 사회원리를 충분히 이해하지 못했으며, 이조는 긴 심사과정을 건너뛰고 임명 바로 당일에 국왕에게 형식적으로 추천했다.

> 거의 모든 인사가 졸속으로 처리되어 이쪽에서 선발해 저쪽을 보충하고 아침에 임명했다고 저녁에 바꿉니다. 중앙과 지방의 관원 모두 어떤 직무를 맡았는지 모르며, 임무를 시작한 지 얼마 되지 않아 장부를 조작하고 재물을 훔치는 이서의 농간에 빠집니다. 임무를 교대할 때 집기를 운반하는 인마가 천리 밖까지 분주하게 움직여 가뜩이나 가난한 백성들의 재물을 바닥냅니다. 이것들 또한 중국에는 없는 폐단입니다.

조헌은 중국에서는 관원이 여행할 때 스스로 돈을 빌려 자기가 사용할 비용을 마련하고, 토지나 노비를 팔아서 그 이자나 원금을 갚도록 함으로써 농민에게 부담을 지우지 않았다고 칭찬했다. 또한 그는 국왕이 이조에게 모든 후보자를 철저히 심사하도록 지시하고 '사적인 친밀함'에 따라 총신들이 천거하지 못하도록 해야 한다고 생각했다. 이조는 국왕에게 주요한 후보자를 추천하고, 그들을 장기 근속시키며, 승진 자격을 얻기까지 업무 능력을 보이도록 요구했다. 그렇지 않으면 관원은 성실하게 임무를 수행하지 않을 것이었다.[48]

이조 · 병조의 낭관

인사 절차를 바로잡는 유형원의 방법은 16세기에 발전한 역사적 상황과는 크게 달랐다. 15세기에 이조와 병조의 판서는 후보자를 추천할 책임이 있었던 반면 대간은 자격이 미달되는 사람을 거부할 임무를 가졌다. 그럼에도 불구하고 대신들은 지인에게서 선처를 부탁받았다는 의심을 받았기 때문에 국왕은 이조와 병조의 낭관에게 천거권을 위임하기로 결정했다. 낭관은 연산군과 중종대 이후 대신을 탄핵하는 데 대간·홍문관 — 특히 조광조의 추종자였다 — 과 자주 연합했다. 기묘사화(1519) 이후에도 낭관은 대신들의 강력한 권한에 계속 반대했다. 그들은 이조의 대신들과 함께 관직 후보자를 추천할 수 있는 권한을 부여받고 국왕이 그들의 선택을 자주 받아들이면서 행정적 조력자에서 좀더 중요한 관원으로 변모했다. 16세기 후반 이이가 분석한 대로, 결국 낭관은 대신들과는 독립적으로 추천할 수 있도록 허용됐으며, 대신들은 하위 관원만 임명할 수 있게 됐다.

그러나 유형원은 이런 조처가 품계에 따른 명령의 서열과 상관에 대한 존경을 무너뜨려 하위 관원인 낭관에게 주요한 권한을 귀속시켰다면서 반대한 이이의 견해에 주목했다. 이이는 이조의 대신들은 장점을 철저하게 심사하고, 성실과 태만을 확인해 승진과 퇴출을 추천하는 본연의 임무를 방기했다고 비판했다. 심사는 산만해졌으며 개국 당시의 원래 의도는 폐기됐다.[49] 심사의 문제와 관련된 이이의 견해는 12세기 무신란에서 그것이 발원했다는 이수광의 주장보다 확실히 좀더 설득력 있었다.

재직 기간

장기 근속

중국사를 연구한 결과 관원을 장기 근속시키면 빠르고 잦은 이직으로 야기된 부패를 막을 수 있을 것이라고 확신한 유형원은 16세기 후반 관원을 다른 관직으로 옮기기 전에 현재의 직책에서 충분히 근무케 해야 한다면서 이이가 선조에게 올린 상소에 매우 공감했다. 이이는 주대 초반의 주공周公과 소공召公도 당시 조선에서 살았다면 관직에서 어떤

업적을 이룰 만한 시간이 충분치 않았을 것이라고 했다.[50]

유형원은 유능한 관원을 다른 관직에서 필요로 할 때 이동시키는 당시 조선의 방식은 용인했지만, 현재의 임기를 마친 뒤에만 허용했다.[51] 그는 복구된 의정부와 사헌부가 관직의 이동을 감독하고 무능한 관원을 탄핵할 책임을 갖게 함으로써 잦은 전직을 늦추려고 했지만, 유감스럽게도 그런 방안은 이미 과거에 실패한 바 있었다.

전직의 핑계로서 칭병

유형원은 잦은 전직이 일어나는 한 가지 요인은 더 좋은 자리가 비기를 기다리는 동안 임시 관직을 찾는 관원들의 요청을 들어주기 때문이라고 생각했는데, 이것은 고대 중국에서는 없었던 관행이었다. 그는 비행으로 탄핵당한 관원들이 칭병稱病을 핑계로 즉시 전보를 신청하는 것을 더욱 개탄했다.

16세기 후반 이이는 국왕에게 이런 관행을 근절해야 한다고 주장했다. 그는 적어도 전직을 승인하려면 최소 10일 동안 자격을 박탈하고 그 청원자가 소속된 관서의 장관이 그 사실을 보증하는 서한을 내도록 요구했다. 삼사에서 그가 그 자리에 부적합하다고 판단한 경우를 제외하고는 탄핵을 피하기 위해 전직을 승인해주어서는 안 됐다. 삼사가 비행을 탄핵한 경우 그 관원은 사헌부가 공식적으로 그의 심문을 요구하는 경우가 아니면 전직할 수 없었다.

삼사의 양면성

이이는 이런 상황이 모두 일반 관원의 잘못은 아니며, 그들이 공무는 물론 사적으로도 고대 성인의 높은 도덕성을 유지해야 한다는 지나친 요구를 제기한 삼사에도 상당한 책임이 있다고 생각했다. 관원이 사소한 잘못을 저질러도 그것이 불법행위라는 탄핵을 쏟아냈는데, 그 결과 많은 관원들은 방어할 수 있는 유일한 수단으로 자리를 비우거나 그밖의 구실을 만들어 방어할 수밖에 없게 됐다.

그 결과 삼사는 위법자를 탄핵하면, 대체로 그들은 자신의 동료나 상관을 공격하지 않기 위해서 칭병을 핑계로 전직을 요구한다는 사실을 알게 됐다. 그들이 소속된 관서의 위상 덕분에 그런 요구는 대부분 받아들여졌으며, 그들은 임무를 절대로 기피하지 않았다. 위기가 지나가면 그들은 다른 삼사직에 즉시 재임용됐다.

이이는 겁내지 않고 10년 동안 계속 대간직을 수행한 양성陽城이나, 당쟁을 비판한 상소를 올려 탄핵됐지만 핑계를 대고 관직에서 물러나지 않은 한유 같은 당대의 유명한 대간과 조선의 대간을 비교했다. 더욱 위대한 사실은 고대 중국의 대간은 모두 각자의 생각을 자유롭게 말할 수 있었다는 것이었다. 그러나 관원의 도덕적 기준을 감시하는 본연의 기능은 대간이 출세하기 위해 비판과 적대적 태도를 기피하면서 사라졌다. 대간은 국왕에게 공식적인 상소를 올리기 전에 공격이나 탄핵한 인물에게 그 내용을 미리 보내 양해를 얻은 경우에만 그 상소를 올리기도 했다!

대간은 개인적으로 발언하는 것을 두려워했을 뿐만 아니라, 동료와는 반대되는 의견을 개진하려고 하는 관행에 적응하지 못하는 인물에게 집단적으로 반대했다. 오랫동안 탄핵과 감시의 기능을 수행해온 대단히 권위 있는 관서인 홍문관은 개별적인 의견을 억제하고 탄핵에 집단적으로 서명함으로써 스스로를 보호했다. 다수의 의견에 동의하지 않는 홍문관원은 그런 상소에 서명하지 않는 경우도 있었지만, 반대 의견을 표명하지 않겠다고 동의하는 경우만 허용됐다! 이이는 대간을 교체하지 않고 칭병을 핑계로 대지 못하게 하며 일치된 의견 대신 각자의 견해를 피력하게 함으로써 이런 관행을 없애려고 했다.[52]

또한 유형원은 중종의 치세 동안 대간의 행태가 더 나빠졌다고 분석했다. 1506년 편집증적 폭군인 연산군을 폐위시키고 등극한 중종은 대간에게 관원을 자유롭게 탄핵할 수 있는 권한을 주었다. 그러나 그들의 탄핵이 국왕과 신하들에게 정치적인 위협으로 다가오자, 그는 대간을 자주 교체했으며 마침내는 1519년 대간 언론의 선도적인 대변자인 조광조를 숙청함으로써 그들의 권력을 제어했다.[53]

유형원은 대간의 요구가 납득할 만하면 그들의 녹봉을 삭감하지 않고 일시적으로 전보하도록 허용해 이이가 원래 제기했던 요구를 완화했지만, 대간 이외의 관직으로 옮기는 데는 반대하고 대간으로서 임무를 다시 시작하도록 함으로써 이이의 견해에 동의했다. 전직이 허용되더라도 그들은 상당한 기간을 근무하면서 뛰어난 실적을 쌓지 못하면 다른 전직은 허용되지 않았다. 유형원은 마지막 발병 이후 최소 3개월 동안은 치료할 수 있는 기회를 줌으로써 질병 때문에 전직하는 사례는 제한하려고 했다. 질병을 근거로 결근을 허용받은 모든 관원들은 10일마다 기록되어 3개월 안에 회복되지 않으면 파직됐으며, 관직을 옮기기 위해 칭병한 사실이 발각된 관원들은 조사받고 탄핵됐다.[54]

9년의 임기

관원의 평균 임기는 법률적 기준보다 적었지만, 유형원은 그 기준이 3년밖에 안 되는 사실에 놀라면서 3년을 추가했다. 그는 이서의 임기가 너무 길면 큰 권력을 행사할 우려가 있다는 판단에서 고전의 규정에 따른 9년으로 확정했다. 그는 성공적인 경력을 바라는 젊은 관원들은 직무를 성실히 수행하는 데는 관심을 기울이지 않고 자주 관직을 옮겨 높은 자리에 빨리 올라가기 위해서 연줄이나 영향력을 동원하거나 요행을 기대하기까지 한다고 지적했다. 그들은 긴 임기 때문에 하위 품계에 오래 머물러 있을 것이라는 사실밖에는 두려워하지 않았는데, 유형원은 이전의 실적을 심사하고 유능한 관원을 특별히 천거하는 제도가 고관으로 올라가는 기회를 열어주는 가장 좋은 방법이라고 지적했다.

유형원은 몇 백 년 동안 관행화된 행정의 타락으로 직무를 맹목직으로 수행하는 현상을 개혁해서 교육과 실적을 토대로 승진시켜야 한다고 생각했다. 맹목적으로 직무를 수행하는 태도는 고대에는 문제가 되지 않았지만, 진 · 한대에 관료제도가 창출된 이후 관원들은 지능과는 무관하게 임명됐고, 관직은 "혼란스러울 정도로 빈번하게 바뀌어 사람들은 매일 관직을 얻기 위한 치열한 경쟁에 내몰렸다." 중국에서 관료제도가 천년 동안 시행된 뒤 "풍속과 규범은 천박해졌고 질서와 법률은 폐기됐으며, 정부의 업무 중에는 옳은 일이 없게 됐다." 달리 말하면 관료제도의 기준과 장점은 소수의 훌륭한 관원들을 승진시키지 않았기 때문이 아니라 전체적으로 인사 행정이 관행화됐기 때문에 쇠퇴한 것이었다. 유일한 해결책은 관직을 수행하는 도덕적 기초를 다시 확립하는 것이었다.[55]

당대 안록산의 난처럼 정부는 관찰사와 병마사가 군사력을 축적해 왕조에 반란을 일으킬 것을 두려워했기 때문에 9년의 임기는 지방 통치의 문제를 해결하는 데 특히 유용했다. 그러나 유형원은, 다소 소박하지만, 지방 관직에 옳은 사람을 선발하면 권력을 추구하는 비도덕적이고 야심적인 인물이 국왕을 무시하고 자신의 권력을 쌓는 행위를 근절할 수 있을 것이라고 확신했다. "주대에는 방백方伯(관찰사)과 연수連帥(병마사)의 직임을 주공周公과 소공召公이 맡았으니 어찌 지금의 사람과 같겠는가. 참으로 적합한 사람을 임명한다면 그가 오래 근무하지 않을 것을 근심할 뿐이다."

잦은 전직은 안정보다는 혼란을 가져왔으며, 주대에 방백이나 봉건제후를 임명하는 모범은 충성스럽고 헌신적인 신하에게 일생 동안 그 임무를 맡기는 것이었다. 그러나 주의 천자도 방백의 불충과 반란을 막기 위해서 감독권을 가진 3명의 대부를 중앙에서 임명해서 그들을 감시했다.

진이 봉건제도를 무너뜨린 뒤 일생 또는 장기 근무는, 관료제도의 예상된 특징이었지만, 한정된 임기로 대체됐다. 그러나 관찰사들이 일정한 실적을 이룰 수 있는 시간을 주기 위해서 6년으로 임기를 정함으로써 임기의 제한이 없었던 고전적 이상과 타협을 이뤘다. 유형원은 그 타협을 받아들였지만, 고정된 임기를 기계적으로 유지해서는 안 되며 관원의 자격을 심사해 요직에 발탁해야 한다고 지적했다. 다른 관직에서 필요한 유능한 인재는 6년의 임기가 정해져 있었지만 옮겨야 하며, 반대로 그 자리에 계속 필요한 사람은 법적인 임기의 제한에 구애받지 말고 남아 있게 했다. 왕안석이 말한 대로, 유능한 관원을 포상하는 가장 좋은 방법은 그를 전직시키는 것이 아니라 품계를 올려주고 그의 재능에 적합한 자리가 빌 때까지 기다렸다가 승진시키는 것이었다.[56]

문지의 배제

유형원은 관료제도의 시대에 나타난 인사 행정의 기계적이고 비인격적인 방식에 불만을 느꼈지만, 유명한 가문의 자제를 특별히 우대해 임용과 승진의 기회가 방해받는 현상을 막으려고 했다. 그는 개인의 문지를 고려하지 말아야 하며 자격 심의는 '능력과 재능'에만 국한해야 한다고 요구했다. 후보자가 자신과 배우자의 사조四祖(부 · 조부 · 증조부 · 외조부)의 명단을 제출해야 했기 때문에 그는 대간의 서경권도 폐지하려고 했다. 대간은 이런 자료를 피추천자의 자격을 심의하기보다는 그 조상의 관직과 학식 · 지위를 확인하는 데 사용했다. "문지를 숭상하는 폐단은 인재를 선발해 관원에 임명한다는 뜻과 크게 어긋난다."[57]

유형원은 앞시대의 유명한 학자와 신하들이 제기한 주장을 되풀이했을 뿐이었다. 1574년 조헌은 중국에서 돌아와 보고하면서 거기서는 임용을 결정하는 데 문지를 고려하지 않기 때문에 고관의 자제도 하위 관직을 갖고 지방의 거인擧人과 공사貢士들도 고위 대간직에 임명된다고 언급했다. 반면 거만하고 천박하게 행동하는 조선의 '명문거족'은 검소하고 근면한 양인·서얼 출신(조선의 양반처럼 귀족이 아니었다)의 중국 유생과는 비교할 수 없었다!

조선에서 관원을 선발하는 경로는 계속 좁아졌기 때문에 대부분의 농민은 자제를 교육하는 비용으로 자기 가호의 수입을 사용할 엄두를 내지 못했다. 유명한 아버지를 둔 서얼은 학교에는 등록할 수 있었지만 더 높이 올라가는 경우는 거의 없었는데, 천민이나 노비의 자제들은 재능과는 상관없이 관직을 전혀 가질 수 없었다. 조헌은 당시 명이 지배계층의 자제들을 우대하지 않는 정책을 사용했기 때문에 성공할 수 있었다고 믿으면서, 명의 평등주의에 대한 자신의 인식이 조선 사회를 개혁하는 데 이용되기를 바랐다. 유감스럽게도 명의 능력에 대한 그의 낙관적 시각은 명의 몰락과 관련된 현재의 연구와 현저한 대조를 이룬다.[58]

삼국시대로 거슬러 올라가면 유능한 사람은 출세할 수 있는 기회를 가졌다면서 조선 이전의 역사를 높이 평가한 조헌의 인식 또한 결함이 있었는데, 신라의 골품제도에서는 출생에 따른 차별이 더욱 심각했으며 백제와 고구려에서도 거의 비슷했을 것으로 추정되기 때문이다. 4세기 이전의 삼한시대에만 좀더 평등한 기회와 사회제도가 있었다고 짐작되지만, 소규모의 정치연합체가 존속한 시대에는 사회적 계층화가 발전하지 않았기 때문으로 판단된다. 그럼에도 불구하고 조헌은 12세기 후반 고려에서 무신들이 정권을 잡기 전까지는 유능한 사람을 관직에 임명하는 데 어떤 차별도 없었다고 믿었는데, 무신들은 "충성스럽고 지혜로운 선비들이 초가草家에서 일어나 자신들의 사사로운 계획에 방해가 될까 염려해서 서얼의 과거를 폐지한 결과 인재가 관직에 나올 수 있는 길이 좁아졌다. 우리 조정에 이르러 국가를 운영한 대신들은 그 자손을 위한 사적인 계획만을 강구하고 영원히 인재를 잃을 수도 있다는 걱정은 염두에 두지 않았다."[59] 현재의 학자들은 대부분 조선이 개창되면서 그런 관행이 시작됐다고 보고 있지만, 흥미롭게도 조헌은 서얼의 차별이 실시된 기원을 고려 중기의 무신정권으로 보았다.

어쨌든 조헌은 서얼과 그밖의 부류를 과거 응시에서 제외하는 제도禁錮를 철폐하도록 요구함으로써 차별을 공격했다. 그는 이중호李仲虎와 김근공金謹恭처럼 뛰어난 학식을 가졌지만 가난 속에서 일생을 마친 서얼의 사례를 개인적으로 알고 있었다. 그는 중국에서 이 규정을 따랐더라면 송대의 위대한 학자인 범중엄은 나오지 않았을 것이라고 지적했다. 조선 사회를 변화시키려는 열망을 가진 국왕들은 서얼의 차별부터 혁파해야 했다.[60]

유형원은 유성룡의 저작도 인용했는데, 그 또한 인재의 등용 기회를 넓히려고 노력한 대표적 인물이었다. 주공 같은 성인은 기울어진 초가에 사는 학자들을 등용했고, 제의 관중管仲은 도적 두 사람을 관원으로 선발했으며, 연영宴嬰은 날카로운 발언을 한 그의 마부를 대부에 임명했다고 그는 언급했다. 전한에서는 인재를 열심히 발굴한 결과 훌륭한 사람이 대거 발탁되어 지방의 이서들도 유능한 인물로 채워졌다. 그러나 한대 이후 교육을 등용의 기준으로 삼은 제도는 문지를 고려하면서 훼손됐고, 그 결과 유능한 인재는 고위 관직에 오르지 못하고 낮은 관직에 머무르게 됐다. 조헌은 "문지를 따지지 말고 유능한 인재를 발굴하는 것이 가장 중요하다"고 충고했다. 아울러 더욱이 서북지방 출신도 차별하지 말고 균등하게 임용해야 했다.[61]

요컨대 유형원이 끝으로 언급한 인사 행정의 문제점은 17세기 조선의 강한 신분차별이었는데, 이것은 중국에서도 남북조시대(약 200~600) 이후 비교할 만한 대상이 없을 정도로 심각했다. 조헌과 유성룡처럼 유형원보다 이전 세대의 인물들은 조선의 관료제도에서 기회가 축소되는 경향을 강하게 반대했으며, 그것이 가장 유능한 사람을 관직에 임명하는 데 커다란 장애라고 인식했다.

인사개혁 : 정기적인 천거

유형원은 인사 행정의 개혁안을 고안하면서 심사와 천거의 책임을 낭관과 대간에게 이관한 것을 비판한 이이의 견해를 따랐다. 유형원은 언론기관을 현재의 삼사(사헌부 · 사간원 · 홍문관)에서 사헌부만 남기고, 문지에 대한 편애를 자주 보인 사간원의 서경권을 박탈하려고 했다. 그 대신 그는 복원된 의정부와 이조 · 병조 · 사간원이 면접해 심사하는 이전의 제도로 돌아가고 임기를 늘리며, 인사에서 3년마다 실적을 정기적으로 평가해 정실을 제거함으로써 개혁을 이루려고 했다.[62]

매년 이조가 실시한 심사 외에도 유형원은 1~3품의 현직 관원과 사간원 · 홍문관 · 성균관에 재직하고 있는 4품 관원에게 5~9품 관원과 양인 중에서 범죄의 경력이 없는 2명의 유능한 후보자를 9년마다 천거하는 제도를 도입하려고 했다. 이런 제안은, 상당한 시간이 흐른 뒤인, 1870년(고종 7) 대원군이 대신들에게 관원의 후보자를 천거하라는 지시에 영향을 준 것으로 생각된다.[63]

또한 유형원은 송의 정호가 제안한 이름과 제도를 따라 연영원이라는 새로운 관서를 설치해 천거받은 사람들에게 녹봉과 품계를 주고 교육하도록 구상했다. 선발된 사람들은 즉시 관직에 임명되는 대신 '가르침에 응한다'는 뜻의 응교應敎로 임명되어 합숙하면서 공부했다. 그들의 재능에 맞는 관서에 어떤 문제가 생기면 그들은 임시로 임명될 수 있었다. 그렇지 않으면 국가의 법률이나 의례의 시행에 관련된 문제를 의정부와 이조와 함께 국왕에게 자문했다. 연영원에서 1년을 생활한 뒤 그들은 정규 임명을 받을 수 있는 자격을 가졌다. 의정부 · 이조 · 사간원에서는 그들에게 어떠한 시험도 치르게 할 수 없었는데, 유형원은 한번의 시험으로 등용하는 것은 고대의 제도와 상반된다고 판단했기 때문이었다.[64]

그러나 잘못된 천거에 대한 견책과 처벌은 추천자의 성실을 보장하기 위해 그대로 남겨두었으며, 추천자는 피추천자가 범죄를 저지르면 파직됐다. 참작할 만한 사유가 있더라도 추천자는 녹봉의 절반을 삭감당했다. 추천된 관원이 횡령이나 부정을 저지르면 추천자는 추가적 처벌을 받았다. 추천한 사람 중에서 2명 이상 법률을 위반하면 추천자는 고신을 박탈당하고 양인의 신분으로 떨어졌다. 어떤 사람의 요구에 따라 천거하고 뇌물을 받으며 사적인 고려나 면식에 따라 자격이 부족한 후보자를 추천한 사람은 사기죄로 처벌됐다.

자신이 천거한 사람이 오랫동안 관직을 잘 수행해서 뛰어난 실적을 기록하면 천거자는 특별한 영예와 관직과 칭호를 받았다. 그러나 천거한 관원이 불법을 저지르면 그를 천거한 사람은 사망했더라도 처벌을 피하지 못하고 관직과 모든 영예와 직함을 삭탈당했으며, 그의 아들은 관직에 임명될 수 있는 음서를 잃었다. 잘못된 천거로 무거운 처벌을 받지 않으려고 현직 관원들이 후보자를 천거하는 임무를 회피하지 못하도록 유형원은 자격 있는 사람을 알면서도 추천하지 않으면 즉시 파직하도록 했다.[65]

천거제도를 사용해 인재를 지속적으로 유입하는 또 다른 방법은 당의 노육이 제안했는데, 그는 5품 이상의 상참관常參官은 다른 관직에 임명될 경우 사흘 안에 자신을 대신할 수 있는 부하를 추천하도록 했다. 송대에 그 방법은 7품 이하의 지방 수령 같은 하위 관원으로 확대되어 적합한 사람의 명단을 최대한 길게 내도록 했다. 유형원은 당상관에게 대간 · 사관 · 지방 수령 · 교관만을 천거하도록 제한함으로써 좀더 조심스럽게 접근했다.

그 제안은 유형원이 존경한 명의 경세학자인 구준 또한 당·송의 제도가 재능이 입증된 사람만이 천거되고 그 절차는 다른 사람들에게 자신의 관직을 양보하는 이타적 마음을 고무한다면서 지지했다. 구준은 정규적인 인사 관서인 이부와 병부에서 인격을 고려하지 않고 기계적으로 선발하는 방법에만 의존하지 말고, 현직 관원들이 추천하도록 함으로써 모든 관원을 대체할 수 있는 명단을 만들자고 제안했다.[66]

| 결론

현직 관원의 실적을 평가하는 방법의 개혁을 논의하면서 유형원은 고전적 봉건시대의 정신을 회복해 그것을 관료제도와 결합시키려고 했다. 그는 가장 유능한 사람을 등용하고 도덕과 능력으로 재능을 정의한 고대의 이상을 상찬하면서 관직 후보자를 평가하는 데 가치평가가 배제된 제도가 될 수 있다는 이유에서 도덕적 지식과 행동을 직무의 수행 능력과 분리하지 않았다. 인재를 선발하는 주요한 기준은 도덕이었고, 효율성과 능력은 그 다음이었다.

유형원은 중앙집권적 관료제도의 유산을 벗어나 순수한 봉건제도로 돌아갈 수 있다고 믿지는 않았지만, 고전적 규범과 원칙을 도입하면 관료제도가 시행되면서 발생한 문제들을 풀 수 있을 것이라고 확신했다. 중국사를 연구한 결과 그는 이조라는 특정한 관서가 기계적으로 인사를 담당하면서 고식화됐고, 현직 관원을 철저하게 심사·평가하지 않은 결과 업무를 수행하는 데 효율성과 성실성이 떨어졌다고 판단했다.

인사의 수준을 유지하기 위해서는 모든 관원에게 자격 있는 후보자를 추천하도록 지시해 유능한 인재를 찾는 데 지속적인 관심과 주의를 기울여야 했다. 승진에 추천된 현직 관원도 지속적으로 관찰해야 했으며, 적어도 그 자리에 계속 임명해도 될 만한가를 결정해야 했다. 그러나 이런 철저한 실적의 관찰은 이서들이 인사 서류를 형식적으로 관리하면서 사라졌다.

위대했던 한이 3세기 초반 멸망한 뒤 귀족제도가 발전하고 신분이 중시되면서 인재의 공정한 선발은 더욱 어려워졌다. 가계를 조사해 신분과 가문을 확인하면서 실적을 객관적으로 평가해 모든 개인에게 공평한 기회를 부여하려는 시도는 무산됐다. 관원들은 관직을 추구하는 파멸적인 경쟁에서 스스로를 보호하기 위해 자신의 정적을 징계하고 파벌을 형성했으며, 이런 공격적이고 치열한 경쟁은 새로운 당파의 구분과 쓰라린 적대감을 유발했다.

589년 수에서 도입한 과거제도는 문지와 신분 대신 개인의 지식을 공평하고 객관적으로 평가할 것으로 기대됐기 때문에 호평받았다. 그러나 그 제도는 문헌을 기계적으로 암송하고 문학적 기술에 의존해 시문을 짓는 능력을 강조한 결과 고대와 같은 도덕적 지배계층을 양성하는 데 성공하지 못했다는 비판이 곧 제기됐다.

사회와 관료제도의 규모가 커지면서 나타난 부정적 결과는 당대唐代에 명확하게 나타났다. 수도와 주요 도시로 이권과 관심이 집중되면서 과거 응시자들은 시험을 준비하기 위해 수도로 몰려들었고 중앙 정부의 관직은 신분의 서열이 중시되고 야망이 커지면서 지방보다 그 위상이 훨씬 높아졌다. 지방 관직에 오랫동안 좋은 관원을 임용한다는 오래된 이상은 임기가 짧아지고 전직이 잦아지면서 폐기됐다. 중앙 관원들은 특정한 관직에 오랫동안 근무하면서 전문성을 쌓을 수 없었고, 지방 수령들은 자주 전직됐기 때문에 백성들과의 친밀해질 기회가 없었다. 그 결과 그들은 수령의 임무를 성실히 수행하기보다는 중앙 관서로 빨리 옮기는 데 더욱 큰 관심을 갖게 됐다.

많은 관원, 좀더 중요하게는 급제자와 생원 · 진사, 그리고 관직을 갖고 승진할 수 있는 범주에 있는 수많은 사람들은 그렇게 방대한 인원을 감당할 수 있는 합리적인 인사 행정을 요구했다. 해결책은 그런 사람들에게 품계를 주는 방식으로 전환하고 연공에 따라 순차적으로 승진하는 제도를 도입함으로써 적체를 줄이는 것이었다. 연공에 따라 임명하는 제도는 모든 관원과 후보자를 철저히 심사하는 데 필요한 막대한 시간과 노력을 절감했지만, 중앙 정부가 관원집단을 파악하고 그 성실성을 감독하는 기능을 약화시켰다.

당은 이런 문제에 시달렸지만, 그 관원들은 개혁안을 신속히 마련하지 못했다. 가장 뛰어난 중앙 관원을 지방 수령에 강제로 임명하고, 현재의 자리에서 경험을 쌓도록 모든 관원의 임기를 늘리며, 고위직으로 승진하기 위해서는 지방직을 의무적으로 거치도록 하는 방안이 제시되기도 했다. 고위 관직의 후보자를 평가하는 데 더 많은 관원을 참가시키고, 모든 관원들이 관직에 적합한 인물을 추천하고 그렇지 않으면 처벌함으로써 관원을 심사하는 권한을 이조 바깥으로 확대하자는 요구가 제기됐다.

유형원은 짧은 임기와 잦은 교체, 지방직의 기피 등 중국 관료제도의 일반적인 문제점들이 모두 조선의 주요한 폐단이라고 수긍했지만, 16~17세기에 나타난 조선의 특정한 악습도 지적했다. 그는 이조와 병조가 천거를 독점해서는 안 된다는 의견에는 동의했지만, 인사권을 판서에서 낭관으로 옮기자는 독특한 제안에는 놀라움을 표시했다. 그것은 명령체계를 혼란시킬 뿐만 아니라 낭관의 천거권을 강화시킨 결과 1575년(선조 8) 이조 정랑을 둘러싼 당파 사이의 갈등이 공식적이고 세습적인 당쟁을 배태했기 때문이었다. 중국에서는 천거의 책임을 이조와 병조뿐만 아니라 모든 관원으로 확대하는 방안이 지지를 받았지만, 이이와 유형원은 이조의 명령체계를 복구하는 것이 좀더 효율적으로 인재를 평가할 수 있다고 믿었다. 그러나 공정하고 객관적으로 인재를 평가하는 데 주요한 장애인 당쟁은 17세기 중반 제도화됨으로써 판서가 그 책임을 다하도록 하자는 16세기 이이의 조언은 복구하기 어려워졌다. 전체적으로 유형원이 당쟁을 본격적으로 논의하지 않은 것은 그의 분석에서 주요한 결점의 하나로 지적될 수 있다.

또한 유형원은 잦은 전직을 증가시키고 대간의 순수성을 훼손한다는 이유에서 칭병을 인정하지 않았다. 대간의 역할은 연산군과 중종대를 거치면서 정치적 갈등의 주요한 원인이 됐다. 본래 대간은 정치적 중립을 지킴으로써 모든 관원들의 도덕적 모범이 되어야 했는데, 그들은 연산군의 폭정에는 반대했지만 중종대에는 대신과 공신을 공격했다. 그들은 도덕적 순수성을 이루려는 열정에 고무됐다고 공언했지만, 실제로는 정치적 행동에 직접 참여하게 됐고, 그 결과 중종은 기묘사화를 일으켜 그들의 권력을 약화시키기로 결정한 것이었다. 대간은 그 뒤에도 감독과 탄핵의 임무를 수행할 수 있었기 때문에, 그 권력이 축소되기는 했어도 없어지지는 않았지만, 동서분당(1575) 이후 세습적 당쟁이 전개되면서 반대되는 당파와 야심적인 정치가들을 중립적으로 감독할 수 있으리라고 기대하기는 어려웠다. 그들은 자신의 경력을 신경쓰게 됐고, (커다란 문제는 물론) 사소한 위반에도 대신을 적대시하면 자신의 경력이 위태로워질 것이 분명했다.

이이 등은 16세기 후반에 이런 사실을 눈치챘으며, 관직에 추천된 후보자를 성실하게 평가할 책임을 대간에게 맡김으로써 그런 문제를 해결하려고 했다. 그러나 자신들에 대한 압박이 커지자 그들은 자신의 임무를 수행해 전도前途를 망치기보다는 전직을 선호했으며, 다수의 의견에 따르도록 강요하고 반대 의견을 가진 소수의 양심적인 사람은 침묵하도록 하는 방안을 제도로 정착시켰다. 이런 현상도 세습적인 당쟁의 증가와 관련된 것이었으며, 그 결과 관원들은 자신의 당파의 이익과 반대로 행동하기가 더욱 어려워졌다.

삼사의 역할에 대한 유형원의 해결책은 매우 과격했는데 삼사를 사헌부로 통합하고, 당파의 구성원은 물론 문지를 가진 양반을 우대해 공정한 평가의 임무를 저버렸다는 이유에서 서경권을 박탈했다. 중국에서는, 비인간적인 것은 아니더라도, 비인격적 방법에서 후보자를 지나치게 일상적으로 평가했다는 이유로 비판받았는데, 그는 이조와 병조에서 심사와 승진을 독점하는 권한을 제한하려고 했다. 그는 9년의 임기를 준수하고 3년마다 심사하면 편견에 따른 고과를 충분히 없앨 수 있다고 믿었다.

유형원은 중국의 역사와 최근 조선 사대부들의 조언에서 도덕의 교육과 실천은 등용의 기준이 되어야 할 뿐만 아니라 관원의 행동에서 항상 시험되고 관찰되어야 한다는 사실을 배웠다. 과거로는 개인의 충실한 덕행을 보장할 수 없기 때문에 선발과 승진은 모두 관찰과 천거로 전환되어야 했다. 유형원은 비인격적이고 기계적인 관료제도에 모든 사람이 서로 알고 어떤 사람이 믿을 만한지 보장할 수 있는 향촌공동체의 특징(즉 주대 봉건제도의 기초)을 접목시킴으로써 그런 목표를 이루려고 했다. 실제적인 측면에서 그는 모든 관원에게 천거제도를 확대하고 천거한 후보자에게 어떤 결함이 발견되면 가혹하게 처벌함으로써 그 제도를 강화하자는 송대의 조언을 받아들였다. 천거는 이조와 병조의 업무를, 완전히 대체하지는 않더라도, 보충했다. 그 제도의 정점은 정호가 구상한 연영원이었는데, 그것은 촉망되는 후보자를 수도에 모아 조언을 듣고 그들의 행동을 관찰하는 일종의 두뇌집단이었다. 그러나 12세기의 송처럼 순수한 관료제도를 유지하지도 못했고 외적의 침략을 받지도 않았던 17세기의 조선에서 후원과 천거를 통한 승진은 성공할 수 있었을 것인가. 당시 조선의 입사 경로는 세습적 신분의 기준에 따라 너무 협소해졌기 때문에, 그것은 모든 신분과 지역에서 온 유능한 인재를 등용하는 방법으로서 대단한 호응을 받았을 것으로 생각된다.

제18장

지방 행정

"향촌의 백성들이 사창社倉을 관리하도록 하고 관아에서는 그 운영을 돕기만 해야 한다."[1]

유형원의 지방 행정개혁안에 관련된 4개의 주요한 문제는 여기와 뒤이은 두 장에서 논의될 것이다. 앞의 두 가지 문제는 지방에서 관제를 조직하는 방법과 관련된 것이다. 세 번째는 특히 향리의 부정과 연관된 문제이며, 네 번째는 중앙에서 통제하는 한계를 설정하는 매우 어려운 문제였다. 마지막 사안과 관련해서 많은 학자들은 전근대 중국의 관료제도는 근본적인 약점을 갖고 있다고 지적했다 — 그것은 지방 수령과 백성 사이의 거리로서, 수령이 향촌을 통제하는 능력을 약화시켰다. 그러나 이런 상황은 이완과 무관심으로 나타난 결과가 아니었으며, 지방자치를 기본적으로 선호한 까닭은 유교적 경세사상 때문이었다는 사실을 분명히 밝힐 것이다.

유형원은 중국의 관제사를 연구한 결과 지방 행정의 문제점은 진·한대 이후 관료제도가 시행되어 행정이 복잡해지면서 나타났다고 확신하게 됐다. 복잡한 행정은 변칙적 상황을 야기했는데, 지방 행정구역의 크기가 변화하면서 조세와 요역이 불균등하게 분배됐다. 그것은 현재의 부패한 선거구와 동일한 문제를 만들었다 — 수령과 향리가 배치됐지만 그들이 다스리기에는 현의 규모가 너무 작다는 것이 문제였다. 이런 문제는 조선에서도 나타났는데, 넓은 영토를 정복해서 광대한 제국을 창출하거나 많은 관원을 임명했기 때문이 아니라 중앙집권적 관료제도의 행정구역은 천년이 넘는 역사를 가졌으며 그동안 그 구역의 크기와 위상, 관할구역에 나타난 수많은 변화는 조직의 통일성을 무너뜨렸기 때문이었다.

지방 정부의 두 번째 문제는 지방 관원의 역할이었는데, 관찰사와 병마사와 그 부하 모두의 문제였다. 조선이 개창되면서 관찰사는 항구적인 관직으로 각 도의 감영에 상주하면서 해당 지방의 사무를 전체적으로 감독했다. 이것은 지방 수령에 대한 관찰사의 감독 기능이 비교적 약했다는 의미였다. 아울러 임진왜란으로 지방의 군사권은 충분한 자치권과 통솔권이 결여됐다는 사실이 드러났다. 그러나 관찰사나 병마사의 권한을 강화하려는 구상은 당말 독재적 절도사의 폐해를 경험한 뒤 지방 장관에게 너무 큰 권력을 주면 반란과 왕조 자체의 멸망을 가져온다고 판단하게 된 전통적 경세사상의 반대로 좌절됐다.

지방 행정의 세 번째 문제는, 물론 계속적인 부패의 문제였지만, 향리의 녹봉을 완전히 폐지한 조선 전기의 제도로 인해 악화됐다. 수수료와 선물이 법률로 금지됐기 때문에 향리들은 사실상 농민과 백성을 약탈할 수 있는 재량권을 받은 것이었다.

끝으로 관료 행정의 문제를 해결하는 방안과 관련된 궁극적인 쟁점은 관료제도 자체에 둘 수 있는 신뢰의 수준을 결정하는 것이었다. 이것은 특히 유형원 같은 개혁자에게 어려웠는데, 그는 좋은 정부의 근간은 지방자치가 불완전하고 비효율적인 관료제도의 징후가 아니라 긍정적인 이점으로 평가된 봉건시대에 이루어졌다고 믿었기 때문이었다. 이런 생각은 유형원 같은 개혁자에게 국한되지 않고 관료제도가 시행된 시기를 살았던 거의 모든 유학자들이 공유했기 때문에, 중앙집권화적 관료제도를 부정적으로 평가하고 지방자치를 상대적으로 긍정하는 생각은 중국의 지방 관제 안에 이미 들어 있었다.

중앙과 지방의 이익을 둘러싼 이런 주도권 다툼은 지방 수령이 대체로 비교적 넓은 영토를 관할하고, 촌락의 양반과 원로에게는 향리를 보내 사안을 처리하면서 현지의 이익과 타협했다는 의미였다. 이런 조선의 향촌 사회를 주도한 세력은 광의의 양반이나 중앙 관원의 일부였다.

그러므로 과세든 구휼이든 중앙 정부가 어떤 행정을 시행하려면, 중앙 권력을 대표하는 지방 수령과 향리의 직접 통치나 향반에게 행정권을 부여하는 간접 통치 중에서 대체로 결정됐다. 이 장에서는 가격 안정 · 구휼 · 대부貸付와 관련된 행정을 이런 맥락에서 다룰 것이며, 뒷장에서는 대체로 향반들이 지배한 향청 같은 지방단체에 권한을 부여하는 문제나 상호 감시와 통제, 도덕교육과 이념교화를 대행하는 기관인 향약을 만드는 문제가 탐구될 것이다.

| 지방 행정

지방 행정구역의 개편

주대 봉건제도에서 지방 행정은 천자의 영토와 봉건 제후의 자치적 영지로 나누어졌다. 천자의 영토에서 지방 행정구역은 그의 신하가 다스렸지만, 봉건 제후의 영지는 제후의 신하가 다스렸다. 진秦이 봉건 제후를 지방 수령으로 대체한 이후 영지는 군과 현의 두 단계로 나뉘어 관원이 다스렸다. 한대에도 일부 남아 있던 영지는 봉건 제후 아래 소속된 지방 관원들이 다스렸지만, 그것은 기원전 154년(경제 3) 7국의 난

으로 없어졌다.[2]

지방 행정은 후대에 더욱 복잡해졌다. 3세기 진晉은 일부 지방 관원들이 자신의 영역을 넓히기 위해서 서로 공격하는 바람에 지방 행정의 위계질서를 유지할 수 없었다. 국경의 장군들도 자신의 관할 지역에 영지를 건설했으며 행정단위가 되기에는 인구가 너무 적었어도 높은 행정단위로 자처했다. 저마다 크기가 다른 행정구역에 일관성을 확립하기 위해서 5세기 후반 북위는 현을 재분할한 방식과 비슷하게 영지를 크기에 따라 9개의 등급으로 다시 나누었다. 병부상서 양상희楊尙希는 많은 현들이 크기와 인구가 너무 작지만 조세가 너무 무겁게 할당되어 있는 사실에 특히 놀라면서 그것들을 모두 최소 규모 이상으로 상향해 지방 행정구역을 개편할 것을 제안했다.

수·당대에 영지는 주州·부府로 대체됐으며 도호부는 몇 개의 주를 관할했다. 송대의 지방 행정은 현의 등급이 많아지고 중앙 관원을 지방 관원으로 겸임시키는 관행 때문에 더욱 복잡해졌다. 지방 수령 사이의 위계질서는 수령직의 품계보다는 겸직하고 있는 중앙 관서의 품계에 따라 결정됐다.[3]

명대에 규모가 큰 주는 부로 바뀌었는데, 주에 부속된 여러 현을 다스리거나 현을 직접 관할했다. 구준은 현의 경계가 인구의 변화에 따라 다시 획정되지 않았기 때문에 어떤 부는 수십 개의 부·현을 관리하는 반면 어떤 부는 두세 개밖에 통치하지 않는다고 지적했다. 그는 각 현의 인구는 다양하므로 부·주·현을 인구에 따라서 3등급으로 나누자고 제안했다. 너무 작은 단위는 다른 현과 통합되거나 등급에서 제외됐으며, 큰 현은 등급이 올라갔다. 현에 부과된 조세와 요역을 공평하게 개선하기 위해서 생산성도 현의 등급을 개편하는 데 고려됐다.[4]

유형원은 지방 행정의 개혁안에서 각 현에 부과된 조세와 요역이 서로 크게 어긋나는 현상을 개선하기 위해 행정구역을 대폭적으로 개편하자고 요구했다. 양상희와 구준의 비판에 공감한 유형원은 조선에서 부·현에 7개의 명칭이 쓰이고 있기 때문에 지방 행정이 혼란스러워졌다고 비판했는데, 그것은 중국의 명칭과 삼국 및 고려시대의 용어를 그대로 사용하고 있었다. 예컨대 조선의 도호부는 중국의 도호부와 크기와 권한이 전혀 달랐다. 따라서 유형원은 지방 행정구역의 명칭은 크기가 작은 단위를 합치거나 큰 단위에 통합하면서 각각 크기와 인구에 따라 적용해야 한다고 지적했다. 그렇게 수정된 명칭 — 사용된 용어와 그것이 반영하는 실제의 관계를 명확하게 표현한 — 은 크기에 따라 대부大府·도호부·부·군·현으로 정했다. 유형원은 지방 행정의 불일치를 없애 그 서열을 단일화할 수 있었다.[5]

또한 유형원은 면적에 따라 각 단위를 정의했다. 대부나 도호부는 4만 경(670만 에이커로 40리 또는 13제곱마일. 15.7킬로미터), 군은 3만 경, 현은 1만 경이며 각 단위는 행정도시를 가졌다. 도호부는 여러 하위 행정도시를 관할하는 진관으로 기능했다. 면적의 계산에서 산이나 강·늪·숲처럼 경작할 수 없거나 생산이 나지 않는 토지는 제외했다. 끝으로 유형원은 소작蘇綽의 견해를 수용해 주·현에는 장관과 이관貳官을 두어 이웃 주·현의 업무를 침해하거나 방해하는 장관의 행동을 감독하도록 했다.[6]

그러나 이런 지방 행정의 개편안은 관할권의 엄격한 위계를 세우려는 진지한 시도는 아니었다. 대부분의 중국 제도에서 하위의 현은 상위 행정단위에서 관할했지만, 유형원의 계획에서는 도호부만이 하위에 있는 다수의 군·현을 다스릴 수 있었다. 그렇게 함으로써 군·현이 독립적으로 운영되고 관찰사나 중앙의 여러 장관들에게 직접 보고하는 이전의 관행을 억제했다. 중국처럼 군·현을 다양한 등급으로 나누는 대신 면적이나 인구에 따라 군이나 현을 배정했다. 아울러 지방 수령의 품계는 면적에 따라 변했으며, 높은 품계를 가진 관원은 좀더 중요한 군 · 현에 배치됐다. 그러나 상위의 행정단위는 넓은 면적을 관할해야 했기 때문에 하위 단위보다 인구에 대한 통제력이 적었다.

또한 유형원은 지방 수령이 부하를 임명할 수 있도록 했다 — 이것은 중국에서 가장 자주 나온 제안 중 하나였다. 이런 제도는 한대에 시행됐지만, 향리직이 무차별적으로 팔렸기 때문에 6세기 후반 진陳의 후주後主는 지방 수령에게서 그 권한을 박탈해 중앙의 이부로 이관했으며, 이런 제도는 수대 이후 지속됐다. 그러나 유형원은 한의 제도가 우월하다고 확신했다. 그는 향리를 향관이라고 부르고 전정典正과 전검典檢을 두어 향청의 책임자로서 향리를 감독한 좌수座首와 별감別監을 대체하려고 했다. 아울러 각 행정구역에는 관아와 학교에서 일하는 서리와 소사가 차등적으로 지급됐다(후술). 그는 중앙 정부에서 이서의 노동조건을 책임져 녹봉 · 품계 · 관직을 주어 그들을 정규 관제로 포용하려고 시도했으며, 향청을 지방 행정단위에 결합시켜 수령이 관할하도록 했다.[7]

지방 관원

중국사에서 지방 행정을 책임진 장관은 여러 왕조를 거치면서 점진적으로 발전했다. 군수들도 여러 현을 관할했다는 측면에서 절도사와 비슷했다. 수 · 당대에도 군(당시의 주)을 통치한 자사는 계속 현을 다스렸지만, 부와 대총관부大總管府의 군사적 기능이 확대되면서 총관은 수십 개의 군을 감독하게 됐다. 곧 폐지되기는 했지만, 그것은 지방을 통제하는 데 더 큰 행정단위가 필요하다는 사실을 보여주었다.[8] 8세기에 외침의 위협이 커지면서 일부 국경지역에 군사적 임무는 물론 민정도 관할하는 절도사를 두었다. 처음에는 문관을 임명했지만 곧 무관을 배치했는데, 가장 유명한 사람은 755년 당에 반기를 든 안록산이었다.[9]

명대에 군 이상 단위의 장관인 순무巡撫는 왕조 개창 이후 70여 년이 넘은 1430년(명 선종 선덕 5) 이후부터 임명됐는데, 그들은 한곳에 상주하기보다는 지역을 순찰하면서 감독했다. 그들은 황제에게 지방의 여러 사정을 보고했지만 징세를 모두 관할하지는 않았으며, 지방의 안찰사들은 상서와 직접 연락했다. 지방의 통제가 약화되면서 순무는 안찰사를 통제하게 됐다. 결국 지방을 감독하기 위해 파견됐던 순무는 1550년(명 세종 가정 29) 총독군물總督軍物의 지휘를 받게 됐다. 달리 말하면 모든 지방 관원을 포괄하는 영속적인 지방 통치는 유형원이 살던 시대부터 한 세기 전에야 온전한 형태를 갖게 된 것이었다.[10]

조선에서는 지방의 장관으로 관찰사를 오랫동안 두었지만, 지방 행정은 완전히 발전하지 않았고 관찰사는 여전히 주기적으로 지방을 순환하면서 감독했다. 유형원은 관찰사를 장기 근속케 하고 지방 행정을 돕기 위해서 그에게 부속된 관원들도 다시 편성하려고 했다. 유형원은 주대 이후 황제들은 주요한 지방 관원의 권력을 그들의 임무를 너무 방해하지 않으면서 통제하는 데 많은 노력을 기울였다는 사실을 알게 됐다. 주의 천자는 주요한 봉건 제후인 방백方伯들을 감독하기 위해서 대부를 파견했는데, 방백은 외적이 침입했을 때 방어하는 데 군사를 동원할 수 있는 권한을 가진 제후였다.

진대에는 어사가 황제에게 보고하는 감독관으로 파견됐지만, 전한대에 폐지됐다. 기원전 2세기 초반에는 수도 주위의 세 주요 지역인 삼부를 감독하는 관원이 파견됐고, 주에는 감찰어사가 배치됐다. 그들의 감독이 느슨했기 때문에 문제文帝(재위 기원전 180~157)는 수상에게 지방을 감찰하는 이서를 파견하라고 지시했지만 항상 임명되지는 않았다. 기원전 106년(한 무제 원봉 5) 무제는 전국을 13주로 나누고 그 책임자로 자사를 파견했지만, 1세기 중반 대사공大司空 하무何武는 자사는 상관을 감독하기에는 품계가 너무 낮으므로 좀더 고위 관원으로 대체해야 한다고 지적했다.[11]

당은 안찰사(또는 관찰사)와 절도사를 제국의 10도(뒤에 15도로 바뀌었다)에 임명해서 조용사租庸使 · 전운사轉運使 · 염철사鹽鐵使를 거느리고 임무를 수행하도록 했다. 송은 지방 행정구역을 18로路(나중에는 23로)로 바꾸어 안찰사를 배치했다. 송대의 안찰사는 당대보다 확대된 하위 조직을 거느렸지만, 그 조직들이 모두 정규 관원으로 채워지지는 않았다. 그러나 송대의 주요한 문제는 안록산의 난 같은 반란의 재발을 막기 위해 절도사를 통제하면서 발생했다.[12]

명에서는 원의 지방 행정구역인 성省을 계승해 포정사布政司를 두고 그 아래에 황제의 칙령과 군사 문제, 일반적인 감독과 사찰을 맡은 하위 관서를 배치했다. 유형원은 명대의 지방 행정은 다양한 관서와 관원을 배치해 개인의 권력 독점을 막고 견제와 균형을 이룸으로써 전문성과 효율성을 제고했다고 평가했다. 그러나 동시에 조직이 복잡해져 임무가 중복된 결과 원활한 업무처리가 어려웠다는 문제점도 있었다고 판단했다.[13]

15세기 후반 조선에서 관찰사는 도사와 일부 중요한 현을 책임진 판관들의 보좌를 받았다.[14] 1469년(예종 1) 『경국대전』에서는 각 도에 교수 · 훈도 · 심약審藥 · 검열 · 역승 · 도승을 배치했지만, 1744년(영조 20)의 『속대전續大典』과 1788년(정조 12)의 『대전통편大典通編』에서는 검열을 제외하고는 모두 혁파했다.[15]

17세기 후반에 저술한 유형원은 명 제도의 복잡성을 피하고 관찰사에게 부속된 관원을 최소화하기로 결정했지만, 모두 없애지는 않았다. 그는 관찰사에게 3명의 관원만 남겨놓았는데, 도사의 명칭은 참리參理로 바꾸었으며 심약과 검열은 존속시켰다. 감영에는 30명의 서리書吏와 140명의 조예(노비 포함), 28명의 소사가 배치됐다.

유형원은 과거제도보다는 학교제도를 통해 관원을 등용하려고 계획했기 때문에 관찰사는 새로 설립된 영학과 그 관원도 관할했다. 관찰사는 이전의 전통에 따라 병마절도사(병사)와 수군절도사(수사)의 중요한 임무를 겸임했는데, 각각 180명 정도의 서리 · 조예 · 소사가 배속됐다. 관찰사는 군사지휘권도 가져서 따로 필요하지 않을 경우는 병사와 수사를 두지 않았기 때문에 어떤 도는 병사와 수사가 모두 있었지만 어떤 도는 전혀 없기도 했다.[16]

유형원은 삼남지방과 관련해서는 외양外洋의 항해를 감독하고 수도의 창고에서 물건을 납부하고 가격을 지불받는 임무를 수행하는 해운사海運使 1명을 추가로 두었다. 유형원은 당시 조졸漕卒을 감독하는 상관이 없는 제도를 고쳤다. 그는 해운사를 당상관으로 임명해 영속적으로 거주하거나 의무적으로 주재하지는 않으면서 순회 감독하도록 했다. 그에게 부속된 서리 · 조예 · 소사는 수도의 주민 중에서 등용해 국가에서 녹봉을 주고 두 번으로 나누어 번상토록 했다.[17]

또한 유형원은 6세기 후반 수에서는 황제의 잦은 순수巡狩 때문에 수도를 관할하는 특별한 관원을 두었다고 지적했다. 그는 수의 제도를 따라 관찰사에게 종2품을 주어 유수留守를 겸직시킨 뒤 중간에 지방 관원을 거치지 말고 국왕에게 직속시키자고 제안했다. 일부 특별한 도시와 부 · 현에도 영학을 두어 중앙에 등용될 수 있는 인재를 양성하도록 했다.[18]

유형원이 구상한 계획의 핵심은 관찰사를 가족과 함께 감영에 주재시키고 유수를 겸직케 해서 그 지위를 높이며, 『경국대전』에 규정된 부하의 숫자를 유지하고 지방에서 운영되는 조운의 통제권을 확대하는 것이었다. 16세기에 이이는 관찰사를 즉석에서 임명하는 관행을 신랄하게 비판했는데, 일반적인 지방 수령이 6년의 임기를 거친 것과는 달리 관찰사는 1년밖에 근무하지 않아서 그 지방의 백성과 부하들에 대한 지식이 실제로는 거의 없으며, 위기 상황을 처리할 수 없기 때문이었다. 이이는 지방 관원이 중앙 관원과 자주 교체되어 역참의 숙소가 만원이라면서, 당시 북부의 평안도와 함경도에서만 허용하던 것처럼 관찰사와 병사·수사의 임기를 늘리고 가족과 함께 부임케 하며 감영을 둘 만한 적합한 도시를 선택해 그곳의 수령을 겸임하도록 해야 한다고 주장했다. 그는 국경 지방의 군사적 약점은 관찰사가 자주 교체되어 현지의 사정에 어둡기 때문에 야기됐다고 파악했다. 관찰사를 길게는 12년 동안 근무케 하면, 백성들은 안정과 신뢰를 느끼고 관찰사는 도적이나 외적을 용감하게 방어할 것이었다.[19]

가장 나쁜 상황은 무능한 사람이 임명되어 관찰사는 재산을 축적하고 농민의 문제를 돌보지 않으며 병사와 수사는 군사들의 재물을 강탈하고 방어준비를 소홀히 하는 것이었다. 국왕과 대신들이 아무리 현명하고 어질어도 사회 기층의 주요한 문제까지 해결하지는 못했다. 따라서 지방 관원을 지속적으로 심사해 유능한 인물과 무능한 사람을 가려내야 했다. 중앙 정부는 가장 훌륭한 지방 관원을 선발해 개혁의 임무를 맡겨야 했다.

군사조직

진관은 각 도마다 필요가 달랐기 때문에 유형원은 모든 도에 적용되는 통일된 조직을 만들려고 하지는 않았지만, 적어도 용어는 통일시키려고 했다. 각 도의 진관에서 가장 규모가 큰 첨사진僉使鎭은 종4품의 첨절제사僉節制使(당시는 진무鎭撫라고 불렸다)가 지휘했으며, 그보다 낮은 만호진은 종5품의 만호가 지휘했다. 주요한 목적은 작고 쓸모없는 진관을 없애고 그 병력을 큰 진관에 통합하는 것이었다. 유형원은 전국의 진관을 30개의 병영과 62개의 수영으로 통합해 모두 92개로 구성했다. 병영은 12명의 첨사(첨절제사)와 18명의 만호가 지휘했고, 수영은 14명의 첨사와 48명의 만호가 다스렸다. 유형원은 92개의 진관을 3분의 1로 줄이고 부대를 재배치해야 한다고 주장했다.

유형원은 당시의 일부 첨사와 만호는 자신의 계획보다 1품씩 높은 종3품과 종4품을 갖고 있다면서 병사와 수사의 권한과 관련된 핵심적인 문제를 제기했다. 당시 그들의 품계는 문관인 수령과 동일했기 때문에 품계를 내리면 동료 문관의 아래에 있게 됐다. 유형원은 병사와 수사의 자질이 떨어졌기 때문에 정부에서는 그들의 품계를 자격보다 높여 유능한 인재를 유도하고 한량이나 서리를 등용하려고 했다고 지적했다. 그들은 임기를 채운 뒤에 참하관이 될 수 있었다.

유형원은 능력 있는 무관을 선발해 녹봉을 주고 병사와 수사로 임명할 경우에 국한해서 그들의 품계를 낮추어도 괜찮다고 생각했다. 병사·수사의 수준을 높이고 그 병력을 충원하는 문제는 품계나 임기를 조종해서 결원을 채우는 것보다 좀더 중요했다. 유형원은 유능한 장수가 진관을 지휘하면 문관이 품계를 내세워 동료 무관을 제압하지 않을 것이라고 예상했다. 그 지역을 잘 아는 인물을 지휘관으로 계속 임명하고 자주 이동시키지 말아야 했는데, 이 원칙은 모든 찰방察訪·교관·수령에게도 적용되어야 했다. 유형원은 한대와 마찬가지로 지방 수령에게 자신의 부하와 진장·역관驛官을 모두 임명케 해야 하며, 긴 임기를 보장해서 관원과 백성의 관계를 친숙하게 만들어야 한다고 생각했다.[20]

일본의 지방 제도에 대한 강항의 설명

유형원은 조선과 일본의 지방 행정의 차이를 대비하기 위해서 강항이 임진왜란 동안 일본에 포로로 잡혀갔던 경험을 설명한 부분에 관심을 돌렸다. 강항은 일본의 관제는 주대의 봉건제도와 비슷해서 가장 뛰어난 인재를 관직에 선발해 그 자리에서 일생 동안 근무시키고 그 후손들에게 그 관직을 세습하며 군권을 부여했다고 상찬했다 — 이런 모든 조건은 군사적 승리를 보장했다. 그러나 조선의 지방 관원은 관찰사와 병사 · 수사가 지방의 병력을 절반씩 관할했기 때문에 휘하에 병력이 없었다. 심지어 아침에는 관찰사에게 배속된 군사가 저녁에는 중앙에서 파견된 도원수의 지휘를 받기도 했다. 부서의 권한이 중복되면서 관찰사는 지방을 통일적으로 관할할 수 없었고, 병사와 수사는 충분한 병력을 갖지 못했다. 즉 명령체계의 연결이 원활하지 못했다.

임진왜란이 터졌을 때 남원부사였다가 나주목사를 거쳐 방어사에 임명된 이복남李福男의 경험을 강항은 자세히 설명했다. 그는 임명에 반대를 받았기 때문에 결국 절도사가 됐다. 전라도 관찰사 박홍로朴弘老는 일본군에게 패전한 책임을 지고 황신黃愼으로 교체됐는데, 황신이 부임했을 때 감영은 파괴된 상태였고 군사를 움직일 수 있는 53명의 수령은 아무도 남아 있지 않았다. 남원이 일본군에게 포위됐을 때 강항은 담양군수였는데, 방어의 책임을 지고 중앙에서 파견된 관원들은 전황이 이미 기운 뒤에야 나타났다. 장수와 약간의 구원병이 도착했지만 일본군에게 매복 공격을 감행할 만한 병력도 되지 못했다.

강항은 품계와 문 · 무관, 문지를 따지지 말고 용기와 능력을 가진 최고의 인재를 변방의 지휘관으로 선발하라고 국왕에게 조언했다. 그래서 그들을 일본군이 침략했던 지역에 1백 리마다 설치된 진관의 지휘관으로 임명해 송대처럼 12~15년 정도 그곳에서 복무시키자고 건의했다. 그들은 다른 지역으로 옮겨가지 못하고 품계만 올라갔으며, 그들에 대한 탄핵이 빗발쳐도 중죄가 발견되지 않는 한 파직되거나 전직되지 않도록 했다.[21]

일본의 봉건적 전통에 관련된 이런 논의의 요점은 관찰사와 지방 관원을 장기 근속시킴으로써 국경 지방의 명령과 방어를 강화할 수 있으며, 최적의 인물을 관직에 신중하게 발탁함으로써 중앙 권력에 대한 정치적 위협을 피할 수 있다는 것이었다. 그러나 중국과 일본에서 발발한 모반의 역사적 경험을 볼 때 이런 결론은 그릇된 것이었다. 교육과 적절한 천거를 실시하고 관원의 실적을 심사하면 관찰사와 병사·수사에게 자치적 권력이 집중되는 현상을 막을 수 있을 것이라는 유형원의 태도는 관료제도를 개혁하는 소박하고 교과서적인 시도였다.

지방 수령의 지위 상승

주대에 육경은 모두 자신이 고위 관직을 맡을 자격이 있는지를 입증하기 위해서 지방 관원을 지내야 했지만, 조선에서 지방 관원은 낮게 평가됐고 거기에 임명되면 명성에 손상을 받는 일로 간주됐다 — 이것은 714년(당 현종 개원 2) 장구령張九齡이 당의 지방 관원에 대해서 제기한 비판이었다.[22]

훌륭한 평판을 받는 관원은 지방 관원에서 배제될 것으로 생각됐고, 지방 관원은 도덕을 지키지 않았으며 관할하고 있는 백성들을 무시했다. "훌륭한 지방 관원은 본연의 임무를 수행하지만, 나쁜 부류는 백성을 해치면서 자신을 살찌웠다." 관찰사는 종2품의 고관이었지만 거기에 임명되면 좌천됐다고 생각해서 "각 현을 돌아다니면서 기생을 거느리고 술 마시면서" 시간을 보냈다. 이이는 대간과 궁궐의 관원을 지방 관원으로 순환 근무케 하고 그들의 실적을 다시 평가한 뒤에만 중앙 관직으로 돌아올 수 있게 하자는 해결책을 제시했다 — 이것은 뛰어난 인재를 중앙과 지방에서 순환 근무케 하는 표준적인 고전적 처방이었다.

유형원은 지방 관원의 중요성을 강조한 이이의 견해를 부연했는데, 그들은 국왕을 대신해서 백성을 다스렸기 때문이었다. 유배와 마찬가지로 지방 수령으로 임명되는 것을 천시하면 백성들에게 무시하는 태도를 심어주어 국가의 존속을 위협할 수도 있었다.[23] 유형원은 관찰사와 병사·수사가 가족과 함께 부임하고 감영이 소속된 지역의 수령을 겸임하도록 하자는 이이의 제안을 지지했다. 그는 병사와 수사에게도 국가에서 녹봉을 주기를 바랐지만, 보인의 세금으로 그들의 녹봉과 진관의 비용을 충당하는 현행의 제도를 존속시켰다.[24]

지방 관청의 이서들

지방의 이서조직에 대한 해결책은 감영·관아·학교·진관·역참에 고용된 서리·조예·소사를 두 배로 늘리고 그들을 두 번으로 나누어 한 달에 보름씩 교대시키는 것이었다. 그들은 보름치의 녹봉과 1인당 50묘의 토지를 받았으며, 매일 근무하는 이서는 온전한 녹봉을 받았지만 토지는 받지 못했다. 유형원은 육방六房에 소속된 향리를 중앙의 육조와 같은 범주로 나누었다. 그들은 격무에 시달렸기 때문에 한 달에 절반은 쉬도록 허락받았으며, 하번인 사람들은 손님을 접대하거나 군사 업무에 참여했다. 그밖에 이런 이서의 일반적인 명칭과 등용 방법, 처우 기준은 중앙의 이서직과 동일하게 유지됐다. 관아 가까이에 사는 공노비는 조예로 등용됐다.[25]

유형원은 군에는 서리 14명, 조예 58명, 소사 8명을 배정했다. 14명의 서리는 각기 다른 책임을 가진 육방에 분속됐다. 호장戶長은 조선 전기부터 있던 직책이었지만 당시는 권한이 약해졌으며, 조선 중기부터 이방이 그 권한을 인수했는데 그들은 번갈아 그 직책을 맡는 대신 여러 사람이 겸직했다. 다른 서리들은 공물을 구입하는 대동창大同倉과 가격 안정과 구휼을 맡은 상평창·군기고軍器庫를 담당하면서 수령과 그의 보좌관인 승발承發을 도왔다. 조예는 창고와 감옥을 관리하고 차와 술을 만들었으며 수령과 서리의 수발을 들었다. 소사의 임무는 명확히 규정되지 않았다.

감영에는 서리 15명(군보다 1명이 많았다), 조예 70명, 서리 14명이 배치됐다. 관찰사는 국왕에게 올릴 상소를 쓰기 위해 서기를 추가로 두었으며, 자기의 업무에는 조예 17명을 부리고 6명은 승발에게 배속했다. 나머지 조예들은 창고를 지키고 손님을 접대하고 말을 관리하고 식사를 조달하고 각종 명령을 대기했다. 감영의 구조는 군과 거의 비슷했다.

유형원은 지방 관청의 업무에 백성을 동원하는 폐단을 줄이기 위해서 지방 관원들이 필요로 하는 이서를 충분히 공급하는 방안을 숙고했다. 그는 사령의 숫자를 줄여 비용을 절감하고, 감영이나 현청 주위의 백성에게 토지 1경과 매달 6말의 녹봉을 주면서 1년에 6번으로 나누어 두 달씩 동원하는 제도를 검토했다. 그러나 결국 일반적 요역은 특정한 업무를 가진 전문적인 서리와 조예로 대체해야 한다는 판단에서 그 방안을 철회했다.

당시의 제도에서 사 · 농 · 공 · 상과 군사는 각자의 국역을 이행하는데 시간이 모자랐다. 또 다른 문제는 군사와 조예로 징발하는 인원을 조정하는 것이었다. 유형원은 군사로 복무하는 사람을 제외하고는 관아에서 12리 안에 있는 모든 사람에게 국역을 지운다고 말했다. 지방관원은 필요한 임무에 따라 정해진 숫자의 조예를 둘 수 있었으므로 그 정원을 줄이는 것은 현명치 못했다. 이런 조예들은 지방에서 군사 명령을 전달하는 데도 동원됐다. 그런 임무는 군뢰軍牢가 맡았는데, 그들은 군사와는 다른 부류였다. 유형원은 일정한 숫자의 군뢰를 진관마다 배치해 전시에 정병으로 복무하도록 했다.[26]

또한 유형원은 과거제도가 아니라 개혁된 학교제도를 통해서 관원을 등용하려고 계획했다. 그는 부학府學에 서기 1명, 요리 · 채소밭 · 창고 · 청소 등을 맡은 조예 22명, 각종 허드렛일을 담당한 소사 14명을 배치했다. 유형원은 조예에게 기숙사의 난방과 식사 준비, 식기 세척, 화장실 청소, 분뇨를 비료로 처리하는 방법 등을 교육시켰다. 유형원은 당시 사찰의 간소한 생활방식이 삼대의 제도를 재현했다는 송대 정이의 발언을 언급하면서 자신도 그 방식을 따라 학교의 규범을 마련했다고 언급했다. 비슷한 방식으로 유형원은 첨사진에도 서리 5명, 조예 19명, 소사 2명을 배치했으며, 역驛에는 서리 3명, 조예 14명, 소사 2명을 두었다.[27]

지방에 이서를 배치해 부패를 근절하려는 유형원의 계획은 채택되지 않았지만, 임진왜란 이후 그 숫자가 감소한 결과 중인(또는 아전)의 지위와 자격은 부분적으로 올라갔다. 수령이 결원을 그때마다 채우면서 그들의 자격은 더이상 세습되지 않았다. 중인이라는 경멸적인 명칭에도 불구하고 그들은 조선 전기의 호장을 대신해 육방에서 영향력을 높여갔다. 그들은 향반들의 지배권을 극복하면서 독립적인 지위를 확보해갔는데, 거기에는 농민에게 부과된 전세가 늘어나면서 그 자금이 그들에게 유입된 것이 부분적인 원인으로 작용했다. 19세기 후반에는 세입의 3분의 1이 이서에게 들어갔다. 자신들의 지위가 더욱 중요해지면서 이서들은 더이상 그렇게 유순하지 않았으며 지방 사정에 밝은 지식을 이용해 수령과 공모해 농민을 약탈했다. 조선 전기보다 후기에 이서들이 부정한 수령과 결탁했다는 사실을 증명하기는 어렵지만, 그들이 19세기 중반 농민반란을 선동하는 데 주요한 역할을 했다는 것은 확실하다.[28]

지방 이서의 지위와 임무가 크게 바뀌었기 때문에 그들에게 정규 녹봉을 지급하자는 유형원의 방안은 실현됐다. 그러나 그것은 전체 세입에서 분배한 것이 아니라 지방에서 부가세를 부과함으로써 이루어졌다. 영향력은 증가했지만 이서의 낮은 신분이나 부패한 행동은 주요한 문제였으며, 그들은 임술민란이라는 거대한 사회적 붕괴를 가져오는 데 핵심적인 요인으로 작용했다.

비婢의 신역

관서에서 남성의 신역은 비를 동원하면서 획기적으로 경감됐는데, 유형원은 남성보다는 여성의 숫자를 낮게 잡았다. 그들의 국역은 남성과 동등한 녹봉과 토지로 보상됐다. 그러나 유형원은 비가 세습된 사회적 신분 때문에 부당하게 노비로 취급받고 있으며 관원들의 성적 요구의 대상이 된다는 두 가지 이유에서 비를 국역에 동원하는 데 그렇게 찬성하지는 않았다. 또한 그는 고대는 물론 당시도 여성을 관서에서 사역하지는 않았으며 조선의 국법에도 중앙 각사에 비를 할당한 규정이 없다고 지적했다. 당시의 상황에서 중앙과 지방 관서에서 비를 동원할 필요가 없다는 것이었다.

유형원은 비를 국역에서 완전히 배제해야 하는 이유를 설명했다. 고대 중국에서 범죄를 지은 남녀는 노비가 됐지만, 세습적 노비제도는 성군의 통치와 반대되는 법률로 간주됐기 때문에 노비신분을 세습하는 법률은 없었다. 따라서 국역은 남성에게는 합법적인 의무였지만, 여성은 남편에 대한 도덕적 순종의 일부로서 거기에 동참하도록 했을 뿐이었다. 따라서 여성에게 국역을 부과하는 것은 커다란 불의였으며, 특히 그들이 범죄를 저지르지 않았기 때문에 더욱 그러했다.

상황은 관원들이 자신의 관서에서 근무하는 비들을 기생처럼 다루면서 성적 관계를 요구했기 때문에 더욱 악화됐다. 정부는 비를 착취하는 것은 막지 않았지만, 결혼제도를 파괴해 도덕을 무너뜨리지 않도록 하기 위해서 그들의 결혼을 금지했다. 유형원은 여성의 국역에 개입된 편견은 사실 현재의 행동 때문에 나타났다고 지적하면서 세습적 노비제도를 혁파할 수 없다면 비를 국역에 절대 동원하지 말아야 한다고 주장했다. 적어도 궁궐과 관서의 요리와 관련해서는 비의 신역이 매우 중요하다고 생각한 사람도 있었지만, 여성보다 남성이 모든 일에 우월하며 사용원에서는 노奴가 모든 일을 담당한다고 지적한 견해도 있었다. 정부 관서에서 일하는 비들은 귀가시켜 노비들의 신공을 징수하는 관서인 사섬시에 신공을 바치도록 하는 편이 나았다. 아울러 현재의 세습적 노비제도가 폐지되기 전까지 노비의 자식들은 현재의 규정에 따라 노비 장부에 등록되어야 했다. 비의 국역에 대한 유형원의 해결책은 세습적 노비제도와 연관된 폐단의 일부를 줄이려는 그의 노력과 합치했는데, 이것은 당시의 지배적인 남성우월주의에 반대하는 미미한 저항이었다.[29]

| 역참과 조창

17세기 중반 역참의 찰방은 41명으로 고려시대의 22명보다 두 배가 많았다. 유형원은 그 규모와 비용을 줄이려고 했다. 유형원은 고대에는 수령이 방어의 일선을 담당했기 때문에 특정한 군사 기지가 필요치 않았다고 지적했다. 역참의 숫자는 수령에게 문서 전달의 책임을 맡김으로써 줄일 수 있었다. 번상 정병이 복무하는 수영은 쉽게 혁파할 수 없었다. 역참에 소속된 군마와 장비의 관리와 통신 임무는 독립적인 이서가 필요했지만, 역참마다 찰방을 1명만 배속하면 비용을 절감할 수 있었는데, 이것은 조선이 국토가 작기 때문에 자원을 경제적으로 배분하는 쉬운 방법이었다.[30]

그러나 조창漕倉은 다른 지방 관서와는 달랐다. 고려시대에는 내륙의 조운을 위해서 남부지방에 강을 따라서 12개의 수운창水運倉이 설치됐으며 수도로 세곡稅穀을 운송하기 위해서 해안에는 10개의 해운창海運倉이 있었다.[31] 예종대와 12세기 후반 무신집권시대의 혼란을 겪으면서 상당수의 조창은 사용되지 않았다. 14세기에 수도로 운송되는 세곡은 왜구의 잦은 노략질 때문에 대부분 육로로 보내졌으며, 조선이 개창될 무렵에는 해운창 4개, 수운창 5개만이 남았다. 임진왜란 기간인 1597년 해안지역에서는 해운창에 세곡을 납부하지 않고 개별적으로 선박을 징발해 직접 수도로 운송했다. 강과 바다를 통한 운송 비용은 조졸漕卒과 수부水夫의 세금을 면제해주어 충당했지만, 그들의 노동 부담을 상쇄하기에는 충분치 않았다.

조운창에는 정규 관원이 없었으며, 관찰사는 조창을 감독하는 차사원差使員과 징세를 감독하는 감수관監收官, 운반을 담당하는 영운관領運官을 두었다. 이런 관원들과 호조의 이서들은 조졸과 수부에게서 뇌물을 요구했다. 경창의 관원들은 뇌물의 부담을 늘리기 위해서 선박의 하역을 막기도 했으며, 궁방의 이서들은 하역장에 나타나 조졸과 수부가 도망간 자신의 노비라고 주장하기도 했다. 조졸과 수부는 한번 운송할 때마다 뇌물로 10섬 이상을 냈으며 이자로 낼 곡식이나 돈을 빌려야 했다. 일부는 빚을 갚을 방도가 없어서 도망치기도 했다. 대부업자는 한강가에 거주하는 주민에게 대신 갚도록 요구했으며, 그들은 다음번에 도착하는 조졸과 수부에게 그 비용을 요구했다. 중앙의 해운판관과 그 수하는 이런 전체적인 과정에서 막대한 이익을 거었다.

유형원은 고려 전기의 조운제도를 복구함으로써 이런 폐단을 없애려고 했다. 당시는 해운창이 두 곳밖에 없었기 때문에 그것을 유지하고 다섯 곳은 신설하자고 제의했다.[32] 또한 그는 내륙에서 세곡을 운반하기 위해 수운창을 다섯 곳에 새로 만들자고 제안했다. 당시는 이서가 조운제도를 담당했기 때문에 고려의 제도에 따라 조창마다 판관(정8품)을 두어 행정을 감독하고 그들에게 함께 일할 사람들을 추천하도록 했다.

조졸과 수부는 조창 근처의 주민 중에서 선발해 토지 1경과 보인 2명을 지급했으며, 운송 도중 대기하는 기간을 포함해서 매일 쌀 5말을 지급했다. 조졸의 숫자는 해운선에는 36명, 수운선에는 18명으로 제한됐다. 선박의 건조 · 수리 · 교체와 관련된 모든 비용은 국고에서 부담했다. 선박의 하역과 마필의 이용, 조창에서 발생한 모든 비용은 지불하지 않았으며, 조졸과 수부에게서 불법적으로 뇌물을 걷는 관원은 횡령으로 처벌됐다. 또한 유형원은 선박의 규격과 적재 무게를 정확히 규정했으며, 1년에 수운은 3~4회, 해운은 2회로 제한했다.

그는 조졸과 수부의 책임을 경감하는 데 전반적으로 찬성했지만, 그의 생각은 현대적 기준에서 보면 상당히 엄격했다. 조졸이 선박을 파손시키면 장형 1백 대를 맞았다. 선장은 처음 배를 파손했을 경우 장형 1백 대에 처해졌지만, 다음부터는 군사와 마찬가지로 가족과 함께 변경으로 추방됐다. 6개월 동안 자신이 관리하는 조창에서 선박 5척을 손상하면 판관은 녹봉의 절반을 삭감당했으며, 10척이면 고신을 박탈당했다. 다친 조졸은 보인으로 대체되지만, 개인적인 대립代立은 금지됐다. 그는 이런 조항이 잡다한 지출과 뇌물의 요구에 시달리던 조졸과 수부의 부담을 줄여줄 것이라고 믿었다.

유형원은 조창의 세곡 납부기한과 선박의 출발시점을 엄격히 정했으며, 미곡 대신 고정된 교환비율에 따라 면포나 모시 · 비단으로 납부할 수 있도록 했다. 북방의 양도는 현지의 국방비로 사용하도록 이런 제도에서 제외됐다. 해안가의 진장들은 정박한 조운선을 인도하고 운송을 도우며 선박이 난파된 것처럼 위장하는 행위를 막기 위해서 선박이 도착한 날짜를 기록했다. 운반 도중 사상私商들과 거래하는 행위도 금지됐으며, 위반할 경우는 거래한 물품을 압수했다. 개인 물건을 운반하는 경우는 압수되고 변방의 군사로 보내졌다. 수도에 도착한 미곡은 모두 호조와 승지가 계산해 기록했으며 판관이 조운선에 탑승했을 경우는 함께 참여했다. 화물이 모자라면 조졸과 수부가 손실을 보충해야 했지만, 선장은 그들의 두 배를 물어야 했다.[33]

| 가격의 안정화와 정부의 환자還上

조선은 중국의 방법을 도입해서 춘궁기나 기근이 닥쳤을 때 농민에게 환자를 대부하거나 구휼을 시행했다. 국가에서는 춘궁기나 기근에 곡식을 대부했으며 단기적으로 미곡 공급의 변동을 조절해 가격을 안정시키기 위해서 국고의 미곡을 상시적으로 매도했다. 모든 군현에 의창을 설치해 수령과 이서들이 운영하면서 농민들에게 이자 없이 빌려주었다. 그 제도는 고려에서 계승된 것이었으며, 군자창의 비축곡도 같은 목적으로 대부됐다. 1423년(세종 5) 의창은 재정을 확충하기 위해서 2퍼센트의 이율을 부과했지만, 거기서 얻은 수입으로는 비축곡을 유지하는 데 충분치 않았기 때문에 이율은 그 세기 후반 상향됐다.

1451(문종 1)~70년(성종 1) 주희의 사창제는 시험적으로 10개 현에 도입됐다. 주희는 원곡을 보존하고 앞으로 독립적으로 운영할 수 있도록 하기 위해서 사창의 이율을 20퍼센트로 정했으며, 조선에서도 그것을 따랐다. 비축곡이 확보되면 그런 정규 이율을 폐지하고 손실분에 해당하는 3퍼센트만 걷었다. 조선에서는 6.7퍼센트의 이율을 법률로 정했다. 그러나 사창제의 가장 중요한 측면은 향촌의 지도자들이 좀더 믿을 만하며 농민을 덜 착취할 것이라는 판단에서, 지방 수령이 아니라 그들에게 그 운영을 맡긴 것이었다. 그러나 15세기 조선에서는 지방 수령이 사창을 관리했다.[34]

가난한 농민들은 이자는 그만두고 원금도 갚기 어려웠기 때문에 이 제도의 구휼적 기능은 줄어들었으며 사창의 재정 고갈은 확실했다. 20퍼센트의 이율은 농번기에 기본적으로 50퍼센트에 이르는 사채의 이율보다는 낮았지만, 가난한 사람들을 구휼한다는 주희의 원래 목적에 어긋난다는 이유에서 많은 사람들은 해를 넘겨서도 이자를 걷는 데 반대했다. 15세기 말엽 기본 이율은 폐기되고 10퍼센트에 해당하는 이른바 모곡耗穀으로 대체됐다. 주희의 사창제도는 두 가지 방향에서 무너져갔는데, 10퍼센트의 이율이 영속화됐고 사창과 대부는 향약이 아니라 지방 수령이 관리하게 됐다는 사실이었다. 16세기 중반 지방 수령들은 모곡을 회록會錄 같은 개인적인 용도에 사용하기 시작했으며, 1650년(효종 1) 상평청은 병조와 수령에게 각각 1퍼센트와 6퍼센트만 남겨둔 채 모곡을 자신들이 인수했다.

또한 정부에서는 몇 개의 도시에 상평청을 개설해서 가격 안정을 시행했지만, 기근이나 그밖의 위기가 닥치면 상평청의 비축곡을 구휼이나 환자에 사용하는 경우가 많았다. 더욱이 모든 국가 창고에서는 곡식이 썩는 것을 막기 위해 겨울에 환자를 빌려주었다가 이듬해 가을에 추수한 뒤 상환받았다. 17세기 각종 관서에서 농민에게 환자를 빌려주는 관행은 중앙 정부의 재정 위기를 극복하기 위해 세입을 늘리는 직접적인 방법으로 전국에 퍼졌다. 17세기 중반 상평창은 시장가격에 큰 영향을 주지 못하게 됐으며, 환자는 구휼보다는 압박의 성격으로 변질됐다.[35]

환자와 구휼을 위한 국가의 제도는 그 운영과 세입의 감소, 세수의 필요에 의해 차질을 빚었다. 당초 이자는 원곡을 유지하기 위해서 부과됐지만, 나중에는 세입을 늘리기 위한 수단으로 변질됐으며, 상평청의 재원은 구휼과 일반적인 국가의 지출로 소비되면서 고갈됐다.

17세기 중반 이런 상황에 직면한 유형원은 앞서 이런 문제에 대응한 중국의 사례들을 분석함으로써 해결책을 찾았다. 그는 중국에서 개혁은 상평창을 다시 운영하는 방안을 옹호하거나 의창과 사창에서 농민에게 환자를 대부하는 제도를 다시 시행하자고 주장하는 두 부류로 나뉘었다는 사실을 발견했다.

주대~당대의 대부제도

유형원은 고대에 대표적인 가격안정책을 제시한 기원전 5세기 후반 위문후魏文侯의 재상 이리李悝의 견해를 소개하면서 중국의 경험에 관련된 논의를 시작했다. 이리는 미곡의 가격이 너무 높으면 농업에 종사하지 않는 도시의 소비자들은 타격을 입고 가격이 낮은 지역으로 이주할 수밖에 없다고 지적했다. 그러나 가격이 너무 낮으면 농민들이 피해를 입어 나라 전체가 빈곤에 빠질 것이었다. 달리 말하면 미곡 가격의 두 극단은 피해를 입는 대상은 달랐어도 해로운 현상이라는 점은 같았으므로 현명한 군주는 공정한 농산물 가격을 유지해야 했다. 그는 국가가 항상 일정한 분량의 수확을 매입할 책임이 있지만 그 분량은 작황에 따라 달라진다고 판단했다. 풍년일 때 정부는 농민들의 생계를 보장하기 위해서 충분히 높은 가격으로 수확의 4분의 3을 사들여야 했다. 평년작일 때는 수확의 절반만을 매입했으며 흉년이어서 가격이 높을 때는 4분의 1만 구매했다. 기근이 들면 국가에서는 풍년일 때 비축해놓은 미곡을 팔아서 가격을 평상 수준으로 떨어뜨렸다. 이런 가격안정책의 목적은 농민에게 안정적인 수입을 보장하고 농민 이외의 백성들이 합리적인 가격으로 미곡을 살 수 있도록 하려는 것이었다.

『한서』에서도 생산과 납세, 1인당 소비, 그리고 잉여생산물을 화폐로 전환해서 의복을 구입하고 제례를 치른 사례에 기초해 평균 농민 가호의 미시경제적 통계를 제시했다. 거기에서는 대부분의 농민 가호가 질병 · 사망 · 제사 등의 비용을 예비하지 못했기 때문에 그들은 연말에는 항상 자금이 부족했거나 수요만큼 미곡을 충분히 공급하지 못했으며 미곡의 가격도 상승했다고 지적했다. 따라서 정부는 가능한 식량공급량을 측정해서 일정한 분량의 미곡을 구입하거나 안정적인 가격을 보장하기 위해서 비축분을 팔아야 했다. 이리가 이렇게 다스린 결과 위는

부강해졌다.[36]

유형원은 그 뒤에 전개된 중국의 상평창과 구휼제도의 역사를 추적했다. 그는 한 선제 때 대사농大司農 경수창耿壽昌이 변방의 군현에 상평창을 지어 풍년이 들었을 때는 곡식을 사들여 비축했다가 흉년이 들었을 때 방출해 가격을 안정시키자고 제안해 황제의 윤허를 얻었다고 지적했다. 그 뒤 585년(수 문제 개황 5) 탁지상서度支尙書 장손평長孫平은 향촌에 의창이나 사창을 세워 한 가호마다 1석을 내게 해 사사社司의 감독 아래 비축한 뒤 기근이 들었을 때 구휼하는 제도를 시행했다. 이런 사창은 일정 기간 그 기능을 수행했지만, 기근이 들었을 때 관리자가 비축곡을 다 써버리거나 지방 수령에게 관할권을 넘기면서 쇠퇴했다—후대의 경세학자들은 이런 측면을 근거로 향반이 수령을 통제하는 이점을 주장했다.

어쨌든 사창은 7세기 초반 당 태종 때 다시 설치됐지만 재정 위기를 겪은 측천무후와 중종이 그 비축곡을 전용하면서 다시 동일한 쇠퇴의 경로를 밟았다.[37]

유형원은 수대의 의창은 비축곡이 충분하지 않았지만 향촌에 위치해 굶주리는 농민들이 쉽게 이용할 수 있었기 때문에 효과적이었다는 송대 호씨胡氏의 주석을 인용했다. 반대로 수대 이후 의창은 향촌과는 떨어진 지방 도시에 설치됐으며, 관아의 이서들이 관할하면서 서류작업 때문에 구휼이 지연되거나 사적으로 전용하는 사례가 많아졌다. 도시에 설치된 의창은 그 근처에 사는 주민에게만 이로울 뿐이었다.

그는 959년(주 세종 현덕 6) 세종의 구휼정책을 상찬했지만, 무상으로 지급하지 않고 상환하도록 대부한 것이어서 농민들에게 부담을 안겼다고 지적했다. 농민들은 굶주림을 모면했지만 그것을 갚을 경제적 능력이 없었다. 그러나 관원들은 원금을 상환할 능력도 없는 농민에게 이자납부를 독촉했다. 일부 이서들은 상환을 기록하지 않은 채 모두 착복하거나 풍년이 들었을 때 농민에게서 과도하게 징수했지만, 홍수나 가뭄 같은 자연재해로 기근이 들었을 때는 구휼에 인색했으며 면세하는 조처도 시행하지 않았다.[38]

또한 유형원은 환자의 폐단을 비판한 호씨의 견해에 찬성하면서 명대에 의창의 잘못된 운영은 호씨가 서술한 폐단과 동일했다는 구준의 견해를 인용했다. 의창의 이서들은 무계획적으로 미곡을 비축하고는 부패할 우려 때문에 평상시에 팔아버리는 경우가 흔했다. 그 결과 기근이 닥치면 수요에 맞출 수 없게 됐다. 상환을 거둘 때도 그들은 납부기한을 너무 엄격히 독촉하고 손실분이나 이자를 더했으며, 환율에서 이익을 얻기 위해 화폐로 갚도록 요구하거나 문서를 위조해 부당하게 징수했다. 요컨대 구준은 다음과 같은 결론에 도달한 것이었다.

> 이 몇 마디는 현재 의창의 폐단을 정확히 지적한 것이다. 이름은 의창이지만 도리어 불의를 행하는 도구가 되며, 본래는 백성을 이롭게 하려는 취지였지만 도리어 그들을 해치고 있다. 그 일이 번거롭고 장리長吏가 농간을 부릴 뿐이어서 실제로는 진휼하는 이익이 전혀 없다.[39]

요컨대 유형원은 수령이 농민들에게 대부하는 방식인 의창을 비판하면서 자신의 논의를 끝맺은 것이다. 이것은 그가 수대의 의창에서 동일하게 나타났던 폐단은 지적하지 않았다는 의미였다.

상평창과 사창

유형원은 중국의 구휼과 대부제도의 역사를 살펴보면서, 사창은 향촌에 위치하고 향촌 주민들이 직접 운영하며 기근에 대비해서 절약해 비축하도록 유도했다는 측면에서 의창보다 확실히 훌륭하다는 견해를 삽입했다. 사창의 비축곡은 이런 이점들 때문에 도시로 옮겨지지 않았지만, 당시 17세기 조선에서 환자는 도시에 소재한 관아에 비축되어 운영됐다. 의창 또한 도시에 설치되어 매년 농민들에게 미곡을 대부했지만 상환기일을 엄격히 고수해 독촉하고, 인색하게 대부하되 상환액을 원금보다 초과해 산정하며, 이자 수입을 걷기 위해 평년에도 강제로 대부한 결과 농민들이 유망하고, 그 친척과 이웃에게서 불법적으로 징수하거나 장부를 조작해 자의적으로 걷는 등의 호씨와 구준이 지적한 주대와 명대의 폐단이 모두 조선에서 동일하게 나타났다. "이런 제도는 백성을 도탄에 빠뜨릴 뿐이며 백성을 구휼한다는 원래의 목적과는 전혀 달랐다."

유형원은 조선에는 향촌 주민들이 직접 운영하는 사창과 동일한 제도가 없었다고 비판했다. 따라서 조선의 대부와 구휼 행정은 중국 제도의 가장 좋은 특징을 따른 것이 아니라 1069년(송 신종 희녕 2)에 채택된 왕안석의 청묘법을 도입한 것이었다. 상평창은 농민과 국가 모두에게 피해를 입히지 않고 이익을 주었기 때문에 청묘법이나 조선의 환자제도보다 훨씬 좋았다. 그 제도는 풍작이나 기근에도 미곡의 적절한 가격을 유지시킴으로써 농민에게 도움을 주었다. 고려 전기인 10세기에 상평창은 도성과 12목牧에 설치됐으며 조선 전기인 15세기까지 유지되면서 더 많은 지역으로 확대됐지만, 유형원이 살던 17세기 중반에는 거의 사라졌다.

그러므로 당시 조선의 문제를 해결하는 최선의 방법은 상평창을 설치해 매입과 매도함으로써 가격을 안정시키고, 향촌의 원로들에게 사창을 세워 운영케 함으로써 공정한 환자와 구휼을 시행하는 것이었다. "향촌에서 사창을 세워 운영케 하고 관아에서는 도와줄 뿐 감독하지 않아야 한다."

유형원은 사창이 그것을 운영하는 주체의 탐욕으로 부패해지거나 백성들이 외면할 것이라는 주장을 받아들이지 않았다. 그는 사창이 일단 시행되면 향촌 백성들은 그 제도의 명백한 이점을 충분히 인식할 것이며 곧 안정적인 제도로 자리잡을 것이라고 확신했다. 최악의 경우 사창은 설치되지 않거나 만들어진 뒤 사용되지 않을 수는 있지만, 농민 자신들이 구휼미를 모으기 때문에 현재 정부가 운영하는 환자보다 훨씬 나을 것이며 상평창도 긴급할 경우 구휼할 수 있을 것이었다.[40]

주희의 사창제도

상평창과 함께 유형원은 1168년(남송 효종 건도 4) 주희가 수령으로 재직할 때 큰 가뭄을 겪으면서 처음으로 시행한 사창제도 또한 매우 높이 평가했다. 유형원은 주희가 부府에서 6백 석의 미곡을 빌려 20퍼센트의 이율을 붙여 대부했지만 흉년이 들면 이율을 낮추거나 면제한다는 규정을 달았다고 서술했다. 1176년(남송 효종 순희淳熙 3) 그는 원곡을 상환하고도 3천 석을 비축했으며, 3퍼센트의 손실분을 제외하고는 모든 이자를 감면했다. 책임자인 사수社首와 보정保正은 대부의 기록을 관리하고 향촌의 인구를 보保 단위로 나누었지만, 사창을 시작할 때 원곡을 얼마로 정할 것인지는 향촌의 주민들이 계산해 결정하고 대부와 관련된 운영은 향촌의 원로들에게 맡겼다. 대부는 원치 않는 사람에게 강요되지 않았으며, 부 · 현의 수령은 그 운영에 참여할 수 없었다.

나중에 효종은 주희를 조정으로 불러 그 제도를 확대하는 방안을 물은 뒤 부 · 현에 상평창을 설치하고 향촌의 부자들에게서 사창을 설립하는 데 필요한 원곡을 추렴하도록 했다. 황제는 대부는 물론 사창의 설립도 자율적으로 결정하며 수령이 그 설립을 강요하지 못하도록 금지했다.

유형원은 주희가 왕안석의 청묘법보다 사창을 선호한 까닭을 인용했다. 주희는 곡물 대신 화폐로 대부가 이루어지고 향촌이 아닌 도시에 창고가 있으며, 향촌의 덕망 있는 원로가 아니라 관원들이 그것을 운영하고, 그 관원들은 백성들의 고충을 전혀 동정하지 않는다는 이유로 청묘법을 반대했다.

또한 주희는 고대의 완벽한 제도를 재현할 수 없다는 사실을 알고 있었지만 사창은 그때의 제도와 매우 비슷하다고 확신했다. 3년마다 농산물을 충분히 모아 1년 동안 향촌을 보조한다거나 30년 동안 생산물을 비축하면 9년의 기근을 이겨낼 수 있다는 고전적 원칙은 하나의 이상이었다. 한의 상평창은 차선의 훌륭한 제도였지만 송대에 그것은 문헌에만 남아 있었다. 사창제도는 부패한 수령의 통제를 근절하고 환자의 상환을 독촉하는 수단으로 처벌과 유배를 동원할 필요가 없었기 때문에 현존하는 어떤 제도보다 의심할 바 없이 우월했다. 그럼에도 불구하고 주희는 사기와 부정으로 그런 시도를 무너뜨리지 않도록 정직한 인물을 등용해 사창을 운영하도록 해야 한다고 경고했다. 또한 그는 조화로운 분위기를 조성하고 수확을 늘리기 위해서 관개시설을 확충하며 비축곡을 늘려 가뭄이 닥치면 즉시 구휼할 수 있도록 해야 한다고 강조했다.[41]

근로복지계획

주희의 사창제도는 송제국 전역에 확대되지는 않았으며 그것을 15세기 중반 조선에 도입하려는 시도 또한 나타나지 않았지만, 이런 사실들이 그 제도의 우월성과 효용성에 대한 유형원의 확신을 꺾지는 못했다. 그러나 그는 자신의 선택을 사창에만 국한하지 않았다. 그는 그것은 상평창과 결합되어야 한다고 생각했으며, 백성을 동원해 관개시설을 건설하고 부유한 가호에서 자금을 대도록 유도해 가뭄을 극복하자는 송대의 지방 관원이었던 조변趙抃의 제안에도 호응했다. 유형원은 성벽·도로·관개시설을 건축하고 식목에도 백성을 동원한 송대의 관행에 전반적으로 찬성했는데, 그것은 현대 남한에서 추진됐던 새마을운동의 중국적 형태라고 할 수 있을 것 같다.

잠시 동안 실험됐던 주희의 사창제도를 제외하면 송대에 이런 계획들은 구휼하기 위해 국가에서 대부하는 방안과 결부됐지만, 무상 지급은 쌀 '몇 줌'밖에 되지 않았으며 환자의 이율은 너무 높아 농민들은 추수한 뒤에도 다시 빈곤해졌다. 게다가 관원들은 채무자를 끊임없이 독촉하거나 친척과 이웃에게 대신 갚도록 요구했으며 납부를 미루면 구타하기까지 했지만, 이런 야만적인 방법은 실패했고 비축곡은 바닥났다. 구휼을 맡은 이서나 향촌의 유력자와 개인적인 연관이 있는 사람만이 환자를 얻을 수 있었는데, 사창제도가 해결해야 할 또 다른 문제였다.

그럼에도 불구하고 무상으로 구휼을 받아야 하는 빈곤한 부류 — 노약자와 병자, 그리고 의지할 데가 없는 여성 — 를 찾아내고 빈민을 관개시설을 건설하는 데 동원해 국가에서 임금을 주는 송대의 방식은 임금을 지불해 대부의 필요를 줄임으로써 구휼의 문제를 해결했다. 그리고 관개시설이 필요치 않다면 정부에서는 다른 사업에 백성들을 투입할 수 있었다.

> 사람들은 그런 사업에 자원했으므로 원망하는 마음을 품지 않으며, 그 대가를 넉넉히 지급해 한 사람이 일하면 그와 같이 살고 있는 노약자를 충분히 봉양할 수 있었기 때문에 응모하는 사람이 많고 혜택이 널리 퍼졌다. 수리시설이 보급되면 흉년의 걱정은 영원히 사라져 앞으로 백성들은 식량이 부족하지 않고 나라에서는 세입이 모자라지 않게 될 것이다. 이런 제도는 현재의 방식과는 비교할 수 없이 이롭다.

이 제도를 20세기의 용어로 바꾸면 근로복지는 사람들의 의욕을 높이고 수입과 세수를 증가시키며 노동을 통해 물질적 이익을 얻을 수 있게 하기 때문에, 대부에서 이자를 얻는 것보다는 복지의 혜택을 주는 것이 좀더 바람직하다는 것이었다.[42]

조선을 위한 정책

환자를 상평창으로 대체하다

유형원은 왕안석의 청묘법을 반대한 보수주의자들의 계획과 동일한 정책을 채택하자고 주장했는데, 당시의 환자를 폐지하고 전국의 모든 군현의 관아에 상평창을 설치해 환자의 자금을 옮기는 방안이었다. 상평창에서는 미곡 · 옷감 · 화폐 · 은으로 물품을 매매해 시장가격을 안정시켰다. 상평창은 물건을 시장가격보다 3분의 1 정도 높거나 낮게 사고팔아서 가격을 안정시켰다. 강제적인 대부는 금지됐으며, 위반한 사람은 처벌됐다. 상평창의 모든 매매는 중앙의 호조판서나 의정에게 승인을 얻고 국왕의 윤허를 받아야 했다. 지방 수령은 관찰사의 허가를 얻어야 했으며, 관찰사는 호조판서에게 자신이 처리한 결정을 매년 보고해야 했다. 상평창은 관찰사나 병사 · 수사도 설치할 수 있었다.[43]

국가의 환자가 빈민의 복지를 목적으로 부자를 압박하는 (그들에게 대부를 강요함으로써) 수단이 됐다고 비판한 송의 사마광과는 달리 유형원은 부자의 곤경에 대해서는 언급하지 않고 환자로 고통받는 빈민의 상황에만 온전하게 초점을 맞추었다. 그는 환자가 "백성들을 가난에서 구제하는 데" 핵심적이며 그런 기능을 하는 어떤 제도가 필요하다는 일부의 생각을 인정했지만, 상평창은 환자의 역효과를 내지 않고 그런 임무를 수행할 수 있다고 주장했다. 왕안석에 대한 보수적 비판에 호응해서 그는 대부와 상환은 범죄행위에만 부과하도록 전환하고, 기한 안에 갚지 못해도 이서들이 독촉하거나 육체적 신형을 가해서는 안 된다고 주장했다. 당시 지방 관원들은 더 큰 이익을 얻기 위해서 백성들에게 환자를 강요했으며, 채무자가 상환하는 대신 유망을 선택하면 그 이웃과 친척들이 대납하도록 했다(이것은 군포를 징수하는 데 이미 일반화된 관행이었다). 요컨대 환자는 이서와 백성의 결탁, 뇌물과 관원의 자의적인 착취 같은 수많은 부정의 요인이었다.

> 환자의 온갖 폐단은 이루 매거枚擧할 수 없다. 죄수들이 감옥을 채우고 전국에서 태형이 자행되어 백성들을 얽어 도탄에 빠뜨리는 그물이 될 뿐이며 그들을 이롭게 한다는 본의는 전혀 없다.……이것이 어찌 국왕이 백성의 부모가 되는 뜻이겠는가.[44]

환자의 폐단에 대한 유형원의 설명은 11세기 왕안석의 정책에 반대한 보수주의자들의 전형적인 비판을 반복한 것이어서 새로운 측면은 없었다. 왕안석에게 반대한 사마광 같은 보수적 비판자들은 지주와 부자의 이익을 분명히 방어하고 빈민의 복지를 명목으로 개인적 업무에 국가가 폭넓게 간섭하려는 개혁적 의도를 비판했지만, 보수주의자는 물론 이상주의적인 개혁자들도 관료국가가 정직하고 성실하며 정의로운 태도로 법률을 집행할 수 있는 능력이 있는가에 대해서는 전반적인 의심을 갖고 있었다.

국가가 어떤 제도를 운영하는 능력은 그 제도의 효용성이 시기에 따라 달라졌기 때문에 고정적이며 안정적이지 않았는데, 그런 현상은 대체로 왕조의 주기와 일치했다. 왕조가 개창되어 사기가 높을 때는 국왕의 명령은 존중됐고 새로운 인물로 관원이 짜여졌으며 부패는 주요한 문제가 아니었지만, 쇠퇴의 시기에 접어들면 관원들은 도덕을 잃고 공공의 복리보다는 사적 이해에 치중하게 됐다. 유형원은 관원과 이서의 도덕성을 신뢰할 수 없는 시기를 살았으며, 불행하게도 그런 상황은 지속되어 19세기에는 더욱 악화됐다.

유형원은 당시 빈민에게 환자를 대부하는 것은 관료제도의 본질과 속성상 지방 관원이 그들을 억압하는 수단으로 전락했지만, 상평창은 시장가격을 안정시키기 위해 물건을 매매할 뿐이었으므로 관원들이 무고한 농민을 괴롭히는 수단으로 사용될 수 없다고 믿었다. 환자는 백성이 상환하지 못할 경우 범죄로 처벌했지만 상평창에서는 그렇게 하지 않았다.

> 상평창은 풍년이 들었을 때는 농업을 손상시키지 않고 기근이 들었을 때는 백성을 손상시키지 않아 상하가 모두 이로우며 공사公私가 모두 폐단이 없으니 이것보다 좋은 제도가 없다.
>
> 환자에서 매년 받는 곡식은 본래 민가에서 당연히 저축해야 하는 곡식이며, 여유가 있을 때 절약해서 흉년이 들었을 때 보충하는 방법이 아니다. 그것은 업무만 번거롭고 백성들의 재산을 침해하며 이서의 간사한 행동을 조장할 뿐이니 공사 모두에 이롭지 않다. 그러나 그것을 혁파하는 데 회의적인 사람이 많은 까닭은 관행에 익숙해져 본질을 파악하지 못하기 때문이다.[45]

국가의 환자는 부패했을 뿐만 아니라, 그가 알기에 고대 중국에서는 선례가 없고 요동지방에서도 시행됐다는 기록이 없었지만 "백성들은 모두 풍족한 번영을 누리면서 기근을 겪지 않았다." 그 때문에 환자는 한성부에서도 시행되지 않았으며, 중앙 관서의 업무만 가중시키고 수도의 주민들을 범죄로 몰아넣기 때문에 반드시 철폐해야 했다.[46]

유형원은 환자를 완전히 폐지할 경우 지방에서 국방과 공무의 비용으로 사용하는 재원을 고갈시킬 것이라는 일부의 반대도 알고 있었다.

유형원은 환자의 재원은 지방 관청에 남겨둔 국세留稅에서 충당된 것이어서 처음부터 백성에게서 거둔 것이므로 환자라는 명목으로 따로 재원을 비축할 필요가 없다고 반박했다. 수령들은 환자의 할당에 구애받지 않고 그런 재원을 국방비에 사용할 수 있었다. 사실 당시의 관행에서 수령들은 군량으로 쓸 미곡을 남겨놓지 않고 모두 대부했다. 비축한 재원은 국방은 물론 민정에 관련된 공무의 비용에 사용해야 했다.[47]

그러나 유형원은 가뭄이 들면 환자가 폐지된 뒤라도 관원들은 농민들에게 미곡을 대부해야 하지만 그것은 일시적인 처방이었을 뿐 정규적인 제도는 아니라고 지적했다. 아울러 수령은 상평창에서 재원을 마련하거나 그것을 사용해 노동자를 고용하거나 백성들에게 토지를 대부하는 근로복지제도를 도입해야 했다.

사창제도

유형원은 환자를 상평창으로만 대체하지 않고 주희의 사창제도 또한 도입하려고 했다.[48] 사창제도는 관원이 아니라 향촌의 원로가 대부를 관리했으며, 원금을 상환한 뒤 이자는 추후의 재원으로 저축했다.

자신의 독자적인 사창제도의 방안을 설명하기 전에 유형원이 제시한 자료는 대체로 중국의 문헌이었다. 그는 다른 제도와 관련해서는 조선의 자료도 사용했으며, 뒤에서는 향약과 관련된 이이의 규정을 인용했지만, 1577년(선조 10) 이이가 황해도 해주에서 시행한 사창의 규정은 언급하지 않았다. 이이의 해주 사창은 해주 향약과 연관되어 있으며 그 규정들 또한 밀접한 관계를 갖고 있기 때문에 이것은 다소 의도적인 제외였다.

이이도 빈농에게 20퍼센트의 이율(1말당 2되)로 구휼미를 대부하거나 사창의 비축곡이 부족할 경우는 30퍼센트의 이율을 붙이지만, 사창의 구성원에게만 대부한다고 규정했다. 그 조직에 참여하려면 격식과 행동의 여러 규정을 준수해야 했기 때문에 이이는 사창조직에서 위법자를 제외함으로써 유교적 행동의 보급을 강화하려고 했다. 그는, 사창조직에는 참여하지 않았더라도 구성원의 친척이나 노복奴僕에게는 대부를 허락했는데, 그들이 상환하지 못하면 구성원이 갚도록 했다.

대부는 정월 초하루부터 시작해서 매달 세 번씩 지급됐으며, 상환은 9월 11일부터 이듬해 정월 21일까지 할 수 있었다. 10가호마다 통주統主를 선발해 상환을 감독케 했다. 11월이 지나도 상환하지 못하는 사람은 상벌上罰(제19장 이이의 사창 규정에 관련된 내용을 참조)을 받았으며 통주는 중벌中罰을 받았다. 12월까지도 갚지 못하면 사창에서 쫓겨났으며 통주는 상벌을 받았다. 전액을 상환하지 못하면 부족액에 따라 처벌을 받았다. 사창에 재원이 부족하면 구성원들은 10말을 기부했다(천민은 5말이었다).[49]

유형원은 정부가 자연 촌락보다는 향(당시의 면)과 정규 관원이 배치되지 않은 면에 사창의 설립을 지시해야 한다고 생각했다. 사창의 설립은 정부의 도움을 받되 완전히 자발적으로 이루어져야 했다. 자원자가 청원서를 내면 수령은 시작할 수 있는 재원을 상평창에서 빌려주고 사창이 이자를 모은 뒤 12년 동안 상환하도록 했다. 부유한 기부자도 사재를 사창에 기부할 수 있었으며, 사창에서는 이자에서 그 자금을 상환했다.

사창의 다른 운영규정은 지방 사정에 맞추어 약간 변화시킨 부분을 제외하고는 모두 주희의 방안을 따랐다. 수령은 (유형원의 토지제도에서) 사창의 부지로 1경을 지급했으며, 사창을 신축할 경우는 요역을 제공했다. 사창은 향의 행정기관은 물론 강당으로 사용됐다. 수령은 현지에서 관원을 선발해 사창에 근무케 하고 조세와 요역을 면제해주었으며 보인 중에서 3명을 선발해 사창을 지키게 했지만, 사창을 설립하도록 강요하거나 그 운영에 개입하지는 않았다. 사창과 향약은 향(당시의 군 또는 현) 단위에서 기능했기 때문에 두 규정은 서로 밀접한 관계를 갖고 있었다.

많은 지역에서 사창을 설립하지 않으려고 하거나 그럴 경우 그것을 마구 운영하거나 방치할 우려가 있다면서 반대하는 의견도 있었지만, 유형원은 정부가 수령에게 최선을 다해 돕도록 지시하면 백성들의 전폭적인 호응을 얻을 수 있을 것이라고 확신했다. 무능한 행정 때문에 사창이 무시되거나 방치된다면 "그것은 시대의 폐단일 뿐이며 법률의 잘못이 아니었다." 상환이 제대로 이루어지지 않아도 백성들은 환자처럼 물리적 처벌을 받지 않을 것이었다. 사람들은 그런 고통을 겪지 않고 계속 농사를 지어 기근에 대처할 수 있는 미곡을 마련할 수 있었다. 유형원은 상평창과 의창이 환자의 폐단을 해결할 수 있는 완벽한 방안이라는 생각을 고전적 전통의 지혜에서 원용했다고 밝혔다. "고대의 사람들은 이것이 최선의 방안이라는 사실을 알았으며, 우리는 그것을 받아들여 시행하기만 하면 된다."[50]

근로복지와 그밖의 구휼 방안

유형원은 구휼 방안을 상평창과 사창에만 국한하지 않았는데, 고전적 지혜는 기근이나 식량 위기에 사용된 여러 모범적 사례를 제공했기 때문이었다. 『주례』에서는 비축곡을 배분하고 조세 · 요역 및 혼례 · 장례 · 제례 등 각종 행사의 비용을 감축하며, 불가피한 범죄에 대한 처벌을 경감하고 특정한 삼림과 하천의 자원을 이용하지 못하도록 금지하는 방안을 포함한 12개의 구휼책을 열거했다. 12세기 초반 북송의 호안국이 저술한 『춘추호씨전』에서도 기근이 든 지역으로 미곡을 운반하고 인구를 이주시키며 잉여산물을 팔고 실업자들을 토목사업에 고용하는 방안을 제시했다.[51]

유형원은 구휼하는 데는 대부보다 근로복지가 낫다고 믿었는데, 근변한 농민은 어려울 때 상환할 부담을 지지 않기 때문이었다. 수령은 상평창에서 재원을 가져와 노동자를 고용하는 데 사용했으며, 중앙 관서에서는 빈민을 공공사업에 고용했다. 일부에서는 유형원의 근로복지 계획이 기근 동안 조세나 요역을 면제했던 고대의 제도 같은 선례가 없다고 반대했지만, 유형원은 사실 그 방안은 (호안국의 주석에서 지적됐듯이) 선왕들이 사용했으며 구휼의 효과가 확실하다는 점에서 이중적인 이점이 있다고 반박했다.[52]

그러나 결국 유형원은 구휼책은 백성들의 일반적인 생각에서 나와야 한다고 판단했다. 선정을 베푼 국왕은 소수의 돌출적 행동을 극복하고 백성들이 조화를 이루어 자신의 법률과 명령을 따르게 함으로써 습관과 풍속을 정화시킬 수 있었다. 백성들은 열심히 농사를 짓고 검소하게 생활해 미래의 자금을 저축했다. 정부 또한 검소하고 저축해서, 기근이 닥쳐 구휼이 필요해지면 "모든 사람이 합심해 구휼해 백성을 구제할 수 있었다." 『주례』와 『춘추호씨전』에서 서술된 방안은 모두 유용했지만 "시기가 맞아야만 백성들에게 실제로 혜택이 돌아갈 수 있었다."[53]

유형원이 지지한 구휼책은 모두 주대의 이리가 처음으로 제안한 상평창과 송대의 주희가 시도한 사창에 기초했다는 측면에서 독창적이며 창조적인 방안이거나 복잡한 문제에 대한 획기적인 해결책은 아니었다. 아울러 구휼책은, 다른 문제들과 비슷하게, 근본적이며 영원한 유교의 도덕적 원리를 터득함으로써만 확립할 수 있는 전반적인 정치의 원리보다는 부차적인 문제였다.

1867년(고종 4)의 구휼과 환자개혁

환자제도의 역사는 이미 다른 곳에서 검토했으므로 여기서는 핵심적인 특징만 요약하겠다. 환자제도는 성공적으로 개혁되기는커녕 시간이 갈수록 문제만 더욱 커졌다. 이자는 재원으로 다시 보충되지 않고 대부분 정부에서 몰수해 사용했으며, 이자 수입을 얻기 위해서 수령과 진장들이 환자를 개인적 용도로 사용하는 행태를 중앙에서는 전혀 통제하지 못했다. 18세기 말엽 환자의 전체 규모는 천문학적으로 늘어났지만, 농민들은 원금과 이자를 갚을 수 없었다. 상환되지 못한 환자는 장부에 기록되어 이자가 계속 추징됐으며, 그 결과 그 제도는 최하의 빈민에게 추가적이고 영속적으로 부과된 조세로 변질됐다. 결국 강제적인 환자는 1812년 홍경래의 난은 물론이고 임술민란의 주요한 원인 중 하나가 됐다.

임술민란은 정부에 커다란 충격을 주어 개혁을 자극했다. 1862년(철종 13) 허부許傅는 17세기 중반 유형원이 지지했던, 환자를 상평창과 사창으로 대체하는 방안을 제시했다. 그는 그 방안의 근거를 밝히지는 않았지만 유형원의 저작에 기초했을 가능성이 크다고 생각된다. 그러나 세입을 확보하기 위해서 환자를 일부 유지해야 한다고 생각한 관원들은 허부의 제안을 반대했다.

1862년 가을 이정청에서는 유형원의 방안 중 몇 가지를 채택했다. 부당한 채무는 장부에서 삭제됐으며 갚을 수 있는 채무는 좀더 합리적인 수준에서 상환하도록 했다. 정부는 더이상 이자를 전용하지 않았고, 그렇게 발생하는 세입의 손실은 추가적인 전세로 보충했으며, 궁방전을 다시 정부에서 관리했다. 이정청은 당시의 상황에서는 적합하지 않다는 판단에서 보갑제 및 향약과 결부된 사창은 도입하지 않았다. 환자에서 나오는 이자는 정부의 재정에 매우 중요했기 때문에 환자를 폐지하는 데 격렬한 반대가 제기되자, 철종은 이정청의 방안을 채택하지 않되 부당한 채무를 삭감하고 대부에 제한을 두는 수준에서 개혁안을 결정했지만 상환된 환자의 일부는 계속 국고로 유입하려고 했다.

1866년(고종 3) 이런 마지막 희망이 무산되자 정부는 결국 환자의 장부는 쓸모없다는 사실을 인정했으며, 환자제도를 폐지하지 않았기 때문에 세입에서 새로운 자금을 보충해야 된다는 것을 깨닫게 됐다. 이런 부담을 감당하기에는 세입이 충분치 않자 1867년 정부는 왕조 최초의 고액 화폐인 당백전을 발행해 환자의 재원을 보충하도록 지시했다. 동시에 호조는 대원군의 지시로 사창제도를 도입했지만, 수령과 이서의 부정을 근절하고 중앙 정부의 이자 수입을 투명하게 하려는 수단이었을 뿐 환자제도 자체를 정화시키려는 목적은 아니었다. 그리고 상환하지 않고 도망간 사람의 채무는 이웃에게 다시 부과했는데, 이것은 개혁자들이 근절하려고 했던 환자의 주요한 폐단 중 하나였다. 그러나 유형원이 지지한 주희의 사창제도의 여러 규정은 법률로 채택됐다.[54]

유형원이 구상한 환자제도의 개혁안은 두 세기 동안 간과됐지만, 임술민란의 충격 이후 마침내 1862~67년 동안 개혁이 추진되면서 그런 구상들은 가장 급진적인 제안의 기초가 됐다. 그런 제안들은 주대 이리의 상평창과 송대 주희의 사창이라는 오래된 전통에 기초한 것이기 때문에 구휼과 대부의 문제와 관련된 근대적인 생각을 실현한 것이라고 주장하기는 어렵다. 그러나 대원군이 주도한 개혁에서도 정부는 환자를 폐지하려는 준비나 의지가 없었다. 당시 조선은 근대적인 사업과 산업에서 들어오는 세입은 없이 퇴보적이고 불공평하며 부당한 농업세에 기초했기 때문에 그것들은 정부 재정에 필수적인 것으로 여겨졌다. 대원군은 사창제도의 도입을 검토했지만, 안정적으로 농민을 구휼하는 방법이 아니라 좀더 효과적으로 징세할 수 있는 수단으로 전환시킴으로써 그것의 원래 목적을 왜곡시켰다.

| 결론

이 장의 도입부에서 언급한 지방 행정의 네 가지 문제와 관련해서 유형원은 면적과 인구에 따라 각 행정 단위와 진관의 서열을 좀더 일정하게 재배열함으로써 면적과 조세 분배의 불일치를 해결하려고 시도했다. 그는 관찰사를 가족과 함께 비교적 오래 재직케 해서 지방의 사무에 익숙해져 통제력을 얻을 수 있게 함으로써 좀더 강력한 지방 행정을 구축하고자 했다. 아울러 그는 관찰사와 병사 · 수사의 이서를 감축해 비용을 줄이려고 했다. 그는 녹봉을 받지 못하는 이서와 조예의 만연한 부패를 근절하기 위해서 그들에게 국가에서 기본적 녹봉을 지급하고, 공비公婢의 부담을 경감하기 위해서 국역을 면제함으로써 관청의 착취는 물론 남성의 지배에서 벗어나게 하려고 시도했다.

그러나 가장 복잡한 문제는 중앙의 관원 및 그 부하 — 즉 수령과 그의 이서 — 와 향촌 사회 사이의 권력의 분배였다. 이 쟁점은 2천 년 동안 중국 문헌에서 논의됐지만, 수많은 해결책에도 불구하고 문제는 그대로 남아 있었다. 유형원은 지방 수령이 세금과 요역의 징발은 물론 구휼과 환자, 가격 안정을 관리하는 시대를 살았기 때문에 수령에게 지나치게 의존한 데서 폐단이 발생했다고 결론짓게 됐다. 그는 권력을 수령에서 향촌 사회로 옮긴 중국의 제도를 선호했다. 따라서 그는 가격 안정과 환자와 구휼을 관리하는 기구의 기능과 관련해 그런 방식의 해결책을 주장했다.

그럼에도 불구하고 그의 해결책은 관료제도의 강제적인 권력에 맞서 — 개인은 말할 것도 없고 — 지방의 자유와 권리를 방어하려는 목적보다는 왜곡된 중앙 권력으로부터 지방의 백성들을 보호할 것이라고는 믿을 수 없는 원지遠地의 부패한 관원들에 대한 불신에서 출발했다. 예컨대 구휼이나 대부를 담당하는 지방기구의 규정을 고안하면서, 그는 그 규정을 어길 경우 엄격한 처벌을 적용했다. 달리 말하면 국가는 관원과 이서, 또는 백성과 농민이든 그런 규정을 위반할 경우 처벌할 수 있다는 것이었다. 다음 장에서 보듯이 지방 정부에 대한 그의 생각은 상호부조는 물론 상호 감시를 위해 긴밀히 협동한다는 것이었다. 유형원은 원칙적으로 관료제도를 반대하지는 않았지만 그것을 불신했으며, 지방의 자치를 선호했지만 지나친 자유를 허용하지는 않았다. 그의 지방자치는 제한적이며 온건했을 뿐 강제적인 것은 결코 아니었다.

제19장
향약

1862년(철종 13) 이정청釐整廳은 주희의 사창제도는 향약과 밀접한 제도이지만, 당시 조선에서는 향약이 시행되지 않았으므로 도입하기 어렵다면서 거부했다. 이정청은 두 제도의 관계를 옳게 파악했다. 유형원은 국가의 공식적인 조직이 아닌 향약에서 사창을 운영하면 관원의 부정을 없애고 정직한 행정이 시행될 것으로 판단해 찬성했지만, 이것이 그가 향약을 지지한 유일한 까닭은 아니었다.

유형원은 지방 수령 아래에 추가적 조직을 만들려는 시도는 주대 초반까지 거슬러 올라간다고 설명했다. 수도의 천자는 지방 수령이 자신의 명령을 잘 수행하고 법률과 질서를 유지하며 공평하게 과세하고 있는지 언제나 확신하지 못했기 때문에 향촌의 영향력 있는 인물들에게 수령의 행동을 감시하도록 했다. 그러나 지방의 양반이 너무 강력하면 수령은 자기의 생각은 물론이고 국왕의 명령을 수행할 수 없었기 때문에 국왕은 권력의 균형을 이동시킬 필요를 느꼈다.

향약에서는 백성이 상호 감시하는 기능도 두었는데, 그렇지 않으면 백성을 통제하는 데 지나치게 거대하고 비용이 많이 드는 기구가 필요하기 때문이었다. 그러나 백성들은 이웃을 감시해서 비행을 당국에 고발하려고 하지 않았기 때문에 국가는 상호 감시제도를 명령으로 부과했다. 이웃의 범죄를 고발하면 수령이 처벌하면서 향촌의 사회적 조화는 급격히 훼손됐다. 그렇게 서로 감시하는 사회는 서로 부조하고 도덕과 가치를 서로 가르치는 제도로 전환될 수도 있었지만, 유교적 전통에서 교육과 주입은 아주 미세한 차이였다.

향약은 향촌의 공동체적 정신을 굳게 하고 향촌을 수령의 우월한 권력에서 보호하려는 시도였는가, 아니면 향촌을 국가에 완전히 복종하도록 위축시키려는 목적에서 조잡하게 위장한 제도였는가. 향약은 공동체의 도덕적 지배계층, 즉 향반 · 대지주 · 노비 소유주가 운영했는가. 도덕적 권고의 목적은 향촌의 규범을 확고히 하려는 것이었는가, 아니면 그것을 위로부터 주입된 외래의 성리학적 가치로 대체하려는 것이었는가.

| 중국의 자치적 지방조직

유형원은 『주례』에서 처음 서술되고 송대까지 간헐적으로 시행된 중국의 제도에서 지방을 조직하는 구상의 원형을 가져왔다. 지방을 조직하는 데 그가 사용한 향당이라는 용어는 『주례』에서 기원전 1000년 주대 초반에 시행됐다는 제도로서 6개의 서열로 이루어진 조직이었다. 『주례』에 따르면 주의 영토는 수도에서 지방의 거리에 따라 매우 일정한 형태로 구획되어 있었지만, 향당은 전국적으로 일정하지 않았다. 위에서 언급한 조직은 육향인데, 수도에서 1백 리 안에 있었다. 그 조직은 5가家가 1린隣이며, 5린이 1리里, 4리가 1찬酇, 5찬이 1비鄙, 5비가 1현

縣, 5현이 1수遂로 짜여졌다. 1수는 1천2천5백 가호였으며, 당은 5백 가호였다. 이 단위들은 사와 대부들이 수장을 맡았다. 수도와 경기, 그리고 육향의 외부 지역은 형태는 비슷하게 조직됐지만 명칭은 달랐다.

이런 지방조직에서는 3년마다 인구와 재산을 조사하고 감독했으며大比, 각 단위를 책임진 관원은 정부의 지시를 상부 단위에서 전달받았다.[1] 조직의 서열은 자연 촌락, 지형적 특징, 또는 시장 같은 다소 혼란스러운 형태가 아니라 인위적인 수학적 비율로 만들어졌다는 점도 주목할 만하다. 그것은 인간집단의 비정규적이며 실제적인 군집의 형태보다는 정규적이며 이상적 형태의 행정조직이었다.

유형원은 주대 이후 전개된 지방 제도의 역사도 추적했다. 제 환공의 중요한 신하인 관중은 경제력과 군사력을 발전시키는 데 일생을 바친 정치가였다. 중국 남부의 초가 이끈 연합에 맞서 제 환공이 패자가 되도록 도운 전략가였던 그는 중앙에서 인구를 통제하고 다른 제후국과의 경쟁에서 자국의 힘을 극대화시키기 위해 수도와 지방에 서로 다른 5개의 조직을 만드는 데 주력했다. 그는 주로 조세와 국역을 피해 농민이 도망치는 현상을 크게 우려했으며, 전국에 걸친 밀접하고 조직화된 연락망은 그런 사람들을 발붙일 곳이 없도록 만들 것이라고 믿었다. 각 단위의 관원은 인구등록과 조세를 감독하고 군사를 지휘했다.[2]

지방 통제의 이런 형태는 주대 후반 중국 전역에서 유지되지 않았기 때문에 기원전 3세기 후반 진의 상앙은 중국 통일을 추진하면서 지방의 통제력을 강화하기 위해 그 제도를 수정했다. 상앙은 법가 사상을 추종했지만 주대의 제도에서 그 모범을 추출했으며, 진대 이후 관료제도가 시행되면서 유학적 경세학자들은 농민의 전체적인 무질서와 통제되지 않은 과세 때문에 야기된 지방 정부의 약화를 해결하기 위해 그 전통을 계승했다.

한에서는 진의 군현제를 계승해 10리마다 1정亭을 두고 10정을 1향으로 조직했다. 향에는 교육 · 소송 · 징세를 맡은 삼로三老가 있었다. 삼로는 그 지역에서 50세 이상으로 덕행의 명성이 있는 사람 중에서 선발했다. 그들은 현령 · 승위丞尉와 긴밀하게 협조해 일했으며 요역과 군역을 면제받았다.[3]

달리 말하면 지방 통제를 위해 긴밀하게 조직된 위계조직은 (적어도 『주례』에 기술된 대로라면) 주대 초반이나 기원전 7세기인 춘추시대의 제나 전국시대의 진에서 시작된 것으로 생각되며, 그 뒤 중앙집권적 관료제도가 시행된 한에도 계승됐다. 그 제도는 지방화된 봉건제도의 시대에 만들어졌지만, 지방에 대한 중앙의 통제를 강화하기 위한 수단으로 고안됐으며 중앙화된 국가의 발전에 유용했음이 명백했다. 그러나 최하의 지방 단위에 대한 통제는 정규적 관료체제 안으로 완전히 들어오지 않았으며, 위에서 서술한 긴밀한 조직이 약화된 이후 지방 통제는 지방의 유력자에게 넘어갔다.

3세기 초반 후한이 멸망하고 중국 북부가 이민족에게 점령당한 뒤 귀족들은 중앙과 지방 관서 모두에서 더욱 지배적인 역할을 했다. 5세기 후반 북위는 좀더 강력한 중앙 권력을 다시 창출하기 위해 개혁을 추진했다.

많은 가호들이 식구를 은닉해 인구등록과 징세가 해이해졌기 때문에 486년(북위 효문제 태화 10) 이충李冲은 5가호를 기준으로 인隣 · 리里 · 당黨 · 향鄕의 책임자長를 세우는 삼장三長이라는 새로운 조직을 제안했다. 가장 높은 향은 125개의 가호로 이루어졌으며 향장이 이끌었다. 하위 조직의 수장은 그 지역의 저명한 사람 중에서 선발했고 그에게는 요역을 면제하고 3년 동안 재직케 한 뒤 실적이 뛰어나면 승진시켰다.

일부 관원들이 너무 급진적 방안이라면서 반대하자 이충은 자신들에게 이로운 개혁이라도 그 목적을 이해하지 못하기 때문에 변화를 추진하기는 언제나 어렵다고 주장했다. 그러나 그는 인구조사를 실시하고 추수한 뒤 징세하면 은닉한 가호를 모두 색출해서 좀더 공평하게 과세하고 나아가 감세도 가능할 것이므로 호응이 커질 것이라고 판단했다. 유형원은 부자와 권세가들이 이충의 삼장제도에 불만을 가졌지만 "곧 세금이 더욱 공평해지고 세액도 줄어 상하가 모두 편안하게 여겼다"고 언급했다.[4] 달리 말하면 유형원은 중앙 정부가 향촌에서 실시한 상호 감시조직은, 좀더 공평한 징세를 가능케 한다면, 근시안적인 백성들이 그 혜택을 인식하지 못해도 합당하다고 동의한 것이었다.

6세기 후반 수 문제는 소위蘇威의 의견에 따라 5백 가호로 이루어진 향을 기초로 한 상호 감시제도를 복구했다. 문제는 그 제도를 시행한 10년 뒤 향정이 뇌물을 받고 백성들이 그 제도를 싫어한다는 보고를 받자 폐지했다. 요컨대 상호 감시조직은 강압적이었기 때문에 호응을 받지 못했다.

7세기에 당은 수와 비슷한 상호 책임조직을 채택했는데, 유형원은 그것을 17세기 조선에 적용할 수 있는 모범으로 채택했다. 기본 단위는 4가가 1린隣, 4린이 1보保, 1백 가가 1리, 5백 가가 1향으로 구성됐다. 이정里正은 인구조사를 맡고 농업과 양잠을 장려하며, 범죄를 감시하고 "백성들이 조세와 요역을 이행하도록 강제했다." 읍은 방坊으로 나뉘었는데, 책임자는 방정坊正으로 방문坊門의 개폐를 관리하고 치안과 교화를 맡았다. 교외에는 촌을 따로 두어 촌정이 관할했다. 이런 상호 감시조직에서 이정과 현사縣司는 지방 수령이 5품 이하의 산관散官과 양인 중에서 선발하도록 했다.[5]

유형원은 1070년(송 신종 희녕 3) 신종이 설립한 보갑제는 다루지 않은 채 중국의 상호 감시제도의 역사는 여기까지만 검토했다.[6]

그러나 유형원의 핵심적인 지방 통제 방안은 주희의 두 저작에 기초해서 독자적으로 구상한 향약이었다. 첫 번째 저작은 1076년(송 신종 희녕 9) 여대균呂大鈞의 『여씨향약』을 12세기에 주희가 수정한 것으로 개

인의 자아계발에 사용됐다. 두 번째 저작은 장주漳州의 지방 정부에 관련된 그의 규정이었다.[7]

조선의 향약

조선 전기의 유향소

유형원은 조선에서 전개된 향약제도의 역사는 논의하지 않은 채 이황 · 이이 · 조헌의 저작에 나타난 논의만을 참고했다. 다바나 다메오田花爲雄는 조선의 향약에 대한 최근의 연구에서, 향약을 주창한 인물들은 송의 『여씨향약』보다 기존 유향소의 조항과 규정을 좀더 참고한 부분도 있다고 언급했지만, 기본적으로는 송대와 같은 전략을 채택했다고 파악했다.

그러나 다가와 고조는 유향소가 향안에 기록된 향반(때로는 품관이라고 불리는데, 송준호는 그들을 양반으로 분류하지 않았다)의 조직이었음을 보여주었다. 중앙의 그런 조직은 경재소京在所였는데, 지방 출신으로 중앙 관원이 된 사람들이 배속됐다. 그는 유향소의 규정에는 향약 · 『경국대전』 · 『대명률』과 비슷한 도덕적 교화와 처벌에 관련된 조항이 많이 들어 있다고 지적했다.[8]

고려를 거쳐 조선으로 이어진 유향소는 향리나 은퇴한 관원前銜인 유향품관이나 향촌의 사류鄕中之士流가 자발적으로 조직했다. 향리는 지방 관서의 이서로서 그 일부는 첨설직添設職을 받았다. 그들은 지방 수령에도 임명됐는데, 1397년(태조 6) 태조는 수도의 숙위를 맡김으로써 그들의 영향력을 약화시키려고 했지만, 그들의 직무를 박탈하는 것을 주저한 결과 그들 중 다수는 향촌에 남아 수령이 백성들을 관할하는 것을 간섭했다. 1406년(태종 6) 태종은 지방에 대한 향리의 영향력을 축소하기 위해 유향소를 혁파하기로 결정했다.

일부 수령들이 권력을 남용하기 시작하자 1417년(태종 17) 정부는 각 현에 지방정책을 조언하는 신명색申明色을 두었지만, 실제로는 수령의 권력 남용을 막으려는 조처였다. 그러나 신명색이 수령을 너무 억제했기 때문에 태종은 1년도 안 되어 이 명령을 철회했으며, 1420년(세종 2) 세종은 수령이나 관찰사가 모반이나 살인을 저지른 사례를 제외하고는 전함이나 향리가 고발하지 못하도록 금지함으로써 그들의 권한을 강화시켰다.

권력의 균형이 수령에게 너무 기울자 세종은 1428년(세종 10) 유향소를 다시 설치해서 향리를 감독하고 품관이 수령을 비판하지 못하도록 함으로써 지방보다는 중앙으로 권력을 이동시켰다. 그 뒤 몇 년 동안 수령이나 관찰사를 불법적으로 비판하면 그 처벌로 그 지방의 지위를 강등하거나 중앙 관원들이 경재소를 맡아 유향소의 책임자를 지명하도록 했다.

1431년(세종 13) 세종은 지방 백성이 개인적으로 수령에게 소송을 제기하지 못하도록 금지한 조처를 해제했으며 세조는 그 정책을 강화했다. 그는 부패한 수령을 감독하고 탄핵하는 임무를 띤 어행유사御行有司를 파견했으며, 1467년(세조 13) 두 번째로 유향소를 혁파했는데 그들이 수령권을 제약했기 때문이 아니라 개인이 수령의 비행을 고발하지 못하도록 막으려고 했기 때문이었다! 또한 세조는 일부 유향소가 그해에 일어난 이시애의 난과 연관됐다고 믿었다. 그러나 그가 붕어하자 1469년(예종 1) 수령에 대한 고소는 다시 금지됨으로써 그의 시책은 시행되지 않았다.[9]

요컨대 지방자치조직의 거점으로서 유향소는 수령에 맞서 지방 양반의 이익을 대변하는 기구로 변화했다. 그것은 관원의 정직을 보장하거나 농민의 복지를 지키는 기구가 아니었다.

지방의 비유교적 신앙과 의례

조선이 개창될 무렵 지방의 자치단체들은 토착신앙에 뿌리를 두고 있었다. 향도香徒는 신라 · 고려시대 이전부터 불교와 관련을 맺으면서 존속했지만 서낭과 산과 나무에 대한 애니미즘과 결부되면서 14세기 후반~15세기 전반 무렵 불교와의 연관성은 사라졌는데, 성리학에서는 그것을 음사淫祀라고 불렀다. 성리학자들은 그들이 축제처럼 장례를 치르면서 토착신에게 제사를 올리고 음주한다고 격렬히 비판했다. 그들은 그런 행사를 슬프고 경건한 의식을 모독하는 비도덕적인 행위로 간주했다. 15세기 초반 성리학자들은 백성을 안정시키고 사회적 관계와 정신적 가치를 유지하는 도덕적 기반을 창출하기 위한 도덕적 운동이 필요하다고 생각했다.[10]

유교적 향사례와 향음주례

이태진은 15세기 후반 유향소의 복립운동은 '사림파'로 알려진 일군의 이상주의적 성리학자들이 가호수를 확정해 마을을 정의하고 사창을 설치하며 향음주례와 향사례를 시행하고 12세기 주희가 찬성한 여씨향약을 모방하는 등의 중국 제도를 채택해 지역공동체의 규범과 도덕을 정화하려는 노력의 일부로 추진됐다고 주장했다. 또한 이태진은 사림파와 성리학자들의 개혁운동은 중소 지주들이 주도했다고 주장했지만, 남한에서 널리 통용되는 이 이론은 확고한 경험적 연구에 의해 입증되지 않았으며, 최근 존 던컨은 고려에서 조선으로 이행하는 과정을 연구해서 그 견해를 효과적으로 논박했다.[11]

지방 수령의 통제를 벗어나 지방 양반들이 운영한 구휼기구로 계획된 주희의 사창은 1440년(세종 22) 처음으로 긍정적인 평가를 받은 뒤 1448년 경상도 대구의 13개 현에서 시행됐고 1450년에는 좀더 확대됐다. 이 정책을 지지한 여러 성리학적 관원들은 1455년 세조가 정난을 일으키면서 파직되거나 은퇴했다.[12]

15세기 후반 일부 지방의 양반들은 주대에 시행된 향사례와 향음주례를 도입하려는 운동을 전개했다. 『주례』에 서술된 대로 향대부는 사도에게서 국가의 법률에 대한 강의를 듣고, 그 내용을 지방의 수장에게 전달해 향사례와 향음주례를 실시할 날짜를 선정했다. 향사례는 단순히 무예를 겨루는 행사가 아니라 생각을 정화하기 위한 수단으로 실시됐으며 향음주례는 덕망 있는 연장자에게 존경을 표시하기 위해서 거행됐다. 1390년대 정도전은 이런 두 의례의 시행을 지지했으며, 세종은 『오례의』에 그것을 포함시켰다.

현재의 일부 학자들에 따르면 사림파의 유명한 지도자인 김종직은 경상도 선산善山군수로 재직하는 동안 이 두 의례를 시행했으며, 그의 제자들은 성종에게 그 의례를 상찬했다. 1483년(성종 14)부터 1488년까지 이어진 지루한 논쟁에서 김종직과 그 제자들은 유향소가 주대 지방자치의 핵심적 원리를 재현하고 지방 수령의 수준을 높이며 토지와 노비의 세습을 둘러싼 식구들의 다툼으로 훼손된 가족관계를 다시 조화롭게 할 수 있다고 생각해서 그 복립을 지지했지만, 세종이 그랬듯이 향리를 통제하기 위한 기구로 인식하지는 않았다. 결국 1488년(성종 19)* 성종은 당시 도둑과 해적의 침범으로 훼손된 전라도의 도덕기준을 교정하기 위해서 유향소의 복립을 허용했다.[13]

16세기 초반 전라도의 많은 유생들은 향사례 · 향음주례와 여씨향약

---

* 원서에는 1588년(712쪽)으로 되어 있지만 바로 잡았다.

을 시행하고 도덕교육을 좀더 강화해야 한다는 의견을 담은 상소를 올렸다. 그러나 전라도 학생의 대부분은 학교에 출석을 거부하고 그들을 공개적으로 조롱했으며, 일부 보수적인 지주와 관원들은 유생들에 반대하면서 토속신앙을 용인해야 한다고 주장했다. 이것은 고려 후기의 야만적 문화로 돌아가려는 그 지방 사람들의 마음이 나타난 현상이었는가, 아니면 소수의 지식인들이 주입한 새로운 이념에 반대해 토착적 신앙과 전통을 방어하려는 합법적인 노력이었는가.[14]

그 뒤 향사당鄕射堂에서 향사례와 향음주례를 거행했고, 대부분의 유향소는 경상도에 세워졌으며 전라도에는 두 곳만이 있었다. 이 의례에 참석한 사람들은 나이에 따라 앉았고, 여씨향약의 네 가지 원칙을 준수할 것을 맹세했으며, 덕행을 실천하지 않거나 중앙 정부와 지방 수령을 비판한 사람은 유향소에서 쫓겨났다.

유교적 도덕주의자와 현실주의자의 갈등

이태진은 대신 · 공신 · 척신 등으로 구성된 이른바 훈구파勳舊派와 향촌의 성리학적이며 이상주의적인 사림파士林派는 유향소의 주도권을 둘러싸고 갈등을 빚었다고 분석했다. 1492년(성종 23) 두 집단 사이의 갈등은 새로운 정점에 도달했는데, 이태진은 그것을 사림파와 훈구파의 충돌로 서술했지만 에드워드 와그너는 한국의 정치제도에서 합법적인 간쟁의 범위와 정치권력의 주도권을 둘러싼 국왕과 젊은 대간의 대립으로 재해석했다.[15]

그럼에도 불구하고 이태진은 15세기 후반 김종직과 그 제자들이 자치조직, 사창, 향사례와 향음주례를 시행해 도덕교육을 강화하려는 생각을 구체화했으며, 주희가 증손한 여씨향약을 16세기에 그저 발견하지 않았다는 사실을 보여주는 가치 있는 작업을 수행했다.

조광조 : 향약에 대한 반대

16세기 초반 중종의 치세 동안 일부 관원들은 빈발하는 자연재해와 살인을 당시의 부도덕에 대한 하늘의 경고라고 걱정하면서 향약을 준비했다. 1511년(중종 6) 국왕은 『삼강행실三綱行實』을 출판했으며, 향촌의 조화를 강화하기 위해 향음주례를 다시 시행하는 방안을 논의했다.

1516년 그는 주희와 조선 전기의 권근權近이 애호한 도덕교재인 『소학』을 출판하자는 경상도 관찰사 김안국金安國의 건의를 받아들였으며, 1470년대 일부 양반들이 소학계小學契를 만들었다는 사실을 다시 발견했다. 『소학』은 8~15세의 어린이들을 위해 만들어진 교재로서 『여씨향약』이 수록되어 있었다. 1517년(중종 12) 경상남도 함양 출신으로 『소학』의 또 다른 위대한 숭배자였던 김굉필金宏弼에게서 수학한 김인범金仁範은 조선 역사상 처음으로 『여씨향약』의 출판을 건의했으며, 1518년 김안국은 백성들의 교화를 위해 자신이 한글로 번역한 『소학』을 출판하도록 중종을 설득했다.

중종은 향약이 폐지되어야 하는 유향소를 본뜬 제도라는 일부 신하들의 비판을 무시했다. 향약은 경상도에서 전라도와 충청도 이북으로 퍼졌지만, 수령들은 그것을 보급하는 데 적극적이지 않았으며 백성들은 그 규정을 마지못해 실천했다.

조광조는 향약과 『소학』을 주도적으로 옹호했지만 맹목적으로 지지하지는 않았는데, 1519년에는 일부 향약을 자발적으로 조직된 것이 아니라 관찰사가 강압했다면서 비판했다. 중종 또한 일부 향약에서는 범법자를 스스로 처벌해 형조와 한성부의 사법권을 침해했다고 불쾌해했다. 영의정 정광필鄭光弼도 고대에는 향약을 향촌에서만 만들었으므로 수도에서는 시행하지 말아야 하며 장례를 뺀 나머지 의식은 제한해야 한다고 주장했지만, 중종은 허락하지 않았다.[16]

한 달 뒤 중종이 조광조와 김안국을 포함한 그의 일파를 숙청하면서 상황은 완전히 바뀌었다. 1521년(중종 16) 안당安瑭의 아들들은 중종을 폐위하고 그의 이복형제인 경명군景明君을 추대하려는 계획을 꾸미다가 발각되어 처형됐다.

1520년 사헌부 장령 서후徐厚는 향약의 구성원들이 국왕에게 불충하고, 정실과 개인적 원한에 따라 선행과 악행을 기록한 장부를 만든다고 비판했다. 송대의 여씨향약은 한 마을에서만 채택됐으므로 조선에서 모든 사람이 거기에 참여하도록 강요할 이유가 없었다. 그는 조광조·김식金湜 등은 스스로를 진정한 도학자라고 선전하면서 실제로는 조정의 신하들을 부당하게 비난했다고 지적했다.

사간원 정언 조진趙珍은 향약은 나이에 따라서 사람들의 서열을 정했기 때문에, 특히 노비를 우위에 놓음으로써 전통적인 신분의 차별을 전복시켰다는 이유에서 폐지할 것을 요구했다. 어쨌든 이제 향약에 대한 열정을 잃은 중종은 이미 처벌을 목적으로 향약의 모임과 방해를 금지했으며, 장례와 자연재해를 당했을 때 상호부조하는 것으로 활동을 제한했다고 언급했다.[17]

성균관 지사知事 이항李沆도 향약의 관원들을 포함한 많은 항의자들은 조광조의 태형을 물리적으로 막았다고 주장했다. 이항은 조광조의 개혁이 젊은 사람들을 관원으로 발탁해 연로한 대신들을 대거 축출했으며, 자제가 부형을 비판하고 조카가 숙부를 비난하는 경로를 열어놓음으로써 가족관계와 사회질서를 무너뜨렸다고 주장했는데, 마오쩌둥이 사망한 뒤 전개된 문화혁명에서 홍위병紅衛兵에게 고통받았던 공산당원을 떠오르게 한다. 영의정 정광필 또한 향약의 관원들은 김식과 기준이 구휼의 도덕적 의무를 실천했다는 이유로 그들을 구조했다고 고발했다.

중종은 향약의 지도자들이 도덕적 임무를 수행했을 뿐이라고 인정했지만, 남곤과 윤관尹瓘은 그들을 반역죄로 고발하면서 앞으로는 사류만을 향약의 책임자로 임명해야 한다고 주장했다. 국가에서 금지하지 않았지만 향약은 사라졌으며, 1537년(중종 32) 중종은 향약이 실패했다고 인정했다.[18]

향약과 경제발전

이태진은 또한 김종직 · 조광조와 그의 동료 및 제자로 구성된 사림파는 향촌 중소 지주의 이익을 대변했기 때문에 더 큰 상업적 이익을 위해 농업에서 농민을 이탈시키는 데 반대한 보수론자였던 동시에 경제발전을 지지한 진보주의자의 면모를 모두 갖추었다고 주장했다. 에드워드 와그너는 정치사를 날카롭고 통찰력 있게 분석해 이상주의적이고 영웅적이며 고결한 조광조 일파의 이미지를 격하시켰지만, 이태진은 조광조 일파를 계층적으로 분석하고 경제적 진보에 대한 현대적 해석을 가미함으로써 도덕적이고 이상주의적인 순교자라는 전통적 시각에서 접근했다.[19] 그는 그들이 관개시설을 확충하기 위해 향약을 옹호했다고 파악했지만, 그것을 입증할 직접적인 증거는 발견할 수 없었다.[20]

그러나 이태진의 경제적 논거는 향약이 경제적 발전을 이루기 위한 기구로 고안되지는 않았다고 인정했다는 측면에서 심각한 모순을 갖고 있다. 향약은 중앙 관서의 착취에서 농민을 보호해 경제발전의 파괴적 영향을 도덕적 차원에서 규제함으로써 사회를 안정시키려는 조직이었으며 유향소는 자신들이 유교의 도덕적 기준을 옹호한다고 명백하게 인정했다는 그 자신의 주장은 그들이 부를 확대하고 경제적 성장을 이루었다는 것보다 훨씬 중요하기 때문이다.

1550년 이후 도덕적 열정의 재생

1545년에 명종이 즉위한 뒤 도덕적 기준과 교육이 전체적으로 저하된 상황을 개선하려는 관심은 다시 나타났지만, 향약을 시행하려는 움직임은 그렇게 많지 않았다. 1546년 주세붕周世鵬은 중종의 치세 동안 향약은 시행되지 않았다고 말했으며, 영의정 윤인경尹仁鏡은 그것을 이끌 만한 높은 덕행을 가진 사람들이 충분치 않으므로 국가의 정책으로 그것을 재건하는 데 반대했다. 그 대신 향촌에서 자발적으로 조직하도록 맡겨두자고 제안했으며, 수렴청정을 맡은 문정왕후는 이에 동의했다.

1553년(명종 8) 명종이 친정을 시작한 뒤 김종직과 조광조의 도덕적 개혁에 공감한 사대부들은 이전보다 많아졌다. 유생 서엄徐崦은 조광조를 칭송하면서 『소학』과 향약을 채택할 것을 제의했다. 1554년에는 최근 기근을 겪으면서 가족 간의 살육이 자행되자 일부 관원들은 백성들이 불교 · 점술 · 음양학 · 무격 같은 이단적 종교에 현혹되지 않도록 학교를 재건하고 성리학의 원칙에 입각한 도덕교육을 강조하자고 주청했다.

1558년(명종 13) 윤개尹漑는 학생들이 과거를 준비하느라 도덕원칙을 공부하지 않는다고 비판하면서 『대학』이나 『중용』을 배우기 전에 『소학』을 먼저 공부하도록 교과과정을 바꾸어야 한다고 아뢨지만, 명종은 거부했다. 1559년 유생 배익겸裵益謙은 조광조가 『소학』과 『여씨향약』에 헌신했다고 칭송하면서 『소학』과 『주자가례朱子家禮』를 매일 공부해야 한다고 주장했다. 1560년 명종은 관직에서 일부 잘못을 저질렀지만 조광조는 국왕과 나라에 진정으로 충성했으며 반역의 혐의는 없다고 인정했으며, 1564년 이황은 조광조의 죽음을 추모하면서 『소학』과 향약이 무시된 상황을 개탄했다.

도덕교육과 향약에 대한 이런 관심의 급증은 명종이 『소학』을 교과과정으로 사용하라고 인정하면서 정점에 도달했지만, 영의정 윤원형尹元衡은 반대했다. 문정왕후 덕분에 권력을 잡을 수 있었던 그는 1565년 왕후가 사망하자 파직당했지만, 명종은 나머지 재위 기간 동안 『소학』을 복구하려고 시도하지 않았다.[21]

이황의 향약

전국에 향약을 수립하려는 중앙 정부의 노력은 명종의 치세가 끝나기까지 진전이 없었지만 개인적으로 자신의 향촌에서 향약을 실시한 사례는 나타났다. 1556년(명종 11) 고향인 경상도 예안禮安에서 건강을 회복한 이황은 같은 지역의 이현보李賢輔 등에게서 얻은 정보에 기초해 「향립약조鄕立約條」의 서문을 썼는데, 그 내용은 대부분 명이나 조선의 법전, 또는 이전의 지방조직의 규정에서 찾을 수 있는 것이었다. 이처럼 향약은 16세기 초반 주희가 증보한 『여씨향약』에 기초해 시작됐지만, 지방의 자치조직과 도덕교화의 원리는 송대에 만들어진 하나의 특정한 제도에 국한되지 않았으며 중국에서 전개된 정치와 도덕의 폭넓은 전통과 오랜 역사에 토대를 둔 것이었다.

이황이 소개한 이런 문서는 개혁자들에게 중요한 자료가 됐으며 유형원도 널리 인용했다. 그러나 가장 대표적인 사림파인 이황은 유향소가 모두 중앙의 대신과 척신에게 지배됐기 때문에 반대했을 것이라는 이태진의 주장과는 반대로, 유향소가 주대에 향대부의 기능과 마찬가지로 도덕기준을 강화하고 비도덕적이며 불법적인 행동을 감독함으로써 나라를 이롭게 했다고 확언했다. 그는 유향소가 분쟁을 막고 강자에게서 약자를 보호하며 덕행을 실천하는 사람을 존중했다고 주장했다. 이황은 향약이라는 새로운 제도를 따로 만들 필요 없이 당시의 자치적 지방조직을 도덕교육의 중심으로 사용하려고 했다.

그의 초안은 법률이나 도덕을 위반하는 사람을 처벌하며, 지방조직의 수장을 따르고 존중해야 한다고 규정했다. 예안에서 그와 동료들은 1546년(명종 1) 전라도 전주에서 지방의 유력자와 품관들이 (수령을 겸임한) 판관의 치소를 습격해 건물을 부수었지만 유향소에서는 징계하지 못했던 사건을 바로잡으려고 했던 것이 분명했다. 달리 말하면 이황은 유향소를 법률과 도덕질서를 지탱하는 좀더 믿을 만한 기구로 만들려고 했던 것이다.

이황은 여씨향약이 도덕적 교화보다는 잘못된 행동을 처벌하는 데 치중했다고 비판했지만, 도덕기준을 위반한 행동에 대한 그의 처벌 규정은 도덕교육을 위한 문서라기보다는 형법처럼 읽힌다. 향약에서는 구성원들의 잘못이 경미하면 조용하게 바로잡지만 중대한 범법행위는 향청에서 공개적으로 그들을 훈계해야 한다고 규정했다. 만약 위반자가 행동을 고치지 않으면 직월直月은 그 사실을 약정約正에게 보고하고 약정이 위반자를 교육했다. 위반자가 개전의 여지를 보이면 향안에 이름이 유지됐지만, 비판을 받아들이기를 거부하면 향약에서 쫓겨났다. 의례와 풍습을 준수하지 않고, 필요한 사람에게 자금을 빌려주지 않으며, 채무를 기한까지 갚지 않거나 빌린 물건을 손상시킨 사람은 장부에 악행자로 기록됐다. 이황은 위반자는 독립된 장부에 기록한다는 여씨향약의 규정을 남겨놓았지만, 그 내용은 명확하게 규정하지 않은 채 태형을 포함한 9등급의 처벌제도를 제시했다.

여씨향약에서는 향촌의 매우 다양한 범법행위를 나열했지만, 이황은 다른 사람을 교화하지 않은 잘못에 대한 처벌을 강조했다. 그의 초안에는, 우연이라고 생각되는데, 여씨향약에 실린 31개의 범법행위 중에서 12개만을 포함했다. 도덕의 위반은 6개였는데, 가정의 질서를 지키지 않고 부모와 형제를 존경하지 않으며, 친척과 화목하지 않고 도움이 필요한 사람을 돕지 않으며, 가정에서 부인을 존중하지 않는 것이었다.

일반적인 행동과 공공의무에 대한 위반은 6개였는데 싸우고 욕하고 약자를 힘으로 제압하며, 규칙을 위반하고 다른 사람을 고발하거나 범죄의 혐의를 씌우기 위해 사실을 조작 또는 과장하며, 향회에 지각하는 행동 등이었다. 나머지 내용은 이전의 법률이나 유향소 같은 지방조직의 규정과 비슷했다.

이황의 향약은 독창적이거나 실제로 시행되지는 않았지만, 그 뒤 향약을 옹호하는 선례로 왕조가 끝날 때까지 존중됐다. 만년이 되면서 그는 이 제도를 발전시키려는 특별한 열정을 보이지 않았으며, 1567년 선조가 즉위하자 『소학』을 도덕교육의 교재로 추천했지만 향약은 거론하지 않았다.

이황은 나이에 따른 서열을 강조한 『여씨향약』이 '귀천'의 사회적 구별을 훼손한다고 비판했는데, 그것은 조광조의 반대자들이 제기한 비판과 동일했다! 달리 말하면 이황의 경세론은 물리적 위협으로 설득하는 수사修辭를 뒷받침하고 차별적인 현재의 사회관계를 지지하는 유학의 강인한 전통 안에 있었던 것이다.[22]

선조와 이이(1571~74)

그러나 선조의 치세인 1570년대에 대신들 사이에는 향약을 지지하는 움직임이 널리 퍼졌다. 1571년(선조 3) 유생 황억黃億은 『여씨향약』을 채택하자고 주장했지만, 예조는 가뭄이 든 지금의 상황에서 농민들에게 시간을 내서 향회에 나오도록 강요하면 폐단만 생길 것이라고 반대했다. 그해 후반 충청도 청주목사였던 이이는 그 지역 원로들의 승인을 받아 서원향약西原鄉約을 만들었다.[23]

1572년 대사간 허엽許曄이 국왕에게 전국적으로 향약을 실시하자고 간언했지만, 계속된 가뭄으로 걱정하던 선조는 그것은 지방의 풍속을 어지럽힐 것이라고 비판했다. 1573년 이경명李景明은 자원하는 마을에서만 여씨향약을 시행해야 한다는 주희의 발언을 인용했지만, 그해 후반 사간원은 향약이 현재의 풍속을 바꾸는 데 핵심적이며, 원래는 향촌을 위해 만들어졌지만 적어도 수도에서는 채택해야 한다고 주장했다.

전국적으로 향약을 시행하려는 움직임은 1573년 조정의 회의에서 정점에 이르렀는데, 영의정 권철權轍, 좌의정 박순, 우의정 노수신盧守愼, 영부사 홍섬洪暹 등은 모두 향약을 찬성하면서 그것의 조선적 형태인 계나 도徒는 이미 일부 지역에서 여러 차례 시도됐다고 언급했다. 판부사判府事 이탁李鐸만이 왕명으로 향약을 채택하는 데 반대하면서 그 대신 주희가 증손한 『여씨향약』을 인쇄해 전국의 학교와 향촌에 도덕교재로 배포하자고 건의했다. 선조는 그 책을 인쇄해 반포하기로 결정했지만, 향약의 도입은 각지에서 결정하도록 했다.[24]

다음달 이이와 홍문관 부제학 김우옹은 나라의 도덕을 쇄신하는 수단으로 향약을 후원하자고 선조에게 주청했다.[25] 국왕은 생각을 바꾸기 시작했으며, 예조는 회합의 횟수와 음식과 술에 드는 비용을 줄이고 악행을 기록한 장부를 두지 않도록 함으로써 조선의 상황에 맞춘 규정의 초안을 제출했다.

그러나 그 초안 중 하나는 향약의 핵심적 본질을 자치기구에서 지방 수령이 개입하는 것으로 바꾸었다는 측면에서 매우 중요했다. 예조는 지방에는 향약을 운영할 만큼 뛰어난 도덕성을 가진 사람이 거의 없기 때문에 수령이 약정이나 직월을 겸임해야 한다고 주장했다. 선조는 이런 형태의 향약을 공식적으로 전국에 실시하는 데 왕조 역사상 최초로 동의했지만, 1574년 음력 2월 가뭄으로 그 계획을 중단하면서 국가는 양민에게 도덕을 가르치기 전에 경제적 후원을 우선 제공할 의무가 있다고 선언했다.[26]

선조는 가뭄이 끝나면 처음의 지시를 이행할 의사가 명백했지만, 그

동안 이이는 향약을 도입하는 가능성에 대해 마음을 바꾸었다. 그는 맹자에 동의하면서 백성들이 굶주리면 도덕적 원칙은 성공적으로 주입할 수 없다고 판단했다.[27]

조헌과 명의 모범(1574)

이황과 성혼의 제자로서 1574년 명에 사신으로 갔다가 돌아온 뒤 조헌은 중국의 향약을 칭송하는 상소를 올렸다. 그는 산해관山海關 서쪽의 모든 촌락에서 그 제도를 시행하고, 요동 무령撫寧 지방에서는 향약의 세 수장인 약정約正·부정副正·직월直月이 한 달에 두 번씩 지현知縣을 만나는데 그 자리에서 그들은 '한 번 절하고 세 번 고두叩頭'한 뒤 지현은 1397년(명 태조 홍무洪武 30)에 반포된 명 태조의 육유六喩*를 낭송했으며 그들은 그 내용을 향약의 구성원들에게 다시 반복해주었다고 했다.

> 그 가르침은 부모에게 효도하고 연장자를 존경하며 이웃과 화목하고 자손을 교육하며 농상農桑을 부지런히 하고 불의를 저지르지 않는다는 내용으로 명 태조가 반포한 사항입니다. 그 덕목은 여씨향약보다는 자세하지 않지만 조항이 간결해 쉽게 깨우칠 수 있기 때문에 백성들은 그것을 믿고 마을 곳곳의 담장에 붙여놓고 서로 외우고 익혔습니다. 그리하여 부자와 형제, 고부姑婦와 동서 사이에 다툼이 많았어도 서로 갈라서는 일은 없었습니다.[28]

조헌은 향약의 도덕교육 덕분에 여성은 난잡함에 빠지지 않았으며

* 부모에게 효도하고 윗사람을 존경하며, 향촌 사람들과 화목하고 자손을 잘 교육시키며, 저마다 현재에 만족하고 비리를 저지르지 말라는 6개 조항이다.

신년과 동지, 그리고 (황제의?) 생일에는 작은 초가집에 사는 빈민이라도 가장에게 네 번 절해 하례했다. 노비들도 길에서 만나면 서로 절했다. 혼례는 반드시 친영親迎을 시행했으며, 상을 당하면 모든 남녀가 상복을 입고 그 기간을 마쳤다. 네 살짜리 어린아이도 읍과 고두를 할 줄 알았으며, 천한 노비들도 모두 머리모양을 단정히 했다. 서 있을 때는 반드시 손과 발을 가지런히 모았다. 이런 행동은 1천 년 넘게 이민족의 풍속이 지속됐던 만주 남부의 모든 지역에서도 전형적으로 나타났는데, 대명大明의 교화로 개명된 것이었다.

조선은 '예의의 나라'였지만 최근 도덕이 타락해 아버지는 자식을 가르치지 않고 아들은 아버지와 형을 존경하지 않으며, 남편은 아내를 제어하지 못하고 아내는 남편에게 순종치 않으며, 절친한 이웃끼리도 싸움을 일삼았다. 고관에 오른 사람은 부정에 개입하고 공무를 돌보지 않으며 국왕의 명령에 가탁해 백성을 가혹하게 착취했다. 도덕의 전체적인 기초인 부모에게 효도하고 국왕에게 충성하는 태도가 사라졌다.

조헌은 도덕교화의 모범으로서 향약의 효용성을 묘사하기 위해서 한 사건을 자세히 설명했다. 1519년(중종 14) 북부지방인 영변寧邊에서 가난으로 아버지를 봉양할 수 없자 산골짜기에 버린 사람이 있었지만 중종이 향약을 반포했다는 소식을 듣고 즉시 되돌아가 아버지를 구해서 여생 동안 봉양했다는 것이었다.

바로 작년에 향약의 규정이 인쇄되어 전국에 배포되기는 했지만, 유감스럽게도 서가에서 먼지만 뒤집어쓰고 있었다. 국왕의 지시를 기다리지 않고 선행을 추구하려는 사람이 없었기 때문에 조헌은 국왕에게 명 태조를 본받아 모든 수령들에게 그 지방의 원로들에게 향약에 대해 알리게 하고 이정에게 그 이로움을 백성들에게 선전하도록 지시하라고 조언했다.

조헌은 백성들의 경제적 요구를 충족시키는 것이 향약의 채택보다 우선이라는 데 동의했지만, 현재의 경제가 그렇게 나쁘지 않으므로 도덕교육은 간과할 수 없다고 지적했다. 아들은 얼어죽을지라도 아버지의 옷을 빼앗아서 제 몸을 덮히면 안 되고, 동생은 굶어죽을지라도 형의 밥을 훔치면 안 됐다. 만약 백성들이 이런 사항을 미리 교육받지 못한다면 범죄를 저지를 것이며 정부의 처벌을 받을 것이었다. 백성들에게 미리 도덕을 가르치지 않고 처벌하는 것은 함정을 파놓고 기다리는 것과 같으므로 이런 정책은 개명한 유교의 교화를 받은 사람은 참을 수 없는 것이었다.

조헌은 앞서 예조의 의견과는 반대로 조정에는 향약을 시행할 만한 뛰어난 관원이 충분하고 향촌에는 훌륭한 덕성을 가진 사람이 많다고 주장했다. 만약 국왕이 백성의 경제적 안전을 보장하기 위해서 풍년이 들 때까지 기다린다면 향약을 성공적으로 시행할 수 있을 것이었다.[29]

조헌은 14세기 명 태조가 시행한 지방 통제와 도덕교육의 결과에 매우 감동했다. 농민 출신인 태조는 학대받는 사람들의 고통과 이익을 잘 알고 있었으며 원대 후반의 관원 · 이서 · 지주가 농민을 도탄에 빠뜨린 주역이라고 파악했다. 그는 부패한 수령을 단속하고 그들을 자주 수도로 소환해 처벌했으며, 110호의 가호가 10개의 가장 부유한(가장 덕망 있는 가호가 아니다!) 가호의 지도를 받는 이갑제里甲制에 기초해 견고한 지방 제도를 만들었다. 이런 가호들은 수령의 간섭을 받지 않고 10가호씩 관리했으며 공평한 세금의 분배와 징수 및 요역의 할당을 책임졌다!

또한 그는 소송 · 폭행 · 절도 · 살인 · 성폭행 사건을 판결하고 유민을 감시하며 수령과 이서의 비행을 중앙 정부에 보고하는 등 당시 논의되던 향약에도 포함된 많은 임무를 맡은 이로里老와 동일한 제도도 창안했다. 이로는 도덕적 교화, 특히 명 태조의 육유를 보름마다 암송했으며, 지방의 도덕적 모범자들에게 포상하는 의식을 거행했다. 이로는 지방 수령이 자의적으로 체포할 수 없었고, 징세는 지방 수령에게서 이로에게 이관됐으며, 마을은 자율적으로 운영할 수 있게 됐다.

명대 초기는 전제적 규정을 만든 시기로 유명하지만, 존 와트John Watt는 "지방 농민 출신으로 제위에 오른 태조는 농촌 사회에 대한 관권의 통제를 줄이려고" 시도했으며 그렇게 함으로써 "당시까지 억압받던 향촌 사회에 대한 신뢰를 나타냈다"고 평가했다. 그러므로 그의 계획은 단순히 중앙 권력을 극대화하는 것이 아니라 지방 관원을 "모든 방법으로 통제해 농촌 사회를 황제의 목표대로 변화시키는" 것이었다.[30]

명대 초기 지방의 참여와 통제를 도출한 이갑제는 조선에는 적용될 수 없었으며, 거기에 가장 가깝게 다가간 제도는 1860년대 대원군이 도입한 사창제도였다. 조헌은 이갑제가 붕괴된 이후인 16세기 후반 조선에 그 상황을 보고한 것이었다. 태조 이후의 황제들은 일반 농민에 대한 이해가 부족했고 인구와 새로운 시장이 증가하면서 부와 과세의 불균형이 나타났으며, 정부는 세액을 고정해 세수를 확대하려고 노력했고 향촌에서 부의 구조가 왜곡된 결과 그 제도는 무너졌다.[31]

조헌은 16세기 전반 명 태조가 시행한 제도의 장점을 복원하려는 노력으로 나타난 결과를 관찰했을 뿐 유명한 정치가이자 학자인 왕양명 · 나여방羅汝芳 · 여곤呂坤 등이 그 세기 전체에 걸쳐 향약을 시행한 업적은 기록하지 않았다.[32] 조헌의 상소는 선조에게는 아무런 영향도 주지 못했지만, 유형원은 『반계수록』에 그 상소의 절반 이상을 전재할 정도로 중시했다.[33]

이이가 만든 두 개의 향약

서원향약

1571년(선조 4) 청주목사였던 이이는 『여씨향약』을 당시 조선의 계 조직에 맞도록 단순화시켜 서원향약의 규정을 작성했다. 그는 수령과 계장契長이 향약의 구성원들을 교화하고, 처벌하기에 앞서 그들이 스스로 잘못을 바로잡도록 정직하고 부지런히 노력하지 않으면 향약은 도덕적 교화를 이루는 기구로 기능하지 못할 것이라고 주장했다.

이이는 이 향약의 규정을 만들어 청주에 있는 15개의 계에 적용했다. 4명의 도계장都契長은 25개의 계를 감독했고 각 계는 계장이 이끌었으며, 한 마을마다 동몽훈도童蒙訓導 · 색장色掌 · 별검別檢이 1명씩 있었다.

이이의 서원西原향약은 주희가 증손한 여씨향약과 비슷했지만, 신분을 차별적으로 다룬 점은 중국의 선례와 달랐다. 계절마다 향약의 문서를 읽고 설명하는 모임에서 향약의 구성원들은 나이에 따라 서쪽 벽에 줄지어 서고, 서인庶人은 남쪽 벽의 동쪽 끝에 양반과 함께 서며, 교육받지 못한 양인과 노비는 남쪽 벽의 서쪽 끝에 서는데 모두 나이 순서였다. 사족의 서얼은 따로 섰다. 당상관, 양인 중의 연장자, 향약에 소속된 향리는 특별한 자리를 받았다. 특히 천민이나 노비가 자신의 자리를 벗어나 행동하거나 이단, 음사의 시행, 풍수에 따라 묘지를 결정하는 행위 등이 금지됐다.

향약의 구성원은 장례를 돕고 아파서 일하지 못하는 사람의 토지를 경작해주며, 『소학』 · 『효경』 · 『동자습童子習』을 배우지 못한 30세 이하의 사람을 가르쳤다. 이런 문헌을 읽지 못하는 사람은 처벌받았다.

향반의 높은 지위는 논쟁을 해결하는 과정을 서술한 규정에서 알 수 있다. 계장과 유사가 소송을 해결하지 못하면 그 사건은 향약의 사류에게 넘겨졌다. 거기서 나온 결정을 받아들이지 않는 소송자는 비행의 죄목으로 장부에 기록되거나, 사안이 심각하면 처벌되기도 했다.

해결되지 못한 소송은 지방 수령에게 넘겨졌다. 계장이나 유사는 비행을 저지른 그 지역 사람에게 40대 이하의 처벌을 부과할 권한이 있었으며, 좀더 무거운 처벌은 다음 향회에서 논의되거나 수령에게 넘겨졌다.

이이는 향약이 지방 관원의 범죄나 부정을 적발하는 기구로도 기능하도록 노력했다. 향리의 뇌물 요구나 청탁, 수령의 기생, 권농勸農이나 색장色掌의 강탈, 수령의 허가를 받지 않은 도축 등은 모두 보고해야 했다. 향약은 부당한 죄목으로 처벌받는 사람을 위해 집단적으로 탄원할 수 있었다.[34]

해주향약(1576년 전후)

기근의 와중에 향약을 도입하는 것은 시기상조라고 선조에게 아뢴 3년 뒤 이이는 1576년(선조 9) 황해도 해주에 은퇴해 있으면서 해주향약을 조직했다. 해주향약은 서원향약보다 좀더 자세하고 공식적이었으며, 사창에 관련된 서약과 문서를 포함한 부록이 첨부되어 있다.

해주향약은 도약정 1명과 부약정 2명, 직월 1명, 사화司貨 1명이 이끌었는데, 직월은 향회가 열릴 때마다, 사화는 1년마다 교체됐다. 향약의 첫 번째 모임은 서원에서 열렸는데, 구성원들은 읍하고 성현에게 분향하고 축문을 올린 뒤 도약정에게 무릎을 꿇고 앉았다.[35]

이이는 향약의 자발적 성격을 적극적으로 옹호했지만, 엄격한 자격 심사를 통과해야만 입회를 허용함으로써 이념과 도덕이 순수한 사람들로 구성된 긴밀한 모임으로 해주향약을 만들려고 계획했다.[36] 향약에 참여하기를 원하는 사람은 우선 그 이유를 설명한 공식적인 지원서를 써야 했고, 향약의 구성원들은 그 지원서를 받았는데, 그 과정은 몇 달 걸렸다. 학식이 부족하거나 행실이 바르지 않은 사람은 향약의 규정을 이해했다는 사실을 입증하고, 1~2년 정도의 견습 기간 동안 그런 도덕적 규정을 준수해야 했다. 구성원들은 두 달마다 열리는 공식적 모임에 출석해야 했다(서원향약에서는 1년에 4회였는데 많아진 것이다). 모임에 결석하면 미리 사유서를 내야 했으며, 세 번 견책받은 뒤에도 규정을 위반하거나 행동을 고치지 않으면 향약에서 추방됐다.

구성원들은 회비로 면포과 미곡을 내야 했으며, 그것은 향약의 장례 비용에 사용됐다. 구성원이 관례冠禮를 치르거나 대과 및 생원 · 진사시에 합격하고, 관직에 임명되거나 품계가 승진할 경우 축하연을 열었다. 장례에서 일한 노비들에게도 음식을 나누어주었다. 연말에 미곡이 남으면 사화는 사창의 규정에 따라 20퍼센트의 이율로 구성원들에게 빌려주었으며, 면포를 사기 위해 미곡을 팔거나 회비를 좀더 걷지 않았다. 면포는 대부할 수 없었지만 비용을 지불하는 데는 사용할 수 있었다. 만약 구성원의 집이 불타면 목재와 지붕을 이을 짚, 노비 1명을 공급하고 집을 지을 동안 사흘치 음식을 대주었다.[37]

또한 이이는 해주향약과 관련해서 「해주일향약속海州一鄕約束」이라는 독립적인 문서를 만들었는데, 서원향약보다 비행과 처벌을 훨씬 자세하게 규정했다. 그러나 이 문서는 향약이 기존의 유향소나 계를 새로운 조직으로 대체하기보다는 그것을 개혁하는 데 사용될 수 있다는 이황의 견해에 이이가 동의했음을 보여주기 때문에 중요하다. 실제로 그 서약에서는 유향소가 호장의 후보자를 지명할 수 있는 권리를 가졌다고 명시했다. 지방의 양반이나 유력자만 참여할 수 있도록 규정하지는 않았지만, 회합에 참석할 수 없을 경우 노비를 보내 통보할 수 있도록 함으로써 부와 신분을 인정했다.[38]

「사창계 약속」

이이는 그 문서에 향약과 매우 비슷한 조직과 정신을 가진 「사창계 약속社倉契約束」이라는 규정도 포함시켰다. 사창계는 5가호로 구성된 오伍로 조직됐으며, 그 책임자는 오장伍長으로 임기는 1년이었다. 구성원들은 구휼을 위해 매년 소량의 미곡을 내고 사창의 정규 모임에 참석해야 했다. 오장은 대부와 구휼을 관리하고 구성원들의 선행과 악행을 기록했으며, 사창계에서는 도덕규범을 어긴 사람을 훈계하고 반항하는 사람은 지방 수령에게 넘겨 처벌케 하거나 사창에서 추방했다. 향촌의 학자는 노비를 포함한 문맹자를 교육하는 교훈敎訓으로 선발됐다.

「사창계 약속」: 환난상휼患難相恤

사창계에서는 장례의 절차를 준수해야 한다고 강조하면서 음주를 금지하고 손님을 검소하게 접대해야 한다고 규정했다. 상가에서는 과일이나 떡을 제외한 음식을 대접할 수 없었다. 규정에서는 노비도 부모를 위해 3년상을 치르도록 했지만 그들에게는 미곡을 지급하지 않았다. 사창의 구성원은 노비의 상가에 조문하지 않아도 됐지만, 노비는 다른 신분의 상가에 가야 한다고 규정함으로써 노비를 양인과 동일하게 취급하지 않았다.

상호부조와 관련해서는 집과 재산을 화재로 잃어버린 사람에게 재건축을 돕기 위해 쌀 5말과 장정 1명을 지급하며, 노비는 반일만 일하도록 했다. 재산은 무사하고 집만 탔으면 쌀은 지급하지 않았다. 손실이 적을 경우는 계원들이 모두 즉시 가서 구제해야 했다. 재산을 도둑맞은 경우는 계원이 모두 힘을 합쳐 도둑을 잡거나 기부해서 손실을 보충해 주었다. 환자에게는 약을 공급하거나 농사를 지을 수 없는 동안 농사를 도와주었다. 계원이 부당하게 고소되어 유죄를 받으면 계원들은 그를 변호하고 석방을 탄원했다. 계원들은 가난해서 결혼하지 못하는 여성에게 자금을 지원하고, 굶주리는 사람에게 음식을 공급했다.[39]

「사창계 약속」: 나이의 존중

효도를 강조한 전통적인 내용과 아울러 이이의 규정에서는 서로 다른 나이와 신분집단 사이에 필요한 격식을 약간만 수정한 채 그대로 유지했다. 예컨대 연소자는 존장尊長을 만나면 부복하고 길에서는 읍해야 했는데, 이이는 이전의 문서에서 부복하는 나이를 20세 차이로 규정했지만 15세 차이로 바꾸었다. 덕망의 명성을 가진 사람은 모두 존장으로 취급됐다.

「사창계 약속」: 노비에 대한 차별적 처벌

그러나 나이에 대한 이이의 존중은 16세기 신분차별의 관습을 초월하지 않았다. 그는 노비가 상전에게 엄격하게 복종해서 "그를 정성으로 섬기고 감히 조금이라도 속이거나 숨기지 않으며, 상전이 일을 시키면 수고를 아끼지 말고 열심히 처리해야 한다. 우연히 얻은 물건이 있으면 반드시 상전에게 드려야 한다.……상전에게 불충한 행위를 저지르면 반드시 처벌한다."

또한 이이는 전통적 사회신분과 나이에 따른 엄격한 차별을 향규鄕規를 어긴 사람에게 적용하는 다섯 단계의 처벌(상벌上罰, 차상벌次上罰, 중벌中罰, 차중벌, 하벌下罰)에서 자세하게 규정했다. 이 규정의 하나는 구타와 관련된 처벌이었다. 처벌은 연루자의 나이관계와 사유의 정당성에 따라 결정됐다. 연장자가 연소자를 구타했을 경우, 연장자가 잘못이 없고 구타한 곳에 상처가 없으면 하벌로 다스렸다. 잘못은 있더라도 상처가 없으면 차중벌을 적용했다. 잘못은 없더라도 상처가 나도록 구타했으면 중벌中罰로 다스렸다. 잘못도 있고 상처가 나도록 구타했으면 상벌上罰을 집행했다. 반면 연소자가 연장자를 구타해서 상처를 입혔으면, 정당성을 따지지 않고, 관청에 보고했다. 잘못이 없고 상처도 나지 않았으면 차상벌을 적용했다. 그러나 어떤 행동을 구타의 정당한 이유로 해석해야 하는지는 설명하지 않았는데, 전통적인 방법대로 이이는 그 정의를 성문법에 엄격히 규정하는 것보다는 판결자의 판단에 맡기는 편이 낫다고 생각했기 때문이었다. 그는 피고소자가 자의적인 판단에 따라 부당한 처벌을 받는 것을 막기보다는 나이와 신분에 좀더 유의했다.

전체적으로 이이의 규정은 규정이나 법률을 위반한 상층신분의 처벌을 가볍게 하도록 명문화했다. 그는 그 규정에서 양반은 사인士人으로, 최하층은 하인으로 표시함으로써 표면적으로는 세습적 신분을 반영하지 않았다. 양인은 특별히 규정하지는 않았지만, 사인이나 하인이 아닌 부류로 생각할 수 있다. 이이는 자신이 말한 사인이 학식이 아니라 세습에 따라 신분을 얻은 부류인지는 명확히 말하지 않았지만, 당시 조선에서 대부분의 학생과 급제자는 양반이었다. 이이의 다른 자료에서 판단할 때, 하인은 주로 노비를 말하는 것으로 생각된다(아래 참조).

사인이 연소자를 구타하면 사창의 모임에서 공개적으로 훈계를 당하고 양인보다 절반의 벌금이나 처벌을 받는 중벌中罰에 처해졌다. 존자尊者가 잘못을 저지르면 자제가 그 벌을 대신 받게 하고, 자제가 없으면 노비가 대신 처벌됐다. 사인이 개인적인 권한으로 하인을 구타하면 중벌을 받았으며, 상해를 입혔으면 관아에 보고하게 했다. 10세 이내의 비슷한 또래의 사인끼리 구타하면 차상벌로 다스렸다. 구타와 관련해 나이와 신분을 고려해서 처벌하는 이런 자세한 규정은 나이의 서열을 규정한 당의 법률을 연상시킨다. 이런 규정은 평등을 근본 원칙으로 삼은 서양의 근대법과는 완전히 이질적인 것이었다.

가장 가혹한 처벌은 당연히 하인에게 적용됐다. 이이가 노비를 포함한 하층신분을 가리키는 좀더 일반적인 용어인 천인이라는 용어 대신 이 용어를 쓴 까닭은 명확하지 않지만, 그 대칭으로 상전이라는 표현을 자주 사용한 사실을 볼 때 주로 노비를 상정한 것은 명확하다. 상벌上罰을 받을 경우, 하인은 곤장 40대를 맞았지만 장자는 향약 구성원이 모두 모인 가운데 직접 견책당했고 사류는 뜰에 세워놓고 비행을 지적하거나 식사할 때 따로 맨 끝에 앉혀놓았다. 차중벌일 경우 하인은 곤장 10대를 맞았으며 하벌에서만 면책됐다. 늙거나 병든 하인은 10대당 벌주를 한 잔씩 마셨다. 상전에게 불손한 말을 하거나 밖에서 상전을 욕하는 하인은 40대의 곤장(상벌)을 맞았으며, 상전의 명령을 따르지 않거나 명령에는 따라도 일을 제대로 하지 않거나 상전을 속여서 이익을 취하는 하인은 곤장 30대(차상벌)를 맞았다. 상전이 보는 곳에서 소나 말을 타고 지나가는 하인은 곤장 20대(중벌)로 다스린다. 하인으로서 사족을 보고서도 절하지 않는 자, 소나 말에 탄 채 내리지 않는 자, 사족이 보는 곳에서 걸터앉는 자는 곤장 10대(차중벌)로 다스린다.

불평스런 일이 있을 때 유사에게 알리지 않고 사사로이 원망하는 말을 하는 하인은 중벌로 다스렸다. 하인을 꾀어서 상전에게서 도망하게 한 사람은 차상벌을 적용했다(이 경우 하인은 노비 외에는 적당한 부류가 없다).

「사창계 약속」: 지주권과 사유재산

「해주일향약속」에 따로 규정된 처벌 중 하나인 "지주에게 상해를 입히도록 사주한" 사람은 향약에서 추방하도록 하는 규정을 주목할 필요가 있는데, 이것은 이이가 소작인과 노비에 대한 권리는 물론 지주권(과 사유재산)을 강화하는 수단으로 향약을 간주했음을 잘 보여준다. 또한 그는 사찰의 승려까지 포함한 다른 사람의 재산을 도둑질하고 수로에서 물을 훔치거나, 다른 사람의 토지를 접수해 경작하는 행위에 대한 처벌을 규정했다. 그 규정에서는 세금을 체납하고 뇌물을 받은 행위는 물론 사창의 단기 대부나 개인적 태만에 관련된 처벌까지 규정했다.[40]

유형원이 자신의 저작에서 이이가 지주권을 보호한 내용을 포함했는가를 질문할 필요가 있는데, 그의 전제개혁안은 토지의 국유와 제한된 사유를 혼합하는 것이 핵심이기 때문이다. 유형원은 자신이 매우 존경하는 사람의 저작을 편집하려고 하지 않았을 것이 분명하지만, 토지사유에 대한 비판은 이이의 견해보다 훨씬 급진적이었다.

「사창계 약속」: 성별에 따른 차별

그의 규정에는 성별에 따른 차별이 있었다. 아내가 남편을 구타하면 40대의 곤장을 맞았으며 상처를 입히면 좀더 무거운 처벌을 위해 관청에 넘겨졌다. 반면 "잘못이 없는 아내를 구타한 자는 20대(중벌)로 다스리고 상처를 입혔으면 40대(상벌)를 때리지만 관아에 보고하지는 않는다."

남의 아내나 처녀를 강간한 자는 관아에 보고하되, 만약 잘못을 뉘우쳐 처벌을 받고 "스스로 새로운 사람이 되려고 하면" 상벌을 받는다(물론 실제의 처벌은 범법자의 신분과 나이에 따라 바뀌었다). 남성 성 범죄자에게 지나치게 관대한 처벌은 여성의 권리가 약한 사회의 전형적인 모습이었다.

「사창계 약속」: 소송과 폭리에 대한 처벌

소송 또한 「사창계 약속」에 규정됐다. 이미 판결이 내려진 문제를 계속 소송하면 중벌을 받았으며, 주장에 정당한 근거가 없으면 상벌로 다스렸다. 학문과 관련된 비리를 저지르거나 관청에서 빌린 채무나 이자를 제때 갚지 않는 사람도 처벌됐다. 20세기에는 합법적인(비윤리적이기는 하지만) 사업활동으로 간주될 수 있는 행위, 예컨대 자신의 이익을 너무 추구하고 다른 사람의 이해를 돌보지 않는 행위도 중벌을 받았다.

「사창계 약속」: 언어의 규제

지금까지 논의한 맥락에서 짐작할 수 있듯이, 말할 권리는 매우 제한됐다. 사창의 구성원들은 어떤 행동의 당부當否와 관련된 의견을 자유롭게 표명할 수 없었으며, "사람들의 마음을 혼란시키지 않도록" 다른 사람을 비꼬아서도 안 됐다. 그럴 경우 상벌을 받았으며, 약정이나 유사만이 그런 발언을 할 수 있었다. 이이는 잘못된 발언을 차등적으로 처벌하는 데 특별한 주의를 기울였다. 중상행위는 상벌이나 차상벌이 적용됐고, 말이 진실하지 않으면 중벌에 처했으며, 일반적인 무고誣告는 차중벌이나 하벌로 다스렸다. 여러 사람이 모인 자리에서 행동이 단정치 않고 시끄럽게 떠들거나 함부로 웃어대며 농담이나 불미스러운 말을 하면 심할 경우는 중벌로, 가벼울 경우는 하벌로 다스렸다. 끝으로 이단을 숭상하고 음사淫祀를 지내기 좋아하는 자는 차상벌로 다스렸으며, 부모가 그런 일을 좋아해 그만둘 수 없거나 무녀巫女인 경우에는 상벌을 적용했다.

반면 다른 사람의 잘못을 고발하지 않고 그것을 가지고 협박하면 상벌에 처했다. 약정이나 유사의 명령을 따르지 않는 사람은 그런 일을 저지를 때마다 처벌을 높게 받았는데, 네 번 위반하면 관아에 고발하고 계에서 쫓아냈다.

이이가 작성한 규정의 주요 요소

다바나 다메오는 이이가 만년에 주희보다는 국왕과 나라에 대한 충성을 좀더 강조했다고 파악하면서, 해주향약과 「사창계 약속」의 규정에서 그런 의무를 적시한 반면 서원향약이나 해주향약보다 이전에 쓴 「해주일향약속」에서는 그런 조항을 넣지 않았다는 사실을 근거로 들었다. 또한 그는 국가에 대한 충성은, 「사창계 약속」에서 서술했듯이, 주인에 대한 노비의 충성과 연관되는 문제였다고 지적했다. 사카이 다다오酒井忠夫는 이황과 이이 모두 신분의 차별과 '양반이 지배하는 사회질서'를 유지하려고 했지만, 이이는 이황보다 좀더 진보적이고 실용적이었다고 평가했다.[41]

이이는 특히 양반 · 노비 소유주 · 지주와 노비의 구별과 관련된 당시의 사회관계를 지키려고 한 것이 분명한데, 나이와 신분에 기초한 향규를 위반한 사람의 처벌을 규정한 부분에서 잘 나타났다. 그러므로 그의 사상을 진보나 실용주의로 상찬하는 것은 정당하지 않은데, 지주와 노비 소유주의 사유재산권을 침해하고 양반의 세습적 특권과 노비의 세습적 부담을 (폐지하지는 않더라도) 줄이려고 했던 유형원보다 훨씬 소극적인 태도를 갖고 있었기 때문이다.

사카이 다다오는 이이가 중국의 사상을 개방적으로 받아들여 철저히 연구했다고 강조했지만, 이런 해석은 이이가 이단과 음사를 악행의 목록에 새로이 첨부한 주희의 목록을 규정에 삽입한 사실과는 모순되는데, 이이는 그런 행사를 치르느라고 매장을 늦추거나 풍수에 따라 이장한다는 점을 특히 비판했다.

이이가 해주향약의 규정에서 도덕적 규정을 준수하게 만드는 데 거의 전적으로 처벌에 의존했다는 측면은 향약에서 도덕적 교화를 좀더 강조한 주희의 정신과 16세기 초반 중종대에 제안된 향약과는 성격이 달라졌다는 사실을 보여준다. 거듭된 악행과 중대한 범죄를 저지른 사람은 향약이나 계, 또는 마을 자체에서 추방해야 한다는 규정은 그런 부류를 향약에 계속 남도록 허락한 주희의 방안보다 훨씬 가혹했다. 다나바 다메오는 이이가 처벌 조항에 특수한 예외를 남겨두었다는 측면은 인정했지만, 인간의 부도덕과 부패의 모든 사례를 드러내려는 적극적인 태도는 비판했다.[42] 더욱이 그의 처벌 규정에서 그런 특수한 조항은 가해자와 피해자의 사회적 지위에 따라 처벌의 수위가 달라졌다. 이것은 당의 법률과 조선의 노비제 사회에서 매우 전형적인 관행이었다.

끝으로 이이는 인간의 본성과 우주의 구조에서 기를 중시한 사상과 왕양명을 객관적으로 이해함으로써 진보적 사회관을 갖고 하층신분을 현실적으로 이해할 수 있었다는 사카이 다다오의 설명은 완전히 잘못됐다.[43] 이이는 천민과 노비와 관련해서 주로 무지한 백성을 교육시키려는 부계적이며 귀족적인 태도로 접근했으며, 양반과 노비 소유주의 지배에서 억압받는 사람들을 해방하려는 경향을 보여주지는 않았다. 사회신분의 고려가 학교와 지방 정부의 조직을 침해해서는 안 된다고 믿은 사람은 이理의 우위를 옹호한 이황이었다! 이이가 하층신분에게 좀더 동정적이었다고 해도, 그것이 현실의 사물과 인간 본성의 근본으로 기를 옹호한 사상에서 나왔다고 파악하는 견해는 아무런 근거가 없다.

인조의 치세(1623~49)

향약과 도덕교육에 대한 관심은 국가 상황의 변화에 따라 성쇠를 달리했다. 도덕교육과 향약에 대한 인조의 관심은 간헐적이며 약했다. 1629년(인조 7) 그는 『소학』과 그밖의 도덕교재를 출판하도록 윤허했지만, 1630년 초반 일부 신하들은 어린 학생들은 과거 준비에 너무 바빠서 그 책들을 거의 읽지 않을 것이라면서 반대했다. 1634년 인조는 향약에 학교를 설치하는 일련의 규정이 있다고 언급했지만 그것을 시행하는 조처를 취하지는 않았다.[44]

은퇴한 학자인 황종해黃宗海는 1641년(인조 19) 충청도 목천木川에 주희가 증손한 여씨향약을 따라 금란계金蘭契라는 작은 지방조직을 세웠다. 동규洞規는 양반 2명을 유사로 뽑고 2명의 하인을 두게 됐다. 입회자격은 이이의 해주향약보다 좀더 자유로웠는데, 결혼해서 그 마을에 살고 있는 사람은 신분의 고하에 상관없이 모두 참여할 수 있었으며 마을에 새로 이주해온 사람은 몇 년 동안 살면서 농사를 지은 뒤에 참여할 수 있었다. 처음에 참여하기를 거부하면 농사에서 노동력을 도움받고, 홍수나 가뭄 같은 자연재해에서 부조를 받을 수 없었으며, 계속 거부하면 장형을 받고 결국은 마을에서 쫓겨났다. 그 조직은 한 촌락에만 제한됐으며 다른 촌락이나 행정구역과는 관련되지 않았다.

선행을 하거나 3년상을 치르거나 양반 주인에게 충성한 노비를 포상함으로써 신분을 일정하게 인정했다. 적서嫡庶는 엄격히 구별됐지만 부모에게는 같은 의무를 졌고, 서얼은 적자를 모욕할 수 없으며 그럴 경우 국법의 처벌을 받았다. 반면 서얼끼리 싸웠을 경우는 양인이나 천민이 아니라 양반의 규정에 따라 처벌됐다.

황종해는 개인의 사회신분에 따라 처벌을 달리한 이이의 규정을 따랐다. 그는 앞 세기의 이이처럼 지방의 지배계층을 사족이나 사류보다는 양반으로 지칭하면서 신분에 상관없이 악행을 저지르면 처벌받는다고 규정했지만, 양반과 하인, 적자와 서자, 연장자와 연소자의 차이는 분명하게 유지했다. 유감스럽게도 최근 하인들이 양반을 '업신여겨' 물리적으로 공격하기도 하는데, 그런 범죄는 장형으로 처벌하고 심각한 경우는 관아에 보고하도록 했다.

하인은 물론 양반도 재해를 당하면 이웃을 돕고 상례의 규정을 지켜야 했지만, 양반은 하인을 자기 대신 장례에 보낼 수 있었다. 그러나 양반이 장례에 참석하지 않으면 쌀 1말의 벌금을 냈지만, 하인이 그럴 경우는 장형을 받았다. 양반이 노비가 없거나 장례에 대신 참석할 노비를 고용할 자금이 충분치 않으면, 모든 계원들은 쌀 3말씩을 내어 상가에 보냈다.

황종해는 조선 사회의 씨족적 관행, 특히 1명의 시조 아래서 모든 후손은 혈연이 아무리 멀어도 결속감을 느낀다는 사실을 찬양했다. 그는 개인의 의무를 가호에서 가문으로 넓혔으며, 가까운 친족을 존중하지 않으면 범죄로 간주했다. 문지를 둘러싼 양반 사이의 논쟁이나 양반은 물론 하인끼리의 물리적 충돌 등 모든 분쟁은 신분을 막론하고 비난받았다.

황종해는 적어도 장모의 장례까지는 서로 부조하도록 전통적 규정을 바꾸었는데, 이것은 조선 사회에 남아 있는 모계의 흔적을 고려해서 유교적 규정을 수정한 사례였다. 그는 남편이 부모가 없을 경우, 다른 마을에 사는 장인 · 장모의 장례를 돕는다는 이유로 그것을 정당화했다.

그럼에도 불구하고 그런 일이 너무 잦으면 향약에서는 그것을 감당할 경제적 능력이 없기 때문에, 향약의 규정에는 없지만, 돌아간 장모가 같은 마을에 사는 경우만 그렇게 부조하도록 허락됐다.

아들은 부모가 다른 마을에 살더라도 봉양할 의무가 있었으며, 다른 마을에 사는 부모가 군역을 질 형편이 안 되거나 부모를 여읜 빈민에게는 향약에서 대신 군포를 내주었다. 자녀 · 형제 · 조카가 없는 미망인은 도움을 받았다. 그러나 이런 예외적인 부조는 향약 전체의 의무가 아니라 친족의 의무로만 간주됐다.[45]

황종해는 비행을 처벌하는 규정에서 사회신분을 차별하는 조선의 관행을 고수한 이이의 방안을 따랐다. 그의 규정에서는 육체적 처벌이 완화되지는 않았지만, 서얼 · 천민 · 노비와 모계를 차별하는 조선의 사회적 관행이 좀더 고려됐다.

1632년(인조 10) 김세룡金世龍은 현풍玄風현감일 때 포산苞山향약을 설립했으며, 1642(인조 20)~44년 함경도 관찰사일 때는 함흥향약을 설치했다. 함흥향약은 조헌이 언급한 명 태조의 육유를 포함시킨 최초의 향약이었다. 거기서는 명 · 청대의 보갑제를 도입할 것도 강조했다.[46]

17세기 중반의 상황

향약운동은 조선에서 그렇게 성공하지 못해서, 17세기 중반 잠깐 관심이 고조됐지만 지속되지는 못했다. 도덕교육과 교화가 매우 중요하다는 데 반대하는 사람은 없었지만, 자신이 다스리는 지역에 향약을 설립하려고 노력한 수령은 거의 없었다.

1650년(효종 1) 살인이 급증하고 자연재해가 일어나자 당황한 효종은 모든 관원들에게 향약의 규정을 시행해 도덕교육을 증진시키라고 명령했다. 그러나 그는 향약을 도입하라고 지시하지는 않았으며, 대부분의 신하들은 그의 지시에 관심을 기울이지 않았다. 1657년(효종 8) 이경석李景奭은 지방의 교관과 수령들이 명령을 이행하지 않는다고 개탄했지만, 대사간 김좌명金佐明은 향약이 시행되지 않았으므로 국왕은 불효와 불경을 저지른 사람과 주인의 명령에 불복한 노비, 그리고 신분의 기준을 어긴 하층신분을 처벌해야만 도덕적으로 갱생시킬 수 있다고 주장했다.[47]

1660년(현종 1) 송시열·송준길과 긴밀한 관계였던 이유태는 향약·오가작통법·사창제는 풍속을 교화하는 가장 좋은 제도라고 주장했다. 그는 교육적 목적에서 주희나 이이의 향규를 인쇄할 것을 건의했지만, 영의정 정태화鄭太和는 향약은 이이 자신도 도입을 주저했기 때문에 비실용적이라고 반박했으며, 이유태는 향약을 시행하기 전에 인구조사와 양전을 실시해야 한다고 주장했다. 그들은 호패법은 가능하지 않으며 양전은 점진적으로 시행할 수 있다고 생각했다. 우의정 원두표 또한 과거에 많은 가호들이 장부에서 누락됐으며 향약은 그런 누락이 있으면 전혀 효과가 없다는 이유에서 오가작통법에 반대했다. 대체로 나라의 풍속이 너무 타락해 향약이 시행되지 않을 것이라는 중론이었다. 좌의정 심지원沈之源은 농민은 오랫동안 가뭄에 시달렸으므로 정부의 요구에서 벗어나 휴식해야 한다는 이이의 주장을 되풀이했다.[48]

은퇴한 이경석은 효종이 전국적인 도덕의 교화를 위해 노력했지만 관원들이 그 명령을 열심히 실천하지 않았기 때문에 실패했다고 지적했다. 1664년(현종 5) 현종은 오가작통법을 시행할 생각이 있지만 향약은 아직 시기가 무르익지 않았으며 앞으로는 그것에 관련된 더이상의 건의를 거부할 것이라고 정태화에게 말했다.[49]

1670년(현종 11) 유명한 송시열은 향약을 본받아 상관회相觀會를 조직하기로 결정한 지인에게서 회칙을 만들어달라는 부탁을 받았다. 송시열은 주희·조광조·이황·이이의 공헌을 칭송했지만, 그 회칙의 서문만 썼을 뿐 다른 일은 하지 않았다.[50] 다른 사람들처럼 송시열도 그 제도를 말로만 칭찬했을 뿐 실제로는 어떤 일도 하지 않은 것이다.

결론

상호부조와 감시의 기능을 수행하는 지방의 자치적 조직을 운영하려는 생각은 『주례』에서 서술된 지방 정부의 선례와 중국에서 시행된 그런 제도의 모범에서 발원했다. 유형원은 16세기 초반까지는 깊이 소개되지 않았던 『여씨향약』과 그것을 주희가 증손한 문헌에 바탕해 향약에 관련된 논의를 시작했다.

상호부조 및 감시의 원칙과 도덕교육은 조선이 개창된 시점부터 강조됐다. 성리학을 열정적으로 추종하면서 도덕교재를 필수적인 교과과정에 포함시키고 지방의 자치기구에 도덕적 요소를 도입하려고 시도한 일군의 신진 관원들은 도덕적 재무장을 주도했다. 이황과 이이 같은 유명한 학자이자 관원들은 향약의 규정을 작성하면서 준법을 강제하기 위해 엄격한 처벌을 적용했으며, 이이는 당시 중국에서는 대부분 사라진 신분에 관련된 법률을 다시 한번 확인했다. 조헌 또한 명 태조의 육유와 16세기 후반 중국의 향촌생활에서 향약이 중요하다는 사실을 알렸다. 그러나 국가적인 차원에서 그런 운동은 1573년 선조가 도덕교육과 상호부조, 훈계와 처벌을 위해 전국에 향약을 도입하는 방안을 수용하면서 일시적으로 정점에 도달했다. 그러나 1년도 되기 전에 그는 극심한 가뭄과 농민경제의 어려움에 직면했고, 이이의 동의를 얻어 그 명령을 철회했다.

이런 결정으로 지방에서는 향약의 도입을 자체적으로 결정하게 됐다. 17세기에 향약이 시행된 사례가 거의 남아 있지 않다는 측면은, 1641년 황종해의 금란계에서 조선의 귀족을 사류가 아니라 양반이라고 부르고 하인 대신 노비라고 부른 사실이 보여주듯이, 조선의 전통은 큰 영향력을 갖고 있으며 모계 후손을 존중하는 오랜 전통이 존중됐음을 알려준다. 그러나 17세기의 국왕들은 향약을 적극적으로 지지하지 않았다.

조선은 이런 문제와 관련된 생각에서 청의 제도에서는 거의 영향을 받지 않았다. 청의 황제들은 중국 학자들에게서 자신의 체제에 대한 지지를 얻는 데 큰 관심이 있었기 때문에 순치제는 1652년(청 세조 순치 9) 자신의 육유를 반포했으며 1659년에는 향약의 규정을 확립했다. 강희제는 1670년(청 성조 강희 9) 도덕을 권고하는 항목을 6개에서 16개로 늘린 「성유聖諭 16조」를 반포했고, 1724년(청 세종 옹정 2) 옹정제는 그것을 더욱 발전시켜 향약의 인원을 늘렸으며 1729년에는 한 달에 두 번씩 강의하도록 했다. 그 뒤 청이 멸망할 때까지 황제들은 향약의 조직을 확대하기 위해 칙령을 정기적으로 반포했으며, 향약은 특히 1724년 이후 상호부조와 도덕교육보다는 지방 통제에 좀더 주안점을 두게 됐다. 중국의 많은 학자들은 「성유」와 향약을 발전시켰지만 대부분의 관원들은 거기에 구애받지 않았으며, 고증학자들은 강의에 나서지 않았기 때문에 강의시간은 유생과 양인 모두에게 일상적이고 지루한 부담이 됐다. 어쨌든 청의 향약은 조선에서 큰 호응을 얻지 못했다.

샤오콩취엔蕭公權은 청에서 향약이 성공하지 못한 원인을 열거했는데, 그 대부분은 조선의 상황에도 들어맞았다. 전반적으로 생산이 충분치 않았기 때문에 이타적인 태도를 유지하기 어려웠고, 무식한 농민은 유교의 교훈보다 비유교적 종교운동과 도적활동의 호소에 훨씬 더 호응했으며, 향정은 자신의 지위를 이용해 권력을 휘둘렀고 향약은 보갑과 단련團練의 임무를 맡으면서 지역의 경찰과 민병과 동일하게 됐다.[51]

조선에서 향약은 표면적으로는 백성들이 기근에 시달렸기 때문에 시행이 중단됐지만, 훨씬 중요한 이유는 처벌의 권한을 수령에게서 향촌으로 이관하면서, 특히 유학의 교육을 받은 양반의 이상인 위계적 사회 구조를 방어하기 위해서 지나치게 엄격한 통제와 규율을 시행하는 데 불신이 컸기 때문이었다.

향약에 반대하는 사람들은 불법을 저지른 개인이나 지주, 중앙 관원이 향약에 넘겨지면 수령과 서리보다 훨씬 가혹하게 처리할 것이며, 사실상 이황과 이이가 고안한 규정은 지방의 유력자에게 복종하도록 규정했기 때문에 그런 제도에 입각해서 정의를 구현할 수 있을 것이라고 백성들을 확신시키기는 어렵다고 지적했다. 도덕주의자들의 연설과는 반대로 노비와 서얼들은 자신의 약한 지위에서 벗어나기를 바랐으며, 양인들은 군역에서 벗어나거나 사회에서 일정한 존경을 얻기 위해 공식적인 직함을 사려고 했다.

향약의 옹호자들은 스스로를 사회적 조화와 정의의 대변자로 생각했지만, 구속받지 않는 개인 생활의 가능성을 거의 모두 제거한 엄격하고 통제된 사회조직제도를 채택함으로써 그런 조화와 정의를 이루려고 했다.

제20장
유형원의 향약 규정

"우리나라의 풍속은 문지만을 숭상해 사류 중에도 이른바 양반이라고 불리는 부류가 있으니, 대부 · 사의 자손과 그 일족이다. 우리나라의 제도에서는 대부 · 사의 일족만이 동 · 서반의 정규 관직을 얻을 수 있기 때문에 양반이라고 속칭하는 것이다."[1]

1650년대의 어느 시점에 썼다고 생각되는 향약에 관련된 초안에서, 유형원은 두 가지 이유에서 주희가 증손한 『여씨향약』의 규정을 수정해야만 했다고 밝혔다. 하나는 향약이 주로 양반의 동의만이 필요했고 백성을 훈계하려는 태도로 접근했다는 사실이며, 다른 하나는 양인을 향약에서 제외하고 백성과 융화하는 태도가 부족하다는 측면이었다. 유형원은 『주례』의 두 항목과 이황과 이이가 작성한 향규에 바탕해 주희의 저작을 수정했다고 밝혔으며, 1574년 조헌이 선조에게 추천한 향약의 내용 중 절반 정도를 인용했다.[2]

유형원은 주대의 향촌공동체에서는 도덕적 지도를 강조했다고 상찬한 이황과 이이의 발언을 인용했다. 이황은 효도 · 우애 · 충성 · 신의의 모범을 확립한 주대의 향대부를 칭송했다. 그와 이이는 주가 멸망한 이후 전개된 쇠퇴의 시기에는 주대의 법률과 제도를 복구할 수 없었지만, 당시의 도덕원칙은 손상되지 않고 남아 있었으며 지방의 행정조직은 도덕적 교화의 수단으로서 재건될 수 있었다고 강조했다. 그러나 이황과 이이가 향약은 공동체의 모든 계층과 신분을 대표해야 한다고 생각했다는 유형원의 평가는 부분적으로 잘못됐는데, 두 사람 모두 양반은 물론 양인과 천민의 참여도 요구했지만, 이이는 특히 천민을 엄격히 차별한 규정을 만들었기 때문이었다.[3]

유형원이 구상한 지방 행정조직

향촌의 상호 책임조직을 위한 규정을 초안하면서 유형원은 중국사에 있었던 비슷한 제도를 원용했다. 그는 5가호를 1통統으로 조직하고 통장이 이끄는 제도를 제안했다. 10통(50가호)은 1리가 되고 이장이 이끌었다. 유형원이 부근촌리附近村里라고 지칭한 1백 가호로 구성된 자연촌락은 계, 좀더 일반적으로는 동계라고 불렸다. 1백 가호로 짜여진 동계는 50가호씩 두 조직으로 나뉘었으며, 그 책임자는 상계장上契長과 하계장이었다. 그들의 주요 기능은 장례와 제례에 참석하는 것이었으며, 다른 상호부조는 좀더 큰 단위의 향약으로 넘겨졌다.

유형원은 당시의 면을 향으로 개칭해 10리마다 하나씩 두고 향정이 이끌도록 했으며 서리 4명과 색부嗇夫 2명을 두었다. 향은 유형원의 토지분급제도와 결부되어 그 면적은 5백 경이었으며, 경작되지 않는 토지가 포함됐을 경우는 7백 경이었다. 향의 면적은 앞서 말한 가호의 규모를 계산해볼 때 최대 6백 경 정도로 추산된다. 향에는 당시 중국의 제도와 비슷하게 약정 1명을 두었다.

도시는 당의 제도를 따라 대략 5백 가호로 구성된 방坊으로 나누고 방정이 이끌었는데, 그 임무는 약정과 비슷했다. 정부는 향약의 모든 관원에게 녹봉을 지급했다.

향약의 관원은 '근검하고 강직한 향촌의 양인' 중에서 선발해 임명했다. 그러나 도시의 방에서는 좀더 상층신분에 국한됐는데, 향교의 내·외사생, 문음을 가진 고관의 자제, 종친 중에서 '청렴하고 공평하고 정직한' 사람을 선발했다. 색부는 조정의 명령을 전달하고 징세의 임무를 맡아 "백성들이 기한 안에 내도록 납세하도록 독촉했다." 통장·이장·방정은 허락 없이 마을을 떠나거나 다른 지역에서 새로 이주해온 사람들을 보고할 의무가 있었으며, 그렇게 하지 못하면 벌금형에 처해졌다.[4]

이런 임무의 서술을 볼 때 유형원은 농업 생산을 촉진하고 충분한 세수를 확보하기 위해 인구의 이동에 관심을 기울였음이 분명하다. 아울러 그는 중국의 상호부조와 감시조직에 맞추어 모든 사람을 통제 아래 두고 농촌과 도시의 방을 연결하고 세금과 요역을 위해 등록하려고 했다. 모든 사람들을 가호 단위로 묶고 인구의 모든 유입과 유출을 즉시 보고하게 함으로써 개인이 국가의 조세와 요역 의무를 벗어날 수 없도록 만들었다. 화폐와 관련된 글에서 좀더 활발한 상업 활동을 강조했음에도 불구하고 그는 상업에 참여하거나 증가하는 산업노동의 수요를 맞추기 위해 도시로 자유롭게 이주할 수 있도록 승인하지 않았다.

이 글의 끝에서 그는 그 제도의 근본적인 특징을 일부 언급했다. 그는 향당제도가 자리를 잡지 않으면 성군이 나라를 다스린다고 해도 "백성들을 풍족하게 하고 왕명을 완수하며 풍속을 일치시키고 도덕적 교화를 이루는 정부를 세울 수 없다"고 판단했다.

이 부분에서 그는 송의 보갑제를 언급했는데, 신종과 왕안석의 후원 아래 북송에서 도입한 제도가 아니라 주희가 사창제에서 제안한 5가호를 보로 구성하는 방안이었다. 주희의 제도는 전통적인 상호 감시의 방법이나 북송에서 왕안석이 추진했던 보갑제에서 온 것은 아니었다. 그는 보의 조직은 일부 구성원들이 도망가더라도 매년 세금을 모두 걷고 요역을 다시 할당할 수 있을 것이라고 지적했다. 거기서는 횡령·세금체납·군역 탈루·범죄·금령 위반이나 보에 소속된 관원들의 악행을 적발하면 지방 관청에 모두 보고하고, 관청에서는 범법자들을 체포해 향약에 통보한 뒤 엄중히 처벌했다.

유형원은 주희의 이런 발언이 그의 사창제와 연관됐지만, 가장 중요한 실제의 목적은 '가호를 조직編戶'해 사람들이 약속이나 계약, 보상이나 처벌을 할 때 서로 보증하는 것이었다고 지적했다. 그는 상호부조와 감시조직을 만들어 지방을 통제하는 것이 당시 조선의 이완과 무질서한 상황보다 훨씬 낫다고 덧붙였다.[5]

| 유형원의 향약 규정

조직의 원칙

유형원은 자신의 규정에서 자연 촌락이 아니라 군이나 자신이 향이라고 부른 면에 향약을 설치한 이이의 선례를 모방했다. 읍에서는 행동이 가장 훌륭한 연장자 1명을 도약정都約正으로 삼았다. 향약의 일반 구성원들은 약정과 직월을 번갈아가면서 맡았다. 50가호로 이루어진 이里에서는 성품과 행실이 곧고 바른 원로를 이정과 색장으로 삼았다. 이정은 훈계 · 교육 · 규찰의 임무를 맡았다.

유형원은 약정이 당시의 유향소를 맡도록 함으로써 향약과 유향소의 관계에 흥미로운 변화를 주었다. 이런 변화는 유향소가 더이상 지방 수령이나 중앙의 관원 또는 양반을 대변하는 기구가 아니라는 측면을 분명히 보여준다.

향약의 하위 관원에 관련된 그의 규정은 표준을 따랐다. 직월과 색장은 임기가 1년이었지만, 정규 관원은 부모의 사망이나 병환 때문에 마을을 떠나야 하거나 명성을 손상시키는 행동을 저지르지 않았다면 직무에서 교체되지 않았다. 만약 그런 행동을 저지르면 향약의 구성원과 원로들은 그에게 직무를 그만두라고 요구하거나 그를 쫓아내도록 관아에 청원했다. 일단 선발된 약정은 약원들이 잘못을 저질러도 자리에 영향을 받지 않았지만, 직월과 색장은 매달 자동적으로 교체됐고 비행을 저지르면 교체하라는 요구가 제기됐지만 최종 결정은 수령이 내렸다.

와다 세이和田淸는 중국의 지방자치제도는 전제적인 중앙 정부를 지방으로 확산한 것에 지나지 않았지만, 서구적인 민주주의가 발현된 것으로 잘못 평가됐다고 지적했다. 유형원은 자신의 방안에서 폭넓은 참여를 유도했지만, 약정은 약원들의 잘못 때문에 교체되지는 않았다.[6]

교육과 도덕교화

이이의 「해주일향약속」에 담긴 일련의 규약을 염두에 두면서 유형원도 납세의 이행과 법률의 준수뿐만 아니라 개인의 행동과 사회적 관계, 백성의 의무, 사회적 조화를 증진시키려는 목적을 가진 도덕적 공동체를 만들기 위해서 서약을 마련했다. 유형원은 고대에는 정령政令과 교화가 분리되지 않았다고 판단했다. 주대에 족사族師와 당정黨政은 징세와 군사지휘뿐만 아니라 교육과 교화의 임무도 맡고 있었다.

지방 관원들은 더이상 자치적인 관원自主治之官이 아니라 모두 수령의 관할을 받았기 때문에 그런 종류의 지방조직을 재건하는 것은 더이상 가능하지 않았고, 개별 업무는 수령의 하관들에게 분할됐기 때문에 당시는 향약을 따로 조직할 수밖에 없었다. 그는 수대에 당정에게 행정과 교육을 집중시키려는 시도가 있었지만 효과가 크지 않았다고 평가했다. 명대에 1백 가호의 수장인 이정은 사소한 소송을 판결할 수 있는 권한을 받았지만 뇌물과 살인에 관련된 소송은 처결할 수 없었다.

그 까닭은 시기가 적절하지 않았기 때문만이 아니라 상황이 봉건시대와는 바뀌었기 때문이었다. 봉건제도가 시행된 주대에 족사와 당정은 도덕을 기준으로 선발됐으며 공식적으로 대부와 동일한 지위를 받았다. 『춘추공양전』의 주석을 단 한의 하휴何休는 80가호 단위인 이里에서는 학교를 세워 덕망 있는 연장자에게 그 경영을 맡겼다고 언급했다. 그는 부로父老라는 존칭을 받았으며 두 배의 토지 분급과 탈 수 있는 말을 받았다. 향대부들은 중앙의 장관처럼 대접받았고, 궁궐에서 황제와 함께 국정을 논의하거나 지방의 교육을 책임졌다. 고대에는 공식적이거나 합법적인 제도 안에서 이루어진 교육만 존중한 것은 아니었다.

봉건제도가 무너지고 진대에 관료제도가 성립된 뒤 향관鄕官은 더이상 존중받지 못했으며, 지방 학교를 운영할 부로는 말할 것도 없고 향관에 임명할 유능한 인물을 찾기가 어려워졌다. 그들은 가장 낮은 지위로 떨어졌으며 거의 존경을 받지 못했다. 그럼에도 불구하고 국역을 분배함으로써 주대의 상황과 원칙에 근접할 수는 있었다. 좋은 정부를 만들고 백성을 도덕적으로 교화시키는 목적은 관원과 유능한 학자를 협력시킴으로써 이룰 수 있었는데, 향약의 설립은 지방의 훼손된 도덕교육을 회복시킬 수 있는 방안이 될 것으로 기대됐다.

유형원은 당시의 많은 수령들은 능력이나 덕망이 없기 때문에 향약에 임명할 유능한 사람을 찾는 것이 가장 중요하다고 주장했다. 약정은 향약의 전체적인 도덕적 기준을 세우기 위해서 자신의 행동을 바로잡아야 했으며, 약원들은 이웃보다 이익을 누리기 위해서 정실이나 영향력을 행사하지 않아야 했다. 이이가 제안했듯이 향약은 사창과 결합해 고대의 선례에 따라 운영해야 했다. 그러나 그는 유향소가 도덕적 교화의 기구로 전환될 수 있다는 이이의 믿음에는 동의하지 않았는데, 그것은 향촌 전체가 아닌 양반만을 위한 조직이 된 지 오래였기 때문이었다. 그는 유향소를 존속시켰지만 약정이 책임지도록 했다.[7]

그의 향규에는 덕업상권德業相勸 · 과실상규過失相規 · 예속상교禮俗相

交 · 환난상휼患難相恤로 구성된 4개의 일반적인 덕목이 포함됐다. 유형원은 당시 조선 사람들은 부모를 공경했지만 연장자는 존경하지 않았으며, 서로 읍하고 절하는 방법을 배우지 못했다고 지적했다. 효도와 존경을 실천하고 가난한 사람을 구휼하도록 서로 권면해야 했으며, 노비를 잘 관리하고 법률을 외경하며 충실하게 납세하고 수령이 임무를 수행하는 데 도와야 했다. 유형원은 노비제도의 폐해를 자주 비판했지만, 이처럼 향약은 도덕적 호소에 따라 주인과 노비의 평화로운 관계를 증진시키고 중앙 정부가 지방을 통제하는 권한과 합법성을 유지시키려는 목적을 갖고 있었다.[8]

상호부조

약원들은 홍수 · 화재 · 절도 · 질병 · 사상死喪 · 고아 · 미망인 · 명예훼손誣枉 · 가난貧乏 같은 문제와 대상을 서로 돕고 동정할 의무가 있었다. 유형원은 이전의 향약을 거의 수정하지 않았지만, 상호부조가 필요한 재해의 유형을 제한하지 않았다. 다른 향약처럼 그는 화재로 소실된 가옥을 재건하는 데 필요한 목재 등을 모으고 가난한 가호가 회복될 때까지 음식을 공급하는 데 모든 약원들이 참여하도록 했다. 절도가 발생하면 약원들은 협력해 범인을 잡았으며 피해자가 가난할 경우 보상과 원조를 제공했다. 중병을 앓는 이웃에게는 치료비를 대주었다. 상을 당하면 약원들은 유족에게 물품과 자금을 빌려주었다. 그들은 미망인과 고아를 돌볼 위탁자를 정해서 돕게 하고, 고아를 가르칠 교사나 혼인 연령기의 남녀에게 배우자를 찾아주었으며, 노동력을 제공해 그들의 수입을 늘려주고 그들이 악독하게 착취당한 경우 수령에게 그들을 변호해주었으며, 고아들이 나쁜 집단에 빠지지 않도록 돌봐주고 경제적 어려움을 겪을 경우 자금을 빌려주었다.

약정과 직월은 재물 · 도구 · 수레 · 말 · 하인 등을 가진 약원들이 그것을 필요로 하는 사람에게 빌려주어야 하는 의무를 잘 이행하고 있는지 감독할 의무가 있었다. 그들은 이런 임무를 이행하지 않거나 도움을 받은 뒤 갚지 않는 약원을 처벌했으며, 그런 의무를 이행한 사람은 그 이름을 장부에 기록해 아량과 책임을 영원히 보증했다.[9]

감시 기능

유형원은 두 번째 항목인 과실상규와 관련해서는 『여씨향약』의 규정을 대부분 그대로 가져왔다. 그는 불효는 이미 법률로 처벌이 규정되어 있기 때문에 제외했지만, 부모를 모시지 않거나 언성을 높이거나 화를 내거나 책망하거나 그 앞에서 불손하게 앉는 행위는 처벌해야 한다고 명시했다. 장례나 제례에서는 일반적인 매장을 하지 않고 시체에 풀만 덮는 이른바 초장草葬처럼 가족의 장례를 성의 없게 치르고 만취해 적절한 제례를 올리지 않으며, 기일에 제사를 드리지 않거나 효도의 명목으로 사찰을 방문하거나 승려에게 시주하는 행동을 처벌 대상으로 규정했다.

민사 소송과 명예 훼손

유형원은 소송과 관련해서 무고 · 거짓말 · 문서 · 위조 · 과장 등의 행위를 규제했다. 소송은 약정이 판결했는데, 그는 과실이 있는 쪽에게 더이상의 소송을 진행하지 말라고 지시했다. 그래도 소송을 중지하지 않으면 이전의 향규처럼 향약 전체에서 그를 처벌하거나 수령에게 통보했다.

사업의 도덕적 규제

이태진 같은 학자들은 15세기 후반과 16세기의 사림파가 상업 발전을 촉진했다고 주장했기 때문에 사업과 상업 활동에 관련된 유형원의 규정은 특히 중요하다. 그러나 유형원은 약원들에게 사업 거래에서 이익을 남기는 데 "너무 집착하지 말라"고 권고했으며, 교역에서 다른 사람에게 피해를 주지 말라고 규정했다. 행동의 옳고 그름을 생각지 않고 이익을 남기는 데만 치중하거나 합당한 이유 없이 협상에서 과도한 요구를 하지 말아야 하며, 자신에게 어떤 부탁을 하는 사람을 속이지 말아야 했다. 의복이나 장식, 혼례나 장례에 과도한 사치를 부려서는 안 되며, 갑자기 가난해져도 불만을 품어서는 안 됐다. 관원으로 진출한 약원이 비행을 저지르거나 개인적 이익을 취하거나 자신의 공적 지위를 이용해 다른 사람을 억압하면 견책당했다.

이런 규정들은 사업을 인정하되 그것을 도덕적 기준에 맞게 시행해야 한다는 전통적 유교의 태도와 일치했다. 화폐를 논의한 장에서 보듯이, 유학자들은 상업을 근본적으로 부정하지는 않았으며, 지나친 이익 추구와 과도한 소비, 또는 농촌인구를 이익이 큰 상업으로 유도해 농업 노동력을 고갈시키는 현상에 반대한 것이었다.

법률을 어기고 공적인 의무나 납세의 의무를 회피하거나 범죄와 결탁한 사람은 모두 처벌받았다. 여성을 속여 유혹하면 경고를 받았으며, 여성에게 폭력을 사용하거나 강간한 남성은 관아에 고발되어 처벌당했다. 불교나 무속의 의례에 참석하는 것은, 특히 향회가 열리는 기간에는 금지됐다. 만약 참석하면 약정에게 보고되어 그 집의 하인이 매질당했다. 끝으로 향회에 지각하거나 거기서 소동을 일으키거나 모임이 끝나기 전에 떠나는 등의 부당한 행동은 모두 처벌당했다.

법률과 도덕적 위반의 처벌

유형원은 향규를 위반했을 경우 일반적으로는 향회에서 훈계하고 공식적으로 사과하면 처벌을 유예한다고 규정했지만, 위반자가 잘못에 대한 비판이나 교정을 받아들이지 않으면, 법률이 아니라 향규를 위반한 경우라도, 범죄행위로 고발하도록 조처했다. 범법자가 훈계나 교화를 거부할 경우 처벌은 약정 개인이 아니라 모든 약원의 합치된 의견에 따라 결정됐다. 색장은 30대 이하의 장형을 때릴 수 있는 권한을 가졌지만, 더 무거운 처벌이 필요한 경우는 수령에게 보고했다. 장형을 집행하기를 거부하는 색장은 함께 처벌받았다. 끝으로 유형원은 송대의 향약에서는 선적善籍과 악적惡籍을 두었으며, 약원의 반대가 없을 경우 약정이 포상과 처벌을 결정한다고 명시했다.

도덕기준을 어긴 행동은 그 심각성에 따라 처벌의 수준이 결정됐다. 사소한 위반은 향회에서 원래의 좌석보다 낮은 서열로 옮김으로써 처벌했다(후술). 위반자는 회중의 동의가 있은 뒤에야 원래의 자리로 돌아갈 수 있었다. 좀더 심각한 잘못은 향안에서 이름을 삭제했으며 공식적인 모임이나 향촌의 사무에 참석하지 못하게 했다. 철저히 반성했다고 주장하는 사람은 몇 년의 유예기간을 거쳐 공개된 장소에서 공식적으로 사과하고 최종적으로 대면해서 훈계를 들은 뒤에야 다시 받아들여졌다. 그 뒤 그는 약원들이 허락했을 경우에만 좌석을 가질 수 있었다.

유형원은 5등급으로 나누어 40대의 장형까지 처벌한 이이의 규정처럼 자세하게 처벌을 명시하지는 않았으며, 처벌의 등급과 장형의 숫자를 10대로 줄이고 양반에게는 가벼운 처벌을 일부 삭제했다. 노비제도를 폐지하려는 의도와 맞게 그는 "귀천을 차별하지 않을 것"이라고 규정했는데 이이의 조문과는 상반되는 것이었다.

그러나 유형원은 가해자와 피해자의 나이에 따라 처벌이 달라졌기 때문에 완전히 공평하게 처리할 수 있다고 생각하지는 않았다. 형제끼리 싸웠을 경우 동생은 형보다 무거운 처벌을 받았다. 위법자가 연로하거나 아파서 선고된 장형을 다 맞을 수 없으면 관을 벗고 엎드려 절을 한 뒤 그의 아들이 대신 맞았다.[10]

유형원의 일반적인 규정에는 노비제도와 세습적 신분을 부정적으로 생각한 그의 견해가 담겨 있지만, 그는 사회규범을 따르게 만드는 궁극적 수단으로 집단의 압력과 물리적 처벌을 사용하는 데 이이보다 거의 자유롭지 않았다. 향약을 입안한 대부분의 사람들처럼 그도 향촌에서 필요한 행동을 모호하게 정의해서 국법에 규정된 모든 범법행위를 처벌하지 않고 체형으로 대체하려고 했다.[11]

나이와 세습적 신분

16세기 후반 이이는 「사창계 약속」의 처벌 규정에서 사회신분을 고려한 조항을 삽입함으로써 지방자치조직의 규약에 중요한 변화를 가져왔다. 사창계가 향약과 동일하지는 않았지만, 향약의 많은 도덕기준과 행동 규범을 사창계에도 적용한 사실로 볼 때 이이는 두 제도를 그렇게 다르다고 판단하지 않았다. 그는 향반과 노비라고 적시하지는 않으면서, 사인士人은 가볍게 처벌하고 하인은 무겁게 처벌하도록 규정했다.

1641년(인조 19)에 향규를 작성한 황종해는, 이이의 차별적 처벌에 대한 개념을 빌려왔다고 생각되는데, 사인과 하인이 아니라 양반과 노비라고 명시했다. 18세기 전반 유수원의 주장처럼, 그는 16세기 중반보다는 17세기 중반 좀더 강화된 세습적 특권을 반영했다. 이처럼 이이는 향약에서 개인을 다루는 유일한 합법적 기준으로 강조했던 나이보다는 조선 사회의 세습적 신분의 영향력을 중시한 것이었다.

그러나 의례에 관련된 향규에서 유형원은 송대의 전통에 따라 신분보다는 나이를 강조했으며 『여씨향약』에 기술된 5개의 연령 범주를 수정해 필요한 행동의 기준을 설정했다. 예컨대 소자少者가 존자尊者에게 예의를 갖춰 방문할 때는 격식에 맞는 비단옷을 겉에 입고 말에서 내리며, 주인이 식사하셨는지 손님을 접대하셨는지를 묻거나 들어가서 자기의 일을 말하기 전에 명함을 문 앞에서 건넸다. 주인은 답례하고 하인을 문으로 보내 명함을 받게 한 뒤 계단을 내려와 방문자의 신분에 따라 집밖으로 나오거나 집안에서 기다렸다. 좀더 공식적인 방문에서 절하는 횟수와 주인의 태도는 주인과 손님의 상호 의무에 따라 규정됐다.

축하나 조문할 일이 있으면 향약에 소속된 모든 가호는 그 집을 방문하거나 상황에 맞는 음식과 금전 등을 보내야 했다. 사적인 모임에서도 술잔의 위치, 술을 따라 손님에게 건네는 방법, 주인과 손님이 절하고 건배하는 방향 등을 엄격히 따랐다. 직월은 위반자를 약정에게 보고할 의무가 있었다.

종친이나 중앙 관원은 좀더 우대받았지만, 그밖의 경우 좌석의 순서는 나이를 준수했다. 그 규정에서 신분은 전혀 고려되지 않았다.[12]

그러나 향교나 향사당鄕射堂에서 향규를 공식적으로 낭독할 때 약원들의 좌석을 신분에 따라 배치한 사례도 있다. 유형원은 자신의 규정에서 『여씨향약』의 다섯 가지 범주와 약정과의 나이관계에 따라 결정됐다고 명시했지만, 공 · 사노비는 양인과 떨어져 앉도록 했다. 실제의 사회생활을 인정하려는 유형원의 생각은 양반이 노비를 대신 보내 참석할 수 있게 한 규정에서도 읽을 수 있다.

향규를 낭독하는 모임에 참석한 정규 관원이나 향약의 관리는 신분이 아니라 품계에 따라 앉았다. 유형원은 노비의 권리도 약간 인정했지만, 양인과 노비를 분리한 조처는 이이의 규정을 따른 흔적이며, 노비제도를 혁파하려고 열망했지만 조선 사회에서 그것이 사라지지 않을 것이라는 현실적 평가가 반영된 부분이었다.

향약의 정신은 포용을 지향했지만, 모든 사람이 참여하는 데 하나의 현실적인 제한이 있었다. 향회에 참석하려면 격식에 맞는 의복을 입어야 했으므로 그런 의복을 장만할 수 없는 사람은 공식적인 의례가 끝날 때까지 참석하지 못한 채 뜰 바깥에서 지켜봐야 했다는 것이다.[13]

유형원은 향규를 낭독하는 의례에서 노비의 자리를 격리시켰지만, 고전적 선례에서는 문지나 세습적 신분 대신 나이에 따라 서열을 정하는 원칙을 승인했으며 그것은 당시 조선 사회의 사회적 규범을 고치는 데 핵심적인 사항이라고 확신했다. 그는 16세기 당시 향당에서 나이에 따라 좌석을 배치하면 혼란을 일으키지 않겠느냐는 조진趙振의 질문에 이황이 대답한 내용에서 이런 생각의 영감을 얻었다. 이황은 향당에서 좌석의 순서는 나이에 따라 결정해야 한다고 대답했다. "귀천에 따라서 순서를 결정하면 그것은 지위를 기준으로 삼은 것이지 나이를 기준으로 한 것이 아니다." 그는 『예기』「왕제」에서 주대에는 왕태자 · 왕자, 여러 후비의 장자, 경대부卿大夫와 원사元士의 적자, 나라의 준선俊選 등은 모두 신분의 귀천이 아니라 나이에 따라 학교에 입학했다고 인용했다.

이황도 『주례』에서는 해마다 향정이 주관해서 지방의 신령에게 제사 지낼 때 나이에 따라 향촌의 백성들에게 술과 음식을 대접했다고 언급했다. 가장 연장자는 존경을 표시하는 자리를 배정받거나 가장 좋은 음식을 대접받았는데, 그 목적은 연장자에 대한 효도와 존경을 나타내기 위한 것이었다. 이 원칙은 향사례와 향음주례의 내면적 목적이었으며, 주대에 고안된 모든 지방의 법률과 의례는 국가의 안녕을 보장하기 위한 것이었다. "어찌 고금에 바뀌지 않은 제도를 변경시켜 부형과 종족宗族이 착석하는 순서를 버리고 스스로 새로운 항렬을 만들어 향약의 의례를 파괴하고 성인의 가르침을 멸시할 수 있겠는가." 이황은 조진에게 다음과 같은 사실을 상기시켜주었다. "천하에서 가장 존귀한 세 가지 항목은 도덕德 · 작위爵 · 나이齒다. 학교에서는 도덕과 의리를 가장 중시했기 때문에 천자와 제후의 자제들도 일반 백성에서 선발된 준선들과 나이에 따라 서열이 매겨졌다. 그러니 본래 연장자를 존중하는 향당에서는 말할 것이 있겠는가."[14]

이황은 자신이 당시의 현실과 타협하지 않을 수 없었다고 밝혔는데, 고대에는 공·사노비가 없었지만(또는 그가 그렇게 생각했지만) 당시 조선에는 있었고, 그들은 학교에 입학하거나 향촌의 사무에 참여할 수 없었지만 적당한 규정이 없었기 때문에 천민들도 나이에 따라 서열이 매겨지는 문제가 발생했기 때문이었다. 이처럼 이황은 존경과 서열의 차등적 기준과 덕망과 장점의 평등한 기준 사이에서 혼란을 겪었다. 나이는 관직이나 직함보다 존중됐지만, 학교나 향약처럼 당시의 사회적 규범이 적용되지 않는 공식적 기구 안에서만 허용됐다. 유형원은 일반적인 측면에서는 그런 관계를 확신했지만 세습적 사회신분을 존중하는 조선의 상황과 일정하게 타협하지 않을 수 없었다. 그래서 그는 공식적인 향회에서 노비를 양인과 함께 설 수 없도록 한 것이었다.[15]

문지의 해악

유형원은 계에는 계적契籍을 두어 사족과 양인의 이름을 기록하되 따로 구분하도록 했으며, 노비는 그런 규정에서 전혀 언급하지 않았다.[16] 이 규정은 향촌과 자신이 구상한 새로운 학교에서 연장자와 교사에게서 계속 교육을 받아 덕망을 쌓은 지배계층으로 양반을 대체하려는 그의 열망을 보여준다.

그는 향약에는 모든 사부士夫를 기록한 향적을 두도록 했는데, 이 용어는 당시의 양반보다는 자신이 구상한 새로운 사회의 지배계층을 가리키는 것이었다고 생각된다. 그러나 그의 다른 글에서는, 향적에 기재된 사람들은 당시 조선 사회의 세습적 신분을 갖고 있었다. 사부에는 종친과 문음을 가진 고관의 자제들, 현직 문 · 무관원, 학교의 내사생, 무과에 합격한 무선武選, 관례를 치른 사람 등이 포함됐다. 아울러 향에는 외사생, 충의위 · 충순위의 군인, 종친, 음자제 등을 기록한 장부도 두었다. 자연히 "양인을 위한 장부를 따로 둘 필요가 없었다."[17]

유형원은 상층신분이 양인보다 존중받을 가치가 있으므로 그들을 위한 특별한 장부를 두어야 한다고 생각했지만, 행동을 판단하는 데 신분을 고려해서는 안 되며 사족이나 양인에 상관없이 선행은 포상하고 악행은 처벌해야 한다고 주장했다. 향촌 주민은 사와 민의 신분적 구별이나 문지가 아니라 선행과 악행에 따라 구별했다. 이런 문제를 언급하면서 유형원은 당시 조선 신분제도의 기초를 설명했다.

> 우리나라의 풍속은 문지만을 숭상해 사족 중에는 양반이라고 불리는 부류가 있는데, 대부大夫 · 사士의 자손과 족당이다. 우리나라의 제도에서는 대부 · 사의 족당만이 동 · 서반의 정규 관직에 나아갈 수 있기 때문에 양반이라고 부른다.

또한 유형원은 지배계층에는 양반과 함께 서족庶族도 있는데, 그들은 관원이나 교생이 될 수 있었으며, 중인 · 한산閑散 · 방외方外 등으로 불렸다고 설명했다. 가장 낮은 범주는 대부 · 사의 서얼이었다. 유형원은 당시 지방기구에서는 양반의 이름만 기록했기 때문에 이 세 부류를 동일한 지위에 소속시키거나 같은 장부에 기록하지 않았다고 주장했는데, 이것은 최근 후지야 가와시마藤也川島의 연구에서 확인됐다.[18] 그러므로 학식과 재능과 덕망을 갖춘 사람이라도, 문과에 급제해 관직을 가진 사람을 포함해서, 향적에 기재되지 않을 수도 있었다. 유형원은 이런 관행을 백성을 교화하려는 선왕들의 의도를 위반한 것이라고 비판했다. "사류는 문지에 상관없이 모두 향적에 올라야 하고, 향회에서는 나이에 따라 서열을 지어야 한다."[19]

사족들도 유교의 엄격한 도덕률을 위반하면 처벌을 모면할 수 없었다. 향회에 참석하지 않는 사족은 수령에게 알리고 향약에서 추방했다. 다른 사람을 비방하고 모욕하는 특히 무례에 관련된 처벌을 받았다. 그러나 그 신분에게는 양인에게 금지된 비단 모자와 의복을 입고 말을 탈 수 있는 특권을 허락했다.[20]

유형원 이전에는 이황과 이이도 세습적 신분과 관직을 구별하는 향규의 조항을 그렇게 신랄하게 비판하지는 않았다. 유형원은 이런 규정에 당시의 사회 문제에 대한 자신의 불만을 반영하지 말아야 한다고 느꼈지만 양반에 도전하는 데, 적어도 부분적으로는, 덜 구애받았다.

서얼

또한 유형원은, 이이가 도입하고 황종해가 계승한 측면인데, 중국의 향규에는 없었지만 조선에서 독자적으로 변형시킨 적서의 차별을 그대로 유지했다. 그러나 그는 관직 취득의 유일한 기준을 문지가 아닌 능력으로 설정해 서얼이 관직이나 향약의 임무를 갖지 못하게 하는 조항을 인정하지 않음으로써 그들보다는 좀더 자유로운 태도를 보여주었다. 이처럼 그는 15세기 이후 커져온 서얼의 차별에 저항하는 성향을 내보였다.[21]

그럼에도 불구하고 유형원은 향적에서는 적서를 구별해야 한다고 판단했다. 그는 관직에 나아갈 수 있는 기회는 서자에게도 공평하게 주어져야 하지만 가족 안에서의 구별은 엄격히 유지되어야 한다고 설명했다. 그는 연소자는 연장자를 봉양해야 할 뿐만 아니라 천민은 귀한 부류를 받들어야 했다. 이것은 서얼은 적자에게 봉사하고 존경을 표시해야 했지만, 서얼과 양인 또는 천민은 차별하지 않는다는 의미였다.

모든 일에서 서얼은 적자와 동등할 수 없으며 함께 앉을 수도 없다. 서얼은 앉을 때도 적자들 뒤에 앉고 길을 갈 때도 약간 뒤처져야 했다. 그러나 서얼끼리는 그 어머니의 양천을 가리지 않고 나이로 서열을 매겼다.

이런 원칙은 일상생활에서도 따라야 했다. 말을 타고 가다가 만났을 때 서자는 적자가 그대로 있으라고 허락하지 않으면 말에서 내려야 했다. 서얼은 연소자가 연장자에게 표시해야 하는 존경을 적자에게 보여야 했는데, 이런 관행은 조선이 개창된 뒤인 15세기 초반에야 나타났기 때문에 존경의 관계에서 나이를 우선한 유형원의 조항과 어긋나는 또 다른 사례였다.

서얼은 자기보다 어린 적자를 '너'라고 부를 수 없었으며 자기의 가문이 지극히 귀현貴顯해도 그것을 근거로 자신보다 못한 가문의 적자를 업신여길 수 없었다. 만약 적자를 업신여기면 향당의 처벌을 받았다. 유형원은 이런 행동이 조선의 관행으로 받아들여졌기 때문만이 아니라 중국에서도 시행된 보편적인 행동규범이라고 믿었기 때문에 정당하다고 확신했다. 그는 중국을 방문한 사람에게서, 가마를 탄 고관이 나귀를 탄 나이 어린 유사儒士를 보고는 길 옆으로 비키는 광경을 목격하고 놀랐다는 이야기를 듣고는 이런 방식이 정당하다고 생각했다. 길 가던 사람에게 그 까닭을 묻자 고관은 서얼이지만 유사는 적자이기 때문이라고 설명해주었다.

그는 서얼의 신분이 낮은 것은 세상의 공통된 원리라고 확신했지만, 조선에서는 문지에 집착해 서얼이 관직을 갖게 하면 명분이 무너질 것으로 판단한 결과 그들이 관직에 나아가는 것을 부당하게 막고 있다고 생각했다. 유감스럽게도 조선에서 관원을 선발하는 기준은 덕행이 아니라 피상적인 작문 기술이었다. 이런 기준이 바뀐다면 서얼을 포함한 뛰어난 인재들이 관직을 포기하지 않을 것이며 서얼도 적자를 무시해

서열을 무너뜨리려고 하지 않을 것이었다.[22]

서얼에 관련된 유형원의 생각은 노비에 대한 문제와 비슷했다. 그는 공적 부분에서 노비와 서얼의 차별을 철폐해야 한다고 주장했지만, 노비제도를 즉각 폐지하거나 서얼의 차별을 완전히 없애야 한다고 요구하지는 않았다. 그 대신 그는 그런 차별을 완전하거나 너무 급속하게 폐지하지 않고 차별받는 사람들을 좀더 존중함으로써 시행 가능한 타협을 이루려고 했다. 유형원은 파괴적이거나 폭력적일 만큼 급진적으로 사회관계를 개혁하려고 하지는 않았으며, 어떤 경우에도 완전한 평등을 주장하지는 않았지만, 적어도 양반의 세습적 특권과 서얼의 부당한 차별에 도전했다는 측면에서 이이와는 확연히 달랐다. 이이는 차별화된 처벌의 자세한 목록을 작성함으로써 당시의 신분차별을 강화하려고 했을 뿐이었다. 이황은 품계의 특권을 나이에 복속시키려고 했지만, 학교나 향약 또는 계에서만 그러했다.

토론의 부자유

끝으로 유형원은 자유롭고 개방적인 토론에 전혀 관심을 보이지 않았다. 이이의 견해를 따라서 그는 향회에서 강의가 이루어지는 동안 "이단이나 반역에 대한 생각을 유포하고, 국정이나 향촌의 정치적 사안을 사사롭게 논의하며, 다른 사람의 비행을 폭로"해서는 안 된다고 지적했다. 유형원은 위반자를 즉시 직월直月에게 넘기도록 함으로써 약원들이 그 문제를 공개적으로 논의하거나 비판하도록 허용하지 않았다.[23]

민주정치의 핵심적 요소인 자유로운 토론을 강조하는 것은 서구적인 편견일 수도 있지만, 유형원이 생각했던 자유주의의 한계를 가늠하는 데는 도움을 준다. 이 장의 요점은 유형원이 세습적 신분은 반대했지만 신분과 위계질서는 반대하지 않았다는 사실이다. 그는 존중의 기준을 세습적 신분에서 덕행으로 바꾸려고 했다. 세습적 신분은 유교적 전통이 아니라 조선의 탈선적인 사회적 관행이 유교적 이상을 전복시킨 현상이었으며, 그런 관행은 새로운 이상에 호소하기보다는 고전적 유교의 이상을 준수함으로써 극복할 수 있었다. 발언의 자유는 유교 자체에 대한 도전을 불러올 뿐이며, 그 결과는 당시 조선 사회의 폐단을 용인하는 것보다 더욱 치명적이었다.

❙ 향약에 대한 유형원의 공헌

지방의 자치조직을 도덕적으로 이끌어야 한다는 진지한 논의는 15세기 전반부터 시작됐고 많은 제안들은 이미 『여씨향약』과 그것을 증손한 주희의 저작에 포함되어 있었다는 측면에서 향약에 관련된 생각과 영감은 혁신적인 현상은 아니었다. 다바나 다메오는 유형원이 도덕교육의 이론이나 철학을 발전시키지는 못했으며, 현실에 적용하기 위한 관념적 제도를 구상했던 또 다른 사례였을 뿐이라고 적절히 지적했다. 그는 정약용이 자신의 저작에서 적극적으로 표방했던 개화를 향한 열정은 유형원에게서 전혀 보이지 않는다고 평가했다.[24]

이태진은 15세기 후반 향약을 시행하려는 두 번째의 적극적인 노력을 생산과 상업의 발전과 연결시키려고 시도했지만, 향약의 본질은 사회적 문제를 교정하거나 향촌의 경제적 어려움에 부조를 제공하기 위한 도덕교육에 주안점을 둔 것이었다. 상호부조와 감시를 시행하는 공동체의 원형은 주로 『주례』에 묘사된 주대의 지방자치조직에서 그 영감을 얻었다.

향규의 도덕적 내용은 송대에 연소자는 연장자에게 효도와 존경을 바쳐야 한다는 단순하고 기계적인 내용으로 도덕교육을 압축시킨 『소학』 등의 기초 교재를 활용해 도덕교육을 새롭게 강조하면서 자세히 설명됐다. 향약이나 그것과 비슷한 가치를 지향한 조직을 지지한 사람들은 경제적 생산을 증대하거나 부를 좀더 넓게 분배하는 것이 안전하고 행복한 사회를 만드는 데 충분한 조치라고 믿지 않았는데, 궁극적인 사회적 안정은 향촌까지 도덕적 분위기를 조성해야만 이룰 수 있다고 생각했기 때문이다. 그러므로 성리학의 도덕론을 경제적 유물론이나 계층의 이익으로 협소화하려는 20세기 학자들의 시도는 유교시대 사회사상의 본질을 잘못 이해한 것에 지나지 않았다.

그러나 유형원은 이이가 거의 무의식적으로 처벌과 향약의 좌석에서 사회신분의 차별을 적용한 경향을 반대했다는 측면에서 향약에 관련된 저술의 역사에서 새로운 측면을 보여주었다. 그는 노비와 서얼을 좀더 우대하려고 했지만, 그의 개혁적 구상은 조선의 사회적 편견의 영향력에 의해 제한됐다. 서얼은 사회적 출세의 기회를 좀더 많이 가져야 했지만, 가족 안에서 그들은 약자로 남아 있었다. 향약 안에서 노비는 그 비행과 관련해서는 양인과 동일한 판결을 받았지만, 약원들과는 따로 앉아야 했다. 유형원의 생각은 이이보다는 이황과 좀더 비슷했는데, 이황은 적어도 학교와 지방의 자치조직에서는 학문적 성취, 덕행, 나이에 따라 사람을 대우해야 한다고 규정했기 때문이었다. 그러나 그는 그런 기준을 사회의 모든 제도에 적용해야 한다거나 노비를 속박에서 해방시켜야 한다고 주장하지는 않았다.

유형원이 사회적 차별에 좀더 적극적으로 반대한 사실이 이이보다는 이황의 주리론에서 영향을 받은 결과라고 판단하기는 어렵다. 그러나 이황처럼 유형원이 당시의 사회 관습의 영향력보다는 고전 문헌에 담긴 통치의 원리를 좀더 존중했으며, 그 결과 사회적 관습에 좀더 적극적으로 도전했다고 생각할 수는 있다. 그러나 이런 주장은 이황 자신이 사회적인 혁명의 계획에 관심을 갖지 않았으며, 이이는 신분질서를 지지했지만, 그는 실용적 개혁에 훨씬 더 대담했다는 것이었다. 유형원은 이황과 이이의 주장 모두 자유롭게 채택했지만 자유로운 사상가는 전혀 아니었으며, 이이나 그밖의 열렬한 성리학자들처럼 이단 · 무격 · 풍수지리 · 불교에 강한 편견을 갖고 있었다.

유형원 이후 나타난 변화들

숙종대의 향약

유형원의 사상은 18세기 중반까지 현실적인 정책에 많은 영향을 주지 못했으며, 향약의 저술과 조직에 관련해서도 그러했다. 전체적으로 향촌의 도덕교육과 개화에 대한 관심은 17세기 중반 이후 간헐적으로 지속됐다. 숙종대에는 향약의 수용은 물론이고 도덕교육에 대한 관심도 크지 않았다.

향약은 1682(숙종 8)~84년에 세 차례밖에 언급되지 않았다. 성균관 대사성 김만리金萬里는 성균관 유생들을 너무 관대하게 다스린다고 불평하면서, 적어도 성균관 안에서는 향약의 규정에 따라서 훈련시켜야 하며 비행을 저지른 학생이라도 과거는 치를 수 있게 해야 한다고 주장했다. 좌의정 민정중은 도성의 향도계香徒契에서 발생한 분쟁은 장례 비용을 마련하기 위한 것이었다고 지적하면서 그 조직을 혁파하고 도성에서 이런 일을 치를 때에는 향약에 따라 서로 돕게 해야 한다고 숙종에게 건의했다. 끝으로 좌의정 박세채朴世采는 국법에서는 도덕규범을 어긴 행동을 처벌하지 않는다고 비판하면서 향약에 들어 있는 중요한 도덕규정을 형법에 포함시켜야 한다고 요구했다. 시행하라는 명령을 내렸다는 기록이 없는 것으로 보아 그 주장은 받아들여지지 않은 것으

로 생각된다.[25]

영조는 치세 초반 『소학』과 그밖의 도덕교재에 관심을 보였지만 향약의 도입이나 도덕교육을 위한 구체적인 방안은 거의 제시하지 않았다. 1734년(영조 10)과 1735년 영조는 향약을 시행하자는 전라도 유생 위세풍魏世風과 좌의정 송인명宋寅明의 건의를 윤허했지만 시행하지는 않았다. 이이의 향약은 1746년(영조 22)과 1754년(영조 30) 조정에서 짧게 언급됐지만, 영조는 아무 조처도 실시하지 않았다.[26]

최흥원의 부인동 동약

중앙 정부의 지휘가 없었지만 몇 개의 자발적인 조직이 생겨났다. 1739~45년 최흥원崔興遠은 부인동 동약夫仁洞洞約과 사창을 만들고 향규를 낭송하기 위한 강당을 지었는데, 그 조문은 1774년(영조 50)에 편찬됐다. 이이는 이 두 조직을 결합한 선례를 만들었고 17세기 초반 김세룡은 향학 · 사창 · 보갑제, 그리고 향약을 연속적으로 세우자고 건의했지만, 최흥원은 이런 선례들에서 직접 영향을 받지는 않았다고 생각된다. 또한 그는 유형원의 『반계수록』을 읽고 상찬했지만, 그 자신의 향약과 사창을 만든 10년 뒤의 일이었다. 그는 명 태조의 육유를 일부 빌려왔지만, 주희의 선례를 포함해서 어떤 유일한 모범에만 의존하지는 않았다.[27]

그는 행실을 바꾸지 않는 사류를 처벌함으로써 이이보다 더욱 엄격한 기준을 적용했으며, 그것은 "그런 사람은 향약을 떠나게 한다"는 주희의 느슨한 처벌보다 훨씬 가혹했다. 그의 규정은 범법자를 향약 내부에서 다루기보다 수령에게 고발하는 데 이전보다 적극적이었고, 대부분의 사례에서 일반적인 과실보다는 범죄라고 불렀다. 그러나 최흥원은 선행을 한 사람에게는 보상하되 악행을 따로 기록하는 전통적 규정을 폐지하려고 했다. 또한 그는 모든 사람을 계도하기 위해서 한글로 된 향규를 마련하려고 했다. 다바나 다메오는 최흥원이 사회질서를 세우기 위한 수단으로 용서보다는 보복적인 처벌을 강조했다고 언급하면서, 향약과 관련된 문헌을 저술한 모든 사람들에게 그런 경향이 나타나지는 않았지만, 이이(와 이황)가 향약을 도덕교화의 기구에서 강압적인 집행기구로 전환시켰기 때문에 그런 흐름이 나타나게 됐다고 지적했다.[28]

김홍득의 보은향약(1747)

김홍득金弘得은 1747년(영조 23) 충청도 보은報恩군수로 있으면서 그 지역을 교화하기 위해서 향약을 조직했다. 그는 이이의 해주향약과 「해주일향약속」의 처벌 규정을 많이 빌려왔지만, 이이와 최흥원과는 달리, 사류는 처벌하기 어렵다고 판단해서 그런 측면을 경감했다. 그는 약속을 지키지 않은 사류도 이름만 기록하고 향약의 관원에게 처벌하도록 규정하지는 않았다.

김홍득은 하인도 일정하게 동정했지만 이전처럼 그들에게 최대 40대의 장형을 부과했다는 측면에서 특별히 다른 점은 없었는데, 40대의 장형은 사망시킬 위험이 있기 때문에 계장契長은 피고가 사망할 것 같다는 판단이 들면 체형을 멈춰야 한다고 명시했다. 유형원은 사류와 양반을 덜 존중했지만, 당시의 모든 사대부들이 그런 태도를 공유하지는 않은 것이다.[29]

안정복의 향약

경안면 이리동 향약(1756)

18세기 후반의 유명한 학자이자 관원인 안정복은 『소학』과 『성리대전性理大全』을 읽으면서 향약에 관심을 갖게 됐다. 그는 1740년(영조 16)에 간행된 『하학지남下學之南』에서 향약이 도덕교육과 풍습 교화의 중요한 수단이라고 언급했으며, 1756년(영조 32) 경기도* 광주부廣州府에 위치한 경안면慶安面 이리동二里洞에 향약을 만들었다. 그의 향규는 이이와 황종해에게서 큰 영향을 받았는데, 유형원의 연대기를 썼다는 측면에서 향약과 관련해 그의 영향을 받았을 것으로 짐작되지만 자신의 향규에서는 그를 언급하지 않았다.

안정복의 향규는 조직과 규정의 혁신보다는 전통적인 사회신분의 차별을 대단히 적극적으로 방어했다는 점에서 매우 흥미롭다. 그는 전체적으로는 신분을, 그리고 특별하게는 양반을 존중해야 한다고 명확히 주장했지만, 양반도 자신의 잘못을 알고 상인常人들의 행동에 모범이 될 의무가 있기 때문에 잘못은 처벌을 받아야 한다고 규정했다. 그들은 자신의 문지를 뽐내거나 당쟁을 지속해서는 안 됐다.

논쟁을 좋아하는 학자들의 본질적 성향 때문에 당쟁이 발생했다는 평가도 있었지만, 그는 학자들은 학문과 자기수양에 몰두하고 있으므로 그런 행동이 고유한 속성이라고 인정하지는 않았으며 자기 당파의 견해만이 옳다고 주장해서는 안 된다고 지적했다. 그러나 그는 당파적 행동을 처벌하기보다는 영조의 탕평책을 따르라고 권고했으며, 향약 안에서 당쟁의 경향을 없애려고 노력했다.

그는 최근 학생들이 교사와 맞먹으려는 습성이 있다고 개탄하면서 학생은 교사가 자기보다 어리더라도 존경을 표시해야 한다는 규정을 추가했다. 그는 양인(소작인?)과 노비들이 새해가 되면 사흘 안에 예의를 갖춰 양반을 방문하고 적어도 한 번은 그들에게 엎드려 절해야 한다고 규정했는데, 그 풍속은 당시 경상도의 유자들만 시행하고 있다고 덧

---

* 저자는 광주부를 전라도에 위치했다고 썼지만(원서 754쪽) 경기도 광주이므로 고쳤다.

붙였다. 그는 주인에게 충성한 노비를 공식적으로 포상했지만, 주인에게 도덕적 실수나 불경의 조짐을 보이면 신체적 처벌을 가했다. 그는 서얼도 물론 인간이지만, 적서의 구별은 엄격하게 유지해야 하며 그들이 불경을 저지르면 국법대로 처벌해야 한다고 단언했다.[30]

그는 자신의 향규를 구성원의 신분에 따라서 양반을 위한 상계上契와 양인 · 노비를 위한 중하계中下契로 이분했다. 중하계는 향규를 낭독하는 것을 서서 들어야 했지만, 상계의 양반들은 향규 대신 『여씨향약』을 암송하는 것을 앉아서 들었다.[31] 유형원의 지적 계승자인 안정복은 사회적 급진주의자라기보다는 당시의 상황을 고수하려는 인물에 가까웠다.

사창의 규정(1757)

1757년(영조 33)에 저술된 안정복의 사창 규정은 향약과 밀접한 관련을 갖고 있다. 약정은 사창의 책임자를 자동적으로 겸임했으며, 향약의 다른 관원들도 사창의 임무를 맡았다. 사창 규정의 서문에서 안정복은 중국에서 한대 이후 추진된 물가안정책의 역사와 향촌을 구휼하려는 목적에서 설립한 수대의 의창義倉, 긴급한 대부를 위한 송대 주희의 사창을 서술했다. 그는 사창제도가 점차 문제를 노출했다고 인정했지만, 그것을 운영한 사람을 비판했을 뿐 그 제도 자체를 문제 삼지는 않았다. 그는 조선의 환자제도가 사창과 비슷하다고 언급했지만, 사실 그것은 왕안석의 청묘법과 더욱 유사했다. 또한 그는 물가안정제도는 『경국대전』에 실려 있지만 제대로 시행되지 못했다고 안타까워했다. 그는 향약의 역사를 다루면서 그 제도를 옹호한 주요 인물들을 언급했는데, 그의 규정은 향약과 사창을 결합한 이이의 규정과 상당히 비슷했으며(때로는 동일했다), 환자를 폐지하고 상평창과 사창과 향약을 시행하자는 유형원의 방안과도 흡사했다.

그럼에도 불구하고 안정복은 그것을 추진할 만한 능력이 있는 성군이 나타나기 전까지는 사창을 전국적으로 도입하는 데 찬성하지 않았다. 다바나 다메오는 본래 안정복은 향약과 함께 사창을 운영하려고 계획하지 않았으며 그런 생각은 이듬해에 덧붙였다고 결론지었다. 이이와 유형원처럼 안정복도 군현 수준에서 사창을 운영하려고 계획했지만 성공하지 못했다.[32]

유형원은 주희 · 이이 · 황종해, 그리고 안정복이 자신의 향규에 포함한 육유를 지은 명 태조만큼도 안정복에게 영향을 주지 못했다. 저명한 실학자로 평가되지만 사회신분을 보수적으로 방어하는 안정복의 태도는 조선에 널리 퍼져 있던 주류적 사회사상과 거의 다르지 않았다. 그는 규정을 어긴 양반은 처벌하려고 했지만 신분의 특권을 철폐하거나 노비와 서얼의 차별을 없앨 의도는 전혀 없었다.

교화를 위한 동계(1776)

1776년(영조 52) 충청도 목천현감으로 임명된 안정복은 그 지역의 해이한 규범에 충격을 받았으며 사회신분을 지키도록 교화하라는 명령을 관내의 8개 면에 하달했다. 그는 목천현에는 이미 동계가 있으므로 그것을 기반으로 동계의 학식 있는 지배계층이 주도하는 향약을 시행하려는 생각을 밝혔다. 그는 명 태조의 육유가 향촌을 교화하는 데 효과적이라고 언급하면서 명에 대한 전통적 존경을 표시했다. 그는 비행을 저질렀을 경우 매달 열리는 향회에서 (『여씨향약』의 4개 대신) 자신이 작성한 6개의 훈계를 암송하도록 했다.

안정복은 작은 단위부터 도덕적 개혁을 시작해야 한다는 주대의 전통을 강조했으며, 수 · 당 · 명대의 행정 촌락의 최소 단위였던 1백 가호를 기본 단위로 설정했다. 상호上戶와 대부, 즉 양반 가호는 '무지한 백성'을 인도할 책임을 가졌으며, 그들에게 향규를 읽히고 그것을 점진적으로 시행하기 위해서 계를 조직해야 했다. 이것은 공평한 사회적 참여를 선호한 유형원보다 훨씬 더 위계질서를 강조한 규정이었다. 안정복은 앞서 수많은 학자들이 강조했던 향약의 자발적 본질은 전혀 언급하지 않았다.[33]

안정복은 계의 가호들이 구휼과 세수 부족을 충당하기 위해서 자금을 내고, 역참을 대신해 말을 기르거나 교체해주도록 규정했다. 그는 그런 자금을 모아 방역소防役所라는 기구를 설치해 지방자치를 강화했다. 또한 그는 향리의 농간을 근절해야 한다고 지적했다.

유감스럽게도 그의 계획이 시작됐을 때 아들이 사망했고, 그는 관직에 대한 열정을 잃어버렸다. 그의 향약은 지방지地方誌에서도 언급되지 않은 것을 볼 때 그리 성공적이지는 않았다고 생각된다.[34]

정조의 향약정책

1776년에 즉위한 정조는 1780년 향약의 도입을 윤허했지만, 10년 동안 그것을 시행하거나 더이상의 요구에 대답하지 않았다. 사간 신기申耆가 도덕이 타락하고 장례나 가뭄에서 상호부조와 구휼이 이루어지지 않는다고 비판하자 정조는 향약에 대한 관심을 다시 나타냈는데, 이는 서학에 대한 관심이 커지면서 보수세력의 공포가 새롭게 밀려왔기 때문이라고 생각된다. 대체로 정조는 채제공蔡濟恭의 조언에 따라 서학을 탄압하기보다는 도덕교육에 치중했으며, 1795년(정조 19)에는 『향례합편鄕禮合編』을 편찬해 배포하고 향음주례를 거행할 때 향규를 암송하도록 지시했다. 그러나 그는 향약은 자율적 조직이어야 한다고 믿었기 때문에 백성들에게 강요하는 데는 반대했으며, 송시열의 생각처럼, 수도에는 필요치 않다고 판단했다. 즉 향약은 지방의 자치조직보다는 특정한 지역을 교화하는 수단으로 여겨졌던 것이다.[35]

정약용의 향약(1821)

정조가 붕어한 뒤 아들 순조가 10세의 나이로 즉위했다. 벽파에 공감하면서 천주교에 반감을 갖고 있던 영조비 정순왕후는 수렴청정을 시작했다. 조정은 서학을 대대적으로 탄압하기 시작했고, 천주교 신자인 황사영黃嗣永이 체포되면서 분노는 증폭됐다. 발각된 그의 유명한 백서帛書에는 조선에서 천주교를 지키기 위해 프랑스 황제에게 군사적 도움을 받는 계획과 조선을 청의 속국으로 편입시켜야 한다는 내용이 담겨 있었는데, 대비는 많은 천주교도를 처형하고 그 백서를 불태우라고 지시했다. 일부 신하들은 천주교에 맞서 유교의 교리를 강화하기 위해 도덕교육을 강화하자고 제안했고, 1801년(순조 1) 사간원은 그것의 가장 좋은 방안으로 향약과 향음주례를 도입하자고 건의했지만 조정에서 많은 호응을 받지 못했으며, 대비는 상호 감시하는 오가작통법으로도 천주교도를 색출하는 데는 충분할 것이라고 결정했다.[36]

향약에 대한 더이상의 관심은 없어졌지만 신유박해(1801)에서 천주교를 믿었다는 혐의로 체포되어 1818년(순조 18)까지 유배에 처해졌던 정약용은 1821년으로 추정되는 시점에 향약에 관련된 글을 써서 자신의 유명한 『목민심서牧民心書』에 실었다. 처형 직전에 살아나서 조심스러워졌기 때문으로 생각되는데, 정약용은 전혀 새로운 내용은 없이 전통적 유교의 행동규범을 완전히 준수한 글을 작성했다.

그러나 정약용은 선의는 있지만 능력이 부족한 수령이 약정과 그 휘하 관원을 지명하면 향약은 폐단을 일으키는 기구가 되기 쉽다고 경고했는데, 그들은 자신의 권력을 사용해 향약을 지배한 뒤 백성들을 위협하고 곡식과 술을 요구하며 비밀을 폭로하고 소송을 지게 만들며 자신의 토지를 경작하는 데 백성들을 동원했기 때문이었다. 지방의 양반들은 두 당파로 나뉘어 한 세력은 학교를 장악하고 다른 집단은 향약을 지배함으로써 향촌의 조화를 깨뜨릴 것이었다. 기근에는 절도나 이기적인 행위가 성행하기 때문에 현명한 수령만이 사람들을 중재해 통제하거나 교화할 수 있었다.

요컨대 그는 전제개혁과 양반의 특권을 철폐하는 급진적인 사회경제적 개혁을 구상했지만, 그런 요소들은 그의 향규에는 반영되지 않았다. 거기서 그는 신분의 차별이나 노비제도를 비판하지 않았으며 현명한 수령이 향약을 다스려야 한다고 규정함으로써 사실상 향약의 자치를 불신했다.[37]

황려향약(1823)

황려黃驪향약의 향규를 발견한 다바나 다메오는 순조 초반 수렴청정을 맡은 정순왕후가 선호한 오가작통법에 기초했고 천주교 서적에 대한 비판을 담고 있다는 사실을 근거로 그 문서가 1823년(순조 23)에 작성된 것으로 추정했다. 그 향약에서 범법행위는 그 신분에 따라 매우 자세하게 구별되는 다섯 가지의 처벌을 집행하도록 했다는 측면에서 이이가 만든 규범과 상당히 비슷했다.

예컨대 상벌上罰에서 존장자는 갓을 쓰지 않고 뜰에 서야 했고 장자는 모든 약원 앞에서 훈계를 들어야 했으며, 양인은 상의를 벗은 뒤 땅에 앉아야 했으며 천민은 장형을 맞았다. 이런 처벌은 범법행위의 수위와 신분에 따라 달라졌다. 장자와 존장자는 아들이나 조카에게 처벌을 대신 받게 할 수 있었으며, 그런 친척이 없으면 노비에게 대신 장형을 맞게 할 수 있었다. 늙거나 병든 노비는 체형 대신 속전을 낼 수 있었다. 그밖에 학교나 유교 의례에서 좀더 격식을 갖추었다는 등의 차이는 일부 나타나지만, 그 향약의 내용은 다른 선례와, 특히 사회적 차별과 관련해서, 일치했다.[38]

회령군 향약(1819)

조선 말엽에는 많은 관원들이 향약을 저술했다. 1866년(고종 3) 수령 서증보徐曾輔는 유형원의 선례에 따라 향약을 저술했고, 1890년(고종 27) 한장석韓章錫은 유형원 · 이황 · 이이 · 조헌에 기초해 향약을 썼으며, 1904년(고종 광무 8) 송재경宋在經도 화양華陽향약을 작성했고, 같은 해 조병식趙秉式도 수도에서 향약을 작성했다. 1902년 고종은 주희의 규정에 기초한 향음주례 · 향사례 · 향약을 담은 『향헌鄕憲』을 편찬하라고 지시했다.

끝으로 함경도 회령군會寧郡의 향약은 일제가 조선을 병합한 뒤 어느 시점엔가 일본어로 출판됐는데, 작성자는 식민 당국의 수령으로 생각되며 이이와 유형원의 향약을 주로 따랐다. 일반적으로는 향반 중에서 선출하게 되어 있었지만, 향리 중 1명이 약정을 겸임하고 다른 향리들도 향약의 직책을 맡도록 했다는 측면에서 그 향약은 수령을 보좌하기 위해 만들어졌다고 생각된다.

그 향안을 작성한 익명의 일본인은 양인과 노비도 약원으로 들어올 수 있다고 언급했지만, 직책의 이름이 모두 사림과 관련됐다는 사실을 볼 때 여전히 양반이 운영했다고 판단된다. 약원은 유형원이 제안한 사회 범주와 일치하는데, 문 · 무관은 물론 교생 · 무선 · 종친 · 음자제, 충순위 등의 경군이 포함됐다. 선적과 악적은 신분을 구별하지 않고 기록됐다. 요컨대 저자는 향약을 향촌의 도덕과 규율을 확립하기 위해 '사림이 운영한 사적인 단체'로서 비행의 처벌이나 소송의 처리 같은 공무를 일부 담당하고 수령의 승인과 후원을 받은 지방의 자발적이며 사적인 자치조직으로 구상한 것이었다. 그것은 사적인 활동과 공적인 임무가 결합된 조직이었는데, 근대의 법률적 개념(특히 일제의 식민 통치와 조선 후기의 정치제도를 구별하는 본질적 특징인 공적 권위와 사적 활동을 명확히 구분해야 한다는 필요성)은 아직 강하지 않았기 때문이었다.

1년에 4회씩 열리는 향규의 독회에는 향반만이 참석할 수 있었으며, 양인은 향약의 임무를 맡고 있는 경우에만 참석할 수 있었다. 향규는 일반적인 차별적 처벌을 담고 있었다. 하인은 장형이 적용됐지만, 사류와 연장자는 공식적인 훈계를 받거나 향회의 서열이 낮아질 뿐이었다. 그러나 아들이나 동생, 또는 노비가 대신 처벌을 받는 이이의 규정은 되풀이되지 않았다.[39] 이런 단편적인 문서가 사회 전체의 규범을 반영한다고 단언하기는 어렵지만, 그럼에도 불구하고 그것은 16세기의 사회적 차별이 19세기 후반까지도 유지되고 있음을 보여준다. 이 주제에 관련된 유형원의 연구는 당시 널리 알려졌지만, 그의 개혁은 그때까지도 추진력을 얻지 못했다.

❙ 향약에 대한 유형원의 기여

도덕적 교화 및 상호부조와 감시를 목적으로 한 향약 또는 좀더 넓게는 그런 지방조직에 관련된 문헌은 조선이 개창된 시점부터 작성되기 시작했다. 그 운동은 우선 『주례』에서 영감을 얻었으며, 15세기 후반 김종직이 도덕적 개혁운동을 추진하면서 다시 활기를 얻었다. 그 흐름은 1519년(중종 14) 기묘사화로 갑작스럽게 중단됐지만, 도덕적 교화의 또 다른 관심은 16세기 중반 이황 · 이이 · 조헌이 주도하면서 고조됐고 1573년(선조 6) 선조는 전국적으로 향약을 실시하라고 지시했지만 심각한 가뭄으로 급작스럽게 중단됐다. 향약을 추진한 이런 인물들은 도덕적 교화에 일차적인 목적을 두었지만, 설득보다는 처벌에 좀더 무게를 두었으며 향규에 당시의 차별적 신분을 반영했다.

임진왜란 이후 조선의 국왕들은 국가의 정책으로 향약을 도입하는 데 관심을 보이거나 후원하지 않았다. 유형원의 향약은 거의 1세기 동안의 공백을 깨고 그 제도에 다시 관심을 표명한 것이었지만, 그 본질이나 목적을 변화시키지는 않았다. 그러나 그것은 도덕과 균등한 기회에 기초한 그의 이상적 사회와 노비 · 서얼 · 여성의 차별 및 지배계층에 대한 특별한 우대 사이의 어렵고 고민스러운 갈등을 반영했다. 그는 이런 모순을 급진적 개혁보다는 타협으로 해결하려고 시도했다.

그는 세습적 사회신분의 표시는 향약에 모든 사람을 입회하도록 허용한다고 해서 훼손되어서는 안 된다고 주장했으며, 서얼은 관직은 물론 향약의 임무도 맡을 수 있도록 했다. 그는 향약의 유력한 인사가 법률이나 향규를 어겼을 경우 그의 신분을 고려해 처벌을 경감해서는 안 되며(이이는 자신의 향약에서 그렇게 했다), 의례에서는 언제나 신분보다는 나이를 우선해야 한다고 생각했다. 그러나 그는 향회에서 노비와 서얼의 좌석을 양인과 적자와 분리했으며, 사대부와 그의 자제, 그리고 자신이 구상한 새로운 사회의 도덕적 지배계층에게는 특별한 지위를 부여했다.

유형원이 사망한 뒤에도 향약은 조정에서 언급되거나 지방에서 개별적으로 시도됐지만, 전체적으로 그 운동은 추진력을 잃었다. 18세기 후반 안정복의 향약은 급진적 개혁이 아니라 사회적 보수주의의 전형이었으며, 정약용의 향약에는 그의 다른 일부 저술에 나타난 급진주의가 전혀 반영되지 않았다. 그 주제에 관련된 유형원의 저작은 18세기 중반부터 19세기 후반까지 일부 향약에서 언급되거나 전재됐으며 노비의 숫자는, 적어도 호적에서는, 급감했지만 특별히 평등한 향약을 창출하는 데는 뚜렷한 영향을 주지 못했다.

향약의 여러 문서들은 각종 정책에 실제로 반영되지 못했다는 측면을 근거로 현실과는 무관한 사소한 현상으로 치부하는 견해도 있지만, 그것은 조선시대의 통치와 사회적 차별의 근본 개념을 이해하는 데 핵심적인 사안이다. 일부 학자들의 주장과는 반대로 향약의 저자들이 자본주의는 고사하고 생산과 상업의 확대를 촉진시키는 방향으로 사회를 재조직하기 위해 향약을 추진했다는 명확한 증거는 사실상 없는데, 향약의 방법과 내용, 그리고 조선 전기의 선례들은 유교규범에 입각한 존중과 사회적 행동을 실현하는 데 핵심적인 목표를 두었기 때문이다.

유형원을 포함한 향약의 옹호자들은 모두 향약이 개인의 사소한 일상생활까지도 감독하고 조사하며 유교적 규범을 준수하도록 강요함으로써 사회 전체를 변화시켜야 할 의무가 있다고 믿었다. 그런 목표는 우선 도덕과 설득으로 시도했지만 성공하지 못하면 추방과 처벌을 동원했는데, 이런 방법은 국가로부터 개인의 권리를 보호하는 서구의 개념과는 반대되는 것이었다. 유형원은 세습된 신분에 기초한 사회적 차별에서 자유로워져야 한다는 생각을 개진할 만큼은 진보적이었지만, 자유로운 질문과 표현의 문제와 관련해서는 확고하게 보수적이었는데, 그의 목표는 유교의 이상을 완전히 실현하는 것이었지 그런 이상을 버리거나 파괴하는 것이 아니었기 때문이다.

향약은 보편적 규범이 오랫동안 주기적으로 현저하게 훼손되어온 현상, 예컨대 절도의 증가, 부모 · 연장자 · 지주 · 주인 · 남편에 대한 불경, 친척 간의 분쟁, 그리고 심지어는 살인 같은 문제를 교정하기 위해서 고안된 제도였다. 향약을 옹호한 대부분의 사람들은 국가 권력은 효율이 떨어졌으며 많은 관원과 이서는 사적이고 부정한 동기로 쉽게 부패됐다는 이유에서, 사회적 조화를 복구하는 분위기를 만드는 데는 교화와 설득, 그리고 집단적 압력이 핵심적이라고 믿었다. 유형원은 향약의 좀더 친밀한 조직과 통제는 도덕기준을 강화하는 데 필요하다는 16세기 도덕주의자들의 생각에 공감했다.

결국 향약운동은 완전히 실패했다. 19세기 중반 대원군이 사창을 도입한 것만이 지방자치조직의 이점에 대한 오랜 생각이 성공적인 결실을 맺은 사례로 인정될 수 있지만, 그 실험조차도 중앙 정부의 재정을 늘리려는 관심 때문에 제대로 추진되지 않았다. 국왕과 신하들이 향약에 관심을 두지 않게 된 것은 지배계층의 긴밀한 연속성을 끊기보다는 그 지위를 계속 보존하려는 정치 · 사회적 체제에 일반적으로 수반되는 도덕적 쇠퇴를 반영한 현상이었다.

제5부 결론

❙ 합리화와 비용 절감

관제의 개편과 개혁에 관련된 유형원의 논의는 국왕과 중앙 정부부터 지방자치조직에 이르는 모든 제도를 포괄했다. 이 주제에 대한 그의 생각 중 많은 부분은 낭비되는 지출과 세금을 절감해 비효율적이고 비대한 관료조직을 합리화하려는 구상에 기초를 둔 것이었다. 그는 국왕의 사적 재정을 신하들이 통제하도록 만들고 4대까지 종친을 후원하는 비용을 줄이며, 관원들의 임무를 좀더 합리적으로 분할해서 관료제도를 축소 개편하고 작은 행정단위를 큰 단위에 통합하는 방안을 제시했다.

❙ 국왕에 대한 신하의 통제

유형원은 육조를 통솔하는 재상을 두고 신하들이 왕비를 간택하며,

신하들이 국왕을 좀더 자주 뵙게 하고 경연의 강압적인 분위기를 줄이며, 주대 봉건제도에서 제후와 가신의 인간적 유대와 결부된 상호 의무를 다시 확립해 국왕과 신하 사이의 거리를 좁힘으로써 국왕의 과도하고 자의적인 권력을 신하들이 통제할 수 있다고 생각했다. 그러나 조선 정치의 주요한 문제점은 전제적 왕권이 아니라 양반이 정치를 지배하고 토지와 노비, 소작, 전세와 국역의 탈루 같은 자신들의 경제적 이익을 방어하는 현상이었다.

물론 유형원은 모든 사유지를 몰수하고 관원을 제외한 거의 모든 사람에게 군역을 부과하며 노비제도를 폐지할 것을 제안함으로써 이런 문제들을 교정하려고 시도했지만, 양반 관원들이 국왕을 더욱 통제해 당시의 문제들을 악화시킨 결과 그런 개혁은 이루어지지 않았기 때문에 그의 관제개혁안은 그런 목표를 이룰 수 없었다. 그러므로 대원군이 신하와 양반을 제어하고 왕권을 확장한 시도만이 관제개혁의 유일하고 본격적인 노력이었다.

| 인사 절차의 개선

또한 유형원은 과거제도를 폐지하고 덕행이 뛰어난 사람을 관원으로 등용하는 제도로 대체하면 양반 관원들은 자신의 사적 이익보다는 공공의 복리에 헌신하는 사람들로 교체될 것이라고 생각했다. 그는 관원의 실적을 심사하는 절차를 개혁함으로써 이 계획을 이루려고 했는데, 가장 우선적으로는 관직 후보자의 문지를 전혀 고려하지 말고 유능한 인재에게 기회를 주는 방안을 제시했다. 다음으로는 당시 선발제도의 결점을 뛰어넘는 수단으로 천거를 도입하고, 끝으로는 중앙 관원의 후보자를 교육시키는 새로운 기관을 설립하자는 구상을 밝혔다.

이런 모든 제도는 행정의 경쟁력이나 효율성보다는 유교의 도덕기준에 따라 인재를 선발하려는 목표에서 제안됐지만, 현재보다 관원의 수준을 향상시킬 것은 분명했다. 그러나 그런 방안은 당시 관료제도를 장악하고 있는 양반들이 자신들의 사형 집행 영장에 서명해야만 추진될 수 있었지만, 그들을 그렇게 만들 만한 근본적인 위기는 아직 발생하지 않았다.

| 중앙 정부의 통제와 지방자치

유형원이 정치 운영에서 왕권보다는 신하들의 우위를 옹호했다는 사실은 그가 좋은 정부의 관건으로 완전히 중앙화된 관료제도를 상정하고 있었다는 측면을 보여준다. 실제로 그는 관찰사와 수령의 짧은 임기를 지적하면서 지방 행정의 무능을 개탄했지만, 중앙 관원의 성실과 신뢰에 회의를 표명하면서 지방자치를 강력히 옹호했다.

늘 그랬듯이 그는 중앙 정부의 독재를 제어하는 수단으로 지방자치 조직의 중요성을 강조한 전통적 교훈을 제시했다. 그는 관료 행정의 폐단 때문에 환자와 구휼기관이 채무자를 억압하는 기구로 변질됐다고 판단하면서 당시의 환자제도를 수령이 채권자나 저당 처분자로 기능하지 못하게 하는 상평창으로 대체하고 수령이나 향리보다는 지방의 저명한 지도자가 운영하는 기관으로 구제와 대부의 권한을 이양하자고 제안했다.

중국의 관료조직이 수령과 농민 사이에 커다란 간격을 만들었다고 인식한 그는 백성들 스스로 운영하는 향약을 만들자는 중국과 조선의 여러 제안에 공감했는데, 거기에 따르면 향약은 납세와 부수적인 범죄의 처리, 민사 소송, 구휼을 맡았으며 집단적인 압력과 추방, 강제를 통해 유교적 도덕기준을 강화했다.

역설적이게도 지방자치의 핵심은 중앙의 이익에 맞서 지방의 이익을 지키는 것이 아니었는데, 특히 지방의 양반과 노비 소유주의 이익이 국가의 이익과 공공의 복리와 상충될 경우 더욱 그러했다. 그는 향촌의 백성을 교화하고 당시 지방 행정의 약점을 교정하는 방법으로 상호부조와 감시를 시행하고 중앙의 목적과 유교적 규범을 더욱 일치시켜야만 지방자치를 성공할 수 있다고 믿었다.

그러나 유형원은 중앙 정부의 이익은 공공의 복리를 지향해야 하며 국가는 부패한 수령과 향리, 지주와 노비 소유주의 착취에 시달리는 농민과 노비를 보호해야 한다고 판단했지만, 현실에서 국가는 농민과 노비를 착취하기 위해서 지주와 노비 소유주와 경쟁하고 있었다. 향약은 현실에서 성공할 가망이 거의 없었으며, 향반들은 향약이 자신의 이익을 침해할 것이라고 생각했을 뿐이었다.

| 양반의 이익과 백성의 이익

유형원은 문지와 세습적 특권에 거부감을 가졌지만, 사회조직의 기준으로 서열을 거부했다는 의미는 아니었다. 그는 무고한 사람들이 신분적 결함을 세습하거나 그럴 만한 가치가 없는 부류가 특권을 누리는 데 반대했을 뿐이었다. 그는 양반의 특권을 날카롭게 공격했지만, 사회규범을 급격하게 전환하기는 어렵다는 사실을 충분히 알고 있었기 때문에 타협을 시도했다.

그 결과 관제개혁안을 도출하면서 그는 종친, 관원과 그 자제, 유생들에게 부수된 신분을 인정했으며 공식적인 의례와 행사에서 그들을 계속 존중해야 한다고 주장했다. 그는 서얼 · 노비 · 여성이 국가와 공동체를 위해서 일할 수 있도록 합리적인 기회를 주어야 한다고 생각했지만, 동시에 견고한 관습을 훼손하지 않기를 바랐다. 서얼은 향약에서 직책을 맡을 수 있었지만, 그들에게 적자와 동일한 신분을 요구할 수 있도록 허락한다는 의미는 아니었다. 그는 최초로 노비와 여성이 이서로 등용되어 녹봉을 받을 수 있다고 규정했지만, 노비는 주인에게 존경을 표시하고 지방의 의례에서 양인과 따로 떨어져 서야 했으며, 여성은 아버지와 남편에게 복종하고 정규 관직에는 임명될 수 없었다. 이런 타협에도 불구하고 사회적 차별에 대한 그의 태도는 동시대의 인물들보다 훨씬 관대했지만, 그의 궁극적인 목표는 당시 조선의 사회적 차별을 조헌이 소개한 명 후기의 좀더 유연한 환경으로 변화시키는 것이었다.

┃ 자유와 통제

끝으로 유형원의 관대함이 사회적 제약부터 이념적 구속에 이르는 모든 형태의 강제에서 자유로웠다는 의미로 해석되지 않도록 이단에 관련된 논의와 정부의 시책을 공식적으로 비판하는 행위를 금지한 그의 향규에 담긴 명령과 처벌의 목록을 기억할 필요가 있다. 그 때문에 그가 구상한 향약은 해방이 아니라 유교의 가치와 규범에 합치되는 생각과 이상을 반영했다. 정규 관원과 교육받지 않은 향리는 유교의 우월한 가치를 백성들에게 가르칠 수 없었기 때문에 그는 긴밀하고 자발적인 지방의 자치조직이 모든 사람을 교화할 수 있는 궁극적인 제도적 장치가 될 것이라고 기대했다.

❙ 유형원 이후의 관제개혁

1863년 이후 대원군이 10년 동안 집권하기까지 유형원이 구상한 관제개혁은 거의 실현되지 못했으며, 현실은 그가 묘사한 상황과 일치하지 않았다. 17~18세기의 국왕들은 완전한 전제군주는 아니었지만, 숙종 · 영조 · 정조는 양반의 경제적 이익을 심각하게 침해할 의사나 능력은 없었어도 자신의 왕권을 확고하게 유지했다. 그러나 19세기에 왕권은 어린 국왕의 즉위로 대비와 외척이 정치를 주도하면서 약화됐다. 그런 외척들은 모두 양반이었지만 왕권의 약화가 진정한 신권의 상승을 의미하지는 않았으며, 오히려 외척이 중앙 정부의 요직을 독점함으로써 기회는 줄어들었다. 왕실의 재정을 국왕의 통제에서 분리해 호조가 관리하거나 왕자와 공주의 궁방을 박탈하려는 시도는 없었다. 이처럼 왕실의 사치는 지속됐지만, 왕권이 신성하다는 의미는 아니었다 — 그 정반대였다.

유형원은 강력한 재상을 두고 비변사를 폐지해 의정부를 재건하자고 주장했지만, 실현되지는 않았다. 영의정은 좌 · 우의정보다 중요하지 않았으며 비변사의 관원들은 대부분 의정을 겸직했기 때문에 문관이 무관을 압도하면서 정부를 지배한 상황은 변하지 않고 이어졌다. 그러나 문관의 식견을 넓히고 국방에 대한 그들의 이해를 진작시키기 위해 교육과 훈련을 확대하려는 시도는 없었다.

관원의 임기를 늘리려는 노력도 거의 나타나지 않았다. 실제로 추세는 그 반대였는데, 관원들이 너무 자주 교체되어 자신의 부하나 이서를 통제하기가 거의 어려웠기 때문이었다. 이서들은 녹봉을 받지 못했으며 그들의 부패는 백성들의 주요한 원망 중 하나였다. 향약은 시행되지 않았으며 향리를 대체할 제도는 백성과 수령 모두 만들지 못했다. 이런 문제를 풀지 못한 수령과 향리들은 강압적으로 조세와 국역을 징발하고 환자와 구휼을 시행했으며, 그것은 1812년(순조 12)과 1862년(철종 13)에 대규모의 농민반란을 불러왔다.

서얼은 결국 과거를 치를 수 있게 됐지만 그들에게 붙은 사회적 오명은 계속 뚜렷하게 남았다. 1800년(순조 즉위) 공노비는 해방되어 모든 신분적 약점에서 벗어날 수 있었지만, 이런 사회적 조건의 기념비적인 진전은 농민의 심각한 불만이 축적되어 대규모의 반란으로 폭발하는 과정을 막지 못했다.

1864년(고종 1)부터 1873년까지 집권한 대원군은 유형원 등이 제안했던 개혁을 일부 시도하려고 노력했다. 달리 말하면 왕조가 외세의 침략과 내부의 파괴로 무너지기 직전에야 지도자는 필요한 개혁의 일부를 시도하려는 의사와 확신을 보였던 것이다. 그러나 가장 중요한 구조적 개혁은 왕권의 확립이었지 국왕을 재상이나 의정부에 복속시키는 방안이 아니었다. 대원군은 비변사를 의정부로 대체했지만, 그것은 왕권에 맞서 신권을 강화한 조처가 아니었다.

대원군은 이조의 기능을 보충하기 위해 관원을 임명하는 데 특별히 천거하는 방안을 도입했지만, 그 결과는 유형원이 생각했던 도덕적 지배계층이 아니라 지배적 당파나 안동 김씨나 풍양 조씨 같은 외척과 연줄이 있는 사람을 등용하는 것으로 나타났다. 대원군은 교육과 등용의 주요한 방법으로 과거제도를 폐지해서 전국적인 공립학교제도로 대체하려고 시도하지는 않았지만, 서원은 공공의 복리보다는 사적인 정치적·경제적 이익에만 봉사한다는 이유에서 거의 모두 철폐했다. 인사정책에서 그의 주요한 목표는 외척과 노론·소론이 관직을 독점하고 있는 상황을 극복하는 것이었는데, 이것은 유형원이 간과했던 문제였다. 그 결과 대원군은 자신의 정책을 따르려는 일군의 관원을 창출할 수 있었다.

그러나 지방 정부의 영역에서 대원군은 유형원이 자신의 저작에서 추진했던 생각의 일부를 거의 달성했다. 그는 유형원이 제안했듯이 향리에게 녹봉을 지급하거나 그들의 신분을 올려주지는 않았지만, 사창을 세워 수령 대신 환자와 구휼을 관리하도록 했다. 이 개혁의 결과는 양가적이었지만, 적어도 그 제도는 수령과 향리를 거치지 않음으로써 부패의 수위를 낮추었다.

유형원은 자신의 시대보다 분명히 훨씬 앞서갔지만, 그의 사상은 조선의 역사와 무관하지 않았다. 특히 관제개혁의 영역에서 그것은 대원군에게 커다란 영향을 주었고, 대원군은 다음 세대에 완전한 몰락을 막는 데 성공했다.

제 6 부

재정개혁과 경제

제6부 서론

17세기 중반 조선의 경제에는 중요한 변화가 시작됐다. 그런 변화의 가장 가시적인 징후는 그 세기의 첫머리에 공납을 전세로 전환해 시장에서 화폐로 물건을 구입하는 제도로 전환된 것이었으며, 그것은 15세기 후반에 시작된 좀더 심층적인 경제적 변화를 반영한 현상이었다. 그런 변화들은 조선이 16세기 전반 물물교환에 가까운 경제로부터 상업의 확대가 수반된 좀더 역동적인 시장과 공인된 시전상인이라는 제한된 제도 외부의 사상私商들이 좀더 활발하게 활동하는 체제가 시작됐다는 사실을 의미했다.

유형원은 자신의 시대에 시작된 변화를 감지한 최초의 학자는 아니었지만, 그 이전의 어떤 인물들보다 그런 변화를 통찰력 있게 분석한 사람이었다. 그는 전통적인 성리학을 철저하게 공부한 학자의 관점에서 그런 상업적 발전을 자세히 다루었다. 그가 농업 생산을 우선했다는 사실은 상업과 이익 동기에 대한 유교적 편견을 그와 당시의 유학자들은 극복할 수 없었다는 의미였는가. 아니면 그는 인습을 타파하려는 태도로 명예로운 조선의 사회적 전통에 도전함으로써 좀더 자유롭고 폭넓은 상업과 산업 경제를 새롭게 이해할 수 있었는가.

여러 측면에서 유형원은 독창적인 사상가였지만, 상업 활동이 경제적 퇴보에서 조선을 구원하는 본질적 관건이라는 사실을 명확히 설명하고 정의하고 옹호함으로써 애덤 스미스Adam Smith와 같은 역할을 하지는 못했다. 그러나 그는 자신의 시대에 일어난 경제적 변화를 면밀히 관찰했다. 그런 관찰자의 역할은 많은 조선의 신하들이 이미 만든 변화에 반응할 뿐이라는 의미에서 그의 관점을 제약했다. 그들은 경제 활동에 관련된 독창적인 사상을 도출하려고 노력하지는 않았으며, 공납의 뿌리깊은 폐단과 가볍고 편리한 통화의 부재로 야기된 상품 유통의 불편에 대응할 뿐이었다.

이런 사실에 유형원이 기여한 측면은 현실 문제에 대한 직접적인 관심에서 벗어나 이미 채택된 개혁의 함축적 의미를 좀더 폭넓게 이끌어내고 그런 개혁의 확대와 개선을 제안하는 학문적 의견을 덧붙였다는 것이었다. 앞으로 보듯이 그는 공납의 개혁에서는 정부 재정을 합리적으로 만들 수 있는 이론을 도출했으며, 화폐의 도입과 관련해서는 통화의 안정적 사용과 가격 안정을 보장하는 방안을 제시했다.

그가 제시한 공납과 화폐의 개혁안은 그 뒤 지속적인 경제적 진보와 발전의 기반을 제공했는가. 많은 학자들, 특히 그 뒤 두 세기 동안 농업과 농업 이외의 생산이 모두 늘어나고 교역과 상업의 규모가 확대됐다고 강조한 학자들은 그렇게 생각할 것이다. 이런 질문에 답변하려면 당시 진행되고 있던 경제적 변화에 대응해 유교적 경세사상이 얼마나 유연한 태도를 보여주었는가 하는 사실을 판단하기 위해서 18세기 화폐의 사용과 산업 및 상업의 관계를 둘러싼 논쟁을 서술할 필요가 있다.

제21장
공납과 대동법의 개혁

국가 재정을 근본적으로 재편하려는 유형원의 계획은 15세기 중반 이후 추진된 공납의 근본적 변화에서 커다란 영향을 받았다. 방납防納은 1594년(선조 27) 대동법이 처음으로 시작되기 오래 전부터 법률로 금지했어도 상업 거래를 촉진시키려는 목적에서 음성적으로 시행되어 왔다.

대동법의 주요한 의미는 현존의 시장조직을 인정하고 오랫동안 지속된 관행을 법제화했다는 것이었다. 아울러 그 개혁은 상인에게서 정부가 물건을 구입하는 모든 법률적 제약을 없앰으로써 불법적인 방납을 숨기기 위해 농민들이 추가적 비용이나 뇌물을 부담하거나 공물을 비싸게 살 필요가 없도록 했다.

또한 그것은 이전보다 교역을 촉진했으며, 국가에서 인가를 독점함으로써 모든 교역을 통제하려는 조선 정부의 시도를 약화시켰다.

공납제도에 대한 평가

유형원은 대동법의 역사를 1658년(효종 9)까지만 다루어 다소 짧고 소홀히 한 것처럼 보이지만, 그 개혁과 그것을 주도한 인물들에 대한 그의 존경의 깊이를 보여주는 데는 충분했다. 그는 자신의 존경을 명확하거나 적극적으로 표현하지는 않았지만, 조선의 전체적인 재정을 재편하는 모범적 제도로 대동법을 사용했다는 데서 그 방안을 높이 평가했다는 사실을 쉽게 유추할 수 있다. 또한 그는 16세기에 개혁을 주창한 세 인물인 조광조 · 이이 · 조헌이 공납제도의 폐해를 비판한 발언을 자신의 저작에 포함시킴으로써 자신의 생각을 표출했다.

조광조

유형원은 조광조가 방납을 법률로 금지하고 엄격히 처벌해야 한다고 중종에게 간언한 발언을 인용하면서 공납제도의 개혁이 진행된 역사를 서술하기 시작했다.[1] 1518년 조광조는 전국적으로 공납이 균등하게 부과되지 않고, 방납은 공물의 실제 시장가격보다 3~10배까지 납세자에게 미곡과 면포를 요구하며, 수확의 30분의 1을 내는 낮은 전세와 비교할 때 공납은 농민에게 너무 부담스럽다고 주장했는데, 유형원은 이 발언을 인용하는 편이 나았을 것이다. 조광조는 중종에게 공납을 줄일 수 있다면 조선왕조가 원래 구축했던 법률과 정신을 복구하고 백성의 도덕을 올바르게 변화시키며, 백성의 마음을 안정시켜 전체적인 재건維新을 시작할 수 있을 것이라고 아뢨다. 그러나 조광조는 개혁의 방안을 직접 제시하지는 못했다.[2]

유형원은 조광조의 확고한 제안을 인용하지는 못했지만, 불법적인 방납이 시행되고 있다는 사실은 알고 있었다. 그는 공납은 증가했지만 중앙 정부의 전세 수입은 부패 때문에 줄었다고 지적했다. 그는 1574년 이이가 연산군이 진상進上을 과도하게 요구한다고 비판한 발언에서 1501년(연산군 7) 공안貢案의 할당량이 증가했지만 1575년(선조 8)까지 그런 부담이 그대로 유지됐다는 사실을 알게 됐다.[3]

이이

아울러 유형원은 안정적인 재원經費에 기반해 상품의 가격과 국역의 대가를 지불해야 한다는 일반 원칙이 공납제도의 개혁보다 더욱 중요하다는 이이의 생각에서 많은 영향을 받았다. 그는 고대에는 수령들이 자신은 물론 가족과 친척을 충분히 부양할 만한 정규 녹봉을 받았다는 이이의 발언도 인용했다. 또한 이이는 순 임금 때 백이伯夷는 국고를 사적인 목적으로 사용하지 않았지만, 16세기 조선의 관원들은 국고를 사적으로 사용하고 이서들은 녹봉을 받지 못하기 때문에 백성들에게서 물건을 착취할 수밖에 없다고 말했다. 공무의 지출과 공납 물품의 가격 지불, 운송 비용, 사절과 손님의 접대 등 모든 경비는 수령이 사용할 수 있도록 남겨놓은 세금留稅이나 재원에서 처리되어야 했다. 강탈을 막기 위해서 오락 자금은 숙소와 역참의 규모에 따라 할당하고 운반 물품의 무게는 일정하게 제한하도록 했다. 유형원은 자신의 개혁안을 구상하는 데 현물로 공납을 걷고 보상하지 않는 강제적인 요역을 징발하는 대신 국가에서 공식적으로 녹봉과 비용을 지급해야 한다는 이이의 주장을 중요하게 받아들였다. 유형원이 자신의 저서에서 국가의 재정제도를 철저히 연구해 모든 관원과 이서에게 녹봉을 지급하고, 공무를 수행하는 데 국가에서 요구한 물품과 장비, 수송과 요역을 포함한 모든 공적 비용을 충당할 수 있는 완전한 예산을 편성하려고 노력했다.

물론 유형원은 특히 호속미虎贖米* 같은 강압적인 공납 요구를 비판한 이이의 주장을 경청했다. 그것은 원래 호랑이가 백성을 해치는 위협을 줄이려는 목적에서 잡도록 한 제도였지만, 1년에 두세 마리씩 배정된 물량을 중앙 관서에서 너무 적다고 받지 않고 미곡을 추가로 요구하면서 강탈의 원인으로 변질됐다. 이이는 그런 부담을 모두 없애 할당량을 부과하지 말고 마을 바깥에 함정을 설치해놓자고 제안했다. 호피가 필요한 관서는 사냥꾼이나 상인에게서 사면 됐다.[4]

1567년 선조가 즉위한 직후 영의정 이준경李浚慶이 공납제도의 개혁을 제안했는데, 이이는 그것을 참고해 1570년 정공도감正供都監의 설치를 건의했을 것이라고 유형원은 언급했다. 또한 유형원은 1569년 이이가 방납의 폐지를 건의했지만 선조가 거부했다고 지적했다.[5] 유형원이 인용하지 않은 부분은 이이가 「동호문답」에서 공납제도를 날카롭게 비판한 내용이었다. 그 글에서 이이는 근검을 강조한 성군들의 고전적이며 도덕적인 명령을 위반하면서 과도한 진상을 요구하는 국왕들의 처사를 특히 비판했다. 이이는 수륙水陸의 잡다한 산물이 국왕의 식사를 위해 남김없이 올려진다고 지적했다. "고대의 성군은 홀로 천하를 다스렸지만, 천하가 그 한 사람을 위해서 봉사하지는 않았다."

이이는 진상을 존속시켜도 국왕은 애민의 정신을 보이기 위해 할당량을 줄여야 한다고 주장했다. 그는 국왕에 대한 신하의 진실한 충성을 보이기 위해 진상이 필요하다는 보편적인 견해에 대해서 국왕이 사랑과 존경을 보이는 현실적인 방법은 국가를 잘 다스리고 백성들의 부를 늘리는 것이라는 논리로 반박했다. 그는 순 임금의 충신들은 순 임금이 칠기漆器를 사용하려는 것을 간언함으로써 충성을 보였다고 상기했다.

이이는 조선 전기에는 백성들이 수령에게서 직접 공납 품목을 요구

---

* 호피虎皮를 사기 위해 농민에게 부과된 부가세다. 저자는 "호매미homaemi"로 잘못 표기했는데(원서 773, 1,162쪽) 바로잡았다.

받았고, 수령은 그것을 중앙의 관서에 납부했기 때문에 강압적이지 않았다고 평가했다. 당시 이서들은 관원을 속이거나 공납을 방해할 수 없었지만, 점차 국왕에게 직접 납부하는 것을 막고 높은 가격으로 미곡과 면포를 요구했다. 당시 법률이 제대로 준수되지 않았기 때문에 대납을 금지하고 농민에게 현물을 내도록 하는 방안 외에는 해결책이 없었지만, 농민들은 할당된 물품을 오랫동안 생산하지 않은 상태에서 방납에 의존할 수밖에 없었다. 미곡과 면포로 대신 납부하는 방납은 1468년 예종이 금지한 뒤에도 더욱 일반화됐다.

이이는 황해도 해주목사海州牧使로 있으면서 공납 문제의 해결책을 발견했다. 그는 공물을 구매할 수 있는 재원을 마련하기 위해 1결당 쌀 1되(0.1말)를 부과하기로 결정하고 세금을 걷어 중앙에 납부하자고 제안했다. 농민들은 공물 대신 미곡만 납부하면 됐기 때문에 방납에서 농민을 착취하는 행위는 근절될 것이었다. 이이는 이런 방법을 전국에 확대하고 공평한 세율을 확립하며 공물 요구량을 줄이기 위해 인구 · 생산 · 토지를 전체적으로 조사하자고 제안했다.

1468년(세조 14) 세조가 공납을 전세로 대체하도록 제안했다는 측면에서 이 계획은 독창적이지는 않았다. 이이는 세조의 생각을 언급하거나 자신이 스스로 생각했다고 말하지도 않았으며, 단지 해주목사의 재량권에서 할 수 있는 만큼만 시도했다. 그러나 이이는 공납을 전세로 대체하는 방안을 제시함으로써 1594년에 대동법을 채택하는 데 기반을 제공했다.[6]

이이는 1501년(연산군 7)에 연산군이 진상액을 늘린 사실을 비판하면서 많은 군현들은 당초에 할당된 물건을 더이상 생산하지 않기 때문에 다른 지방에서 그것들을 사야 했다고 지적했다. 따라서 그는 공안에 규정된 할당량을 연산군이 추가로 부과한 분량을 모두 폐지해 다시 낮추고, 그렇게 낮춰진 분량을 군현의 면적과 인구의 크기에 따라 공평하고 공정하게 조정하자고 제안했다.

공정도감을 설치하자는 이준경의 제안을 선조가 받아들이자 신하들은 인구와 경작지에 따라서 공납을 부과하자고 건의했다. "유족했던 군현이 지금은 가난하고 같은 물건을 더이상 생산하지 않는 지역도 있으며, 인구가 많았지만 지금은 줄었고 경작지였다가 황무지가 된 곳도 있는데" 큰 군현은 납부액의 10분의 1만 내지만 작은 군현은 큰 군현과 같은 분량을 납부하는 실정이었다. 수령들이 공납을 전세로 전환해 다시 분배했지만 일정한 기준이 없었으며, 지주가 소작인에게 공납을 부과하기도 했다. 개혁은 절실히 필요했지만, 신하들의 반대로 그런 시도는 무산됐다.[7]

1574년(선조 7) 황해감사로 있으면서 그 도의 상황을 관찰한 이이는 공납에 대한 비판적인 생각을 더욱 굳혔다. 농민들은 진상품을 마련하기 위해 농사를 버려두고 가정을 절망에 빠뜨린 채 사냥과 어로에 종사했다. 요구된 물건을 생산하지 못하면 그들은 그것을 다른 곳에서 사기 위해 엄청난 시간과 자금을 들여야 했다. 국왕이 특별히 좋아하는 사슴과 사슴 혀, 녹용을 구해도 좋은 품종이 아니거나 수도로 운반되는 동안 향기가 나빠지거나 여름에 상하거나 겨울에 너무 오랫동안 냉동시키면 받아들여지지 않았다. 중앙의 지배계층이 요구한 물품을 조달할 수 없으면 비싼 값으로 시전에서 사야 했다. 그는 살아 있는 사슴이나 소금에 절인 돼지고기의 할당량을 줄이고 사슴의 특정 부위가 아니라 그냥 살아 있는 사슴만을 요구하도록 국왕에게 주청했다. 사슴 혀와 꼬리는 제 맛이 나지 않기 때문에 모두 폐지해야 하며, 그러면 농민은 가장 어려운 부담 중 하나를 면제받을 것이었다. 국왕이 살아 있는 짐승이나 썩기 쉬운 물품의 부패를 막기 위해 음력 10월부터 2월까지 겨울에만 바치도록 해도 농민의 부담은 크게 줄 것이었다.[8] 1576년(선조 9) 이이는 수령과 향리들이 농민들에게 과도한 부담을 지우지 못하도록

공납 물품의 가격을 정하려고 시도했지만, 그의 방안은 2개 현에서만 채택됐다.[9]

조헌

유형원은 이이의 절친한 친구이자 1581년(선조 14) 전라도 도사都事였을 때 공납제도의 개혁에 찬성한 조헌의 제안에서도 큰 영향을 받았다.[10] 3년 전 중국에 사신으로 갔다가 돌아온 뒤 조헌은 중국 황실의 음식을 담당한 상선감尙膳監에서는 시장에서 은으로 식품을 구입했는데, 그 결과 주요한 두 가지 세금인 전세와 요역은 은납으로 변환됐고 그것은 16세기 중반 이후 지배적 양상이 됐다고 보고했다.[11] 중국은 인구와 말이 많을 뿐만 아니라 수운水運도 잘 발달됐다. 고대의 성군들은 썩기 쉬운 물품은 육로보다 수로로 운반하는 것이 훨씬 싸며, 현물을 운반하려면 6백 마리의 말이 필요했지만 은으로 납부하면 한 마리의 말로도 충분했다고 결론지었다. 이 제도가 일단 채택되면 백성들은 더이상 수많은 공물을 납부하거나 역참마다 물건을 무겁게 운반할 부담이 없어질 것이었다. 시장에는 항상 물건이 가득하고 시세에 따라 은으로 그것들을 살 수 있었기 때문에 황제는 바라는 음식을 언제나 먹을 수 있었다.

조헌은 중국의 상황을 조선에서 진상에 부과된 혹독한 부담과 비교했다. 중국의 백성들은 태평성세를 누리면서 더욱 번창했다. 압록강과 북경 사이의 모든 도로에서, 어떤 지역은 황무지였지만, 사람과 동물은 풍부했으며, 사람들은 황실의 복지정책에 만족하고 번창했다. 황제는 수령에게 시장에서 필요한 물건을 사도록 은과 동전으로 녹봉을 지급했고, 포 한 필이나 닭 한 마리도 마음대로 걷지 못하게 했다. 백성에게 부과한 유일한 조세는 정규적인 전세와 사소한 요역이었다. "탐욕스러운 수령이라도 불법적으로 백성을 착취하지 않았기 때문에 인구는 증가하고 토지의 생산성은 높아졌다."

조헌은 명 후기의 발전을 적극적으로 보고했지만, 명 정부는 오류가 많고 드문 양전사업, 낮은 고정 세율과 불충분한 세수를 보충하려는 목적에서 자주 부과한 추가적 징세와 뇌물의 성행, 부유한 지주와 가난한 소작인 사이에 부의 불균형 등 당시 조선에 만연했던 수많은 문제를 동일하게 겪고 있었다. 그럼에도 불구하고 명의 세제는 일조편법一條鞭法을 도입해 전세와 납포와 요역을 은으로 내게 한 중요한 개혁을 경험했으며, 조헌 등의 관찰자는 그 제도의 이점을 재빠르게 간취한 것이었다.[12]

조헌은 잡초가 무성하고 인구가 격감한 조선 북부의 평안도와 함경도의 황량한 상황을 서술하면서 남만주와 중국 북동지방의 아름다운 상황을 확신했다. 조선의 북부 양도兩道에서는 10~20퍼센트의 가호만이 소를 갖고 있었고 가호의 규모도 작았다. 백성들은 불법적이고 자의적인 각종 부담에 오랫동안 시달려왔다. 그들은 8결마다 포 3필을 내야 했으며 봉족奉足으로 해마다 5필을 더 내야 했다. 권농사勸農使들은 농민 가호를 대통大統과 소통小統으로 나누어 한 달에 6회씩 경작지로 불렀으며, 소환에 응하지 않는 가호에는 포 1필을 벌금으로 물렸다. 농민들은 거의 매일 수령의 조예나 사령으로 일해야 했으며 그러지 않으면 벌금을 내야 했다. 가호들은 거리나 촌수가 아무리 멀어도 요역이나 군역을 대신 져야 했으며 가문 전체에서는 서너 명의 피역자 때문에 대신 납포했다. 그들은 자녀의 추위를 막을 수 있는 옷을 마련할 시간이나 자금이 없었고, 사채에 시달렸으며, 세금은 점점 늘어났다. 그들은 1말의 세금을 부과받으면 수령에게 4말을 내고, 8말을 추가로 탈곡해서 납부했으며, 수도까지 운반하는 비용으로 세율의 4배를 냈다. 그들은 꿩과 사슴을 공물로 바치기 위해서 매년 5말을 더 내야 했다. 연말이면 백성들은 남은 것이 없었기 때문에 소와 송아지를 팔아야 했다.

함경도의 진상은 1년에 1백 필이었지만, 백성들은 벌금으로는 면포를 내거나 관원들의 식대 및 염세와 지세紙稅를 납부해야 했는데, 이것들은 모두 점차 관행이 됐다. 또 다른 진상품인 담비 가죽은 잡히지 않아도 부과됐는데, 수도에서 그 가격은 현지의 두 배였다. 전국의 백성들은 자기 지역에서 더이상 생산되지 않는 진상품을 올리고, 어선御膳, 지방과 중앙의 이서에 대한 뇌물, 역참에 소나 말을 바치라는 요구에 끊임없이 시달렸다.

조헌은 『서경』에 기록된 주대의 좀더 합리적인 공납 요구에 따르자고 건의했다. 당시 요 임금이 요구한 공납 중에서 살아 있거나 부패할 만한 품목은 제례에 쓸 생선밖에 없었는데, "고대의 성군들은 자신의 필요를 충족시키기 위해서 백성들을 희생시키지 않았기 때문이었다." 그러나 조선에서 그런 품목의 진상은 큰 부담이 됐다. 살아 있는 생선과 꿩은 조선 전기에는 경기도에 요구되지 않았지만, 16세기에는 심각한 고통이 됐다.

세종은 해안에 사는 3백 가호에게 돌아가면서 (1년에?) 3회씩 생선을 바치도록 했지만, 당시 생선이 너무 비싸 가격을 지불할 만한 재원이 모자랐다. 성종 후반인 1490년대 경기도 관찰사 손순효孫舜孝는 명의 사신이 왔을 때 대접할 생선이 모자랄 것을 우려해 두 배를 거뒀는데, 그렇게 늘어난 분량은 그 뒤 기준 세금으로 굳어졌다.

16세기 후반 경기도는 생선 1마리의 가격으로 4결당 2말을 거두기 시작했으며, 세입이 충분치 않으면 징세하는 결수를 두 배로 늘렸다. 조헌은 당시 경기도에서 생선이 얼마나 진상되는지는 몰랐지만, 그것이 4개의 궁궐에 공급된다는 사실은 알았다. 적어보였지만, 16결에서 32말을 걷는 것은 한 달에 8~9가호가 생활할 수 있는 분량이었다. 농민들이 공납을 지불하기 위해 곡식을 기르거나 빌릴 수 없는 보릿고개에 향리들은 납부를 독촉하거나 제때 내지 않으면 투옥했다. 실제로 생선의 진상은 국왕이 백성의 고통에 동정을 나타내지 않으면 10여 가호의 반년 생계를 빼앗았다. 조헌은 세종 때처럼 생선의 부과액을 줄이고 손순효가 경기도에 도입한 두 배의 세금을 폐지하자고 선조에게 건의했다.

자신의 주장을 보강하기 위해서 조헌은 명 효종(홍치제)이 즉위한 직후 자신이 육류를 너무 많이 소비하면 늙고 병든 백성들이 고기를 먹지 못할까 염려해서 하루의 어선御膳을 양 한 마리와 닭 한 마리로 줄이라고 명령했는데, 이것은 아들이 효성의 도리를 어기지 않으면서도 아버지가 세운 법률을 바꿀 수 있는 좋은 모범이라고 평가했다.

그러나 조선에서 진상은 아첨하는 신하들 때문에 시작됐으며, 16세기로 접어들면서 연산군의 과도한 소비로 악화됐다. 선조는 전 해(1576년?) 봄에 이이가 제안한 개혁을 윤허하지 않았지만, 조세와 소비를 줄이라는 이전의 간곡한 권고가 백성들에게 아무 이익도 주지 못했기 때문에 적어도 수령들이 과도한 공납 징수를 금지하고 원래의 할당량으로 돌아가도록 명령을 내려야 했다.[13]

그 뒤 1590년(선조 23) 서인의 영수 정철은 중앙 각사의 서리들이 공납 지불을 방해하고 불법적으로 방납을 시도하면서 원래의 공물 가격보다 10배 또는 1백 배까지 농민들에게 과도하게 부담시킨다고 강하게 비판했다. 수령들은 이런 협잡을 막을 수 있었지만 대부분은 뇌물을 받고 방납을 용인했으며, 부정한 관원들의 그런 행태를 법률에 호소할 능력과 자금이 없는 빈농들은 재산을 팔아서 유망할 수밖에 없었다. 정철은 공물의 가격을 정하고 1결당 쌀 몇 되 정도의 낮은 세율로 곡식을 걷으며, 잉여분량이 있으면 공리들의 비용을 지불하는 데 쓰자고 주장했다. 그는 중종이 1515년(중종 10) 기름 · 꿀 등의 품목을 전세로 바꿈으로써 공납을 전세로 대체하는 선례를 세웠지만, 유감스럽게도 그 방법은 풍작으로 발생한 잉여곡식을 이용하거나 가뭄이 들었을 때 조세 부담을 경감시키는 일시적인 수단일 뿐이며 공납의 부담을 영원히 없애는 적절한 방법은 전혀 아니라고 주장했다.[14]

대동법의 개혁

대동법의 기원(1594)

조선의 공납제도를 비판하면서 그것을 전세로 대체하자는 제안은 이이가 1569년(선조 2)과 1574년에, 조헌이 1577년에, 그리고 1590년 정철이 발의했지만 선조를 움직일 만한 충분한 정치적 후원이 없었다. 그러나 임진왜란 이후 상황은 급변했다. 국왕은 평년의 20~30퍼센트 정도로 공납을 줄이고 군역과 요역은 물론 공납 대신 미곡을 내도록 허락했다. 공납의 해방과 세율의 경감은 토지의 파괴와 1594년에 남부지방을 휩쓴 혹독한 가뭄과 수령들의 가혹한 징세로 무산됐는데, 그 수령의 대부분은 무관이거나 전쟁에서 공로를 세운 인물, 또는 관직을 산 부유한 양반들이었다. 정부는 1502년(연산군 8)에 만들어져 1581년(선조 14)에 개정된 공안을 사용하고 있었지만, 그 대부분은 전란중에 훼손되거나 소실됐으므로 1473년(성종 4)에 만들어진 공안에 의지했을 가능성이 컸다. 요컨대 전란의 파괴는 개혁의 필수적인 촉매였던 것이다.[15]

유형원은 1594년(선조 27)에 영의정 유성룡이 이이의 핵심적인 생각을 채택하면서 공납을 미곡이나 면포로 대체하고 공납을 전세로 전환시키는 제도는 이미 시행되어왔지만, 양전사업에 기초한 일정하고 정규적인 과세제도를 만들려는 시도는 없었다고 언급한 내용을 소개했다. 그 결과 공납을 위한 전세는 1결당 쌀 1말에서 10말로 바뀌었으며, 중앙 각사의 부정한 서리들은 운반비용을 추가로 요구했다. 농민들은 법률에 규정된 공납액보다 1백 배를 더 바쳤지만 국가는 그 분량의 10~20퍼센트만을 받았으며, 그 차액은 공인·향리·중앙 서리들의 호주머니에 들어갔다. 진상은 일반적인 공납보다 더 부패했다.

유성룡은 모든 지역에 일정한 세율을 적용하기 위해 각 도의 면적에 따라 공납액을 계산해 조정하고 면포나 미두米豆로 낼 수 있도록 해야 한다는 앞서 이이의 제안에 동의했다. 그는 중앙에 납부하는 공물은 1결당 1~2말 정도로 고정하되 방물方物 같은 추가적 부담은 몇 되 이하의 전세로 대체하고 면포나 미두로 내게 하자고 제안했다. 진상도 같은 방법으로 없앨 수 있을 것이었다.

유형원은 공납 대신 납부한 전세를 보관하는 창고를 각 도에 만들고, 정부는 시장에서 살 수 있는 물건을 면포 가격으로 공정하게 계산해서 제시하자고 건의했다. 그는 국방비나 긴급한 국가의 수요는 분량을 줄이고 그런 목적에 사용하기 위해 비축한 미두로 충당할 수 있다고 생각했다.

또한 그는 명에서는 외국의 국왕에게 주는 공물은 걷지 않으며 조선의 진상과 비슷한 제도도 없다고 언급했다. 그 대신 전국에서 황실에 바칠 물건을 구입하는 데 사용할 금을 광록시光祿寺에 납부했으며, 긴급한 수요가 있으면 황제는 자신의 지출을 줄이고 비축한 은을 사용했다. 이처럼 중국에서는 공물을 운반하거나 중앙에 납부할 물건을 만들기 위해 공장을 동원할 필요가 없었다. 그러므로 유성룡은 이이나 정철의 생각뿐만 아니라 이미 명에서 사용되던 은납제에서도 영감을 얻은 것이었다(조헌을 참조). 그의 계획은 이전에 제안된 세 가지 주요한 요소를 결합하는 것이었는데 공납을 전세로 대체하고, 운반 등에 관련된 요역을 추가적 전세로 대체해서 고공을 고용하며, 과도한 징수를 막기 위해 미곡과 면포의 적정 가격을 국가에서 통제하는 것이었다.[16]

전란을 겪으면서 선조는 번상 정병을 위한 군포와 선상노비의 신공은 물론 (진상을 제외한) 일반 공납을 쌀로 납부하도록 윤허했다. 1594년에 풍작이 들자 그는 공납을 대체하는 전세를 1결당 평균 7~8말에서 일률적으로 2말로 내렸는데, 이것은 1년에 7만 섬의 세입을 양보한 조처로 당시의 전세인 6만 섬보다 많은 분량이었다. 실제 납부액은 5만 섬밖에 안 됐으며, 그 결과 공납을 대체한 새로운 전세는 완전히 적용되지 않았고 농민들은 세금을 완전히 납부할 수 없다는 사실이 명확해졌다. 양전사업은 1604년(선조 37)까지 다시 실시되지 않았기 때문에 추가적인 전세는 완전히 걷을 수 없었다.

이 제도를 비판한 인물들은 1결당 2말도 전시에는 너무 무거우며, 특히 수령들은 운반비와 개인적인 선물, 그리고 그밖에 각종 유형의 전세를 징수하고 있다고 주장했다. 시전상인들은 중앙의 서리들이 요구한 물건을 구해 낮은 가격으로 공급하는 데 큰 압박을 받았으며, 정부는 중국 사신을 접대하고 조선에 주둔한 명군에 지급할 군량의 비용을 마련하는 데 어려움을 겪었다. 저평지低平地에서 걷는 전세는 너무 적어서 중앙과 지방 관원의 행정 비용은 물론 이서와 노비들이 챙기는 수입을 대체할 수 없었다. 부패하고 불법적인 방납에서 이익을 보는 부류는 새로운 법률을 반대하는 데 협력했으며, 1599년(선조 32) 선조는 유성룡의 개혁안을 거부했다.[17]

경기도에서 실시된 대동법(1608)

1608년(선조 41, 광해군 즉위) 한백겸은 백성에게서 공납을 너무 많이 가혹하게 걷어 나라가 위기에 처했다고 주장했다고 유형원은 언급했다. 그는 또한 한백겸은 1594년에 제기한 유성룡의 개혁은 1599년에 철회됐는데, 방안 자체의 문제점 때문이 아니라 그것을 적용하는 데 폐단이 발생했기 때문이었다고 지적했다고 말했다. 경기도에서 공납을 대체해 부과한 1결당 2말의 전세는 공물을 수도까지 수운水運해야 했던 해안지방에 비교하면 매우 가벼웠지만, 내륙과 산간지방의 납세자들은 육운陸運의 비용을 부담했다. 운송비는 공납 자체보다 3배나 많았다. 시전상인들은 물건의 판매가격을 낮추라는 중앙 각사 이서들의 요구에 분개했다.

더욱이 개혁은 국왕과 정부가 환도한 직후 시전에 물건이 부족한 상황에서 처음 시행됐기 때문에 정부에서는 농민에게 공납을 다시 현물로 부과했으며, 농민은 그것을 이중 과세로 받아들였다. 세율을 낮추어 일정하고 공평하게 과세하려는 수단이라고 선전된 방안은 무거운 세금의 핑계에 지나지 않았다. 결국 지방 관원들은 정부가 새로운 제도를 지키지 않고 백성도 그 제도를 신뢰하지 않는다는 이유로 그 제도를 거부했으며, 향리들은 이전의 방납에서 얻었던 불법적 이익을 잃었기 때문에 당연히 그 개혁을 싫어했다. 한백겸은 정부가 법률을 신중히 검토해 개혁을 입안하지 않았으며 방납을 통해 진상품을 걷은 이서들에게 계속 의존했기 때문에 이서들은 계속 부패했고, 공납을 대체한 전세는 공납제도보다 더 문제가 많은 것으로 밝혀졌다고 주장했다.

한백겸은 공납의 개혁은 1590년대에 실패했는데, 정부가 세입을 올리는 데 지나치게 신경을 쓴 결과 공정하고 일정한 세율을 확립하지 못했기 때문이었다고 판단했다. 그는 2말의 전세는 유지해야 하지만 공물을 운반하는 포구까지 이틀이 소요되는 해안지역은 더 경감해야 한다고 생각했다. 시전상인들의 불만은 물건을 시장가격보다 2~5배까지 넉넉히 쳐서 구입하고, 풍년에도 (세율과 가격을) 올리지 않고 흉년에는 줄여준다면 누그러질 것이었다. 좋은 가격을 보장하면 불법적인 방납에 열심히 개입하던 사람들을 잉여생산물을 필요한 지역으로 운반해 적절하고 합법적인 이익을 얻도록 유도할 수 있을 것이었다. 시전에서 구할 수 있는 물건이 의례나 궁궐에서 필요하다면 관원들은 특정 지역에서 현물로 공납을 징수할 수 있었지만, 이중 과세를 막기 위해 새로운 전세에서 미곡이나 면포로 물건 가격을 지불했다.

1608년 좌의정 이원익은 한백겸이 제안한 내용의 핵심을 추천했다. 광해군은 새로운 제안을 받아들여 대동법이라고 명명한 뒤 경기도에 시범적으로 실시했다. 그는 그 세입을 관리하는 부서로 대동청大同廳(1614년에 선혜청으로 바뀌었다)을 설치했으며, 풍흉에 관계없이 1결당 16말로 세율을 고정해서 봄과 가을에 절반씩 거두었는데 한백겸의 제안(또는 1594년 유성룡이 책정한 세율)보다 8배가 높았다. 그 세율은 공물과 진상을 사는 데 충분한 비용을 계산했을 뿐만 아니라 16말의 2배인 32말은 지방 수령들이 공물을 구입하는 비용과 그들의 녹봉, 그리고 수도에 배치해 공물을 운반하는 데 쓴 경쇄마京刷馬의 비용으로 사용했다. 이 새로운 제도는 조정의 대신 절반 정도가 찬성했고, 경기도 주민 263명이 상찬했으며, 젊은 대간과 향반·양인들도 지지했다. 그러나 광해군은 반대의견에 부딪힌 결과 1610년(광해군 2) 강원도로 대동법을 확대하자는 제안을 윤허하지 않았다.[18]

1608년에 시행된 대동법의 역사를 살펴보면서 유형원은 해주목사로 있을 때 공납의 부패를 날카롭게 관찰해 그것을 전세로 대체하는 흥미로운 제도를 구상한 이이의 방안을 설명했다. 유형원은 사치품을 낭비하는 국왕을 견제하기 위해 진상을 비판한 이이의 의견을 인용했다.

유형원은 조헌과 유성룡이 16세기 명의 일조편법과 전세와 요역을 은납으로 전환시킨 시책을 찬양한 발언을 기록하고, 그것과 비슷한 제도를 도입하자는 그들의 제안을 다시 제기했다. 은화는 고사하고 동전도 조선에서는 주요한 교환수단이 아니었기 때문에, 그들은 공물을 미곡이나 면포로 내는 것이 적합하다고 생각했다.

그러나 이처럼 이해가 깊어지면서 개혁은 점차 요청됐으며, 임진왜란의 파괴를 겪으면서 그 필요성은 더욱 커졌다. 유성룡은 1594년 대동법의 도입을 주도했지만, 그 개혁은 1599년에 중단됐다. 그러나 한백겸은 그 개혁이 실패한 데는 공납을 대체할 만한 전세가 부족했고 전쟁으로 피폐해진 재원을 늘리는 데 관원들이 지나치게 관심을 둔 것 등 이해할 만한 몇 개의 원인이 있었다고 설명했다.

대동법은 1608년 광해군이 처음으로 시행했지만, 유형원이 존경한 한백겸과 이원익은 그동안 그 방안을 제안해왔다. 방납과 부정으로 이익을 챙기던 일부 관원들과 조세제도의 대대적인 개편을 두려워한 신하들은 광해군이 경기도를 넘어서 개혁을 확대하는 데 반대했지만, 공납의 부패와 좀더 간단하고 공정한 전세의 우월성, 그리고 명대 일조편법의 긍정적인 효과가 대체로 인정되면서 개혁의 기반은 조성됐다.

강원도(1623)

1623년(인조 1) 대동법은 강원도로 확대됐지만 유형원은 그것을 언급하지 않았으며, 1649년 효종이 즉위할 때까지 대동법을 확대하기 위한 노력도 서술하지 않았다.[19] 그러나 강원도로 대동법을 확대한 과정을 짧게 언급하는 것은 개혁의 가치와 본질을 평가하는 데 도움을 줄 것이다.

인조반정 직후 호조판서에 임명된 이서는 농민의 부담을 덜어주기 위해 1결당 10말의 세율로 대동법을 두세 도에 시행하자고 제안했다. 몇 달 뒤 호조는 대동법을 전국으로 확대하자고 건의했다. 공물 가격을 지불하기 위한 재정의 부족을 걱정하던 호조는 두세 도에 1결당 20말의 다소 높은 세금을 부과하되 한번에 내는 부담을 줄이기 위해 봄과 가을에 절반씩 내도록 하자고 제안했다. 전국적으로 최대 60만 섬(1섬은 15말)이 걷힐 것으로 예상됐는데, 20만 섬은 남서지방과 북부지방의 국방비와 경상도 동래에 설치된 왜관의 비용에 충당하고, 나머지 40만 섬은 공물을 사는 데 사용하도록 했다. 그러나 지주들의 반대가 강력할 것으

로 예상된 남부지방보다 경작지가 적은 강원도에만 적용하는 것이 낫다는 의견도 제기됐다.[20]

이 반대의견은 대동법의 확대가 그렇게 지연된 한 원인을 이해하는 데 매우 중요하다. 그것은 그 개혁이 자신들의 조세 부담을 증가시킬 수 있다는 지주들—나라에서 가장 부유한 계층—의 두려움이었다. 그 법률을 비옥한 일부 지방과 빈농에게만 적용하면 국왕과 정부는 심각한 정치적 도전을 피할 수 있었다.

대동법의 확대를 선도한 이조정랑 조익趙翼*은 고대에 관원과 봉건 제후의 녹봉은 곡식으로 10분의 1세를 낸 것에서 충당했지만, 봉건 제후들은 공납을 거둘 수 있는 권한도 가졌다고 주장했다. 유감스럽게도 조선의 공납은 과중해졌고 특히 영향력 있고 부유하며 파렴치한 부류는 공납을 피할 수 있었지만, 전세는 너무 낮았으므로 전세를 올리는 것이 공납과 그밖의 잡세를 폐지하는 가장 좋은 방법이었다. 토지(1결당?)의 1년 생산량이 20~30섬(즉 3백~450말) 정도일 경우 22~23말 정도로 세율을 올릴 수 있었지만, 고전적인 10분의 1세에는 미치지 못했다(그러려면 30~45말 정도가 되어야 했다). 부유한 지주들은 토지와 노동력을 풍부하게 갖고 있었기 때문에 새로운 조세에 대해 커다란 불만은 없었으며, 방납에서 이익을 보는 부류는 전혀 고려할 필요가 없는 범죄자들이었다.

대동미를 수도로 운반하는 조운선이 침몰할 가능성도 제기됐지만, 조익은 그런 경우는 거의 없었다고 반박했다. 그런 문제는 과적하거나 가을에 폭풍이 올 경우 일어났기 때문에 봄에만 수송하도록 하면 극복할 수 있었다. 창고에서 화재가 날 수 있다는 가능성 또한 개인 가정에서 일정하게 떨어진 곳에 창고를 짓고 방화시설을 구비하면 되므로 타

---

* 원서에는 "조식Cho Sik"으로 잘못 표기되어 있지만(783쪽) 바로잡았다.

당하지 않았다. 어쨌든 지난 2백 년 동안 수도의 주요한 두 창고에서 화재는 발생하지 않았다.[21]

마침내 인조는 1623년(인조 1) 가을 강원·충청·전라도에도 대동법을 실시하기로 결정했지만, 각 도에 세율을 달리 적용하지는 않았으며 지방 관아에서 필요로 하는 노동력과 물품의 비용은 세율을 확정하는 데 계산되지 않았다고 후회했다. 그의 지시에 따라 대동청에서는 충청·전라도에는 1결당 15말을 책정하고 강원도에는 1결당 16말을 책정하자고 건의했다. 이 분량에서 10말은 중앙 각사에서 필요한 공물을 사는 비용으로 대동청에 지급됐고, 기인其人·서리 등의 녹봉으로 충당됐으며, 예조와 관상감의 종이를 구입하는 데 사용됐다. 나머지 대동미는 진상과 일반적인 공물, 내의원의 약품, 수령의 소비품, 운송비 등을 공급하기 위해 보유했다. 요컨대 이 제안은 그동안 느슨하게 규제되던 공납과 관서의 지출, 요역을 간단한 전세로 대체함으로써 국가의 재정제도를 단순화하고 합리화하는 중요한 진전이었다.

1624년 초반 전라도 암행어사 장유는 바다에서 조운선이 파손되고 선원들이 미곡을 훔칠 가능성을 국왕에게 아뢰면서, 그럴 경우 해당 군현에 두 배의 세금을 부과하자고 건의했다. 대동미는 너무 적었기 때문에 지방 군현에서 필요한 물품을 사는 데 부족했다. 더욱이 운반하는 데 드는 말과 인건비는 계산되지 않았다.[22]

그러나 인조가 이런 비판의 타당성을 판단하기 전에 이괄의 난이 일어남으로써 대동법은 중단됐다. 반란을 진압한 뒤 정부는 농민들의 재정적 어려움을 경감하기 위해서 대동미를 1결당 4말로 줄였는데, 공물을 대체할 수 있는 적절한 재원과 요역의 비용을 희생한 조치였다. 이미 걷힌 대동미를 제외하고 대동법이 시행되고 있던 도에서는 현물로 공납을 내도록 전환됐는데, 이런 조처는 '반半대동'이라는 냉소적인 이름으로 불렸다. 농민들은 자신에게 이익을 주기 위해 고안한 것이지만 정부가 정책을 급격히 바꾸는 데 분개했는데, 1608년 경기도에 대동법을 실시하자고 주장했던 영의정 이원익은 가뭄으로 그 제도를 시행할 수 없기 때문이라고 설명했다. 이괄의 난이 가져온 파괴적인 영향으로 대동법은 나머지 도까지 확대되는 데 지연됐는데, 이것은 제도개혁을 추진할 수 있는 조선 정부의 능력과는 상관없는 외부적인 상황으로 야기된 결과라는 중요한 의미를 갖고 있었다.

인조반정의 주역 중 한 사람이었던 최명길은 1624년 대동법을 입안한 이원익과 조익이 서툰 탁상행정을 추진했다고 경연에서 신랄하게 비판했다. 그는 이 제도를 폐지하고 호패제도를 도입하며 양반의 자제에게서 징포해 세수를 늘려야 한다고 제안했다.

최명길은 수도와 주요 도시의 주민들은 대부분 대동법에 반대하므로 공납을 복구해야 하지만, 방납에서 이익을 얻지 못하도록 공물의 가격을 낮추어야 한다고 주장했다. 달리 말하면 그는 방납을 적법한 절차로 인정했지만 법정 가격은 공납 중개인이 지불해야 한다고 생각한 것인데, 이것은 시행하기가 거의 불가능한 제안이었다. 중개인은 개별 농민이나 어떤 군현 전체를 대상으로 활동했는데, 그 공적인 영향력은 시장에서 물건을 사도록 공인이 고용된 대동법보다 훨씬 적었다.

서성徐渻 또한 조선 전기의 공납제도는 고대의 제도를 본받은 것이며, 백성들은 공납을 전세로 대체하는 것을 불만스러워하고 이서들은 계속 부패했다는 이유로 폐지를 지지했다. 좌의정 윤방尹昉도 대동법이 처음 도입됐을 때는 세력 있는 양반과 대도시의 주민들만이 반대했지만 지금은 국왕을 제외한 거의 모든 사람이 그것을 증오하고 있다고 언급했다.[23]

그해 끝머리에 삼도 대동청은 충청도는 1결당 15말에서 14말로 줄이고 그중 5말은 각 군현 관아의 운영비, 방물과 진상의 비용으로 쓰자고 제안했다. 그러면 1만 섬의 세수를 남길 뿐만 아니라 남은 9말은 (중앙 각사에서 사용하는) 일상적인 공물을 구입하도록 수도로 보낼 수 있었다. 그러나 윤방은 대동법을 전면적으로 혁파하거나 적어도 세율을 각 현의 요구에 따라 조정하자고 요구했으며, 그해가 끝날 때까지만 그 법을 시험하라고 승인했다는 사실을 인조에게 상기시켰다. 그는 영의정 이원익이 대동법을 반대하는 입장으로 선회했다는 사실을 알았을 것이 분명한데, 그의 의견을 묻자고 인조에게 주청했다.

우의정 신흠申欽 또한 백성들이 대동미를 한꺼번에 내야 하고 경기도보다 먼 지방의 징세액이 더 많다는 사실에 불만을 갖고 있다고 보고했다. 그는 대동법을 선호하는 백성들에게서 '들었을' 뿐이라고 전제했지만, 부유한 지주들은 소유한 토지보다 1결당 평균 1섬이 더 부과된다고 불평한다고 했다. 그는 부자들의 곤경에 동정하면서 그들의 비통한 한탄은 쇠세衰世의 징조라고 예측했다. 그는 전라도의 백성들은 대동법을 찬성한다고 들었지만, 적어도 충청도에서는 14말의 세율을 경감해주기를 원한다고 아뢨다. 그는 어떤 보고가 민심을 옳게 전달한 관찰사의 진실한 보고인지 확신할 수 없으므로 이원익의 의견을 묻자고 인조에게 제안했다. 이원익은 백성들의 불만을 고려해 결국 대동법의 지지를 철회하면서 즉시 또는 그달 안에 그 법률을 폐지하자고 제안했다.[24]

실록에 기록된 인조의 답변은 다소 애매했는데, 그는 그 문제는 다른 지방의 규정에 따라 시행해야 하며, (각 도의 각종 경비를 마련하기 위한) 5말의 '추가적인' 전세는 채택하지 말도록 지시했기 때문이었다. 두 번째 문제와 관련해서 대동청은 5말의 전세를 추가로 요구하지 않겠지만 충청도에 적용된 14말에서 공제할 수 있을 것이라고 보고했다. 인조는 대동법의 세율이 14말에서 9말로 줄었으며, 나머지 5말은 지방의 비용을 충당하기 위한 추가적인 세금이었다고 오해했던 것 같다.

이듬해 초반 대동청은 대동미에서 5말의 세입은 각 도의 비용과 운송비, 진상 등에 쓰도록 그대로 유지해야 한다고 건의했는데, 각 도의 백성들은 대동법이 중앙 각사로 보내는 일반 공납만을 미곡으로 대체했으며 지방 수령들은 일정한 기준 없이 자신들이 사용할 공물을 걷어 백성들을 곤경에 빠뜨리는 '반半대동'으로 귀결됐다고 오해했기 때문이었다.

그러나 대동청은 관행과는 반대로 지출을 기준으로 세입을 제한하기로 결정했다量出爲入. 대동청에서는 충청도와 전라도의 조세, 각 지방의 지출, 감영 · 병영 · 수영에 납부되는 공물과 군포, 진상과 운송비, 1결당 징수되는 전세를 파악하기 위해 낭청을 파견했으며, 관찰사들이 중앙에 올려보낸 공안과 낭청의 통계를 비교했다. 이런 자세한 조사에 바탕해 그들은 대동법의 부담은 14말을 넘을 필요가 없으며 그중 5말은 지방의 필요에 충당할 수 있다고 결론지었다. 그들은 이 방안을 충청도에만 사용할 생각이었으며, 전라도에 적용한 대동법의 세율을 결정하기 전에 비슷한 조사를 실시할 예정이었다. 또한 그들은 원래의 계획에 대한 국왕의 오해를 바로잡기 위해서 상소를 올려 설명했으며, 국왕의 결정을 재고하는 데 도움을 주기 위해서 충청도 관찰사의 공안을 바쳤다. 그러나 인조는 자신이 계획을 오해했다고 인정하지 않으면서 관찰사가 철저하게 조사해 개혁을 추진하지 않았으며 당시는 그런 조세를 부과할 시점이 아니라는 이유에서 단지 5말의 '추가적인' 전세를 금지했다고 설명했다.[25]

그러나 삼남지방에 대동법을 확대하라는 이전의 전교를 중지하라는 명확한 지시는 없었는데, 그는 단지 다른 도에서 시행되고 있는 규정을 받아들이라고 지시했기 때문이었다. 그러나 그는 그 제도를 폐기해서는 안 된다는 승지 조익의 강력한 요구를 거부함으로써 경기도를 제외한 모든 도에서 대동법을 취소할 예정임을 명확히 나타냈다. 조익은 그 제도를 폐지하면 백성을 희생해 부정한 관원들에게만 이익을 줄 것이며, 주희는 빈부의 불공평한 차별을 줄이는 데 관심을 갖고 있었기 때문에 대동법을 찬성했을 것이라고 주장했다. 이런 논란과 관련해서 인조는 폐지하는 쪽으로 이미 마음을 정했다고 대답했다.[26]

그럼에도 불구하고 그는 1625년(인조 3) 초반까지는 마음을 바꾸지 않았는데, 그때 강원도의 유생들은 그 도의 백성들이 대동법을 선호한다면서 유지할 것을 탄원했다. 그러자 그는 강원도에만 대동법을 유지하자는 이원익의 건의를 채택했고(그곳 지주의 저항이 강하지 않았기 때문일 것으로 생각된다), 공물의 구입뿐만 아니라 지방 관아의 비용과 녹봉, 운송에 관련된 인력과 말의 비용, 국왕의 의약품 등에 사용할 충분한 세입을 공급하기 위해서 16말의 세율을 정했다. 이런 결정을 내린 뒤 그는 강원도 관찰사에게 백성의 동향을 다시 한번 조사하라고 지시했으며, 관찰사는 백성들이 그 법률을 선호하고 있다고 보고했다.[27]

특히 충청도와 전라도에서는 대지주들이 대동법에 적극적으로 반대했지만, 빈농들도 불만을 품었는데 1623년 이괄의 난과 흉작으로 고통을 겪었기 때문으로 생각된다. 이괄의 난을 겪은 뒤 인조는 대동법을 일시적으로 중단하고 새로운 전세를 부과하지 않으려는 목적에서 다시 공물을 걷는 제도로 돌아가도록 지시했지만, 농민들은 정부가 개혁을 자주 변경한다는 편견을 가졌으며 대동법은 공납을 대체한 것이 아니라 세금을 추가한 것이라고 인식했다. 그러므로 당시 충청도와 전라도에서 부유한 지주들만이 대동법에 반대했다고 지적한 견해는 잘못인데, 많은 농민들도 그 개혁이 자신들에게 커다란 이익이라고 인식하지 않았기 때문이었다.

아울러 인조는 2년 동안 대동법을 시행했지만 농민들이 선호하지 않는다면서 반대한 의견에 설득당했다. 그는 관원들에게 실정을 정확히 조사하라고 엄중히 지시했지만, 소통이 원활치 않았고 정보 또한 완전하지 않았다. 그는 충청도와 전라도에서 대동법을 폐지하라고 결정했지만, 강원도(와 경기도)에서는 현지 백성들의 호응에 따라 유지하기로 결정했다. 요컨대 이괄의 난이 가져온 영향, 농민의 고통을 경감하기 위한 반半대동의 후퇴, 공납을 완전히 폐지하는 데 노출한 정부의 명백한 동요, 그리고 여론을 파악하는 미숙한 방법은 1625년에 그 개혁을 부분적으로 포기한 원인들로 작용했다.

충청도(1652)와 평안도 · 황해도(1646)

이괄의 난 이후는 두 차례의 호란 때문에 전면적인 세제개혁을 도입할 상황이 아니었다. 1633년(인조 11) 세입과 국방의 확충이 절박하게 필요한 상황에서 인조는 전직 충청도 관찰사 권분權盼이 공납을 조사해 대동법만큼 좋은 개혁을 고안했지만 그 도입을 건의하지는 못했다는 사간원의 보고를 받고 관심을 나타냈다.[28] 병자호란 이후 대사간 이식은 국방 재정을 증강하고 서리들이 개입한 공납제도의 부패를 근절하기 위해서 대동법의 확대를 제안했다.[29]

1638년(인조 16) 충청도 관찰사 김육은 충청도에는 경작지가 많기 때문에 대동법이 적합하다고 보고했다. 개혁의 열정으로 가득찬 김육은 아주 낮은 세율이라도 대동법에서 걷는 세입은 왕실의 수요와 일반적인 공물뿐만 아니라 전함, 운송비, 지방 관아의 경비를 충당할 수 있으며 그러고도 2만~3만 섬이 남을 것이라고 다소 과장되게 예상했다. 그는 관찰사 권분의 계획은 수령들이 그 생각에 모두 찬성하지는 않았기 때문에 채택되지 않았다고 아쉬워했으며, 대동법은 농민을 힘든 노동과 관원들의 과다한 요구에서 해방시킬 것이라고 확언했다. 비변사는 김육의 주장에 동의했지만, 그의 주장과는 달리 그 세율이 관련된 모든 비용을 충당하기에는 너무 낮다는 이유에서 그 제안을 지지하지 않았다.

김육은 처음에는 면포 1필과 1결당 2말로 나누어 징수하자고 제안했다. 그는 1필의 가격을 쌀 5말로 계산했으므로 쌀로 환산하면 1결당 7말의 세율이었다. 그러나 다른 신하들은 1결당 2필의 세율에 기초해야 한다고 주장했는데, 그럴 경우 세율은 1결당 10말이 됐다.

그러나 김육은 미곡과 면포의 상대적 가치는 미곡의 수확량에 따라 달라지기 때문에 풍년이 들어 미곡 수확량이 많아지면 면포를 사는 데 지불해야 하는 미곡의 가격이 비싸져 농민에게 부담을 줄 것이라고 지적했다. 그는 미곡과 면포를 혼합한 세율은 국가에 충분한 세입을 보장하는 '공평'하거나 안정적인 방안으로서 공급과 가격의 변동을 관리하기 위해 고안한 제도라고 주장했다. 그는 1필이 5말에 상응하는 가치로 계산한 것은 현재의 가격을 반영한 결과로서, 경연에서 가끔씩 제기된 좀더 높은 세율(2필은 7말이 아니라 10말과 동일하다는)을 받아들이고 풍작과 미가가 낮아져 납세자들에게 부담을 주지 않도록 자신의 방안을 다음 풍작까지 기다려 채택할 용의가 있다고 밝혔다.

그러자 비변사는 충청도에서 올린 공납의 절가折價를 호조의 지출과 비교했으며 대동법으로 걷은 절가는 김육이 제안한 수치와 근접했지만 공납의 비용과 잡역은 포괄하지 못하는 것으로 나타났다고 대답했다. 즉 대동법에서 걷을 것으로 김육이 예상한 수치는 세입의 부족을 가져올 것이므로 정부는 좀더 높은 세율을 부과해야 한다고 비변사는 암시한 것이었다.

아울러 비변사는 경연에서 김육의 방안을 지지한 대로 세율을 변동하는 데 동의하지 않았는데, 그럴 경우 백성들은 정부가 시장가격을 조작해서 이익을 올리기 위해 세율을 변동했다고 생각할 것이라고 예측했기 때문이었다. 어쨌든 우선 공안을 다시 조정하는 것이 가장 중요했으며, 그 다음은 대동법의 가능성을 논의하는 것이었다. 인조는 충청도에 대동법을 실시하자는 김육의 건의를 받아들이지 않기로 결정했지만, 앞으로 공안을 다시 조정하지 않고도 대동법을 시행할 수 있을 것

이라고 언급했다.[30]

보수적인 견해들이 제기되면서 대동법을 우호적으로 보는 분위기는 조금씩 바뀌었는데, 1623년에는 대동법을 반대했던 호조참판 이시방은 충청도가 전라도보다 면적이 적지만 공납 부담이 거의 두 배에 이르렀다는 이유에서 1646년에는 그것을 지지했다. 그는 다른 두 판서의 찬성을 이끌어냈지만, 1624년에도 주도적으로 반대했던 최명길은 대동법이 세수를 올릴 뿐이며 농민을 구제하지 못한다고 주장하면서 정책에 어떤 변화도 막았다.[31]

충청도에 대동법을 시행하려던 김육의 시도는 대동법은 새롭고 추가적인 세금이 되거나 납세자들에게 그렇게 인식될 수 있다는 우려에서 좌절된 것이 분명하다. 그는 새로운 전세로 생겨날 세입의 분량을 과장함으로써 새로운 전세를 좋게 포장하려고 노력한다는 혐의를 스스로 씌웠다. 그는 예상된 세수를 잘못 계산했거나 의도적으로 위조했다는 혐의가 명백했지만, 현물로 공납을 내고 아무런 보상을 제공하지 않는 요역에 운송을 의존하는 현재의 제도와 비교할 때 그런 문제는 부수적이라고 믿었다. 거대한 개혁은 일정한 위험을 기꺼이 감수해야 했지만, 이 사안과 관련해서 인조는 호조판서의 보수적인 조언을 채택했다.

당시의 보수적인 분위기에 따라서 인조는 1646년 함경도와 평안도에 부과된 서량미西糧米(또는 모량미毛糧米나 당량미唐糧米)를 취소하기로 결정했는데, 그것은 1611년(광해군 3) 가도椵島에 머문 명의 장수 모문룡에게 군량을 공급하기 위해 1결당 1.5말을 추가로 거두었던 세금이었다. 모문룡이 철수한 뒤에도 그 부가세는 별수미別收米라는 이름으로 유지됐다. 1611년 이후 함경도와 평안도에 부과된 이런 추가적 부담을 줄이고 황해도와 평안도에 원래의 공납액을 다시 부과했으며, 충청도와 전라도의 공납은 약간 경감했다. 별수미는 황해도에서 유지됐지만, 그 세율은 1결당 7말에서 5말로 떨어졌으며 세입은 호조에 바칠 공물을 사는 데 사용됐으므로 사실상 대동미로 전환된 것이었다.

평안도에서도 대동법이 부분적으로 시행됐는데, 중국으로 가는 간선 도로에 위치한 13개의 현에서 1결당 5말을 징수하고 고지대의 29개 현에서는 6말을 걷었다. 그중 3말(저지대에서 걷은 세입의 60퍼센트와 고지대의 50퍼센트)은 호조에 바칠 공물을 사는 데 사용됐으며, 나머지 3말은 군사 비용과 말을 기르기 위해 해당 도에 남겨두었다.

이런 보수적 반대에도 불구하고 대동법은 평안도와 황해도까지 실시됐는데, 김옥근金玉根은 이 두 도와 황해도의 진상은 그 이전부터 사대동私大同이라고 불리면서 사실상 전세로 바뀌었다고 주장했다. 김옥근은 이런 변화가 언제 일어났는지를 명시하지는 않았지만, 1694년 황해도에 대동법을 도입하자는 공식적인 제안이 올라오자 1697년(숙종 23) 이조판서가 대동법은 이미 시행되고 있다고 대답한 발언을 증거로 제시했다. 그러나 공식적이며 법률적인 인정은 15년 뒤인 1708년(숙종 34)에야 이루어졌다.[32]

1649년 인조가 붕어하고 효종이 즉위한 뒤 개혁의 환경은 더욱 우호적으로 조성됐다. 연천군延川君 이경엄李景嚴이 삼남지방에 대동법을 채택하자고 건의하자 우의정 이경석, 좌의정 정태화, 영돈녕부사 김상헌을 포함한 많은 대신들이 찬성했지만, 논의는 인조의 복상을 준비하는 관계로 석 달 정도 지연됐다.

김육은 우의정에 임명된 뒤 충청도와 전라도에 대동법을 시행할 것을 다시 건의했지만, 이전에 제시했던 1결당 7말의 세율을 1638년 경연에서 신하들이 제시한 세율인 10말로 조정했다. 이것은 세입의 부족에 대한 반대를 무마하려는 목적이었지만, 미곡과 면포로 나누어 포 1필(쌀 5말에 해당)과 2말은 봄에, 3말은 가을에 걷는 방안을 고집했다. 10말(또는 2필)에 해당하는 세금은 경기도와 강원도의 16말(봄과 가을에 8말씩 냈다)보다는 상당히 낮은 것이었다.

충청도와 전라도의 토지면적은 총 27만 결이었으므로 김육은 쌀 135만 말에 해당하는 면포 5천4백 동(27만 필)이나 8만 5천 섬(127억 5천만 말)과 동일할 것으로 측정했는데, 이것은 일반적인 공납 외에도 진상, 잡역, 관아의 비용에 충당할 수 있었다. 김육의 상소에 대해 비변사는 우선 충청도에 그 제도를 시행하자고 제안했다.

자신의 방안을 증명하기 위해 입궐한 김육은 남부지방의 부유한 지주들은 반대할 것으로 예상되지만 백성들의 이익을 위해 입법하는 것이 좀더 중요하다고 아뢨다. 조익과 이시백은 그를 지지했으며, 두세 신하들은 반대했다. 효종이 농민과 지주 중 어느 쪽의 반대가 더 두려운지 묻자 모든 신하들은 국왕이 이 법률을 통과시키지 않으면 농민의 고통이 더 클 것이라고 아뢨다.[33]

이 문제를 둘러싼 갈등은 신하들의 의견이 갈라지면서 더욱 격화됐다. 1650년(효종 1) 호조판서 김집은 김육의 맹렬한 비판을 받자 관직을 떨치고 낙향했으며, 당시 사헌부 집의執義였던 그의 제자 송시열도 사직했다. 그러자 김집의 사직이 자신의 성실을 비난한 것이라고 생각한 김육도 사직해 명예를 지켰다. 효종은 김육의 사직을 윤허했지만 한직인 충훈부에 임명했다. 그 뒤 대동법을 둘러싼 논의는 반년 정도 중지됐다.[34]

1650년 신하들의 의견은 대동법을 찬성하는 쪽으로 바뀌었다. 사간원과 비변사는 충청도의 해안지역에서 특히 공납의 폐해가 심각하기 때문에 대동법을 실시해야 할 필요가 있다고 건의했다. 영의정 이경여李敬輿와 좌의정 조익, 형조판서 이시방, 병조판서 이시백, 대사간 민응형閔應亨도 충청도의 저지대에 대동법을 실시하는 데 찬성했지만, 효종은 다른 대신들이 아직 강력히 반대하고 있다는 이유로 결정을 미루었으며 청이 조선의 군비 확충을 반대하는 문제로 관심을 돌렸다.

이 논란이 가라앉은 뒤인 1651년 효종은 김육을 영의정에 임명하고 다수의 개혁적 신하들을 고위직에 제수했으며, 6월에 민응형이 충청도와 전라도에서 1결당 3말의 세율로 공납을 대체하자는 건의를 올리자 지지했다. 효종은 백성들이 환영할 것이라는 이유로 경기도의 5분의 1도 안 되는 세율에 찬성했지만, 원두표와 허적은 백성들은 그것을 그저 추가적인 세금으로 여길 것이라면서 반대했다. 허적은 전라도보다 충청도의 대동세가 무거우므로 각 도의 조세 부담을 공평하게 분배하는 합리적인 방법은 충청도의 세금을 낮추고 전라도의 세금을 올리는 것이라고 주장했다. 그러나 충청도에 부과된 3말의 세금은 낮고 바람직했지만 현물 공납을 대체하는 데 충분치 않았으며, 전라도의 백성들은 자신의 세율을 올리려는 어떤 시도에도 반대했다.

그 뒤 삼남지방에 대동법을 한꺼번에 시행하려는 의도를 버리고 충청도에만 초점을 맞추기로 결정한 측면을 볼 때 효종은 허적의 조언에 공감했다고 생각된다. 그는 충청도에 3말을 부과하려고 했지만 세입이 공납의 비용을 충당할 수 있을 경우만 그러했으며, 앞으로 세율을 올리지 않을 것이라고 약속할 수는 없었다. 대동법에 반대한 원두표는 즉시 그것은 관청과 기인의 비용을 대는 데 충분치 않을 것이며 바다에서 조운선이 파손되는 경우가 많을 것이라는 점을 효종에게 상기시켰다. 그 달 후반 비변사는 세율이 너무 낮다는 원두표의 주장에 동의했지만, 충청도에만 대동법을 시행하자고 제안했다.[35]

이제 효종은 어떤 종류의 개혁에 찬성하기로 마음을 굳혔다. 8월 좌의정 한흥일韓興一이 삼남지방에서 대동법을 시행하자고 건의하자, 국왕은 3말의 세율을 충청도에만 부과하는 방안을 선호한다고 말했다. 며칠 뒤 김육은 그것은 높은 세율만큼이나 좋지 않다고 인정했으며, 이시방도 그 세율은 충분치 않다고 주장했다. 효종은 우선 충청도에 3말의 세율을 시험해본 뒤 상인이나 사주인이 더 많은 조세를 부담해야 하는지를 결정하자고 말했지만, 이시방은 대동법은 강원도에서도 잘 시행됐으므로 즉시 도입해야 한다고 주장했다. 허적은 전라도의 19만 결에 비교해 충청도는 14만 결밖에 안 되지만 부담은 거의 두 배이므로 대동법은 충청도에만 시행해야 한다는 이전의 조언을 다시 확인했지만, 공납은 물론 모든 행정과 운송 비용을 충당할 수 있는 좀더 높은 세율을 부과하자는 김육과 이시방의 의견에 찬성했다.

효종은 충청도에서만 3말의 대동미를 채택하기로 결정하면서 회의를 마쳤으며, 이시방과 허적에게 그 지시를 수행하는 임무를 맡기겠다고 김육에게 알렸다. 그러나 며칠 뒤 효종은 좀더 높은 세율을 채택하기로 번복했으며, 공납의 지불은 물론 모든 잡다한 현물과 요역의 부담을 없애는 좀더 야심찬 정책인 김육 · 이시방 · 허적의 견해를 받아들이겠다는 의지를 나타냈다.[36]

마침내 1651년(효종 2) 가을 효종은 충청도에 대동법을 시행하겠다는 전교를 발표하면서 그동안 어린도는 방납을 통해 20~30배에 이르는 폭리를 착취했으며 지방의 조세 부담은 가중됐다는 사실을 자세히 설명했다. 그는 신하들이 공납제도를 유지하되 규정을 부분적으로 손질하자는 부류와 현물 공납을 미곡과 면포로 대체하자는 부류로 나뉘었다고 지적하면서 대동법을 강력하고 설득력 있게 주장한 김육에게 전적인 신뢰를 표명했다.[37]

최칭영Ching young Choe은 관련 연구에서 대동법의 전국적 확대가 연기된 이유는 여러 요인 중에서도 "왕권이 약화됐으며 협력하고 지휘하는 관서가 부재했기" 때문이라고 확언했다. 또한 그는 단호한 결정을 내리려면 "대단히 강한 성격과 건설적이며 현실적인 상상력을 가진" 국왕이 필요했으며, 대동법은 "심각한 국가적 위기"에 대응한 "소수의 개혁자"들에 의해서 추진됐다고 주장했다.[38] 그의 결론은 대체로 타당하지만, 중앙 정부의 대신들도 개혁을 상당히 옹호했으며 국왕도 치세의 시작부터 호의를 갖고 있었다. 그러나 국왕은 부유한 지주들과 보수적인 신하들의 반대뿐만 아니라 중농과 빈농들이 새로운 조세제도를 도입해 자신들의 문제를 해결해주겠다는 정부의 약속을 믿지 않을 것이라는 우려 때문에 좀더 단호하게 행동할 수 없었다. 처음에 효종은 백성들이 낮은 세율을 선호할 것이라는 판단에서 3말을 선택했지만, 모든 비용을 충당하고 세율을 다시 올리지 않도록 하기 위해서 3배 이상 많아진 세율을 채택하기로 결정을 변경했다.

물론 그는 김육뿐만 아니라 조익 · 민응형 · 이시방 · 허적과 일부 대간의 강력한 주장을 용인했지만, 최명길 · 원두표 · 조석윤趙錫胤 · 김집, 그리고 끝으로 그가 추진한 반청정책의 강력한 옹호자였던 송시열의 반대도 무마해야 했다.[39] 효종은 그 쟁점을 둘러싸고 의견이 갈라져 있는 신하들에게 자신의 결정을 강요할 의지나 능력이 없었지만, 그의 지지는 그 정책을 역전시키는 데 핵심적인 역할을 했다는 측면에서 그를 약한 국왕으로 묘사하는 것도 부당하다. 그 결정은 개혁적 신하들의 명예로운 승리였다.

효종이 대동법을 추진하도록 임명한 신하들이 반대하면서 사직했기 때문에 결정의 시행은 그렇게 쉽지 않았다. 효종이 앞서 그것을 반대했던 호조판서 원두표에게 그 임무를 맡긴 것은 대동법의 실패를 유도하려는 계획적인 복안이었다고 해석할 수 있다. 김육은 이 결정에 격분하면서 원두표는 자신이 싫어하는 정책은 결코 추진하지 않을 것이라고 반발했다. 김육은 원두표의 능력을 전혀 존중하지 않았으며, 자신과 시행방법을 논의하기 위해 한번도 만나지 않아 명령의 체계를 무너뜨렸다고 그를 비판했다. 효종은 원두표의 임명을 방어했으며, 그가 자신의 명령을 수행하기 위해 생각을 포기할 것이라는 예상에서 그를 파직한 뒤에도 대동청의 주요한 관직에 계속 그를 임용했다.[40]

그럼에도 불구하고 많은 사람들이 그 제도를 비판했다. 이시방은 그 방안이 해안지역에는 효과가 있겠지만 구릉이나 고지대에서는 그렇지 않을 것이라고 말했다. 김육은 면포는 1결당 2필에 해당하는데, 농민들이 면포를 짜지 않을 경우 풍년이 들어 쌀값이 떨어진 뒤에는 (대동법에 규정된 1필당 5말의 가격 대신) 1필당 12말이 넘는 가격으로 대동포를 사서 납부해야 했다. 그러나 김육은 이런 문제는 쌀 대신 동전으로 납부하도록 하면 해결될 것이라고 결론지었다. 물론 김육은 주요한 교환수단으로 동전을 도입하자고 적극 주장했지만, 그 생각은 너무 앞선 것이어서 17세기 후반 숙종대에 와서야 면포 대신 화폐가 사용됐다.[41]

전라도의 해안지대(1658)

그러나 충청도에 대동법을 시행한 효종의 시책은 그 반대자들을 침묵하도록 위협하지는 않았다. 1652년(효종 2) 사간원 정언 이만웅李萬雄은 김육이 가장 주도적으로 추진한 두 가지 방안인 동전과 대동법의 도입을 비판했다. 이만웅이 대동법은 물론 동전에도 반대했다는 사실은 보수세력이 공납의 유지를 선호했으며, 상업과 화폐경제가 조선의 오래된 경제질서에 확대 적용되고 있다는 위험을 감지한 반작용이었다고 볼 수 있다.

이만웅은 충청도의 백성들이 대동법에 적극적으로 반대한다고 확신했다. 그것이 선전된 만큼 좋았다면 국왕은 어째서 그것을 전국에 시행하지 않았는가. 그는 관찰사 김홍욱金弘郁이 백성들의 생각을 철저히 조사하지 않았다고 비판했다. 그 때문에 부정적인 민심은 국왕에게 보고되지 않았으며, 조정의 선의는 백성들에게 전달되지 않았다.[42]

또한 이만웅은 대동세는 부유한 가호뿐만 아니라 빈농에게도 세금을 늘렸다는 이유에서 백성에게 긴급한 구휼이 필요할 때는 그것을 부과하지 말아야 한다고 주장했다. 그는 대사간 허적이 효종에게 충청도에서 시행된 대동법의 문제점을 아뢰지 않았다고 비판했다. 그는 우의정이 충청도를 방문했을 때 탄원 상소가 빗발쳤지만 국왕에게 보고하지 않았다고 들었으며, 대동법에 반대한 영의정 정태화는 그것을 도입하는 데 아무런 관심도 보이지 않았다고 주장했다. 이런 신하들은 처음에는 강원 · 충청 · 전라도에 대동법을 도입하는 데 찬성했지만 파직되자 마음을 바꿔 대신들에게 그 제도에 반대하는 편지를 썼던 이원익의 행동을 모방한 것이었다.[43]

실제로 충청도에서 대동법과 관련된 이만웅의 비판과 일치하는 몇 개의 보고가 있었다. 그 법률의 의도와는 반대로 지방의 병영과 수영의 정병들은 복무하면서 식량 · 생선 · 베개 · 모시 · 짚 등의 많은 물품을 내야 했는데, 그것은 보인의 군포보다 두 배 가량 비쌌다. 일부 농민들은 대동세가 자신들의 세금 부담을 증가시킨 것이라고 생각했으며, 1657년(효종 8) 사간원은 정병에게 추가적 부담을 지우는 것은 부당하다고 간언했다. 충청도의 병영에서 파견된 관원은 일반적인 할당보다 6배나 많은 생선을 사기 위해 해안 마을을 돌았으며, 그것을 산 뒤에도 병영까지 수송하기 위해 요금을 다시 지불했다. 1결당 10말로 규정된 대동미의 법적 한계와는 반대로 1653년 홍주洪州에서는 이전 수령이 빌린 환자를 갚기 위해 1.3말의 사대동을 걷었다는 보고가 올라왔다. 법적 길이보다 긴 면포가 요구됐으며, 상등포는 상인에게 지불하거나 수도에 납부하는 데 사용하는 추포로 교체됐다.[44]

지방 관원들은 대동법을 무시하면서 농민에게서 요역을 징발했으며 대동미를 사적으로 전용했다. 1657년 송시열은 관원들은 자금이 들어오는 즉시 사용하며 그런 뒤에 추가로 과세해 자신이 전용한 분량을 보충하려고 하는데, 이것은 지출을 계산해 세입을 산정하는 원칙量出爲入을 위반한 것이라고 주장했다.

세입이 남으면 관원과 서리들은 비축하는 대신 사채로 빌려주었으며, 어린도와 각사의 하급 관원들 또한 정부가 승인한 가격보다 싸게

물건을 샀다. 이런 이유에 근거해 그는 농민을 구제하기 위해 대동세를 줄여야 한다고 건의했다.[45]

효종은 이만웅의 의견에 대답하지 않았지만, 1654년 전라도까지 대동법을 확대하자는 김육의 건의를 정당화하기에 충분한 만큼 성공했다는 증거가 있다고 믿지는 않았다. 1656년 김육은 전라도 해안에서 파손된 13척의 전함을 수리하는 데 필요한 요역을 징발했으며, 또는 그 요역을 대체할 역포役布가 농민 가호당 50~60필 정도 부과됐다고 비판했다. "전라도 백성들은 매우 슬퍼하면서 국왕이 어째서 충청도만 사랑하고 자신들은 돌보지 않느냐고 항의합니다." 충청도에서 10말의 대동미를 채택하면 전선의 수리는 물론 진상의 비용도 충당할 수 있었을 것이다.[46]

1657년 김육은 전라도에서는 많은 백성들이 자기 도에도 대동법을 도입하자고 강력히 요구했지만, 그들의 요구는 50여 명의 수령들의 반대로 좌절됐다고 주장했다. 농민들은 이미 방납으로 1결당 60말이 넘는 부담을 지고 있었기 때문에 대동법의 채택은 현재의 부담을 5분의 1로 줄이고 그 도에서 필요한 세입도 모두 충족시킬 것이었다. 앞서 이만웅의 확언과는 반대로 김육은 충청도의 수령들은 대동법을 반대했지만 농민들은 그것을 대단히 기뻐하고 있으며 그 도는 다른 도의 부러움을 사고 있다고 주장했다.[47]

9월 효종이 대신들에게 김육의 제안을 논의하라고 지시하자 그들은 이만웅의 주장 이후 대동법의 확대는 충청도의 효과를 완전히 연구한 뒤 결정해야 한다는 조심스러운 입장을 밝혔다. 호조판서 홍명하洪命夏와 우의정 이후원李厚源은 해안지역의 백성들은 그 법을 선호하지만 전라도에는 공물을 수도로 운반하는 조운제도가 확립되어 있지 않아서 시장에서 공물을 구입할 수 없으며, 고지대의 백성들은 대동법을 강력히 반대하고 있다고 경고했다. 두 달 뒤 후임 호조판서 정유성鄭維城은 충청도에서는 공물로 수도에 공식적으로 납부하는 의약품은 시장에서 구입한 질이 떨어지는 물건으로 대체됐다면서 정부가 시장에서 물건을 구입하는 데 반대했다. 약초를 전문적으로 수집하는 요역이 폐지된 뒤 그 일은 전문지식이 없는 사람들에게 맡겨졌기 때문이었다.

이런 반대에도 불구하고 영의정 정태화는 허적에게 전라도의 대동법을 위한 규정의 초안을 호조판서 정유성에게 자문하라고 조언했으며 전라도 관찰사에게는 수령들의 의견을 조사하라고 지시했다. 관찰사의 보고는 실록에는 실려 있지 않지만, 당시 종친부를 맡고 있던 김육은 관찰사의 보고를 인용하면서 거기에 그릇된 내용이 담겨 있다고 생각했다. 그러나 거기서는 전라도의 수령 53명 중 34명은 대동법에 찬성했고 16명은 반대했으며 6명은 중립이라고 보고했기 때문에, 김육은 모든 수령이 대동법에 반대했다는 이전의 보고를 반박하는 자료로 이용했다. 한영국은 전라좌도에서 개혁에 반대한 지역은 거의 모두 고지대였는데, 전라좌도는 27개 현 중 20개가 고지대였던 반면 전라우도는 23개 현 중에서 6개만이 고지대였고 그중 3개는 뒤에 해안지역으로 다시 분류됐다고 밝혔다.

김육은 고지대의 주민들은 대동법에 찬성하지 않았는데, 1결당 10말이라는 매우 낮은 세율은 과거에 정부가 전라우도나 해안지역에 차별적인 세금을 적용했다는 사실을 반영하는 증거라고 파악했기 때문이라고 지적했다. 그는 효종에게 전라좌도의 조세 부담을 즉시 낮추고 도 전체에 10말의 일률적인 세율을 공평하게 적용하자고 건의했다. 그는 5말은 그해 안에 걷고 나머지는 이듬해 봄에 걷지만, 가을에 세금을 납부한 뒤 충청도와 균형을 맞추기 위해서 세율을 조정할 수 있다고 주장했다. 그러나 효종은 대신들과 미리 논의한 뒤에 시행하겠다면서 거부했다.[48]

전라도에 대동법을 확대할 수 있는 기회는 효종이 가장 신뢰한 신하

중 한 사람인 송시열이 1658년에 전라도를 여행한 뒤 돌아와서 백성들이 대동법을 좋아하며 자신도 그것은 '좋은 법률'이라고 생각한다고 천명하면서 후원을 얻었다.[49] 그러자 김육은 대동법은 전라도의 해안지역 27개 현에서만 채택하자고 건의했고, 10월 23일 사망하기 직전에 올린 마지막 상소에서 효종에게 자신이 추천한 서필원徐必遠을 전라도 관찰사로 임명해 자신이 죽은 뒤에도 개혁을 계속 추진할 것을 요청했다.

효종은 그를 기리는 제문에서 광해군대에 젊은 시절을 보낸 김육은 조광조의 동료였던 김식의 후손이었기 때문에 관직에 나아가지 못했다고 말했는데, 김식은 기묘사화에서 파직되어 유배 갔지만 도망쳤다가 은신처가 발각되자 자살했다. 김육은 인조반정 이후 처음으로 관직에 나와서 화려한 경력을 시작했으며 충청도와 전라도에 대동법을 실시할 것을 주도했다. 유감스럽게도 그는 김집을 신랄하게 공격한 결과 지나치게 독선적이라는 비판을 받았으며, 그런 평가는 세상을 떠날 때까지 그를 괴롭혔다. 그러나 효종은 김육만큼 국사國事를 성실히 수행한 사람을 보지 못했다면서 김육의 마지막 소원을 실천하겠다는 의지를 내보였다.[50]

그 뒤 효종은 서필원을 전라도 관찰사로 임명했지만, 10말의 세금은 5천 섬이 넘는 세수 부족을 야기할 것이라는 관측이 나오자 추후의 세율 인상을 막기 위해 13말로 세율을 높이기로 결정했다. 호조판서 정유성은 공인을 중앙에서 전라도로 보내 현지에서 자금을 받아 직접 물품을 구입하게 하고 운송 비용은 자신들의 이윤에서 충당케 하자고 제안했지만, 다른 신하들은 반대했다. 1658년(효종 9) 가을 효종은 마침내 전라도 해안지역에서 13말의 세율로 대동법을 시행하기로 결정했는데, 그 규정은 대부분 당시 충청도의 규정을 따랐으며, 공인에게 개인적으로 운반시키자는 정유성의 제안은 거부했다.[51]

효종 자신은 전라도의 고지대에 대동법을 시행하기 전인 1659년에 붕어했다. 그는 그렇게 할 의지가 있었는데, 백성들의 고통을 매우 안타까워했으며 지방 수령들이 모두 반대하고 있다는 관찰사의 보고를 받고 만족하지 않았기 때문이었다. 그는 관찰사에게 좀더 조사해 보고하라고 지시했으며, 거기서 올라온 보고는 적어도 저지대에서는 공납을 전세로 전환하는 조처를 찬성하고 있다는 수령들의 간접적인 증언을 김육에게 제공했다. 전라도 해안지역에 부과된 공납이 과도하다는 데는 거의 모두 동의했고 김육은 물론 많은 대신들도 찬성했으며, 효종도 백성의 고통에 동정을 표명한 결과 변화는 추진됐다.

유형원은 대동법에 대한 자신의 서술을 1658년의 사건으로 끝맺었지만, 개혁의 역사에서 차지한 비중으로 볼 때 분명히 그것은 조선의 제도개혁에서 가장 성공적인 사례의 하나였다. 대부분의 지주와 남부지방의 고지대 주민, 추가적인 세금이 될 것을 걱정한 농민, 그 제도가 충분한 세입을 확보하지 못할 것을 걱정하는 관원들의 반대를 극복해야 했다. 개혁을 주도한 김육은 조선 역사상 가장 인상적인 개혁자 중 한 사람이었지만, 허적 같은 남인과 당초 그 개혁에 반대했어도 남부지방의 농민들을 만나본 뒤 생각을 바꾼 송시열 같은 서인을 포함한 여러 신하들의 지원을 받았다. 개혁에 절대적인 권한을 행사한 효종은 거대하고 주목할 만한 개혁에서 핵심적인 역할을 했다. 다른 행정 사안과는 반대로 대동법은 개혁에 관심을 가진 다른 인물들에게 성공적인 모범이 됐다.

전라도의 고지대(1662)

붕어하기 전 효종은 송시열에게 가을까지는 전라도의 고지대와 관련해서 더이상 논의하지 말라는 지시를 남겼다. 현종이 즉위한 뒤 영의정 정태화는 고지대의 5개 현은 실제로 대동법을 찬성하고 있으므로 그곳만이 아니라 도 전체에 채택하는 것이 현명할 것이라고 아뢨다.

그러나 토지의 세율은 물론 미곡과 면포의 비율을 결정하는 복잡한 문제와 관련된 논의는 1660년(현종 1)까지 계속됐다. 정부는 백성에게 과중한 부담을 지우지 않으면서 공납을 대체할 수 있는 충분한 세입을 보장하는 세율을 결정해야 했으며 면포에 상당하는 곡물을 납부해야 했던 고지대 주민들을 차별하지 않기 위해서 미곡에 대한 면포의 교환 비율을 확정해야 했다. 그 결과 세율은 1결당 2필로 정해졌으며, 면포로 납부하기로 된 군현에서는 이런 세율로 납부하면 됐다. 다른 군현에서는 교환비율에 따라 미곡으로 납부했다. 그러나 그런 교환비율은 전세나 다른 도에서 사용되던 교환비율과 반드시 일치하지는 않았다.

아울러 대동법은 미곡이나 면포로 산정됐지만 관원들은 그것들을 따로 계산하지 않고 대부분 그것을 말斗 단위로 통합해 총세입을 산출했다. 달리 말하면 말은 쌀의 단위보다는 계산의 단위가 됐으며, 면포는 정부의 계산비율에 따라 말로 환산됐다.

충청도에서 세율은 1결당 2필이었고 대동미는 1결당 10말(즉 1필당 5말의 교환비율)이었다. 환산비율은 면포나 미곡으로 납부되는가에 상관없이 정확히 지켜졌지만, 대동포로만 납부해야 하는 지역의 농민들은 그것을 시장에서 사야 했다. 시장의 면포 가격이 정부에서 규정한 1필당 5말의 환산비율보다 높으면 1결당 10말로 책정된 대동세보다 더 많은 부담을 지게 됐으며, 시장의 가격이 낮으면 납세하는 농민들은 부담이 줄었다.[52] 전라도는 충청도보다 전라도가 쌀을 더 많이 생산했으므로 미가가 좀더 쌌다. 그 결과 경기도와 충청도에 적용됐던 10말의 세율은 전라도에는 너무 낮다고 판단한 정부는 충분한 세입을 확보하기 위해 13말로 올리기로 결정했다. 이런 조처에 따라 전라도의 고지대에서는 미곡과 면포의 교환비율을 해안지역과 다른 두 도에서 적용되던 1필당 5말의 비율이 아니라 6.5말로 올려야 했다.

1660년대 중반 현종은 가을 수확이 끝난 뒤 전라도의 고지대에도 대동법을 적용하기로 결정했다. 호조판서 홍명하는 효종의 치세 동안 전라도의 고지대에 대동법을 적용하는 문제를 논의한 결과 1결당 2필을 부과하되 미곡과 면포의 교환비율은 1필당 7말로 잡도록 합의됐다고 아뢨다. 이것은 면포를 사야 하는 고지대의 주민들은 1결당 2필을 내기 위해서는 14말을 팔아야 하므로 같은 도의 저지대나 해안지역의 세율보다 1결당 1말(7.7퍼센트)이 높다는 의미였다. 이시방은 환산비율을 1필당 6말로 낮춰 1필당 12필로 감축하자고 건의했지만, 그럴 경우 세입도 그만큼 줄었다.[53]

영의정 정태화는 대동법의 목적이 백성을 이롭게 하는 것이라면 1필당 7말의 환산비율이 좀더 좋다고 주장했지만, 호조판서 허적은 이시방이 제안한 6말의 환산비율이 당시의 실제 가격과 가깝다는 이유로 지지했다. 그는 1필당 5말로 정해진 충청도에서도 농민들은 그 가격에 시장에서 면포를 사기 어려웠으며, 해안지역(고지대보다 면포가 더 비싼)에서는 1필당 6~7말을 지불해야 했다고 지적했다.[54]

현종이 미곡은 1결당 13말, 면포는 1결당 2필(1필당 6.5말)로 세율을 정하는 것이 가장 좋은 타협안이라고 제안하자, 정태화는 두 제안 사이의 차이를 줄인 방안이라면서 찬성했다. 분명히 합리적인 해결책이었지만, 이런 환산 세율이 당시 미곡과 면포 가격의 정확한 시장가격을 평가한 것이 아니라면 면포를 사야 하는 납세자들은 부담이 더 커지거나 정부의 세입이 줄 것이었다. 유감스럽게도 정부에서 이용할 수 있는 정보는 풍문에 따른 보고였으며, 국왕은 면포의 실제 가격을 결정하기 위해서 도 전체에서 가격을 조사하라고 명령하지 않았다.[55]

1660년 현종은 전라도의 고지대에도 대동법을 시행하라고 하명했지만, 호조판서 허적과 우의정 원두표(대동법을 오랫동안 반대해왔다)가 전라도의 소출이 좋지 않다고 보고하자 이듬해 봄까지 결정을 미뤘으며,

전라도의 해안지역에서 이미 거둔 대동세는 (납세자들에게 돌려주기보다는) 구휼자금으로 사용하도록 해당 지역에 그대로 두라고 지시했다. 그 뒤 더이상의 논의는 중단됐다가 1662년 김육의 아들로 당시 예조판서였던 김좌명은 현종에게 이전의 약속을 상기시켰다. 그러자 국왕은 가을에 전라도의 고지대에도 대동법을 적용하겠다고 동의하면서 그 시행의 책임을 김좌명에게 맡겼다.[56]

충청도와 전라도의 대동법

대동법은 해안지역에서는 미곡으로 부과됐고, 정부가 고정한 환산비율로 곡식을 내도록 허락된 지역을 제외하면 고지대에서는 면포로 부과됐다. 국왕의 비용을 충당하고 훌륭한 효자, 그리고 그밖의 국가의 우대를 받는 사람들에게 특별히 지급된 면세지인 급복전給復田을 제외한 모든 토지에는 세금이 부과됐다. 세율은 1608년 경기도에서는 1결당 16말부터 시작해서 1651년 충청도에서는 1결당 10말, 1658년 전라도 해안과 1662년 전라도 고지대에서는 1결당 13말로 각각 달랐다. 고정된 환산비율은 시장가격을 반영하지 못했기 때문에 세율을 도에 따라 달리했다는 측면에서 그 제도는 통일성과 공정성을 결여했다.

대동세는 봄과 가을로 1년에 두 번씩 납부했으며 정부는 고지대에서 내는 면포의 단위를 길이 35척에 폭 7촌의 5승포로 규정했다. 그 면포의 가격은 호조에서 기준으로 사용하는 상목上木의 4분의 1밖에 되지 않았다는 측면을 감안하면, 그 목적은 고지대의 농민들에게 조세 부담을 줄이려는 것이 명백했다.[57]

대동법으로 걷은 세입은 이전에 현물로 납부하던 공물의 가격을 지불하고 의례 · 종이 · 의류의 비용, 그동안 요역으로 충당되던 노동의 임금, 수운과 육운을 통해 수도로 미곡과 면포를 운반하는 비용, 지방 감영과 관아의 지출을 충당하는 데 사용됐다. 그동안 아록전衙祿田과 공수전公須田, 중앙 관서의 세금이 면제되는 각자수세전各自收稅田 등에서 수령이 직접 걷던 세입도 그런 지출을 충당하는 데 사용됐다.

수도로 보내진 대동세는 그동안 현물로 납부한 공물을 구매하는 데 사용됐는데, 공물은 청에 바치는 진헌進獻이나 세폐歲幣, 국왕이나 종친 및 궁궐로 들어가는 진상, 그리고 각사에 들어가는 원공元貢의 세 가지 유형으로 나뉘었다. 그러나 정부 각사에서 필요한 물건을 사는 데 사용된 대동세는 점차 늘어갔다. 예컨대 1660년대에는 한 지역에서 수도의 16개 관서에 60가지의 물품을 바쳤지만, 1751년(영조 27)에는 23개의 관서를 위해 2백 개의 물품을 사야 했다.[58]

경기 · 강원 · 충청 · 전라도에 설치된 대동청은 선혜청 아래에 소속됐다. 선혜청에 배치된 3명의 도제조는 삼정승이 맡았다(1651년 김육은 영의정이었다). 제조 중 1명은 호조판서였으며, 나머지 2명은 관찰사와 상평창의 책임자가 맡았다. 낭청은 직접적인 운영의 책임을 맡았다.[59]

1652년 충청도의 과세된 경작지 13만 1,490결 중에서 궁궐의 비용이나 효자의 포상, 역참과 조운의 운영 등에 사용된 6,673결의 면세전(급복전 또는 복호復戶)은 대동세에서 제외됐으며, 그 결과 남은 과세지는 12만 4,746결이었다(그 뒤 연평균은 12만 4천 결이었다). 이런 면세지는 공정하고 공평하게 세금을 분배한다는 원칙에 중요한 예외였지만, 처음에는 그 분량이 많지 않았다. 그해 충청도에서 거둔 대동세는 모두 8만 3,164섬(124만 7,460말)이었는데, 그중 58퍼센트(4만 8,280섬)는 이전의 공물 품목을 사기 위해 수도에 보내졌고, 36.8퍼센트(3만 922섬)는 관아의 비용과 녹봉 등의 지출을 위해 지방에 남겨두었으며, 4.7퍼센트(3,962섬)는 수운과 육운의 비용으로 배정됐다. 중앙에서 할당한 세액을 내지 못하는 작은 군현의 부담을 줄여주기 위해서 큰 군현에서는 좀더 거두었다.[60]

1662년 전라도에서 대동세는 약 20만 결의 과세지에 부과되어 14만 7,134섬의 세입을 걷었으며, 그중 6만 1,218섬(41.6퍼센트)은 수도로 보내고 6만 1,218섬(58.4퍼센트)은 지방에 보유했는데, 그 비율은 충청도와 거의 반대였다. 전라도에서 봄에 처음 내는 대동세(1결당 6말)는 공물의 가격을 지불하고 그밖의 경비를 위해 수도로 보내졌지만, 수도에서 사용할 재원이 부족하면 여분을 가진 다른 도에서 보충했다. 가을에 걷은 대동세(7말)는 지방에서 보유했다. 대동세의 총액은 면포를 미곡(말)으로 환산해서 계산했다.[61]

한영국은 대동세에서 각 도의 차이에 주목했다. 공납제도에서 충청도는 전라도와 비교해서 55.5퍼센트의 인구와 71.4퍼센트의 토지를 가졌지만 공납은 83.3퍼센트를 부담했다(진상과 요역은 제외했다). 한영국은 충청도는 전라도의 62.5퍼센트만 내야 했다고 측정했다(두 도의 인구와 토지의 평균비율은 1 대 1.6이었다).[62]

물론 중국에 보낼 세폐를 사는 가격은 병자호란 이후 매우 증가했다. 조선은 금 1백 냥, 은 1만 냥, 그리고 20여 개의 다른 품목을 보내야 했다. 청에 대한 세폐는 1647년(인조 25), 1654년(효종 5), 1711년(숙종 37)에 단계적으로 줄었으며 마지막 해에 금과 은은 철폐됐지만, 18세기까지도 30가지가 넘는 품목을 보냈다.

1662년 전라도에서 수도로 보낸 5만 6,889섬의 곡식 중에서 1,661섬은 좋은 종이를 사는 데 썼고, 9,333섬(실제로는 면포와 미곡이 절반씩이었다)은 청에 보낼 면포를 구입했으며, 1,388섬은 청에 보낼 좋은 종이 2만 6천 동을 사는 데 충당했는데, 모두 1만 2,382섬으로 수도로 보내진 대동세의 21.8퍼센트였다. 이 분량 중에서 면포는 1711년에 절반이 경감됐다. 다른 도에서도 이 분량과 균형을 맞추어 납부해야 했다.[63]

경주인의 지위

대동법은 수도에 공물을 공급하는 방식을 변화시켰다. 고려 중기에 각 군현에서는 경주인京主人(또는 경저리京邸吏)으로 복무하도록 양인을 수도로 올려보냈다. 그는 지방과 중앙 관서 사이의 문서 연락을 감독하고 국왕의 명령을 각 현에 전달했다. 경주인은 1730년(영조 6) 영조가 모든 왕명과 행정 명령을 관찰사를 통해서 하달하도록 지시함으로써 지방에 명령을 전달하는 통로의 역할을 마쳤다. 또한 경주인은 번상 정병의 복무와 중앙 각사에 땔감과 연료를 공급하는 기인의 임무 수행을 감독했으며, 기인을 교체하는 비용을 지불했다. 그들은 자기 지역에서 올라온 관원과 향리 또는 그들의 지인에게 자기 집에서 숙식을 제공했다(그 비용은 수령에게서 이자를 더해서 받았다). 또한 필요한 경우 그들은 중앙 정부에 공물을 미리 바쳐야 했기 때문에 방납을 통해 좋은 공물을 팔고 정부에 바칠 싼 물건을 삼으로써 농민 또는 지방 정부와 중앙 정부를 중개하면서 불법적으로 큰 이득을 챙겼다.

그러나 대동법이 시행되면서 경주인은 향리나 양인이 순환 근무하지 않고 수도의 주민을 고용해 역가役價를 지불하는 방식으로 변경됐다. 대동청은 그들의 1년 역가인 20섬(전라도의 경우가 그랬고 충청도는 15섬이었다)을 대동세에서 지불했으며, 그들에게 국왕이나 중앙 관서에 바칠 공물을 시장에서 사도록 자금을 지급했다. 대신들은 경주인이 자유롭게 가격을 책정하도록 하고 수도에 일용품을 공급하는 그들의 수고를 포상하도록 법률로 보장하자고 건의했지만, 경주인들은 합리적인 이익을 얻기에는 지급되는 자금이 너무 적다고 불평했다.

그러나 경주인들은 자신의 지위를 이용해 큰 이익을 남기는 방법을 알게 됐는데, 주로 군포나 양역을 부담해야 하는 양인이나 향리, 또는 조세의 납부 기한을 지키거나 숙식비를 지불하기 위해 자금이 필요한 수령들에게 대부하는 방법이었다. 그들은 한 달에 10퍼센트의 고리로 대부해 이익을 보았는데, 그런 이익이 늘어난 결과 그들의 역가나 녹봉은 18세기 무렵 일반 군현에 소속된 주인은 1백 섬, 관찰사의 주인은 240섬, 병사兵使의 주인은 30섬, 수사의 주인은 4섬, 공고잡역工庫雜役은 170섬이었다. 경주인의 지위는 부를 보장했기 때문에 관원과 양반들은 수도에서 근무하는 경주인의 지위를 5천 냥에 샀으며, 감영의 경주인은 1만 냥이었다.[64]

대동법에서 지불된 기인의 비용

대동세는 그동안 기인이 내던 비용을 지불하는 데도 사용됐다. 공조에서 종이를 만들던 기인은 지방의 대동청에서 역가를 받았는데, 이것은 종이를 시장에서 사지 않고 기인이 만든 물건을 지불하는 데 대동세를 사용한 절충적 조정이었다. 비슷한 방식으로 이전에 호조에서 일하면서 전세 수입에서 임금을 받았던 공주인貢主人에게도 대동세에서 녹봉을 지급했다. 녹봉이 대동세로 전환된 그들은 이전에 공납으로 내던 물품을 구입하는 데 종사했다. 아울러 대동법은 1653년(효종 4) 진상 품목을 지불하기 위해 개정됐으며, 사복시司僕寺에 바칠 마필을 대동세로 대체하도록 확대되기도 했다.[65]

대동법에서 지불된 비용들

지방에서 보유한 대동세는 수령 · 관찰사 · 병사 · 수사들이 공적을 지출하는 비용을 지불하도록 지방 군현에 부과된 이전의 모든 부담을 대체하는 데 사용됐다. 그런 지출을 모두 파악하기 위해 군현은 면적에 따라 4개의 범주로 나뉘었으며, 지방에 보유된 대동세는 지필묵紙筆墨 · 의약품 · 기름을 마련하고 공식적인 손님을 대접하며 매년 실시하는 군사의 습진習陣, 소과의 운영 비용, 사액서원의 보조 등에 사용됐다. 조총 · 화약 · 탄환의 제작 비용도 대동세에 포함됐다.

대동세를 수도로 운반하는 데 필요한 선박을 건조하거나 수리하고 말을 유지하는 비용도 대동세에 예산으로 편성됐으며, 농민에게서 걷었던 이전의 부담은 삭제했다. 대동세가 수도에 도착하는 것을 확인하기 위해 선박에 탑승한 감독자에게도 보수가 지급됐다. 현재의 조운선이 늘어난 미곡과 면포를 운반하기에는 너무 크기가 작다는 우려도 제기됐다. 그밖에도 대동세는 진상을 관원들의 공무에 사용하는 말의 비용과 지방 관원들이 상경했을 때 숙박비로 지급됐지만, 낭비를 막기 위해 엄격한 규정을 적용했다. 대동세는 선원 · 노군 · 마부의 품삯을 지불하는 데도 사용됐다.

전체 비용

수령들은 그들의 지출의 전체 비용을 보고하고, 은닉됐거나 신고되지 않은 경작지를 색출해 대동세를 걷고 그것을 장부에 올려야 했다. 공식적인 손님을 접대하는 비용을 줄이기 위해 수령들은 대로에 있는 관청의 담장에 지출계획을 붙였다. 대동세에서 발생한 잉여세입은 미래의 흉작에 대비한 보험으로 저장하거나, 지출에 사용할 새로운 자금을 유지하기 위해서 이자를 붙여 대부했으며, 낭비를 막기 위해 기록을 유지했다. 상평청에서 유입된 자금 또한 부족에 대비한 재원으로 사용됐다. 세금을 공정하게 분배하기 위해서 가장 작은 행정구역인 현에서는 가장 큰 행정구역의 12분의 1만 납부했다.

대동세로 대체된 세금

전라도에서 진상을 바치기 위해 걷은 세금의 일부는 종묘에 바치는 특별한 음식과 그밖의 물품을 마련하기 위해 관찰사가 감영에 비축했다. 수령들은 외국 사신의 접대, 왕실에 진상할 모피, 호구조사에 사용되는 서무 비용, 염초와 폭약의 제조 비용, 임기를 마치고 이임하는 수령의 축하연 비용, 문무과의 향시와 악공의 비용에 사용하도록 현지에서 공물을 보유할 수 있었다. 그러나 대동법에서 중요하게 누락된 부분은 수령들이 소비한 꿩 · 닭 · 얼음 · 땔감 등의 비용을 백성들에게 자의적으로 계속 부담시킨 것이었다.[66]

이점과 약점

한영국은 일부의 자의적인 공납이나 요역이 혁파되지 않고 남아 있었지만, 대동법은 무계획적이고 자의적이며 과도한 공납을 대부분 폐지했다는 점에서 합리적이고 근대적이었다고 평가했다. 그것은 좀더 공평하게 과세해 행정구역에 따라 공동으로 납세케 함으로써 세금 분배를 개선했다. 그것은 복잡한 공물을 미곡과 면포로 단순화했고, 고지대에서는 미곡 대신 면포로 납부케 해 운송 비용을 줄였으며, 법률에 규정된 범위를 넘어선 부당한 부담을 모두 금지하고, 공물을 사는 데 지출할 비용을 확정하고 지방 군현을 네 범주로 나눠 그 지출의 수준을 결정함으로써 정부의 비용을 줄였다. 또한 그것은 세입이 모자랄 경우 재원을 보충하는 특별한 방법을 마련했으며 강제적인 요역을 임금노동으로 대체했다.

그러나 당시의 상황과 타협한 결과 대동법은 특권적인 지배계층이 주로 소유한 면세전에서는 대동세를 걷지 않았고, 일반적인 소비 품목의 공물 부담을 허용했으며, 관찰사가 특별한 손님을 맞는 데 사용하도록 관할 구역 안에서 특별하고 희귀한 물품을 요구할 수 있게 했다. 한영국은 이런 타협은 그가 '봉건적 제도'라고 부른 제약에서 발생했다고 주장했다.[67]

전라도에 확대 실시

김육은 전라도가 농업 생산에 중요하며 그 도의 백성들에게 부과된 조세 부담을 경감시켜야 하기 때문에 특히 긴급하게 확대 실시해야 한다고 믿었다. 1587년(선조 20) 전국의 토지 151만 194결 중에서 전라도에는 44만 2,189결(29.3퍼센트)이 있었는데, 조세로는 108만 7,477섬에서 35만 3,744섬(3.25퍼센트)을 차지했으며 그중에서 쌀은 전국 49만 2,222섬에서 23만 789섬(46.9퍼센트)을 납부했다. 전라도는 임진왜란으로 심각한 손실과 파괴를 겪었지만, 이전과 비슷한 부담이 책정됐다. 1646년 전라도에는 양안에 등록된 토지가 이전의 절반도 안 되는 20만 437결밖에 없었지만, 전국의 전세 27만 2,912섬 중에서 7만 5,720섬(27.7퍼센트)과 쌀로는 전국 9만 5,422섬에서 3만 8,281섬(40퍼센트)을 납부했다.[68]

조세 구조의 변화

대동법은 조선의 조세 구조를 바꾸었다. 1717년(숙종 43) 충청도 관찰사 윤헌주尹憲柱는 토지에 합법적이며 정상적으로 부과된 모든 세액은 1결당 쌀 25말인데, 그중 절반인 12말(13말에서 떨어진 수치였다)은 대동세였고, 6말(25퍼센트)은 전세稅米와 삼수미였으며, 6말은 지방에 꿩 · 닭 · 땔감 석탄을 마련하도록 부과된 잡비였다고 보고했다.[69] 이것은 그동안 국가 세수의 절반 정도를 차지하던 공물은 유통이 개방되어 필요한 곳에 상품을 공급함으로써 시장과 상업을 촉진하는 제도로 전환됐다는 의미였다. 이런 변화는 이미 불법적인 방납에서도 광범하게 나타났지만, 대동법은 정부에 납부하는 물건을 교역하는 데 모든 법률적인 장벽을 없앴다.

전라도 고지대에서 대동법의 철회(1667~68)

그러나 대동법을 반대하는 세력은 현종이 그것을 전라도로 확대하자 더욱 강하게 반발했다. 1664년(현종 5) 전라도 유생 배기裵紀 등은 그 세기에 접어들면서 저지대보다 고지대에 좀더 무거운 세금이 매겨졌다는 이유를 들면서 전라도 고지대에서 대동법을 철회해야 한다고 주청했다. 1603년(선조 36) 임진왜란 이후 처음 실시한 양전사업에서 정부는 그동안 황폐해졌고 농민들이 고지대로 이동해 토지를 개간했다는 이유에서 해안이나 저지대의 토지 비옥도를 낮게 매겼다. 그 결과 이후 고지대의 토질은 높은 등급으로 매겨졌으며 1663년에는 세금도 해안지역보다 몇 배나 높아졌다.

배기 등은 조세 납부를 위한 미곡과 면포의 교환비율은 1필당 6.5말로 정해졌지만, 면포의 품질은 5승포에서 6승포나 7승포로 상승했고 길이도 35척에서 39척으로 길어졌기 때문에 면포 1동의 가격은 6~7되로 높아졌다고 주장했다. 이것은 1필당 (미곡으로 환산했을 때) 9.2~10.7퍼센트 정도 가격이 상승함으로써 대동미를 내는 농민들에게는 조세 부담이 증가한 효과와 동일했다.

공인들이 그동안 공물로 납부하던 물건의 가격을 지불하는 데 더 좋은 품질의 면포를 요구하자 정부는 공인들의 요구를 거절하기 어렵다는 사실을 깨닫고 납세자들에게 그 비용을 전가시켰다. 대동세의 이런 상승은 정부가 세운 면포의 교환비율과 실제의 시장가격이 일치하지 않았기 때문에 발생했는데, 시장의 가격은 매년 수확량에 달려 있는 곡물의 가치뿐만 아니라 면포의 가격에 따라 변동했다. 면포의 가격은 수요의 증가나 공급의 부족 때문에 높아졌다. 면포의 가격 상승 요인이 무엇이든, 그것은 면포를 직접 짤 수 없기 때문에 대동포를 내기 위해서는 미곡을 팔아 면포를 사야 하는 고지대 주민들에게 조세 부담을 증가시킬 수밖에 없었다.

또한 배기 등은 대동법은 납부하는 곡식의 종류 및 수도와 해당 지역의 거리에 따라 부담액을 변동시킨 고대 우공禹貢의 제도에 따라 전국에 공평하고 정당하게 세금을 부과하는 데 실패했다고 주장했다. 오히려 당시 전라도에서는 1결당 13말을 납부했지만, 충청도는 10말만 냈다. 충청도는 전라도보다 수도와 가깝다는 이유에서 더 많은 세입을 창고에 비축하도록 허락받았다.

전라도 고지대에서 대동포를 납부하는 사람들은, 대동미 납부자들은 겪지 않을 일이지만, 면포의 품질이 나쁘다는 이유로 거부하기도 했고, 육운 비용은 대동법을 위반해 걷었으며, 실제의 세율은 1결당 13말을 내는 저지대의 농민과 비교해 25~26말 정도로 늘었다. 수령들은 전라도의 고지대에 일률적인 세율이 아니라 유동적인 세율을 적용했다. 그러나 수령들은 1~2결밖에 갖지 못한 소지주는 물론 7~8결을 가진 대지주에게도 같은 세금을 부과했다고 고발됐다는 사실을 볼 때 주요한 불만은 대지주를 우대한다는 것이었다.

상황이 이랬으므로 자연히 전라도의 유생들은 이전의 공납제도가 아무리 부담스러웠다고 해도 그것을 선호했으며, 그 제도에서 정부는 미곡과 면포를 비축할 필요 없이 직접 필요한 물품을 구입할 수 있었다. 대동법이 실시되면서 생산지에서는 상대적으로 저렴한 일부 품목이 수도에서는 가격이 등귀하게 됐다. 시장에서 구입하는 방식은 정부에 몇 배의 가격 부담을 지웠고 지주들에게는 세금을 증가시켰다.

대동법을 도입하기 이전에 남부지방 고지대에서는 1년에 세금을 두 번 걷었는데, 한번은 전세였고 다른 한번은 잡역이었다. 그러나 배기 등은 1결당 6말의 전세와 (고지대에서) 대동포로 전환된 세금은 봄과 여름에 걷고 저지대의 대동미(1결당 13말)는 가을과 겨울에 걷어서 너무 불편하다고 비판했다.[70] 잡역을 대체할 충분한 세입이 없었고 전세는 더이상 올리기에는 너무 많았기 때문에 수령들은 개별 가호에 새로운 조세를 부과했다. 배기 등은 전라도의 고지대에서 시행되는 대동세를 폐기해 적어도 10여 개의 현이라도 약간의 조세 부담을 덜어달라고 주청하면서 끝맺었다.

그럼에도 불구하고 그 뒤 2명의 전라도 관찰사들은 현종에게 대동법의 장점에 관련된 여론은 항상 나뉘며, 시간이 가면 모두 법률에 폐단이 생기므로 배기의 비판은 대동법을 폐기할 만한 충분한 요인이 아니며, 일부 문제들은 대동법 때문에 생긴 것이 아니라고 보고했다. 과부 · 고아 · 독자獨子 같은 파편적 가호와 수십 명의 양정을 보유한 대가호가 모두 하나의 가호로 계산되는 것은 부당했지만, 백성들은 여전히 대동법을 찬성한다는 것이었다.[71]

1663년(현종 4) 영의정 정태화는 전라도의 고지대에 있는 3개 현만이 대동법을 반대하고 있으며 1659년의 방안에 찬성했던 5개 현 중에서는 하나만이 그 생각을 그대로 유지하고 있다고 보고했다. 우의정 홍명하도 해안지역에서는 대동법을 찬성하지만 고지대에서는 반대한다고 결론지었다. 언제나처럼 대동법의 폐지를 요구한 좌의정 원두표와 대동법의 존속을 지지한 한성부윤 허적은 논쟁을 벌였다. 그러나 정태화와 홍명하는 원칙적으로 그 제도에 찬성했고 도 절반에서 폐지에 반대했기 때문에 현종에게 전라도에서 대동법을 유지하자고 조언했다.

그러나 정태화는 면포는 더 비싸졌고 쌀은 싸졌기 때문에 환산비율은 더이상 현실적이지 않다고 지적하면서 고지대에서 사용되는 쌀의 환산비율을 1필당 6.5말에서 7.5말로 올리자고 건의했고, 현종은 1664년 그 제안을 채택했다. 면포의 환산 가격 상승은 대동포를 내기 위해 목화를 길러 면포를 짜서 시장에 파는 농민들에게 분명히 이익을 주었을 것이다. 1665년에 현종이 환산비율을 1필당 8말로 다시 올리자 전라도의 고지대 백성들은 계속 반대했지만, 충청도 고지대에서 면포를 짜는 사람들은 1필당 5말로 터무니없게 낮게 평가되고 있다고 불평했다(반면 충청도에서 대동미를 내거나 면포를 사서 납부한 농민들은 전라도의 거주민들보다 낮은 세금을 누렸다).[72]

김옥근은 환산비율의 변화에서 야기된 대동세의 소폭 증가는 소지주와 경작자에게는 부담스럽지 않았을 것이라고 판단했는데, 가난한 백성들이 세율의 변동에 큰 변화를 받았다는 사실을 지나치게 간과한 견해라고 생각된다. 어쨌든 면포 가격의 상승은 대동포를 내기 위해 더 많은 곡물을 지불해야 했던 부유한 대지주들에게 불리한 현상이었다. 환산비율이 1필당 6.5말에서 8말로 상승함으로써 세금은 23퍼센트 정도 무거워졌으며, 그것은 전라도 고지대 거주자들은 1결당 13말을 내던 해안지역 거주자들보다 그만큼 많은 세금을 냈다는 의미였다. 실제의 세액은 배기 등이 주장했듯이 1결당 최고 25말 정도였지만, 환산비율 때문에 고지대에서는 더 무거운 조세를 부담했다. 그러므로 고지대 주민들은 대동법을 불만스러워하는 합당한 이유를 가졌던 것이다.

만약 정부가 전라도의 모든 백성들에게 공평하고 일정하게 과세했다면 저지대의 세율을 16말로 올리거나 고지대의 주민들이 13말의 세율로 면포를 내는 대신 쌀로 내도록 허락해야 했다. 정부가 고지대에서 면포로 내도록 고집하는 한, 시장가격이나 환산비율의 변화는 차별을 만들 수밖에 없었다.

1666년(현종 7) 1월 전라도 관찰사 민유중은 여론을 조사해본 결과 고지대에서는 대동법을 철회해야 한다고 건의했다. 현종은 그 건의를 받아들여 전라도의 고지대에서는 예전의 공납제도로 돌아가고 저지대에서는 세율을 13말에서 12말로 낮추도록 지시했다. 그러자 한 대간은 공납액을 다시 부과하기 위해 양전사업을 실시하고 국가의 필요 물품을 다시 조사해야 한다고 아뢨지만, 그런 사업을 추진하기 전에 현종은 전라도 암행어사 신명규申命圭에게서 자세한 보고를 받은 뒤 갑자기 마음을 바꾸었다. 신명규는 각 현을 직접 방문해본 결과 대동법을 반대하는 부류는 주요한 현에 사는 대가호였으며, 작은 현에 사는 가난한 소가호들은 그 법률의 복구를 바란다고 보고했다. 정태화와 홍명하(당시

좌의정)는 백성들이 대동법에 반대한다는 보고는 잘못 전달된 것이라고 아뢰었다.[73]

그러자 전임 관찰사 민유중은 전라도를 순시하면서 환산비율이 올라간 결과 대동포를 사기 위해 지불하는 곡식이 늘어났다고 불평하는 백성들이 많았다면서 전라도 고지대에서 대동법을 폐지하는 데 찬성했다. 그러나 그는 대동법이 폐지되고 공납제도로 되돌아가자 납세자들은 다시 한번 뇌물의 요구에 시달렸으며 품질이 낮다는 이유로 공물을 자의적으로 거부하는 상황으로 고통받게 됐다고 지적했다. 백성들은 대동법을 선호할 뿐만 아니라 수도의 각사주인各司主人들도 공물을 사는 자금을 마련하는 데는 대동법보다 효과적인 방법이 없었다고 생각했다.

그러자 이듬해(1668) 현종은 전라도 고지대에서 대동법을 복구하자는 민유중의 건의를 받아들여 세율을 13말에서 12말로 낮추고 환산비율을 1필당 8말로 유지했다. 김옥근이 지적했듯이, 전라도 고지대에서 대동법을 폐지하려는 현종의 원래 결정은 부유한 지주들의 견해가 전체 백성들의 주요 견해인 것처럼 와전된 보고에 기초한 것이었다. 현종은 대동미를 납부하는 저지대의 세율을 1말 줄임으로써 부담을 경감해주었지만, 1필당 8말의 환산비율을 복구함으로써 고지대에는 1결당 16말의 세율을 적용했는데, 이것은 저지대의 12말보다 33퍼센트가 높은 수치였다. 그는 전라도 고지대의 대지주들을 왕명에 도전한다는 이유로 처벌하려고 했지만 같은 세율을 소규모의 경작자에게도 부과했다.[74]

어쨌든 면포와 미곡의 시장가격과 정부의 환산비율 간의 변동, 그리고 각 도 간의 세율 변화 때문에 대동세의 공정한 세율을 확립하는 데 어려움을 겪었다는 사실은 4개 도와 2개 도의 일부에 그 제도를 확대한 뒤에도 그 제도 자체에 대한 저항이 계속된 까닭을 설명해준다. 그러나 이런 어려움들은 대부분의 양인 농민들이 그 개혁을 찬성하는 데 심각한 영향을 주지는 않았다.

황해도에 확대 적용(1666)

조정에서 전라도의 고지대에 대동법을 확대하는 문제를 논의하는 동안 1666년(현종 7) 함경도 관찰사 민정중은 세율에 대한 규정이 없었기 때문에 농민의 세금이 증가했다고 비판했다. 현종은 대동법과 비슷한 제도인 상정법詳定法이라는 이름의 세제개혁을 진행하라고 동의했다. 미곡과 면포 등으로 토지에 부과되는 세금은 각 현에 부과된 일반 공물과 진상을 구매하는 데 사용하고, 그런 물품을 구입하고 남은 분량은 행정 비용에 사용하도록 지방에 보관했다. 상평청은 모든 지방에서 상정세를 받아 수령 대신 중앙 각사에 납부했다.[75]

이처럼 1666년 무렵 대동법이나 그것과 비슷한 법률은 경상도 · 평안도 · 황해도를 제외한 모든 지방에 확산됐으며, 평안도와 황해도에서는 공납을 전세로 대체한 대동법의 일부 방식이 적용되고 있었다.

1666년 이후의 대동법

1658년(효종 9) 이후 10년 동안 전라도에서 대동법을 처리하는 과정은 현종과 일부 신하들은 여론에 유의했으며, 소농과 빈농들의 곤경을 동정했다는 사실을 보여주었다. 현종이 그 법률의 적합성을 상당히 회의적으로 생각한 까닭은 여론에 대한 부정확한 정보 때문이었다. 당시는 여론을 대규모로 조사할 수 있는 방법이 없었기 때문에 국왕과 신하들은 관찰사의 보고에만 의존할 수밖에 없었으며, 관찰사는 수령에게서 받은 보고를 받아들이거나 거부하거나 부분적으로 선택했다. 그러나 이러한 정규적인 보고의 경로를 불신한 현종은 암행어사의 좀더 자세한 보고를 재빨리 수용해 전라도 고지대에 대동법을 즉시 복구했다.

전라도에서 올라온 부정적인 보고의 영향으로 전라도 고지대에서 대동법을 혁파하자고 건의했던 민유중과 정태화도 의견을 바꾸어 부분적이며 불안전한 정보에 기초해 판단했다는 사실을 즉시 시인했다.

왕권이 약화됐기 때문에 대동법의 확대를 이루기 위해서는 김육 같은 강력하고 건설적인 대신이 필요했다고 지적한 최칭영의 견해는 과장된 것이라고 생각된다.[76] 김육의 역할은 매우 중요했으며, 그가 사망한 뒤 국왕과 대신들은 점차 그 개혁에 찬성하게 됐지만 백성들의 여망을 거스르면서 강제로 시행할 의도는 없었다. 그런 태도를 민주주의의 원형이라고 칭송한 견해를 비판한 그의 지적은 옳았지만, 당시 정부는 전근대적인 조사와 분석, 통신 때문에 여론을 정확하게 파악하지는 못했어도, 여론에 커다란 주의를 기울였다. 전라도 고지대에 대동법을 다시 시행하기로 결정했을 때 현종은 부유한 지주들은 그 법률에 반대하리라는 것을 알았지만 그들의 이익에 거의 직접적으로 도전하면서 그 도입을 지시했다.

전라도에서 농민들이 비축해둔 식량이 바닥나기 시작하는 봄에 새로 경작하는 토지에서 전세를 걷는 방안은 물론 한 해 전체의 대동세를 징수하자는 생각은 아직도 반대에 부딪혔지만, 이와는 반대로 충청도에서는 봄과 가을로 나누어 절반씩 걷었다. 이런 문제를 고치기 위해서 현종은 충청도의 방식을 전라도에도 확대하자는 민유중의 건의를 받아들였다.[77]

그럼에도 불구하고 전라도에서 대동법을 적용하는 데 모든 문제가 해결된 것은 아니었다. 1662년(현종 3) 이후 일부 수령들은 징세를 감독하지 못했으며 자신들의 책임을 서리에게 돌리거나 그들과 공모해 무거운 세금을 걷었다. 해안지대의 어부들은 당국에서 대가를 받지 못한 채 다양한 구실로 공물을 독촉받았다. 중국에 보낼 좋은 품질의 종이를 시전에서 즉시 구입할 수 없게 되자 정부는 종이의 공납을 일시적으로 다시 할당했다. 사옹원의 서리들은 죽순을 사기 위해 다량의 면포를 요구했으며 불법적인 뇌물을 받았다. 당국의 처벌을 받아도 자리에서 쫓겨나지는 않았기 때문에 그들은 그런 관행을 지속했다.

1671년 군기시의 관원은 쌀값이 오를 때까지 대동미를 저장했다가 팔아서 이득을 챙겼다고 체포됐다. 훈련도감에서는 조총을 사는 데 필요 이상의 자금을 요구해 이익을 남겼다. 조정 관원들은 농민들을 강제로 요역에 동원하지 못하게 한 대동법의 규정을 무시한 채 대가를 지불하지 않고 승려들을 토목사업에 징발했으며, 승려들이 도망가면 그들 대신 일반 농민을 징발했다.

중앙 각사에서는 대동법의 제한을 넘어 공주인에게 추가로 물품을 자주 요구했으며 그들에게 이익을 남겨주지 않았는데, 그 때문에 1666년(현종 7) 호조판서 김수흥은 평안도의 비축곡을 1년 동안 선혜청으로 이관하자고 건의했다. 지방에 총기가 보급되면서 사냥의 효율이 높아져 동물의 숫자가 줄어들고 시장에서 가격이 상승한 결과 국왕에게 바칠 육류의 공급이 부족해졌다. 가격이 비싸져 원활하게 소비할 수 없게 되자 신하들은 농민들을 강제로 동원해 공물로 바칠 짐승을 사냥했다. 1670년 현종은 그런 백성들의 부담을 줄이기 위해 두 대비에게 바치는 육류를 줄임으로써 그 문제를 해결하려고 시도했다. 1668년 정부는 왕비 · 공주 · 대신의 묘소를 조성하고 수호하는 인원을 줄였다.[78]

전라도 고지대에 대동법을 시행하는 것과 관련된 이런 모든 문제에도 불구하고, 대동법을 연구한 대표적인 학자인 한영국은 백성들이 여전히 그 개혁을 환영했다고 믿었다. 그런 확신을 엽증하는 증거는 희박하지만 한영국은 중요한 징후를 몇 가지 발견했다. 1673년(현종 14) 충청도의 대동세가 부족하게 걷히자 당황한 신하들은 그 도는 더이상 세율을 올릴 수 없기 때문에 대동법을 폐지해야 한다고 주장했다. 그러나 충청도의 생원 김민도金敏道는 대동법으로 충청도 농민들의 세금은

1658년 이전 1결당 80~90말에서 10말로 줄었다고 상소했다. 세율이 당시 전라도와 경기도처럼 12말로 오른다면 농민들은 항의하지 않을 것이었다.[79]

며칠 뒤 우의정 김수홍은 대동법의 세율을 2말 더 올리자는 김민도의 요구는 충청도의 여론에 바탕한 것이며 선혜청에서는 좀더 많은 세입을 필요로 한다고 보고했으며, 현종은 새로운 관찰사 또한 일정한 개혁에 찬성했다고 언급했다. 호조판서 민유중은 청주의 완고하고 반항적인 백성들이 대동법을 폐지하는 데 반대한 까닭은 그렇게 되면 수령들이 일용품을 바치도록 할 것이기 때문에 반대했다는 사실을 상기시켰다. 홍문관 교리 이인환李寅煥은 세율의 인상은 대동법을 폐지하는 것과 거의 다르지 않다는 이유로 반대했다. 이인환의 반대는 자신의 고향인 청주를 보호하기 위한 것이라면서 김수홍이 비판하자 현종은 대동세를 2말 올리자는 김수홍의 조언을 채택했다.

『숙종실록』의 사관은 유감스럽게도 세율을 인상하게 된 까닭은 대동법 자체가 아니라 정부의 낭비 때문이었다는 의견을 삽입했다.

> 대동법은 토지를 기준으로 공물을 부과하는 선왕의 뜻은 아니지만, 후세에 백성을 편하게 하고 나라를 풍족하게 하는 정치로서는 가장 좋은 방법이다. 이 제도를 조절해 수입을 헤아려 지출한다면 부족을 걱정할 염려가 전혀 없을 것이다. 그러나 지금은 가뭄이 계속 들어 헐벗은 백성에게 세금을 더 걷으려고 하니 이것이 어찌 민심이 바라는 것이겠는가. 그렇지 않으면 이미 시행되고 있는 훌륭한 제도를 혁파하여 백성들을 거듭 고달프게 한 채 돌아보지 않을 것이니, 나라를 운영하는 방도가 잘못됐다고 하겠다. 대저 공부貢賦는 일정하고 용도用度는 무한하니 절제하지 않으면 해마다 공부가 증가하더라도 넉넉할 수 있겠는가. 이인환은 민심이 (증세를) 원치 않는다는 사실만 아뢰고 용도를 절약해 백성을 사

량해야 한다는 간언을 반복 개진해 임금과 재상의 마음을 깨닫게 하지 못했다.[80]

끝으로 한영국은 1677년 승지 이원정李元禎이 경상도의 백성들은 다른 도보다 두 배에 이르는 공납의 부담에서 벗어나기 위해 대동법의 도입을 간절히 바라고 있다고 보고한 자료를 대동법이 널리 호응받았음을 보여주는 추가적 증거로 제시했다.[81] 한영국은 대동법은 국가의 핵심적인 재정 기반인 전라도에서는 성공적이었다고 결론지었다. 그 뒤 대동법의 효과는 점차 감퇴했으며 농민들이 그것을 새로운 전세이자 추가적인 부담으로 생각하게 됐는데, 이런 결과는 제도 자체의 문제가 아니라 경제제도의 전반적인 질서 이완과 부패 때문이었다.[82] 또한 한영국은 30년이 넘은 대동법의 확산을 둘러싸고 30년 넘게 지속된 논쟁은 그 정책이 정부가 부유한 지주, 수령, 그리고 조정의 보수적인 신하들의 반대를 넘어서 백성들의 여망을 중시한 결과 채택됐다는 측면에서 중요하다고 확신했다.[83]

| 결론

대동법은 녹봉과 지출에 관련된 전체적인 제도를 전면적으로 개혁하려는 유형원의 계획에 토대를 제공했지만, 대동법을 추진한 역사에 대한 그의 설명은 상당히 간략했다. 유형원은 1608년(선조 41) 이원익의 발언과 경기도에 대동법을 채택한 이후 1651년(효종 2) 충청도에 그 제도를 확대하는 데 보여준 김육의 중요한 역할을 언급했을 뿐, 그가 못 보았기 때문일 수도 있지만, 김육이 국왕에게 올린 유명한 상소는 인용하지 않았다. 충청도의 백성들이 그 개혁을 지지하자 김육은 그것을 전라도에도 시행하자고 건의했지만, 신하들의 반대로 효종은 전라도 해안지역에만 적용했다고 유형원은 말했다.

또한 그는 충청도와 전라도에 적용된 대동법의 세율은 같지 않았고 전국에 적용할 일정한 세율이나 제도는 마련되지 않았는데, 대동세는 일정한 세율이 적용되지 않은 각 도의 공납액을 대체하기 위해 채택됐기 때문이었다고 그 까닭을 설명했다. 대동세가 공평해질 수 있는 관건은 전세를 부과하기 위한 양전사업이었지만, 그 기록들은 불완전한 등록이나 부정한 은결隱結 때문에 훼손됐다 — 이것은 그 법률의 제도적 결함에 대한 날카로운 분석이었다. 이런 이유들 때문에 경기도의 대동법 세율은 다른 도보다 높게 매겨진 것이었다.

유형원은 1653년(효종 4)에 전라도 부안으로 이주해서 1673년(현종 14)에 사망했지만, 1658년(효종 9)의 대동법까지만 설명했으며 1660년대 전라도 고지대에 확대를 둘러싼 논쟁은 언급하지 않았다. 또한 그는 당시 연구해야 할 유일한 자료는 김육이 충청도를 위해 마련한 『대동절목大同節目』 한 권뿐이었다고 썼다.[84]

유형원은 대동법을 둘러싼 조정의 모든 논의를 알지 못했으며 전라도 · 함경도 · 경상도의 고지대로 그것을 확대하거나 일부 내용을 수정한 사실은 서술하지 않았지만, 그가 1660년대 정점에 다다른 개혁의 강력한 물결에 휩싸였다는 사실은 의문의 여지가 없었다. 이이 · 조헌 · 유성룡 · 한백겸 · 이원익 · 권분 · 김육 · 허적 같은 주요한 정치가들은 그 과정에서 핵심적 역할을 했지만, 임진왜란도 주요한 촉매를 제공했다. 이런 조정의 개혁적 신하들에게는 견고한 구심점이 있었는데, 그것은 광해군과 인조는 물론 효종과 현종처럼 더욱 적극적인 국왕의 지원이었다. 유형원이 국가 재정을 합리화하고 개혁하기 위해서 대동법을 채택한 가장 중요한 자극은 이처럼 장기지속된 역사의 힘이었다.

관원과 서리들의 자의적인 착취를 줄이는 방향으로 추진된 개혁의 노력은 뇌물의 원천을 보호하려던 보수적 관원과 자신들의 토지에 부가세를 매기려는 생각에 반발한 지주들의 거센 반대에 부딪힐 수밖에 없었다는 사실을 조선 전체에 대동법을 시행하는 과정에서 보여준다. 대동법은 이전의 불법적인 방납으로 공물을 구입하는 비용을 줄였을 뿐만 아니라 의례나 중앙 · 지방 정부의 각종 비용, 우연한 지출, 국왕과 중앙 관서에 공물을 운반하는 데 드는 요역 같은 비용을 없앴다. 그 때문에 대동법은 공납제도의 무계획적이고 자의적이며 과도한 강요에 대한 합리적인 진보로 평가됐다. 그것은 잡다한 공물을 면포와 미곡으로 단순화시킴으로써 세금의 분배를 개선했고 법률에 규정된 이상의 부당한 부담을 금지했으며, 공물을 사는 데 드는 가격을 확정함으로써 정부의 지출을 줄였고 조세 지출의 수준을 결정하기 위해 각 현을 4개의 범주로 나누었으며, 세입이 모자랄 때 재원을 보충하기 위한 특별한 방안을 마련하고 대동세에서 나온 자금을 사용해 강제적인 요역을 임금노동으로 전환시켰다. 끝으로 그것은 이전보다 더욱 확대된 시장거래로 가는 길을 엶으로써 교역과 상업을 촉진시켰다.

그 제도의 주요한 결함은 완성될 때까지 추진되지 않았다는 것이었다. 정부는 관원에게 일반적인 소비 품목은 현물로 징수하도록 허락했고, 관찰사에게는 특별한 손님에게 사용할 진귀한 물품을 관할 구역 안에서 걷을 수 있도록 허락했다. 그것은 또한 도마다 다른 세율을 없애고 면포와 미곡 사이의 공정한 환산비율을 확립할 수 있는 공식을 만들어 시행하는 데 실패했다. 그러나 가장 심각한 약점은 징세의 기반을 토지로 전환했음에도 불구하고 정부는 지주들에게 조세 부담을 공정하게 분배하기 위해서 경작지를 정확하고 정기적으로 꾸준히 조사하지 않았다는 것이었다. 19세기 무렵까지 공납은 전세로 계속 전환됐지만, 대동법은 퇴보하고 부패한 결과 농민반란의 주요한 원인의 하나가 됐다.

제22장

녹봉과 지출을 위한 대동법의 모범

"만약 (진상이) 나라를 병들게 하고 덕망을 손상시킨다고 말하면 국왕을 존경하지 않는다고 지목하니, 이것은 온 나라에 피해를 입히는 행위다."[1]

"상점이 번창하고 모든 물건이 유통되면 어떤 물건이 긴급하게 필요해도 걱정할 필요가 없을 것이다."[2]

유형원은 대동법을 간략히 소개했지만, 근본적으로 낮은 세금에 기반했기 때문에 세입이 충분치 않았고 그 결과 정부에서는 분량의 제한 없이 자주 백성에게 부담을 지웠던 전통적인 조세제도를 매우 진전시킨 제도라고 평가했다. 대동법은 공식적인 세율을 확정함으로써 농민들이 매년 납부해야 할 세금을 명시했다. 그 제도가 도입됨으로써 "재정 수요를 계산하고 거기에 따라 미곡을 징수했으며 정부가 지출을 통제할" 수 있게 됐다. 그러나 이런 장점에도 불구하고 많은 신하들은 공납을 전세로 돌리고 전국에 그 제도를 도입하는 데 반대했다고 유형원은 지적했다.

유형원은 서원書員들이 농민에게서 토지를 강탈하고 몰수했으며 양안을 관리했기 때문에 당시의 전세는 혼란스러웠으며, 수령들은 은결을 고의로 묵인했다고 비판했다. 각 지역의 전세는 양안에 올라 있는 수치에 따라 결정됐기 때문에 은결이 많은 지역에서는 허술한 양전사업에서 가장 이익을 볼 수 있었다. 농민들이 과중한 세금에서 벗어날 수 있는 유일한 기회는 그 지역 안의 조세 할당량의 분배와 관련해 은결의 소유자와 사적으로 협상하는 것이었다.

만약 어떤 지역의 실제 경작지 중에서 10분의 1만이 과세됐다면 세입의 부족이 야기됐으므로 국가는 그 손실을 보충하기 위해 특별한 세금을 부과할 수밖에 없었다. 정부에서 1백 필의 세금이 추가로 필요할 경우 그것은 등록된 토지의 분량에 기초해 일정한 기준 없이 각 도에 분배됐다. 각 도의 관찰사들은 각 군현에 할당량을 정했고, 군현에서는 (호적에 등록된 가호의) 호수에게 할당량을 나누었으며, 호수들은 농민에게 과세했다. 이런 모든 과정에서 관원과 서리들은 거래나 뇌물을 요구해 이익을 챙겼고, 법적인 한도를 넘어서 세금을 부과했다. 특히 전통적 공납제도에서 백성들은 할당량이 얼마인지 몰랐으며, 관원과 서리들은 그것을 이용해 자의적으로 세율을 정해 공물을 운반할 때마다 이익을 챙겼다. 서리들이 정직하다고 해도 그들이 좀더 징수해야 했던 까닭은 손실에 대비한 잉여를 마련하려는 정당한 조치였다.[3]

아울러 공물이 해당 지역에서 더이상 생산되지 않을 경우 농민들은 그것을 중개인을 통해 사야 했다. 관원과 농민 모두 공물이 해당 지역에서 생산되는지 신경 쓸 필요가 없었는데, 공납액은 등록된 토지의 분량이나 양정의 숫자에 따라 부과됐으므로 잘못 책정된 할당량은 그 지방에 계속 적용됐기 때문이었다. 결국 서리들은 국가와 백성을 희생시켜 자신의 이익을 챙길 수 있는 완전한 기회를 가진 것이었다.[4]

전국에 이런 추가적인 세금을 증액하는 과정은 "전국의 백성과 가호를 고통스럽고 분주하게 만들고, 수령과 향리들은 백성에게 세금을 부과하기 위한 서류작업을 확대했으며, 그 과정에서 뇌물의 수수가 증가했다."[5] 이런 추가적인 증세의 결과 백성들은 적어도 20만~30만 필을 부담하게 됐지만, 중앙 정부에 돌아가는 분량은 1백 필 정도밖에 되지 않았다. 거의 매일 이런 과정을 되풀이한 결과 백성들은 동요됐으며,

관원들의 정규 녹봉은 너무 낮았고 서리들은 정규 녹봉을 전혀 받지 못했기 때문에 그들은 생계를 유지하기 위해 공금을 유용하고 부정한 뇌물을 받을 수밖에 없었다. 정직한 서리들은 곤궁에 빠졌고, 적당히 정직한 서리들은 생존하기 위해서 부정을 저질렀으며, 가장 탐욕스럽고 부패한 서리들은 부유해졌다.

유형원은 "제도 때문에 풍속이 이렇게 됐기 때문에" 대동법이 백성에 대한 자의적이고 규제받지 않은 추가적인 과세를 충분히 없앨 수 있는지는 명확치 않았다고 결론지었다. (유형원이 자신의 저작에서 논의한 마지막 시점인 1658년까지) 대동법의 규정에는 국가가 필요로 한 재원의 분량을 평가하고 그런 자금을 만들기 위해서 미곡이나 면포로 토지에 부과된 세율을 계산한 내용이 포함됐기 때문에 추가적인 징세를 없앨 수 있는 합리적인 방법이었다. 그럼에도 불구하고 지출을 예상해 세입을 책정하는 이런 방식(양출위입)은 세입에 맞추어 지출을 제한하는 고전적 원칙(양입위출)과는 반대였기 때문에 진정한 경제적 안정은 국가 스스로 현재의 지출 수준을 줄여야만 이룰 수 있었다.

조정의 모든 신하들은 대동법이 효과를 나타내기 위해서는 양전사업이 필요했기 때문에 대동법에 반대했다고 유형원은 언급했다. 유형원은 그들이 양전을 반대한 이유는 설명하지 않았지만, 전국적인 양전의 비용이 클 뿐만 아니라 좀더 정확한 등록으로 부유한 지주들의 세금이 크게 증가할 것이었기 때문이었다고 추론할 수 있다. 유형원이 말했듯이 "국가가 백성에게서 징세하는 데 일정한 제도를 두지 않고 한정 없이 걷으려고 한다면, 그것은 미혹되고 무식한 행위이거나 불의하게 나라를 저버리는 행위였다."[6] 유형원은 공물을 사는 비용을 대체하는 것을 넘어서 국방비의 일부를 포함한 정부의 모든 세입을 포괄할 수 있을 정도까지 대동법을 확대하려고 했기 때문에 지주와 소작인에게 공정하고 공평하게 과세하려면 전국의 모든 경작지를 정확히 조사해야 한다고 주장했다. 물론 토지제도와 관련해서 그는 토지소유권과 소작제도를 폐기하고 모든 농가에 기본적 토지를 재분배하자고 제안함으로써 한 걸음 더 나아갔다.

유형원은 관찰사와 수령 사이의 현실적인 결탁이 대동법을 시행하는 데 장애가 됐다고 믿었다. 그 문제에 관련된 공개적인 논의에 참석한 그는 관찰사와 수령이 자기 도에서 대동법을 막는 데 서로의 역할에 대해 감사했다는 말을 들었는데, 그 개혁이 시행되면 수령들은 자신들이 필요한 물품을 얻을 수 있는 방법이 없어지기 때문이었다. 그는 그들이 국가와 백성의 이익에 봉사해야 하는 공적인 필요에 대해서 논의해야 마땅하다고 생각했기 때문에 그 대화를 기이하게 여겼다. 고려할 만한 가치가 있는 기반은 정규적인 조세와 관원의 녹봉제도가 전국적으로 확립되어 있다는 사실이었다. 그러나 그들은 왕법王法 아래 운영되는 정부에서 그 자신의 사적 이익과 욕망을 만족시킬 수 있는 방도를 찾았다.[7]

유형원은 정부에서 소요되는 물품과 국역, 그리고 그런 물품을 수도로 운송하는 비용을 지불하는 데 합리적으로 예산을 할당하면 중앙 정부와 국왕을 위한 모든 형태의 공물을 대체할 수 있을 것이라고 확신했다. 각 지역마다 크게 다른 잡역은 그 비용을 계산해 충분한 세금을 부과하고 정규 세입에서 그 비용을 지불하면 공평하고 일정하게 만들 수 있을 것이었다. 정직하고 성실한 관원과 효율적인 정부 운영은 정부가 국가의 모든 관원에게 적당한 녹봉을 지급하고 각사에서 필요한 모든 비용을 지급하며 수령이 향리의 녹봉을 주기 위해 자의적으로 부가세를 징수하는 행태를 막아야만 이루어질 수 있었다. 정부 재정은 승인된 국가의 세금을 통해 합법적이고 공개적으로 축적된 재원經稅에서 충당하고, 그런 재원에서 지출해야 했다經費. 그는 그런 재원은 국가가 미리 결정한 세율에 기초해 마련하고, 수령 · 관원 · 서리들이 자의적이고 과도하게 추가적인 세금을 부과하지 못하도록 해야 한다고 생각했다.

그는 대동법은 오랜 논쟁을 거치면서 오명이 붙었기 때문에 그 명칭을 사용하지 않고 그 제도를 모방하려는 생각이라고 밝혔다. 그는 진정한 쟁점이 무엇인지를 명확히 하기 위해서 정규적인 세입經稅으로 지불해야 하는 정규적인 지출經用에 논의를 국한하려고 했다. 그는 당시의 대동법이 지출을 계산해서 세입을 확정한다(양출위입) — 근대의 예산과 동일하다 — 고 비판했는데, 세입에 따라 지출을 제한하는 고전적 방식(양입위출)을 사용하면 당시 정부 재정의 더욱 심각한 문제인 추가적이고 자의적이며 잡다한 세금을 제한 없이 부과하는 관행을 종식시킬 수 있다고 판단했기 때문이었다.[8]

유형원은 정부 재정을 급진적이며 진보적으로 합리화하려고 시도했지만, 지출을 미리 계산하는 위험성을 고려하는 보수적인 판단에서 급진적 제도를 완화했다. 요컨대 그는 균형 잡힌 예산에 대해서 논의했던 것이다. 그는 국가의 부채가 발생할 가능성을 막고 재정의 부족을 개인 단체에서 충당하는 데 찬성하지 않았기 때문에 예산 부족을 막기 위해서 미리 지출을 계산해 예상된 세입에 맞추어 그것을 줄이려고 했으며, 긴급 상황이나 예측하지 못한 변화, 또는 계산 착오로 생긴 부족을 용납하지 않았다. 그러나 낮게 잡은 예상 세입에 따른 재정 부족을 국가 부채를 야기시키지 않고 막을 수 있는 유일한 방법은 추가적인 과세를 그때그때 허용하는 것이었는데, 이것은 유형원이 극복하려고 노력한 관행이었다.

공납의 개혁

진상

조선의 공납제도에서 두드러진 특징의 하나는 국왕만을 위한 진상이 강제적으로 부과되고 국왕에게 직속된 관서가 그것을 운영했다는 사실이었다. 과도한 진상에 반대한 조광조와 이이의 견해에 호응해서 유형원은 그것을 폐지하고 국왕의 지출은 정규 관서에서 관리해야 한다고 제안했는데, 이 계획은 갑오개혁에 와서 채택됐다.[9] 국왕은 재상의 녹봉보다 10배의 수입을 받았던 주대의 원칙에 따라 그 관서에서 국왕의 지출을 계산해야 한다고 유형원은 제안했다. 그 새로운 관서는 조운을 통해 수도로 보내진 조세에서 사옹원이나 상의원에 총액을 지불했다. 내수사는 더이상 필요하지 않았기 때문에 폐지해도 괜찮았다. 그 대신 사옹원은 중국의 관행에 따라 주인에게 시장가격의 적어도 두 배에 해당하는 가격을 미곡이나 화폐로 지급했다. 간장 · 식초 · 술 · 소금 같은 특별한 품목은 직접 만들어 보관해서 사용했다. 일년에 한두 차례 열리는 의례에서 사용하는 귤이나 포도처럼 특정한 시기에 익는 과일만 현물로 바치게 했다. 그렇지 않으면 국왕이 소비하는 모든 물건의 비용과 국왕을 위한 역사役事의 비용도 다른 특별한 과세 없이 정규 세금에서 충당했다.

의복을 포함한 국왕과 왕비의 모든 지출, 궁궐의 유지, 환관과 궁녀의 녹봉 등은 정규 세입에서 지불됐다. 세자는 국왕 수입의 5분의 1을 받았으며, 다른 대군과 공주들은 궁궐을 떠나 독립된 사저로 나갈 때 국고에서 지원을 받았다. 주대에 태자가 봉건 제후와 동일한 영지 정도만 받은 사실과 비교하면 이런 규모의 비용은 특히 관대했다고 유형원은 지적했다. 왕비는 그 자신의 지출과 궁녀를 위해서 국왕 수입의 6분의 1을 받았으며, 후궁은 음식 · 의복 · 노비에 사용할 자금을 받았다. 유형원은 국왕에서 서인까지 고전적 원칙에 따른 이런 정부의 지출은 합당하다고 생각했으며, 개인은 품계에 따라 차감되면서 지원을 받도록 했다. 최고의 재상이라도 자신의 녹봉에서 부모를 모셔야 했으며, 국왕은 자신의 모후와 왕비를 위해서 따로 재원을 받았다.

또한 유형원은 각 도에서 매달 올리는 진상을 폐지하고, 도덕적인 의무에서 새해 첫날에만 국왕에게 공물을 바치도록 하자고 제안했다. 그때도 진상은 주인을 통해 정규적인 세입에서 시장에서 사도록 했다. 관찰사들도 주인을 활용해 진상을 바쳤으며, 각 도에 비축된 세원에서 비용을 지불하거나 공장을 고용해 필요한 물건을 만들게 했다. 어떤 경우라도 관찰사들이 국왕의 필요를 맞추기 위해 공물이나 세금을 다시 부과할 수는 없었으며, 각 도의 병사兵使와 수사水使는 진상의 의무에서 면제됐다.

유형원은 주대의 천자들은 진상을 요구하지 않았다는 이유에서 이런 제안을 정당화했다. 그는 봉건 제후들은 자신의 국가에서 생산된 특산물을 예의의 표시로 천자에게 바쳤지만 천자는 늘 그것을 사양했다고 덧붙였다. 당시 조선에서도 국왕에게 예의의 표시로 공물을 바치기 위해 1년에 한번 진상을 올리는 것은 매우 합당했다. 그러나 만약 물건의 품질이 떨어지면 도주道主는 주대의 관행에 따라 봉건 제후처럼 그런 무례한 행동을 견책할 수 있었지만, 그동안 중앙의 서리들이 그랬던 것처럼 물건을 거부하거나 다시 요구해서는 안 됐다.

유형원은 새해 첫날 전문箋文과 공물을 바치는 의례를 중시해서 당이나 원에서 사용했던 절차를 채택하자고 제안했다. 원대에 예부는 각 지역에서 올라온 사절이 황제에게 나아가 전문을 읽고 특산물을 바치며 황제의 교서를 받는 절차를 주관했다. 유형원은 국왕이 집전하는 모든 의례와 접대, 봉양에 이런 절차를 사용하자고 제안했다. 받은 물건은 호조처럼 그 처리를 맡은 특정한 관서로 보냈다. 요컨대 국왕의 봉양과 국왕이 집전하는 모든 의례에 드는 비용은 전제적인 국왕의 제어하기 어려운 탐욕을 규제하기 위해서 정규 관서가 전적으로 담당했다. 제한된 왕권의 이상적 형태는 지나친 왕권을 제한하는 종교적 수단으로 의례를 사용했던 주의 봉건제도였다.[10]

또한 유형원은 16세기 후반으로 돌아가 진상은 약간의 물건을 넘을 필요가 없으며 고대의 성군들은 자신의 소비를 충당하기 위해서 전국에서 공물을 바치는 방식이 합당하다고 생각하지 않았다는 이이의 발언을 인용했다. 유형원은 공납의 도덕적 근거를 강조함으로써 이이의 발언을 확대했다. "백성들은 국왕에게 충성을 보이는 정당한 의무에서 공물을 바치며, 국왕은 그것을 예의를 갖추어 받는다." 그러나 조선 초기에는 없었지만 중반부터 진상은 한 달에서 두세 번씩 온갖 진미를 올리도록 운영됐다. 이런 모든 부담은 정규 공납에 포함됐으며, 관찰사들은 그 책임을 수령들에게 전가시켰다.

경기도에서 수령들은 찰방에게 책임을 전가했으며, 객주와 서리가 뇌물이나 방납에서 이익을 얻도록 허용하면서 백성들에게 세금을 재분배했다. 유형원이 말했듯이 "올려야 할 진상은 달군 꼬챙이처럼 괴롭고, 바쳐야 할 뇌물은 말에 실은 짐처럼 쌓여 있었다." 진상의 실제 운영은 원래의 의도였던 의리나 예절과는 전혀 무관했다. 운송 도중 부패할 위험성이나 운송의 어려움은 전혀 생각지 않고 기후에 상관없이 요구되는 물건의 분량과 종류는 수많은 가호의 소득을 줄였으며, "국왕이 눈길 한번 주지 않을" 물건을 공급하느라 역시 수많은 가호에 피해를 입혔다.

> 국왕은 참으로 긴급히 필요한 물건이 있어도 가난한 백성을 독촉하고 수탈해 길가에서 추위에 떨게 만들며 걱정과 근심을 하소연할 곳이 없는

상황을 본다면 눈물을 감출 수 없을 것이다. 하물며 비린내가 나는 날 음식은 쉽게 물리며 맛도 좋지 않고 배도 부르지 않지만, 그것을 마련하는 데 백성을 힘들게 한다.

이것은 알기 어려운 것이 아니지만 국왕은 깊은 궁궐의 편안한 자리에 앉아 있기 때문에 그런 폐단을 헤아리기 어려우며, 아첨하는 신하들은 자신이 가장 임금을 사랑한다고 생각해서 진상이 나라를 병들게 하고 국왕의 덕망을 손상시킨다고 말하는 사람이 있으면 국왕을 업신여기는 사람이라고 지목한다. 이 때문에 온 나라가 도탄에 빠지는 것이다.[11]

계속해서 유형원은 조선의 진상을 중국과 대비하면서 비판했다. 삼대에는 조선의 진상과 동일한 물품을 바쳤다는 기록이 없을 뿐만 아니라 한 · 당에서도 정규 세입에서 모든 공물을 구입하는 정규 관서가 따로 있었다. "외방에서 진상했다는 말은 들어보지 못했다." 게다가 중국에는 조선의 진상과 비슷한 용어가 없었다. 선물을 지나치게 모았다고 역사가들에게 혹평된 당 덕종조차 비단 이외는 받지 않았으므로 조선 국왕처럼 매달 생선을 바치지는 않았을 것이다. 명대에 황제에게 바치는 선물은 더욱 다양해졌지만 은과 화폐로 걷은 세금은 광록시에 납부됐으며, 광록시에서는 황제에게 바칠 물건을 모두 시장에서 샀다. 이런 제도는 조선의 진상처럼 독립적인 세금을 농민에게 부과하지 않으면서도 황제가 필요한 물품을 충분히 공급했다.

조선에서 진상품은 모두 사옹원이나 상의원 같은 국왕의 직속 관서에서 직접 지불했기 때문에 국왕의 요구는 정규 세금에서 재원이 충당되지 않았으며 진상을 관리하는 정규 관서도 없었다. 진상의 3분의 2는 중앙 각사를 통해 국왕에게 올렸으며 각 현에서는 매달 또는 매일 진상의 가격을 지불해야 했다. 인구의 80~90퍼센트에 해당하는 많은 사람들이 역참을 통해 수도로 진상을 운반하는 데 동원됐다.[12]

유형원은 자국의 국왕들이 선정을 펴지 못한 까닭을 역사가 기록되기 시작한 시기부터 부당한 법률과 제도를 채택했기 때문이라고 판단했다. 고대의 한국인들은 문화적으로 고립되고 열등했기 때문에 중국의 모범적인 제도보다 많이 부족했다. 유형원은 3세기에 고구려가 옥저를 정복한 뒤 생선과 소금 같은 해산물을 1천여 리 떨어진 자국으로 운반하도록 했다는 『통전』의 기록에서 진상의 기원을 찾았다. 반대로 중국은 주대 이후 중앙집권적 관료제도가 시행되는 시기로 타락하기 이전에는 성군이 다스렸다. "우리나라는 처음에는 오랑캐의 후예로서 그 습속이 남아 있었기 때문에 우리 조정이 이전의 누추한 풍속을 씻어 새롭게 했어도 모두 변화시킬 수는 없었다."[13]

이제 조선의 제도를 고대 중국의 성군이 시행했던 제도에 맞게 개편함으로써 국왕은 적절한 공급을 보장받고 진상과 관련된 모든 해악을 제거할 수 있는 시기가 됐다. 국왕에게 직속된 내수사와 국왕이 국가의 재화를 사유재산처럼 처리할 수 있다는 생각을 폐기하면 "모든 백성을 괴롭히는 병폐를 해결해 그들의 마음을 복종시킴으로써 국력과 국방을 부강하게 하고 교화를 이루어 태평한 정치에 도달할 수 있을 것이다."[14]

조선에서는 국왕의 개인적 이익과 구미를 만족시키는 것이 국가를 쇠락시키고 백성을 피폐하게 만들 것을 걱정하는 것보다 우선했다. 그러나 최고의 음식과 물건을 무리하게 요구했음에도 불구하고 진상품의 품질은 나빴다. 중국의 제도는 백성의 생계와 직업과 건강을 우선했기 때문에 명백히 우월했다. 이처럼 유형원은 중국 제도를 도입해 관서를 설치하고 일반 세입에서 진상품을 구입하자고 주장했다. 봉건시대에 의례를 거행하기 위한 진상의 흔적은 새해 첫날에 거행되는 의식에서 유지됐는데 "조정에서 예의를 갖춰 그것을 받는다면 고대의 예법에 가깝게 될 것이었다."[15]

유형원은 이이와 조헌 같은 16세기 정치가들이 진상을 비판한 견해에서도 영향을 받았지만, 진상은 고구려의 야만적이고 비도덕적인 제도에서 기원했기 때문에 중국의 방법보다 열등하다고 믿었다. 호전적인 고구려는 상호간의 의무와 격식을 갖춘 공경을 국왕의 요구보다 경시했다고 확신한 유형원은 고대의 성군들이 정의한 고전적 규범의 핵심을 보존한 것으로 믿었던 중국의 제도를 도입할 것을 호소했다. 그는 중국인의 민족성과는 무관하게 성군들의 지혜를 존경했기 때문에 그런 규범을 숭앙했지만, 최근 일부 학자들이 실학에 대해 제시한 해석과는 반대로, 그가 초기 한국의 야만적 본질과 그런 야만적 제도를 17세기에 보존하려는 시도를 비판한 것은 초기 단계 — 완전히 발전한 것은 고사하고 — 의 민족주의가 나타난 결과로 해석될 수 없다.

각사에 바친 공납

진상에 반대했던 유형원은 사실 고대 중국에서도 봉건 제후들이 지역마다 특산물을 공물로 바친 선례가 있다는 사실을 발견했지만, 공물의 납부와 수령은 국왕과 제후 사이의 도덕적 예의와 관련된 제도였다고 판단했다. 품질이 낮은 물건을 바치면, 그것을 생산한 농민이 아니라 그것을 바친 제후가 견책당했다. 즉 봉건제도에서는 농민에게 추가 부담을 지우는 것은 말할 것도 없고 품질이 낮다는 이유로 공물을 거부하는 권한(점퇴)을 중앙 각사의 이서들에게 주지 않았던 것이다. 그러나 조선의 관료제도에서 일반 백성들은 한꺼번에 공물을 바쳐야 했으며 서리의 거부권에 시달렸다. 거부된 공물을 대체해야 할 때마다 농민들은 관련된 모든 행정조직의 뇌물과 부정에 영향을 받았다.[16]

고전적 봉건제도에서 성군이 다스리던 정부는 우공禹貢의 제도에 따라서 농민이 거둔 수확의 10퍼센트나 상인이 올린 수입의 10퍼센트에만 과세했고 모든 불법적인 세금은 금지했지만, 당시 조선의 공납은 그런 고대의 방식과는 반대로 다른 세금에 추가로 부과됐다. 고대에 기내畿內에서는 쌀과 기장만 징수하고 다른 물품은 요구하지 않았다. 기외畿外에 있는 봉건 제후의 국가에서는 공납으로 10퍼센트의 세금을 내서 그것으로 물건을 구매했다. 즉 농민은 전세만 납부한 것이었다. 그러나 당시 조선에서는 전국에서 수많은 특산물을 추가적인 세금으로 납부해야 했다는 측면에서 당시의 공납은 고대 중국의 제도와 명목상으로만 일치했던 것이다.[17]

| 매매 절차

공물주인을 대체한 무비주인

유형원은 중앙 각사에서 소비되는 모든 물건을 공물의 목록으로 작성하자고 제안했다. 불필요한 지출을 제외한 뒤 할당량을 결정하고, 각사는 각 품목의 목록을 작성했다. 의례와 종묘에서 사용되는 물건은 따로 할당했다. 각 현이나 이전의 공물주인이 현물로 납부되던 공물은 대동법에 따라 무비주인貿備主人이 물건을 구매하는 방식으로 대체됐다. 정부는 이런 무비주인에게 각사에서 필요한 물건을 시장가격보다 몇 배 높은 가격으로 살 수 있는 자유로운 자금을 세입에서 주었으며, 이런 정부의 할당 금액은 흉작이 들어도 유지됐다. 또한 유형원은 그런 구매 자금은 화폐와 미곡으로 절반씩 비축하도록 했다.

유형원은 무비주인은 정부에서 녹봉을 받는 관원이라기보다는 반半개인적인 상인으로 활동할 것으로 예상했다. 모든 구매는 가장 사소한 소비 품목까지도 모두 수도에서 이루어졌다. 비슷한 방식으로, 관찰사들은 필요한 물품을 지방의 감영에서 구입했으며, 각 현에서 공물을 요구할 수는 없었다. 또한 유형원은 점퇴나 좋은 물건을 싸게 팔도록 시장에 요구하는 등의 공납제도에서 만연했던 부정을 허용하지 못하도록 규제했다.

유형원은 당시 몇 도에서 시행되고 있던 대동법에서도 긴급한 경우 수령들이 공물을 추가로 배정해 사실상 백성에게 추가적인 부담을 지우고 있으며, 공물주인을 결정하고 가격을 확정하는 데 어떤 엄격한 규정이 없었기 때문에 수도로 물품을 수송하는 과정에서 뇌물을 받거나 파손될 가능성이 있다고 경고했다. 공납제도에 수반된 폐단을 모두 없애기 위해서는 영구적이고 의무적인 규정을 만들 필요가 있었다. 관찰사들은 (각 현이 아니라) 자신들에게 특별히 할당된 진상을 각 현에서 비용을 지불하도록 해서는 안 됐다. 필요한 물품을 얻기 위해 각 현에 다시 할당해야 할 긴급한 상황일 경우 관찰사들은 무비주인을 고용해 시장에서 물건을 사거나 생산자에게서 직접 구매해야 했다.[18]

자율적인 가격과 시장의 발전

유형원은 중국처럼 상품이 시장에서 유통되지 않고 상품에 자율적인 가격을 매기도록 허용하면 중앙으로 충분한 분량이 유입되지 않게 되어 각사에서는 항상 물품이 부족하게 될 것이라는 이유에서 비축의 필요성을 제기하는 사람들이 있다고 언급했다. 유형원은 일정한 기간에는 시전에서 상품을 살 수 없다고 인정했지만, 적절한 가격으로 상품을 구매하지 않았기 때문에 상품이 수도로 유입되지 않는 것이라고 확신했다. 그는 시장에서 구매하는 제도가 시행되면 2~3년 안에 이런 걱정은 사라질 것이라고 확신했다. 조선의 도로 사정은 열악했지만 이윤을 남길 수 있는 기회를 잡기 위해 수송의 어려움은 극복될 것이었다. "(시장보다) 싼 가격을 매기면 사람들은 그것을 사서 이익을 남기기 위해 필사적으로 모여들 것이어서 금지할 수 없을 것이다." 현물 공납은 이미 오래 전부터 방납으로 대체됐기 때문에 백성들은 이미 공물을 사고 뇌물을 바치기 위한 자금을 모아두는 데 익숙했다.

수도에서 사기 어려운 일부 품목의 경우 수도의 상품 가격은 지정된 군현에서 납부한 세금을 계산해 공제했으며, 수령들은 이런 세금을 보유했다가 무비주인을 고용했다. 수령은 무비주인에게 자금을 주고 생산지에서 물건을 구매하는 대리인으로 파견했는데, 대개 '공물부로貢物父老'라고 불렸으며 수도에서 사용된 방식과 비슷했다. 정부는 말과 운송 비용도 지불했으며, 각 현에 공물을 추가로 배정하는 공납제도의 관행을 유지하기보다는 긴급한 상황이 발생할 경우 이런 방식으로 시장에서 물건을 사는 방식을 채택했다.[19]

정부의 시장 규제 : 가격의 보조

유형원은 시장 구매와 관련해서 판매자와 무비주인이 서로 협상해 가격을 결정해야 한다고 생각하지 않았다. 반대로 그는 정부가 당시의 시장가격보다 높은 가격을 책정해야 한다고 주장했다 — 이것은 1594년(선조 27) 유성룡의 대동법을 채택한 이후 관원들이 상인에게서 낮은 가격으로 물건을 요구하는 행태를 고치기 위해 1608년(선조 41) 한백겸이 제안한 방안을 따른 주장이었다. 즉 유형원은 상인들이 대동법을 반대하지 않도록 하기 위해서는 그들이 정부에 물건을 판매해 이익을 얻을 수 있도록 보장하고, 수도로 상품이 지속적으로 유입되도록 동기를 부여해야 한다고 암시한 것이었다. 그는 국가가 상인의 자금을 보충하고, 상품을 지속적으로 재생산해 상인이 이익을 남길 수 있도록 보조해야 할 뿐만 아니라 시장의 활력을 보장해야 한다고 생각했다. 국가는 이전에 국왕과 정부에 납부하던 공물을 구매하는 주요한 소비자가 됐기 때문에 이런 목적을 이룰 수 있는 능력을 가졌다.

대동법이 시장의 발전에 주요한 자극이 됐다는 것은 의심의 여지가 없었지만, 유형원은 생산자들이 경쟁을 통해 비용이나 가격을 낮추거나 비효율적인 생산자를 도태시키는 자유시장의 이점을 옹호하는 경제이론을 발전시키지는 않았다. 반대로 그는 높은 비용을 들이는 생산자들에게 정부에서 가격을 보조해 이익을 보장해줌으로써 검약과 효율을 감소시켰다. 그는 수도와 지방의 주요 도시로 상품이 지속적으로 유입되도록 하기 위해서는 시장에 대한 통제를 막아야 한다고 생각했기 때문에 많은 상품의 주요한 소비자인 국가는 상인에게서 더 좋은 가격을 얻기 위해 구매를 독점하지 말아야 한다고 주장했다.

유형원의 경제이론은 객관적인 경제적 영향력을 가치 평가를 배제한 채 분석하기보다는 도덕적 기준에 바탕했기 때문에, 정부 관원들이 상인과 생산자의 이익을 보호하고 보장하기 위해서 자신들의 이익을 제한해야 한다고 생각한 것은 자연스러웠다 — 그러나 소박하기도 했다. 대동법의 반대자들은 관원과 서리들이 상인에게 제값을 지불하지 않거나 낮은 가격으로 팔도록 강요할 것으로 예상했다는 점에서 견고한 근거를 갖고 있었다. 그는 학식과 도덕을 충분히 훈련받아 관원에 선발된 우월한 도덕적 기준을 갖고 있는 부류는 탐욕을 극복해 일반 농민들에게 납세를 강요하지 않으면서 상품을 충분히 공급하도록 할 수 있을 것이라고 믿었지만, 그러나 이 경우에는 시장가격보다 높게 정부에서 보조하도록 규정함으로써 대동법에서 관원이 상인을 착취하는 것을 국가가 강제로 막도록 했다.

❙ 관서 및 출장, 그리고 그밖의 비용들

관서의 소비와 시장 구매

유형원은 호조에서 중앙과 지방 관서의 비용을 확정하고 무비주인이 구매할 수 있는 재원으로 비축한 쌀價米로 물건을 사는 정가를 확정한다고 명시했다. 유형원은 감영에 소속된 향리들은 거기서 사용하는 지묵紙墨을 공급하면서 그것을 이용해 농민을 수탈했으며, 이후 모든 군현·진관·역참·향교는 자신에게 할당된 공금에서 그런 비용을 내야 했다고 언급했다.[20]

당시 요역과 공납은 방납을 통해 면포나 미곡으로 대체됐지만, 관원들은 긴급 지출을 충당하기 위해 상품과 요역을 추가로 요구할 수 있었는데, 자주 공사의 구분을 어겼다고 지적했다. 녹봉은 상당히 적었기 때문에 중앙의 대신들은 지방 관원에게서 선물을 요구하는 것이 당연하다고 생각했다. 수령들은, 특히 처음 관직을 얻었을 때, 대신과 양반들은 물론 조정에 있는 친구들에게 선물을 보내야 했으며, 그런 인사는 사적 행동에서 공적 업무로 변질됐다. 유형원은 15세기 영의정 황희黃喜가 대신에게 선물을 보내지 않은 지방 관원을 추고하도록 계청했다고 비판했다. "지금 사람들은 모두 그것은 외방에서 조정을 존중하도록 만들려는 의도였다고 상찬한다. 또한 수령이 된 사람은 다른 관원들과는 달리 친구를 도와주어야 한다고 말하는데, 이것 역시 널리 퍼진 풍습이다."[21]

그러나 유형원은 뇌물 — 차·약·종이·먹 등을 포함해서 — 은 모두 궁극적으로 "백성들에게서 온 것"이기 때문에 "대부大夫로 가는 문"을 열어주지 않는다는 경구를 상기시켰다. 중앙의 최고 대신들은 가장 청렴하게 행동할 것으로 기대됐지만, 수령으로 처음 관직을 시작했을 때 그들은 자신의 친구를 돕기 위해서 백성들을 착취하는 경우가 많았다. 모든 관원들에게 적절한 녹봉을 주면 선물을 보내는 일반적인 관행은 없앨 수 있었다. "법률을 만드는 사람이 사적인 이해관계에 영향을 받으면 모든 일이 잘못될 것이다." 공사의 명확한 구별은 도덕적 행동과 비도덕적 행동, 천리와 인욕을 구분하는 관건이었다. "나라의 일을 처리하고 제도를 입안할 때는 조금이라도 사적인 이익을 개입시켜서는 안 된다."[22]

당시 정부 관서에는 공무에 필요한 물건뿐만 아니라 개인적인 물건도 많이 있었지만 그 둘의 혼동을 막는 엄격한 구별 방법도 없었는데, 특히 사신과 손님을 접대할 때 그런 경우가 많았다. 유형원은 미리 기본적인 분량의 미곡을 비축했다가 사용하는 방식을 선호했다. 꿀 · 기름 · 꿩 · 닭 같은 개별 항목의 비용을 나열하는 대신 수령들은 적절한 자금을 배정할 수 있었다. 그러면 "관아에서 공무와 사무의 지출이 뒤섞이는 폐단이 없어질 것이다."[23] 나아가 유형원은 앞으로 시장이 발달하면 예상되는 모든 수요를 충분히 공급할 것이라고 했다. "상점이 발달해 모든 물건이 시장에서 유통되면 긴급히 필요한 물건이라도 걱정하지 않고 모두 살 수 있을 것이다."[24] 관아의 기본 비용뿐만 아니라 생선과 소금처럼 늘 구입해야 하는 일반적인 소비 품목은 시장에서 직접 구입할 수 있을 것이었다.

그럼에도 불구하고 관아의 수요는 중앙 각사의 비용보다 좀더 가변적이었지만, 유형원은 시장에 의존한다고 해서 관원들이 상인들에게 헐값에 물건을 팔도록 강요해서는 안 된다고 강조했다.

> 수도에는 조정의 모든 관서가 소재하고 있으니 대신의 가문도 하나의 사가私家일 뿐이므로 시장에서 매일 교역해도 폐단이 없을 것이지만, 군읍郡邑은 백성들의 생활을 모두 장악하고 있으므로 작은 현이라도 그것

을 운영하는 원리는 국가를 경영하는 것과 같다. 만약 관원이 시장에서 백성을 상대로 직접 교역하면 관원과 이서들도 개인적인 이익을 추구하게 될 것이므로 폐단이 생길 것은 자명한 이치다.[25]

이런 결과는 구매할 물건의 품목과 그 가격을 결정함으로써 피해야 했는데, 중앙 각사는 상인과 많은 상품의 가격을 협상했기 때문에 수도에서는 이미 시행되고 있는 절차였다. 일용품의 가격은 확정된 뒤에라도 나중에 상황이 바뀌면 항상 재조정할 수 있었다. 미가가 일단 결정되면 관청에서 소비되는 모든 일용품(기름 · 꿀 · 꿩 · 닭 등)을 구매하는 자금은 관원 · 수령 · 관찰사 · 진장, 그리고 그들에게 소속된 여러 서리와 향관들의 녹봉에 가산했다.[26]

특히 꿩 · 닭의 구매와 관련해서 유형원은 대동법보다 좀더 급진적인 방안을 제안했는데, 그것은 토지 8결당 1명의 농부가 꿩과 닭을 1마리씩 공급해야 한다는 것이었다. 그러나 유형원은 이런 현물 부담을 요구해서는 안 되며, 서리들은 더 큰 이익을 부정하게 취하기 위한 구실로 꿩과 닭을 부과했기 때문에 쌀로 환산된 모든 비용은 공적 예산에 포함되어야 한다고 규정했다. 관원들은 공정한 가격을 계산해서 규정에 따라 구매해야 했으며 "상인들이 이윤을 얻도록 한 뒤에야 공사의 이익이 모두 충족될 것"이었다.

기름과 꿀의 구매도 같은 절차에 따라 이루어졌다. 관원들은 이런 일용품에 넉넉한 가격을 매겨 공사의 이익이 모두 손상되지 않도록 했다. "만약 이예吏隸들이 낮은 가격에 공급하도록 강요해서 백성에게 해를 입히면 엄격하게 처벌했다."[27]

또한 유형원은 부패하고 탐욕스러운 서리들이 뇌물을 추구하는 행태는 공물 품목을 바꾸거나 현물 납부 방식을 시장에서 구입하는 방식으로 변경해도 풀리지 않을 것이라는 주장에 반대했다. 만약 상품이 필요할 때마다 즉시 구입한다면 구매에서 부정을 금지하기가 어려울 것이지만, 가격이 예산에 책정되고 가격 이상의 충분한 이익을 공정하게 보장하기 위해 미리 무비주인에게 자금을 주면 "그들은 그 자금을 가지고 가족을 돌보거나, 시장에서 물건을 사거나, 가격이 낮은 곳에 가서 물건을 사오는 구매자를 찾거나, 물건을 미리 예약했다가 필요할 때 구매할 수 있을 것이었다." 이런 방법은 농민들이 상품을 가지고 올 때마다 서리들이 뇌물을 요구하는 현재의 공납제도보다 훨씬 좋을 것이었다.[28]

사행과 출장 비용

또한 유형원은 중국에 사신을 보내고 중국과 그밖의 외국 사신들을 접대하는 공적 비용을 예산에 편성해 국가에서 지불하는 계획을 마련했다. 당시 정부는 중국 사행使行에 드는 경비를 지급하지 않았지만, 사신들이 조선 영토를 통과하는 동안 경로에 있는 관찰사 · 병마사 · 수령에게서 경비를 요구할 수 있도록 했다. "그것들은 모두 백성들을 착취하는 힘든 요역과 불법적인 세금이었다." 중국 사행은 "언제나 그 사람을 부자로 만들었기 때문에" 유형원은 조선 사신이 백성에게서 여행비는 물론 뇌물을 요구하는 것을 금지하고 그들이 지방에서 자의적으로 거둔 물건을 중국에서 파는 것을 막아야 한다고 주장했다. 중앙 정부는 불가피할 경우 중국 관원들에게 줄 뇌물을 포함한 여행 경비를 지급했다. 물론 문제는 있었지만, 그것은 사신들이 사행 경로에 있는 백성에게서 필요한 물품을 자의적으로 착취할 수 있게 한 것보다는 훨씬 나았다.[29]

유형원은 사신들에게 필요한 물품을 백성에게서 걷을 수 있게 한 풍습이 도덕적 쇠퇴와 왕조의 실패를 가져온 핵심적인 원인 중 하나라고 간주했는데, 그것은 각 도에 전체적인 할당량을 제시했을 뿐 세부 내역은 지정하지 않아서 지방 관원과 향리들이 농민에게 잡다한 공물을 징수할 수 있게 한 당시의 공납제도와 비슷했기 때문이었다. 중앙 정부는 도 이하의 행정 절차에 대한 통제를 잃은 것과 마찬가지로 조선 사신들의 요구를 엄격히 통제하지 못했다. 주대 봉건제도부터 국왕들이 '좋아하는 물건'을 요구할 때마다 사회적 위계질서 안에 있는 모든 사람들은 그 행동을 모방해 자신의 부하에게 자신의 요구를 부과했다. "국왕이 어떤 물건을 요구하면 신하들은 그것을 보고 영향을 받는다. 대부는 반드시 장차 어떤 물건을 요구해 자신의 집을 이롭게 하며 사서인士庶人은 동일한 방법으로 자신의 몸을 이롭게 해서 왕위를 찬탈하고 국왕을 시해하는 지경에 이른다."

유형원은 『춘추』에 따르면 이런 행동은 사치스러운 지출에 대한 탐욕, 정직과 염치의 상실, 정실과 뇌물의 성행 같은 관원들의 부도덕한 요구 때문에 일어났다고 주장했다. 주가 멸망한 뒤에야 이런 관행은 마침내 끝났다. 이런 경향에 맞서는 유일한 방법은 검약을 실천하고 관원의 품계에 맞추어 지출을 할당하며, 자의적인 요구를 없애는 것뿐이었다.[30]

외국으로 가는 조선 사신과 아울러 청의 사신을 맞이하는 것도 많은 군현, 그리고 때로는 사행의 주요 경로와 상당히 멀리 떨어진 지역도 비용과 요역을 제공해야 하는 할당량을 받았기 때문에 심각한 재정적 부담이었다. 청의 사신이 머무는 관사館舍와 멀리 떨어진 군현에서는 2~3명만 제공하면 됐지만, 그들은 할당된 물품을 모아 2~6일 안에 어느 곳이라도 운반해야 했다.

> 관청에서는 공무를 젖혀두고 군현은 동요하며 모든 백성들은 노동과 자금을 제공하고 가축들까지도 시달리니 그 폐해는 이루 말할 수 없다. 주요한 역참에 소속된 한 사람의 임무는 백 명을 동원해도 감당할 수 없

으며, 그곳에서 소요되는 한 섬의 쌀은 다른 지역에서 쓰는 백 섬의 가치보다 더하다. 하물며 탐관오리가 그런 기회를 틈타 중간에서 농간을 피운다면 그 폐단은 막대할 것이다.[31]

유형원은 군현에 분배된 세금 할당량과 청의 사신들이 임시로 머물 관사의 건축을 모두 폐지해야 한다고 주장했다. 만약 정부의 관사가 있는 군현站邑에만 재정적 책임을 부과하면 사신에게 들어가는 요역과 비용의 지출은 현재의 10분의 1로 줄어들 것이었다. 사신과 여행자들이 묵을 견고한 숙소를 지으면 더욱 절약할 수 있었다. 지방의 군현은 관사를 하나 이상 둘 필요가 없었으며, 관사가 하나 이상인 군현은 재정을 지원하는 이웃 군현을 배정받았다. 이런 관사의 모든 비용은 미리 파악되어 정규 세입에서 지급했다. 부릴 수 있는 사환이 충분치 않으면 한량 등을 동원해 사역시키고 그들의 조세 부담을 합당하게 면제해주었다. 노동력이 많이 부족한 관사에서는 하루에 0.5말(한 달에 15말)의 임금으로 고공을 고용했으며, 관아에서는 수도에 올려보낼 세금에서 그 비용을 공제하거나 군역을 져야 하는 양정을 동원하고 그만큼의 날짜를 군역에서 제외해주었다.

중국 사신들을 접대하는 데 필요한 생선 · 고기 · 과일 · 야채 같은 물품은 미리 예상해서 예산에 배정할 수는 없었고 임시적으로 부과할 수밖에 없었지만, 유형원은 관원들이 음식과 술을 시장에서 구입하면 현물을 그때마다 부과할 필요가 없을 것이라고 판단했다. 이 문제와 관련해서 백성들이 기근을 겪고 있으면, 중국 사신에 관련된 비용을 지불하는 것은 말할 것도 없고, 국왕이라도 사냥에 백성을 동원할 수 없었다.

관사에 배정된 세금을 줄여서 확보한 재원으로 고공을 고용하도록 하고, 관사가 있는 군현에서는 다른 요역을 면제해주었기 때문에 노동력의 부족은 유형원의 개혁을 비판하는 합리적인 주장이 될 수 없었다.

모든 군현의 세입을 사용하고 이웃 군현에서 일부를 전용하는 것 외에도 관사와 역참에 배치된 조예 · 노비 · 고공의 숫자는 늘어날 수 있었기 때문에 40~50명으로 구성된 중국 사신단에게 관사를 제공하는 데 충분한 자금과 인력을 확보할 수 있었다. 선혜청에서는 대동법이 시행되고 있는 일부 도에서 사신을 접대하는 데 필요한 품목을 사는 비용을 제공했지만, 유형원은 모든 지방에 영속적인 관사를 건설할 수 있는 자금이 없기 때문에 현재의 제도를 모두 폐지하는 것이 좋다고 주장했다.[32]

유형원은 추상적인 이유나 경제적인 논리가 아니라 주대 후반 확립된 고전적 선례의 우월성에 호소함으로써 이런 제안을 정당화했다. 주대 후반에는 적국을 포함해서 방문자나 사신을 접대할 관원을 지명했으며, 거기에 소요되는 비용을 국가에서 댔다. 그러나 당시 조선에는 외국 사신을 위한 관사를 담당하는 독립된 관서나 제도가 없었다. 수령 · 향리, 그리고 일반 백성들이 사신을 접대하기 위해 생업을 미뤄야 했을 뿐만 아니라, 수도의 대신들 또한 이런 업무에 시간을 할애해야 했다. "이것은 전쟁이 일어나지 않고도 국가를 망하게 할 수 있는 상황이었다." 각 지방에 영속적인 관사를 세우는 것과 함께 이런 업무를 담당하기 위해, 겸직이라도, 중앙의 관원을 선발해야 했다.[33]

끝으로 유형원은 수령 · 진장 · 교관 · 찰방이 이임하고 부임할 때 치르는 의식에 드는 비용이 과도하다고 지적했다. 소요되는 사람과 말 · 음식 · 기구와 연회는 너무 번잡해서 지방 행정에 주요한 폐해 중 하나가 됐으며 "민생을 파괴했다." 일부 농민들은 짐꾼으로 징발되어 오랫동안 수도에 머물러야 했으며, 다른 사람들은 그 비용을 대기 위해 몇 필의 면포를 내야 했다. 1천 가호가 사는 흥덕현興德縣에서는 수령이 9년 동안 10번 교체됐으며, 백성들에게 부과된 연회와 수송 비용은 7백 동(3만 5천 필, 또는 1년에 가호당 3.88필)에 이르렀다.

또한 그는 조선에서는 관원의 이직이 너무 잦아 악명이 높았다는 16세기 후반 조헌의 발언을 인용했다. 그들은 임지에 도착하자마자 다른 곳으로 이임하기 전까지 관아에 모아둔 모든 재원을 썼으며, 교체될 때마다 백성들은 연회와 평균 1천 리가 넘는 이동 비용을 지불해야 했다. 중국에서는 모든 관원들은 1만 리가 넘는 거리라도 이동 비용을 자기가 부담해야 했기 때문에 이런 문제가 없었다.

유형원은 지방 관원의 이임에 참석하는 인원의 숫자와 비용을 줄이자고 제안했다. 관찰사 · 도사 · 병사 · 수사 · 우후虞候는 수도로 갈 경우 서너 명의 서리와 노비만을 대동했다. 수도에서 지방으로 파견되는 관원의 환송연은 생략됐거나 임지에서 환영연을 치렀으며, 이임할 때만 송별연을 거행했다. 정부는 중앙에서 임지로 가는 공식적인 비용을 지원하거나 고향에서 임지로 가는 데 사용된 비용을 상환해주었지만, 관원은 가족을 데리고 가는 데 드는 짐꾼과 말을 자기가 부담해 고용했다. 임지를 떠날 때 그 지역에서는 소요되는 비용을 지원했으며, 향리들은 다음 현의 경계까지 그를 호위했다.

또한 유형원은 현령이나 현감 같은 낮은 품계의 수령에게는 15말부터 부윤이나 도호부사 같은 중요한 지방 관원에게는 최고 30말까지 품계에 따라 1백 리 이상인 지역에서는 1백 리마다 여행 경비를 지원했다. 먼 여행은 역참의 자체 예산에서 비용을 지불하도록 했다. 관찰사 · 진장 · 교관 · 찰방은 가족들과 함께 임지에 정착해서 그곳 백성들을 좀더 잘 파악하게 했으며, 정부는 앞서 서술한 먼 이동거리에 해당하는 비용을 제공했다.

중국에서는 지방에 배속된 관원은 자기 가족의 짐을 옮기는 데 자기의 말과 하인을 사용하고, 그가 배속된 지역의 백성들은 임지의 경계에서 그를 맞이하도록 했다는 측면에서 좀더 합리적인 규정이라고 유형원은 지적했다. 그는 역참의 비용을 줄이려는 취지에서 각 현에서 관원과 그 가족에게 말을 제공하는 데도 반대했는데, 군현이나 역참에서 부담해도 궁극적으로는 농민들에게 부담이 돌아갈 것을 염려했기 때문이었다.

또한 유형원은 당시 관원들은 공물公物은 물론 사물도 많이 비축했는데, 그 둘의 혼합과 혼동을 막을 수 있는 엄격한 계산방법이 없었으며 특히 사신과 손님을 접대할 때 그렇다고 판단했다. 기본적으로 비축할 미곡을 살 수 있는 예산은 관청에 배정됐지만 꿀 · 기름 · 꿩 · 닭 같은 품목의 비용은 할당되지 않았는데, 필요에 따라 적절히 예산을 배정할 수 있었다. 그러면 "관서에서 공적인 지출과 사적인 지출이 혼동되는 폐단이 사라질 것이었다."[34]

지방 관청의 비용

유형원은 정부 재정에 대한 논의를 모든 관원의 녹봉과 행정 비용의 예산을 세우는 것으로 마무리했다. 그의 지방 조직안은 도호부 · 부 · 군 · 현의 네 범주로 이루어졌다. 유형원이 설정한 단위인 곡(10말)을 당시의 단위와 좀더 쉽게 비교하기 위해 말과 섬으로 전환하면 도호부의 예산은 1만 1,190말 또는 745섬이었으며 현은 6, 595말이었다. 현의 예산은 〔표 8〕처럼 배정됐다.[35]

유형원은 각 지역의 비용과 면적을 면밀히 고려해서 이 예산을 편성했다. 사신과 손님의 식사를 마련하는 비용은 간선도로에 위치한 현은 1천5백 말부터 진도처럼 멀리 떨어진 해안지역의 현에서는 130말까지 달라졌다. 또한 그는 평양 · 개성 · 전주 같은 대도시와 간선도로에 위치한 도시에는 5백 말을 배정했지만, 사신이 거의 들르지 않는 소규모의 현에는 적은 분량을 배정했다. 그는 지방을 순회하면서 감독하는 관찰사와 병사에게 지급되는 쌀의 가치를 계산해 각 현의 예산에 그 비용

〔표 8〕 유형원이 배정한 현의 예산

범주	월 단위 분량	연 단위 분량
현령	95말	1,140말
승丞	50말	600말
관수官需		2,500말
청밀淸蜜	25말	500말
참기름眞油	30말	300말
들기름法油	15말	150말
꿩 · 닭		450말
종이 등 기타 용품		1,000말
합계		6,595말(또는 439섬 10말)

* 비고 : 유형원의 곡은 10말이며, 1섬은 15말에 해당한다.
* 전거 : 『반계수록』 19:13a~b

을 더했다. 당시 대동법에서 관찰사는 1회 순시당 75말을 소비할 수 있었지만, 그는 이것을 적절치 않다고 간주해서 관찰사와 병사가 현을 방문할 때마다 1백 말을 지급했으며, 1년에 2회 순시할 경우는 2백 말을 지급하도록 예산을 상향했다. 추가적인 공무 여행의 비용은 사객을 위해 남겨둔 재원에서 지불됐다. 그들의 예산은 업무에 대한 보상이라는 원칙에 기초한 것이었기 때문에 공무 순시를 하지 않으면 국가에서 어떤 비용도 지원하지 않았다. 유형원은 충청도 관찰사가 순시하지 않았는데도 비싼 쌀을 모으도록 허락된 것은 전적으로 부당하다고 생각했다. 중국과 조선 사신의 여행에 드는 비용과 역참의 지출 또한 독립적인 예산이 책성됐다.[36]

공적 또는 사적으로 기름 · 꿀 · 닭 · 꿩을 사는 비용은 달마다 현령은 60퍼센트, 승丞은 40퍼센트가 지급됐다. 향관과 군관軍官에게 할당된 비용도 이런 방식으로 예산이 잡혔다. 이런 방식으로 모든 공적 비용이 할당되면 당시 관아의 비용을 부담하기 위해 사용됐던 관둔전을 모두 혁파할 수 있을 것이었다. 군현 · 향교 · 진관 · 역참에 지급된 소채전蔬菜田은 유지됐지만 규모를 엄격하게 규제했다. 향리들을 감독하는 반半공무를 수행한 지방 양반들의 관서인 향소청鄕所廳에도 녹봉과 비용을 지급하는 예산이 편성됐다. 그 수장인 좌수座首*는 1년에 180말, 그 아래의 별감別監은 120말을 받았으며, 별사청에는 음식과 연료가 지급됐다. 그밖에 교관 · 장관將官 · 찰방에게도 녹봉이 지급됐다.[37]

어전과 염전에 대한 요역

유형원은 궁방의 수입과 공무의 지출을 위해 지급된 어전과 염전은 폐지해 백성에게 반환해야 한다고 주장했는데, 그 주장은 1860년대 대원군의 섭정 기간에야 채택됐다. 농민들은 자신들의 이익을 위해 생선을 양식하고 소금을 구워 이윤을 올릴 수 있었는데, 그 수입에는 세금이 부과됐으며 관원들의 감독 아래 어전에서 요역해야 했다. 동일한 원칙에 따라 말을 기르고 벌을 치며 낚시하는 데 동원되는 요역도 폐지됐다. 요컨대 유형원은 정부 재정의 광범한 개혁안을 마련하면서 모든 종류의 강제적인 요역을 완전히 폐지한 것이었다.[38]

흉년의 예산 책정

이런 예산제도에서는 흉년의 정도를 조사하고 평가해 구휼과 감세를 시행하는 규정을 두었다. 구휼이 필요한 정도의 수확 상황일 경우 관원

---

* 저자는 별수別首(pyolsu)라고 표기했는데(원서 834 및 1,177쪽) 『반계수록』을 따라서 '좌수'로 고쳤다(19 : 18a).

들의 녹봉과 비용, 사신과 손님의 접대를 위한 자금은 모두 20퍼센트 삭감했다. 세입의 60퍼센트 이상이 손실로 발생했을 때 가뭄으로 정의됐으며 그런 상황은 모든 군현에 선포됐다. 관찰사는 도에, 국왕은 전국에 가뭄을 선포했다. 세입의 손실이 60퍼센트를 넘으면 예산은 더욱 삭감됐다.[39]

수확의 손실을 평가하려면 얼마나 많은 토지가 홍수나 가뭄의 피해를 입었는지 정확히 파악해야 했는데, 조사 비용은 농민에게서 징수하지 않고 정규 예산에서 충당했다. 유형원은 답험踏驗은 서리들이 수많은 농간을 부려 농민에게 심각한 폐해를 끼친다는 판단에서 답험을 한두 번만 실시하도록 했다. 유형원은 올바른 절차를 확립하고 과정을 단순화해서 관원들이 감독하게 했으며, 서리들의 임무를 문서 수령에만 국한함으로써 그들의 개입을 막으려고 했다. 유형원은 매년 전안田案을 3부씩 복사하도록 한 현재의 규정을 폐기하고 문서작업의 기간을 사흘 정도로 줄이도록 명시했으며, 그 대신 손상된 토지만 전안에 삽입하도록 했다. 끝으로 그는 수령들이 성벽 · 해자 · 관청의 보수를 위한 비용을 관찰사에게 요청하고 대규모의 토목공사를 위한 특별 예산은 국왕에게 탄원할 수 있도록 했다.[40]

공적 자금의 지출 절차

유형원은 자신의 제도에서 위에서 언급한 모든 물품과 요역, 그리고 쌀값의 하락이나 그 대체 비용을 추가로 고려하고, 매달 각사에 국고에서 지급해주는 비용을 계산해야 한다고 명시했다. 달리 말하면 호조는 정규적인 세입에서 얻은 정부의 재원經費에서 지출해야 한다는 것이었다. 대동법에서 공물주인이 했던 것처럼, 호조는 정주인定主人을 소집해 종이 · 땔감 등의 물건을 구입하도록 했다. 소송에 사용되는 문방구와 각사에서 사용되는 땔감·횃불·촛불 등을 백성에게 부담시키는 당시의 관행은 폐지해야 했다. 아울러 전통적으로 공해전의 수입에서 지불되던 관청의 경비는 폐지하고 정규적인 세입에서 제공하도록 했다.[41]

또한 유형원은 관아나 각사에서 부자들에게 추가세를 부담시키거나 농민에게 일반적인 공물 외에 면포를 징수한다고 비판했다. 소송이나 범죄사건에서 경찰의 임무를 맡은 서리들은 보수를 요구했으며, 진관의 서리들은 군사에게서 자신의 보수를 갈취했으며, 관아의 향리들은 번상군에게서 땔감과 연료를 착취했다. 승정원은 임지를 벗어나는 수령에게는 면포를 추가로 징수하는 필채筆債를 물렸다. 유형원은 이런 관행들이 고착된 결과 관원들은 그 상황이 개탄할 만한 것이라고 깨닫지 못했다고 언급했다.[42]

| 모든 관원에 대한 녹봉 지급

고대의 원칙

유형원이 재정개혁에 공헌한 측면 중 하나는 전세에서 걷은 수입으로 재원을 마련해 — 이것은 대동법의 핵심적 특징이었다 — 모든 행정비용을 충당하고, 녹봉을 받지 못하던 서리에게 국가에서 녹봉을 지급하도록 전환하는 충분한 잉여를 창출하며, 국가를 위한 운송 같은 강제적인 요역을 임금노동으로 대체한다는 생각이었다. 그의 주요한 목적은 재정의 개편이 아니라 관료제도의 모든 부정과 비리, 일반 농민들에 대한 과도한 요역의 요구를 제거하는 것이었다.

이런 측면은 유형원이 17세기의 대동법에서 영감을 가져왔음을 보여주지만, 그는 중국의 고전과 역사에서도 근거를 찾으려고 했다. 유형원은 개방적이고 합법적인 정부의 재정 원칙은 고대에 명확하게 제시됐으며 그것은 봉건제도든 관료제도든 모든 정치 형태에 유효하다고 생각했다. 정치의 기본적 원리는 관원들은 백성에게서 봉양을 받을 자격이 있다는 것이었다. "통치받는 사람은 통치하는 사람을 봉양하고, 통치하는 사람은 그에게서 봉양을 받는다. 이것은 천하에 공통된 이치다." 그러나 이 원리는 백성의 착취를 막기 위해서 제한되어야 했다. "농민을 해치지 않게 하기 위해서" 수입의 10퍼센트 이상 과세되어서는 안 됐으며, 국가의 재정을 보장하기 위해서 세율은 10퍼센트 이하로 내려가서도 안 됐다. 낮은 품계의 관원은 적어도 자신의 토지를 경작하는 데서 나오는 수입과 동일한 분량의 녹봉을 받아야 했으며, 많은 녹봉을 받는 높은 품계의 신하는 "친척을 어질게 대한 뒤에야 염치의 도리를 실천해서 예속禮俗을 이룰 수 있다."[43]

이런 고대의 보편적 원칙들은 공적 비용의 재원을 마련하는 데 오랫동안 사용된 불법적이고 무책임하며 자의적인 방법이 아니라 개방적이고 합법적인 수단을 사용하도록 요구했다. 관원, 특히 불필요한 관원들의 숫자가 확대됨으로써 전체적으로 정부의 재정이 팽창되고 녹봉이 축소됐다. 그 결과 대신들도 적절한 수입을 얻지 못했으며, 하위 관원들은 수입을 높이기 위해 "문란하고 경솔한 행동"을 저지르고 "사리를 위해" 일했다.

유형원은 고대뿐만 아니라 진 · 한대 이후 관료제도의 시대까지 포괄한 중국과 조선의 녹봉의 역사에 대한 독립적인 연구에서 관원들에게 충분한 녹봉을 제공하기 위한 계획은 공정하게 입안됐다는 사실을 보여주려고 시도했다. 『주례』에 따르면 주대에 삼공은 덕망에 따라 작위를 배정하고, 그 다음에 능력이나 실정에 따라 녹봉을 할당했다. 녹봉의 분량은 재직 기간에 따라 달라졌다. 품계는 명성에 따라서 결정됐고 황제가 하사하는 녹봉을 받기 위해 필수적인 조건이었으며, 품계와 녹봉은 천자가 관원을 통제하고 "덕망 있는 사람을 존중하며 뛰어난 실적을 포상하고 관원들이 그들의 마음과 노력을 바치게 만드는" 수단이라고 명의 구준은 언급했다. 또한 그는 품계와 녹봉은 대신을 포함한 여러 신하의 추천을 받아 국왕이 하사해야 한다고 강조했다.

맹자는 이미 주대에 두 가지 품계의 제도가 있었다고 언급했는데, 공·후·백·자·남작의 오작五爵과 군君·경卿·대부·상사上士·중사·하사의 육경이었다. 오작의 등급은 영지의 크기와 일치했다. 천자는 사방 1천 리, 공작과 후작은 1백 리, 백작은 70리, 자작과 남작은 50리의 영지를 가졌으며, 이보다 적은 규모의 영지를 가진 제후는 상위 제후의 부용附庸이 됐다. 주의 천자는 제국 안의 모든 백성에게 이런 칭호를 하사할 수 있었지만, 육경은 천자와 제후의 영지를 관리하는 관원일 뿐이었다.

2개의 개별적인 등급으로 나누어진 녹봉은 하위 관원이 받는 녹봉의 두 배씩 증가했다. 대국의 군이나 공작·후작은 경보다 10배의 녹봉을 받았고, 경은 대부보다 4배, 대부부터 하사까지는 자기보다 낮은 품계의 두 배를 받았다. 즉 천자의 녹봉은 가장 낮은 하사보다 320배가 많았지만, 소국에서 영지와 녹봉의 비율은 줄어들었는데 사방 70리에서는 240분의 1을, 사방 50리에서는 160분의 1을 받았다. 정규 관원의 최소 녹봉은 "관원으로 근무하는 양인의 녹봉과 같았으며, 농사의 수입을 대체할 수 있는 분량이었다." 주석학자는 관원으로 근무하는 양인은 앞서 언급한 부府·사史·서胥·도徒 같은 4등급의 서리에 해당한다고 지적했다.

농민의 수입 또한 노력과 열정에 따라 5개의 다른 생산성을 나타내는 등급으로 구분됐다. 상농부上農夫는 1백 묘(16.7에이커)의 기준 토지에서 9명을 봉양할 만한 생산을 올리는 사람으로 정의됐다. 같은 방식에 따라 5~8명을 봉양할 수 있는 사람으로 내려갔다. 관원으로 근무하는 양인도 이런 농민의 등급에 따라 5등급으로 나뉘었으며, 녹봉은 임무의 중요성에 따라 배정됐다.

송의 주희는 국왕이나 봉건 영주, 그 관원의 녹봉은 조법助法이나 공전에 대한 요역, 또는 그들이 경작하는 토지에 대한 조租로 지급됐지만, 관직에 있는 사와 양인은 "정부에서 녹봉만을 받았으며, 그것은 토지에서 나오는 수입과 같았다"는 점을 강조함으로써 이 제도의 중요성을 요약했다. 달리 말하면 관원의 수입이나 녹봉의 유일한 합법적인 기준은 농민 가호 하나의 생산성과 동일하게 정의된 최하 품계의 관원부터 시작해서 그 수입의 320배에 이르는 최고 관원까지 농업 생산에 부과하는 10분의 1세에 따라 지급한다는 것이었다.[44]

또한 유형원은 모든 관원에게 충분하고 적절한 녹봉을 지급해야 한다는 생각은 『서경』「홍범」에서 제시됐다고 믿었다. "관원들에게 충분한 녹봉을 지급해야만 그들은 성실하게 일할 것이다. 그렇지 않으면 관원들은 공무를 제대로 처리하지 않아 결국 처벌될 것이다."[45]

유형원은 이런 생각에 찬성했던 몇 명의 유명한 중국의 철학자 · 정치가 · 황제를 인용했다. 예컨대 한대의 장창張敞과 소망지蕭望之가 하위 관원들은 녹봉이 너무 적기 때문에 가족의 생계를 계속 걱정한다고 지적하자 선제宣帝는 녹봉을 50퍼센트 올려주었다.[46] 후한 광무제 또한 녹봉을 올려주었으며, 명의 구준은 넉넉한 녹봉은 임무를 성실히 수행하도록 만드는 관건이라는 고대의 격언을 이해한 두 황제를 찬양했다. 송 태조 또한 하급 관원의 숫자를 줄이고 그들의 녹봉을 올려주어 그들을 통제해야 한다고 강조했다.[47]

각 왕조의 녹봉정책

그 뒤 유형원은 한부터 명까지 주요 왕조의 녹봉 규모를 열거했다.

그 기준은 한대에 삼공이 국왕에게서 매달 350곡斛, 즉 1년에 4천2백곡을 받은 것이었다. 최고 품계의 관원은 달마다 180곡(1년에 2,160곡)을 받았으며 가장 낮은 품계의 관원은 매달 16곡(1년에 192곡)을 받았다. 삼공을 포함하면 가장 많은 녹봉과 가장 적은 녹봉의 비율은 21.9대 1이고, 삼공을 제외하면 11.25대 1이었다. 최고와 최저 녹봉의 차이는 주대의 360대 1보다는 줄었지만, 한대 하급 서리의 녹봉은 10두나 8두였다는 안사고顔師古의 지적에 따르면 최고와 최저 녹봉의 비율은 437.5대 1로 계산된다.[48]

유형원은 주대와 한대의 정확한 일관성에 분명히 만족했지만 주대의 원칙을 반드시 따를 필요는 없다고 생각했으며, 그 뒤 왕조들의 다양한 변화에도 불구하고 녹봉정책은 한의 기준에서 크게 벗어나지 않았다고 파악했다. 명대에 최고 품계의 녹봉은 명목상으로는 한대의 절반밖에 되지 않았지만, 미곡의 단위는 두 배 이상 커졌다.[49] 또한 그는 최고 품계와 최하 품계 사이의 녹봉 차이가 어떻든 간에 합법적이고 개방적인 제도는 국가의 경제 자원을 이용할 수 있게 했으며 공평한 세율에 기초했기 때문에 공정하다고 판단했다. 한대에 최고 관직의 녹봉이 많았던 까닭은 황제가 그들에게 지나치게 부조를 하사했으며 그들에게 소속된 서리의 녹봉까지 지급했기 때문이었다. 이와 비슷하게 17세기 일본 다이묘大名의 녹봉(또는 영지 할당)은 그 휘하의 수백 또는 수천의 군사들의 생계를 지급하는 데 충분했다.[50]

유형원은 고려와 조선을 다룸으로써 녹봉정책의 연구를 끝맺었다. 그는 고려에서는 문종(재위 1047~83)의 녹봉정책만을 언급했는데, 그것은 10세기 초반 고려가 개창된 이후 발생한 다양한 변화의 정점을 보여주었으며 1170년 무신정권이 수립될 때까지 유효하게 남았기 때문이었다. 그는 매년 쌀 · 기장 · 밀의 13만 9천7백 섬의 세입이 좌창에 저장되어 "모든 관원은 녹봉을 받는다"는 원칙의 품계에 따라 그들에게 지급됐다고 높이 평가했다. 녹봉의 범위는 1년에 최고 4백 섬부터 최하 10섬이었으며, 향리는 물론 지방 관원들도 녹봉의 전액을 받았다.[51]

조선 전기의 정책은 녹봉이 곡식·비단·면포·저화로 지급됐기 때문에 좀더 복잡했다. 정1품의 관원은 곡식 98섬, 비단 6필, 면포 15필, 저화 10장을 받았으며, 정9품은 곡식 12섬, 면포 2필, 지폐 1장을 받았지만 비단은 받지 못했다. 품계별 녹봉의 비율은 다른 왕조와 비슷했지만, 임진왜란으로 발생한 재정적 어려움은 녹봉을 지급하는 데 커다란 타격을 주었다. 유형원은 당시 1품 관원의 매년 곡식 녹봉은 60섬을 조금 넘었고 비단·면포·저화는 받지 못했으며, 9품 관원은 겨우 12섬만을 받았다고 평가했다. 후자는 임진왜란 이후에는 각 도에서 중앙 관원에게 보내는 식량인 진봉進奉을 받았으며, 자기가 소속된 관서에서 재원을 나누어 받았다分兒. 지방 관원에게는 확정된 녹봉정책이 없어서 그들의 수입은 변동이 심했으며 주로 불규칙적이거나 추가적인 징세 등 여러 경로를 통해 얻어졌다. 각 도의 진장들은 정규 녹봉을 받지 못했기 때문에 군사에게 군역을 면제해주는 대가로 군포를 걷어 수입을 올렸다.

서리들은 전혀 녹봉을 받지 못하거나 6말 정도의 곡식을 받았으며, 수도의 서리들은 비행으로 처벌을 받거나 창고나 관아에 근무하면 녹봉을 받지 못했다. 수령 아래의 서리와 조예, 중앙과 지방의 노비들은 식량이나 녹봉을 전혀 받지 못했기 때문에 생계를 위해 물건을 훔치거나 횡령할 수밖에 없었다.[52]

따라서 유형원은 국가에 봉사하는 모든 사람들은 품계나 신분에 상관없이 녹봉을 받아야 한다고 결론지었다. "경대부에서 서인까지 관직에 있는 사람은 각각 그 직분에 따라 녹봉을 받는다. 품계가 높은 관원貴者은 제사를 봉행하고 친척을 도와주는 데 충분한 분량을 받으며, 품계가 낮은 관원賤者은 부모를 봉양하고 처자를 양육하는 데 충분한 분량을 받는다."[53]

유형원의 녹봉계획

유형원은 조선의 제도를 곡 단위로 전환함으로써 한대에 확립된 녹봉제도로 돌아가도록 결정했다. 당시 조선의 섬은 15말의 가치였기 때문에 유형원은 계산의 기본 단위로 곡을 채택했으며 섬을 10말로 다시 정의했다. 정1품은 1년에 6백 곡(6천 말 또는 당시 4백 섬)을 받았으며 종9품은 60곡을 받아서 서로의 비율은 10대 1이었다. 최고 관원인 영의정과 최하의 관원으로 1년에 144말(14.4곡)을 받는 지방 소사의 녹봉비율은 41.7대 1이었는데, 다른 왕조와 비교하면 비교적 온당했다. 녹봉은 3분의 1은 전錢, 3분의 1은 백미, 6분의 1은 속미粟米(탈곡한 기장), 6분의 1은 황두黃豆로 나뉘어 지급됐다.[54] 다른 곳에서 유형원은 '화폐가 유통된' 이후 일부는 화폐로 지급했다고 언급한 점을 볼 때 교역을 촉진하기 위해 동전의 사용을 장려하려고 했다고 생각된다.[55]

유형원은 당시의 조선에 고대 중국의 원칙을 적용할 수 있다고 믿었다. 조선의 세입은 중국보다 훨씬 적었지만, 조선의 관원과 그 가호 또한 중국보다 적었기 때문에 그런 세입을 관원들에게 충분히 분급할 수 있었다. 그는 이미 관원들에게 토지를 분급하자고 제안했기 때문에 그 토지에서 나오는 수입과 녹봉을 함께 계산해서 관원의 총수입을 결정하도록 했다. 녹봉은 당시처럼 1년에 4회 지급하는 것보다 윤달을 보충하기 위해서 매달 지급했고, 당상관은 녹봉의 절반에 해당하는 퇴직금을 받았으며, 70세 이후에는 국가에서 지급한 토지의 일부를 면세받도록 했다. 모든 관원에게 녹봉을 지급하는 재정 부담을 극복하기 위해서 그는 우선 정부는 자신이 구상한 녹봉의 절반이나 3분의 2만 시행하고 나중에 완전히 실시하도록 제안했다.[56]

정부의 불필요한 비용은 충훈부에 소속된 무반 체아직을 폐지해 줄일 수 있었다. 파직되지는 않았지만 비행으로 조사를 받고 있는 대간과 시종관侍從官은 녹봉을 절반으로 삭감했다.

이른바 충신과 청백리에게 국가가 대대로 지급하는 녹봉(세록)은 부계의 적장자에게 세습되어 증손자까지만 내려가도록 제한했다. 그들은 아버지가 살아 있거나 자신들이 관직을 가졌으면 이런 영예로운 녹봉을 받을 자격이 없었다. 가뭄이 들면 복무중인 군인을 제외한 모든 관원들의 녹봉은 20퍼센트 또는 그 이상 삭감됐다.[57]

서리 · 노비 · 여성의 녹봉

유형원의 가장 급진적인 제안 중 하나는 서리 · 조예 · 관공장, 그리고 노비까지 포함해서 국가에 봉사하는 모든 사람들에게 녹봉을 준다는 것이었다. 그는 『경국대전』에는 요역의 일부로 복무하는 조예 · 나장羅將 등이 5천 명 이상이라는 데 주목했다. 그러나 이런 임무에 복무하면 거의 모두 파산에 빠졌기 때문에 정부에서는 하번 기간을 늘려 자유로운 시간을 좀더 많이 줌으로써 그 부담을 줄여주려고 했다. 유형원은 관원들은 농민에게서 면포 2필을 받고 대체 인력을 고용해 면제해주었기 때문에 이런 번상제도는 오래 전에 사라졌다고 보고했다. 그런 대체 인력은 매달 면포와 쌀 6말을 받았다 — 이런 좋지 않은 관행은 군역에서도 일어났다.[58]

유형원은 서리와 조예에게 녹봉을 지급하는 명문화된 법규를 만들어 불규칙한 제도를 대체하려고 했다. 녹사는 백미, 기장, 그리고 매달 40말(1년에 480말)의 녹봉을 받았으며 2경(2백 묘)의 토지를 받았다. 이 토지는 군역에서 면제됐고 수령자가 일생 동안 보유했으며 그가 죽은 뒤 3년 동안은 미망인에게 넘겨졌다. 그 뒤 그녀는 사망할 때까지 그 토지의 절반을 보유했다.

그러나 서리와 조예는 토지를 받지 못했다. 서리와 조예는 각각 매달 35말과 25말씩 받았으며, 공노비司奴·女僕도 같은 임금을 받았다. 소사는 대부분 공노비의 자녀 중에서 선발됐는데, 매달 15말(당시 1섬)을 받았다. 향리의 녹봉은 적었는데, 서리는 2곡(20말)이었으며 조예와 사노는 12말이었다.[59]

또한 유형원은 경군은 보인에게서 8필의 보포保布 외에 매달 15말의 녹봉을 받았으며 장교와 기병은 좀더 많은 녹봉을 수령했다. 유형원은 그들의 임무가 너무 가볍고 보포를 받았다는 점을 고려해서 그들의 녹봉을 조예보다 낮게 잡았다. 장인도 매달 25말을 받았지만 작업 수준을 엄격하게 심사받았으며, 결함이 발견되면 장형을 맞고 감봉되어 퇴출됐다. 활·화살·방패·칼·옷·옥을 만드는 장인은 종9품에 해당하는 녹봉을 받았다.[60]

향리와 조예도 녹봉 외에 50묘의 토지를 받았다. 그들에게 분급된 토지는 시지柴地에서 제외됐으며, 그들은 토지를 분급받은 일반 농민에게 요구된 요역을 면제받았다. 유형원은 모든 지방의 행정구역과 진관·학교·역참에서 지급하는 녹봉을 각 관서의 지출의 일부로 설정했다. 그는 서리와 조예의 업무 부담을 줄이기 위해서 그들을 두 번으로 나누어 하번일 때는 관원의 잡무를 수발들지 않도록 했다. 그들은 손님을 접대하고 제례를 도우며 군역에 복무하는 데만 동원됐다. 그들은 전보되어도 녹봉을 그대로 받았으며, 수령은 그들의 녹봉을 불법적으로 빼앗을 수 없었다. 입번하는 횟수를 자의적으로 줄이고 그들의 녹봉을 사적인 용도로 사용하는 수령은 횡령의 혐의로 처벌됐다.[61]

유형원은 서리와 조예는 농민의 호수戶首와 동일한 녹봉을 받을 자격이 있으며 그들의 임무를 완수하도록 책임을 맡겨야 한다는 이유에서 그들에게 근무하는 날에만 식량이나 임금을 받도록 하는 데 반대했다.

당시 조선에서 지방의 서리와 조예는 부정한 방법으로 커다란 권력과 부를 가졌기 때문에 수령이나 진장의 관할구역 안에 있는 거의 모든 토지를 통제하는 경우가 많았다. 그들에게 정부에서 완전한 녹봉을 주어야만 그들이 지방의 토지를 지배하는 폐단을 없앨 수 있었다.

유형원은 지방의 서리와 조예는 중앙의 서리와 조예가 받는 녹봉과 토지 전액과 동일한 분량을 받을 자격이 있으므로 그들에게 녹봉과 토지를 절반씩만 주자는 제안에 반대했다. 그는 이전의 중국 학자들은 서리와 조예가 가족을 부양하고 청렴하게 행동하도록 녹봉 외에 토지를 분급해준 주의 제도를 상찬했다고 지적했다. 이런 하급 관원들은 지방의 토지와 인구를 관할했기 때문에 특정한 임무만을 할당받고 자유시간이 많았던 중앙의 서리와 조예와는 달리 매일 임무를 수행해야 했다. 그들은 일반 임무 외에도 손님 접대와 군역을 수행해야 했기 때문에 교대로 근무할 필요가 있었다.[62]

고전 문헌에서는 서리와 조예는 양인이며 농민의 평균 수입이나 생산과 동일한 (매달?) 25~35말의 녹봉을 받았다고 규정했다. 유형원은 우수한 농부가 1백 묘(1경) — 그의 재분배계획에서 농민 가호에게 지급되는 토지의 최소 분량 — 에서 걷는 1년의 평균 수확은 탈곡하지 않은 곡식으로 130~140곡(1천3백~1천4백 말)이며, 평균적 농부는 60~70곡으로 계산했다.[63] 그 수치는 가호당 매달 50~117말이었다. 농부들은 아내와 자녀, 그리고 가끔씩 다른 양정의 도움을 받을 것이기 때문에 양정 1명의 매달 수입은 25~35말 정도가 될 것으로 유형원은 판단했다. 또한 그는 자신이 제안한 서리와 조예의 녹봉은 사실 농민의 수입보다는 좀더 넉넉한데, 그들은 전세와 보포, 소와 씨앗의 비용을 지불하지 않아도 됐기 때문이라고 밝혔다.[64]

서리와 조예의 최소 녹봉을 결정하는 근거로 삼은 농민 생산에 대한 유형원의 평가는 얼마나 현실적이었는가. 우선 그는 지주와 소작관계에서 평균적 농민의 매년 생산량을 계산하지 않았다. 김용섭은 조선 후기에 그가 연구한 현에서 1결 이상의 토지를 소유하거나 경작한 농민은 거의 없었으며, 대부분은 0.35~0.68결을 소유했다고 파악했다. 이것이 4등급의 토지라면 그들은 1.6~3.2에이커(6,475~1만 2,950제곱미터)를 소유한 것이 된다. 당시의 생산성은 평균 에이커당 6.48섬 또는 97.2말이었으므로 그런 농민들은 1년에 156~311말, 또는 한 달에 13~26말을 생산했다.

이런 수치를 유형원이 기준으로 설정한 1백 묘(16.7에이커. 6만 7,583제곱미터)에 대입하면 당시 1인당 토지 소유와 농민 수입은 대단히 늘어나게 된다. 농민들은 이전보다 5~10배 많은 토지를 소유하거나 경작하게 됐으므로 한 농민 가호가 1백 묘에서 1년에 6백~1천4백 말을 생산했다고 평가한 것은 당시 평균 농민 가호의 생산량으로 추정된 156~311말보다 4~5배 많은 것이며, 지주와 수확을 반분해야 했던 소작인의 수입보다는 8~10배나 증가한 분량이었다.[65]

서리와 조예의 최소 녹봉을 지급하는 기준으로 농민의 생산성을 과장되게 평가한 사실은 그가 그 계획이 당시의 상황에서는 시행될 수 있다고 생각하지 않았음을 보여준다. 모든 관원에게 녹봉을 지급하려는 계획은 경작지에 대한 재조사에 반대한 대동법의 비판자들을 물리치고 전면적인 양전사업을 시도하려던 계획의 일부였다고 생각된다. 유형원은 토지의 국유화와 분배를 위한 자신의 계획에 맞추어 전국적인 양전사업을 정확하고 공정하게 시행한다면 모든 관원의 녹봉과 모든 관서의 지출을 지급할 수 있는 충분한 세입을 생산할 수 있으며, 농민의 생계를 보장할 수 있는 적절한 재원을 남겨놓을 것이라고 생각했다.

대지주를 조사에서 제외한 결과 표본 촌락의 토지 분량을 낮게 평가한 김용섭의 평가에 따르면, 등록된 경작자의 10~15퍼센트는 그 촌락에 소재한 토지의 40~70퍼센트를 소유했다. 그러므로 유형원이 국유화와 재분배를 계획하면서 농민 가호마다 1백 묘의 토지를 분급할 수 있는, 등록되지 않았거나 은닉된 토지를 적발할 수 있다고 상정한 것은 그렇게 무리한 생각이 아니었다. 그러나 대동법은 시행되는 데 17세기 전체가 걸렸기 때문에 토지의 전면적인 국유화와 재분배는 혁명적인 방법이 없이는 불가능할 것이었다. 이전 세기의 현직 관원들은 그런 종류의 급진적 개혁에 찬성하지 않았다.

17세기에는 양인뿐만 아니라 많은 공노비도 서리와 조예가 됐다. 유형원은 범죄로 처벌을 받는 사람들을 제외하고는 노비제도를 완전히 폐지하려고 했지만, 그런 개혁을 시행할 수 있는 시기가 무르익지는 않았다고 인정했다. 그럼에도 불구하고 그는 공노비가 고대 중국에서 녹봉을 받는 서리와 조예와 같다는 판단에서 그들에게 녹봉을 지급하려고 했다. 고대 중국에서는 노비를 조예로 사용했다는 일반적인 견해와는 반대로 유형원은 그런 조예들은 그들이 저지른 범죄에 대한 처벌로 노비가 된 것이었거나 규범을 어긴 야만족의 포로였다고 지적했다. 그들은 국역을 졌지만, 당대唐代까지는 의복과 음식을 제공받았다. 고대의 법률에서는 노비에서 면천되려면 세 단계의 면제가 필요했으며, 범죄자가 일생 동안 노비로 남아 있더라도 후손까지 노비신분을 세습하도록 하는 규정은 없었다. 반대로 조선의 법률은 세습적 노비에게서 국역을 요구했으며 그들을 정부 관서의 서리와 조예로 부리기까지 했다.

"명칭은 노비이지만 실제로는 고대의 조예와 같으므로 고대에 조예에게 주었던 녹봉을 지급해야 한다."[66]

아울러 그는 노비를 조예로 계속 근무시킴으로써 농민을 강제로 징발하거나 도망간 농민의 이웃과 친척에게 요역을 할당하는 부담을 수령에게서 덜어줄 수 있었다. 범죄로 노비가 된 사람들은 세습적 공노비보다 녹봉을 낮게 지급함으로써 처벌받았다.[67]

공비公婢에 대한 대우는 비슷한 어려움이 있었다. 유형원은 여성에게 국역을 감당시키는 것은 적절치 않지만 정부에서 이미 그렇게 하고 있으므로 그들의 녹봉은 남성과 동일해야 했다고 언급했다 — 국역을 지는 공비에 국한되기는 했지만 같은 노동에 대해 동일한 보상을 한다는 놀라운 제안이었다. 그는 비는 노보다 노동력이 적으므로 녹봉을 줄이는 것이 정당하지만, 그들은 중국에서는 여성들에게 요구하지 않았던 강제적인 노동을 수행해야 했기 때문에 추가적인 고려를 받을 자격이 있다고 인정했다. 국가는 그들의 후손에게 노비신분을 세습하도록 강요했다. 유형원은 당시의 공노비는 요역을 징발하고 예산을 보조하는 데 혼란만 야기시키므로 공평한 녹봉과 함께 50묘의 일정한 토지를 지급함으로써 폐지할 수 있다고 주장했다. 그러나 유형원은 여성을 자신의 새로운 학교제도에 받아들이거나 정규 관직에 나아갈 수 있도록 하지는 않았다.[68]

요컨대 관원들의 후원과 보상을 위한 유형원의 계획은 정부가 지방 행정의 가장 낮은 단위인 서리와 조예뿐만 아니라 국역에 종사하는 노비와 천민신분의 조예 등까지 책임져야 한다는 것이었다. 노비제도의 폐지가 불가능하거나 연기된다면 정부는 그들에게 적절한 녹봉을 주지 못해 노비신분을 부당하게 세습하는 것을 막을 의무가 있었다. 국역에 종사하는 천민의 복지에 대한 유형원의 인도주의적 관심은 감동적이며, 그의 합리적 제안은 당시 녹봉제도를 운영하면서 발생한 많은 문제를 없애는 데 기여할 수 있었다.

일년 지출의 견적

끝으로 유형원은 관료제도의 규모를 축소하는 계획으로 발생한 감축에 따라 조정된 국가 예산의 견적을 작성했다. 그 일년치 예산에는 정

〔표 9〕 예산 지출 추정치(단위 섬)

수도의 지출	
궁궐	6,667
각사의 물품	66,667[1]
녹봉	
1. 관원	54,027[2]
2. 종친, 의빈, 공신, 교체되어 녹봉의 절반만을 받는 관원遞官半受祿者, 진사, 위사衛士, 학생	26,667[3]
각사 관청의 비용	6,700
이서 · 복예	
1. 수도	86,653[4]
2. 종친 · 의빈 · 공신	14,667
2천 명의 경군	33,333
중국에 대한 조공과 중국 사신의 접대 비용	6,667
잡비	20,000
합계	322,048[5]
지방지출[6]	
감영(각 3,524섬을 받은 8명의 관원. 이하 3,524의 8로 표시)	28,192
병영(3,172의 8)	20,576
수영(2,896의 8)	17,376
지방 행정(145개)	
대부(4,380의 33)	144,562
부(3.80의 22)	83,835
군(3,229의 60)	193,760
현(2,682의 30)	80,480
진관(65개)	
첨사진(740의 20)	14,813
만호(592의 45)	26,640
역참(40)	

찰방도(475섬의 20)	9,506
참하찰방도參下察訪道(414의 20)	8,293
창倉(62의 12)	7,52[7]
향정鄕正(4.7의 7,000)	46,667
합계	675,452[8]

지방의 잡비

각 읍의 62만 명의 군인에게 하루에 5되(0.1말) 지급. 1년에 2차례 조사. 번상정병은 포함되지 않았음	41,333
사객使客 접대 및 감사 · 병사의 순시 비용	15,333
수송에 드는 인력 및 말의 비용	16,667
사직 · 석전 등 각종 제사에 드는 제물과 폐백	6,667
무기와 깃발 수리	33,333
각 역의 사객 접대 비용	4,000
정액 이외의 기병과 거진巨鎭의 유지 비용	13,333
전선戰船 및 조운선 수리 비용	6,667
진상 수송비	3,333
중국 및 조선 사신의 비용(인력과 말의 비용 포함)	16,667
북방 국경 군사에 대한 추가 군량	26,667
잡비	66,667
합계	250,667[9]
총계	1,248,267

• 비고

1) 유형원은 이 표를 계산한 근거를 충청도의 공납을 대동법으로 대체하기 위한 영의정 김육과 좌랑의 평가에서 가져왔다. 그들의 계산은 9만 2천 섬 또는 13만 8천 곡이었다. 이 수치는 국왕을 위한 9천 곡의 음식과 의복을 포함하고 있기 때문에 유형원은 그것을 공제해서 총 12만 9천 곡 또는 8만 6천 섬으로 산출했지만, 이 총계는 너무 많다고 생각했기 때문에 구매를 줄이고 총량을 10만 곡(즉 6만 6, 667섬)으로 맞춰야 한다고 주장했다.

2) 이것은 유형원이 재편하고 줄인 1~9품의 문무관원 565명에게 지급된 녹봉의 합계다(제14장 및 제16장 참조).

3) 유형원은 여기에 열거된 녹봉과 비용은 평균 8만 섬 이상이라고 지적했다. 그는 정규 관원보다 4~5배나 많은 체아직을 포함한 불필요한 관서와 관원을 줄임으로써 비용의 3분의 2

를 감축했다. 그는 이런 관직을 완전히 없애면 당시 재정에서 가능한 수준보다 4~5배 정도 녹봉을 올릴 수 있다고 주장했다.

4) 수도에서 근무하는 녹사 45명, 서리 475명, 노비를 포함한 조예 3, 005명, 소사 985명에게 녹봉이 지급됐다.

5) 유형원의 합계는 31만 8,667섬으로 계산해서 약간 부정확하다. 그는 자신은 쌀로 계산했지만, 화폐 · 면포 · 황두의 지출 비용도 포함되어 있다고 언급했다.

6) 이 수치는 군관軍官 · 향소장관鄕所將官 · 기패관旗牌官 · 군기감관軍器監官 · 전례관典禮官 · 교관敎官 · 학내외사생學內外舍生 등을 위한 지출이 포함되어 있다. 영학營學은 포함하지 않았다.

7) 유형원은 서리 · 조예와 조졸漕卒은 식량을 받았고 항상 근무하지는 않았기 때문에 녹봉을 파악할 수 없었다고 언급했다.

8) 유형원의 총계는 102만 3백 곡 또는 68만 2백 섬이다. 또한 유형원은 이 예산은 개혁이 완수된 뒤 바뀔 수 있는 임시적인 계산이라고 언급했다.

9) 유형원은 합계를 38만 곡 또는 25만 3,333섬으로 계산했다.

* 전거 : 『반계수록』 19:31b~34b.

규 문관뿐만 아니라 무관 · 서리 · 공노비를 포함한 국가가 고용한 모든 인원의 녹봉과 국가 관서의 지출, 운송비, 외국 사신의 접대 비용, 의례와 중국에 대한 조공 비용을 포함했다. 그는 토지의 재분배와 과세를 구상한 개혁안에서 걷을 수 있을 것으로 계산한 재원에 따라 그 예산을 책정했다. 〔표 9〕는 당시의 섬(15말)으로 전환된 유형원의 예산 계획이다.

이렇게 제안된 전체 정부의 지출은 전세에서 얻은 재원으로 일반 공납과 진상, 운송 비용, 관서의 지출의 많은 부분을 대체한 대동법에 의해 제공된 모범에 기초했다. 유형원은 불필요한 관직을 없애고 지출을 감소함으로써 정부의 재정을 전면적으로 합리화할 수 있을 것이라고 기대했다.

| 결론

유형원은 17세기 전반 대동법에서 재정개혁의 영감을 얻었지만, 군역을 제외한 정부의 거의 모든 지출을 충당하는 수준까지 현행 법률을 확장했다. 공납제도는 이미 대동법이 채택되기 전에도 방납을 통해 미곡과 면포로 부과되는 세금으로 전환됐다. 그러므로 조세제도를 완전히 바꾸는 것보다는 당시의 불법적인 관행을 합리적으로 변경해서 경작되고 있는 토지만을 대상으로 과세하는 것이 중요했다. 유형원은 대동법이 국가의 조세제도를 가장 중요한 요소인 전세로 전환시켰다는 것을 알았기 때문에 공정하고 공평한 조세의 분배를 위해서 모든 경작지에 대한 철저하고 정확한 양전을 실시하며, 국가의 세입과 농민의 생계를 안정시키기 위해서 좀더 공평한 토지 분배제도를 실시할 시기가 됐다고 믿었다. 유감스럽게도 강력한 국왕은 지주에게서 토지를 몰수해 소농과 소작인에게 재분배할 수 있는 의지와 능력을 갖고 있을 것이라는 유형원의 기대는 이상주의적이며 시대착오적인 환상으로 증명됐다. 그럼에도 불구하고 그는 대동법이 좀더 합리적인 예산과 재정제도를 시행하는 열쇠가 되리라고 확신했다.

유형원의 생각에서 합리적인 부분은 서구적 개념의 진보나 근대성과는 무관했는데, 당시 그런 영향이 그에게 도달했다는 증거가 없기 때문이다. 그는 고대 중국의 정치와 명 후기의 재정의 우월한 제도에서 합리적인 계획과 효율적인 비용 감축의 개념을 원용했다. 그는 세계는 항상 변화한다는 데 동의했지만, 현재는 고대의 경지에 결코 도달하지 못했으며 도달할 수도 없다고 확신했기 때문에 그와 그의 지적 선배 모두 원시적인 경제제도에서 좀더 발전한 경제제도로 진보한다는 이론을 발전시키지 못했다.

그는 공납의 독립적 범주로서 진상에 반대했는데, 그것은 농민을 제한 없이 수탈하는 구실이 됐을 뿐만 아니라 한대 이후 관료제도의 시대는 말할 것도 없고 주대 봉건시대에도 선례가 없었기 때문이었다. 그는 중국에서는 항상 국가의 세입을 사용해서 황제의 요구에 충당했으며 황제의 재정을 책임지는 정규 관서를 두었다고 믿었다(이것은 조선에서는 1894년 갑오개혁 이후에야 채택된 제도였다).

그는 진상의 관행에 대해 자국에서는 고대에 성군의 통치를 받지 못했으며, 고구려가 옥저에 진상을 부과하는 야만적 전통을 세운 것을 비판했다. 그런 야만의 징후는 한국사에서 천년 넘게 사라지지 않았지만, 이제는 고전적 주대에 확립된 도덕적이며 제한된 왕권의 개념에 입각해 국왕을 봉양할 때가 됐다고 판단했다. 조선 국왕들의 과도한 요구는 적절한 예의의 정신이나 잘 훈련된 관원들의 통제로 제한되어본 경험이 없는 전제적 욕망에 수반된 현상이었다. 고전적 중국의 모범과 최근 중국 제도의 우월성에 대한 존경, 그리고 과거 한국의 일부 열등한 관행에 대한 그의 과장을 감안하면 한국의 사상에서 유형원을 최초의 민족주의자 중 한 사람으로 평가했던 학자들은 그의 생각을 근본적으로 잘못 해석한 것이었다. 그는 자신이 찾을 수 있었던 최선의 방안에 따라 정치와 재정을 개선하는 것을 목표로 삼았으며, 토착적 전통의 특별한 요소를 결코 찬미하지 않았다.

진상에 더해서 조선시대에는 중국으로 조공을 바치러 가는 신하들이 사행길을 따라서 있는 지방 각 현에 값비싼 대접을 요구할 수 있도록 허락했으며, 수령들은 존경을 표시하려는 목적에서 국왕이나 상관에게 선물을 주는 관습이 있었다.

일반적인 공납은 고대에도 있었지만 유형원은 당시 조선에서 17세기까지 그랬던 것처럼 현물로 공납을 요구하지는 않았다고 생각했다. 그 대신 공납에 사용된 모든 품목은 정규 세입에서 구입했으며 농민에 대한 과세는 10분의 1로 제한됐다. 1459(세조 5)~68년(세조 14)* 세조가 방납을 용인한 사례나 1590년대와 1608년(선조 41) 공납을 전세로 전환한 대동법이 도입된 변화를 볼 때, 조선 공납제도의 역사는 고전적 제도로 돌아가야 한다는 호소에서 촉발된 것이 아니라 현실적인 행정 문제를 극복하기 위한 시도였으므로 유형원은 단지 자신의 현실적인 계획을 정당화하려는 목적에서 고전적 선례를 인용했다고 지적할 수 있다. 그러나 실현 불가능한 미래보다는 먼 과거가 자신의 구상에 영감과 모범을 제시했다는 그의 고백을 볼 때 이런 지적은 타당하지 않다.

국왕과 관원들이 소비하는 모든 물품을 시장에서 구입하는 제도로 운영해야 한다고 논의하면서 시장의 이점을 적극적으로 옹호한 그의 태도는 애덤 스미스의 주장과 막연하게나마 비슷했다. 그러나 그는 수요과 공급의 법칙을 통해서 부족의 문제를 해결하거나 상품의 공급을 촉진하는 데 자유로운 시장이 유리하다는 진보적이거나 복잡한 경제적 이론에 입각한 것이 아니라 국왕과 정부가 소비하는 물품을 얻기 위한 고전적 방법으로 그것을 정당화했을 뿐이었다. 그는 상품의 유통에서 시장의 역할을 이해했지만, 정부는 일상품의 독점적 구매자는 아니더라도 주요한 구매자로서 기능하므로 일용품의 가격을 보조하고 생산자와 정부가 고용한 공주인의 이익을 보장함으로써 상업 활동을 촉진하고 물건을 수도로 유입시키는 데 핵심적 역할을 한다고 생각했다. 그는 정부 관원들이 시장의 실제적인 구매 독점자로서 생산자와 상인들에게 가격 아래로 팔도록 강요하지 않도록 하기 위해서 시장가격보다 높은 가격을 지불해 공인들의 생존 능력을 보장해야 한다고 주장했다. 우연하게도 이런 생각은 1965년 이후 재벌을 육성한 박정희朴正熙와 매우 흡사했는데, 그런 정책에 따라 현대 한국에서는 국가가 자본주의의 발

---

* 원서에는 "by King Sejo between 1559 and 1568"로 되어 있는데(849쪽) 연도가 맞지 않아서 수정했다.

전을 보장하기 위해서 자본 · 저축 · 투자 · 수입收入 · 물가를 통제했다. 그러나 이런 유사함은 유형원이 근대를 예상했다는 의미가 아니라 20세기 남한의 자본주의가 시장을 향해 나아가던 전통적 관료제도의 방안과 동일한 길을 밟았다는 의미였다.

유형원은 고전적 전통이 단순히 상인이나 시장 활동을 관료제도가 통제 · 독점 또는 방해한다는 의미라고 믿지 않았으며, 국가에서 공인과 생산자에게 보조금을 지급하고 가격을 통제하는 조처는 대동법을 원활하게 시행하기 위해서 필요하다고 생각했다. 그는 시장이 좋은 목적을 이루기 위한 정부의 긍정적인 개입 없이 자율적이며 자동적으로 운영되도록 허용해야 한다고 주장하지 않았다. 그는 상업이나 산업이 너무 커지고 이익을 남겨서 농민들이 그 분야로 이끌리고 경작자의 숫자가 줄어들며 국가의 농업 생산 규모가 줄어들게 해서는 안 된다고 확신했다.

유형원은 대동법의 관건은 통제된 경제에서 자유로운 시장과 좀더 큰 개인적 · 국가적 부를 창출하는 수단으로 농업 이외의 생산에 투자할 수 있는 사적 자본을 축적하는 제도로 전환하는 것이라고 결론짓는 대신, 정부의 지출과 농민의 세금 부담, 그리고 관료의 부패를 발생시키는 근원을 없앨 수 있는 정부의 자금을 마련하는 방안으로 대동법을 사용하기를 선호했다. 유형원은 녹봉을 받지 못하는 서리와 조예, 공노비들의 부패는 국가의 부당한 보상 때문이라고 확신했기 때문에 정부는 그들을 포함해서 국가에 봉사하는 모든 사람들에게 녹봉을 지급해야 한다고 규정했다.

대동법으로 국가가 구매하고 정부 관원의 녹봉을 지급하는 그의 재정계획은 정부 재정의 결함을 해결할 수 있는 합리적인 방법이 분명했지만, 그는 전수된 지혜에 구애되지 않은 인간의 이성은 자신의 방법에 핵심이었다고 주장하지 않았다. 그 대신 그는 『서경』과 주대 봉건시대의 서열적 녹봉의 모범에서 자신의 정책에 적용할 수 있는 이론적 기초를 가져왔다. 또한 그는 한대 이후 관료제도의 시기에 고안된 녹봉제도를 숭배했는데, 특히 10세기 후반 고려 전기의 제도를 높이 평가했다. 반면 그는 조선왕조의 보상제도가 불합리하다고 강하게 비판했으며, 고대 중국의 좀더 도덕적이고 합리적인 방법과 불공평하게 비교했다.

그는 노비제도의 전면적인 폐지를 옹호했지만 그것은 어떤 하나의 법령으로 갑작스럽게 폐지하기에는 조선 양반들의 심리에 너무 고착된 제도였기 때문에 그것을 당분간 용인해야 한다고 생각했다. 그럼에도 불구하고 노비제도는 신분의 세습을 통제하는 좀더 엄격한 법률에 의해서 점진적으로 축소될 수 있었으며, 그동안 양인뿐만 아니라 공노비에게 녹봉을 보장함으로써 그들에 대한 차별을 수정해야 했다.

그는 당분간 노비제도는 용인하려고 했지만, 토지의 사유를 폐지하고 그것을 농민에게 분급해야 한다는 필요성에 대해서는 확고한 태도를 유지했다. 경작자의 대다수가 가난하거나 주변적인 소농이나 소작인이라는 당시의 상황에 대해서 그는 토지를 재분배하고 전세를 생산의 10퍼센트로 제한해야만 모든 녹봉과 지출의 비용을 감당할 수 있는 충분한 수입을 국가가 얻을 수 있다고 판단했으며, 17세기 중반 평균 경작자의 영세한 토지 소유 대신 각 농민 가호가 그가 제안한 1백 묘를 경작한다는 가정에 따라서 재정계획을 입안했다.

유형원은 대동법이 전라도의 고지대까지 확대되기 직전인 1658년(효종 9) 직후 대동법에 대한 자신의 연구를 결론지었다. 1653~59년에 실시된 중요한 양전은 전세가 국가 세입의 가장 중요한 요소였다는 측면에서 국가 세입을 확대하기 위한 수단이었다. 유형원은 토지재분배 계획을 채택할 수 있는 가장 운좋은 시기의 하나를 살았는데, 그가 사망한 뒤 양전사업은 1718(숙종 44)~20년, 1820년(순조 20), 1898(고종 광무 2)~1904년 등 50~1백 년 간격을 두고 실시됐기 때문이었다.[69]

한우근이 이 시기의 사회경제적 상황에 대한 연구에서 지적했듯이,

전세는 1441년 세종이 만든 비옥도와 기후조건에 따라 1결당 4~20말까지 차등적으로 징수됐지만 토지의 평가 등급은 계속 낮아져서 숙종이 즉위한 1674년에는 거의 모든 토지가 하하전으로 매겨져 1결당 4말이 징수됐으며, 남부지방의 일부 토지에서는 6말이 징수됐다. 1708년(숙종 34) 이후 북부의 양도를 제외한 6도에서는 대동법이 공납을 대신했고, 1717년(숙종 43) 모든 토지의 세율은 1결당 24말로 정해졌으며 그 중 12말은 대동세였고 4말은 전결, 2말은 삼수미, 2말은 잡세, 3말은 지방 수령의 꿩 · 닭의 비용, 1말은 연료의 비용이었다. 한우근은 1737년(영조 13) 1결당 탈곡미 300~375말 또는 하등전에서 1결당 350말이 생산된다고 추정했는데, 대동세와 혼합된 전세의 세율은 생산의 7퍼센트 정도인 350말 중 24말로 아직 낮았다.[70]

이런 합리적인 세율에도 불구하고 18세기 중앙 정부는 주기적으로 세입의 부족을 겪었다. 호조는 전세의 징수를 책임졌고 선혜청은 대동세를 맡았다. 한우근은 1717년 호조의 세입은 13만 섬을 넘지 않았지만, 1716년의 커다란 흉년 때문에 세입은 5만 8천 섬으로 줄었다고 파악했다. 1726년(영조 2) 호조는 평균적인 세입은 쌀 10만 섬, 면포 7만~8만 필, 동전 16만~17만 냥 정도로 예산을 맞추는 데 충분했지만, 그 해의 세입은 쌀 6만 섬, 면포 2만~3만 필, 동전 4만~5만 냥 정도로 내려갔다고 발표했다(황해도의 고지대와 다른 5개 도는 동전으로 납세했다). 부족한 분량은 강화도에서 쌀을 징세하고 평안도에서 면포와 동전을 징세해 보충했다. 1738년(영조 14)에 다시 호조판서는 1년 지출은 (쌀?) 11만 섬 정도이지만 세입은 6만 8천 섬밖에 되지 않는다고 보고했다.[71]

1738년 영조는 우의정 송인명에게서 선혜청의 지출은 14만 섬이며, 면포의 지출이 더해지면 24만~25만 섬이라는 보고를 받았다. 1740년 영조가 대동세를 절반으로 감축하자고 제안하자 송인명은 그렇게 되면 24만 섬이 남을 것이며, 전세를 줄이면 17만 섬(쌀 · 면포 · 동전을 모두

합해서?)이 남을 것이라고 대답했다. 그 결과 한우근은 대동법의 총세입은 24만 섬의 두 배인 48만 섬이 될 것이라고 추론했다. 또한 그는 이런 총세입에서 절반 가량은 중앙에서 필요한 공물을 사기 위해 공인에게 지불했으며, 나머지 절반은 관찰사·진장·수령·진관 등에서 사용하도록 보유됐다고 추정했다. 대동세에서 남은 잉여는 전세의 감축으로 야기된 호조의 예산 부족을 보충하는 데 사용됐기 때문에 선혜청의 대동세 또한 줄어들었다.

한우근은 호조와 선혜청의 세입을 합치면 1년에 35만 섬 정도로 평소에는 정규 관원의 녹봉과 번상군의 군량을 지급하는 데 충분했지만, 숙종 후반부터 영조 전반(약 1715~40)까지 계속된 가뭄과 흉작은 만성적인 재정 부족을 야기했다고 파악했다. 한우근은 자세한 통계적 정보는 제시하지 않았지만, 1718년(숙종 44) 흉년에 따른 세입의 감소로 정부는 정규 관원의 녹봉과 군사의 군량을 지급할 수 없었으며, 1760년(영조 36) 호조와 선혜청의 세입을 합친 분량은 예년보다 2만~3만 섬이 부족했다는 보고가 있었다는 자료를 발견했다.[72]

대동법을 자세히 연구한 김옥근은 조선 말엽 145만 결의 토지가 전국에서 등록됐지만, 면세전과 황무지, 그리고 기후조건이나 자연재해로 면세된 토지를 제외한 징세할 수 있는 실결實結은 80만 결 정도였다고 파악했다. 여기에 5만~6만 결이 급복전으로 공제되면 75만 결 정도가 남았다. 이런 실결에서 거둔 국가의 총세입은 60만 섬 정도였는데, 그것은 전세로 거둔 18만 섬의 약 3배였다(논에서 12만 섬, 밭에서 6만 섬을 걷었다). 김옥근은 1769년 대동세는 모두 56만 5,225섬이었는데, 그중 31만 5,853섬(56퍼센트)은 공물을 구입하기 위해 중앙으로 상납됐다고 밝혔다. 한우근은 1740년의 총 48만 섬 중 24만 섬(50퍼센트)이 수도로 보내졌다고 언급했다. 56퍼센트의 대동세가 수도로 보내졌다는 김옥근의 측정은 수도와 지방의 세입 항목에서 지방의 다양한 차이를 고려했다는 측면에서 한우근의 50퍼센트보다 좀더 정확했다. 예컨대 평안도는 75퍼센트의 대동세를 자기 도에 보유했지만, 경상도는 34퍼센트만을 보유했다. 김옥근은 지방에서 보유한 대동세의 비율이 전체적으로 하락하면서 지방의 재정 위기는 왕조 말엽으로 갈수록 증가했다고 지적했다.[73]

전세의 운영에 지장을 주었던 결함은 당연히 대동법의 문제가 됐다. 김옥근은 1441년 비옥도와 기후조건을 평가해 토지의 생산성을 등급지어 과세한 공법貢法은 거의 모든 토지가 하등전으로 매겨지면서 실제적으로 폐기됐다고 지적했다. 이런 변화는 전세의 진보적 특징이 사라졌다는 의미였으며, 세금을 경감하는 유일한 방법은 답험을 실시한 뒤 면세를 왕명으로 특별히 지시하는 것이었다. 김옥근은 예컨대 경기도에서 1657(효종 8)~1760년(영조 36)의 111년 동안 조선의 국왕들은 38회, 그러니까 4년마다 한 번씩 감세를 지시했다는 사실을 밝혔다. 세 번은 세금이 모두 면제됐고 대부분은 1결당 1~3말 정도 감세됐다.[74]

한우근은 18세기 전반 비효율적이고 무용하거나 부패한 방법으로 수확량을 조사한 결과 구휼을 받아야 할 농부가 구휼을 받지 못하고 그럴 필요가 없는 대지주에게 구휼이 제공된 사례를 여러 개 발견했다. 1746년(영조 22) 영조는 관찰사들이 직권으로 손실을 입은 사람에게 면세해주는 것을 금지하기도 했다. 화전火田은 항구적인 경작지로 잘못 등록되어 매년 전세가 부과된 사례가 잦았다. 아울러 토지등록 자체가 부패한 결과 많은 경작지들이 기록에서 누락되어 부자들의 세금을 낮추고 가난하고 보호받지 못한 소농에게 강제적이고 압수적인 세금이 부과됐다. 과도한 수수료나 뇌물의 요구는 실제의 세율을 증가시켰으며, 소농의 토지를 수용한 일부 유력한 지주들은 그런 복합적 소유지의 유일한 소유주로 자신을 등록했으며 실제로 소농에게서 전세로 소작료를 걷었다.

부자들이 토지를 독점하고 전세 행정에서 관원과 서리들의 부정이 발생한 결과 빈농과 소작인의 처지는 악화됐다. 김옥근이 지적했듯이 대동법은 공납제도의 부정으로 억눌렸던 농민들에게 일부 이익을 가져다주었지만, 공납이 전세로 전환된 결과 농민들은 일종의 봉건적 소작관계를 갖게 됐다. 농민들이 소작을 짓는 비율은 확대됐으며 소작료는 수확의 70~90퍼센트까지 높아졌다. 궁극적으로 토지 분배와 과세에 개재된 부정과 불의는 농민반란, 특히 1862년 남부지방에서 일어난 임술민란의 세 가지 주요한 원인의 하나가 됐다.[75]

18세기 후반 이만운의 『증보문헌비고』는 대동법에 관련된 유형원의 저술을 상찬했지만, 서리 · 조예 · 공노비와 지방의 향리와 향정까지 포함한 모든 정부의 지출에 재원을 공급할 수 있도록 대동법을 확대하려는 유형원의 시도가 채택됐음을 보여주는 증거는 없다.[76] 그는 자신의 많은 제안에서 뛰어난 통찰력을 보여주었지만, 대동법을 점진적으로 도입하면서 추진된 개혁의 흐름에서 영감을 얻었다는 점에서 17세기 중반의 영향을 받은 인물이었다. 그의 계획이 채택되어 정부의 모든 관원과 행정 비용이 정부의 세입에서 충당됐다면 관원들은 좀더 성실해지고 부정은 줄어들었을 것이다. 안타깝게도 그의 계획은, 토지의 국유화와 재분배 — 당시의 관원과 이서를 그대로 유지하려는 생각을 고려하면 공상적인 희망인데 — 는 말할 것도 없고, 토지를 효율적이고 성실하게 등록하는 제도에 의존했다. 18세기 이후 전세와 대동법의 쇠퇴는 토지를 점유하려는 사적인 경쟁과 관원과 서리들의 만족되지 않는 탐욕으로 정부에서 녹봉을 지급하는 제도나 중앙적 관료제도의 자율적 단속보다 나은 어떤 방안이 필요하다는 사실을 보여준다.

제 23 장
동전과 화폐제도

대동법의 확대를 주도한 김육은 17세기 중반 동전의 도입을 앞장서 찬성했으며, 유형원은 대동법에 기초해 국가 재정을 재편하려는 자신의 계획에서 동전으로 징세하자는 그의 생각에서 큰 영향을 받았다. 동전 유통은 17세기 후반부터 18세기까지 조선의 경제를 변화시키는 중요한 수단이 됐으며 동전의 발전은 시장경제의 성장과 조선의 근대적 발전을 나타내는 징후의 하나로 파악됐기 때문에, 유형원은 근대성을 인식한 지적 선구자 중 한 사람으로 평가되어왔다.

동전은 16세기 중반 시장에서 사라졌기 때문에 17세기 중반 그것이 재등장한 사실은 경제에서 상업이 발전한 결과이자 원인으로 해석되어야 한다. 그러나 상업이 발전한 과정의 역학은 양적인 방법으로 증명하기가 상당히 어렵다. 많은 학자들은 15세기 후반 이후 농업경제에서 잉여생산이 늘어났다고 주장했지만 뚜렷한 증거는 없다.

15세기 후반 조선의 농민들은 직파법에서 이앙법으로 전환하기 시작했으며 송의 강남농법과 결부된 시비법施肥法을 적용하기 시작했다. 관개를 위해 중국과 일본의 수차水車를 도입하려는 정부의 시도는 1431년(세종 13)에 실패했지만, 15세기 후반 관개방식은 고지대에 조그만 저수지를 만드는 제도에서 수로와 수문을 통해 저지대의 저수지로 강물을 다시 흘러가게 하는 방식으로 확대됐다. 이태진은 토지의 생산성이 높아지면서 기존의 중앙 관원과 종친 · 외척들은 수리시설은 물론 자신의 사유지를 확대하기 위해서 농민들을 동원해 해안지역의 토지를 간척하는 데 유향소를 이용했다고 주장했다. 관개시설이 발달해 이앙법이 확산되면서 쌀 수확도 늘어났다.[1] 이런 혁신의 결과로 농업의 총생산은 분명히 늘어났지만, 그런 생산의 증가가 인구의 성장을 뛰어넘어 시장에서 유통할 수 있는 잉여생산물을 창출하거나 인구의 성장과 보조를 맞출 만큼 컸는지는 분명하지 않다.

상업 활동도 활발해졌다. 면화의 생산이 늘어났으며, 납포로 군역을 대체하고 방납하는 현상이 증가했다. 16세기 교역의 규모는 중국과의 사무역이 발전하면서 커졌는데, 특히 비단을 수입하고 그 가격을 지불하기 위해서 은의 채굴이 증가했다.

그러나 좀더 효과적인 교환수단으로 동전을 경제에 도입하려는 일치된 시도는 관원과 농민 모두 16세기 중반 이후 대부분의 지방에서 유일한 교환수단이었던 면포와 미곡 대신 그것을 받아들이기를 주저하면서 계속 좌절됐다. 이런 노력의 궁극적인 승리는 두 가지 요소가 결합된 결과였는데, 상부에서는 개명된 지도자들이 동전을 지지하고 아래에서는 시장의 성장과 좀더 나은 교환수단을 요청한 것이었다.

17세기 동전의 재도입이 지연되는 과정에서 또 하나 중요한 측면은 — 성공도 했지만 실패도 했던 측면 — 통화의 본질과 목적, 동전 공급의 규제에서 국가의 역할, 다양한 교환수단 사이의 환율, 일용품의 가격 등과 관련된 정책을 둘러싼 논쟁이었다. 이런 논쟁은 복잡했지만, 국가의 재정 문제를 완화하고 상업경제를 촉진하기 위한 느슨한 화폐정책과 통화 팽창의 악영향을 막기 위한 보수적인 화폐통제정책을 놓고 의견이 대립한 것으로 거칠게 요약할 수 있다. 동전이 다시 도입된 뒤 처음 몇 년 동안 전국의 시장에 유통되는 동전이 적었을 때 화폐 공급 · 환율 · 가격의 복잡한 문제들이 매우 심각해졌다는 사실은 이상하게 보일 수도 있다. 그러나 실제로 그러했으며, 이런 문제들에 대한 태도와 정책은 18세기 조선 경제에 중요한 영향을 주었다.

같은 이유로 화폐의 역할과 기능, 그리고 그것을 운영하는 국가의 역할에 대한 유형원의 분석은 당시와 18세기 전반에 채택된 정책을 비교하는 데 흥미로운 사례를 제시한다. 그의 생각은 그가 화폐에 대한 저작을 쓴 1세기 뒤인 18세기 중반에야 좀더 널리 알려지게 됐으며, 동전에 대한 1백 년의 경험은 화폐가 도입된 시기에 전망을 바꾸어놓았다.

17세기의 동전

동전의 재사용(1551~1627)

통화에 대한 관심은 1551년(명종 6) 정부가 가뭄을 겪으면서 세입을 확보하고 구휼의 재원을 마련하는 가장 빠른 방법으로 동전의 주조를 고려하면서 재개됐다.[2] 그 세기 후반 이이는 동전이나 지폐의 부재를 걱정하면서 지폐보다는 동전을 추천했으며, 엄격한 처벌을 통해 시행하자고 제안했다. 이항복은 동전이 가장 편리한 화폐라는 데 동의했지만, 과거에 몇 차례 시도했지만 실패했고 구리는 조선에서 공급이 부족하며 정부가 채광을 허락해도 빈농들은 적극적으로 채광에 뛰어들지 않을 것으로 판단해서 좀더 신중한 태도를 보였다. 그는 동전을 영구적으로 도입하기 전에 그 유통방안을 철저하게 미리 마련해야 한다고 주

장했다.[3]

동전의 유통에 대한 다음 제안은 임진왜란 동안 조선에 주둔한 명의 장수인 양호楊鎬가 1598년(선조 31)에 내놓았다. 그는 명에서는 이미 화폐경제를 도입했다면서 조선 정부가 동전을 주조하면 명군에게 지원할 물자를 살 수 있을 뿐만 아니라 스스로에게 재정도 지원할 수 있을 것이라고 생각했다. 조선 조정의 신하들은 그 생각에 반대했으며, 선조도 구리나 그밖의 금속은 공급이 부족하며 당시의 경제 상황도 너무 나빠서 동전을 주조하면 백성들의 곤란을 초래할 것이라는 이유로 정중하게 거절했다. 그해 후반 양호가 귀국하자 동전에 대한 중국의 요구는 가라앉았다.[4]

임진왜란이 끝난 뒤 1603년(선조 36) 영의정 이덕형李德馨이 이끈 14명의 신하들은 동전의 주조를 강력히 요청했지만, 좌·우의정은 구리 등의 광물이 조선에 풍부하지 않다는 이유로 그 계획에 반대했다. 아울러 일본과의 관계가 악화되면서 구리 수입의 주요 원천이 막혔다. 그 뒤 1625년(인조 3) 가도에 주둔한 명의 장수 모문룡은 조선에서 명의 동전을 수입할 것을 제안했다. 인조는 그 요구를 따르지 않았지만, 동전을 주조해 정부의 세입을 걷자는 호조판서 김신국金藎國의 건의는 받아들였다. 인조는 동국통보東國通寶와 십전통보十錢通寶를 주조하라고 지시했다. 인조는 몇 달 만에 정책을 중단했다가 1626년 다시 주조를 시작했다. 그러나 정묘호란(1627)까지 6백 관(1관이 1백 냥이므로 6천 냥이 된다. 냥(1.3온스, 0.0368킬로그램)은 원래 무게의 단위였지만 계산의 단위로 쓰였다)의 동전만이 주조됐으며 그 뒤에는 중단됐다.

상평청과 조선통보(1631)

1633년(인조 11) 인조는 가격 안정을 맡은 상평청을 설치하고 조선통보를 주조하도록 했으며 다른 관서나 개인이 주조하는 것은 금지했다. 조선통보는 10여 년 전 주조된 명의 만력통보萬曆通報를 본떴지만 크기와 무게는 절반 정도였다. 원래의 환율 규정은 동전 1문(1백 문이 1냥)당 쌀 1되(0.1말)였지만, 동전이 과평가됐다는 반대를 받자 호조는 그 절반인 1문당 0.5되로 줄이자고 제안했는데 받아들여지지 않았다. 호조는 전체 세금의 3분의 1이나 4분의 1, 그리고 면포나 미곡으로 납부하게 되어 있는 공납을 동전으로 내도록 허락하자고 제안했다. 여기에는 훈련도감의 삼수병에게 지급되는 전세나 군량이 포함됐지만, 호조는 먼 지방의 거주민들은 납부하는 데 충분한 동전을 확보하기 어려울 것으로 예상했다. 수도에서 처벌의 속전, 정부 관사의 비용, 국왕의 하사, 요역의 보상은 모두 동전으로 지급되도록 했다. 인조는 이런 제안을 받아들였지만 조선통보와 함께 중국의 화폐를 도입하자는 호조의 방안은 거부했다.[5]

1634년 인조는 동전의 유통에 장애를 제거하자는 상평청의 제안을 수용했다. 이미 삼수병은 군량의 10분의 1을 동전으로 받도록 허락했지만, 백성에게는 동전으로 세금을 부과하지 않았다. 삼수병은 상평창에 동전을 내고 식량을 살 수 있도록 허가받았지만, 그들의 필요를 충당할 만한 비축곡이 없었기 때문에 사람들은 동전에 대한 신뢰를 잃기 시작했다. 그 뒤 정부에서는 아직 세금을 납부하지 않은 백성들에게 동전으로 납세하도록 허락했고 수도 근처에 사는 백성들은 그 혜택을 보았으며, 그 지역의 동전 유통과 유효성은 증가했다.

지방까지 보급할 만큼 충분한 동전이 주조되지 않았기 때문에 지방으로 동전을 가져가서 정부가 승인한 것보다 높은 환율을 요구해 부당한 이득을 얻는 사례가 발생했다. 이 문제에 대응하기 위해서 상평청에서는 매년 일본에서 공물로 보내오는 구리 3만 근을 지방의 안정적인 공급을 위해서 안동(뒤에 대구로 바뀌었다) · 전주 · 공주 등 남부지방의 주요 도시에서 주조하도록 할당했다. 그 지역에서 동전의 가치는 수도보다 약간 컸으며, 세금의 일부는 동전으로 냈지만 동전의 사용은 세율을 올리지는 않았다. 이런 방법은 전국에 동전을 유통하고, 세금으로 납부한 면포나 미곡의 수준이 떨어진다고 거부하는 서리와 조예의 농간을 근절하기 위해서 마련됐다.

상평청은 개방된 시장에서 물건을 자유롭게 교환하면 전국의 가격을 균형 있게 만들 것이라고 주장하면서 화폐를 도입하면 수도와 지방의 가격 차이가 발생할 것이라는, 당시 널리 받아들여지던 주장을 거부했다. 수도의 주민들은 미곡을 사기 위해 동전을 지방으로 가져가는 반면 미곡을 보유하고 있는 지방의 농민들은 동전을 받고 그것을 팔기 위해서 수도로 왔다. "이처럼 미곡은 수도로 모이고 동전은 지방으로 되돌아갈 것이었다." 조세제도에서 동전을 사용하면 동전은 원활하게 유통될 수 있었는데, 농민들은 수령에게 미곡으로 납세하고 수령들은 농민들에게 동전으로 대가를 지급할 수 있기 때문이었다. 달리 말하면 동전의 유통을 바랐다면 인조는 그것을 조세제도에서 사용해야 했으며, 그렇지 않다면 "강물을 막아놓고 흐르기를 기대하는 것과 같았다."

인조가 동전을 주조하면 중앙과 지방에서 동전의 가치가 차이날 수 있는 가능성을 좀더 논의하라고 지시하자 상평청은 동전의 가치는 전국적으로 일정할 것이라고 국왕이 선언해야 한다고 대답했다. 아울러 주조국의 설치를 요구한 안동 주민들과, 일정 기간 동전을 사용했으며 자기 지역에 주조국을 두려고 한 개성 백성들을 살펴보면 백성들의 태도를 알 수 있다고 아뢨다. 마침내 그 건의를 윤허한 인조는 상업 활동이 번창했거나 일본 및 동광銅鑛과 가까운 지역을 선정하라고 지시했다.[6]

1635년 상평청은 고대 이후 천하에서 금속 화폐가 유통됐지만, 조선은 개국 후 2백 년 동안 화폐를 유통시키지 못했다고 주장했다. 문제는 대동법이나 호패제도처럼 많은 제도가 도입된 지 오래지 않아 폐지됐기 때문에 백성들이 국법을 믿지 않는다는 것이었다. 백성들은 화폐의 이점을 이해했지만 그것이 항구적인 교환수단이 될 가능성에는 의심을 품었다. 백성이 화폐를 믿게 하려면 고려시대처럼 종묘에서 새로운 법령을 공포하는 의례 같은 것을 거행해야 했다. 정부는 그 법률을 시행함으로써 그것에 대한 한가한 논의와 혼란을 끝낼 결심을 보여야 했다.

상평청은 시전상인들에게 수도와 주요 간선도로가 지나는 지방에 동전이 유통되는 시장을 세우자고 건의했다. 중앙 각사와 지방 관아에서 벌금과 비용을 화폐로 걷고, 중앙의 시전에서는 땔감과 야채를 살 때 화폐를 받게 하며, 법률을 지키지 않은 벌금으로 소나 말 같은 큰 동물을 바치게 할 때 화폐를 사용하도록 했다.[7] 또한 인조는 경기도에서는 화폐로 납세하게 했으며, 해주와 수원에서는 1633년에 원래 규정을 어기고 사적으로 동전을 주조하도록 허락했다. 1623년(인조 즉위) 이서는 이런 계획을 제안했지만 당시는 허락되지 않았다.[8]

1637년의 첫머리에 병자호란이 일어났기 때문에 동전의 주조는 중지됐지만,[9] 개성을 포함한 황해도에서는 동전이 계속 유통됐으며 그런 상황은 유기의 활발한 생산과 교역, 그리고 사적인 주조로 촉진됐다. 1634년 전임 개성유수는 그 지역의 백성 대부분은 동전을 사용하는 데 찬성하고 있지만 양반들은 반대했다고 보고했다.[10]

김육의 동전 촉진(1637~50)

1644년(인조 22) 김육은 명에 사신으로 갔다가 진보적인 생각을 가득 갖고 돌아왔다. 그는 중국처럼 물품 운송에 수레를 사용하고, 동전 유통을 촉진하기 위해서 중국으로 가는 사신이 지나는 도로에 위치한 모든 군현에 상점이 설치되기를 바랐다. 사신들과 그를 수행하는 의원·역관·호위병들은 그런 군현에서 음식과 마초를 징발하는 대신 동전을 사용해 숙식의 비용을 지불하도록 했다. 지방의 양반들은 수령에게 쌀 · 면포 · 땔감을 공급했고, 여행자들은 그것을 화폐로 샀으며, 농부들은 상점에서 동전으로 물건을 사는 방법을 배움으로써 동전의 유통을 촉진시켰다.

김육은 조선은 수도에서만 동전을 사용했기 때문에 전국적으로 유통하는 데 성공하지 못했으며, 지방 백성들은 그것을 사용할 줄 모른다고 확신했다. 그는 황해도와 평안도에서는 교통이 활발하기 때문에 동전을 유통할 수 있다고 믿었으며, 호조가 발행한 동전을 그 도에 보내자고 제안했다. 아울러 정부의 은으로 중국에서 동전을 구입해 황해도와 평안도에 공급하자고 건의했다. 또한 그는 개성에서는 중국만큼 화폐를 널리 사용해 황해도와 평안도에 모범이 된다고 지적했다. 공무로 여행하는 사람은 무거운 짐을 갖고 가지 않아도 됐고, 상점 주인들은 여행자들에게서 많은 동전을 얻을 수 있어서 좋았으며, 지방 농민들은 납세 의무의 일종으로 여행자들에게 미곡을 제공하지 않아도 괜찮았기 때문에 부담이 줄었다.

또한 그는 평안도 관찰사와 일부 수령을 포함한 북부지방의 많은 관원들은 그 지방에서 동전을 사용하는 데 찬성했다고 증언했다. 그는 통화의 공급을 늘리기 위해 은으로 중국의 동전을 사서 화폐의 유통을 촉진시키는 정부의 정책을 변화시키자고 제안했다. 그러자 비변사는 화폐와 그밖의 개혁에 대한 양도의 관찰사와 수령들의 견해를 자세히 조사하도록 했는데, 주된 이유는 김육이 사행을 가면서 이미 그 문제를 그들과 논의했기 때문이었다. 그러나 인조는 구체적인 조처를 시행하지 않았다.[11]

1648년(인조 26) 김육은 전에 개성유수였을 때 화폐 유통을 요청한 상소가 받아들여지지 않은 것에 대해서 국왕에게 유감을 표시했다. 그는 개성에 1년 동안 근무했기 때문에 1643년 이후 개성에서 화폐가 사용됐으며 그 뒤 강화·교동喬桐·풍단豊湍·연백延白 같은 인근 지역에도 퍼졌다는 사실을 알고 있었다. "토지·가옥·노비처럼 비싼 품목과 땔감·야채·과일처럼 싼 물건도 모두 동전으로 살 수 있었습니다.…… 동전을 사용하면 아이를 보내 시장에서 물건을 사게 해도 사기를 당하지 않을 것입니다."

국왕은 전국에 화폐를 도입하려는 생각은 없었지만 평안도와 황해도에는 승인했다. 그 결과 적어도 그곳의 백성들은 여행할 때마다 쌀을 가져가야 하는 번거로움은 피할 수 있었다.

김육은 이 두 도의 관찰사에게 우선 각 현에서 동전을 주조하고 백성에게 벌금·속전·세금을 화폐로 내게 하면 국가의 강압적인 명령 없이도 유통될 것이라고 예상했다. 김육은 국왕에게 개성의 성공적인 통화 유통을 따를 뿐만 아니라 고대 중국에서 확립된 동전 유통의 선례를 본받아야 한다고 주장했다.

> 예전 송대에 장재는 작은 토지를 구입해 정전제를 시행하려고 했습니다. 정전제는 폐지된 지 오래 됐지만 그는 그것을 재현하려고 했던 것입니다. 화폐는 고대부터 현재까지 중국에서 사용되고 있으니 어찌 우리나라에서 시행하기가 어렵겠습니까. 우리나라에서 동전을 유통시키려는 것은 장재가 정전제를 시도한 것과 같은 일입니다.[12]

1650년(효종 1) 김육은 중국에 사신으로 갔다가 여행 경비를 아껴 15만 문(1천5백 냥)의 동전을 구입해 돌아왔으며, 효종의 윤허를 얻어 평양과 안주의 도회都會에 그 동전을 공급해 유통되는지를 지켜보기로 했다. 효종은 그렇게 된다면 동전을 주조해 유통하도록 지시하겠다고 동의했다.

효종의 동전 수용(1651)

청에 볼모로 있는 동안 그들의 대우에 분개한 효종은 두 차례의 호란에 복수하리라고 결심했고 조선의 군사력을 증강시킬 수 있는 재원을 마련하는 데 힘썼다. 국왕은 그런 목적에서 동전을 사용하는 방안을 숙고했지만, 1651년(효종 2) 비변사는 평안도와 황해도에서는 백성들이 시장에서 동전을 사용하고 있지만 공급이 충분치 않다고 보고했다. 효종은 동전을 조선에서 주조하는 것보다 중국에서 사는 것이 싸다는 호조판서 원두표의 제안에 관심을 나타냈다. 만주의 중국 상인들은 조선이 동전을 유통시킬 가능성이 있다는 말을 듣자 조선에 동전을 팔기 위해 요동으로 모여들었으며, 은 1천6백 냥을 받고 동전 80전을 팔기로 합의했다(은 1냥당 동전 850문의 비율이었다).[13] 당시 중국에 가는 사신은 은을 가져가서 동전을 사왔다. 비변사는 호조가 그 비용의 3분의 2를 지불하고 상평청이 나머지를 지불하도록 제안했다.

효종은 그런 보고를 받고 매우 기뻐했지만, 조선은 당시 가뭄을 겪고 있었고 호조판서는 국고가 비었다고 보고했기 때문에 필요한 은을 발견하기는 거의 불가능할 것이라고 판단했다. 호조판서는 8백 냥을 보내자고 건의했지만 효종은 유통할 동전을 구매하기 위해 쌀로 동전을 사도록 국경지대의 수령들에게 지시하기로 결정했다. 그는 좀더 구매하기 전에 동전이 성공적으로 유통되는지를 지켜보기로 했다.[14]

그 뒤 효종은 훈련도감에 동전을 주조하도록 지시했는데, 화폐 주조세의 이익에서 그들의 비용을 지불하려는 생각이었다. 그는 1635년 이후 두 번째로 개인의 동전 주조를 허락했으며 동전의 유통을 촉진하기 위해서 추포의 사용을 금지했다. 그러자 비변사는 면포의 유통을 엄격히 금지할 책임을 갖고 있는 관원들이 부하들에게 그런 임무를 충실히 이행하도록 감독하지 못했다고 비판했다. 그럼에도 불구하고 평안도와 황해도에서는 동전이 유통됐고 수도의 주민들은 동전의 사용을 선호했기 때문에 상황은 유망하게 보였지만, 사용할 수 있는 동전이 부족했다.

부족한 공급을 맞추기 위해서 비변사는 동래(일본에서 수입한)에서 동전과 그밖의 금속을 수도로 보내고 훈련도감에게는 구리로 동전을 만들기 위해 무기 제조를 그만두도록 요구했다. 효종은 찬성했으며 그것이 시행될 때까지 수도에서 동전의 사용을 금지하라고 지시했다.[15] 다음달 김육은 동전의 필요성은 너무 긴급하므로 사신이 중국에서 동전을 더 가져오기를 기다릴 수 없다고 효종에게 아뢨다.[16] 몇 달 뒤 효종은 사적인 주조를 허락하자는 영중추부사 이경여, 우의정 한흥일, 좌의정 이시백의 제안을 수용했다.[17]

상평청의 유통촉진정책(1651)

1651년 후반 효종은 상평청에 좀더 적극적인 통화유통정책을 승인했다. 수도에서는 화폐 사용이 허가됐지만, 환율을 황해도와 평안도보다 훨씬 높은 수준인 쌀 3분의 1되로 고정해 가치의 변동을 막도록 했다. 이것은 17세기에 화폐의 가치를 고정시키거나 화폐와 쌀의 환율을 고정시키려는 정부의 첫 번째 시도였다 — 중대한 정책적 의미를 갖고 있는 정책이었다. 명확한 증거는 없지만, 상평청은 자유시장의 원칙을 거의 존중하지 않았으며 새로운 교환수단의 가치를 의심하는 백성들에게 확신을 심어주기 위해 통화의 안정적 가치를 보증하려고 노력했다고 생각된다. 곡물과 화폐의 교환비율을 규정하는 것은 안전하고 온건한 정책으로 보이지만, 미곡의 공급과 수요의 변동은 화폐의 가치를 법률로 규정한 제도에 혼란을 가져올 수 있었다.

또한 상평청은 천민이 과거에 응시하고 양인으로 면천되며 공명첩을 사거나 속전을 내는 데 화폐를 사용하도록 허락하자고 제안했다. 쌀을 포함한 모든 일용품을 시장에서 구매하는 데 동전을 사용할 수 있었으며, 상평청에서는 납세하기 위해서 동전을 얻으려는 사람들에게 환전해주었다. 이로써 "동전은 끊임없이 유통됐고 일용품의 가격은 상승했으며, 일용품과 화폐 사이의 정확하고 조화로우며 표준적인 기준이 성립될 수 있었다." 이런 방안은 채택됐지만, 효과적인 것으로 증명되지는 않았다.[18]

1652년 초반 효종의 통화정책을 지지한 윤순지尹順之와 그 제도에 일정한 장애가 있다고 주장한 허적은 논쟁을 벌였다. 효종은 백성들에게 동전을 강요할 수 없다고 인정하면서 동전에 대한 민심을 조사하는 데 동의했다. 며칠 뒤 경연관 홍명하는 「홍범」을 강의하면서 거기서는 국가의 모든 법률은 민심에 따라 입안해야 한다는 측면을 강조했다고 언급했다. 반면에 동전을 채택해 백성들을 이롭게 하려는 효종의 의도는 관원들이 동전에 반대하는 사람에게 사용을 강요했기 때문에 좌절됐다. 상인을 비롯한 대부분의 사람들이 동전의 사용을 거부했다.

효종은 그 정책은 인내가 필요하며 서북지방에서는 동전이 원활하게 유통됐다고 대답했다. 그는 수도에서도 동전을 유통시킬 계획이며, 고대의 성군들은 어떤 법률이 성공적으로 시행되기까지는 오랜 시간이 걸린다고 가르쳤기 때문에 자신의 명령을 철회하지는 않을 것이라고 밝혔다. 통화와 관련된 그의 전교는 계속됐고, 모든 속전을 동전으로 내도록 함으로써 유통을 촉진시켰다. 당시 우의정이었던 김육은 이런 방침을 듣고 매우 기뻐했으며, 문제를 해결하는 데는 점진적이고 조직적인 계획이 필요하다고 허적을 설득했다.[19]

동전에 대한 이만웅의 비판(1652)

1652년(효종 3) 사간원 정언 이만웅은 동전을 도입하고 대동법을 충청도에 적용하자는 김육의 주장을 비판했다. 이만웅은 효종이 가치가 전혀 없고 미곡이나 면포처럼 소비할 수도 없는 동전을 채택한 까닭을 이해하지 못했다. 그는 조선에서 면포는 이미 만족스러운 교환수단으로 기능하고 있으며, 동전은 전국에 유통되기에는 공급량이 너무 적으며, 인조는 그 유통을 시도했지만 결국은 포기했다고 생각했다. 김육은 동전이 소수에게 상업적 이득을 주기보다는 전체적으로 백성들에게 이익을 줄 것이라고 주장했지만 백성들이 동전에 만족하지 않는다고 판단했다. 그러나 효종은 이만웅의 주장으로 정책을 바꾸지는 않았다.

반대로 1653년 김육은 수도의 백성들은 쌀은 물론 동전으로도 세금과 벌금을 낼 수 있으며 여행자들은 전국을 여행하는 동안 동전으로 물건을 살 수 있었다고 보고했다. 그는 전국에 동전을 계속 보급하기 위해서 전라도와 경상도에서도 동전을 주조하라는 효종의 허락을 얻었다.[20]

그러나 화폐정책에 대한 부정적 의견이 계속 제기됐다. 그해 후반 홍문관은 효종의 치적은 즉위한 이후 일부 정책이 성공하지 못했기 때문에 감퇴했다는 상소를 올렸으며, 대신들은 그 쟁점을 둘러싸고 날카롭게 대립했다. 화폐정책은 동전 유통을 증가시키고 물건의 교환을 촉진하기 위해 고안됐지만, 나라에는 구리가 부족해서 수입에만 의존했기 때문에 동전을 주조하기가 어려웠다. 동전을 유통하기 전에 충분한 분량을 주조해야 하며, 백성들은 그 이익을 점차 알게 되어 사용해도 피해를 보지 않는다는 사실을 깨달아야 했다. 백성들이 이런 사실을 믿기 전에 동전 사용을 강요하는 것은 그들에게 부를 가져다주기보다는 곤란하게 만드는 것이었다.[21]

1654년 봄 홍문관의 중간 관원인 김수항은 최근 황해도와 평안도의 마을을 둘러본 결과 모든 사람들이 동전을 가지고 있었는데, 그 까닭은 모두 50문의 동전을 갖고 다녀야 하며 어기는 사람은 별장에게 처벌을 받을 것이라는 상평청의 새로운 명령 때문이라는 사실을 알고 놀랐다고 보고했다. 김수항은 동전을 사용하도록 지시한 핵심적 요인은 그것을 사용해서 계속 유통시키려는 목적이었지 일정한 분량을 보유하기 위한 것이 아니었기 때문에 백성들이 각자 일정한 분량의 동전을 갖도록 법률로 강제할 이유가 없다고 언급했다.

김육이 그 보고의 정확성을 묻자 김수항은 잘못된 정보를 퍼뜨렸다고 번복했다. 그는 양계에 동전이 유통되고 있다는 사실을 순시를 가기 전 도성에 사는 친구에게서 들었으며, 임지에 가보자 모든 사람들이 허리에 동전을 차고 다니는 모습을 보았다고 언급했다. 그는 특정한 관원이 마을을 순시하면서 사람들이 동전을 갖고 있는지 검사하고, 없는 사람에게는 장형杖刑을 가하거나 속전을 요구한다는 사실을 백성들과 수령들에게서 직접 듣기 전까지는 그것이 자연스러운 발전의 결과라고 생각했다. 그들은 불법을 자행했기 때문에 마을 사람들은 그들이 온다는 소식을 듣자마자 도망갔다.

이 발언을 듣고 좌절한 김육은 다음날 각 도에 동전 유통을 맡은 도사都事를 배치하도록 효종의 윤허를 얻었다. 그 방법은 수령들이 동전으로 세금을 걷고 그것을 지출에 사용하는 것이었기 때문에 그는 평안도에서도 세금(전세?)으로 쌀 1말(세금의 16~25퍼센트 정도였다)을 거두라는 윤허를 얻었다.[22]

화폐정책에 대한 이경여의 반대(1654)

1654년 여름 극심한 홍수를 겪은 뒤 이경여는 긴 도덕적 교훈을 담은 상소를 효종에게 올려서 국왕의 잘못된 정책을 비판하고, 미곡과 면포 이외의 다른 물품을 화폐로 사용한 고대의 선례를 받아들여 일부 지방에서 상품의 부족을 상쇄해 전국적으로 산물을 공평하게 분배하지 못한 사실을 지적했다. 이경여는 동전을 비판적으로 생각했지만, 정책을 결정해 확신을 갖고 끝까지 추진하지 못한 효종의 우유부단한 태도를 더욱 비판했다. 그는 단군 이래 4천~5천 년 동안 모든 국왕들은 동전이 나라와 백성에게 이롭다는 사실을 알았으며, 일단 동전을 채택한 뒤 마음을 바꿔 그것을 폐지한 국왕은 없었다고 확신했다. 단군 이래 모든 국왕이 동전을 옹호하지는 않았으며, 15세기와 16세기 초반의 여러 국왕들은 동전과 지폐에 상당한 노력을 기울였지만 제대로 유통되지 않자 그것을 폐지했기 때문에 그것은 잘못된 생각이었다.

이경여는 조선은 그 뒤 동전을 성공적으로 도입하는 데 넘을 수 없는 장애에 부딪혔다고 서술했다. 동전을 만드는 데 쓰이는 구리와 그밖의 광물이 조선에서 많이 생산되지 않았기 때문에 조선은 원재료를 수입할 수밖에 없었다. 그러나 좀더 중요한 사실은 전체적으로 백성들이 가난했으며 잉여의 부를 가진 사람은 거의 없었다는 경제적 조건이 동전의 사용을 방해했다는 것이었다.

> 대부분의 백성은 하루하루 연명하면서 농사지어 밥을 먹고 길쌈하여 옷을 입습니다. 공업과 상업에 종사해도 흙 · 나무 · 가죽으로 만든 기물과 일상으로 쓰는 무명 · 삼베 · 곡식 정도에 지나지 않습니다. 서로 없는 물품을 교역해 겨우 자급하는 데도 굶주리고 떨면서 유망하는데, 어떻게 남은 재산을 축적하여 돈을 모아 1할의 이익을 꾀하겠습니까.[23]

백성들은 일상적인 경제생활을 하는 데 동전이 필요하다고 생각하지 않았다. "시골의 백성과 주점酒店을 하는 백성들은 한 되나 한 말의 쌀을 구해 다급한 끼니를 해결할 생각뿐이니, 그의 부모 처자가 배를 주리고 있을 때 돈을 갖고 집에 온들 생계를 잇는 데 무슨 도움이 되겠습니까."[24]

동전의 유통은 경제 전체에 이롭다고 생각됐지만, 그것은 자연스럽게 시행되어야 했으며 강제로 이루어져서는 안 됐다. 강압은 동전의 유통을 어렵게 만들었고, 정부와 백성 모두에게 문제를 야기했다. 관원들은 공무를 핑계로 사리를 챙겼으며, 서북지방의 주민들은 그런 정책으로 어려움을 겪었다. 정책을 충분히 연구하지 못한 중앙의 대신들은 그것의 악영향을 인식하지 못한 채 나라와 백성 모두에게 이롭다는 명목에서 동전의 사용을 강요했다.

관원들은 잘못된 설명을 믿고 정확한 사실을 거부하기 때문에 사실 국가의 모든 조직은 허위적인 정책을 추진할 수밖에 없었다. 관찰사와 수령, 중앙의 관원들은 정부 정책의 기본 의도를 몰랐거나 그 약점을 지적하려고 하지 않았고, 동전 유통을 강행할 수 있다고 확신했으며, 부당하게 폭리를 추구하는 부류만이 그 정책을 지지했다. 유일한 해결책은 효종이 중앙의 대신들을 모두 소집해 상황에 대한 그들의 정직한 견해를 듣고 백성의 요구를 고려해 변화를 추진하는 것이었다.[25]

이경여는 중국의 고전적 · 역사적 선례를 볼 때 동전의 사용은 완전히 정당하므로 거기에 반대하지 않았지만, 경제 상황과 백성들의 태도는 동전의 유통에 적합지 않으며 처벌을 동원해 동전의 사용을 강요하는 행위는 성공의 전망 없이 독재적 체제로 귀결될 뿐이라고 주장했다. 달리 말하면 그의 보수주의는 상업보다 농업이 우월하다는 사실을 유교적 또는 이념적으로 인정한 데 기초를 둔 것이 아니라 퇴보적인 경제를 강제로 변화시키는 것이 적절치 않다는 판단에 근거한 것이었다. 그럼에도 불구하고 그의 불만은, 앞서 김수항처럼, 좀더 이로운 제도를 창출하는 데 수반된 비용을 지불하려는 의지가 없는 사람들이 거의 언제나 변화에 기본적으로 저항한 모습과 비슷했다.

동전을 사용한 대동세의 납부(1654)

김육은 이런 보수적 반대를 두려워하지 않았다. 1654년(효종 5) 후반 그는 충청도의 고지대에서 대동세를 동전으로 내도록 해 사용을 확산시키려고 노력했다. 그 지역의 많은 주민들이 불평했지만, 농민이 직접 면포를 짤 경우 대동세는 1결당 2필밖에 되지 않기 때문에 김육은 그 세금은 그렇게 부담스럽지는 않을 것이라고 지적했다. 반면 면포를 짜지 않는 사람들은 시장에서 사야 했는데, 풍작이 들어 쌀값이 하락했을 때는 면포 1필에 쌀 12말이 넘기도 했다. 이런 상황은 그들에게 커다란 고통을 야기했지만, 동전을 사용해 납세하면 해결될 수 있는 문제였다.

김육은 충청도 고지대의 20여 개 군현의 수령들은 백성에게서 구리를 모으거나 관아의 비용을 아껴 구리를 사서 동전을 제조하도록 제안했다. 그러면 모든 대동세를 납부할 면포를 대체하기에 충분한 동전이 주조되지 않는다고 해도, 어디서나 대동세의 3분의 1이나 절반을 납부할 수 있으며 면포를 운반하는 비용을 줄일 수 있을 것이었다. 그는 모든 군현에서 동전을 주조하도록 왕명을 내리면 분명히 저항이 일어날 것이므로 그 정책에 찬성하는 수령들에게만 동전을 주조하게 하고 강요해서는 안 된다고 판단했다.

김육은 면포 가격의 상승이나 곡물 가격의 하락이 면포를 짜지 않는 납세자들의 조세 부담을 증가시킬 수 있다는 사실을 알았지만, 동전은 면포나 미곡처럼 가치가 변하지 않으므로 납세의 안정적 수단이 될 것이라고 소박하게 추정했다. 앞으로 보듯이 그는 시장의 영향력으로 고정된 교환비율이 무너질 수도 있다는 사실을 걱정하지 않았으며, 정부가 은·동전·곡물·면포 사이의 교환비율이나 상대 가격을 정할 수 있다고 믿었다. 유감스럽게도 공급과 수요, 가치하락을 포함한 여러 요인에 따른 동전 가치의 변동은 중국 화폐사의 주요한 문제였다. 김육은 동전을 도입하는 데 너무 집착했기 때문에, 사적인 위조와 불량품의 가능성은 말할 것도 없고, 규제되지 않은 주조를 통해 동전이 시장에 대거 유입됨으로써 야기될 수 있는 문제를 예상하지 않았다. 이것은 김육이 1654년에 마주친 문제는 아니었지만 그 세기가 끝날 때까지 사라지지 않았다.

또한 김육은 수도에서 동전 사용이 성공한 사실에 고무됐다고 말했다. 이미 중앙 각사에 들어오는 공납의 10~20퍼센트가 동전으로 납부됐는데, 오래지 않아 50퍼센트까지 늘 것으로 예상했다. 경상도에 내려진 주전 명령은 곧 중지됐지만, 그는 당시 관찰사가 자신의 격려 덕분에 다시 동전을 주조하고 있다는 사실을 들었다. 그는 전라도와 경상도의 간선도로를 따라서 동전을 사용하도록 건의했으며 중앙 각사에서는 필요한 물건을 동전으로 구입하도록 제안했다. 김육은 다시 한번 조선 경제에 화폐를 도입하는 자신의 계획을 성공시키려고 노력하면서 개인과 지방 관원들이 사적으로 동전을 주조하도록 허락하라고 건의했는데, 그것은 백성의 신뢰를 얻을 수 있는 규격화된 동전을 생산하도록 통제할 수 없을 뿐만 아니라 동전의 공급을 급증시켰기 때문에 중국에서는 철저히 비판된 방법이었다.

김육은 이미 호조판서 이시방과 쟁점을 논의했는데, 이시방은 상평청이 비축한 은과 면포로 구리를 사고 고공을 고용해 땔감을 마련하며 동전을 주조하는 작업에 임금을 주고 유민을 일하게 하는 방안에 찬성했다. 이런 방법을 사용하면 정부 재정에 부담을 주지 않으면서 원재료와 노동력을 구입해 2만~3만 관의 동전을 주조할 수 있었으며, 요동이나 심양에서 동전을 수입할 필요가 없어질 것이었다.

달리 말하면 관원이나 백성들에게 동전 사용을 강요해서는 안 된다는 이경여 등의 비판에 민감하게 반응한 김육은 수령에게만 규제정책을 적용하고, 납세자들은 가치가 저하된 쌀이 아니라 안정적 가치를 지닌 동전으로 납세하도록 하며, 그런 비율을 점차 늘리는 것이 동전을 성공적으로 유통시킬 수 있는 좀더 좋은 방안이라고 믿었다. 그러나 김육은 곡물보다 불안정한 동전을 규제 없이 주조하도록 하는 정책을 신중하게 관리하지 않으면 통화 팽창이 일어날 가능성을 몰랐거나, 어떻게든 동전을 경제에 도입하려는 결심 때문에 그런 가능성을 배제한 것이었다. 김육의 제안은 교환수단으로 동전을 강제로 도입하려는 국왕의 정책을 강력히 비판한 이경여에게 대응하려는 의도임이 분명했다.[26]

김육의 개정된 규칙(1655)

자신의 경력은 물론 생애의 끝이 다가오고 있음을 느낀 김육은 세상을 떠나기 전에 화폐정책을 성공시키려는 노력을 좀더 경주했다. 1655년(효종 6) 중반 영의정이었던 김육은 병조판서 원두표, 호조판서 허적과 화폐정책의 개정을 논의하라는 효종의 윤허를 얻었다.[27] 그 뒤 한직인 영돈녕부사로 옮긴 김육은 그해 시장에서 동전이 좀더 많이 유통되는 데 실패한 사실을 매우 우려하고 있다고 조정에서 아뢨다. 건강이 좋지 않았기 때문에 관직을 갖지 않았지만, 자신만큼의 능력이 있다고 추천된 박수진朴守眞을 상평관전낭청常平管錢郎廳에 임명해 시장 운영과 화폐 유통의 책임을 맡기자고 건의했다.

김육은 효종의 화폐정책은 이미 5년 동안 만족할 만한 결과 없이 시행되고 있었기 때문에 박수진의 감독 아래 개정된 규정을 완전히 낙관하지는 않았으며 호조판서 허적과 화폐정책을 오랫동안 논의해 개정된 규정을 발표했지만, 효종은 그 제안에 느리게 반응했으며 결국은 변화를 멈추기로 결정했다. 당시 김육은 임종을 앞두고 있었고, 효종 자신이 그 정책을 10년 동안만 추진하겠다고 설정한 시점도 다가왔다. 그런 김육이 성공할 수 있는 유일한 전망은 자신과 허적이 개정한 규정을 채택하고, 자신들의 건의에 따라 박수진에게 시행을 맡긴 뒤 실패할 경우에는 파직하는 것이었다. 효종은 김육의 조언을 받아들여 박수진을 참봉參奉에 임시로 임명하고 상평청에 그 지시를 하달했다.[28]

개정된 규정은 평년작이 든 해에는 1결당 8말의 대동세 중 1말을, 흉년이 들어 미가가 등귀한 해에는 2말을 동전으로 대신 납부하도록 하는 것이었는데, 이것은 납세자에게 분명히 이익이었으며 동전의 사용을 유도할 수 있는 좋은 방안이었다. 이런 측면은 대동법의 세율이 도마다 달랐다는 일반적 지식과는 일치하지 않지만, 1655년에 세율은 경기도와 강원도에서는 면포 2필이나 쌀 16말이었지만 충청도에서는 그렇지 않았다. 8말 중에서 1말을 동전으로 납부하도록 허락한 것은 전체 대동세의 16분의 1(만약 2말을 동전으로 낸다면 4분의 1)이 되는데, 이것은 10분의 1을 동전으로 내게 한 효종의 이전 조처를 신중하게 줄인 수치였다.

아울러 황해도와 평안도는 물론 경기도에서도 동전의 사용을 촉진하기 위해 상점이 개설됐다. 속포贖布의 절반을 호조와 병조 · 한성부 · 장예원에 동전으로 낼 수 있었다. 중앙 각사에 내야 하는 공납의 5분의 1이나 중앙 각사에 고용되어 요역을 제공한 사람들에게 호조와 병조에서 제공한 미곡과 면포의 3분의 1도 동전으로 지급할 수 있었다. 김육은 화폐 가치의 변동을 고려해서 정부에서 은에 대한 동전과 쌀의 가치를 동전 6백 문이 쌀 1섬(15말)이나 은 1냥과 같도록 확정하자고 제안했다. 이로써 동전 1문은 쌀 4분의 1되(또는 40분의 1말)와 같게 됐다. 끝으로 정부는 동전의 주조나 다른 용도로 동전을 전환하는 행위를 계속 엄금했다.

그럼에도 불구하고 실록의 사관은 동전을 녹여 다른 물건을 만드는 것을 금지했음에도 불구하고 고지대에서 그런 행위가 이미 시작되어 동전의 공급이 더욱 줄었다는 사실 때문에 그 개혁에 부정적인 평가를 내렸다. 그는 상평청에 비축된 동전은 모두 각 도로 분배됐기 때문에 남아 있는 동전은 20만~30만 관 미만일 것이며, 그것은 수도에서 근무하는 중인 10가호의 재산과 거의 비슷할 것으로 추정했다. 화폐의 법령은 강제적이지 않으므로 좀더 자세하고 강력한 규정으로 고쳐야 한다는 김육의 주장에도 불구하고, 실록의 사관은 동전이 널리 유통되지 못한 진정한 원인은 동전 자체의 부족이라고 추론한 것이었다.

> 법률을 변경할 때마다 백성들은 손해를 보았으며, 중론은 물론 국왕도 부정적이었지만 김육은 그것을 계속 고집했다. 박수진은 서울 사람으로 용렬하고 비루했으며 매우 가난했는데, 가옥을 지을 때 초부樵夫·목동牧童을 모집해 부역을 시킨 적이 있었다. 이런 일을 근거로 그가 재능이 있다는 소문이 돌았으며 그 또한 자신을 등용하면 화폐를 유통시킬 수 있을 것이라고 말했는데, 김육은 그것을 듣고 조정에 천거했던 것이다.[29]*

실록의 사관은 김육이 화폐정책을 운영하는 데 관직을 갖지 못한 양인인 박수진을 선택한 조처에 분명히 반감을 가지고 있었는데, 이런 태도는 개인적 편견 때문에 나타난 것은 아니었다. 최근 원유한元裕漢은 실록의 사평을 화폐정책의 실패 원인과 김육의 성격적 약점을 지적한 믿을 만한 설명으로 받아들였으며, 동전이 너무 조금 유통됐기 때문에 백성들이 그것에 대한 믿음을 잃었다고 결론지었다. 또한 원유한은 김육의 받아들이기 어려운 성격을 지적한 자료를 추가로 발견했는데, 1656년(효종 7) 김육은 "성품이 성급하고 고집이 세어 하고자 하는 일은 반드시 성취시켰으며 모든 사람들이 그르다고 해도 돌아보지 않았으니

---

* 원서에는 "박수신Pak Susin"이라고 되어 있으며 실록의 날짜도 Hyojong sillok 6. 12. kyehaek이라고 되어 있는데(868 및 1,142쪽), 각각 박수진과 계해의 오기이므로 수정했다. 바로 아래에서도 '박수신'이라고 표기했는데 고쳤다.

그 강직함을 높이 평가받았다. 그러나 자신과 의견을 달리하는 사람은 반드시 배척했기 때문에 공론이 그르게 여겼다."[30]

그러나 원유한은 이 사건에서 참작할 만한 상황을 고려하지 않았다. 김육은 동전과 대동법을 담당하고 있는 상평청과 선혜청을 맡고 있을 때 서리 2명에게 동전 70관과 백금 2천 냥을 주면서 그 돈으로 물건을 사서 이익을 남겨 황해도와 평안도에서 동전 유통을 촉진시키도록 했지만, 뒤에 경기도 관찰사는 그들에게 불법행위의 혐의를 씌워 체포해서 처벌했기 때문에 관직에서 사직했다. 김육은 두 서리의 행동에 비판이 제기되자 사직했으며, 결과는 생각하지 않고 목적만을 중시한다는 비난을 받았다. 효종이 동전을 사용하기로 결정한 직후부터 상당한 비판에 시달리고 있었기 때문에 이런 김육의 실수는 그 정책의 성공을 방해한 더욱 심각한 문제였다고 원유한은 지적했다. 효종은 김육이 두 서리와 연루된 사실에 분노했지만, 그의 사직이나 서리의 처벌을 용인하지는 않았다.[31]

아울러 『증보문헌비고』를 편찬한 이만운은 김육이나 박수진에 대한 부정적 언급 없이 화폐정책만을 서술했다. 그는 1650년 김육이 두 번째로 명에 사신으로 다녀온 이후 동전을 조선에 도입하려는 시도에서 중요한 역할을 했던 사실을 간단히 언급하면서 개정된 법령을 요약했다.[32]

동전 유통을 철회한 효종(1656)

1656년(효종 7) 동전을 주조하는 최초의 재원을 마련하기 위해서 상평청에 경제적 부담을 지운 결과 그 관서의 재정이 파탄났다고 생각한 효종은 마침내 동전을 유통시키려던 자신의 시도를 접기로 결정했다. 정부는 그런 손실을 보충하려고 했지만 기본 문제는 정부의 자금이 부족하다는 것이었다. 이시방은 상평청은 2만 섬의 비축곡을 10퍼센트의 이자로 대부해 (1년에) 2천 섬의 수입을 올렸지만 그것은 청의 사신 1명이 머무르는 비용을 대기에도 충분치 않다고 아뢨다. 재정 부족에도 불구하고 상평청에서는 상인과 도시 주민에게 1천여 섬의 곡식을 지급했지만 (동전으로) 환불받지 못한 상태였다.

효종은 화폐정책으로 국가 재정이 점차 악화됐으며, 그 문제를 해결할 방법이 없다면 남아 있는 유일한 대안은 동전의 사용을 즉시 중단해야 한다고 대답했다. 이시방은 김육이 동전을 유통시키는 것이 얼마나 어려운가를 충분히 알지 못했고, 경기도에서 대동세의 일부를 걷기 위해 지난해에 법령을 개정한 이후 특히 그러했으며, 공물주인에게 지급할 충분한 (동전?) 자금이 없다고 아뢨다. 효종은 그런 상황을 치유하기에는 너무 늦었다고 언급하면서 자신의 화폐정책이 시행되려면 얼마나 오래 걸릴지 물었다.

도승지 정지화는 그 정책이 6년 동안 시행되어왔다고 대답했다. 그 법률의 원래 목적은 국가의 세입을 늘리고 백성을 이롭게 하는 것이었지만, 대부분의 백성이 그것에 반대하므로 동전을 계속 유통하기는 어려웠다. 그러자 효종은 6년 동안 화폐정책이 효과가 없었고 세금과 벌금을 동전으로 내게 한 것이 주요 원인으로 생각되는데, 국가 재정도 유출됐으므로 동전을 폐지할 때가 됐다고 결론지었다.

비변사는 동전은 성공적으로 유통되기가 너무 어렵기 때문에 그 정책은 처음 도입됐을 때부터 반대에 부딪혔다고 지적했지만, 처음 3년 동안 제기된 모든 반대는, 김육을 가리키는 것이 분명한데, '대신'의 방어로 무산됐다고 주장했다. 3년 뒤 그들은 10년 동안만 시험해보겠다는 효종의 약속을 얻었지만, 백성들이 반대한다고 확신했음에도 그 뒤 계속 침묵을 지켰다. 이시방은 그동안의 경과를 보고하면서 그 일을 주관한 대신은 동전이 유통되지 않을 것이라는 사실을 알고 있었다고 확신했다. 이제 효종은 동전의 사용을 폐지하도록 결정하는 데 충분한 지원을 얻었다고 생각했다. 아울러 그는 최근 동전으로 교환하기 위해서 지불됐거나 대부된 쌀은 모두 동전이 아니라 쌀로 되갚도록 지시했다.[33]

김육의 화폐정책에 대한 이만운의 평가

이만운은 1780년대에 편찬한 『증보문헌비고』에서 1636년 중국에 처음 사신으로 다녀온 뒤 조선에 동전을 도입하려는 시도를 일생 동안 주도한 김육의 발언을 인용함으로써 동전의 유통에 대한 실험을 끝내기로 한 효종의 최종적 결정을 미화했다. 그는 당시 중국의 문명 수준에 압도된 김육이 동전과 수레의 도입을 추천했다고 언급했다. 중국의 두 번째 사행에서 돌아오면서 김육은 심양에서 동전의 도입을 요청하는 상소를 다시 보냈지만 성공하지 못했다. 그는 그 뒤 개성유수로 있으면서 그 지역에서 동전이 활발하게 유통되는 상황에 고무됐지만, 황해도와 평안도에도 동전의 사용을 확산하도록 윤허받는 데는 실패했다. 그는 1650년(효종 1)에 다시 중국을 방문하면서 평양에서 다시 상소를 올렸으며, 북경에 도착한 뒤 여비로 동전 15만 문을 샀다. 그는 귀국하는 도중에 의주에서 자신의 제안이 윤허를 받았다는 소식을 들었으며, 동전을 해안지역의 군현에 분배했지만 동전의 광범한 유통을 촉진하는 데 성공하지 못했다.

1651년 봄 김육이 처음 의정이 됐을 때 여전히 추포가 통화로 사용되고 있었으며, 효종은 그것의 사용을 금지했지만 효과가 없었다. 동전이 합법적으로 도입되면 추포의 사용은 자연히 중지될 것으로 판단한 그는 동전을 주조하고 값싼 만력통보를 요동에서 사올 것을 요구했다. 그 동전은 천계통보天啓通寶나 숭정통보崇禎通寶보다 가치가 떨어졌지만, 새로 주조된 조선의 동전과 함께 유통됐다. 1년 만에 이 화폐는 황해도와 평안도에 유통되기 시작했지만, 널리 유통되기 전인 1652년 조정에서는 그것을 반대하는 주장이 제기됐다. 1657년(효종 8) 9월 결국 효종은 이시방의 건의를 받아들여 그것을 폐지하기로 결정했다.[34]

이만운은 이런 사건들을 간결하게 서술했지만 중립적으로 묘사하지는 않았다. 그의 주된 초점은 김육이 15년 동안 주장한 내용, 즉 동전은 경제에 커다란 이익이며 조선이 명의 수준을 따라잡는 데 도움을 줄 것이라는 사실을 결국 효종이 이해했다는 것이었다. 조선의 백성에게 동전을 이해시키려면 일정한 시간이 걸리겠지만, 성공의 징후는 1651년 효종이 그 정책을 채택한 이후 1년 만에 나타났다. 그러나 이런 성공의 징후는 조정 관원들의 저항으로 위축됐다.[35]

화폐정책의 실패에 대한 원유한의 설명

그러나 최근 원유한은 동전의 유통이 실패한 책임의 일부를 김육과 효종에게 돌렸다. 김육은 너무 성급하고 급진적인 방법을 선호했으며, 효종은 북벌을 위한 국방 재정을 충원하기 위한 목적에서 동전의 사용을 후원했다. 명의 동전 사용에서 영감을 얻은 김육은 개성에서 동전이 유통되고 있는 사실은 전국적으로 도입될 수 있음을 증명하는 것이라고 생각했지만, 강한 확신과 완고한 성격 때문에 자신의 방안에 제기되는 어떤 반대에도 귀를 기울이지 않았다. 효종 또한 경제가 동전에 준비가 되지 않은 상황에서 정부 세입을 늘릴 것이라는 확신 때문에 백성들에게 동전의 사용을 강요하려고 한 책임이 있었다. 원유한은 동전에 대한 이런 급진적 접근이 실패하고 법화法貨로서 동전을 폐지했으며 1657년(효종 8) 이후 교환수단으로 추포를 다시 사용한 결과 이미 동전이 유통되고 있던 개성 · 안주 · 평양에서도 통화가 '위축됐다'고 지적했다.

그럼에도 불구하고 원유한은 김육의 성급하고 완고한 정책이 1657년 효종이 화폐정책을 폐기한 주요 원인은 아니라고 생각했다. 농업에 대한 전통적인 존중으로 상업과 산업은 억제됐으며, 상업과 비농업적 산업 같은 덜 생산적이거나 비생산적인 분야는 하시됐다. 양반 지배계층은 부의 기반을 토지와 농업에 두었으며 상업과 화폐를 거부했는데, 부유한 상업 또는 산업계층의 출현은 그들 자신의 정치적 · 사회적 지배를 위협할 수 있기 때문이었다. 그들은 상업을 통한 경제적 변화가 사회질서를 파괴하고 자신들을 비천한 양인의 수준으로 떨어뜨릴 것을 두려워했다.

동전의 사용이 조선 경제의 경제적 발전에서 일어난, 자연스럽거나 직접적인 요구에서 발원하지 않았다는 원유한의 결론은 옳다고 생각된다. 농업 생산은 늘어난 인구가 소비하는 분량보다 많아졌다는 일부 경제사학자들의 주장에도 불구하고, 경제는 주로 농업에 머물러 있었으며 잉여생산은 인구의 압박뿐만 아니라 주기적인 가뭄과 홍수로 제약받았다. 산업은 공장 생산으로 진보하지 못한 채 수공업에 머물러 있었으며, 상업 활동은 교환수단으로 동전을 필요로 할 만큼 충분히 발전하지 않았다. 구리와 다른 광물의 채광을 자극하는 충분한 요구도 없었다. 금과 은의 채광 또한 공급이 부족하다는 이유로 명의 조공 요구를 면제받은 뒤 억제됐다. 계속 면제받기 위해서 정부는 활발한 채광을 제어했다. 그 뒤 정부는 구리 등의 금속을 좀더 채광하려고 시도했지만 낙후된 기술, 불합리한 경영방식, 흩어져 있는 광산의 위치, 그리고 열악한 교통 때문에 여의치 않았다.

또한 원유한은 1656년(효종 7) 화폐정책이 실패한 주요 원인과 1678년(숙종 4) 동전이 다시 합법화된 이후 동전의 공급이 확대되지 못한 까닭은 조선에 구리가 부족했기 때문이라고 지적했다. 일본에서 구리를 수입해 공급을 늘렸지만, 일본에 좀더 의존하는 데는 주저했다. 기물을 녹여 구리를 추출하고 중국에서 값싼 동전을 수입하며 사적인 동전 주조를 허락하는 일시적인 효과만 있는 방안들이 대안으로 제시됐다. 중국의 법률에서는 외국에 동전을 수출하는 것을 금지했기 때문에 중국에서 수입된 값싼 동전은 분량이 제한됐다. 지방 관원과 개인에게 동전 주조를 허락함으로써 주전의 권한을 지방으로 확대한 것은 정책의 실수였다. 가치 하락이나 위조는 동전에 대한 신뢰를 무너뜨렸기 때문에 이전처럼 중앙 정부가 주전의 통제권을 가져야 했다. 일반 백성들은 동전이 원래의 구리보다 가치가 있다고 생각하지 않았으며, 유기 장인들은 동전을 녹여 구리를 얻어 물건을 만들었는데 그것들이 더 가치가 있었기 때문이었다.

또한 원유한은 왜란과 호란으로 농업 생산과 다른 일용품이 타격을 받으면서 시장의 발전과 동전의 수요도 위축됐다고 주장했다. 1625년(인조 3)과 1633년(인조 11)에 동전을 채택하려는 정부의 정책은 두 차례의 호란으로 좌절됐다. 대동법이나 호패법의 도입은 물론 동전의 사용을 촉진하는 데 주저한 정부의 태도를 보면서 백성들은 동전을 합법적인 화폐로 받아들이는 데 의구심을 가졌다. 또한 원유한은 정부의 화폐정책을 반대한 대신들을 비판했지만, 1657년 그 정책의 실패에도 불구하고 동전을 경제에 유통시키려는 시도에서 얻은 경험은 조선을 좀더 높은 경제발전의 단계로 이끌었으며 1678년 이후 좀더 성공적으로 화폐가 유통되는 기초를 놓았다고 평가했다.[36]

김육과 효종, 그리고 다른 신하들은 동전을 조선 경제에 도입하려고 노력했지만 1657년 결국 국왕이 동전 유통을 철회하기로 결정함으로써 실패했다는 원유한의 해석은 지나치게 부정적이었다. 1678년 동전을 다시 사용한 뒤에도 정부는 동전으로 납세하는 것을 허락하지 않았으며, 정부 관서에서 주전을 중지한 뒤에도 동전은 개인간의 경제행위에서 계속 사용됐다. 조선시대에 동전과 지폐를 옹호한 사람들은 동전과 그밖의 통화수단을 경제에 도입하려는 목적을 갖고 고안할 수 있는 최선의 방법을 사용했기 때문에 비판하기 어렵다. 15세기부터 16세기 전반까지 여러 국왕과 신하들은 화폐를 도입하기 위해 거듭 노력했다. 김육 등은 물론 인조와 효종은 적어도 명의 수준만큼 조선 경제에 화폐를 도입해야 한다는 중요성을 충분히 확신했다. 상업 활동이 신라 후기와 고려시대에 달성된 수준 이하로 떨어졌기 때문에 그 정책은 실제로 대단히 어려웠다고 해도, 15세기는 물론 17세기에 진보로 나아가도록 이끄는 지도력이 완전히 결여되어 있었다고 주장하기는 어렵다. 그러므로 동전의 도입을 지지한 진보적 태도는 당시 초기 실학의 일부 학자들의 저작에서만 나타날 수 있었다고 판단하는 것은 잘못인데, 앞으로 보듯이 그 정책은 김육과 효종 같은 신하와 국왕, 그리고 그들의 주장에서 영향을 받은 학자들에게서 영감을 얻었기 때문이었다.

결론

한국에서는 상당히 이른 시기인 신라와 고려시대부터 높은 수준의 교역이 이루어지고 면포와 미곡보다 진보한 형태의 통화가 사용됐다. 16세기 중반 시장에서 동전이 거의 사라진 이후 명 후기의 좀더 발전되고 번성한 경제를 참고하고 세입을 확충할 필요를 느낀 많은 신하들은 동전을 다시 도입하려는 생각을 갖게 됐다. 인조와 효종, 그리고 김육을 포함한 많은 신하들은 그 정책을 지지했지만, 백성들이 동전을 불신하고 관원들은 비논리적이고 강압적인 수단을 사용해 그 사용을 강요한 결과 그 정책은 원활하게 추진되지 않았다. 호란으로 그 정책이 좌절되자 백성들은 동전을 영구적으로 사용하려는 정부의 적극적인 시도에 의문을 품게 됐으며, 그 사용을 발의한 사람들에 대한 비판이 제기됐다. 구리의 공급 부족은 정책의 성공에 심각한 장애였기 때문에 정부가 세금 · 환자 · 벌금을 화폐로 낼 수 있는 동전을 충분히 확보하거나 동전을 주조할 수 있는 구리를 충분히 공급하지 못한 것 또한 동전을 사용하려는 백성들의 의지를 약화시켰다.

원유한은 반대되는 주장을 폈지만, 기록을 검토해보면 상업을 반대하는 유교의 편견이 17세기 전반 동전을 도입하는 데 주요한 장애였다고 생각되지는 않는다. 많은 관원들은 농민들이 단순히 생계를 유지하는 수준의 소비에 만족하고 있기 때문에 동전을 받아들일 준비가 되어 있지 않으며, 동전을 필요로 하거나 바라지 않는다고 판단했다. 양반이든 양인이든 지주의 이익이 동전의 도입으로 저해됐는지는 확실치 않은데, 그들은 고리대금업자와 채권자로서 곡식은 물론 동전을 대부해서도 쉽게 이익을 남길 수 있었기 때문이다.

1657년(효종 8) 효종은 동전 도입을 포기했지만, 그 정책은 실패한 것이 아니라 단지 연기됐을 뿐이었다. 1681년(숙종 7) 다시 주조되기 시작된 뒤 동전은 경제의 지속적인 요소로 남았는데, 그 부분적인 이유는 1657년 주전이 중지된 이후에도 동전이 계속 사용됐기 때문이었다. 1681년 이후 국내 경제의 규모는 동전을 계속 사용하고 확대할 수 있을 만큼 충분히 성장했다고 평가할 수 있다.

효종이 주전을 중지하기로 결정한 뒤에도 계속 집필에 몰두한 유형원은 조선 경제에 동전을 도입하려는 김육의 영웅적인 노력에서 큰 영향을 받았으며, 그 쟁점을 둘러싼 논쟁에 깊은 관심을 가졌다. 유형원은 자신의 저작에서 화폐의 개혁안을 제출하면서 그것이 김육이 목표한 성공을 이루는 데 일정한 영향을 줄 수 있기를 바랐다. 그의 생각은 18세기 중반까지 정부와 사회의 상층부에 영향을 주지는 못했지만, 그는 동전의 도입과 관련해 역사의 교훈을 적용하기 위해서 최선을 다했으며, 동전의 사용이 보편화된 뒤 발생할 수 있는 문제들을 예상함으로써 1681년 이후 채택된 정책에 대안을 제공했다.

제 24 장
화폐에 대한 유형원의 분석

"동전이 유통되지 않는 까닭은
사람들이 사용하지 않기 때문일 뿐이다."[1]

언제나처럼 유형원은 주대 이후 화폐사를 철저히 연구함으로써 화폐에 대한 개혁안의 근거를 찾았지만, 화폐가 조선 경제에 진정 이로운지 해로운지를 알기 위해서 귀납적 연구를 수행하지는 않았다. 유형원이 집필한 정확한 시점을 알 수는 없지만, 김육이 동전을 도입하기 위해 전력했다는 사실은 대체로 알고 있었다고 생각된다. 그는 효종이 1651~56년 사이에 그런 측면에서 김육을 후원했다는 사실을 알고 있었다고 여겨진다. 국왕은 1656년 이후 동전을 다시 도입하려고 노력하지 않았기 때문에, 그 이후 주요한 쟁점은 김육의 정책이 옳았는지 잘못됐는지에 관련된 문제였다. 앞으로 보듯이, 유형원은 김육이 옳았다고 판단한 것이 분명했다. 그는 고전과 중국사의 연구를 기초로 그런 결론에 도달했지만, 그 결론을 보강하기 위해 당시 동전과 관련된 조선의 경험을 탐구했다.

유형원은 중국에서는 오래 전부터 동전을 사용했지만 언제나 성공하지는 않았다는 사실을 알게 됐다. 물론 유형원은 고대의 성군들이 동전에 호의적인 태도를 보였는지 그렇지 않았는지를 매우 중시했지만, 주대의 완벽한 제도가 몰락한 이후 화폐가 진정으로 좋은 제도라고 증명됐는지를 판단하는 데도 큰 관심을 기울였다. 한대에 동전은 제국의 팽창과 함께 급격히 성장했지만, 그 과정에서 고전시대보다 동전의 사용과 규제에 좀더 복잡한 문제가 나타났다. 그러나 한이 멸망한 뒤 동전의 사용은 침체됐으며 많은 지역의 시장에서는 사라지기까지 했는데, 그것은 로마제국이 멸망한 뒤 중세 유럽에서 나타난 상황과 비슷했다.

동전이 소멸해 물물교환이나 곡식 · 면포(또는 비단이나 삼)를 교환수단으로 사용하는 좀더 원시적인 경제로 복귀한 것은 중국사에서 화폐경제와 비화폐경제를 비교할 수 있는 역사적 전거가 됐다. 놀랍지 않게도 이 문제에는 두 가지 관점이 있었는데, 중국의 화폐 경험은 무익했거나 철저한 해악이었다는 견해와 교환수단으로 미곡과 면포를 사용한 것은 동전의 사용보다 좀더 문제를 드러냈고 동전은 미곡과 면포보다 훨씬 좋은 교환수단이었으며 상품의 자유로운 유통에 필수적이라는 판단이었다.

6세기 후반 수 · 당이 중국을 통일한 뒤 중국 경제는 전체적으로 재기했으며 다시 동전이 유통됐다. 유형원이 연구한 수대부터 명 후반까지 중국의 경제는 17세기 조선보다 훨씬 발전했으며, 화폐정책에 대한 교과서적인 설명을 제공했다. 그 시기 중국 왕조에서 동전과 관련해 일어난 많은 문제들은 한대에 발생했던 문제의 반복일 뿐이었다.

반세기 정도 중단됐다가 17세기 조선에 동전을 다시 도입하려는 노력은 4세기 전반부터 6세기 후반까지 남북조시대에, 특히 북조에서 동전이 시장에서 사라졌던 상황과 매우 비슷했다. 이것은 당 · 송 · 명처럼 커다란 경제적 발전과 동전 주조가 이루어진 기간 동안 중국에서 나타난 문제들이 5세기 후반 북조의 상황보다 조선에 밀접한 관련을 갖지 않았다는 의미였다. 유형원은 동전이 유통될 때 나라가 더욱 발전하는

지 그렇지 않은지에 주된 관심을 갖고 있었다. 동전이 경제에 전면적으로 도입된 뒤 일어난 현상은 매우 흥미로운 지적 탐구의 대상이었지만, 그것은 유형원이 살던 시대의 상황과 그다지 관련된 문제가 아니었다.

지난 장에서 논의했던 김육의 화폐관은 이 문제에 대한 유용한 설명을 제공한다. 관행과 반대에 맞서 동전의 도입을 주도한 김육은 규제받지 않은 주전과 가치 하락, 위조, 동전 자체는 물론 미곡과 면포의 가치 변동, 동전의 과잉 공급이 가져올 심각한 결과를 무시했다. 유형원도 조선에 동전이 도입된 뒤 더욱 발전했는가에 대한 질문에 부딪혔지만, 그는 김육과 달리 현실에서 한발 물러나 전망할 수 있는 학자였다. 그러므로 그는 동전의 도입뿐만 아니라 동전이, 유일하지는 않지만 하나의 교환수단이 된 뒤 가격을 안정시키고 공평하게 과세할 수 있는 정책을 입안할 수 있었다.

| 중국의 동전

성군들이 동전에 찬성하다

유형원은 『서경』「홍범」에서 기자가 무왕에게 식량과 화폐를 뜻하는 식화食貨는 성군의 경제에 근본이라고 말한 내용을 발견하고 분명히 매우 기뻤을 것이다. 동전은 교환수단으로서 "금金 · 도刀 · 전錢 · 패貝의 종류로 이익과 재화를 널리 유통시킬 수 있는 재화"로 정의됐다. 『한서』「식화지」에 따르면 태공太公 여상呂尙이 환법圜法이라는 주화를 만들기까지는 조개껍질이 화폐로 사용됐으며, 당시에 와서야 화폐 행정을 관장하기 위해 구부九府를 세웠다.[2] 유일한 화폐는 경왕景王(재위 기원전 544~520) 때 주조된 대전大錢이라는 동전이었는데, 이전의 작은

동전과 함께 유통됐을 것으로 추정된다.[3]

『주례』에서도 주는 시장과 화폐를 관장하는 몇 개의 관서를 세웠다고 기록했다. 외부外府는 수도 밖에서 화폐의 창고로 기능하면서 세금의 수납과 화폐의 지출을 관리했으며 관원, 의례, 외국 사절의 접대, 제례, 군대의 야전 훈련, 황제의 행차 등에 대한 비용을 지출했다. 천부泉府는 시장의 세금을 동전으로 거두어 시장에서 팔리지 않고 쌓여 있는 물건을 구매했으며, 수요와 공급에 개입해 가격을 안정시켰다. 유형원은 존경하는 학자인 명의 구준을 인용해 고대 이후를 보강했는데, 구준은 동전이 크고 무거운 물건보다 쉽게 이동할 수 있고 물건의 유통을 촉진하며 작은 동전은 가격의 사소한 차이를 결정하는 데 유용하다면서 동전을 찬양했다.

주대의 사시司市 또한 상설시장을 관리하면서 각 상점에서 취급할 물건과 가격을 결정하고 사치품의 유통을 금지하며 상품과 동전의 유통을 촉진했다. 사시는 경제적 재앙의 영향을 줄이기 위해 시장에 개입했다. 흉작이나 가뭄 동안 사시는 상점에 대한 과세를 중지하고 동전을 좀더 발행해 식량과 상품의 가격 상승을 막음으로써 상인과 소비자를 도왔다.[4]

유형원이 제시한 주요한 측면은 기원전 1000년에 중국에서 주화가 발명되어 세금을 걷고 녹봉과 그밖의 비용을 지불하는 데 성공적으로 사용되어왔다는 것이었다. 국왕은 특정한 상인이 특정한 상품을 팔도록 허가함으로써 시장조직을 통제하고, 공정한 가격을 정했으며, 국가가 비축한 동전과 일용품을 가지고 시장거래에 활발하게 개입함으로써 가격을 안정시켰다. 유형원은 성공적으로 동전을 사용한 고대의 모범보다 조선은 거의 3천 년이나 뒤졌다고 지적했을 뿐만 아니라 경제에 동전을 도입하는 데 관련된 기본 방법은 이미 고대의 중국 문헌에 서술되어 있다고 지적했다.

유형원은 동전은 주의 정전제와 합치된다고 언급했는데, 그것은 동전이 가장 중요한 농업 생산을 방해하지 않는다는 뜻이었다. 농민은 생계를 벌 수 있는 수단을 받았을 뿐만 아니라 상인은 사업을 할 수 있는 공간을 받음으로써 "사민은 각각 자기에게 합당한 위치를 얻었다四民各得其所." 동전은 상품의 가격을 측정하는 수단으로 사용됐으며, 상인은 동전을 유통하는 임무를 수행했다. 상인은 동전이 유통되는 데 충분한 상품이 교환되기 위해서는 그보다 먼저 활발히 활동해야 했기 때문에 일반 경제의 번영에 필수적이었으며, 동전의 유통은 가뭄과 물자가 부족할 때 백성들에게 식량을 공급하는 데 필요했다.

유형원은 위기 상황이 닥치면 국가에서는 요역을 동원해 동전을 좀 더 주조하면 됐고 동전의 공급은 기후조건에 의존하는 곡물처럼 변동이 심하지 않았기 때문에 동전은 미곡이나 면포보다 유용한 교환수단이라고 지적했다. 또한 그는 주대 후반의 또 다른 자료인 『관자』에서 동전은 기근을 구휼할 수 있다는 이점이 있다고 설명한 부분을 발견했다. 그것은 기원전 3000년 후반과 기원전 2000년 중반 각각 하夏와 상商을 건국한 우 임금과 탕 임금이 금화를 만들어 가뭄과 홍수로 발생한 기근에서 백성을 구휼했다고 언급했는데, 동전은 백성들을 먹이거나 입힐 수 있는 소비재였기 때문이 아니라 그것의 공급은 물건의 가격을 결정하는 데 정부는 더 많은 동전을 유통시킴으로써 가격을 낮출 수 있기 때문이었다. 동전은 가격을 높이거나 낮출 수 있었기 때문에 고대에는 일반적으로 그것을 '저울'이라고 불렀다.[5]

주대 이후 나타난 동전의 문제들

가치 하락, 사적 주전, 위조

유감스럽게도 6세기 전반 왕징王澄이 설명한 대로 『주례』에 서술된 동전의 중앙 통제와 일정한 동전의 기준은 진이 통일하면서 사라졌다. 지방에서 통용되던 다양한 유형의 동전들은 각 지역에서 서로 다른 동전을 받지 않았기 때문에 유통되지 않는 경우도 있었다.[6]

가격을 올리거나 내릴 수 있는 동전의 능력은 시장에서 팔리는 상품의 분량과 동전의 공급에 달려 있었으며, 그 관계의 불균형은 통화 팽창이나 통화 수축을 가져올 수도 있었다. 아울러 가격을 안정시키는 동전의 기능은 동전의 가치에 대한 백성의 신뢰에 달려 있었다. 지폐와 어음이 시장에 등장하지 않았던 시기에 대부분의 백성들은 동전은 그 제작비가 더해졌기 때문에 그것을 만드는 데 사용된 금속보다 본질적인 가치가 훨씬 낮다고 의심했다. 백성들의 불신은 동전을 담당한 장관이 좀더 싼 합금을 사용하거나 동전의 무게를 줄여 그 본래의 가치를 낮출 경우 발생했다.

진대秦代(기원전 255~206)에는 반량전半兩錢을 주조했는데, 한대에는 그것을 폐기하고 가벼운 동전을 주조했지만 가치를 급속히 잃어 통화 팽창이 발생한 결과 쌀의 가치는 동전의 1만 배까지 올랐다. 동전의 실제 무게(12분의 2냥)는 액면 가격(12분의 6냥)보다 낮았지만, 그것은 그 가치를 보유해 동전의 기능에 대한 신뢰를 회복하기에는 충분했다고 생각된다. 달리 말하면 가치가 떨어지는 동전을 주조하거나 동전을 너무 많이 발행하는 것은 그 반대의 경우만큼이나 해로웠다.[7]

가의 : 주전에 대한 국가의 통제

위조는 동전의 가치를 떨어뜨리고 동전의 공급을 불필요하게 증가시키는 또 다른 요인이었다. 한대는 위조를 금지했지만, 백성들이 사적으로 주전할 수 있도록 허락했기 때문에 동전의 성분은 완벽하게 통제하지 못했다. 전한 문제(재위 기원전 180~157) 때 가의賈誼는 동전의 위조와 가치 저하는 사적인 주전이 허용되는 한 막을 수 없다고 지적했다.

그는 정부에서는 사적으로 주전하는 사람들에게 구리와 주석을 합금할 수 있도록 허용했지만 납 · 아연 · 철을 합금하면 경형黥刑에 처해야 한다고 건의했다. 그러나 거기서 얻는 이익이 너무 컸기 때문에 그런 처벌로는 범죄를 막을 수 없었다. 국가는 모든 사람이 합법적인 직업을 갖고 있는지를 감독할 능력이 없었으며, 그런 사소한 위반을 처벌하는 조처는 백성들을 함정에 빠뜨리는 것과 같았다.

또한 국가는 전국에 유통되고 있는 모든 동전의 일정한 무게와 품질을 보장하지 못했기 때문에 백성들은 자기 지역에서 통용되지 않는 동전은 받지 않았다고 그는 지적했다. 서로 다른 동전이 너무 많아지면서 시장은 혼란스러워졌지만, 사적인 주조나 위조에서 이익을 얻을 수 있게 되면서 주전하는 사람들이 많아졌으며 백성의 정직성은 떨어졌다.

가의의 경고는 효종이 사적인 주전을 허용하고 김육은 동전이 부족한 조선 경제에 동전을 충분히 공급하기 위해서 그것을 권장하기까지 했던 1650년대 조선의 상황과 상당히 부합했다. 백성들이 동전을 받아들였다면 조선은 거의 즉시 동전의 가치 저하나 과잉 공급과 가치 팽창에 직면했을 것이지만 국왕이 동전 유통을 철회하기로 결정하면서 이런 어려움을 모면했다.

그러나 사적인 주전과 가치 하락의 문제에도 불구하고 가의는 시장에서 **영구적으로** 동전을 철회해야 한다고 주장하지는 않았다. 반대로 그는 사적인 주전을 금지하면 동전의 공급을 줄이고 현재 유통되고 있는 동전의 가치를 올리며 좀더 큰 이익을 올리기 위해서 위조가 더욱 성행해 폐단이 커질 것이라고 예측했다. 국가는 관련된 법률과 금지 조항을 강화하고 위조한 수십 명을 참형에 처했지만, 그런 관행을 근절하지는 못했다. 결국 위조와 사적 주조에 대한 유일한 해결책은 국가가 주전을 금지할 뿐만 아니라 유통되고 있는 모든 동전을 수거하고 모든 사적 주조자들을 농업으로 돌려보내는 것이었다. 국가에서 주전을 독점적으로 관리하면 위폐의 유통은 근절되고 백성들의 신뢰는 회복될 것이었다.

그는 동전을 다른 교환수단이나 물물교환으로 대체하는 대신 정부가 모든 동전을 수거한 뒤 그것을 다시 유통시켜 시장에서 상품을 매매함으로써 미곡과 일용품의 가격을 통제할 수 있을 것이라고 예상했다. 이 제도로 부유해질 수 있는 유일한 대상은 정부였으며, "천한 직업을 갖고 있는 사람들"—상인과 공장뿐만 아니라 위폐업자나 부당하게 이득을 챙기는 부류—도 생계를 꾸리는 데 어려움을 겪을 것이었다. 동전은 계속 합법적인 통화였지만 그것은 정부가 보유하거나 분배한 분량에 제한될 것이며, 가치가 떨어지는 동전을 주조해서 이익을 챙길 수 있는 기회는 영구히 사라질 것이었다.

가의는 통화를 축소시켜 생겨난 잉여동전은 중국 국경을 끊임없이 침범하고 있는 흉노에게 선물하면 한대에 만연한 비생산적이고 경멸스러운 이익을 추구하도록 그 백성들을 유도함으로써 그 사회를 멸망시킬 수 있을 것이라고 주장했다. 정책 입안자에게 준 가의의 교훈은 동전이나 규제 없는 자유로운 시장 활동은 이롭다는 낙관적인 견해가 아니라 사적인 주조와 불량한 동전은 불법적이고 비도덕적인 행동을 유발하고 통화 팽창의 폐해를 일으킨다는 어두운 공포였다. 동전은 필요했지만, 국가는 동전의 공급과 상품 가격을 통제해 그 오용을 막아야 했다.[8]

또한 유형원은 또 다른 전한의 정치가인 가산賈山을 인용했는데, 그도 사적인 주조와 동전 유통의 나쁜 영향을 부정적으로 파악했지만 시각은 조금 달랐다. 가산은 동전 자체는 쓸모가 없지만 부귀의 수단으로 사용될 수 있는데, 이것은 개인들이 국왕의 의사와는 상관없이 스스로 부귀해질 수 있기 때문에 국왕에게는 위험할 수도 있다고 판단했다. 황제는 부귀한 사람을 통제해야만 권력을 장악할 수 있었으므로 개인에게 독립적인 부를 창출할 수 있는 권한을 주어서는 안 됐다.

문제는 간언을 무시했으며 상황은 악화됐다. 오왕吳王 비濞는 주전으로 황제와 맞먹을 정도의 부를 축적해서 반란을 일으켰다. 40년 동안 등통鄧通은 무제가 즉위했을 때 가졌던 분량보다 더 많은 동전을 주조해서 막대한 부를 축적했다. 등통은 반란을 일으키지는 않았지만, 산에 주전소를 만들어 고갈된 자금을 늘리려고 한 지방 수령의 나쁜 선례를 남겼다. 그밖에도 위조가 성행하면서 동전 공급이 증가해 동전의 가치는 떨어지고 일용품의 가격은 폭등했다.[9]

주전을 방임한 무제

주전과 위조를 통제하지 못한 결과 동전 공급이 확대되어 위험스러운 수준에 도달하자 기원전 118년(한 무제 원수 5) 무제는 국가가 무력을 행사한다는 측면을 제외하고는 가의와 비슷한 방안을 채택했다. 그는 당시의 동전보다 무겁고 둘레에 테두리가 있으며 표면에 문양이 있어서 위조하기가 좀더 어려운 오수전을 새로 주조했다. 광대한 영토를 정복한 그는 동전의 공급을 방임하지 않았고, 사적 주조를 금지해 그것을 어긴 2만~2만 5천 명을 가차없이 처형했으며, 소규모로 주전한 사람들은 범죄를 자백하면 용서해주겠다고 발표했다. 그는 상림원上林園에 제국의 모든 동전을 통제하는 관원 3명을 두어 그들에게 주전할 수 있는 독점적 권리를 주었으며, 이전의 동전은 모두 녹이라고 명령했다. 동전을 새로 주조하는 비용은 일반 동전보다 너무 비싸서 소수의 능숙한 장인들만이 위조해서 이익을 볼 수 있었다. 앞으로 보듯이 위조하기 어려운 훌륭한 동전을 만들 수 있는 기술을 적용하고, 위조와 사적 주전을 엄중히 처벌하며, 위조업자에게는 아무 이익도 남지 않는 동전을 주조하는 방안 등 무제의 정책은 유형원에게 지속적인 영향을 주었다.[10] 요컨대 유형원은 한대의 기록에서 동전은 폐기되는 것이 낫다거나 그것은 해결할 수 없는 문제를 일으키는 혐오스러운 대상이 아니라 국왕이 강제력을 동원해 확실히 통제하면 문제를 해결할 수 있다는 사실을 배웠다.

면포와 미곡보다 우월한 동전

구준과 공우의 상충된 의견

무제는 동전의 가치 하락을 해결하려고 적극적으로 노력했지만 그 뒤에도 과도한 동전 공급과 팽창은 계속됐으며, 새롭게 등장한 일군의 도덕주의자들은 동전이 부도덕의 근원이라고 지적하면서 그것의 폐지를 요구했다. 이런 견해를 서술하기 위해서 유형원은 동전이 농민들이 상업으로 이익을 볼 수 있다는 기대로 농업을 버리도록 유도한다고 지적한 한 원제元帝(재위 기원전 48~32) 때 공우貢禹의 견해를 인용했다. 그는 동전을 폐지하고 주전을 말도록 무제가 설립한 관서를 혁파하며 앞으로 동전 대신 면포와 미곡을 교환수단으로 대체하도록 명령해야 한다고 황제에게 주청했다. 공우에 반대하는 신하들은 당시 교역은 동전의 유통에 의존하고 있으며 면포는 소규모의 거래에서 더 작은 단위로 즉시 분할하기 어렵다고 주장했으며, 황제는 거기에 동의했다.[11]

유형원이 가장 존경한 학자 중 한 사람인 명의 구준은 면포와 미곡은 교환수단으로서 동전의 편리성에 전혀 미치지 못한다면서 동전에 대한 공우의 편견을 비판했는데, 유형원은 그것을 자신의 글에서 소개했다. 또한 진晋의 공림孔琳은 그 자체로는 쓸모없는 동전을 유용한 물건을 교환할 수 있는 수단으로 선택한 고대의 성군들을 상찬했다고 그는 지적했다. 그들은 교환수단으로 유용한 물건을 낭비하지 않았을 뿐만 아니라 면포나 미곡보다 작고 가벼운 동전을 사용함으로써 운송 비용을 줄일 수 있었다. 또한 면포나 미곡은 소규모의 거래에 맞게 나누기가 어려워 실용성이 떨어졌다. 어쨌든 백성들이 면포와 미곡을 동전으로 대체하려고 했다면 당시의 관원들은 그것을 허용하지 않았다.[12]

물론 구준은 화폐경제가 이루어지던 명대에 살았기 때문에 (16세기 중국의 복본위제複本位制에서 은은 물론) 교환수단으로서 동전보다 미곡과 면포를 선호하는 의견은 몽매한 판단으로 간주했을 것이다. 유형원은, 16세기 명은 말할 것도 없고, 한대나 수대의 수준까지 발전하는 것을 막고자 하는 조선 사회의 몽매한 논자들에게 구준의 논리를 사용해 반박했다.

미곡과 면포를 다시 사용한 조비

물론 공우는 동전의 유통이 그 이전 어느 시기보다 최고조에 도달했던 한대 중반 동전을 비판하기 시작했지만, 한이 멸망한 뒤 상업적 환경은 동전이 남긴 유해한 영향으로 뚜렷하게 악화됐다. 유형원은 220년 북위를 세운 조비曹丕가 오수전을 폐기하고 미곡과 면포만 교환수단으로 허용한 사실을 자세히 서술했다. 미곡과 면포를 사용하면 소비재를 동전으로 사용하기 위해서 시장에서 철수해야 했기 때문이 아니라 미곡은 무게를 늘리기 위해서 물을 붓거나 면포는 승수를 줄여 가치를 하락시킬 수 있었기 때문에 이 정책은 실패했다. 그 결과 미곡과 면포는 폐기됐으며, 사마지司馬芝 등의 건의로 오수전은 다시 주조되어 진대(서진 265~317, 동진 317~420)까지 사용됐다.

동전과 미곡 · 면포의 이점을 둘러싼 논쟁은 진대에 환현桓玄이 동전의 폐지를 건의할 때까지 지속됐다. 유형원은 「홍범」에서 동전은 교환수단으로 기능하기 때문에 식량만큼 중요하다는 공림의 반론을 인용했다. 그는 농부가 자신의 모든 시간을 동전을 주조하는 데 바친다면 그 사용을 중지해야 하지만, 동전이 경제에 사용되어도 농부는 계속 농사를 짓고 공인은 계속 기구를 만들었다고 주장했다. 국왕은 물건을 유통시키기 위해서 동전을 계속 감독했고, 동전이 사용되면서 교역에서 운송 비용이 줄었으며 미곡과 면포의 소비를 촉진했다. "동전이 귀갑龜甲과 조개를 이어 그동안 폐지되지 않은 까닭은 이 때문이었다."

또한 유형원은 미곡과 면포는 동전만큼 쉽게 가치가 떨어질 수 있기 때문에 교환수단으로서 동전보다 결코 우월하지 않다는 종요鍾繇의 견해를 인용했다. 그는 위대魏代에 미곡과 면포의 가치 저하를 엄격하게 처벌했지만 통제하지 못했으며 동전은 미곡과 면포를 사용하던 지역을 넘어서 번창했다고 단언했다. 명제(재위 227~240) 때 동전을 미곡과 면포로 대체한 역효과 때문에 조정의 신하들은 대부분 동전의 복구에 찬성했으며 황제는 그것을 허락했다.[13]

이런 견해는 장궤張軌에 의해 보강됐는데, 그는 서진의 서쪽 국경의 지방 관원이었으며 306~314년에 현재의 감숙성甘肅省을 다스렸다. 장궤는 이민족의 침략으로 경제가 원시적 수준으로 후퇴한 지역을 다스리면서 국경을 넘어서 이민족과 활발히 교역해 번성을 이루었으며, 그 과정에서 한대의 오수전을 다시 사용하자는 참모 색보索輔의 건의를 받아들였다.[14] 유형원은 동전이 시장에서 상품의 유통을 증가시켜 경제적 발전을 이룰 것이라는 이전 세기의 견해를 보강하는 것이라는 측면에서 이런 조처를 상찬했다.

이민족에게 확산된 동전

또한 유형원은 당시 세계적 발전 규모에 훨씬 뒤처져 있었던 조선이 중요하지만 부끄럽게 받아들여야 하는 교훈은 유학자들이 야만족으로 간주하던 중국 이외의 민족들이 동전의 사용을 이해하고 완전히 터득했다는 사실이라고 믿었다. 그는 후한이 멸망한 뒤 이른바 서역西域으로 불린 지방에서 동전이 사용됐음을 보여주는 자료를 발견했다. 촉蜀(현재의 사천四川)은 철전鐵錢을 주조했고 서역의 여러 나라들은 국왕의 얼굴이 새겨진 은전을 사용했다.

유형원은 중국 이외의 지역에서도 동전이 널리 사용되고 있다는 사실에 깊은 인상을 받았지만, 미곡과 면포 이외의 모든 교환수단이 통용될 수 있다고 인정할 준비는 되어 있지 않았다. 그는 철전은 너무 무거웠기 때문에 폐기됐고 1041(송 인종 경력 1)~49년(경력 9)에 사용된 송의 지폐인 교자交子는 해악만 끼쳤다고 지적했지만, 구리와 주석은 동전을 만들기에 가장 적합한 광물이라고 칭찬했다. 그는 중국 북부에 요(10~12세기 전반)를 세운 거란은 동전의 유통을 규제해서 "나라와 백성을 부강하게 했다"고 상찬했다.

또한 유형원은 표류한 서양인을 직접 만나 은전과 철전을 아직도 사용하고 있는지 물었다고 말했다. 네덜란드의 위치에 대한 지리적 묘사를 혼동하기는 했지만, 그들은 1653년(효종 4)부터 1668년(현종 9)까지 죄수로 억류됐던 헨드릭 하멜Hendrik Hamel의 동료로 난파한 스패로호크Sparrowhawk 호의 탑승자로 보인다.[15] 이 대화와 다른 연구에서 "동전을 사용하지 않는 나라는 없었다"는 사실을 알게 된 유형원은 조선이 동전과 관련해서는 세계로부터 고립됐다고 판단하게 됐다.[16]

북부 중국에서 비단과 면포의 재사용

주화는 북위(424~534) 때 사라졌다가 효문제가 태화오수전太和五銖錢을 만들면서 다시 유통됐다. 이 동전은 6세기 전반까지 주조됐지만 일부 지방에서는 사용되지 않았으며 상인이 받지 않은 경우도 많았다. 효명제 때 왕징은 비단과 면포는 소규모의 거래에 사용하려면 잘게 찢어야 했고 다시 붙이려면 많은 수고가 필요하다면서 교환수단으로 적합하지 않다고 지적했다고 유형원은 언급했다. 미곡도 그 분량과 무게를 잴 도량형이 필요했기 때문에 불편했다. 아울러 비단과 면포는 기근과 추위를 구휼하는 데 동전만큼 유용하지 않았다.

효문제가 태화오수전을 주조하고 동전에 대한 신뢰를 회복하기 위해서 규격에 맞지 않고 불량한 이전의 동전을 모두 금지하면서 상황은 부분적으로 개선됐다. 유감스럽게도 5세기 후반 태화오수전은 (한의 오수전처럼) 그 영속성을 보장하는 규정이 입안되지 않았기 때문에 수도에서만 유통됐다. 왕징은 이런 상황에서 황제는 무게가 미달하는 동전을 제외한 모든 동전을 합법적인 통화로 회복시키고 위조를 근절하며 상인들의 속임수를 없애기 위한 엄격한 처벌을 적용하자고 제안했다.[17] 달리 말하면 나쁜 동전이라도 미곡이나 면포보다는 낫다는 것인데 유형원의 생각과 합치되는 주장이었다.

남북조시대의 또 다른 탈선

통화 위축과 구리의 부족

남북조시대에 남조에서 동전은 사라지지 않았지만 매우 부족했다. 이것은 사적 주조와 동전의 가치 하락으로 시장에 동전이 넘치던 한대 전반의 상황과는 상반되는 것이었다 — 그것은 가의가 해결하려고 노력한 문제였다. 가의는 주전을 줄여 공급을 축소하려는 시도가 통화 위축을 불러올 수 있다고 지적했다.

남조 유송劉宋 문제 원가元嘉(424~454)연간에는 사수전四銖錢을 발행하면서 구리를 많이 사용한 결과 국가에서 사용할 분량이 부족해졌다. 사적인 구리 채취를 금지하고 국가에서 구리 비축을 독점해 좀더 무거운 오수전을 주조하자는 제안이 있었지만, 동전의 부족은 구리제품을 녹여 좀더 많은 동전을 발행해야만 해결할 수 있다는 주장도 제기됐다. 범태范泰는 구리제품을 동전으로 전용하면 필수품이 부족하게 될 것이라면서 반대했다.

범태는 구리가 부족해지면 동전의 액면가보다 금속의 가격이 높아짐으로써 동전을 녹여 구리를 얻으려는 시도가 나타난다는 사실을 이해하지 못했다. 그는 정부에서는 경제 전반에 걸쳐 동전을 '고르게' 유통시켜 동전의 부족을 막을 수 있으므로 교역에 사용되는 동전의 능력은 (유통되고 있는?) 동전의 분량에 달린 것이 아니라고 설명했다. 그는 몇몇 도시나 교통로에만 동전이 집중되므로 나머지 지역은 동전이 부족하다는 의미였다고 생각된다. 동전이 전국에 좀더 고르게 분포됐다면 동전의 수요를 충족시키고 유통되는 동전과 상품의 균형이 이루어져 가격을 안정시킬 수 있었다. 그는 동전의 '고른' 유통을 시장의 신속한 거래와 연결시키지는 않았는데, 그것은 당시로서는 너무 앞선 개념이었다.

범태는 고대처럼 유용한 물건을 생산하는 데 구리를 사용하고 귀갑이나 조개를 사용하면 동전의 부족을 충분히 해결할 수 있다고 판단했지만, 더이상 아무도 조개를 동전으로 받으려고 하지 않았으므로 그것은 경솔한 제안이었다. 유형원은 자신의 계획에서 왕징의 견해를 따랐지만 동전이 우월하다는 생각은 버리지 않았다.[18] 앞으로 보듯이 유형원은 구리의 공급을 늘려야만 상품을 안정적인 가격으로 유통시킬 수 있는 분량의 동전을 주조할 수 있다고 확신했다.

고액전과 탐욕

한대 이후 동전과 관련된 또 다른 중요한 문제는 액면가가 동전의 금속 가치보다 훨씬 큰 고액전이 처음으로 등장했다는 사실이었다. 3세기 오吳의 손권孫權은 당오백전當五百錢과 당천전當千錢을 만들었지만 일반적인 거래에 사용하기에는 액면가가 너무 컸기 때문에 유통되지 않았으며 사람들은 그것을 신뢰하지 않았다. 손권은 결국 실패를 인정하고 그것을 모두 녹였으며, 그 동전을 갖고 있던 사람들에게 변상해주었다.

그러나 유형원은 자신의 실수는 동전에 대한 대중의 신뢰를 판단하는 데 있었다는 손권의 변명을 받아들이지 않았다. 그 대신 그는 상품의 자유로운 교환을 가능케 하는 동전의 기본 목적을 어겨 큰 이익을 거두려는 탐욕의 혐의가 있다고 손권을 비판했다. 상품과 동전은 '대등한' 가치로 교환되어야 하며 상품의 가치와 가격에 커다란 차이가 있으면 안 됐다. 고액전의 발행은 사기를 통해 이익을 추구해 나라 전체를 곤경에 빠뜨리는 부도덕한 행동일 뿐이었다.[19]

유형원은 고대 중국의 성군들은 조개 같은 가치 없는 물건을 교환수단으로 사용했거나 동전은 미곡과 면포보다 유용한 소비재가 아니었기 때문에 선호했다고 배웠지만, 동전이 가치와 가격을 가진 물건이 아니라 하나의 상징으로 기능할 수 있다는 사실을 인정할 수 없었다. 유형원은 그것의 상징적 기능이 많은 물건을 사기 위해 비싼 운송 비용을 들이지 않게 함으로써 커다란 이익을 준다고 해도, 지폐는 물론 동전을 사용해 거대한 부를 축적하는 데 찬성하지 않았다. 즉 그는 고액전은 이익을 극대화하려는 비도덕적 계획이라고 믿은 것이었다.

위조의 재등장과 동전의 과잉

유송의 범태 또한 동전 가치의 불안정한 등락에 대해 걱정하면서 동전 주조세를 내지 않고 위조해 이익을 얻으려는 욕망이 그 원인이라고 지적했다. 위조는 동전의 액면가를 본래의 가치와 비슷하게 만들어 그런 이익을 최소화하는 대신 동전의 가치를 떨어뜨려 이익을 늘렸으며, 동전에 대한 대중의 신뢰는 무너졌다. 그는 후한 원가(151~153)연간 동전 주조세의 이익을 없애 위조를 근절한 정책을 칭찬했다. 그 방법은 이전의 오수전과 비슷한 모양의 사수전을 새로 주조하는 것이었는데, 그 액면가는 광물의 가치와 매우 일치했다.

유송 효건孝建(454~456)연간에 또 다른 오수전이 주조됐는데, 그 동전은 작고 가벼웠으며 테두리가 정교하지 못했기 때문에 유감스럽게도 완전한 실패로 귀결됐다. 위조는 전혀 어렵지 않았으며, 납을 섞어 가치를 떨어뜨렸다. 부정한 관원을 엄격하게 처벌하고 처형까지 시행했지만 그런 관행을 근절하지 못했으며, 일용품의 가격은 급등했다. 그러자 정부는 동전의 가치를 높였으며, 너무 작거나 테두리가 엉성한 동전의 유통을 금지했다.[20]

그 뒤 유송에서 더 나은 동전은 값싼 동전에 의해 밀려났으며, 가치가 더욱 낮은 이수전二銖錢이 주조됐다. 위조한 동전은 무게와 크기가 일정하지 않았으며, 시장에는 그런 불규칙한 수많은 동전으로 넘쳐났다. 값싼 동전의 과잉 공급은 465년(북위 문성제文成帝 화평和平 6) 무렵 진경지陳慶之가 사적 주조를 허락받으면서 더욱 악화됐다. 사적으로 주조하면서 동전의 무게와 두께를 너무 많이 줄인 결과 그런 상황을 풍자하는 말들이 생겨났다. 예컨대 동전이 너무 가벼워 물에 뜨고 힘껏 쥐면 부서지며 동전 1천 관을 쌓아도 세 치의 높이가 되지 않는다는 것 등이었다. 쌀 1말의 가격은 동전 1만 냥까지 올랐고, 소비자들은 구매할 수 있는 충분한 동전을 갖지 못했기 때문에 소매는 금지됐다.[21]

남제 고제高帝(약 479~483) 때의 공의孔顗는 5세기 중반 이후 유송에서 동전이 쇠퇴한 까닭을 설명했다. 이전 5백 년 동안 한의 오수전은 일정한 형태와 크기와 무게를 유지했지만, 그 뒤에는 동전을 주조하는 데 구리를 너무 아꼈고 기술도 매우 낙후됐는데, 주된 원인은 동전을 작고 가볍게 만들어 원재료에서 최대한 많은 동전을 생산하려고 노력했기 때문이었다. 유감스럽게도 정부는 스스로 동전의 가치를 떨어뜨려 교환수단으로서의 가치를 무너뜨렸다. 공의는 한의 오수전처럼 무게와 품질을 좀더 높이는 것이 유일한 해결책이라고 생각했다.[22]

요컨대 유형원은 남북조시대의 화폐정책을 통해 시장에서 동전이 감소 또는 소멸하는 상황(북조)도, 동전의 가치가 떨어지거나 값싼 동전이 유입되는 현상(남조)도 바람직하지 않다는 사실을 배웠다. 좀더 좋은 방법은 안정된 동전을 찾는 것이었다.

구준 : 소액전

유형원은 명의 구준이 이 문제의 답안을 찾았다고 생각했다. 구준은 정부에서 구리를 너무 아낀다거나 주전기술이 낙후되어 있다는 사실을 공의가 경고하기 전까지는 변동되지 않고 일정한 규격의 동전을 만드는 기본적인 방법을 발견하지 못했다고 썼다. 공의는 동전은 두껍고 불순물이 없으며 성분이 균일하게 분포하고 테두리는 둥글고 정확해야 한다는 의미였다고 구준은 설명했다. 동전에는 그 가치와 동일한 구리를 포함시켜 위조업자가 전혀 이익을 남기지 못하게 해야 했다. 달리 말하면 위조를 막는 유일한 방법은 동전을 주조해도 이익을 남길 수 없게 하는 것이며, 그러면 고액전을 확실히 몰아낼 수 있을 것이었다.

구준은 명대 중반까지 화폐사에는 고액전은 물론 작고 가볍고 조잡한 동전이 수없이 많았지만, 한의 오수전과 당의 개원통보開元通寶만이 "올바랐다"고 언급했다. 뒤에 당삼전이나 당십전 같은 고액전들은 시장에서 금방 퇴출됐으며 개원통보와 비슷한 유형의 동전들만이 명대 중반까지 유통됐다.[23] 달리 말하면 역사를 살펴볼 때 소수의 동전만이 대중의 신뢰를 얻었고 가치 하락과 통화 팽창을 겪지 않았는데, 그 까닭은 액면가가 금속 본래의 가치와 근접했고 값싸게 위조하기에는 주전기술이 너무 어려웠기 때문이었다.

재통일된 제국의 동전

6세기 후반 중국을 재통일한 수·당은 동전의 표준 규격을 정했다. 당 고조는 오수전을 폐지하고 무게가 7수銖인 개원통보를 발행했는데, 구준은 그것을 오수전의 표준과 합치된 동전이었다고 상찬했다.

그럼에도 불구하고 당대의 동전도 문제점이 나타났다. 고종은 한대에 문제가 됐던 사적인 주전이 다시 나타나지 못하도록 금지했으며, 682년(당 고종 영순永淳 1)에는 사적으로 주전할 경우 교형絞刑에 처하라고 지시했다. 그러나 이런 엄격한 처벌에도 문제는 해결되지 않았으며, 734년(현종 개원 22) 현종은 사적인 주전을 합법화하는 방안에 대해 신하들과 논의했다.

유질 : 가격 안정을 통한 가격 통제

유형원은 수요와 공급이 가격에 미치는 효과와 동전의 공급이 그 가치에 주는 효과를 정교하게 분석한 유질의 의견을 인용했다. 그는 농산물의 가격이 너무 낮으면 농민의 수입은 생산 비용 아래로 떨어지기 때문에 농업에 타격을 줄 것이라고 주장했다. 그리고 동전이 (무게뿐만 아니라 가치도) 너무 '가벼우면' 농산물이나 일용품의 가격이 비싸지기 때문에 상인의 수입에도 지장을 줄 것이었다.

그는 가격 변동을 완화시키려면 자유로운 시장이 아니라 국가가 물건의 가격과 동전의 가치를 감시하고 시장에서 발생할 수 있는 불균형을 치유해야 한다고 판단했다. 그는 상품의 가격이 오르고 동전의 가치가 떨어지는 원인은 시장에서 동전이 남아돌기 때문이라고 설명했는데, 이런 논리는 미곡 가격을 안정시키기 위해서 상평창을 운영하는 제도와 비슷했다. 이럴 경우 정부는 시장에서 동전을 수거해 통화량을 줄이고 그 가치를 올리는 방법을 고안해야 했다. 반면 동전의 가치가 너무 올라가면 정부는 용인할 수 있는 수준까지 그 가치를 떨어뜨리기 위해서 동전을 좀더 투입해야 했다. 그러나 이런 가격안정정책은 사적인 주전을 허용해서 동전 공급이 늘어나면 좌절될 것이었다.

유질 : 가치 하락과 사적 주전

동전의 신뢰도를 보장하는 두 번째 방법은 동전의 가치 하락을 막는 것이었다. 유질은 한대 가의의 견해에 공감하면서 위조는 물론 사적 주전을 금지해야 한다고 주장했다. 그러나 그는 동전의 가치 하락뿐만 아니라 농업 생산의 위축과 가뭄과 사망에도 관심을 기울였는데, 농민들은 사적 주조에서 이익을 얻기 위해서 농업을 버리고 좀더 많은 돈을 벌 수 있는 직업을 선호하게 됐기 때문이었다. 부자들만이 사적으로 주전할 수 있는 충분한 자금이 있었기 때문에 부의 불평등은 악화됐다.

유질 : 제한된 구리와 그 가격

유질은 또한 동전의 공급이 너무 적고 구리의 가격이 너무 비싼 원인은 구리 채광이 부족하기 때문이 아니라 기구나 무기 등을 만드는 데 구리를 너무 많이 쓰고 있기 때문이라고 판단했다. 또한 그는 어느 때보다 많은 동전이 주조되고 있지만 너무 무거워 가치가 너무 높고, 구리의 가격은 그렇게 무거운 동전보다 높다고 비판했다. 위조업자들은 무거운 동전을 녹여 가벼운 동전을 만들었는데, 그것을 막기에는 금령이 너무 느슨했기 때문이었다.

철은 구리보다 무기를 만드는 데 적합했고 그릇에는 칠기가 나았기 때문에 그는 그런 물품을 만드는 데 구리를 사용하는 것을 금지하고 동전을 더 많이 주조함으로써 구리의 가격을 낮추자고 황제에게 건의했다. 구리의 가격이 내려가면 위조업자들은 무거운 동전을 녹여 가벼운 동전을 만들어도 이익을 남길 수 없게 되어 동전은 다시 안정될 것이었다. 유질은, 광물이든지 그릇이든지, 구리의 공급과 동전 사이의 관계를 충분히 이해했지만, 고액전을 주조하거나 지폐를 발행하려는 생각은 하지 않았다. 어떤 경우든 당대唐代의 거의 모든 주요 관원들은 그의 생각에 반대했으며, 황제는 가치가 저하된 동전을 모두 폐기하라고 지

방 수령들에게 명령을 내렸다.[24]

동전의 장점에 대한 두우의 요약

또한 유형원은 756년(당 숙종 지덕至德 1)까지 나타난 동전의 발전을 서술한 두우의 『통전』을 인용했다. 두우가 제시한 화폐정책에 대한 이론적인 기반은 유형원에게 많은 영향을 주었다. 그는 상품의 가치와 분배를 통제할 수 있는 동전의 유용한 기능과, 시장에 개입해 가격을 안정시키는 현명한 국왕의 의무를 강조한 유질의 생각에 찬성했다. 그는 이전의 정치가와 주석학자들이 동전은 물건의 가치를 '숫자'로 계산했기 때문에 그 효과가 "심원하다"고 평가한 의견에 동의했다. 금은은 그릇이나 패물로 사용됐고 미곡과 면포는 운반하거나 나누기가 어려웠지만 동전은 "물처럼 흐르고 한 곳에 머물지 않기 때문에" 유일하게 적합한 교환수단이었다. 그것은 이동이 쉬웠고 무게와 길이를 나누어 사용할 수 있었다.

동전은 주의 태공이 발명했다. 그것은 그 뒤 위축됐다가 춘추시대 제에서 다시 사용됐다. 관중은 면포나 미곡이 아닌 동전은 의복과 식량의 공급에 영향을 주지 않았으며, 이전의 국왕들은 동전을 사용해 부를 축적하고 백성을 다스리며 세상을 안정시켰다고 상찬했다. 국가와 백성의 부와 번영, 또는 가난과 빈곤은 식량과 의복의 생산에 달려 있었지만 상품의 잉여나 부족, 가격의 급등과 급락은 가격안정정책으로 통제될 수 있었다. 1천여 년 뒤 유질은 여기서 영감을 얻어 동전에 찬성했다. 관중이 말했듯이 동전은 가격의 양 극단을 조정하는 데 사용됐으며 두우는 이런 판단에 동의했다.

또한 두우는 국왕과 정치가들이 최근 구리의 분량을 줄이거나 주전기술을 간략화하거나 동전 주조세에서 더 많은 이익을 얻으려는 목적에서 고액전을 발행해 동전의 공급을 늘리려던 시도를 비판했다. 그는 동전의 위조와 사적 주조가 성행했지만 엄격히 처벌해 근절시키지 못했으며, 농민들이 그런 행위에서 이익을 얻으려는 기대로 농업을 포기해 농업 생산에 손실이 초래된 현상을 개탄했다. 백성이 구리를 직접 얻지 못하게 하고 국왕이 주전의 권한을 통제해야 한다는 고대 성군의 규정을 지켜야 했다.[25]

두우는 비교적 보수적인 화폐관을 제시했다. 그는 주대의 성군과 현인들이 동전을 상찬했기 때문에 거기에 찬성한 것이었으며, 그것이 새로운 발전의 조류를 대표했기 때문에 지지하지는 않았다. 그는 동전의 고유한 성분을 부풀리거나 속인 동전으로 통화 팽창이 야기될 수 있다고 우려했다. 그는 자유롭게 직업을 선택하도록 방임할 경우, 특히 농업 생산에 손실이 발생하고 동전 공급을 통제하는 데 실패할 수 있다고 지적했다. 그는 물리력을 동원한 강제에 반대했지만, 국가가 동전을 통제해야 한다고 주장했다.

동전 보유에 대한 정부의 억제 : 부도덕과 사적 축적

9세기 전반 당말에는 일용품의 가격이 다시 하락했다. 이 현상과 관련해서 유형원은 통화 수축이 아니라 그것에 대한 헌종의 대응을 흥미롭게 관찰했다. 817년(헌종 원화 12) 황제와 신하들은 통화 수축은 구리 공급의 감소나 상업 발달의 결과인 동전 요구의 증가 때문에 발생한 것이 아니라 부자들이 동전을 축적했기 때문이라고 결론지었다. 헌종은 지방의 절도사들이 방대한 동전을 축적하고 토지를 구매해서 지가를 상승시켰다고 비판했다. 그는 부유한 상인들은 절도사의 후원으로 방대한 재산을 모았으며, 지방 수령들은 그들의 부를 전혀 통제하지 못한다고 분노했다.

헌종은 문무 관원부터 양인 · 상인 · 객주 · 승려에 이르기까지 어떤 사람도 5천 관 이상의 동전을 가질 수 없도록 함으로써 동전의 부족과 지가의 급등을 함께 해결하려고 시도했다. 잉여의 동전을 축적한 양인에게는 그들의 보유량을 줄이기 위한 수단으로 시장에서 물건을 사도록 했지만, 기한이 지난 뒤에도 5천 관 이상을 소유한 사람은 처형했다. 같은 범죄를 저지른 관원은 처형은 당하지 않았지만 품계가 강등됐다.[26]

1980년대 자본주의 사회에서 거대한 자본을 축적하는 것은 자유로운 기업의 성공적인 결과로 평가되며, 뉴욕 · 로스앤젤레스 · 도쿄 · 서울에서 부동산의 가격이 오르는 것은 제한된 자원에 자금이 집중된 아쉬운 현상으로 이해할 수 있다. 지금은 은행 잔고나 재산이 너무 많다는 이유로 처형당하는 사람은 아무도 없지만, 당말의 도덕주의적 사회에서 부는 사기나 투기로 부정하게 재산을 축적했다는 증거로 간주됐다. 헌종이 동전을 좀더 많이 발행하거나 국가가 시장에서 동전을 더욱 많이 사용해 가격을 낮추는 대신 강제와 사형을 동원해 동전 부족을 해결하려고 했던 것은 놀라운 일이 아니었는데, 특히 두우 등은 이미 상품과 동전 안정에 개입하는 것은 책임 있는 황제의 주요한 의무 중 하나라고 주장했기 때문에 더욱 그렇다.

헌종은 — 관중과 유질이 제안했듯이 — 시장 활동을 도덕적 맥락과 분리하거나 시장제도를 개선해 동전의 공급을 변화시켜 불균형을 해결할 수 있는 능력이 없었다. 그러나 유형원이 중국의 화폐사를 언급하면서 이 사례를 포함시킨 까닭은 무엇인가. 유형원은 부의 분배와 상업 활동의 적절한 균형을 파괴하는 탐욕에 대해 황제가 도덕적 능력을 보여준 사례를 높이 평가했기 때문으로 생각된다.

동전 보유에 대한 정부의 규제 : 마단림과 동전의 제한

동전의 개인적인 보유의 제한을 강화함으로써 사람들이 합리적이고 건전한 경제 활동을 준수하게 만들려는 헌종의 시도는 경제적 안내자

이자 감독자로서 국왕과 국가의 역할을 다시 생각하게 만들었다. 13세기 초반 『문헌통고』를 편찬한 남송의 마단림은 탐욕스러운 사적 축적에 좀더 합리적인 해결책을 내놓았다.

마단림의 접근은 그 문제를 역사적인 차원에서 접근했다는 측면에서 헌종과는 달랐다. 그는 황제가 경제를 관리하고 통제할 책임이 있지만, 역사적 상황에 따라 사용하는 방법을 달리해야 한다고 생각했다. 그는 주가 멸망해 정전제가 사라진 뒤 이후의 왕조에서 황제들은 경제 생산을 통제하고 부를 공평하게 분배하는 권한을 잃었다고 믿었다. 그것을 이루기 위해 그들이 사용할 수 있는 유일한 방법은 개인이나 가호가 소유할 수 있는 토지의 최대 분량을 제한해 대토지 소유를 억제하는 것이었다限民名田.

마단림은 자신의 주장에서 그렇게 중요한 부분이 아니었기 때문에 한대에 이 정책이 실패했다는 사실은 언급하지 않았다. 그는 국가가 개인의 토지 소유를 제한하는 것이 받아들일 수 있는 정책이라는 사실을 입증하려고 했지만 보유할 수 있는 동전의 분량을 제한해도 같은 목적을 이룰 수 있다는 생각은 하지 않았다. 그 까닭은 대부분의 사람들이 동전을 축적하는 '목적'은 부를 확대하는 것이 아니라 상품을 '유통'시키는 것이라고 이해했기 때문이었다. 따라서 황제는 사람들에게 상품의 교역을 가르치는 법률을 만들 필요가 없었다.

그는 보유할 수 있는 동전의 분량을 제한한 헌종의 정책은 시장에서 동전이 부족해지면서 동전의 가치를 올리고 상품의 가격을 떨어뜨렸기 때문에 입안됐다고 이해했으며, 그런 원인은 매점하거나 폭리를 얻는 사람들의 탐욕 때문이라는 헌종의 판단에 의문을 제기하지 않았다. 그러나 그는 시장의 동전 유통을 방해하지 않으면서 매점과 폭리를 고발하도록 하면 시장에서 동전 유통을 방해하지 않으면서도 탐욕의 행동을 좀더 쉽게 통제할 수 있다고 생각했기 때문에 동전 보유를 제한하는 데는 반대했다. 또한 그는 남송 고종 소흥紹興(1131~63)연간 동전의 보유를 제한한 비슷한 정책은 참담하게 실패했다면서 그 방법은 실효가 없었다고 지적했다.[27]

유형원은 헌종과 마단림의 대조적인 방법에 대해서는 언급하지 않았지만, 헌종의 태도와 목적을 비판하지 않으면서 마단림의 견해를 공유했다. 결국 유형원은 탐욕을 혐오한 헌종에게 공감한 도덕주의자였지만, 상품의 유통을 원활하게 하는 동전의 커다란 유용성에 대한 고전적 격언 또한 확신한 것이었다. 상품의 유통은 모든 개인에게 부유해질 수 있는 기회를 허용했기 때문이 아니라 농업적인 자급자족의 단계를 넘어서 대다수의 백성에게 필수품을 공급했기 때문에 긍정적이었다. 자본주의 사회에서 거대한 부의 축적은 커다란 성공의 징표이지만, 유형원은 마단림의 견해에 동의해 탐욕은 처벌하지 않을 수 없다고 결론지었다. 그러나 처벌은 잉여의 동전을 강제로 몰수해 시장에 투입함으로써 동전의 유통이나 가격의 안정을 훼손하지 않으면서 적용해야 했다. 결국 동전은 성군이 이미 발견한 규정에 따라서 운영되는 시장의 기구였으며, 그런 규정은 부도덕을 처벌하려는 목적이라도 위반해서는 안 됐다.

여조겸 : 소액전

마단림은 상품의 유통에 동전이 필요하다고 판단해서 동전의 보유를 인위적으로 제한하는 데 반대했지만, 이익 자체는 부도덕하다고 생각했기 때문에 동전을 조작해 이익을 자극하는 방안에는 찬성하지 않았다. 물론 그는 동전을 양면적 가치에서 바라본 학자일 뿐이었다. 남송의 여조겸 또한 동전은 시장의 운영에 필요하지만 그것의 사용이 목적은 아니라고 생각했다. 유형원은 "동전은 일용품의 가격을 조정하기 위해 사용하는 수단이지만" 미곡과 면포는 부의 유일한 형태라는 여조겸의 주장을 인용했다. 고대에는 기근을 막기 위해서 항상 30년마다 9년치의 식량을 예비해놓았지만, "2만~3만 관의 동전을 축적"할 필요는 언급하지 않았는데, 그것은 기근을 구휼하는 데 아무 소용이 없기 때문이었다. 즉 여조겸은 기근이 닥치면 동전으로 식량을 살 수 있다고 생각하지 않은 것이었다.

여조겸은 고대에 조세와 공납은 대부분 미곡과 특산물로 걷었으며 소량만 동전으로 징수했다고 지적했으며 관원들의 녹봉은 동전으로 지급되던 송대와는 달리 토지로 분급됐다고 파악했다. 사실 고대에는 대부분 농민이었기 때문에 상업 등의 주변적인 직업에 종사할 이유가 거의 없었다. 한대에도 관원들의 품계는 녹봉으로 받는 미곡의 분량에 따라서 정의됐는데, 무제는 동전의 중요성을 강조해 모든 사람들에게 동전의 보유 분량을 정부에 보고하도록 하면서 이 규정에서 벗어나기 시작했다. 이때부터 사람들은 동전을 축적하기 시작했고, 그 동전은 가격의 균형을 맞추는 기능을 갖게 되면서 미곡이나 면포보다 더욱 유용하고 중요하게 됐다. 달리 말하면 여조겸은 동전은 가치를 가진 물품으로 다루어지지 않는 한 유용했지만, 그것을 소유하는 것이 경제 활동의 목적이 되면서 해악이 발생했다고 믿은 것이다.

그럼에도 불구하고 여조겸은 한의 공우가 동전을 완전히 폐지하고 미곡과 면포의 고대적 경제로 돌아가기를 바란 것은 비현실적이라면서 그다지 존중하지 않았다. 그는 위 문제(재위 220~226) 때는 동전을 폐지해 유통되지 않았지만 상업 거래에서 부정이 근절되지 않았다는 일부 관원들의 주장에 동의했다.

동전은 필수적인 재화가 됐지만 교환수단으로서 올바른 기능을 수행하고 가치 하락과 위조를 방지하기 위해서 무게와 품질이 표준에 맞아야 했다. 유감스럽게도 한의 오수전과 당의 개원통보만이 그 기준에 맞았으며, 송 태종(재위 976~998) 때 장제현張齊賢은 동전 주조세의 이익을 추구한 결과 너무 가볍고 품질도 조잡한 새로운 동전을 발행해 화폐제도를 무너뜨렸다. 여조겸은 동전 주조세의 이익을 없애 위조를 근절하고 정부에서만 동전을 발행하고 물가안정정책으로 가격을 통제하자는 남제 공의의 해결책을 지지했다.

경제는 식량과 의복의 생산에 치중했기 때문에 동전은 많이 유통되지 않았으며 가치는 높았다. 그것은 교역의 윤활유로 기능했지만, 진정한 부의 대상으로 생각되지는 않았다.[28] 여조겸은 동전이 중국 경제에서 필수적인 수단이 됐지만 동전에 대한 욕망이 기본 필수품의 생산을 침해하지 않아야 한다는 이중적 태도를 보였다. 광물 자체의 가치와 근접하는 소액전을 만들어야 한다는 공의의 제안은 그것을 이루는 유일한 방안이었다.

섭몽득 : 가치의 대상으로서 동전

동전을 부의 대상으로 다루는 데 대한 여조겸의 경고에도 불구하고 많은 중국인들은 한대 이후 그런 태도를 가졌다. 유형원은 이 문제와 관련된 송의 섭몽득葉夢得(약 1090년대)의 견해를 인용할 필요가 있다고 생각했다. 섭몽득은 송에서는 동전의 축적이 매우 일반화됐기 때문에 기원전 1세기 한에서는 일부 귀족만이 막대한 부를 축적했지만 당시는 중하계층의 가호에서도 그런 부를 이룰 수 있게 됐다고 지적했다. 그러나 이런 상황에 대한 섭몽득의 반응은 당시 국왕의 부가 양인까지 확산됐다는 성취를 자랑스럽게 생각한 것이 아니었다. 그 대신 그는 당 헌종과 같은 결론에 도달했는데, 개인에게 동전이 집중된 결과 송 정부는 직접 지출할 수 있는 자금이 매우 부족하게 됐다는 것이었다.

유감스럽지만 정부가 그 문제에서 벗어날 수 있는 유일한 방법은 주석과 합금한 고액 주화를 생산하고 액면가를 10배로 늘려 그 결손을 보충하는 방법이었다. 유감스럽게도 그 전략은 대중이 동전을 신뢰하지 않으면서 실패로 끝났다. 대중이 동전을 부의 대상으로 인식하게 되면서 개인적으로 동전을 축적한 결과 국가는 건전한 화폐정책을 포기하게 됐다.

여조겸처럼 섭몽득도 동전이 소량밖에 사용되지 않았던 주대 정전제의 자족적 경제를 훨씬 선호했다. 그는 위의 이리李悝가 그 문제를 증명하기 위해서 제시한 통계를 인용했다. 이리에 따르면 정전제에서 5명으로 구성된 농민 가호는 1백 묘를 나누어 경작했으며, 그들은 1묘당 1.5석, 그러니까 총 150석을 생산했다. 그 10퍼센트인 15석은 세금으로 납부했으며, 5명의 식구는 1년에 90석을 소비하고 45석을 남겼는데, 1석당 동전 30냥이므로 1,350냥의 동전이 남게 된다. 매년 제례 비용은 2백냥이 들었으므로 온 가족에게는 의복 등을 사기에 충분한 1,150냥이 남았다. 농민의 완벽한 평등이 이루어진 이런 상황에서는 동전의 유통 부족 때문에 문제가 발생하지 않았다.[29]

아마도 중국사에서 가장 상업이 번창한 시대에 살았을 섭몽득은 동전이 사용됐지만 식량과 의복의 생산을 위축시키지 않았던 정전제의 검소한 선례를 되돌아볼 것을 권유했다. 여기서 유형원이 섭몽득의 저작을 인용한 까닭은 그의 주장의 취지를 숭배했기 때문이지 그것을 불합리하다고 판단했기 때문은 아니라고 생각한다.

송대 동전 공급의 변동

유형원의 설명에 따르면 당이 멸망한 뒤 동전은 잠시 사용이 중단됐다가 960년 후주 세종(재위 954~960)*이 구리제품과 불상을 몰수해 동전을 주조하면서 재개됐다. 그러나 바로 그해에 건국된 송에서는 왕조 내내 동전의 과잉이 섭몽득의 지적과 같은 문제의 근원이 됐다. 유형원

* 원서(897쪽)에는 재위연도가 944~960년으로 되어 있는데, 바로잡았다.

은 송대의 황제들이 재위 기간 동안 연호를 바꿀 때마다 새로운 동전을 주조한 관행을 비판한 구준의 견해를 인용했다. 인종(재위 1023~63)은 40년의 재위 기간 동안 연호를 아홉 번 바꿨는데 그때마다 동전을 주조했으며, 동광을 찾고 구리를 녹이고 장인과 고공을 고용하고 감독자와 관원을 고용하는 등 새로운 동전을 주조하는 데 큰 비용을 들여 백성들에게 막대한 부담을 지웠다.[30]

1068년(송 신종 희녕 1) 왕안석이 집권한 이후 동전을 만들 수 있는 구리의 공급과 국가 재정은 고갈됐다. 유형원은 그 원인을 사적인 구리 소유에 대한 금지를 풀고 구리나 동전을 해외로 수출하는 것을 막지 못했기 때문이라고 파악했다.

유형원은 이런 두 설명 중 첫 번째에 동의했는데, 동전 부족의 주요 원인은 구리의 가격이 동전의 액면가보다 10배 이상 비쌌기 때문에 사람들이 동전을 녹여 구리를 팔았기 때문이라고 설명한 호굉胡宏(1100~55)의 주장에도 찬성한 것을 제외하면, 헌종과 섭몽득의 견해에 찬성한 것이었다. 호굉은 황제가 동전을 녹이는 것을 금지함으로써 이런 흐름을 막을 수 있으며, 그것은 동전을 주조하는 것보다 동전의 공급을 유지할 수 있는 방법이라고 주장했다. 구리 기구의 수출을 금지하지 못하면서 문제는 더욱 악화됐는데, 그것은 구리가 '이민족'의 손에 넘어갔고 동전의 분량이 줄었으며 위조 동전이 많아졌고 동전의 수요를 충당할 수 있는 충분한 구리를 찾을 수 있는 가능성이 사라졌다는 의미였기 때문이었다.[31]

호굉의 비판에서 중요한 것은 구리의 공급은 동전이 부족하게 된 핵심적 요인이었다는 사실과 동전의 가치와 비교한 구리의 가격과 구리의 수출은 당시 동전이 부족한 원인과 그것을 해결할 수 있는 방법을 설명하는 데 기본이 됐다는 측면이었다.

송 · 금 · 원대의 지폐

유형원은 동전에 대한 논의를 송대에 처음 도입된 지폐를 다루면서 끝맺었다. 진종(재위 997~1022) 때 사천의 군관이었던 장영張詠은 철전이 너무 무거운 것을 불만스럽게 생각해서 교자交子라는 지폐를 유통시키기 시작했는데, 그 지폐 1장은 동전 1관, 즉 1천 문과 같았다. 지폐의 사용을 촉진한 주요 원인은 교역과 상업이 확대되어 시장이 늘어나면서 동전을 운반하는 데 불편했기 때문으로 생각된다.

많은 예상치 않은 어려움이 발생했기 때문에 지폐의 폐지를 둘러싸고 논쟁이 벌어졌다. 인종은 사적인 지폐 발행을 금지하고 지폐의 발행과 그 사용을 감시하는 관서를 설립하자는 전운사轉運使 설전薛田의 건의를 채택했다. 지폐는 12세기 여진의 침략으로 남송으로 밀려간 뒤에도 계속 사용됐는데, 이름은 회자會子로 바뀌었으며 호부에서 관리했다. 원래 지폐는 동전으로 완전히 태환될 수 있었지만 그 비율은 점차 떨어졌다.

중국 북부의 금은 교초交鈔라는 자체적인 지폐를 발행했으며 원대 중통中統(1260~64)연간에는 중통원보초中統元寶鈔라는 지폐가 나왔다. 송대 이후의 모든 지폐에는 그 가치를 표시하는 도장이 찍혀 있었지만 원말에는 동전으로 태환이 중지됐다. 지폐의 가치는 일용품의 가격이 급등하면서 폭락했지만, 유형원은 태환의 중지가 지폐의 가치를 떨어뜨리는 원인이 됐는지는 명확히 밝히지 않았다.

지폐에 대한 구준의 견해

그 뒤 유형원은 지폐는 동전보다 훨씬 열등한 불합리한 발명품이라는 구준의 견해를 첨부했다. 당의 왕여王璵는 지폐를 태워 제사를 드렸지만 당시에는 그것을 진짜 동전으로 사용할 수 있다고 생각한 사람은 거의 없었다. 구준은 지폐를 발명한 장영이 상대商代에 처음으로 나무

인형을 만든 사람과 같다고 비난했는데, 그것은 나중에는 진짜 인간을 희생물로 바치게 만든 간교한 사람을 비판하는 데 유교에서 애용하는 어구였다. 그는 다른 사람들은 지폐에 의문을 제기한 시기에도 설전은 그것을 계속 사용했다고 비판했다.

구준은 하늘이 만물을 낳아 사람을 봉양하게 하고 이권利權을 국왕에게 준 것은 일의 경중을 헤아려 천하의 모든 사람들을 이롭게 하려는 것이었지 자신만을 봉양하도록 한 것은 아니었다고 말했다. 국왕이 상품과 동전의 공급을 균형 잡지 못하면 하늘의 믿음을 저버리는 것이었다. 음모와 사기로 아무 쓸모없는 물건을 유용한 재화로 바꾸어 사리를 취하는 것은 더욱 큰 책임 위반이었다.

구준은 모든 동전이 나쁘다고 비판한 것이 아니라 동전의 명목적 가치는 그 재료와 그것을 만드는 데 들어간 기술과 노동과 일정한 관련을 가져야 한다고 주장한 것이었다. 그러나 송·원대의 교자·회자·교초·보초 등은 인쇄하는 데 3~5전밖에 들지 않았지만 1천 전이나 되는 물건을 구입할 수 있었다! 지폐는 가치를 대표하기에는 너무 싸고 부적당하다는 구준의 논리는 고액전에 대한 이전의 비판과 비슷하지만, 그는 애덤 스미스가 창안하고 리카도Ricardo가 발전시켰으며 마르크스Marx가 계승한 노동가치론의 개념과 부분적으로 유사한 새로운 화폐이론을 발전시켰다.[32] 구준의 이론은 동전이 부의 원천으로서 일용품의 교환가치를 대체하고, 노동의 분화를 생산 증가와 노동자와 자본가, 그리고 프롤레타리아와 부르주아의 계급 갈등의 핵심적 요인으로 파악하는 태도와는 무관하지만 — 이런 이론들은 당시에는 없었다 — 구준은 인간의 노동이 가치를 이용하고 교환하는 데는 물론 가치를 창출하는 데 필수적이라고 믿었다.

세간의 물건은 자연에서 나지만 모두 인력人力의 도움을 받은 뒤에야 사용할 수 있게 된다. 그 모습은 크기와 정교함이 모두 다르고 그 유용성도 제각각이며 가격 또한 모두 달라 1천 전에 이르는 것도 있다. 크지는 않지만 정교한 물건은 오랫동안 공력을 들여 완성한 것이 분명한데, 그것을 사방 1척 정도의 크기에 만드는 데 3~5전 정도밖에 들지 않은 종이로 살 수 있는가, 그렇지 않은가. 아랫사람들이 그것을 가지고 다른 사람의 재산을 갈취하는데도 윗사람이 금지하지 못하면 자신의 직분을 잃은 것이다. 하물며 윗사람이 직접 그런 일을 하는 경우는 말할 것도 없다![33]

구준은 근대 경제학과 비슷한 견해를 가졌지만, 공급과 수요에 따라 가격을 변동시키는 동전의 성격은 물론 가치교환의 개념을 충분히 이해하지 못했다. 그는 지폐의 가치를 그것을 만드는 데 사용된 종이의 가격과 비교해서 이해했지만, 고대에 동전으로 사용된 조개껍질도 화폐로서의 가치는 거의 없었어도 큰 무리 없이 받아들였다. 어쨌든 고액전이 사기로 간주된 시기였으므로 고액 지폐가 구준에게서 높은 평가를 받기는 어려웠다.

지폐와 어음

화폐정책에 대한 유형원의 제안은 지폐에 대한 구준의 편견에서 커다란 영향을 받았다고 생각된다. 과거의 교훈에 대한 그의 지나친 경험적 · 역사적 접근은 동전의 기능에 대한 그의 생각을 제한했고, 지폐나 어음, 또는 좀더 근대적인 은행 거래처럼 문서화된 교환수단을 채택하는 데 편견을 심어주었다. 기이하게도 그의 나라에서는 15세기 거의 대부분에 걸쳐 지폐의 실험에 실패했으며, 태종이나 세종 같은 국왕은 그것을 도입하려고 노력했지만 그는 그 실패 원인을 연구하거나 분석하지 않았으며, 명대까지 지폐가 사용되지 못했다는 사실은 그것이 교환수단으로서 결함을 갖고 있다는 사실을 드러낸 것이 분명하다고 판단했을 뿐이었다. 이런 점에서 동전에 대한 그의 태도는 앞서 언급한 조선 전기의 국왕들보다 좀더 보수적이었다고 생각된다!

| 중국 화폐사의 교훈

유형원은 중국의 화폐사를 다룬 자신의 글을 송 · 원의 지폐에 대한 구준의 신랄한 비판으로 맺었는데, 구준의 분석이 정확하고 17세기 중반 조선의 화폐정책을 계획하는 데 기억해야 할 것이라고 확신했기 때문이었다. 이전의 저술가들은 미곡과 면포처럼 소비자에게 유용하게 소비되는 물건과 화폐를 구분했지만, 구준은 가치의 초점을 생산에 투입된 노동과 기술로 전환시켰다. 그는 주조할 때 노력과 기술이 필요한 주화만이 교환수단으로 사용될 수 있는 가치를 지녔다고 생각했다.

그러나 특히 동전을 만드는 데 필요한 원료 · 노동 · 기술보다 훨씬 가치가 높은 동전은 무지한 백성들을 기만해 착취하는 수단이라는 판단에 따라 고액 주화와 지폐를 부정적으로 평가한 구준의 편견을 정당화할 수 있는 근거가 있는가. 구준은 동전이 물류를 원활하게 하는 기능을 가졌지만 이익을 얻기 위해서 개인이나 국왕이 사용해서는 안 된다고 생각했다. 그는 과거의 경험을 볼 때 고액전과 지폐에 대한 대중적 신뢰를 잃었으며 그 결과 동전의 가치는 물가의 폭등과 함께 하락한다고 생각했다.

당의 유질 같은 동전의 전문가들은 유통되고 있는 동전의 분량과 시장에서 팔리고 있는 상품의 분량 사이에는 일정한 관계가 있다고 생각했으며, 동전 가치나 물가의 변동은 수요나 공급에 따라 야기되는 것인지 의문을 제기했다. 교환수단이 무엇이든 농산물의 가격은 기후의 변화에 따른 풍흉으로 급격하게 변동한다는 것은 상식이었다. 어떤 관찰자들은 당대 이후 동전의 가치는 농업 생산의 잉여의 결과뿐만 아니라 동전 자체의 부족 때문에 높아진 시기도 있었으며, 상인과 그밖의 개인들은 동전 사용에 대한 일부 고전적인 도덕 개념보다는 당시의 시장조건을 계산해 사업을 운영했다고 지적했다.

반면 동전의 가치는 (동전이나 미곡, 면포 모두) 고의적인 저하, 사적인 주조와 위조, 정부의 과잉 발행으로 줄어들 수 있다는 것이 거의 상식이 됐다. 많은 사람들은 고액 주화를 발행하는 정부의 조처를 노골적인 이윤추구의 방법으로 간주했지만, 사적 주조와 위조도 모두 나쁘다고 여겨졌는데, 사적 주조업자와 위조업자들이 항상 동전의 가치를 저하시켰기 때문이 아니라 분량에 대한 통제가 없었기 때문이었다. 사실 일부 정책 입안자들은 동전의 가치와 대중의 신뢰를 회복하기 위해 동전 공급을 줄이고 동전 주조나 발행을 중앙에서 확실히 통제하자고 제안하기도 했다.

송대에 발행되기 시작해서 원대까지 이어진 지폐는 중국 경제의 진보적 발전을 나타냈으며, 원료의 가치로 환산할 필요가 없는 상징적 재화라는 20세기 화폐와 비슷한 개념을 가졌다. 중국 학자들이 여러 세기 동안 고대의 성군들은 '아무런 가치가 없는' 물건을 일부러 교환수단으로 사용했기 때문에 화폐는 성인의 지혜의 산물이라고 말해온 것을 감안할 때, 구준은 지폐의 사용이 비도덕적이라고 주장할 필요가 없었다.

그러나 특히 그렇지 않았으면 진보적인 경세학자로 간주됐을 구준이 송과 원의 고액전에 대해 매우 보수적인 견해를 채택한 까닭은 무엇인가. 역사의 발전 방향과 생각의 유형에 따라서 개인의 견해를 판단하는 것은 자주 위험스러운 일이지만, 좀더 개방적이고 보편적인 송·원대의 경제와 정책에 비교해 명의 제도를 보수적이고 민족적인 반작용이라고 생각하는 것은 진부한 생각이다.

그럼에도 불구하고 원대의 황제들도 1284년(세조 지원 21) 대외무역을 법률로 금지했으며 14세기 전반에도 그러했다. 명 태조가 조공무역을 금지한 뒤 14세기 후반에는 더욱 엄격한 금지가 부과됐으며, 1405년(명 성조 영락 3, 조선 태종 5) 환관이자 제독인 정화鄭和의 지휘 아래 남아시아와 동아프리카에 이르는 광대한 대외무역은 1433년(명 선종 선덕 8, 조선 세종 15)에야 끝났다.

무역은 1549(명 세종 가정 28, 조선 명종 4)~61년(가정 40, 명종 16)에 양쯔강 이남 중국 해안을 침범한 왜구에 의해서도 많은 방해를 받았다. 1567년 이후 동남아시아 · 타이완 · 필리핀에 대한 무역 금지는 해제됐지만 명말에 다시 부과됐으며 청이 개창된 뒤에도 일본에서 구리를 수입하는 것을 제외하고는 계속됐다.

마크 엘빈Mark Elvin은 14세기의 보수적인 경제정책으로 동전의 유통량은 줄었고 경기 후퇴가 나타났지만, 그것은 1570년(조선 선조 3, 명 목종 융경隆慶 4) 이후 다시 번영이 나타나기까지 계속됐다고 평가했다. 이런 정책들은 동전에도 영향을 주었다. 태환할 수 없는 원대의 지폐는 지폐의 가치 하락을 가져왔으며 중국에서 서아시아로 은을 유출시켰다. 15세기 이후 명은 은화의 사용을 금지하고 지폐를 강요했지만 군사원정을 위한 막대한 지출로 그 가치는 약화됐다. 그러자 1436년(명 영종 정통 1) 정부는 방침을 바꿔 은화를 사용해 세금을 내도록 허락했는데, 그것은 그 세기 말엽까지 널리 시행됐으며 16세기에 일본에서 은의 수입은 에스파냐와 포르투갈의 은이 들어오면서 증가했다.[34]

요컨대 이런 보수적이고 고립적인 화폐정책의 주요한 결과는 지폐에서 은화로 옮겨간 것이었지만, 이런 흐름에 따라 구준은 지폐와 동전에 대한 보수적인 견해를 형성했다. 유형원은 구준의 영향을 받았다는 측면에서 자유로운 시장이나 해외무역의 확대, 또는 확대된 규모의 무역제도를 뒷받침하기 위한 좀더 유연한 화폐제도에 찬성하지 않았다고 추론할 수 있다.

한국사의 화폐

고려왕조와 변화에 대한 저항

유형원은 중국의 화폐에 대한 연구를 부정적인 언급으로 끝맺었지만, 자국으로 관심을 돌려 고려에서 처음 주화를 도입하려는 시도는 성공하지 못했지만 화폐가 필요하다는 측면을 적극적으로 주장했다. 그는 996년(성종 15) 고려 성종은 처음으로 철전을 사용하도록 지시했으며, 1002년(목종 5) 시중 한언공韓彦恭은 동전을 도입하고 추포를 폐지하자고 건의했지만 "백성을 놀라게 하고 원망을 일으킬 것이므로 (동전의 사용을) 금지했다."[35]

1102년(숙종 7) 숙종은 주전도감을 설립해서 해동통보海東通寶 1만 5천 관을 발행하면서 고려의 풍속은 매우 소박하므로 동전을 유통하는 것이 "백성들을 부유하게 하고 나라를 이롭게 하는" 가장 좋은 방법이라고 언급했는데, 이것이 최초의 성공적인 시도였다. 모든 백성들이 동전은 좋은 방안이라고 생각했기 때문에 주전도감에서는 종묘에 그 사실을 알린 뒤 사용했다. 모든 문무 관원에게 동전을 나눠주었으며, 개성에 설치된 상점에서는 동전으로 구매할 수 있었다.

그러나 1104년 정부는 주점과 음식점을 더 많이 세워 동전을 받게 했는데, 새로운 동전이 널리 통용되지 않았기 때문으로 추정된다고 유형원은 언급했다. 숙종이 붕어하자 예종은 동전에 대한 반대에 부딪혔다. 예종은 숙종의 화폐정책을 적극적으로 방어했으며, 비판자들에게 고대 중국의 성군들은 자신들을 이롭게 하기 위해서가 아니라 나라와 백성을 부강하게 하려는 목적에서 동전을 사용하기 시작했다는 사실을 상기시켰다. 요에서도 최근 동전을 도입했으므로 고려도 그렇게 해야 했다. 그러나 고려의 문제는 "법률이 세워질 때마다 백성들이 끊임없이 반대"하면서 그 입법을 막는다는 것이었다. 특히 문제된 것은 태조가 당과 거란의 풍습을 따르지 말라는 유훈을 후계자들에게 남겼기 때문에 동전을 채택할 수 없다는 비판자들의 주장이었다. "중국의 문화와 제도를 버리면 따를 만한 것이 없으므로" 태조는 단지 지나친 사치의 습관을 받아들이지 말라고 경고한 것이지 문화와 제도 전체를 금지한 것은 아니었다고 예종은 주장했다. 그러나 예종은 결국 반대에 굴복했다.[36]

유형원은 고려 중기의 화폐정책을 서술하면서 당시의 진보적 견해에 찬성을 표시했다. 그는 당시 고려의 풍속은 너무 "거칠고 단순"해서 1002년 동전을 도입하고 추포를 금지한 조처를 원망했다고 비판했다. 그는 숙종이 날카로운 판단력으로 동전을 도입했다고 상찬했지만 1105년 이후 동전에 반대한 인물들을 비판했다. 고려가 중국의 제도를 도입하면서 겪은 어려움을 묘사하면서 그는 중국처럼 국학에 소속된 학생들의 숙식을 국가에서 지급해야 한다는 소태보邵台輔(1034~1104) 등 주요 재상들의 생각은 백성의 세금을 올려 부담을 지울 것이라는 이유에서 반대했다. 이런 사실은 대신이라도 무엇이 옳은지를 모르고 있다는 증거였으므로 예종은 신하들의 부정적인 견해에 거의 반대하지 못했다. 예종은 세련된 문화를 숭상했지만 "허식과 사치를 좇는 무리와 시구나 읊을 뿐 국가를 경영하는 원대한 식견이 없었다."

또한 유형원은 대체로 고려가 변화에 반대하면서 동전의 도입에 저항했다고 비판했다. "인습을 좋아하고 변화를 꺼리는 것이 보통 사람의 마음이지만 우리나라에서는 더욱 심하다." 또한 법률이나 제도가 오랫동안 유지되지 않았기 때문에 "고려에서는 국가의 정책이 사흘 동안만 시행되면 (영원히 시행될 것이라고) 어찌 믿지 않겠는가"라는 속담까지 있을 정도였다. 요컨대 유형원은 좀더 발전된 중국의 제도와 방법을 숭앙했을 뿐만 아니라 자국은 대체로 개혁보다는 현재의 상태를 선호하며 새로운 방안이 성공할 수 있을 충분한 시간을 시험할 인내가 부족하다고 생각했다. 특히 고려의 대신들은 이해와 통찰이 부족했다.[37]

지폐에 대한 동전의 우월성

유형원은 1391년(공양왕 3)에 나온 동전에 대한 두 제안을 인용하면서 고려의 화폐제도에 대한 설명을 마쳤다. 이 두 제안을 편집한 방식과 주화의 사용을 옹호한 언급으로 판단해볼 때 그는 지폐의 무용함에 대한 구준의 견해를 받아들였다고 판단된다. 그는 1391년 음력 3월 방사량房士良이 올린 상소를 인용했지만, 그 상소에서 핵심적인 구절을 고의로 삭제함으로써 그를 어떤 교환수단보다 주화의 우월성을 옹호한 사람으로 비치도록 그 문서를 수정했다.

천하는 지역과 풍속이 다르지만 사 · 농 · 공 · 상은 각각 그 직업으로 생계를 유지한다고 방사량은 언급했다. 화폐는 각자 있는 것과 없는 것을 교환해 서로 통용하게 만든다. 동전은 주 태공이 처음 사용한 이후 쥐가 먹어치우기 쉬운 곡식이나 조각나기 쉬운 면포와는 달리 가벼워서 운반하기 쉽고 단단하며 훼손되지 않는 물리적인 장점 때문에 유통됐다. 고려에서 추포는 신라의 전통을 이어 동경(경주) 등지에서 시작됐다. 그것은 창고에 저장해놓으면 습기로 썩고 불에 타거나 쥐에게 쏠렸다. 유형원이 수정한 상소에 따르면 방사량은 동전을 만들어 추포를 금지하자고 제안했지만, 유형원은 그 상소에서 지폐도 동전과 함께 발행해 둘 다 화폐로 사용하자는 핵심적인 구절을 누락했다![38]

동전의 우월성을 확신한 유형원은 중국은 물론 고려의 전통을 보고하면서 진실성의 높은 기준을 심각하게 위반했다. 아마도 방사량의 진의를 왜곡해 전달한 불편한 심경 때문으로 생각되는데, 그는 1391년 음력 7월 도평의사사가 **동전 대신** 지폐를 사용하자고 건의한 사실을 수록했지만, 그것을 본문의 절반 크기로 씌어진 주석으로 처리함으로써 그 제안에 대한 부정적 생각을 드러냈다.

도평의사사는 하의 우 임금(기원전 2205)과 상의 탕 임금(기원전 1766)이 금화를 사용한 것까지 화폐의 역사를 훨씬 거슬러 올라가서 동전의 유용성과 중국과 한국의 오랜 역사를 상찬했으며, 한국에서는 삼국시대 이후 동전이 사용된 사례를 인용했다.[39] 이른바 은병銀甁이 동전 및 면포와 함께 유통됐지만 법률상의 문제 때문에 은병과 동전은 폐기됐다. 원래는 5승포였지만[40] 곧 2승포나 3승포로 품질이 떨어졌다. 5승포는 생산하는 데 노동이 많이 들었고 운반하는 데 너무 무거웠으며 보관하는 과정에서 쥐에게 쏠렸기 때문에 통화로서 불편했다. 그것은 기근을 구휼하거나 군사 비용이 필요할 때도 사용하기 어려웠다.

그러나 도평의사사는 동전의 이점에도 불구하고 당시 그것을 다시 시행하기는 너무 어려우며 송의 회자나 원의 보초 같은 지폐를 인쇄하는 것이 훨씬 간단하다고 결론지었다. 도평의사사는 고려통행저화高麗通行楮貨라는 이름으로 5승포 1동과 같은 가치의 지폐를 발행하고, 기준보다 승수乘數와 품질이 떨어지는 추포를 모두 폐기하며, 5승포와 지폐를 합법적인 통화로 인정했다.[41]

고려의 화폐사에 대한 그 자신의 주석이 없더라도 맨 끝의 두 가지 사례를 다룬 것에서 그가 동전을 선호했다는 사실은 명백히 드러났다. 주석에서 그는 동전은 국가의 재정적 필요를 충족시키고 사람들의 생활수준을 높이기 때문에 필요한 교환수단이라고 명시했지만, 세상의 모든 나라 중에서 조선만이 동전을 유통하는 데 실패한 까닭을 의아해했다. 그는 실패의 주요 원인은 토지가 척박하고 백성들이 가난해서 활발한 상업시장을 정당화할 잉여의 부를 충분히 창출하지 못했기 때문이라는 일반적인 주장을 거부했는데, 토질(즉 평균 생산성)은 전체가 모두 척박한 것이 아니라 지역에 따라서 달랐고 그것은 다른 나라와 거의 다르지 않았기 때문이었다. 조선 백성들의 입맛, 사민四民의 직업 분포와 그것에 따른 생계수단의 변화, 필요하거나 남는 물품의 교환은 다른 나라와 비슷한 생활의 모습이었다. 달리 말하면 경제적으로나 사회적으로나 조선인들이 화폐경제를 운영하지 못한 특별한 이유가 없다는 것이었다.

원유한은 유형원의 태도가 중국의 경험을 지나치게 숭상했다는 점에서 비현실적이었다고 비판했다. 조선의 상황은 당시 중국과 매우 달랐고 조선에는 주화의 오랜 역사가 없었으며, 조선 정부는 재정 위기에 직면했고 백성들은 17세기 중반 세 차례 외침의 영향으로 아직 고통받고 있었다는 측면을 감안할 때 유형원은 그것을 채택할 수 있는 조선의 능력을 과장했다고 원유한은 평가했다.[42]

또한 유형원은 한국에는 주화를 만들 수 있는 구리와 주석이 부족하다는 주장 또한 그것들은 외국에서 쉽게 수입될 수 있었고 특히 원재료는 그렇게 비싸지 않았기 때문에 잘못이라고 생각했다. 많은 구리가 그릇 등을 만드는 데 사용됐고 전국에 산재한 불교 사찰에는 수많은 동종銅鐘이 있다는 사실을 그는 잘 알고 있었다. 그는 이런 집기와 동종을 녹여 주화를 만들자고 제안하지는 않았지만, 국가의 모든 자원을 동원하면 구리와 주석을 수입하는 데 지불할 재원을 마련하는 것은 어렵지 않을 것이라고 주장했다. 아울러 국내의 구리광석은 공급이 부족했기 때문에 국가는 동전의 가치를 저하시킬 수 있는 불법적인 사적 주조나 위조를 그렇게 걱정하지 않아도 괜찮았다. 다시 원유한은 조선에는 일본에서 다량의 구리를 수입할 수 있는 재원이 없었다고 지적하면서 유형원은 비현실적이고 비실용적이라고 비판했다.[43]

지도력의 부재

유형원은 화폐정책이 실패한 진정한 책임은, 그가 인용한 중국 고전은 단수와 복수를 구분하지 않았기 때문에 그는 국왕의 대신과 조언자를 포함한 고위계층을 가리켰는데, 지배계층爲上之人의 지도력의 부재에 있다고 믿었다. 그는 고려 숙종은 동전의 도입을 현명하게 지시했지만 그것이 영구적으로 유통되도록 하는 지침을 제공하지는 못했다고 지적했다. 지침을 제공한다는 것은 정부가 동전으로 세금을 걷고 공적 지출에 동전을 사용한다는 의미였다. 숙종은 모든 세금을 동전으로 걷는 제도로 전환하기보다는 단지 일회적으로 동전을 발행해서 고위 대신들과 군사들에게 지급하고 수도에 주점을 만들어 동전을 받게 하는 데 만족했다.

세금과 녹봉을 동전으로 전환하는 조처가 저항에 부딪히자 유형원은 동전을 주요한 교환수단으로 영구적으로 채택하는 데 성공하기 위한 최소한의 요구로서 세금과 녹봉의 절반만을 동전으로 받도록 하는 좀 더 온건한 방법을 채택하는 유연한 태도를 보였다. 그는 동전이 최소한이라도 유통되고 거래가 활발해져야만 정체停滯를 해결할 수 있는 유일한 방안이라고 생각했기 때문에 이렇게 양보한 것이었다. 그의 요점을 설명하기 위해서 그는 농지에 물을 대기 위한 수로를 비유로 들었다. 화폐는 물과 비슷해서 수로가 막히면 쉽게 흘러갈 수 없다. 그 수로를 터야만 물은 힘차게 농지로 흘러갈 수 있다. 동전의 흐름을 자극하는 지도자의 인도가 없이는 중국에서도 동전의 사용을 촉진하는 데 성공하지 못했다.

유형원의 방안과 조선 전기의 경험

유형원은 15세기와 17세기 전반 지폐는 물론 동전의 유통을 촉진하려는 시도를 논의하지 않았는데, 그가 제기한 주장의 타당성은 과거의 경험에 의해서 쉽게 검증될 수 있었다는 측면에서 이것은 심각한 누락이었다. 그러나 그는 최근 정부가 동전을 도입하려고 시도했을 때마다 정책은 뒤집혔는데, 그 주요 원인은 정부가 방침을 제공하지 않았거나 전세를 동전으로 걷지 않았기 때문이라고 지적했다. 추포는 정부가 사용을 금지했어도 시장에서 통용됐다. 반면 동전은 쓸모없는 물건을 받는 것으로 여겨져 유용한 물건으로 대체됐다. 윗사람들이 목적의 일관성을 보이고 "아침에 내린 명령을 저녁에 거두지 않는다"면 추포가 시장에서 그렇게 오랫동안 유통됐듯이 동전도 그러지 못할 까닭이 없었다.[44]

한국인은 동전을 받아들일 수 있는 능력이 있으며 국왕과 대신들은 좀더 나은 지도력이 필요하다는 유형원의 언급은 이만운에 의해 널리 알려지게 됐는데, 그는 효종이 1656년(효종 7) 동전의 사용을 중지한 직후 동전의 도입과 관련된 김육의 역할을 평가한 바로 다음에 그것을 서술했다. 유형원의 견해가 당시 화폐정책에 영향을 주었다는 증거는 찾기 어렵지만, 그의 생각은 이 시점보다 얼마 전인 적어도 18세기 중반에는 잘 알려진 것이 분명했다. 어쨌든 그 무렵 동전과 그 문제점에 대한 조선의 경험과 지식은 유형원의 수준을 넘어섰다.[45]

자신이 주장한 내용의 타당성을 검증해야 했기 때문에 조선왕조의 화폐사, 특히 15세기의 지폐와 관련된 시도를 삭제한 측면과 관련해서, 유형원은 학문적 책임을 방기했다고 비판할 수 있다. 유형원이 지폐를 사용해보지 않았다고 해도, 신용카드의 전자기록 같은 덜 현실적인 지불수단이 지폐를 대체한 20세기에 지폐에 반대한 유형원의 편견이 타당하다고 받아들일 필요는 없다. 우리의 유일한 의무는 유형원의 견해를 당시의 지식 수준과 비교하는 것이다.

아울러 조선의 화폐사에서 동전과 지폐가 유통되지 못한 까닭을 살펴볼 필요가 있다. 그런 교환수단은 일반적으로 본래 가치가 없는 것으로 인식됐으며 따라서 급속히 가치가 떨어지는 경향이 있었는가. 국왕과 신하들은 적어도 세금과 녹봉, 공적 지출의 절반을 동전(또는 지폐도)으로 지출하도록 규정해 충분한 지침과 후원을 제공하지 못했는가. 그들은 외국에서 수입해 구리를 충분히 공급하지 못했거나, 동전의 가치와 시장에서 일용품의 가격을 관리하는 데 충분한 주의를 기울이지 못했는가.

1402년(태종 2) 지폐를 도입하면서 태종은 주로 처벌을 통해 지폐의 사용을 강제했기 때문에 세금과 지출의 절반을 지폐로 전환하자는 유형원의 기준을 맞추지는 못했다. 그러나 1410~15년 그는 관원과 정부 관서에 지급한 수조권과 노비의 신공, 농민들이 빌린 환자 상환을 모두 지폐로 지불하고 관원 녹봉의 3분의 1과 상인 · 장인에 대한 각종 잡세를 지폐로 지불하도록 지시했다. 기술적으로 말해서 그는 개별 사례에서 일정하게 유형원의 기준에는 미달했지만, 후원과 지도의 노력이 부족했다고 비판하는 것은 부당하다. 액면가대로 지폐를 받지 않으려는 백성들의 태도는 동전이 그 자체로는 아무 가치가 없다는 믿음에서 온 것이었지만, 근대의 경제학자들은 그들의 의심은 동전을 사용하고 인정하도록 공격적인 지원을 해야만 무너뜨릴 수 있는 전통적인 심리적 편견의 산물이라고 결론지을 것이다.

세종은 1425년(세종 6) 이후 동전을 주조하면서 노비의 신공과 상인 · 무격의 세금을 동전으로 내도록 했지만 전세 · 공납 · 군포를 동전으로 납부하도록 지시하지는 않았다. 또한 그는 동전의 사용을 강화하기 위해서 강제와 처벌에 많이 의존했지만, 동전을 충분히 공급하기 위해서 구리를 적극적으로 수입하는 공격적 행동은 취하지 않았다. 그 결과 그는 시장에서 통용되는 유일한 법화로 동전을 국한하면 시장의 활동을 정체시킬 뿐이라는 사실을 곧 알게 됐다. 그는 구리의 부족 때문에 구리 자체나 구리로 만들어진 물건이 동전보다 더욱 가치 있게 되고, 사람들은 동전으로 사용하기보다는 구리를 녹여 외국으로 몰래 반출해서 더 큰 이익을 보려고 한다는 사실을 예상하지 못했다 — 이것은 유형원이 5세기 유송과 8세기 당의 경험에서 배운 교훈이었다. 그러나 동전을 충분히 공급하기 위해서 외국에서 구리를 넉넉히 수입하자는 유형원의 충고를 받아들였다면 이런 변화를 막을 수 있었지만, 세종은 그러지 못했다.

1469년에 즉위한 뒤 성종은 다시 지폐를 도입하려고 시도했지만 이전보다 지폐로 세금을 내도록 더 많이 요구하지 않았으며, 이듬해에는 공노비들이 미곡이나 면포로 신공을 바치도록 허락했다. 16세기 전반까지 지폐와 동전은 위축됐으며, 국왕들은 동전으로 납세하도록 적극적으로 노력하지 않았다. 중앙 정부의 노력이 약했다는 비판의 하나는 하위 관원과 지방 수령들이 지폐를 받고 그것으로 상품 가격을 지불하도록 국왕과 중앙에서 충분히 강요하지 않았다는 것이었다. 중앙집권적 관료제도의 일반적인 특징인 하위 관원들의 타성을 국왕과 신하들에게 책임을 돌리는 것은 부당하지만, 자연적 영향력이 아닌 인간의 실수를 찾으려고 한다면 다른 희생양을 발견할 수 없을 것이다. 달리 말하면 지배계층의 인도와 지도력의 필요를 강조한 유형원의 판단이 옳았는지는 그가 살펴보지 않은 15세기와 16세기 전반의 화폐정책이 확고하게 시행됐는지를 시험함으로써 입증할 수 있다. 백성들은 지폐가 가치 없다고 인식했으며 정부의 지도와 후원이 결여됐다는 그의 비판은 15~16세기에 동전이 성공적으로 유통되는 데 실패한 사실에 대한 적절한 설명이었다.

동전에 대한 정부의 지원이 충분치 않았다는 문제는 16세기 후반 이후 다시 나타났다. 선조는 동전을 도입하자는 명의 장수 양호의 제안을 거절했으며, 1625년(인조 3) 인조의 화폐정책은 구리의 부족으로 좌절됐지만 1633년(인조 11)에는 모든 공납의 3분의 1에서 4분의 1, 삼수세의 10분의 1, 그리고 중앙 각사의 지출과 도성의 고공에 대한 임금을 동전으로 내게 함으로써 이전의 국왕들보다 훨씬 진전했다. 그럼에도 불구하고 수요를 맞출 수 있는 충분한 동전이 주조되지 않았으며 유통은 병자호란으로 방해됐다. 정부는 동전이 대부분 도성에서만 유통된다는 사실을 알았기 때문에 1630년대 동안 상평청에 지방에도 동전의 사용을 보급하도록 하고 조세제도 전반에 동전의 사용을 허락했다.

1644년(인조 22)에 처음 등장한 김육은 많은 제안을 소개했지만, 주요 관심은 한성과 중국 사이의 주요 교통로에서 동전을 널리 사용해 교통 비용을 줄이는 것이었으며, 중국에서 직접 동전을 수입해 구리의 부족을 해결하려고 시도했다. 그런 제안이 거부되자 그는 효종을 설득해 일부 지방, 특히 서북지방에 동전을 도입하려고 했다. 1650년(효종 1) 그는 중국에서 동전을 가져왔으며 효종에게 더 많은 은을 구입하자고 건의했지만, 효종은 재정 부족에 직면해 그 비용을 감당할 수 없었다. 1654년 효종은 대동세의 12.5퍼센트나 20퍼센트, 중앙 각사에 올라오는 공납의 20퍼센트, 그리고 공노비가 바치는 신공의 33.3퍼센트를 동전으로 걷도록 결정했다. 같은 해 효종은 정부가 적극적으로 화폐정책을 지원해야 한다는 유형원의 원칙에 좀더 근접했지만, 모든 세금과 정부 지출의 절반을 화폐로 처리하고 정부에서 필요로 하는 모든 구리와 동전을 외국에서 수입하자는 유형원의 요구와는 일정한 거리가 있었다.[46]

❙ 조선을 위한 화폐 제안들

주전기술의 진보

고려시대의 화폐에 대한 설명을 끝낸 유형원은 당시의 화폐정책에 관련된 자신의 확고한 제안을 즉시 설명했는데, 그 글은 1656년(효종 7) 이후에 씌어진 것으로 생각된다. 그는 조선의 관습은 중국과 매우 다르다는 사실을 지적하면서 조선인들이 동전을 수용하지 못한다는 널리 퍼진 주장을 다시 거부했다. 그는 "동전이 유통되지 않는 까닭은 그것이 유통될 수 없기 때문이 아니라 사람들이 사용하지 않기 때문일 뿐"이라고 선언했다. 동전의 이점을 인식하고 그 유통을 보장할 수 있는 방안을 단호하게 추진하는 것은 "위에 있는 사람들"의 임무였지만, "그렇게 하도록 백성에게 강요하거나 그들의 생활을 방해해도 괜찮다"는 의미는 아니었다. 적절한 방법이 채택되면 "물이 흘러가도록 수로를 여는 것처럼" 자연스럽게 동전이 유통되는 데는 몇 년밖에 걸리지 않을 것이었다. 일단 그렇게 되면 "국가는 부유해지고 백성들은 번창하며 우리나라는 낡고 고립되며 게으른 나라에서 영광스럽고 빛나는 문명의 땅으로 변할 것이며 그 이로움은 영원히 지속될 것이었다."[47]

무게와 품질이 다른 수많은 동전이 있을 경우 초래될 혼란과 신뢰의 상실을 막기 위해 유형원은 한 형태의 주화만 발행하도록 규제해야 한다고 생각했다. 그는 당 현종의 개원통보를 본받아 크기 · 모양 · 무게를 두석豆錫으로 주조해서 그 표면에 '동국통보東國通寶'라고 새긴 주화를 만들자고 제안했다. 당시 중국에서 사용되던 저울은 당대唐代보다 세 배 정도 컸지만, 조선의 저울은 당대와 동일했기 때문에 동국통보의 무게는 1전錢이나 0.1냥 정도 됐을 것으로 추정된다.[48]

또한 유형원은 장인을 신중하게 선발하고 그들에게 높은 녹봉을 주어 동전의 품질을 높은 수준으로 유지해야 한다고 주장했다. 그는 17세기 조선의 동전은 품질이 매우 나쁘다고 비판했지만, 그것이 조선인들이 좀더 나은 동전을 만들 수 없다는 의미는 아니었는데, 15세기 세종 때 만들어진 동전은 중국의 동전을 뛰어넘을 정도로 매우 훌륭했기 때문이었다.

그는 일급의 장인을 발굴해서 직접 조수를 선발케 하고 충분한 대우를 제공하며 당시의 느슨한 규율과는 반대로 전문적 직업에 영구히 종사케 하면 동전의 품질을 높일 수 있다고 생각했다. 장인의 작업은 관원들이 조사해서 실적에 따라 포상과 처벌을 내렸으며, 실적에 따라 정규교육을 받을 수 있는 기회도 주어졌다.

소액전과 고액전

그는 구준의 견해에 따라 고액전이나 원래의 동전을 조각낸 '작은' 동전을 금지했으며 표준적인 하나의 동전만이 있어야 한다고 주장했다. "동전의 액면가는 그것을 만드는 데 사용된 구리와 노동의 가격과 너무 차이가 나서는 안 된다. 그렇지 않으면 위조나 동전을 녹여 다른 집기를 만드는 일이 성행하게 될 것이다." 유형원은 동전이 1전 또는 0.1냥의 무게에 해당하고 2백 문은 은 1냥과 같다고 명시했으므로, 동전 하나는 은 0.005냥의 가치를 갖게 된다. 또한 그는 동전을 주조하는 재료로 추천한 두석의 시장가격은 당시 은 1냥으로 25~26냥의 두석을 살 수 있던 것으로 계산된다. 동전은 1전이나 0.1냥이 나가므로, 동전 하나에 들어간 두석의 가격은 평균 25.5분의 1냥이나 255분의 1전, 또는 은 0.0039냥이었다. 달리 말하면 유형원의 새로운 동전(은 0.005냥과 동일한)의 액면 가치는 두석의 가격보다 25퍼센트 정도 높았다. 그는 동전을 주조하는 데 드는 일반 비용과 노동 비용을 상세하게 계산하지 않았기 때문에 전체적인 주전 과정의 경비를 좀더 연구하지 않으면 동전 주조세의 이익을 추정할 수 없다. 그러나 그의 화폐관에 비추어보면 그는 위조를 막기 위해서 될 수 있는 대로 동전 주조세의 이익을 줄이려고 했을 것으로 판단된다.[49]

그러나 유형원의 계산은 복잡한 문제를 드러낸다. 주화를 만드는 두석의 가격이 은 0.0039냥이라면 노동과 생산 비용을 고려하지 않더라도 은 1냥에 해당하는 두석으로 만들 수 있는 동전은 최대 256문이 된다. 그보다 낮은 교환비율은, 만약 두석의 가격이 일정하다면, 주화가 그 광물 자체의 가격보다 낮은 가치로 유통된다는 의미였다. 앞으로 보듯이 1678년(숙종 4)에 동전이 다시 주조되기 시작한 이후 동전의 가격이나 교환비율은 은 1냥당 4백 문으로 책정됐지만, 이듬해에는 일시적으로 가치가 두 배 상승했다가 그 뒤에는 즉시 원래의 비율로 떨어졌다. 만약 주전의 비용이 최종적으로 손해가 났다면 이 정책은 성공할 수 없었을 것이기 때문에 구리, 그리고 그것과 합금할 수 있는 주석·아연 같은 광물의 공급이 증가하면 동전에 포함된 광물의 가격이 낮아져 이익이 전혀 없는 수준에 이를 것으로 생각할 수 있다. 그는 1656(효종 7)~70년(현종 11)까지 정확히 어느 때 동전에 대한 글을 쓰고 계산을 했는지 확정할 수 없지만 당시 두석의 시장가격에 기초했을 것으로 생각된다.

유형원은 고액전은 주화의 고유한 광물 가치를 과대 평가하고 주전 비용보다 많은 이익을 보장함으로써 위조를 자극했기 때문에 사용하는 데 반대했으며 그 광물 가치보다 낮게 평가된 주화에도 반대했는데, 그렇게 되면 사람들이 좀더 가치가 있는 광물을 얻으려고 주화를 녹일 것이어서 시장에 동전의 공급을 줄이고 동전의 가치를 올리며 일용품의 가격을 떨어뜨릴 것이기 때문이었다.[50]

최적의 동전 공급

유형원은 전국에 성공적으로 동전을 유통시키기 위해서는 얼마의 동전이 필요한가를 면밀히 측정했으며 총세입을 기준으로 4백만~5백만 곡(그가 설정한 곡의 단위는 10말이므로 4천만~5천만 말, 또는 당시 미곡 270만~330만 섬) 정도가 최적의 동전 분량이라고 추정했다. 유감스럽게도 그는 기준되는 총세입을 추정한 근거를 설명하지 않았지만, 당시의 예산에서 일부를 줄여서 정부의 지출을 편성한 장에서 총지출을 124만 8,267섬, 또는 1, 872만 4,005말(1섬당 15말)로 산출했다.[51] 이 분량은 그가 개혁한 관제에서의 총세입인데, 이 장에서 4천만~5천만 말(당시 미곡 270만~330만 섬)로 추정한 수치는 그것보다 두 배가 넘었다.

당시 국가 세입의 개략적인 추산은 그가 평균적인 국가 세입으로 추산한 분량과 비슷했다. 만약 1년에 전세가 30만 섬이라고 추정하면, 대동세와 그밖의 모든 부가세는 그 5배인 180만 섬 정도였다. 만약 군포가 1백만 필일 경우 (평균 50만 명의 보인에게 2필씩 계산해서) 유형원이 제안한 1필당 6말의 교환비율을 적용하면 총량은 3백만 말이나 20만 섬으로 국가의 총세입은 210만 섬에 이르지만, 유형원의 추정보다 28~33퍼센트 정도 적었다.

어쨌든 그는 동전 10만~20만 관(1관당 1천 문이므로 10억~20억 문이 된다)이 충분한 동전 공급량이며, 7백만~8백만 관(70억~80억 문)이 주조된다면 더이상의 동전이 필요하지 않을 것으로 생각했다.[52] 만약 그가 국가의 세입으로 4천만~5천만 말을 상정한 것이 옳았다면, 동전 8백만~1천만 문이 필요할 것이었다(1말당 20문의 환율로 계산). 그러나 그는 세입의 3분의 1만을 동전으로 받도록 했으며 그런 제도가 시행된 초기에는 10~20퍼센트만 적용하려고 했다. 달리 말하면 그는 초기 단계에서는 8천~1억 또는 16억~20억 문으로 정했으며, 최종적으로는 세입의 3분의 1을 낼 경우는 26억 7천만 문이 된다. 그러므로 그는 1억~2억 문의 동전을 요구한 것은 실제로 그가 추정한 세입의 10~20퍼센트를 동전으로 전환하려는 그의 목적과 부합했지만, 모든 세입을 동전으로 전환시키는 데 필요한 70억~80억 문의 수치는 소수점 이하 세 자리까지 계산하면서 과장된 것이며 인쇄의 오류라고 생각된다.[53]

만약 그가 동전 거래의 속도를 함께 고려했다면 동전을 성공적으로 도입하는 데 필요한 분량을 8억~10억 문으로 약간 줄였을 것이다. 실제로 그가 세입의 3분의 1 또는 그의 수치로 26억 7천만 문의 동전을 대체하려는 추산이 최적의 분량이었을 것이다.

권영익權榮翼은 유형원이 동전 공급량으로 7백만~8백만 관을 추정한 것은 1974년 남한의 동전 공급과 국민총생산GNP의 비율과 비교해보면 천문학적 수치라는 정당한 결론을 내렸다. 그와 원유한 모두 유형원은 조선이 그렇게 많은 동전을 일본에서 수입할 수 있는 재정적 능력을 가졌다는 비현실적인 기대를 했다고 지적했지만, 만약 그가 미곡과 면포를 대체하는 데 필요한 동전 공급량을 좀더 현실적으로 추정해 낮게 조정했다면 그의 제안은 그렇게 기이하게 보이지는 않았을 것이다.[54]

뒤에서 보듯이 그는 동전이 부족해도 동전의 과잉과 일용품 가격의 상승이 나타날 수 있다는 사실을 알고 있었지만, 지역적 편차는 가격안정정책으로 조정될 수 있다고 판단했다. 그는 충분한 동전을 주조해 국가적 수준의 가격안정을 보장해야 한다고 생각했다.

사적 주조와 동전을 구리로 녹이는 행위의 금지

유형원은 각 도에서는 연초에 백성들에게 세금을 도회관都會館에 동전으로 내도록 허용한다는 사실을 알려주어야 한다고 생각했다. 정부가 주조한 동전의 품질과 분량을 보장하기 위해서 사적 주조는 금지됐다. 유통되는 동전의 감소를 막기 위해서 정부는 개인이 동전을 녹여 집기를 만드는 것도 금지했다. 한 · 당에서는 사적으로 주전할 경우 처형했지만 그는 조금 덜 가혹한 처벌을 제시했는데, 범인에게는 1백 대의 장형을 가하고 연루된 상점 주인은 60대의 장형과 요역을 추가로 부과하거나 유배에 처했으며, 범인과 상호 감시의 책임이 있는 주민들은 1년 동안 유배 보냈으며, 방정坊正과 이정里正은 장 60에 처했다. 일반적으로 고발자는 범인의 재산으로 포상했으며 자수하는 사람은 처벌에서 면제됐다.

동전과 세금과 녹봉

동전을 영구적으로 도입하는 데 성공하려면 정부가 세금과 녹봉을 동전으로 지급해야 한다고 생각했지만, 그는 최소한 모든 세금과 녹봉의 절반을 동전으로 지급해야 한다는 이전의 요구를 고수하지는 않았다. 그는 전세의 3분의 1과 국왕의 지출부터 서리 · 노비 · 군인들의 녹봉에 이르는 모든 정부 지출의 3분의 1을 동전으로 처리하는 데 만족하려고 했다. 또한 그는 동전이 제대로 유통되지 않는 먼 지역에서는 동전 납부의 비율을 10~20퍼센트로 줄이도록 허용했다. 수령들은 동전으로 세금을 걷을 책임이 있었지만, 공인들은 대동법이 시행되지 않는 지역에서 방납에 개입하고 있었다. 세금과 녹봉에 동전을 사용하는 최소한의 수준을 절반에서 3분의 1로 줄임으로써 유형원의 제안은 인조와 효종대에 추진됐던 정책보다 훨씬 온건해졌다. 반면 외국에서 구리를 수입해 동전을 좀더 많이 주조하자는 그의 요구는 충분한 동전의 공급을 보장하기 위해서는 정부가 훨씬 많은 자금을 투자해야 한다는 의미였다.

유형원은 높은 품질의 동전을 만들고 그것이 시장에서 널리 쓰이도록 충분히 공급해야 한다고 주장했을 뿐만 아니라 그동안 교환수단으로 사용되어온 추포를 폐기하고 동전을 사용해야 한다는 이전 관원들의 주장에 동의했다. 또한 그는 이미 당시 조선 경제에서 지폐는 사라졌다고 지적했다.

해결되지 않은 면포의 사용

그는 현재 30척 길이의 6승포가 1필로 정의되어 공적 · 사적인 모든 거래에 사용되고 있지만 동전으로 사용되는 면포는 품질이 떨어지는 2승포나 3승포를 사용한 결과 일용품의 가격을 상승시켰다고 지적했다. 그는 정부와 개인이 비축한 물량은 실제로는 가치가 없게 됐고 비단과 그것을 짜는 여성의 노동력은 낭비되며, 많은 백성들은 파산해 생계를 유지하기 위해서는 도둑질을 할 수밖에 없게 됐다고 주장했다. 국왕은 현재 소유하고 있는 추포를 모두 처분하도록 지시하고 앞으로는 생산을 금지하며 시장에서 추포를 찾아내고 위반자는 장형을 가해야 했다! 처벌하려는 그의 의지는, 이전에도 자주 그랬듯이, 정부가 곧 그 정책을 바꿀 것이라는 기대를 근절시키려는 그의 결심을 보여준다. 추포가 사라지고 동전으로 대체된 뒤에야 정부는 면포를 시장에서 다시 거래하도록 허락해야 했다.[55]

동전을 유통시키기 위한 상점의 개설

또한 유형원은 정부가 도성의 시전, 진관, 역참 등의 거래에서 동전을 사용하도록 지시해야 한다고 추천하면서 각 지역의 상점의 숫자에 따라 시행 여부를 결정하도록 했다. 도성의 관원들은 시전에 동전을 공급해서 미곡과 그밖의 필수품 등을 구매케 하고 일정한 기간 안에 동전으로 갚도록 했으며, 지방 백성들은 자신의 상점을 세워 일반적인 상점세를 면제받았다. 정부는 벽돌 · 주방 · 집기 · 접시 · 탁자 등을 판매하는 상점을 세우는 자금을 대동세에서 빌려주었다.

그가 제안한 여러 제한을 준수해 각 도에서 새로운 상점을 개설할 수 있었던 상인들은 그의 토지분배계획에 따라 토지를 분급받았지만, 향촌에서 상점을 열려고 하는 사람들은 국가에서 토지를 분급받지 못한 채 상점을 개설할 수 있었다. 지방 수령들은 그들에게 상점세를 영구히 면제하고 처음에는 곡식을 대부해 후원해주었다.

유형원의 정책은 정부가 설정한 제한 안에서 상점의 숫자를 유지하는 것이었지만 허가받은 시전상인 외에 그의 토지분급계획에서 토지를 분급받을 자격이 없는 사람들은 물론 사상私商들에게도 자금과 이익을 허용하려는 것이었다.[56] 그럼에도 불구하고 이것은 자유로운 시장을 만들기 위해 상업을 자유화하자는 급진적인 제안이 전혀 아니었으며, 반대로 공인된 독점적 시전이 성장하는 사상과 공존하는 당시의 억압적인 제도를 유지한 것이었고, 그런 제도는 사상의 숫자와 경제력이 증가했지만 19세기 중반까지 유지됐다.

동전 거래의 촉진과 규제

유형원은 동전 거래는 엄격하고 정직해야 한다고 주장했다. 거래에서 공정한 가격보다 1문이라도 많은 금액을 요구한 양반이나 서리는 엄격한 처벌을 받아야 했으며, 가격을 속이는 행위에 대한 훈계를 목판에 새겨 가게 입구에 걸어놓도록 했다. 즉 유형원은 정부가 가격을 통제하고 상인들이 속임수를 쓰는 것을 막아야 한다고 생각했다.[57]

또한 정부는 주요 간선도로에 세워진 역참에서 공무로 묵는 사람에게 사람 1명과 말 1필당 하루에 동전 1문씩을 내도록 함으로써 동전의 사용을 촉진시켰다. 역참 근처에서 야간 여행자를 위해 횃불을 들고 안내하는 사람을 고용하는 데도 동전을 사용했다. 그는 이런 정책은 문무 관원에게 출장 경비를 주지 않아도 시행할 수 있다고 주장했다. 이런 정책은 관원과 양반들이 장례를 치르면서 마을에 하인을 보내 상여 운반에 사람들을 강제로 동원시키는 관행도 없앨 수 있었다. 이런 범죄를 저지르는 사람은 이제부터는 처벌됐으며, 그렇게 처벌할 만한 권력이 없다고 느끼는 지방 수령은 관찰사에게 보고할 의무가 있었다. 출장 경비에 관련된 정부의 규정은 출장으로 역참을 지나면서 매우 많은 접대를 요구했던 환관 · 변장邊將 · 군관 등의 행동을 근절시킬 것이었다. 수령들은 또한 환관 · 변장 · 군관의 말에 사료를 제공했다.

또한 국가는 역참의 비용을 지급하고 그들에게 보포를 면제하며, 호세와 포세舖稅만을 걷었다. 역참은 1년에 40문만을 납세했으며, 도성의 시전은 1년에 120문을 냈다. 유형원의 토지분급정책에 따라 국가에서 토지를 분급받은 상점은 좀더 많은 240문을 냈고, 지방의 개인 상점은 세금이 부과되지 않았지만 국가에서 토지를 분급받지도 못했다. 그의 토지분급제도가 채택하기 전에는 상인들은 요역에 징발되지 않았지만, 시행된 뒤에는 요역을 부과했다.[58]

동전의 사용과 신분적 존중의 관계

물론 유형원은 공무 여행에는 국가에서 경비를 지급한다는 자신의 계획이 품계의 특권에 관련된 일반적인 감정과 충돌한다는 사실을 알고 있었다. 그동안 정부는 양반에게는 여행 경비를 지급하지 않았는데, 그들이 충분한 부를 가졌기 때문이 아니라 높은 신분을 이용해 지방 백성에게서 봉사를 요구했기 때문이었다. 유형원은 귀천을 구별하고 양인이 양반을 존중하는 것은 당연하다고 언급했다. "귀한 사람을 귀하게 여기고 현명한 사람을 존경하는 것은 참으로 당연한 이치다. 그러므로 상인常人이 양반을 존경하지 않고 경멸하거나 침해하면 엄중하게 처벌해야 한다."

그러나 존중의 원칙은 정부가 여행 경비를 보상하는 문제와는 무관했다. 신분을 존중하는 문제는 다음과 같은 것이었다.

> 우리나라에는 귀천의 구별이 있다. 양반은 가는 곳마다 폐단을 일으키므로 거리에 사는 백성들은 그들을 싫어해 작고 누추한 집에 살려고 하니 양반들은 부끄러워해야 마땅하다. 공장들이 만든 물건이 조잡한 까닭은 관청에서 억지로 사역시키는 것을 싫어하기 때문이다. 시장의 상인들이 관청과 거래하지 않는 까닭 또한 그들에게 억지로 낮은 가격으로 팔도록 하기 때문이다. 이런 일들을 변화시킨 뒤에야 모든 일들이 바르게 될 것이며 귀한 사람을 귀하게 대접해야 한다는 의리가 시행될 것이다.[59]

신분에 상관없이 모든 여행 경비를 국가에서 제공하는 까닭과 관련해서 유형원은 동전을 도입하면 당시 조선 사회의 근본인 신분적 상하관계가 무너질 것이라는 우려를 가라앉히려는 목적이라고 그 이유를 설명했다. 전통적인 지배계층은 동전이 이익을 추구하는 사회의 상징이며 동전의 유통은 조선 사회의 가장 전통적인 측면을 무너뜨릴 수 있다고 우려했다. 그러나 유형원은 동전이 합당한 도덕기준을 훼손하지 않으며, 오직 양인을 노비로 만들어 그 자신의 내적 덕성보다는 선조에게서 물려받은 지위에 더욱 의존하는 계층인 양반에게 절대적으로 봉사하게 하는 지나친 사회적 차별을 완화할 뿐이라고 주장했다. 이와 관련해 정부에서 여행 경비를 제공하면 사회적 강자를 사회적 약자가 존중해야 한다는 원칙을 무너뜨리지 않으면서 여행하는 양반이 부당하게

〔표 10〕 유형원이 제안한 교환비율

품목	면포	전	은	백미
면포 1필	-	120문	0.6냥	6말
전 20문	5척	-	0.1냥	1말
은 1냥	1필, 20척	200문	-	10말
백미 1말	5척	20문	0.1냥	-

* 비고 : 면포 1필은 길이 30척, 넓이 8촌의 6승포로 정의됐다.

요구하는 관행을 근절시킬 것이라는 그의 설명은, 고공은 고용주에 대해 그들과 평등한 신분을 요구하되 그들을 계속 존중할 것이라고 생각했다는 측면에서 노비를 고공으로 대체하자는 자신의 주장과 매우 비슷했다.

환율에 대한 정부의 규정

물론 이 장에서 유형원의 주된 관심은 사회악의 교정보다는 동전의 유통이었으며, 그는 동전의 가치는 정부가 미곡 · 면포 · 은의 관계를 규정한 제도에 따라 확정될 것이라고 주장했다. 달리 말하면 정부가 동전을 주조하고 그 품질과 분량을 통제하면 세 기본 물품의 가격을 동전으로 영구히 확정할 수 있다는 것이었다. 그는 고대 이후 세금과 녹봉의 기본 규정을 살펴본 뒤 전 2백 문은 은 1냥에 해당한다는 환율의 기본 규칙을 확정했다. 전 20문은 쌀 1말이나 면포 5척과 상당했다. 그는 백미 · 면포 · 전 · 은 등의 기준 품목의 교환비율을 〔표 10〕처럼 결정했다.[60]

그는 중국에서는 동전이 (자유롭게?) 유통됐지만 역시 가격 변동을 막기 위해서 가격을 확정했다고 지적했다. 유형원이 중국에서 정부가 가격을 고정한 정책을 높이 평가했지만, 쌀 1말의 가격은 동전 몇 백 문이었기 때문에 영구적인 가격을 확립하는 데 성공하지 못했으며, 2만~3만 전을 쌓아놓은 개인 가호도 부유하다고 간주되지 않았다는 문제점을 지적한 견해도 있었다.

이런 과장된 경험적 증거에 맞서 고정된 동전 가격과 환율의 우월성에 대한 자신의 신념을 방어하기 위해서 그는 당시 중국의 물가 상승은 동전 주조를 규제하지 않는 정부 정책과 미곡과 비단 및 전체적인 상품의 공급 감소로 발생한 쇠퇴 시기의 불행한 결과일 뿐이라고 주장했다. 가장 좋은 방법은 1곡(5 또는 10말)의 가격이 20~30전이었던 한대나 이리의 측정대로 1곡은 30전이었던 전국시대 같은 앞 시기와 비교하는 것이었다. 고대 중국에서 동전은 미곡과 비단으로 교환될 수 있는 가치를 가졌으며, 시장은 '침체'하지 않아서 상품은 원활하게 유통됐다. 당시 동전의 공급은 적었지만 수요보다는 많았다. 상품과 동전의 공급이 완벽하게 균형을 이뤘기 때문에 "백성들은 곡식을 저장했고, 농업 생산과 동전과 시장은 서로 도움을 주는 관계였다." 달리 말하면 유형원은 엄격한 화폐정책과 안정적 통화를 옹호했고 느슨한 화폐정책과 통화 팽창에 반대한 것이었다.

그는 명(1644년까지)과 청의 가격을 보고한 최근의 자료를 검토하면서 송·원대처럼 통화가 팽창하지는 않았다는 사실을 발견했다. 그는 요동 지방에서 은 1전(0.1냥)은 이전(명말?)에 동전 60문과 교환됐는데, 그 비율은 유형원이 조선의 동전에서 확립하려고 했던 은 1냥당 2백 문의 가치의 3분의 1에 지나지 않았다. 청은 은 1냥당 동전 4백 문으로 환율을 늘렸지만 유형원이 제안한 환율보다 50퍼센트가 낮았다.

유형원이 세상을 떠난 5년 뒤인 1678년(숙종 4) 숙종은 동전을 주조하기 시작하면서 은 1냥당 동전 4백 문으로 환율을 정했다가 이듬해 2백 문으로 환율을 높였으며, 시장의 법적 환율과 맞추기 위해 다시 이듬해 6백 문으로 낮추었다. 당시 청에서는 수요와 공급, 구리와 은, 일용품의 가격이 변동했지만, 조선에서 은에 대한 동전의 가치는 시장의 상품보다 동전의 공급이 늘어났기 때문에 청과 비슷해졌다. 은 1냥당 2백 문으로 제시한 유형원의 환율은 시장에서 유통되는 동전의 가치를 높게 평가한 것인데, 정부가 동전 공급을 규제하고 동전을 비교적 높은 가치로 유지할 수 있을 것이라고 상정했기 때문으로 생각된다.

유형원의 저서에서는 그가 은과 동전의 환율을 불변적으로 고정하려고 했는지, 아니면 경제적 상황에 따라 가변적으로 적용하려고 했는지가 분명치 않다. 1냥당 4백 문의 환율을 결정해야 한다는 의견이 제시되자 그는 "동전의 가치가 떨어지면 그런 상황에 맞추는 것도 합당하다. 그때는 상황을 잘 파악해 규칙을 정해야 한다. 이렇게 한번 정해진 뒤에는 영구히 고치지 말아야 한다"고 대답했다. 유형원은 환율이 최종적으로 결정되기 전까지만 동전과 은의 환율을 유동적으로 설정했으며, 그 뒤에는 영속적으로 유지했다.[61]

또한 유형원은 동전 20문을 쌀 1말과 교환하도록 확정했지만, 단기간에 기장과 쌀의 가격이 크게 변동할 수 있으며 흉년이 들면 미가는 동전 60문(3백 퍼센트)까지 오를 수 있다고 인정했다. 달리 말하면 동전과 은의 환율은 고정됐지만 미곡과 면포, 그리고 그밖에 일용품의 교환비율은 유동적이었다.[62]

유형원은 요동의 1두는 조선의 1말보다 두 배이기 때문에 미곡의 가격은 조선인의 생각만큼 높지 않았으며, 정부가 가격을 책정했다고 설명했다. 청에서는 은 1냥을 사는 데 4백 문의 동전이 필요했기 때문에 유형원이 구상한 조선의 새로운 동전과 비교해서 절반 가치밖에 되지 않았지만, 미곡의 도량형이 달랐기 때문에 조선의 동전으로는 청보다 조선에서 두 배의 쌀을 살 수 있었으며, 그가 제안한 조선 동전의 환율은 청의 환율과 같았다.

그는 당시 중국과 조선의 화폐제도를 대조했다. 그는 조선에서 동전은 개성을 제외한 지역에서는 유통되지 않았으며, 동전이 처음 도입됐을 때 그 가치는 은 1전당 30문(즉 은 1냥당 3백 문)이었다고 밝혔다. 유형원은 동전이 개성을 제외한 어느 곳에서도 실제로 사용되지 않기 때문에 은의 가치가 팽창했으며, 전국에서 주조된 동전은 모두 개성으로 보내져 그곳의 동전을 풍족케 했다고 주장함으로써 이런 상황을 설명하는 흥미로운 가설을 제시했다. 동전은 개인적 거래를 제외하면 전국에 공급할 수 있는 충분한 분량이 없었거나, 세금이나 지출에 동전을 사용하도록 요구해 그 사용을 촉진시킬 수 없었기 때문에 개성으로 몰렸다. 뒤에서 서술하듯이 동전 가치의 하락에 관련된 유형원의 설명은 1678년 숙종이 동전의 주조를 재개한 뒤 잉여의 동전은 도성으로 집중됐으며 극소수만이 지방에 유통된 사실과 비슷한 징후를 나타냈다는 측면을 제외하면 거의 대부분 추론에 의거한 것이었다.

1635년과 1650년에 정부가 동전을 도입했을 때 두석으로 만들어진 동전 1문은 쌀 1되(10분의 1말)와 적동赤銅으로 만든 동전 2문에 해당했지만, 뒤에는 그중 한 동전(어느 것?)만이 쌀 1되당 3문(즉 쌀 1말당 30문)의 좀더 낮은 비율로 유통됐다. 여전히 가치가 높게 평가됐기 때문으로 생각되는데, 동전이 유통되는 데 실패한 결과 1말의 가격은 50문에서 나중에는 70문까지 올랐다. 정부는 녹봉을 동전으로 지급했지만, 기본 녹봉 대신 추가 지급 분량에만 사용했을 뿐이었다. 개인 거래에서 동전을 사용하리라는 희망은 실패했으며, 동전이 유통되지 않자 정부는 그것을 법률적인 동전으로 폐지할 수밖에 없었다.[63]

유형원은 이상적 화폐경제는 미국의 페니US penny화처럼 단일한 통화이며 그 가치는 은 1냥당 2백 문과 쌀 1말당 20문으로 정해야 한다고 생각했다. 대규모의 거래에는 많은 동전을 운반해야 했지만, 국왕은 동전 공급을 통제하고 함유된 금속 및 노동의 가격과 동일한 동전의 액면가를 확정하며 다른 일용품의 가격을 동전 단위로 고정함으로써 화폐경제에서는 급격한 가격 변동이 나타나도록 해서는 안 된다고 생각했다. 동전의 남발을 규제해 일용품의 가격 변동과 폭락을 방지하고, 외국에서 구리를 수입해 늘어나는 동전의 수요에 맞출 수 있는 충분한 구리를 공급해 동전의 가치 상승을 막음으로써 국가는 동전의 공급을 통제해 각종 가격을 안정시킬 수 있었다. 앞으로 보듯이 1678년 이후 동전을 관리한 인물들은 이 두 문제를 다루어야 했으며, 화폐경제에서 안정된 가격을 창출하자는 유형원의 전체적인 제안은 숙종과 그 이후의 국왕이 채택한 해결책보다 좀더 합리적이었다.

진보적인 보수주의

조선이 면포와 미곡을 교환수단으로 삼는 단계를 넘어서 동전을 사용해야 한다는 유형원의 주장은 진보적인 생각으로 평가되어왔지만, 그의 근본적인 화폐관은 고전적인 생각에 뿌리를 두고 있을 뿐만 아니라 시장은 물품이 집중되어 남아도는 지역에서 모자라고 궁핍한 곳으로 옮길 뿐이며 동전은 상품의 유통을 원활하게 할 뿐이라는 고전적인 사회와 경제의 모범에 기초한 것이었다.[64] 전국에 동전 공급을 확대하기 위해서 필요한 구리를 수입하려는 의지에도 불구하고 그는 근본적으로 농업경제의 제약을 벗어나 생산을 자극하고 시장 활동을 촉진하거나, 산업은 고사하고 대규모의 상업적 계획을 위해 자본을 축적하는 수단으로 동전을 사용할 생각이 전혀 없었다.[65] 그가 대규모의 자본을 형성해 상업이나 산업의 확대를 촉진하는 방안의 장점을 믿었다면 동전 외에는 다른 교환수단이 없는 상황으로 야기된 병목 현상이 생겨날 것을 알았을 것이다.

또한 그는 동전을 다룬 글의 부록에서 자신의 보수적인 경제관의 본질을 훌륭하게 제시했다. 그것은 '빈 시장空場(또는 외처공장外處空場)'이라고 부른 구역을 국가가 폐지해야 한다고 옹호한 짧은 글이다. 그의 묘사에 따르면 그런 구역은 국가가 만든 시장에 세워진 상점이나 5일장보다는 공터에서 열린 벼룩시장과 비슷한 것이었다. 그는 지방 주민들이 서로 물건을 교환할 수 있는 정기시장에 동의했으며, 수령과 서리 등이 정기시장에서 일반 농민들의 거래에 부과한 당시의 장세場稅를 폐지해야 한다고 제안했다. 그가 보기에 장세는 시장에서 상점을 경영하는 전문적 상인에게만 부과해야 했다.

그는 농업의 기본적 인구가 상업을 추구해 줄어들지 않도록 하기 위해서 모든 개인이 자유의지에 따라 직업을 선택할 수 있도록 해야 한다고 생각하지는 않았다. 공장空場은 합법적인 직업이 없는 유민이나 굶주리는 농민들이 대거 모여들어 술에 취하고 서로 싸울 수 있었기 때문에 바람직하지 않았다. "그들은 주저하지 않고 소를 죽이고 예의 없이 모여 술 마시며, 풍속을 해치고 도둑질했다." 공장은 마을이나 역참에서 30리 밖에서 열릴 경우는 용납될 수 있었다. 요컨대 산업 생산은 물론 상업경제도 통제와 제한 아래 유지되어야 했으며 농업경제에 종속되어야 했다.[66]

결론

동전에 대한 유형원의 옹호는 당시로서는 개명적이고 진보적인 것이 분명했는데, 적절한 동전의 결여는 조선 경제가 중국의 청과 일본의 도쿠가와 막부에서 이뤄지던 교역과 상업에 비교해 낙후된 것으로 보이도록 만들었기 때문이었다. 유형원은 그 세기 초반에 시작된 화폐운동에서 영향을 받았지만, 동전의 적절한 형태, 시장가격의 규제, 동전의 성공적인 도입을 촉진하고 보장하는 방법에 관련된 대부분의 생각을 최근 명 후반(그는 청 초반에 대해서는 언급하지 않았다)과 헨드릭 하멜의 동료에게서 서구의 동전에 대해 얻은 정보만이 아니라 2천 년이 넘는 중국의 동전 문제를 다룬 중국 정치가와 학자들의 주요한 발언에서 도출했다. 그는 몇 차례의 짧은 실험을 빼고는 조선이 화폐경제를 계속 발전시키지 못했다는 사실을 잘 알고 있었으며, 삼국시대의 퇴보적이고 야만적인 유산에 그 원인을 돌렸다. 유형원은 민족적 자긍심에서 조선을 중국과 대등하게 만들 수 있는 정책을 옹호하고 중국이 이전에 시행한 방법과 선례를 빌려왔지만, 고대 중국의 고전적 선례를 완벽한 기준으로 생각했으며 진대 이후 전개된 실험에서는 동전 운영에 관련된 몇 가지 문제점을 알게 됐다. 대부분의 근대의 맹목적 애국주의자들처럼 자국의 토착적인 제도의 우월성을 자랑하는 대신, 유형원은 동아시아세계의 문화적 자각 안에서 국가적 독자성을 초월하는 보편적 기준에 입각해서 조선을 평가했다.[67]

그는 중국의 고전 문헌에서 동전은 부의 원천이나 비농업적 생산을 증가시키는 수단보다는 교환수단의 중요성이 더 크다고 배웠다. 그는 화폐경제는 동전 자체나 시장에서 판매되는 상품의 과잉 또는 과소 공급으로 안정성을 위협받을 수 있다고 생각했으며, 정부는 주조나 수입을 통해서 동전을 제공하고 그 공급을 규제함으로써 동전의 가치를 안정시켜야 한다고 조언했다. 사적인 주조나 위조, 품질 저하, 과도한 주조, 또는 동전을 녹여 집기를 만들거나 외국으로 수출해 그 가치를 증가시키는 등 법화로서 동전의 가치를 떨어뜨리거나 대중의 신뢰를 약화시키는 어떤 행동도 금지했다.

동전 공급에 대한 이런 보수적 접근은 상업에 대한 적대감으로 연결되지 않았는데, 가치 있는 물질에 의해 보증되지 않는 지폐나 어음보다 은화나 그와 비슷한 동전을 선호한 정책은 1830년대 미국에서 앤드루 잭슨Andrew Jackson이나 급진적 민주당원의 계획과 유사한 측면이 있기 때문이다. 그들은 높은 관세보호주의, 국가가 후원하는 은행의 어음 및 지폐 발행 독점, 그리고 경제의 국가 후원을 강력히 지지한 알렉산더 해밀턴Alexander Hamilton과 연방주의자Federalist와 대립했다.[68] 그것은 금화의 기준을 준수해야 한다는 20세기의 경화硬貨 옹호자의 생각과 비슷했으며, 잠재적인 통화 팽창의 영향을 줄이고 예산 부족을 해결하기 위해서 지폐를 좀더 많이 발행해 동전의 공급을 늘리려는 정부의 시책에 대해서 동전의 안정성을 유지하려는 방안과 흡사했다.

그러나 17세기 중반 조선의 상황은 약간 달랐다. 금과 은은 유통되지 않았으며, 은은 곡물 · 면포 · 동전의 가치를 결정하는 기준으로만 사용됐다. 적절한 동전의 부재는 상품의 유통이 방해됐다는 의미였으며, 대동법의 채택으로 국가에서 필요한 물품을 시장에서 구입하려면 상품이 좀더 빨리 순환되어야 했다.

유형원이 경화 — 그 안에 들어간 구리의 가치와 비슷한 동전 — 를 선호한 것은 국가의 긍정적 역할에 대한 그의 믿음과 짝을 이루는 것이었다. 당시의 개혁적 관료들과 함께 그는 국가가 개입하지 않는 자유시장의 원칙에 따라 동전의 운명을 놓아두는 대신 국가는 경제에 동전을 보급하는 데 필요한 역할을 한다고 믿었다. 그는 소비자에게서 동전을 받는 상점을 설치해야 한다고 주장했지만, 동전을 유통시키는 주요한 방법은 생산 확대를 자극하고 정부의 제약에서 상인을 해방하거나 농민을 상업이나 산업 또는 외국과의 교역에 참여하도록 하는 것보다 세금 납부와 정부 지출을 동전으로 전환시키는 것이라고 생각했다. 그는 정부가 적절한 계획을 세우고 통제해야만 좀더 많은 세금과 정부 지출을 동전으로 전환시키고 동전의 안정적인 액면가를 확정할 수 있다고 생각했다.

한 제안에서 그는 동전을 옹호한 다른 사람들은 동조하지 못했던 용기를 보여주었는데, 그것은 모든 세금을 동전으로 전환하기 위해서 일본에서 필요한 분량의 구리를 수입해 동전의 부족을 극복하자는 것이었다.

정부가 동전 공급에 유연성을 발휘해 동전의 고정된 가치를 유지해야 한다는 그의 생각은 합리적이며 신중하지만, 상인과 생산자에게 좀더 많은 유동 자금을 공급해 교역의 이익을 자극하려는 목적은 아니었다. 가난하고 빚에 허덕이며 세금을 납부하는 농민은 어려울 때 일정한 통화 팽창을 허락하는 좀더 느슨한 화폐정책을 시행하면 좀더 혜택을 볼 수 있었지만, 그는 그런 조정을 허락하지 않았다. 그의 보수적인 화폐정책은 통화 팽창의 폐단을 막았지만 채무자와 빈민을 희생해서 대부한 자금의 가치를 보존함으로써 채권자인 지주, 환자를 담당하는 관원, 고리대금을 하는 상인에게 지속적인 이익을 보장했다.

그는 세금을 동전으로 걷는 데 필요한 동전의 총량은 고정적일 것이라고 추산했는데, 비농업적 생산과 해외의 교역으로 경제가 확대되고, 통화 팽창을 유발하지 않으면서 장기적으로 동전의 수요가 증가할 가능성은 그가 참고한 중국 문헌이나 당시 조선의 상황에서는 희박했기 때문이었다. 그가 경제의 계속적인 팽창이나 (산업은 고사하고) 상업의 확대를 바랐다면 동전에만 기초한 화폐경제에 만족할 수 없었을 것이다. 중국 자료가 원거리 무역에서 지폐와 어음의 편리성을 알려주었다면 그는 비농업적 활동의 경제적 이득을 자각했을 것이지만, 송 · 원대의 지폐의 사용을 높이 평가할 수 없었다. 그는 고려와 15세기 조선에서만 사용된 지폐는 위조와 통화 팽창의 위험성이 너무 컸기 때문에 실패했다고 생각했으며 고액전도 마찬가지였다고 믿었다. 요컨대 유형원은 16세기 대다수의 조선인들보다는 좀더 진보적이었지만 고전시대의 경제사상을 너무 추종했다. 그는 그것이 당시 조선보다 훨씬 진보했다고 생각했다.

제 25 장

통화 팽창과 위축의 순환

대동법으로 상품의 교환이 촉진된 결과 공평한 과세를 유지하기 위해 가치를 계산할 수 있는 좀더 나은 교환수단이 필요하게 됐다. 대동법 자체는 미곡과 면포에 기초한 일종의 이중 통화제도였지만, 미곡과 면포의 교환비율을 조종하고 점퇴가 성행하면서 불만이 야기됐으며, 좀더 믿을 만하고 쉽게 조작할 수 없는 교환수단인 동전을 사용해야 한다는 요구가 나타나게 됐다.

달리 말하면 시장거래의 확대는 동전의 수요를 자극했으며, 국가는 시장에 동전을 공급할 책임이 있었다. 그러나 1678년(숙종 4) 숙종이 동전을 주조하기로 결정하자 동전 공급을 통제하는 문제가 대두했다. 숙종은 수도에서만 주전하는 것이 좋겠다고 생각했지만 지방으로 동전을 운반하는 비용이 많이 들 것을 감안해 지방에서도 주전하도록 허락했는데, 그 결과 동전 공급에 대한 중앙의 통제가 약화됐다. 지방 관원들은 자신들의 비용을 마련하기 위해서 될 수 있는 대로 많은 동전을 주조하려고 했으며, 동전 주조세의 이익을 늘리기 위해서 품질이 떨어지는 주화를 주조했다. 이런 변질된 동전은 백성들의 신뢰를 무너뜨리고 그 가치를 하락시킬 뿐이었다. 교환수단으로 면포를 동전이 대체하는 것이 아니라 그 반대의 경향이 나타나기 시작했다.

또 다른 장애는 느린 순환이었다. 중앙 각사는 지방에서 동전으로 납세한 자금으로 중앙의 시전에서 물건을 구입했지만, 지방의 납부는 더디게 도착했다. 그러자 숙종은 여러 중앙 각사에서 추가로 동전을 주조해 물건을 사도록 허락했는데, 이런 추가 주전은 동전의 공급을 늘렸으며 가격 팽창을 야기했다. 국왕은 가뭄과 기근을 구휼하기 위해서 동전을 주조했는데, 그 결과 1680년대 후반 동전 공급이 증가했다. 1689년(숙종 15) 잉여동전이 수도로 돌려보내져 상품의 가격이 높아졌지만, 지방에서 동전은 사라지거나 면포로 대체됐다. 동전의 원활한 순환은 상당히 심각한 문제였다.

숙종은 동전 사용을 촉진하기 위해서 동전의 공급을 늘리려고 했지만, 동전의 가치가 저하된 결과 동전 공급을 줄이고 주전을 중단할 수밖에 없었는데, 이것은 정책에서 심각한 모순이었다. 17세기의 주전은 동전 공급의 부족에서 야기된 경제적 문제를 해결하지 못했는데, 동전의 운영은 조선인들이 경험해보지 못한 문제였기 때문이었다. 동전의 가치를 안정적으로 유지하는 것은 동전이 사용되지 않는 지역이 많았기 때문에 어려웠으며, 지방에서 주요 시장과 도시로 동전이 유입되는 과정은 지연됐다. 주전은 한곳에 집중되어 이루어지지 않았고 동전 공급을 통제하기가 어려웠다. 통화 팽창의 가능성을 낮추기 위해서 규제하려는 의도는 정부 운영에 재원을 공급하거나 기근과 재난을 구휼하는 데 자금을 투입하면서 무산됐다. 17세기 말엽 통화 팽창에 반대하는 보수적인 인물들은 좀더 확대된 자유로운 시장 활동을 옹호하는 사람들과 충돌했다.

| 첫 번째 주기 : 원시적 화폐경제의 통화 팽창

주전의 재개(1681~89)

유형원이 세상을 떠난 5년 뒤인 1678년(숙종 4) 숙종은 주전을 승인했지만 2년 만에 동전의 과잉 주조로 야기된 통화 팽창의 문제점이 전국적으로 나타났으며, 동전 공급의 위축과 통화 위축이 뒤따랐다. 1678년 주전을 시작하면서 숙종은 은 1냥당 동전 4백 문으로 환율을 정했으며, 1680년 그 가치는 통화 팽창 현상이 나타나던 시장에서 동전의 가치에 맞추기 위해서 은 1냥당 6백 문으로 낮춰졌다. 그 까닭은 그해의 심각한 가뭄 때문에 농민들을 구휼하고 시장에서 그 가치를 낮추기 위해 동전을 너무 많이 공급했기 때문이었다.

이런 현상은 그 뒤 오랫동안 반복됐지만, 이런 경험으로 동전과 그 장점에 대한 인식은 바뀌었다. 1680년까지 지방에서 주전을 금지한 숙종은 이듬해 호조와 각 도 관찰사들의 지휘 아래 지방에서도 주전을 허가하자는 좌의정 민정중의 건의를 받아들였다. 민정중의 목적은 유통되는 동전을 늘리려는 것은 아니었으며, 관원과 서리가 대동미를 면포로 납부하도록 부당하게 강요하는 행위를 막으려는 데 있었다. 그는 수령들이 농민에게 대동미를 면포로 납부하도록 강요하는 폐단을 비판한 송시열의 견해에서 영향을 받았다. 1623년(인조 1) 인조는 미곡과 면포의 품질을 불법적으로 하락시키는 행위를 금지하고 길이 35척의 5승포를 기준으로 확정했지만, 1681년 농민들은 좀더 품질이 좋은 6승포를 내도록 요구받았다. 이런 현상은 징세자들이 그동안 시장에서 주요한 교환수단으로 사용되어온 추포보다 좀더 높은 품질의 면포를 요구하는 일반적인 흐름의 일부였다.[1] 민정중은 징세자들이 납세자들에게서 6승포만 요구해서는 안 된다고 주장했지만, 그들 또한 수도에는 5승포만을 냄으로써 중앙 정부를 속이거나(이런 관행은 환목換木이라고 불렸다) 납세자에게서 더 좋은 품질의 백미를 걷은 뒤 수도에는 낮은 품질의 쌀을 냈다. 그는 수령들이 징세자들을 감독해서 납세 품목을 불법적으로 바꾸지 못하게 하자고 제안했다.

숙종이 찬성하자 민정중은 좀더 큰 개혁을 추진했다. 정부는 면포로 징세하는 절차를 강화했지만, 병조에게만 현행 제도 아래서 7승포를 거둘 자격이 계속 부여됐다. 납포의 부정을 완전히 없앨 수 있는 유일한 방법은 정확한 환율을 적용해 납포를 동전으로 전환하자는 호조판서 조사석趙師錫의 건의를 수용하는 것이었다. 또한 그는 이런 정책은 더 많은 동전을 다시 주조해 전국에 동전의 유통을 확실하게 해야만 성공할 수 있다고 아뢨으며, 숙종은 그의 주장을 인정했다. 원유한은 그렇게 결정한 주요한 원인은 수도에서 주조된 동전을 지방으로 운송하는 비용을 줄이려는 데 있었다고 분석했지만, 민정중의 주요 동기는 면포나 미곡으로 징세하는 데서 발생하는 부정을 근절하는 데 있었다.[2]

새로운 방안의 허점은 시행되자마자 나타났다. 관찰사들은 적당한 수준으로 각 도의 주전을 제한할 능력이 있다고 믿기 어려웠는데, 1682년(숙종 8) 전라도 관찰사 이사명은 노골적으로 이익을 추구하고 과도하게 주전했다는 혐의를 받은 바 있기 때문이었다.[3] 아울러 1683년 호조는 미곡과 면포가 다 떨어졌고 납세가 너무 적어서 지폐가 전혀 없다고 보고했으며, 호조판서 윤계尹堦는 중앙 관서와 관찰사가 주조한 동전은 품질이 떨어져서 백성이 신뢰하지 않은 결과 동전의 가치가 폭락했다고 아뢨다. 그는 호조에서만 동전을 주조하고 부정을 없애며 관원은 주전을 통해 이익을 추구하지 않는다고 백성에게 확신시키라는 숙종의 승인을 얻었다.

영돈녕부사 민유중도 중앙에서 주조한 동전을 지방에 분배하는 어려움을 숙종에게 토로했다. 그동안 상평청과 선혜청에서 전라도와 경상도의 향촌에 동전을 분배하는 책임을 맡은 차인差人은 지방 시장에서 동전으로 물건을 구입하라는 지시를 받았다. 유감스럽게도 이런 차인들은 수도의 시전보다 훨씬 낮은 값을 치름으로써 개인적 이득을 챙겼다. 군포를 동전으로 납부하거나 신공을 내기 위해 면포를 팔아야 했던 농민 · 장인 · 고공 · 공노비들은 이제 추가적인 부담을 져야 했다.

민유중은 그동안 차인이 부정을 저지른 결과 동전 사용을 확대하려는 계획이 무너졌을 뿐만 아니라 남부지방의 동전 유통과 상업 활동이 중단됐으며, 차인 자신들은 주류를 판매하거나 숙박업소를 운영했다. 많은 사람들은 정부가 사실상 동전의 유통을 고의로 폐지했다고 믿게 됐으며, 다시 시장에서 그것을 사용하기는 더욱 어려워졌다. 그 뒤 민유중은 새로 주조한 동전을 각 도의 시장으로 옮기는 임무를 관찰사와 수령에게 돌리고, 중앙 시전의 가격에 따라 상품 가격이나 교환비율을 정해 중앙과 지방의 가격 차이를 없애라는 숙종의 동의를 얻었다.[4]

유감스럽게도 호조에서만 주전하도록 하는 정책은 정부 관서의 빈약한 동전 세입이 적어 지불하기에 충분한 동전이 없게 되면서 좌절됐다. 1683년 숙종은 자금 부족을 겪고 있는 중앙 관서와 기근에 대처하기 위한 긴급한 구휼자금이 필요한 지방 군현에 당시의 기준에 따라 제한된 기간 동안 동전을 주조하도록 허락했다. 원유한은 이런 결정을 주전의 목적이 동전의 유통을 촉진시키는 것에서 동전 주조세에서 추가 세입을 올리려는 것으로 변화한 중요한 의미가 있다고 해석했지만, 그 견해는 공정하지도 정확하지도 않다. 숙종은 중앙에서 주전과 일반 지출은 물론 구휼자금의 긴급한 수요를 맞춰야 했기 때문에 동전의 공급을 통제하려는 자신의 계획을 수정할 수밖에 없었는데, 최대한 많은 동전을 주조해 단순히 세입을 증가하려는 목적은 아니었다. 그가 동전 주조세의 이익을 극대화하려고 했다면 이익이 적은 동전 대신 고액전이나 지폐를 선호했을 것이다.

동전 공급의 위축(1689~91)

그러나 그가 일단 지방 관서도 주전할 수 있도록 하자 좀더 많은 동전이 시장으로 유입되어 동전의 가치는 떨어졌다. 그러자 1689년 초반 호조판서 권대재權大載는 호조가 맡은 주전의 책임을 폐지해 동전 공급을 수축하자고 건의해 숙종의 윤허를 얻었다.[5] 그달 후반 영의정 권대운權大運은 동전이 남아돈다는 보고는 도성에서만 사실일 뿐 지방에서는 거의 유통되지 않는다고 아뢨다. 지방 백성들은 아직도 면포로 납세하고 있으며, 도성 각사의 세입에서도 동전보다 면포가 많아졌다. 그는 중앙 각사에서는 적어도 세입의 3분의 1은 동전으로 걷어 납세자들에게 신뢰를 회복하고, 지방에서 그 사용을 확대하자고 제안했다. 또한 그는 면포 대신 동전으로 납세하면 만연한 점퇴의 폐단을 막을 수 있을 것이라고 주장했다. 우의정 김덕원金德遠도 대중의 동전에 대한 믿음은 중앙 관원들이 동전으로 납세하는 것을 받지 않으면서 하락했다고 보고했다. 숙종은 권대운의 제안을 받아들였지만, 도성의 시전에서 동전의 증가를 막기 위해 더이상의 주전을 중지하라는 자신의 결정은 유지했다. 단지 세입만을 늘리려고 했다면 숙종은 주전을 중지하지 않았을 것이다.[6]

숙종은 1683(숙종 9)~89년에는 자유롭게 주전하도록 했지만, 그 뒤 '일시적으로' 주전을 금지했다. 그는 과도한 동전 공급의 폐단이 재현될 가능성을 우려해서 1691년(숙종 17)까지 계속 금지했다. 1691년 7월 그는 국방 비용과 청 사신의 접대 자금을 마련하기 위해 개성에서 주전하도록 허락했지만 통화 팽창을 막기 위해 동전 공급을 제한하고 동전의 가치를 보존하는 데 주의를 기울였는데, 개성이 수도 이외 지역에서 화폐경제의 핵심이기 때문이었다. 그는 개성에서 5개월 동안 20곳에서 주전하도록 제한했으며 호조에서 동전의 품질을 조사하도록 지시했다.

1692년에도 그는 강화도의 국방비를 마련하기 위해서 제한된 규정 아래 잠시 동안 훈련도감에게 주전을 허락했으며 총융청에도 비슷한 허락을 했다. 숙종은 1691년 이후 주전을 재개했지만 세입을 올리려는 목적은 아니었는데, 보수적이고 제한적인 통화량을 선호했기 때문이었다.[7]

이런 이유들 때문에 정부 관서에는 동전 세입이 아직도 충분치 않았다. 1693년 예조판서 유명현柳命賢은 기근 구휼을 위해 추가적 재원을 요청했다. 혜민서는 그해에 몇 도를 휩쓴 가뭄에 대처하느라 재원을 모두 써버린 상태였다. 음력 4월 초 비변사는 동전을 좀더 주조하라는 숙종의 윤허를 얻었지만, 구리의 공급이 바닥났다. 공무역을 통해 일본에서 수입한 구리는 1678년 이전 평균 2만 6천~2만 9천 근이었으며 1693년에는 30만 근으로 늘어났지만, 비변사는 동전을 주조하는 세 관서(아마도 호조 · 훈련도감 · 한성부?)에서 할당량을 생산하기 위해서는 40만 근 이상이 필요하다고 보고했다. 혜민서 또한 자체 소비를 충당하기 위해서 주전하도록 허가받았지만, 사용할 수 있는 구리가 없었다. 유명현은 두 무반 관서는 12개월만 주조하도록 허락받았기 때문에 1694년 정월이 되면 혜민서는 훈련도감과 총융청에게서 주전할 수 있는 권리를 이양받아야 한다고 아뢨다. 달리 말하면 사용할 수 있는 동전은 구휼과 국방비에 사용됐으며 수입한 구리는 주전을 늘리는 데 충분치 않았다.

영의정 권대운은 여러 관서에서 주전하도록 하면 구리의 공급을 고갈시키고 그 가격을 폭등시키며 동전의 위조와 품질 저하를 가져온다면서 반대했다. 유명현은 여러 관서에서 주전하도록 허락하면 재료의 가격을 상승시키고 동전의 품질을 저하시켜 동전의 보급을 방해할 것이라고 덧붙였다. 구리가 부족했기 때문에 주조하는 사람들은 납을 합금하기 시작했는데, 너무 조악하게 만들어져서 만지면 부서지는 동전도 있었기 때문에 백성들은 그 품질을 불신했으며 시장의 동전들은 대체로 모두 가치가 떨어졌다. 이것은 유형원이 자신의 저서에서 경고했던 문제였다. 권대운은 다시 주전 행정을 하나의 관서에 집중함으로써 구리의 사용을 절감시키자고 건의했지만, 숙종은 다음해가 시작될 때까지 기다리자는 유명현의 건의를 따랐다.

역설적이게도 동전의 부족은 불순물의 첨가를 늘린 결과 동전의 가치를 높이기보다는 감소시켰다. 유명현은 호조와 혜민서에서만 주전케 함으로써 생산 비용을 절감하고 동전 주조세의 이익을 극대화하며 시장에 규격화된 동전을 공급하고 궁극적으로는 전국에 동전 사용을 확대할 수 있을 것이라고 생각했다. 숙종은 호조와 그밖의 다른 중앙 관서 하나를 제외하고는 주전하지 못하도록 하는 데 동의했지만, 호조와 함께 주전과 동전을 감독할 관서로 혜민서 대신 상평청을 선정했다.[8]

그러나 1년이 조금 넘은 뒤인 1694년(숙종 20) 숙종은 그 결정을 취소하고, 축성을 완수하는 데 충분한 재원을 공급하기 위해서 어영청에 주전할 수 있는 권리를 허락했다. 어영청에 반년 또는 1년 동안 주전할 수 있는 권리를 허락해야 한다는 논쟁이 벌어지자 숙종은 10개월로 절충했다.

주전의 자유와 규제를 둘러싼 논쟁은 1680년(숙종 6)보다 더욱 심각한 기근이 1695년에 발생하면서 격화됐다. 숙종은 처음에는 강원도 관찰사에게 구휼자금을 마련하도록 주전을 허락했지만 두 관서가 그런 동정은 다른 관찰사들도 비슷한 요구를 할 수 있는 선례를 만들어 동전의 공급을 정부가 통제하지 못하도록 만들 것이라고 반대하자 지시를 철회했다. 그 대신 그들은 상평청에서 추가로 주전케 해서 그것을 강원도에 보내자고 주청했다. 숙종은 그들의 반대를 무시하고 황해도 · 충청도 · 강원도 관찰사에게 주전을 허락해 백성들의 복지를 돌보는 그들의 책임을 이행하도록 허락했다. 그는 수도에서는 1만 냥(1백만 문)의 동전을 주조해서 3도에 보내라고 동의했지만, 그 책임을 상평청 대신 혜민서에 맡겼다. 숙종은 중앙의 두 관서에만 주전을 허락한다는 자신의 규정을 어겼지만, 구휼을 위한 도덕적 책무 때문이었으며 일반적 지출을 위해 정부의 세입을 극대화하려는 의도는 없었다. 1691~95년 추가로 주전을 허락한 조처는 모두 긴급한 상황 때문이었지만, 통화 팽창의 영향을 우려한 결과 제한됐다.[9]

이율의 상승과 통화 팽창

경제에서 동전의 해악에 대한 비판이 증가하면서 동전과 관련된 전반적인 태도에서 중요한 변화가 일어난 것은 바로 이 시점이었다. 우의정 최석정崔錫鼎은 동전이 이율을 상승시키고 빈농에게 채무를 부과했다고 비판했다. 동전을 도입하기 전에 향촌의 농민들은 봄에 파종할 때 어려움에 처하면 다른 사람들에게서 미곡이나 면포를 빌렸다가 가을에 추수한 뒤 쌀로 갚았다고 그는 말했다. 봄에 빌린 쌀 10말은 추수 뒤에 원금과 이자를 합쳐서 15말로 갚았으므로 빌린 동안 50퍼센트의 이자가 붙는 것이었다(장리長利라고 불렸다).

최석정은 이 50퍼센트의 이율(빌린 기간이 10개월 정도 됐으므로 연간으로 보면 60퍼센트에 가까웠다)은 전통적으로 정당화됐기 때문에 놀랄 만큼 침착하게 받아들였지만, 동전으로 대부하면 채권자가 실제 이율을 훨씬 높이 올릴 수 있었기 때문에 매우 분노했다. 만약 어떤 사람이 쌀이 부족해서 가격이 비싼 춘궁기에 동전 1냥을 빌리면 그것으로 시장에서 쌀 2말밖에 살 수 없었다. 추수한 뒤에 채무자는 원금과 이자를 합쳐 1냥 50문(1.5냥)을 갚아야 했는데, 시장에 미곡이 일시적으로 많아지면서 쌀값은 1냥당 5말로 떨어졌기 때문에 1.5냥을 얻으려면 7말 5되(7.5말)의 곡물을 사야 했으므로 봄에 동전으로 빌린 원금보다는 3.75배가 많아진 것이며 성숙기 동안 375퍼센트가 상승한 것이었다.[10]

더욱이 성숙기 동안 이자는 1냥을 빌렸을 때 한 달에 10문씩 계산됐는데, 채무자가 16~17개월 정도 상환을 미룬다면 이자로만 1.6~1.7냥을 물어야 했다. 만약 동전이 부족해서 동전으로 대부하지 않으려고 했지만 농민이 필사적으로 요청한 경우는 성숙기 동안 1백 퍼센트의 이율이 적용되어 1냥당 2냥씩을 상환해야 했다. 이런 상황에서 가을에 미곡 가격이 1냥당 5말로 떨어지면 채무자는 원금과 이자로 낼 동전을 얻기 위해서 15~16말을 팔아야 했으며, 그럴 경우 미곡의 이율은 성숙기 동안 8백 퍼센트가 된다. 빈농들은 한 해 동안 고된 노동으로 번 수입을 세금과 빚을 갚는 데 써야 했다.

미곡으로 빌려 미곡으로 갚는 경우 보편적인 세율은 50퍼센트였지만, 은과 동전 대부의 기본 이율은 고대 이후 성숙기 동안 20퍼센트였으므로 최석정은 동전으로 대부했을 경우 이율은 20퍼센트, 즉 1냥당 20문(0.2냥)으로 확정해야 한다고 판단했다.

> 동전이 유통된 이후 부자는 더욱 부유해지고 빈자는 더욱 가난해졌습니다. 동전이 유통된 지 20년도 안 됐지만 문제는 너무 커져 지방 백성들은 동전을 폐지하기를 모두 바라고 있습니다. 그러나 동전은 공적·사적 거래에서 매우 오랫동안 사용되어왔기 때문에 즉시 폐지하기는 어렵습니다. 동전 대부의 이율을 제한해서 가난하고 천한 백성들을 어느 정도 구제해주어야 합니다.

이율의 축소는 농민들이 지방 수령의 탐욕, 향리들의 뇌물 요구, 도적의 약탈을 견뎌야 했기 때문에 정부가 시행해야 하는 최소한의 조처라고 최석정은 주장했다.[11]

동전 대부의 이율이 늘어나는 현상을 설명한 최석정의 논리는 동전의 가치 하락으로 채무자에게 발생하는 이익은 계산하지 않은 것인데, 동전의 가치가 1년 동안 50퍼센트로 떨어지면 대부 비용은 고리대에서도 절반으로 줄기 때문이다. 유감스럽게도 계절에 따른 8백 퍼센트의 이율이 절반으로 줄어도 가난한 채무자는 재정적 몰락에서 벗어나지 못했다. 동전이 이율에 미치는 부정적인 영향에 대한 최석정의 혹평은 전통적인 반反화폐적 편견에 따른 진부한 도덕적 견해라기보다는 직접적인 경험에서 얻은 동전에 대한 비판이었다.

동전에 반대하는 논의가 최고조에 도달한 1720년대 후반으로 생각되는데, 『숙종실록』의 이 부분을 편찬한 사관은 1695년(숙종 21)에도 인식됐을, 앞서 언급한 동전의 세 가지 폐해를 서술한 직후에 사평을 삽입했다. 그는 동전은 저축을 다른 교환수단보다 자유롭게 소비하도록 만들고 농업 대신 상업을 추구하도록 자극했으며(그것은 덜 고되고 쉽게 돈을 벌 수 있는 희망을 주었기 때문이었다), 동전을 미곡으로 바꾸어 상환할 경우 원금의 5~6배까지 이익을 얻는 고리대금업자에게 채무자를 맡겨 놓았다고 비판했다.[12]

숙종의 주전 금지(1697)

1695년 말엽 숙종은 다시 어영청에서 10개월 동안 주전을 허가했는데, 구휼자금을 마련하기 위해 문반 관서는 물론 무반 관서에서도 주전을 허락한 조처는 통화 팽창과 동전의 가치 하락을 가져왔다. 실록의 사관은 17세기 동전의 선구자로서 이원익과 김육, 그리고 김육의 손자인 김석주에게 존경을 표시했지만, 숙종은 기근으로 야기된 재정 부족을 보충하기 위해 과도한 주전을 무책임하게 허락했다고 비판했다.[13]

그러나 숙종은 과도한 동전 공급으로 야기된 부정적 결과에 조심했으며, 자신은 비참한 기근에 직면해 인도주의적 구휼을 제공하기 위해서 이런 단기적인 주전을 추가로 허락했을 뿐이라고 설명했다. 그럼에도 불구하고 중앙과 그밖의 도시지역에서 동전 공급은 너무 많아지고 그 가치는 떨어진 결과 그것을 녹여 구리를 얻거나 다른 집기를 만들어 이익을 올리는 행위가 성행했다. 이 시기에 일본에서 수입한 구리가 어느 정도인지는 정확히 알 수 없지만, 일본의 구리 수출은 1691년(숙종 17)과 1692년에 각각 43만 근 정도였다가 1693년과 1694년에는 70만 근에 가까워졌으며 1695년에는 32만 7,252근, 1696년에는 62만 8,348근으로 올랐다가 1697년에는 140만 근으로 최고에 도달했다. 이중 얼마 정도가 조선으로 들어왔는지는 알려지지 않았지만 1693년 무렵 30만 근을 넘었으리라고 추정된다. 그 때문에 1696년 8월 숙종은 1697년 3월부터는 정부 관서에 특별히 허락한 단기적인 주전을 모두 끝내자는 사헌부 지평 송징은宋徵殷의 건의를 윤허했다. 이 결정으로 20년 넘게 정부가 승인해온 합법적인 주전은 모두 끝났다.[14]

두 번째 주기 : 통화 위축(1697~1731)

주전의 금지와 통화 위축(1697~1724)

모든 정부 관서의 주전을 금지한 숙종의 조처는 동전의 잉여와 시장에서 가격 상승의 흐름을 반전시키는 데 크게 성공했는데, 특히 시장에서 동전의 사용과 비농업적 상품의 생산과 판매가 전국적으로 확대되고 동전의 수요가 늘어났기 때문이었다. 그 뒤 20년 동안 동전의 공급은 증가하는 수요를 따라가지 못했으며, 동전의 가치는 너무 올라가 은과 거의 비슷해졌다.

시전과 난전

동전의 수요는 상업 활동이 증가하고 난전이 늘어나면서 커졌다. 왕조 개창 당시 시전의 상업 활동은 국고의 잉여분량과는 상관없이 궁궐과 중앙 관서에서 필요한 물품을 공급하는 데만 제한됐지만, 15세기 말엽 수도의 인구는 대지주에게 토지를 빼앗긴 농민이 이주하면서 늘어났다. 그들 중 다수는 상인이 되어 수도 주위에 상점을 세웠으며, 16세기 초반 중종은 그들의 존재를 인정해 생계를 유지하게 했다.

그 세기 말엽 난전이 더욱 번성하자 시전상인들은 경쟁자에 대한 금지를 정부가 허가하고 이전보다 더 넓은 범위에서 상업 활동의 특권을 독점하도록 허락해줄 것을 요구하기 시작했는데, 특히 임진왜란 이후 시전상인들에 대한 세금이 상당히 늘었기 때문이었다. 정부는 임진왜란 이후 재정 위기에 직면했기 때문에 그들의 요구에 따를 수밖에 없었고, 시전상인들이 바치는 물건에 가격을 지불할 만한 충분한 재원이 없었으며 자신이 사용할 물건과 중국 사신의 접대, 국가 제례에 사용할 물건을 얻는 데 그들에게 의존해야 했다. 정부는 각각 다른 물품을 취급하는 이른바 육의전에 독점적 특권을 주었으며, 그들은 자신이 취급하는 물건을 보관하는 창고인 도가都家를 세워 난전에서 징세할 수 있도록 허락받았다.

난전상인에는 직업적인 상인뿐만 아니라 제한된 녹봉을 충당하려는 시위군과 권세가의 노비, 자신들의 상품을 백성에게 직접 판매하는 공장도 포함됐다. 공인된 독점에 대한 좀더 심각한 도전은 부유한 상인뿐만 아니라 저리邸吏들이 대규모의 상업단체를 만들면서 이루어졌다. 그들은 도가를 개설하고 생산자와 대규모의 구매계약을 체결한 뒤 그것을 시전상인보다 싸게 팔았다.[15] 강만길은 1681년(숙종 7)부터 정부에 종이를 공급하고 추후의 사용을 위해서 비축해놓는 창고를 만들기 시작했다고 파악했다. 이 조처는 공인이 정부의 물품 수요를 제때 맞추지 못했기 때문에 취해졌다. 그 뒤 사상들은 자신들의 도가를 세워 대량으로 물건을 사거나 일용품을 매점해 공급을 제한함으로써 가격을 올리

기 시작했다.[16]

1716년의 가뭄과 동전 수요의 증가

난전과 사상의 상업 활동으로 동전의 수요가 늘었는데 18세기 초반 정부가 주전을 금지한 동안 동전은 매우 부족해졌지만, 1716년(숙종 42) 또 다른 가뭄이 닥칠 때까지 상황은 나아지지 않았다. 당시 우의정 이이명*은 정부에서 구리를 사서 좀더 많은 동전을 발행해 구휼자금을 마련할 때가 됐다고 아뢰었다.[17] 인도적 구휼을 요구한 이이명의 주장은 동전에 대한 일반적인 태도가 매우 악화됐기 때문에 찬성을 얻지 못했다. 특히 민진원은 동전과 구리의 부족과 관련된 고리대를 비판했다. 숙종은 1717년과 1718년 평안도와 제주도의 기근을 구휼하기 위한 2개의 비슷한 제안을 처음에는 윤허했지만, 그 뒤 동전의 폐해를 인식하면서 철회했다. 1724년에 즉위한 경종 또한 재정 위기를 타개하려는 목적에서 동전을 주조하는 데 동의했지만, 좌의정 이광좌李光佐는 처음부터 반대했으며 그 뒤에는 호조의 도움을 받아 구리가 너무 비싸고 구휼의 비용은 정부의 예산을 파탄시킬 것이며 동전의 사용은 부패와 사기를 촉진시킬 뿐이라면서 주전을 중단하도록 국왕을 설득했다.[18]

동전에 반대하는 새로운 논거

1720년대 동전과 그 역할에 대한 태도는 17세기 초반과는 완전히 달라졌다. 인조부터 숙종대 전반까지 국왕과 대신들은 경제에 동전을 도입하고 전국에 그 유통을 촉진하는 적극적인 정책을 지지했다. 김육·

---

* 원서에는 "At that time Second State Councilor Yi Huimyong(933쪽)"으로 되어 있어 '좌의정 이휘명'의 의미로 번역된다. 그러나 이 인명은 원서의 인명 목록에도 수록되어 있지 않으며 『숙종실록』이나 『승정원일기』에서도 찾을 수 없었다. 인용한 논문과 『숙종실록』을 참고로 할 때 숙종 42년 우의정으로 재직하던 이이명의 오기로 판단되어 수정했다.

허적 같은 신하와 유형원 같은 학자들은 동전의 부재는 야만적인 문명 수준이 아니라면 퇴보를 고집하는 증거라고 믿었다. 숙종과 경종은 빈곤을 구휼해야 한다는 도덕적 의무를 이행하기 위해서 동전을 사용하려고 했지만, 1720년대 동전의 부족과 가치 하락은 동전 공급을 조금 늘려야 하는 경제적이며 합리적인 근거였지만, 국왕은 동전에 반대하는 대신들의 편견을 극복할 수 없었다.

자연적이며 농업적인 경제의 단순성을 선호하는 견고한 보수주의자들은 동전의 도입을 언제나 반대했지만, 이제는 가격 · 교환 가치 · 이율의 변동에 반대하는 새로운 보수적 견해가 나타났다. 보수적인 비판자들은 정부의 미숙한 행정으로 가격을 충분히 보고하고 조사하지 못했으며, 국가가 보유한 동전의 분량을 정확히 파악하고 지역적으로 동전을 고르게 배급하지 못한 문제들을 집중적으로 지적했다. 그러나 그들은 통화관리의 문제를 동전 자체가 해악을 초래한다는 단순하고 도덕적인 개념으로 축소시켰다. 그러므로 1720년대에 나타난 동전에 대한 부정론은 최근에 나타난 현상이었으며, 단순히 유교적 근본주의자의 몽매한 생각이라기보다는 '근대적' 경향에 대한 반작용이었다.

그러나 1720년대 후반 동전 사용의 증가와 시장의 점진적인 확대는 동전의 부족과 일용품 가격의 하락을 가져왔는데, 관원들은 그런 변화를 동전이 도입된 이후 사실상 뒤집을 수 없는 흐름으로 보기 시작했으며, 정부는 동전 공급을 확대하고 가격을 낮추는 책임을 이행할 의무가 있었다.

동전에 반대하는 영조의 편견(1727)

유감스럽게도 최고 권력자인 영조는 반화폐적 편견을 갖게 됐다. 1725년(영조 1) 그는 가뭄을 구휼하기 위해 동전을 주조하자는 일부 신하들의 주청을 윤허했지만 대단히 망설인 끝에 주전에 기한을 두었다.

영조는 동전은 주대와 한대 이후 사용되어왔지만 사마광은 『자치통감』에서 그것의 폐해에 대해 경고했으며 한국의 화폐사는 중국의 경험과 동일한 문제들을 재생산했다는 사실을 신하들에게 일깨워주었다. 그는 숙종과 경종에게 존경을 표시했는데, 숙종이 동전의 보급을 촉진하기 위한 정책을 시작했기 때문이 아니라 그와 경종은 과도한 주전을 금지하는 현명한 조심성을 보여주었기 때문이었다. 동전은 음식이나 옷처럼 먹거나 입을 수 있는 것이 아니었기 때문에 그 부족은 걱정할 만한 문제가 아니었다. 동전이 처음부터 전혀 사용되지 않았으면 더 좋았겠지만, 그렇지 않았기 때문에 그는 그것을 좀더 주조할 수밖에 없었다. 동전에 대한 그의 적의를 생각하면, 겨우 두 달 뒤에 그가 결정을 재고해서 1696년(숙종 22)의 통화 팽창이 재현될 수 있다는 우려에 따라 더이상의 주전을 철회하기로 결정한 것은 놀랍지 않았다.[19]

홍치중 : 동전 납세의 금지

1727년(영조 3) 음력 3월 영조는 시장에서 동전의 가치가 이례적으로 높은 상황 때문에 야기된 문제를 해결하는 가장 좋은 방안에 대한 중요한 논의를 신하들과 주재했다. 동전에 대한 편견을 영조와 공유한 신하들이 일부 있었지만, 다수는 전국의 좀더 많은 지역에 동전을 유통해야 하며 그것의 사용으로 어떤 문제가 발생하든지 그것은 이제 필수적인 교환수단이 됐다고 인정했다. 그들은 동전과 일용품의 공급 사이에 불균형을 조정해 안정된 가격을 유지해야 한다는 이전 세대의 경험에서 교훈을 얻었다. 그럼에도 불구하고 영조는 그들이 동전을 좀더 주조해야 한다는 자신들이 견해를 보강하기 위해서 방어적이고 이런저런 변명을 늘어놓았다고 생각했다.

좌의정 홍치중洪致中은 그해에 흉년이 들어 빈농들은 생산물을 모두 소비했으며, 동전 잉여와 통화 팽창으로 고통을 겪는 것이 아니라 동전의 부족과 너무 높은 동전의 가치, 그리고 통화 수축으로 곤경에 처했다고 영조에게 아뢨다. 즉 그는 미곡과 면포의 가격이 너무 낮아져 농민들은 납세하기 위해 동전을 구입하거나 동전으로 상환하는 데 너무 많은 부담을 지므로 정부는 동전을 좀더 주조해 그 가치를 떨어뜨려야 한다고 암시한 것인데, 이것은 19세기 후반 미국에서 도시의 채권자와 고리대금업자들을 희생해서 동전의 가치를 낮춘 정책을 펴 빈농들의 부채 부담을 덜어주려고 저렴한 은가銀價를 추진한 대중주의자들 및 민주당과 상당히 비슷한 주장이었다.

다른 대신들은 사적인 논의에서 동전을 좀더 주조해야 할 시기가 됐다는 데 자신과 동의했다고 홍치중은 말했지만, 그들의 바람은 영조의 완고한 반대로 좌절됐다. 영조는 동전의 사용을 허용했다면 추가적 주전을 윤허했어야 했다. 반면 거기에 반대했다면 그는 빈농들을 동전이 부족하고 가치가 너무 높은 상황에서 가난한 농민들을 부채와 고리대로부터 보호하기 위해 동전의 사용을 전면적으로 폐지해야 했다.

홍치중은 추가로 주전을 윤허하도록 영조를 설득할 수 없었으며 자신은 동전 사용의 전면적인 폐지는 끔찍한 일이라고 믿었기 때문에 적어도 개인적인 거래에서는 동전의 사용을 인정하자는 타협안을 제시했다. 그 방안에 대한 영조의 윤허를 얻기 위해서 그는 조선의 조세와 화폐제도를 16세기로 되돌리자는 정책까지 제시했는데, 그것은 김육과 유형원처럼 화폐경제를 적극적으로 지지한 인물들의 생각과는 반대되는 견해였다. 홍치중은 대동세의 일부와 군포, 공노비의 신공을 동전으로 내도록 한 규정을 철폐하자고 영조에게 건의했다. 농민들은 이런 세금을 면포로만 내도록 하고, 정부는 더이상 동전으로 지불하지 않으며, 도성의 시전(과 다른 상업도시의 시장)에서 소매에만 동전을 사용하는 방안이었다. 홍치중은 동전으로 납세하라는 정부의 요구를 폐지하면 가용 동전이 시장으로 유입되어 동전의 가치와 일용품의 가격이 떨어지고, 세금의 전부 또는 일부를 내기 위해 부당한 환율로 곡식을 팔아서 동전을 사야 했던 농민을 구제할 수 있을 것이라고 믿었다.

영조는 그 제안에 관심을 가졌지만 아직도 동전 가치의 등귀보다는 주전의 확대와 관련된 폐해가 더 우려스럽다고 판단했기 때문에 전적으로 찬성하지는 않았다. 그는 자신은 추가적인 주전을 금지하는 것이 아니라 동전을 교묘하게 조작하려는 마음을 정화하기 위해서 동전을 완전히 폐지하는 것을 선호한다고 밝혔다. 현재 동전은 공급이 부족하지만 도성의 백성들은 남부지방에서 올라오는 조운선이 바다에서 난파되지만 않는다면 식량 부족을 걱정할 이유가 없었다.

영조는 부유한 채권자들만이 동전 공급이 부족한 상황에서 이득을 본다는 사실을 알았기 때문에 농민 채무자들은 동전을 즉각 폐지하면 큰 혜택을 받을 것이라고 설명했다. 그는 동전 과잉(과 통화 팽창)의 문제점을 경험적으로 알고 있었지만, 동전의 사용을 전면적으로 폐지할 경우 발생할 문제를 예측할 수 없었기 때문에 소규모의 '개인적' 거래를 제외한 모든 거래에서 동전의 사용을 금지하고 1~2년 정도 그 영향을 지켜보자는 홍치중의 타협안을 받아들이려고 했다. 그는 유용하고 효과적인 건의는 받아들이겠다면서 신하들에게 각자의 의견을 개진하도록 했다.

두 신하는 홍치중의 타협안 대신 동전을 전면적으로 폐지하려는 영조의 기본적 의도를 지지했다. 이조판서 심택현沈宅賢은 동전이 인간을 사악하게 만든다고 생각하지는 않았지만 그 의견에 동의했다. 반면 그는 동전의 가치 상승은 납세자들에게 커다란 비용을 부과하므로 정부는 좀더 많은 동전을 주조해야 한다는 홍치중의 견해에 동의했지만, 영조가 매우 확고하게 반대했기 때문에 그 자리에서 자신의 견해를 피력할 수는 없었다. 그는 최선의 정책은 동전의 사용을 완전히 폐지하는 것이라고 믿었는데, 정부가 홍치중의 계획대로 개인적 거래에서 비축한 동전을 사용하도록 허락한다면 예측하지 못한 또 다른 문제를 불러올 것이라고 판단했기 때문이었다.

훈련도정訓練都正 장붕익張鵬翼은 동전이 인간의 사악한 마음을 자극한다는 영조의 판단에 동의하면서 즉시 동전을 폐지하자는 심택현의 제안을 추천했다. 평안도 북천에 주둔할 때 그는 겨우 2년 만에 동전이 길주吉州에서 회령會寧 남부까지 유통되는 사실을 보았는데, 그것은 '후진적'인 조선인들이 동전의 유용성을 배울 수 있는 능력을 증명했다는 측면에서 김육과 유형원 등을 놀라게 할 만한 사실이었다. 그러나 심택현은 이전에는 전혀 사용되지 않았던 지역에도 동전이 보급된 것은 동전의 부족을 야기해 그 가치를 올렸기 때문에 사회에 해악이었다고 믿었으며, 이런 현상은 전국의 공적 · 사적 거래에서 유통(이나 판매)되는 어떤 상품에도 일어날 수 있다고 판단했다.

장붕익은 화폐경제의 확산이 동전의 수요를 증가시키고, 상품가격의 균형을 유지하기 위해서 추가적인 주전을 필요로 할 것이라는 사실을 정확히 관찰했지만, 동전을 폐기하면 부자(고리대금업자)의 이익을 희생해 하부계층에게 혜택을 줄 것이라는 영조의 견해에 동의했다. 그는 정부 관서와 개인이 비축한 모든 동전을 폐기해 유기鍮器로 개조하자고 영조에게 주청했다. 정부는 동전의 사용을 금지하되 백성들의 개인적 거래는 허락하자는 홍치중의 타협은 도덕적 모순을 법률에 희석시켜 "백성들을 속일 뿐"이라고 그는 판단했다.

반면 종친부 관원인 이병상李秉常은 정부가 동전 납세와 사용을 폐지하면 채무자와 납세 농민의 부담을 줄일 것이라는 판단에서 홍치중의 타협안을 옹호했다. 남부지방에 근무하는 동안 그는 부자들은 나중에 그 가치가 오를 것을 예상해서 동전을 비축했지만, 가난한 사람들은 동전의 가치가 높았기 때문에 납세하는 데 필요한 동전을 얻기 위해서 수확의 거의 전부를 팔아야 했다고 아뢨다. 동전 가치가 상승하고 미곡 가격이 하락하면 풍년이 들더라도 1냥의 동전을 얻으려면 쌀 5섬(15말)이 필요하게 됐다(1670년 전후 유형원의 환율에서는 5말이었던 것과 비교하면, 지난 반세기 동안 쌀의 동전 가격은 67퍼센트 하락했거나 동전의 가치는 3백 퍼센트 상승한 것이었다). 농민들은 풍년을 재앙으로 여기게 됐으므로 모든 대동세와 양역을 면포로 걷자는 홍치중의 제안은 전적으로 정당했다.

이병상과 어영대장 이봉상李鳳祥은 정부 관서들은 적어도 현재의 동전 비축분을 사용할 수 있고 그렇게 함으로써 시장에서 동전의 가치를 낮출 수 있다는 논리에서 타협안과 개인 거래의 동전 사용을 옹호했다. 예조판서 신사철申思喆 또한 호조·선혜청·제군문諸軍門은 동전이 완전히 폐지되면 자신들의 동전 비축분을 어떻게 사용할지 의문을 제기했다. 그러나 영조는 동전 비축분을 사용할 수 있는 방법을 찾을 수 없을 것이라는 이런 생각을 조롱했다. "그들이 이미 모은 것을 사용하게 하면 하룻밤 만에 다 써버릴 것이다."

영조는 정부의 동전 비축분을 처분하는 것은 부차적인 문제일 뿐이라고 생각했지만, 우승지 한이조韓頤朝는 호조와 중앙의 무반 관서, 그리고 지방의 관찰사와 진관들은 자신들의 자금을 모두 써버렸다는 확언에도 불구하고 아직도 개인들보다 많은 동전을 보유하고 있다고 믿었다. 동전은 오랫동안 유통됐기 때문에 현재 팽창된 가치에도 불구하고 교환수단으로 대체할 수 있는 물품을 찾기가 거의 불가능했으며, 보유한 동전이 모두 불법적이라고 선언하는 것은 잘못이었다.

영조는 마침내 정부가 동전 보유분을 처분할 수 있는 방안에 우려를 표명함으로써 태도를 조금 누그러뜨렸다. 홍치중은 영조의 태도가 완화된 징후를 포착해서 자신의 타협안을 버리고 동전 공급을 확대하자는 주장까지 폈지만, 자신의 타협안이 최선의 방안이라고 판단했다고 생각된다. 그는 영조에게 동전 보유분의 문제는 해결하기에 무척 어려우므로 타협안이 필요하며, 그럴 경우 동전은 시장에서 합법적인 통화로 남을 수 있다고 아뢨다. 호조와 혜민서 모두 실제로 당시 동전 보유분이 없었지만, 많은 무반 관서와 부유한 개인들은 아직도 동전을 많이 보유하고 있었기 때문에 국왕은 즉시 동전을 폐지할 수 없었다. 또는 그가 합법적인 통화로서 동전의 사용을 금지한다고 해도 너무 많은 개인과 정부 관서들은 국왕의 지시 하나로 그들의 저축이 소멸되는 사태를 관망하지는 않을 것이므로 그런 조처는 결코 시행되지 않을 것이었다. 정부가 세금과 지출에 동전을 사용하는 것만 그만둔다면, 개인적 거래에서 좀더 많은 동전을 자유롭게 사용하고 동전의 시장가치를 낮추며 추가로 주전할 필요를 없앨 수 있을 것이었다. 게다가 동전은 대체로 커다란 문제없이 한대 이후 시장에서 사용되어왔다.

앞서 정부 재정은 물론 시장에서 동전을 완전히 폐지하자고 제안했던 심택현은 국고에 잉여가 있다면 정부 재정에서 동전을 사용하는 것만 금지해도 된다고 건의함으로써 정부가 보유한 동전의 문제가 심각하다는 홍치중의 주장에 동의했다. 불행하게도 당시 비축분은 거의 고갈됐으며, 정부 관서들은 그들의 의무를 수행하기 위해서 비축한 동전을 사용할 것이었다. 그러나 이 주장은 정부의 동전 지출은 모든 정부 관서들이 자신이 소유한 모든 동전을 소비할 때까지만 용인되며 그 이상까지 지속될 수는 없다는 영조의 확신을 굳게 할 뿐이었다.

영조는 백성들의 조세와 채무 부담을 경감하고 고리대를 근절하기 위해서 홍치중의 절충안을 수용했지만, 일부 신하들은 동전이 이런 문제를 유발했다는 그의 가정에 문제를 제기했다. 장령 김우철金遇喆*과 사헌부는 동전을 완전히 폐지하는 것이 좋다는 데 동의했지만, 그는 동전을 좀더 주조해 그 가치를 떨어뜨리는 것이 훨씬 낫다고 생각했다.

---

* 원서에서는 김우철의 한자 표기가 "金遇詰(김우힐)"로 되어 있는데(1,198쪽) 바로 잡았다.

또한 그는 동전을 도입하기 이전 면포를 사용했어도 문제가 없었다는 영조의 판단에도 반대했는데, 향리들은 뇌물을 요구하기 위해서 항상 납포를 점퇴했기 때문이었다. 적어도 동전은 면포의 품질을 둘러싼 끊임없는 갈등을 종식시킬 수 있었다. 영조는 김우철의 논점에는 동의했지만 뇌물은 동전 자체가 야기하는 문제보다 부수적이라고 지적했다.

대사간 신처수申處洙는 세입의 감소를 이유로 동전 사용의 폐지에 반대했다. 또한 그는 면포로 세금을 전환해도 동전 공급의 부족을 해결할 수 없을 것이라고 영조에게 지적했는데, 면화의 작황이 좋지 않으면 면화의 가격이 상승하므로 농민들은 세금으로 납부할 면포를 구입하기 위해서 미곡을 많이 지불해야 했기 때문이었다. 영조는 처음으로(1631년?) 동전을 도입하기 전에도 면화의 작황이 좋지 않더라도 큰 문제없이 몇 세기 동안 면포로 세금을 거둬왔다면서 이 반대를 근거가 박약한 주장이라고 일축했다. 그러나 영조의 단언은 납포의 역사에 대한 자세한 지식이나 조사에 따른 것이 아니었으며, 그는 신처수의 예측이 실현되자 당황했다.

홍치중은 신처수의 주장이 타당하다고 인정하면서 면포는 그 가치에서 동전만큼 인정될 수 있다는 데 동의했지만, 지방에서 면화의 작황이 좋지 않아 면포의 값이 비싸지면 정부는 그런 지역에서는 동전으로 납부하도록 허락하자고 주장했는데, 주된 까닭은 시장에서 동전을 합법적으로 계속 인정하자는 계획을 갖고 있었기 때문이었다. 그럼에도 불구하고 동전에서 면포로 세금을 전환하는 것은 여전히 필요했는데, 1726년(영조 2) 전라도에서 혹심한 흉년이 들었지만 쌀값은 계속 너무 낮아서 농민들은 여전히 모든 식량을 팔아 세금으로 납부할 동전을 사야만 했기 때문이었다. 아울러 동전으로 세금을 납부하라는 요구를 중지하면 동전의 공급을 늘림으로써 대부의 실제 이율을 낮출 것이었다.

이제 영조는 대동세를 동전 대신 면포로 징세하는 제도가 납세자에게 고통을 야기할 수 있다는 사실을 인정했지만, 홍치중은 자신의 절충안이 영조의 걱정을 해결할 것이라고 확신했다. 그는 풍년일 때 동전의 가치는 올라가며 흉년일 때 쌀값이 올라간다는 사실을 인정했다. 같은 원칙은 면포와 동전에도 적용되기 때문에 도성의 주민들은 면포의 가격이 급등하면 동전으로 납세하는 것을 좋아했지만, 반대의 경우는 그렇지 않았다. 면포의 부족으로 그 가격이 상승하면 영조는 동전에서 면포로 납세를 전환하는 것을 걱정할 필요가 없었는데, 면포와 동전의 교환비율을 1냥당 1필로 고정하면 그 문제를 막을 수 있기 때문이었다(즉 면포 1필당 1백 문인데, 유형원이 1670년(현종 11) 무렵 규정한 1필당 120문의 교환비율보다 면포의 가치가 16.7퍼센트 상승한 수치다). 그가 알지 못한 측면은 시장의 면포 가격이 정부의 가격보다 높아지면, 면화와 면포 생산자들은 이익을 포기하고 손해를 보면서 팔거나 면포의 생산을 중단할 것이라는 점이었다. 면포와 동전의 교환비율을 고정하는 방안은 효과가 없으며, 법적인 교환비율이 무시된다면 도시의 납세자들은 결국 세금으로 내기 위한 면포를 구입하는 데 더 많은 동전을 지불해야 했다. 정부 관서에서 동전 사용을 금지하면 동전이 완전히 폐지될 수 있다는 영조의 방안을 지지한 심택현은 모든 세금을 면포로 전환하면 새로운 문제를 야기할 것이라고 여전히 믿었으며, 면포로 납세하는 제도를 영구히 채택하기 전에 2~3년 동안 시험해보자고 영조에게 주청했다.

영조는 의견이 다양하므로 몇 달 더 그 문제를 연구할 필요가 있다고 말했으며, 중국은 한대에 오수전을 채택한 이후 그런 어려움이 없었는데 — 이것은 잘못된 추정이었다 — 조선은 동전의 유통에서 어째서 이런 어려움에 직면하게 됐는지 궁금해했다. 그는 동전을 도입한 이후 발생한 문제들을 해결할 책임이 정부에 있다는 데 동의했지만, 미곡은 생활에 필수적인 산물이고 항상 큰 문제없이 유통되어온 것처럼 보였는데도 어떻게 동전이 조선에서 유통되는 데 성공했는지 놀라워했다 —

이것 또한 잘못된 추정이었다. 그것의 사용을 금지하는 것은 쉬운 일이었지만, 그는 그것을 대체할 수 있는 가장 좋은 교환수단을 결정해야 했다.

만약 그가 홍치중의 절충안을 채택해 동전의 공식적 사용을 금지하고 시장에서만 사용하도록 허가했다면, 그는 또 다른 문제가 야기될 것이라는 데 동의한 것이었다. 만약 그가 삼남지방의 백성들에게 면포로 납세하도록 지시하되 그들에게 홍치중이 제안했던 것 같은 일정한 상황 아래서는 동전으로 납부할 수 있도록 허락했다면, 면화의 나쁜 작황으로 면포의 가격이 비정상적으로 올랐을 때만 일시적으로 조정될 수 있다는 것이었다. 그는 지방에서는 면포로 납세하도록 허락했지만, 중앙 관서는 시전에서 동전으로 공물 품목을 사도록 허용했다. 그는 이렇게 1~2년 시행하면 홍치중이 예측한 대로 면포의 가격은 오르고 동전의 가치는 내려갈 것이라고 기대했다.

영조는 삼남지방에서 대동세를 납부하는 데는 동전을 사용하지 못하도록 금지함으로써 홍치중의 원안을 수정하기로 결정했다고 발표했지만, 즉시 홍치중은 납포의 범위를 기병과 보병으로 확대하고 다른 세금들은 동전과 면포를 절반씩 내도록 하자고 주장했다. 아울러 그는 2년 정도 뒤에는 그 정책을 변경할 수도 있다고 언급했다.

그러자 이병상은 국가는 동전을 주조해 너무 높은 동전의 가치를 낮출 수 있는 권한을 항상 갖고 있지만 홍치중의 절충안이 성공하면 국왕은 세금과 공적 지출에 동전을 다시 사용하는 쪽으로 정책을 바꿀 수 있을 것이라고 말했다. 영조는 홍치중의 절충안이 동전을 좀더 주조하지 않은 채 현재의 문제를 푸는 방법을 제시했다고 칭찬하면서 그 회의를 마무리했으며, 정부가 동전 사용을 줄이면 자연히 동전의 가치가 떨어질 것으로 예상했다.[20]

1726년(영조 2) 홍치중은 동전의 사용을 완전히 폐지하려는 영조의 원래 의도를 막고 시장에서 동전을 계속 사용하도록 하는 데 성공했다. 동전의 해악에 대한 영조의 도덕적 비판은 조선에 동전을 도입하기 위해 분투했던 15세기 대부분의 국왕은 물론 17세기 초반 인조 이후 어떤 국왕의 생각보다 '진보적'이지 않았다. 영조는 백성들이 통화 팽창과 통화 수축의 상반된 위기를 전혀 겪지 않는 좀더 자연적이고 원시적이며 동전이 통용되지 않는 경제에 대한 소박한 생각을 동경했다. 그는 최근 동전의 부족으로 야기된 실제의 세금과 이율의 상승을 개탄했지만 그런 현상, 특히 고리대금업자가 계절에 따른 부족과 잉여를 교묘하게 조종해 이익을 극대화하고 동전으로 납세하게 해서 자동적으로 이익을 불리는 효과를 얻는 현상은 동전 자체의 속성 때문에 발생했다고 판단했다.

그러나 이 회의에서 자신의 의견을 피력했던 8명의 신하 중 1명만이 동전의 해악에 대한 영조의 도덕적 비판에 동의했다. 나머지 7명은, 적극적이든 소극적이든, 동전을 좀더 주조하는 것이 현재의 매우 높은 동전의 가치를 해결하는 가장 논리적이며 합리적인 방안이라고 믿었다. 영조와는 반대로 그들은 17세기에 동전을 옹호한 인물들의 지적 후예였거나, 시장 환경에 대한 자신들의 실제적인 경험과 조사에 따라서 동전의 사용과 유통은 그것을 폐기하는 것보다 경제 전체를 훨씬 진보시켰다고 인식한 것이었다.

홍치중의 절충안 실패와 다른 교환수단의 모색

6개월 뒤 영조는 이런 커다란 정책적 변화를 채택하기로 결정했지만, 이전의 논쟁에서 예상됐던 원인 때문에 후퇴할 수밖에 없었다. 황해도 관찰사는 지방의 세금을 면포로 제한하면 백성을 고통스럽게 할 것이며, 좌의정 조태억趙泰億은 자신이 강원도 원주를 방문했을 때 면화의 작황이 나빠서 면화의 가격과 납세 부담이 급증한 결과 많은 사람들이 곤경에 빠졌다고 보고했다. 호조판서 이태좌도 정부가 (당시 동전 비축분의 처리를 제외하고는) 동전으로 세금을 받거나 지출하지 않았기 때문에 중앙과 지방의 물류가 막혔다고 지적했다. 조태억은 납세자들이 바란다면 다시 동전으로 납세하도록 허락하라고 주청했으며, 이태좌는 세금의 절반을 동전으로 지불했던 이전의 규정을 다시 시행하도록 요구했다. 영조는 강원도의 상황은 다른 도의 상황을 반영한다는 데 동의했으며 면포로만 납세하도록 했던 지시를 철회했다.[21]

그러나 영조는 동전을 폐지하려는 생각을 버리지 않았기 때문에 그것을 대체하는 데 가장 적합한 수단을 의정들에게 물었다. 이태좌와 조태억은 지폐를 제안했는데, 조태억은 지폐는 오래 사용할 수 없으므로 교체해야 한다는 단점을 제외하면 마초馬草나 관원들의 녹봉을 지불하는 데 사용될 수 있다고 언급했다. 동전을 대체할 수 있는 가능한 수단으로 이태좌는 직접 목격한 세 가지 물품을 제안했다. 젊었을 때 그는 폭이 넓고 길이가 짧은 조량목助量木이라는 일반적인 면포가 시장에서 사용되는 것을 보았으며, 조잡하게 짜여졌고 검은색을 띠었지만 아침이나 저녁 시장에서 거래할 때만 사용됐던 함산포咸山布가 있으며, 끝으로 대전大錢의 4분의 1 정도 무게인 소전小錢이 있다고 아뢨다. 영조는 지폐나 조량목은 보지 못했지만, 동전의 도입은 "민심과 도덕을 점차 타락시키고 있기 때문에" 여전히 반대한다고 언급했다. 그러나 그는 적합한 대체 수단을 찾기까지는 동전을 폐지할 수 없었으며, 신하들에게 대체 수단을 계속 논의하도록 지시했다.[22]

두 달 뒤 영조는 다시 회의를 열어 동전의 적절한 대체 수단과 양역良役의 개혁을 함께 논의했다. 그 회의에서 그는 깊이 실망했을 것인데, 세 신하만이 동전 외의 다른 교환수단에 찬성했으며 13명은 대안을 비판하거나 동전은 경제에 필수적이라는 견해를 표명했기 때문이었다. 그럼에도 불구하고 신하들은 조세와 이율, 가격, 그리고 교환수단 사이의 관계에 대한 흥미롭고 다양한 의견을 보여주었다.

형조판서 서명균徐命均과 한성판윤 김동필金東弼은 홍치중의 절충안을 다시 시행하자고 건의하면서 군포를 계속 걷고 무반 관서와 군사부대가 동전을 비축하는 것을 금지하자고 건의했지만, 그 주된 까닭은 면포가 동전보다 우월한 교환수단이기 때문만은 아니었다. 그러나 면포나 그밖의 교환수단이 동전보다 우월하다는 측면을 방어하려고 노력하는 대신 그는 15세기 지폐의 실험이 실패한 사례가 보여주었듯이 면포뿐만 아니라 지폐도 동전보다 못하다고 솔직하게 인정했다.

대사간 송진명宋眞明은 동전을 폐기하고 이런 대안을 선택할 것인지 결정해야 한다고 촉구했지만, 영조는 그런 조처를 즉시 시행하면 왕권에 타격을 주어 왕조가 급속히 몰락하고 있다는 징후로 백성들에게 보일 것을 염려했다. 동전은 사적 · 공적으로 너무 광범하게 보유하고 있었기 때문에 국왕은 좀더 주전하는 방안 외에는 대안이 없었다. 김동필 또한 모든 나라들이 고대부터 동전을 사용해왔으므로 주요한 문제는 수단의 물리적 본질이 아니라 그것을 관리하는 옳은 방법을 찾는 것이라고 지적했다.

김동필은 영조가 동전을 법화로서 폐기한다면 정부와 개인이 보유한 동전의 가치는 몰수되고, 가난한 채무자들은 현재의 빚을 갚으려고 보유한 동전이 말소되어 분노할 것이며, 빈민들은 부자에게 더욱 많은 채무를 질 것이라고 아뢰는데, 이것은 나중에 돈녕부도정敦寧府都正 이익한李翊漢의 주장과 공명하는 것이었다. 고리대는 동전의 유통 때문에 악화됐다는 견해도 있었지만, 어떤 교환수단이 사용되어도 다시 나타날 것이었다. 더 많은 동전을 주조해야 한다는 사실은 명확했지만, 신하들의 의견이 갈렸기 때문에 국왕은 그렇게 하지 못했다. 모든 사람들은 영조가 동전에 주도적으로 반대한다는 사실을 알았기 때문에 명백한 모순이었다.

김동필은 동전을 좀더 주조하면 구리의 가격과 주조 비용이 올라가고 동전 주조세의 이익은 거의 없어질 것이라고 판단했다. 동전은 다른 교환수단으로 대체할 수 없으며 주전은 위기 상황에 대체하는 국왕의 의무이므로 이익이 없더라도 해야 한다는 대사간 송진명의 주장과는 반대로 김동필은 동전 주조세의 이익은 주전에 경제적 동기를 부여하는 데 필요하다고 믿었다.

김동필은 정부가 옳은 방법으로 동전을 운영해야 할 의무가 있다는 자신의 발언은 동전의 공급을 관리해야 한다는 의미라고 설명했다. "동전은 가치가 올라가면 낮추고 가치가 떨어지면 올려야 합니다. 그 성공은 동전을 올바른 방법으로 다루는가에 달려 있습니다."

추가적인 주전에 대한 이런 활발한 논의가 이루어진 뒤 그는, 유형원이 제안했던 것처럼, 일본에서 구리를 좀더 수입하는 생각을 지지할 것으로 예측됐지만, 그 대신 홍치중의 절충안을 다시 시행하자는 의견으로 후퇴했는데 그것은 결국 동전의 납세를 폐지해 시장에 동전 공급을 확대하는 데 성공할 것으로 판단했기 때문이었다.

김동필은 동정의 역할을 해석하는 몇 가지 중요한 방법을 소개했다. 앞 세기의 김육과 유형원처럼 그는 정부가 동전 공급을 관리하거나 통제해야 한다는 의무를 강조함으로써 도덕적 입장보다는 도구적 차원에서 동전을 취급했다. 그는 고리대를 통한 이율의 증가는 동전의 고유한 성격 때문에 야기된 문제가 아니라 동전의 부족과 그로 인한 가치 상승 때문이며, 이것은 교환수단이 무엇이든지 발생할 수 있는 문제라고 생각했다.

이자와 관련해서 공조참의 조원명趙遠命도 이런 동일한 도구적 태도를 가졌는데, 그는 동전으로 대부하는 방식이 이율을 높이고 가난한 사람들을 더욱 가난하게 만든다는 전통적 견해를 비판했다. 부유한 고리대금업자들이 봄에 농민들에게 동전으로만 대부하고 가을에는 원래 책정했던 50퍼센트의 이율을 5백 퍼센트까지 올리는 것은 사실이었는데, 동전의 원래 가치와 이윤(1.5냥)은 쌀로 전환되어 가을에 상환됐기 때문이었다. 그러나 동전이 없다면 고리대금업자들은 봄에 미곡으로 직접 대부하는 것을 거부하고 어떤 교환수단이든지 동전을 대신해 사용하려고 했으므로 이런 문제 때문에 동전이 비판되지는 않았다. 진정한 문제는 동전 공급의 절충이었는데, 주전을 금지한 정부의 명령은 영조가 중앙의 호조와 무반 관서뿐만 아니라 경상도 동래 · 경주 · 대구 등에서도 주전하도록 윤허하면 해결될 수 있었기 때문이었다.

앞서 지폐를 발행하자고 제안했던 전임 병조판서 이태좌는 이제 동전 이외의 다른 수단은 찾을 수 없다면서 홍치중의 절충안을 지지한 김동필의 제안에 반대했다. 그는 홍치중에게 그의 계획은 정부가 동전 사용을 금지하면 교역의 흐름이 막히고 중앙 관서가 공물을 시장에서 구입하지 못하게 되어 실패할 것이라고 미리 경계했다고 영조에게 아뢨는데, 그 예측은 그 뒤 타당한 것으로 밝혀졌다. 그는 동전 부족을 바로잡고 지난 30년 동안 정부가 주전을 금지해서 야기된 조세 부담을 경감해야 한다고 건의했다. 아울러 그는 동전의 높은 가치는 위조를 더욱 부추긴다면서 경고의 표시로 그런 사람들을 저자에 효수하자고 건의했다.[23]

공조참의 조원명은 동전을 면포로 대체하는 데 반대했는데, 그것 역시 공급 부족으로 가치가 올라갈 수 있기 때문이었다. 면포를 교환수단으로 대체하면 면포를 만드는 면화의 공급을 줄여 남부지방의 직조자들은 겨울 동안 강원도와 함경도 주민들의 수요를 맞추기에 충분한 면포를 생산할 수 없게 될 것이었다. 생산자들은 동전으로 사용하기 위해 낮은 품질의 면포를 짜기 시작할 것이며, 그것은 몇 년 안에 그 가치를 잃을 것이었다.

동부승지 이정필李廷弼은 동전을 유지하는 데 찬성했는데, 그것이 양역개혁을 성공하는 데 관건이라고 생각했기 때문이었다. 그는 국방 재정의 부족은 조선이 당의 삼세三稅제도를 불완전하게 받아들였기 때문이라고 생각했다. 당의 삼세제도에서 조선 정부는 전세租와 요역庸만을 도입했을 뿐, 당에서 동전으로 납부했던 호세調와 대등한 제도는 시행하지 않았다. 달리 말하면 이정필은 양민에게만 부과됐던 군포를 넘어서 가호마다 차등적으로 동전으로 세금을 납부하게 하는 방안이 과세 기반을 확대하는 최선의 방법이라고 지지했던 것이다. 호세는 (양정이나 가족의 숫자에 따라) 세 단계로 나뉘어 대호에는 4~5냥, 중호에는 3냥, 소호에는 2냥이 부과됐다. 동전은 당의 호세를 적용하는 데 관건이었는데, 특히 지폐와 면포는 정부가 적절히 관리하지 못할 경우 동전의 유통에서 나타난 것과 동일한 문제를 일으켰기 때문이었다. 국왕 또한 미가의 하락과 농민들의 수입 손실을 막기 위해 동전을 좀더 주조해야 했다.

동전에 대한 이정필의 옹호는 양역의 과세 기반을 확대하는 것은 양정에게 국한한 과세 대상을 모든 가호로 확대함으로써 이룰 수 있다는 그의 확신과 직결된 것이었다. 호세는 당 전기에 성공적으로 시행됐으므로 그는 그런 선례가 영조에게 영향력을 줄 것이라고 예상했다. 물론 면포든 동전이든 호세는 양반뿐만 아니라 오랫동안 양역에서 면제되어 온 부류의 반대로 1870년(고종 7) 대원군의 치세까지 시행되지 않았기 때문에 이정필의 주장은 동전을 유지시키는 데 많은 지지를 얻지는 못했다.[24]

예조참판 여필용呂必容은 대부분의 사람들은 동전이 폐지되어야 한다고 생각한다는 데 동의했지만, 그와 장령 윤빈尹彬*은 흉년이 계속되는 와중에 동전이 폐지되면 구휼할 자원이 없게 될 것이라고 아뢨다. 이런

* 원서에는 발음을 "Yun Pin"으로 적었고 한자는 '尹林'으로 표기했는데(1,203쪽), 바로잡았다.

중대한 때에 17세기 이후 사용된 동전의 유용성을 오랫동안 논쟁했지만, 영조는 그 경제적 기능을 아직도 이해하지 못했다. 그는 동전은 물론이고 금이나 진주도 먹거나 입을 수 없으므로 식량을 제외한 어느 물품이 굶주리는 백성들을 구휼할 수 있는지 이해하지 못하겠다고 윤빈에게 말했다. 그러자 윤빈은 국가가 백성에게 동전을 공급하면 곡식을 비축해놓은 부자들은 그것을 부족한 지역에 운송해서 동전을 받고 팔 것이라고 영조에게 알려주었다.

그러나 그 회의에서 다른 교환수단, 특히 지폐에 대해 논의하려는 사람이 없었던 것은 아니었다. 홍문관 부수찬 조진희趙鎭禧는 동전의 적절한 대체 수단으로 지폐를 추천하지 않았지만, 적어도 지폐의 고유한 약점보다는 당시 중국에서 그것이 실패한 원인을 비판했다. 한대 이후 중국의 많은 왕조들은 동전의 유형을 여러 번 바꾸었지만, 그 유형과는 상관없이 빈부의 격차를 악화시켰다. 중국(특히 송대)에서는 동전을 폐지하고 지폐로 대체해 그 문제를 해결하려고 했지만, 유감스럽게도 그것은 송이 이미 돌이킬 수 없는 쇠퇴로 접어든 뒤여서 너무 늦었다. 그는 납세와 정부의 지출에 동전을 사용하는 제도를 폐지하려는 영조의 시도는 실패했기 때문에 동전의 대안은 없다고 결론 내렸지만, 영조의 생각을 존중해서 동전의 공급을 확대하자고 강력히 주장하지는 않았다.

반면 박태항朴泰恒은 동전을 대체할 만한 적절한 대안을 찾을 수 있다는 데 동의했으며, 우승지 조지빈趙趾彬, 영의정 이광좌와 함께 지폐의 도입을 지지했다. 박태항은 주된 문제는 동전의 유형이 아니라 동전과 상품의 교환비율이라고 주장함으로써 지폐를 정당화했다. 동전은 '가볍거나' 상품 가격보다 가치가 낮을 때 가장 훌륭하게 기능했지만 현재는 동전이 '무겁고' 상품보다 가치가 높았기 때문에 부유한 고리대금업자들은 농민들에게 동전을 대부하고 미곡으로 갚도록 요구해 20~30배의 이익을 챙겼다. 당의 유명한 한유는 당시의 동전이 무겁거나 가치가 높은 이유는 동전의 사용이나 주조를 금지했기 때문이라고 파악했다. 한유는 동전의 가치는 불상이나 동종을 만드는 데 구리를 사용하지 못하게 금지해 동전을 주조하는 데 구리의 공급을 늘림으로써 상품보다 낮출 수 있다고 생각했다.

박태항은 동전 공급이 고갈되는 경향을 막으려면 동전을 녹여 집기를 만드는 행위를 금지한 숙종의 조처를 언급해야 했지만, 그 사실을 몰랐거나 9세기 저명한 유학자의 말에 자신의 판단을 맡겼다. 그 결과 박태항은 지폐에 관용적인 태도를 보였지만, 동전의 공급은 항상 정부가 적절하게 규제하고 통제해야 할 문제라고 인식함으로써 당시 높은 이율과 착취적인 고리대금, 과도한 소비, 일반적인 부도덕을 막기 위해 동전보다 효과가 좋을 교환수단을 찾고 있던 영조에게 별다른 영향을 주지 못했다.

우승지 조지빈 또한 지폐 발행을 제안했지만 동전을 완전히 대체하는 것이 아니라 그것과 같이 사용하자고 제안했다. 그는 채권자들이 채무를 상환받도록 하기 위해서 동전을 법화로 유지하기를 원했으며, 면포의 생산이 감소하고 화폐로 사용되는 현상 때문에 야기된 최근의 부족을 메우기 위해서 지폐가 필요하다고 생각했다. 조원명이 주장했듯이 옷감을 만들기에 충분한 면포가 없었고, 대동포와 군포의 부담이 늘어났으며, 면포의 품질이 떨어지고 길이가 줄었다.

박태항은 지폐의 인쇄 비용은 훨씬 적으며 동전을 주전할 때보다 동전 발행세의 이익도 훨씬 클 것이라고 주장했다. 사용된 종이의 품질에 따라 동전 60~70냥의 비용으로 324냥에 해당하는 지폐를 인쇄할 수 있었다. 정부는 동전과 은을 유통시키기 위해 교환수단으로 지폐를 채택하고, 중앙 관서에서 공납 물품을 구입하고 수도의 주민들을 구휼하는 데 그것을 사용할 수 있었다. 지폐는 동전보다 만드는 데 저렴하고 빠를 뿐만 아니라 구리 수입을 동래의 왜관에 의존하는 상황을 개선할 것이었다. 그는 몇 년 전 혜민서가 왜관에서 은으로 구리를 샀지만 주문한 분량을 모두 받지 못했다고 들었는데, 지폐는 믿을 수 없는 일본 상인에게서 이런 손실을 입지 않도록 할 것이었다.

그 회의에서 이해李海, 이조참판 윤순尹淳, 우승지 정우주鄭宇柱, 여흥군驪興君 등 4명만이 동전을 폐지하는 데 찬성했다. 윤순은 동전이 오랫동안 유통되어왔기 때문에 폐지할 수 없다는 주장을 반박했다. 대체로 백성들은 왕조 개창 당시는 그것을 몰랐으며 조선 국왕들은 은화와 지폐를 함께 사용하려고 노력했지만 나중에 면포로 교체했다. (1650년대) 김육이 동전을 도입하려는 시도가 실패한 것을 제외하면, 이 세 가지는 모두 1674년(원문대로는 1678년)까지 만족스럽지 못했다. 그럼에도 불구하고 1727년(영조 3)에 백성들은 동전에 매우 익숙해서 그것이 유일하게 적합한 통화로서 3백 년 동안 계속 사용되어왔다고 잘못 믿게 됐다. 요컨대 윤순은 동전이 보급된 17세기의 경험을 실제보다 덜 중요하게 보이도록 만들기 위해서 그런 경험을 폐기한 것이었다.

여흥군과 윤순은 도덕적 견지에서 동전은 해악을 일으키므로 폐기되어야 한다는 데 합의했다. 여흥군은 동전이 인간의 마음을 사기 · 부정직 · 절도로 변질시켰다고 주장했다. 윤순은 동전이 너무 가볍고 그 가치가 높아 절도와 횡령, 뇌물의 대상이 되기 때문에 그것을 폐기하려고 했다. 동전은 농민들이 쉽게 이익을 얻으려는 목적에서 농업을 버리고 상업에 종사하도록 만들었고, 상업에서 사기를 유발했으며, 빈농이 부유한 고리대금업자들에게 부채를 지게 만들었다. 그는 또한 농민에게 동전을 대부할 때는 명목상으로 50퍼센트의 이율만을 얻게 되어 있었지만 실제로는, 조원명의 추정보다 높은, 750퍼센트까지 올라갔다고 믿었다.

윤순은 더 많은 사람들이 합법적이든 불법적이든 군포를 면제받으면서 과세 대상은 이른바 양민으로 좁아졌으며, 그들 중 군포를 납부하는 사람은 계속 줄었다고 지적했다. 군포의 부담은 납세자가 세금을 납부하기 위한 재원을 마련하기 위해 빚을 지면서 고리대에 의해 더욱 커졌다. 소호는 봄에 군포를 낼 수 있는 면포를 사려면 4냥(쌀 8말의 가격?)을 빌리고 가을에 8냥(6냥이 아니라?)을 갚아야 했는데, 이것은 5~6섬(75~90말)으로 전환됐다. 농민들은 이런 부담으로 철저하게 착취당했으며 동전이 아니라 면포로 징세하라는 영조의 지시에 크게 기뻐한 것도 당연했다.

윤순은 고리대금업자가 봄에 농민에게 동전을 빌려주고 가을에 원칙적으로 10배가 넘는 상환을 받을 수 있게 한 것은 동전을 사용했기 때문이며, 퇴보적인 군포는 오히려 농민을 빈곤하게 만드는 주요한 원인이라기보다 그것을 악화시키는 요소일 뿐이라고 생각했다. 그는 동전의 부족으로 야기된 불공평은 동전의 공급을 늘려야만 해결될 수 있다는 많은 신하들의 주장을 확신하지 못했는데, 영조는 동전 부족을 완화하기 위해서 1백만 냥을 주전할 경우 그것은 부자들에게 넘어가 빈농은 부자들에게 더욱 부채를 지게 될 것이라고 단언했기 때문이었다. 국가는 1676년(숙종 2)에 동전을 사용하기 전에도 잘 운영되어왔기 때문에 그 사용을 폐지하는 것은 불가능하다고 생각할 까닭이 없었다. 그는 동전의 공급을 늘리거나 '동전의 가격을 낮추는' 정책이 동전으로 대부貸付 계약을 맺은 농민의 부채 부담을 줄일 것인지도 질문하지 않았다.

동전은 그것이 야기한 문제 때문에 폐지해야 한다고 동의했던 승지 정우주는 군포와 농민의 조세 및 부채와 관련된 폐해에 대한 윤순의 분석에 동의하지 않았다. 전국 9개 군현의 수령으로 재직한 경험에서 그는 군포의 강제적인 구조는 동전이나 이율보다 좀더 중요한 문제라는 사실을 알게 됐다. 양반 · 유생 · 교생들은 면제됐고 양인 농민들은 부자들에게 점점 더 많은 빚을 졌기 때문에 군포의 부담은 양민에게 가장 무거웠다. 유생 · 관원 · 교생의 가호는 군포를 전혀 내지 않은 반면 양인 가호는 양정 1명당 2필을 냈으며 3~6명의 양정이 있으면 가호당 6~12필을 냈다. 그는 군포를 1필로 감축하고 최고 대신부터 양인에 이르기까지 모두 1필을 내도록 개혁하도록 영조에게 주청했다. 조세 기반의 확대는 호세를 낮추고 동시에 세입을 확대할 것이었다.

정우주는 농민에게 부과된 경제적 부담을 해결하는 데는 강압적 군포가 동전과 이율보다 중요하다고 생각했지만, 여전히 동전은 농민의 복지와 경제 전반을 안정시키는 데 필요하지 않다고 판단했다. 그것은 폐기되어 다른 교환수단으로 대체되어도 됐지만, 그 시기는 동전을 보유하고 있는 호조와 모든 군사 부대가 그것을 지출한 이후여야 했다. 물론 이런 정책은 정부에서 동전을 받은 상인과 개인들에게 그들이 받은 동전은 더이상 법화가 아니라고 통보함으로써 큰 손해를 입혔다.

반면 윤순은 동전은 수요가 좀더 많았던 집기로 즉시 전환될 수 있다는 이유에서 그것을 폐기하면 정부의 비축분과 개인의 부에 크나큰 손실을 가져올 것이라는 반대를 기각했는데, 그러면 구리를 일본으로 수출될 수 있게 되고, 동래의 왜관이 닫힌다고 해도 동전과 구리의 교환 비율은 면포나 미곡으로 계산될 수 있었으며, 무기나 집기의 원료로 계속 팔릴 것이고 보유한 동전을 모두 상실하는 재앙에서 부자들을 구원할 수 있을 것이었다. 그는 국가가 이런 목적에서 공급한 동전을 다 써버리기까지는 10년 정도 걸릴 것이라고 추정했다. 빈농들은 이 지시를 매우 기뻐하므로 윤순은 국왕이 그들을 위해서 결정해야 한다고 주장했다.

윤순은 정부의 재정과 많은 동전을 가진 부유한 가호를 희생해서 일반 농민들의 복지를 생각했는데, 동전이 금속 도구나 집기보다 가치가 있는 상태로 남아 있는 한 부자들이 보유한 동전의 일부를 집기로 전환시켜 구휼에 사용할 가능성은 상상하기 어려웠기 때문이었다. 많은 현직 관원들은 동전을 폐지하라는 국왕의 결정으로 자신들이 보유한 동전을 상실할 가능성에 불만을 품고 있었지만, 개인적 재정 손실의 두려움을 쉽게 표현하지 못했다고 생각된다.

윤순은 영조가 동전을 폐지해서 조선 전기의 화폐제도로 복귀하는 단호한 결정을 내림으로써 태조와 태종이 확립한 이후 당시까지 유효한 전통을 따르려고 결심해야 한다고 주장했다. 즉각적인 이익을 주었고 백성들이 당시에도 선호하고 있던 17세기의 훌륭한 대동법은 17세기 국왕들의 단호한 명령으로 시행된 제도였다.

동전의 폐지를 주장하면서 여흥군과 윤순은 이전에 영조가 그랬던 것처럼 폐해에 대해 도덕적으로 저항하는 것이 가격 · 가치 · 이율 사이의 불균형을 줄이기 위해 동전 공급을 기계적으로 조작하는 것보다 중요하다고 단언했다. 한성우윤 이정제李廷濟는 도덕적 문제는 동전의 사용과 관련된 경제적 문제와 분리할 수 없다는 데 동의했지만, 다른 도덕주의자들과는 반대로 해악의 진정한 근원은 동전이 아니라 인심이라고 생각했다. 주대와 한대 이후 모든 중국 왕조들은 동전을 사용했지만, 덕성이 점차적으로 인심에 작동하고 사회의 규범과 기준이 제한된 수준에서라도 확고하게 남았다면 동전을 폐지하지 않고도 사람들은 자신의 문제를 고칠 수 있을 것이었다. 반면 규범과 기준이 확립되지 않았다면 동전을 폐지하고 다른 교환수단을 찾아내도 상황은 나아지지 않을 것이었다. 인심은 이미 타락해서 동전을 좀더 주조해도 좀더 타락할 뿐이라고 생각한 사람들은 추가적인 주전이 동전의 부족을 해소하거나 동전과 결부된 근본적인 문제를 해결할 수 있다는 논리를 받아들이지 않았다. 훌륭한 도덕철학자로서 그는 동전이 부도덕과 관련되어 있다는 데 동의하지 않았지만, 확고하지 못한 경제학자로서 그는 동전을 좀더 주조하면 가격과 이율의 불균형이 해결될 것이라고 인정하지 않았다. 그럼에도 불구하고 그는 적어도 동전과 부도덕을 연결시킨 영조의 논리적 고리를 약화시켰다.

당시 가장 중요한 제안은 좌승지 이중관李重觀이 내놓았는데, 그는 동전이 경제에 필수적이며 그것의 폐지는 빈민을 구휼하는 최선의 방법을 없애는 것이라면서 그 폐지에 강하게 반대했다. 그는 유통되고 있는 동전의 분량을 늘리고 1인당 20퍼센트의 최대 이율을 법률로 정해서 고리대의 문제를 풀자고 제안했지만, 당시의 정부가 모든 촌락에 이율의 한계를 적용할 수 있는 능력이 실제로 있는지에 대해서는 논의하지 않았다.

또한 그는 국왕이 은 1냥을 동전 2냥, 즉 1백 문과 같도록 조정할 것을 제안했다. 당시 동전의 가치에 대한 이중관의 평가가 정확하다면 동전의 가치는 1680년 숙종이 은 1냥당 8백 문으로 정한 환율보다 8백 퍼센트가 증가한 것이다.[25]

이중관은 군포를 양정 1인당 1필로 줄이는 데 반대했지만, 군포를 동전과 면포로 절반씩 낸다는 전제에 따라 양정 1인당 1냥으로 줄이는 데는 찬성했다. 그는 이것이 즉각적인 효과를 가져올 것이며 몇 년 뒤 국가 재정은 충분히 회복되어 1냥과 2필의 추가적인 감세가 이루어질 수 있을 것이라고 예측했다.[26] 그는 이런 방법으로 양역 문제는 조세제도의 커다란 재편 같은 추가적인 개혁 없이 해결될 수 있을 것으로 기대했다.

달리 말하면 이정제는 군포와 동전의 문제를 동시에 해결할 수 있는 방안을 제시한 것이었다. 그는 군포에서 동전의 비율과 경제에서 동전의 사용을 유지하는 것을 선호했지만, 또한 양역을 양정 1인당 1냥으로 줄이고 대부의 이율을 20퍼센트로 제한함으로써 농민 납세자들의 부담을 덜어주려고 했다. 이율 제한은 적어도 이론적으로는 고리대금업자들을 억제했지만, 이정제의 종합적인 정책은 당시의 면역을 근절하고 조세 기반을 확대하지 않으면서 군포제도의 개혁을 보수적으로 시도하는 것이었다. 그는 평등주의적 개혁자들이 선호한 두 가지 개혁이었던 모든 신분의 가호나 개인에게 일정한 세금을 부과하는 세제를 도입하는 데는 반대했다.

그러자 영조는 신하들을 조정으로 불러 의견을 제시하도록 했지만, 10여 명의 신하들만이 출석하자 이런 중요한 문제를 결정하는 데 너무 적은 숫자라고 의정들에게 불만을 드러냈다. 이것은 이 문제를 둘러싼 논쟁이 왕조의 화폐사에서 가장 복잡하고 포괄적인 논의 중 하나였다는 측면에서 게으름을 핑계로 삼은 속보이는 질책이었다. 그는 국고에 보유한 동전을 새로운 교환수단이 채택된 뒤 사용하는 것을 특히 심각한 문제라고 인식했지만, 변명을 끝내기 위해 동전을 폐기하기로 이미 마음을 결정했으며 해악으로 끌리는 마음을 정화하도록 했다. 이것은 자신의 원래 견해와 여흥군과 윤순의 견해를 실천한 것이었다. 과거에 그는 좀더 주전하라는 대신들의 요구를 따랐으며, 그것에 따라 혜민서는 왜관을 통해 일본에서 좀더 많은 구리를 수입했지만, 그는 그것이 근본적으로 잘못됐다고 생각했다. 그는 동전을 좀더 주조하는 것이 부당하고 성실치 못하다는 사실을 알았지만, 자신의 의지와는 반대로 그렇게 하도록 계속 시달렸기 때문에 밤에도 잠을 들 수가 없었다. 그럼에도 불구하고 그 또한 정부가 현재 보유한 동전을 잃는 것을 걱정했기 때문에 동전을 폐지하는 결정을 미뤘다.[27]

며칠 뒤 논의가 재개됐지만 일부 참석자들은 자신의 주장을 더욱 강하게 주장했다. 병조참판 조문명은 현실을 알지 못한 채 동전의 폐지를 주장하는 탁상공론적 학자들을 비웃었다. 그들은 "고대 모든 나라는 동전을 사용했으며, 그것을 한번 사용한 뒤에는 계속 주조해야 했다"고 지적했다. 동전이 조선에 처음 도입됐을 때는 중앙과 지방 관서에서 매년 주조됐으며 동전의 뒷면에 만든 장소가 표시됐다. 1696년(숙종 22)에 끝으로 대규모의 주전이 이루어졌을 때 전라도 관찰사 김만길金萬吉은 극심한 가뭄을 겪고 있는 각 도를 구휼할 자금을 공급하기 위해서 12

만 냥(120만 문, 또는 1천2백 관)을 주조하라는 숙종의 허락을 얻었으며, 숙종은 영조가 이끄는 조정에서 표출된 동전에 대한 반대와 동일한 반대를 극복해야 했다. 그것은 당시 각 도의 백성들을 기근에서 구원했으며 전국적으로도 그럴 것이었다. 대간이 위조에 대해 비판하기 시작하면서 동전 주조는 금지되고 동전을 폐지하자는 생각이 널리 퍼지게 됐지만, 그는 남아 있는 유일한 선택은 좀더 많은 동전을 주조하는 것이라고 생각했다.

그러나 우의정 심수현沈壽賢은 동전은 비도덕적 행동과 절도를 유발하고 구리는 일본에서 수입해야 되어 비용이 너무 많이 소요되므로 폐지하는 데 찬성했다. 그러나 영의정 이광좌는 30년 동안 동전이 주조되지 않았고 대부분이 분실되거나 파손됐기 때문에 동전의 가치가 너무 올랐으며, 미곡의 가격은 흉년이 들었어도 상당히 낮다고 지적했다. 이전에는 1냥으로 쌀 3말을 살 수 있었지만 지금은 쌀값이 높은 봄에도 그 돈으로 4~5말을 살 수 있었다.[28] 고리대금업은 부자들에게 커다란 이익을 주어서 그들은 모내기철에 동전을 빌려주어 세 배의 이익을 얻거나 풍년이나 흉년을 이용하면 네 배까지 이익을 얻을 수 있었다.

그럼에도 불구하고 이광좌는 고리대금은 동전의 폐해가 아니라고 주장했다. 그가 공주를 지나갈 때 길가의 백성들은 그에게 동전을 폐지하고 시장가격을 안정시켜달라고 청원했지만, 부자들이 동전 대신 미곡이나 면포를 축적하면 똑같은 덫에 걸릴 것이라는 사실을 깨닫지 못했다. 더욱이 동전이 폐지되면 개인과 정부가 비축한 약 12만~13만 냥(120만~130만 문)은 그 가치를 완전히 잃을 것이었다.

그러나 영조는 동전처럼 지폐도 상품보다 비싸면 비슷한 문제를 일으킬 것이라는 생각을 거부했다. 그는 여전히 백성들이 지폐를 그다지 선호하지 않았으며 동전은 가벼워서 운반하기 쉽기 때문에 사기의 경향을 가속시킨다고 확신했다. 그럼에도 불구하고 영조는 마침내 최종 결정을 내릴 때 자신의 기본 입장을 수정했다. 그는 모든 나라들이 고대부터 동전을 사용했기 때문에 대체 수단을 찾을 때까지는 그것을 폐지할 수 없지만 더 주조하지는 않을 것이며, 그것을 사용해 발생하는 폐단들을 근절할 것이라는 법령을 발표했다.[29] 요컨대 영조는 동전의 이점을 보지 못하고 동전과 인간의 사악한 경향을 연결시킨 가장 보수적인 신하들과 의견을 같이한 것이었다. 다수의 신하들은 동전은 폐지할 수 없다는 데 동의했지만, 그는 이전의 정책으로 야기된 심각한 통화 수축의 상황을 동전의 공급을 늘려 해결하려고 시도하지 않았다.

이자의 제한

적어도 영조가 보기에 동전의 사용으로 야기된 최악의 문제 중 하나는 대부의 높은 이율이었지만, 그는 동전의 부족과 높은 가치, 그리고 높은 이율 사이의 관련을 파악할 수 없었다. 주전을 늘려 동전을 좀더 많이 공급하면 이율은 떨어졌지만, 조정의 일부 신하들은 정부의 명령으로 이율을 낮추자고 건의했다. 이광좌는 이자로 내는 총량이 처음 대부한 원금을 넘지 못하도록 금지함으로써 **이자 납부**를 제한하자고 영조에게 건의했다. 이광좌는 이 원칙을 **이율**이라는 용어로 명시하지는 않았지만, 대부는 일반적으로 최대 10달인 농번기 동안 허용되므로 그는 한 달에 최대 10퍼센트의 이율로 제한했다고 생각된다.

이런 수치는 이광좌의 이론적인 상한선이었을 뿐이었는데, 실제로 그는 이율을 훨씬 대폭 줄이려고 의도했기 때문이었다. 그는 현재 1냥을 대부했을 때의 이율은 (10개월 동안) 한 달에 2퍼센트(2푼)이지만, 빌리는 사람은 농번기 동안 그것을 갚을 만한 충분한 자금이 없으며 대부분 항상 추수 뒤에 갚는다고 지적했다. 고리대가 적용되는 기간은 10개월이기 때문에 이율은 10개월 동안 20퍼센트(2퍼센트의 10배)로 계산된다. 그는 이자가 부과될 수 있는 시간을 제한함으로써 최대 20퍼센트의 이율로 고정해 채무자가 상환하는 데 10년이 걸려도 10개월 뒤에는 추가의 이자가 부과되지 않게 하자고 제안했다. 만약 빌려주는 사람이 이자를 더 요구해 법률을 위반하면 그는 형벌을 받고 이자를 몰수당하며 원금만을 받을 수 있게 처리됐다. 이광좌는 자신의 방안이 당시의 장리를 금지할 뿐만 아니라 갚지 않은 이자를 원금에 더해 상환케 하는 관행을 금지할 것이라고 확신했다.

또한 이광좌는 봄에 미곡을 빌려주고 가을에 동전으로 갚는 관행을 끝내자고 건의했다. 봄에 빌려줄 때 당시의 미가에 따라 동전으로 계산된다고 해도 빌리는 사람은 한 달에 5퍼센트인 10말당 5되(0.5말)나 10개월 동안 50퍼센트(10말을 빌렸을 때 5말)의 이율을 적용해 **곡물**로 갚아야 했으며, 그 뒤의 추가 이자는 없었다.

그러므로 어떤 형태의 대부에도, 이율이 아니라 **전체 이자 납부**에 대한 이론적인 제한은 원래 대부의 규모와 같을 것이고, 실제 이자는 10개월 동안만 부과됐으며, 10개월 동안 전체 이자 납부는 동전으로 빌렸을 때는 20퍼센트, 곡식으로 빌렸을 때는 50퍼센트를 넘을 수 없었다. 1년당 이자는 각각 24퍼센트와 60퍼센트였지만, 그 제안의 핵심적 특징은 10개월 동안만 이자를 부과하도록 기간을 제한하는 것이었기 때문에 이런 수치는 의미가 없었다. 공적인 채무의 이율은 좀더 낮아서 동전이든 곡식이든 10개월 동안 10퍼센트의 이자였다. 이런 제한을 어기고 높은 이자를 부과하는 관원은 유배에 처해졌다. 그 법령에서 영조는 농민을 희생해 이익을 챙기는 부유한 고리대금업자에 대한 강력한 도덕적 경고를 강조했다. "동전은 추울 때 입거나 배고플 때 먹을 수 없지만 빈부의 격차를 심화시키고 있다. 부자들은 동전을 축적해 조작하지만, 빈민들은 눈앞의 곤경에 직면해 이자에서 이윤을 얻을 수 있다는 사실은 생각지도 못한다."

이광좌의 계획은 궁극적으로 고리대를 종식시키고 일반 농민에게 대부할 수 없도록 하는 두 가지 목적을 가졌다. 이율이 너무 낮게 책정되면 채권자는 더 높은 이율로 상환받기 위해서 자신들이 보유한 저축을 다른 곳으로 돌릴 것이었다. 아울러 이자를 받을 수 있는 기간을 제한한 것은 전체 이자를 제한할 뿐만 아니라 채권자에게 1년의 이자나 그의 자본의 상당한 부분을 빼앗는 것이었다. 만약 이자 납부의 이론적 제한이 빌린 원금에만 국한되고 채무자가 갚지 못한다면 채권자는 이자를 받지 못하게 된다. 동전 및 미곡의 사적 대부와 공적인 대부(동전이든 미곡이든)는, 이광좌가 제안한 1백 퍼센트보다 훨씬 낮은 수치인, 위에서 언급된 20퍼센트, 50퍼센트, 10퍼센트로 정해졌기 때문에 채무자가 10개월 뒤 더이상 상환을 거부하거나 상환하지 못하면 채권자는 원금만을 받을 수 있었으며 10개월의 이자는 실제로 모두 잃는 것이었다. 농민들이 미래의 어느 때 채무를 갚기로 한다고 해도 채권자는 그 자본에 접근할 수 없으며 이자 수입을 얻을 수 없었다. 요컨대 이광좌의 방안은 부유한 고리대금업자를 희생해서 농민 채무자를 이롭게 하는 것이었지만, 영조는 그 생각을 승인하지 않았다.[30] 그 까닭을 알 수는 없지만, 영조는 동전 사용의 폐지가 문제를 풀 수 있는 방법이라고 확신했기 때문에 고리대금업자와 채권자에게 직접 어떤 조처를 취하려고 하지는 않았다고 생각된다.

성호 이익

1726(영조 2)~27년 동전을 폐지하려는 정책을 둘러싸고 갈등이 일어나는 동안 영조는 홍치중의 절충안을 채택했지만 실패했다. 영조의 의도는 경제에서 동전의 역할과 본질에 대한 그의 보수적인 생각에 반대하는 강력한 저항으로 좌절됐지만, 그는 18세기 전반 경세학자의 선도

적인 모범 중 한 사람이며 유형원의 유명한 숭배자이자 추종자에게서 의식하지 못한 지원을 받았다. 성호 이익은 1705년(숙종 31) 대과에 급제했고 1720년대에 현실적 문제에 관련된 방대한 저술을 남겼지만, 유형원의 사상을 포교했다기보다는 그 시대의 영향을 받은 인물이었다고 생각된다. 그러나 앞에서 보았듯이 1720년대는 동전에 관련된 상당히 폭넓고 개방적인 찬반 양론이 허용됐으며, 진지한 사상가는 다수의 견해를 따르도록 강요받지 않았다. 그러나 이익은 숙종 말엽에 잘못 관리된 화폐경제의 일부 부정적인 결과에 대해서 많은 관원들이 반대한 시대에 살았기 때문에, 영조와 마찬가지로 동전을 매우 부정적으로 생각하면서 그것이 완전히 폐지되어야 한다고 판단했다.

이익은 동전의 유통이 농업 생산의 감소와 국가 세입의 손실을 가져왔고, 시장과 도시에서 돈을 벌고 이익을 챙기는 쪽으로 농민을 유혹했으며, 고리대금의 성행, 사치의 자극, 절도의 성행, 공적 윤리의 타락을 유발했다고 주장했다. 농민들은 의식주의 기호를 만족시키기 위해서 근검을 버리고 재산을 탕진했으며 그 결과 가난에서 벗어나지 못했다. 부자들은 고리대로 부를 계속 축적했으며 봄 · 가을의 미가 차이를 이용해 이익을 계속 늘렸다. 고리대금업자들은 농업과 상업에 투자하는 것보다 훨씬 큰 이익을 보았지만, 빈민들은 대부금을 갚을 수 없어 빚을 갚기 위해 토지와 집을 팔아야 했다. 모든 과정은 빈부의 격차를 늘리고 자연 촌락의 추정된 평등과 균형을 파괴했으며, 국가의 세입을 감소시켰다. "세금을 포탈하고 부당한 이득을 얻으며 과시적 소비를 하고 도둑질하는 사람들은 동전을 원했지만, 생계를 위해 열심히 일하고 가난에 만족하고 있는 사람들에게는 큰 도움을 주지 못했다."

이익은 동전이 폐지되면 사람들은 사치품에 대한 욕망을 만족시킬 수단을 잃게 되어 근검과 단순함으로 돌아가고 생활에 필요한 음식과 의복만을 자족적으로 생산할 것이라고 설명했다. 사람들은 동전으로 납세하기 전에는 농사지은 미곡으로 생존에 어려움을 겪지 않으면서 그 일부를 세금으로 냈지만, 동전 납세가 채택된 뒤에는 (동전의 부족 때문에) 동전의 가치가 증가하면서 동전을 사기 위해 더 많은 미곡과 교환해야 했다. 동전을 옹호하는 부류는 그것이 일반 백성들에게 부를 창출할 수 있다고 상찬했지만, 백성들은 처음부터 가난했고 소금 · 철 · 집기 · 약품 외에는 아무것도 필요하지 않았다. 그밖에 다른 것은 동전의 낭비였다.

반도인 조선에서는 육운 대신 모든 물품을 바다로 수송하면 상품의 교환을 촉진하는 데 동전이 필요하지 않을 것이었다. 동전의 폐지는 고리대를 없애고 방탕한 소비와 음주와 절도를 줄이며, 농민들을 농업으로 되돌아가게 해 그들의 삶을 좀더 단순하고 깨끗하게 만들고 수입의 불공평한 분배를 없앨 것이었다.

> 동전은 이제 40년 정도 유통됐는데, 어떤 해악과 이득이 있었는가. 생산은 저하되고 도덕은 타락했으며 국가 재정은 고갈됐다. 징세가 쉬워졌다는 측면 외에는 폐해만이 있었다. 그러므로 도탄에 빠진 백성들을 국가가 도울 수 있는 방법은 무엇인가.

그는 동전 대신 면포와 미곡으로 납세케 하면 면포는 너무 가늘게 짜여지고 미곡은 보관중에 썩을 수 있다고 인정했지만, 차선책을 선택한다면 이런 문제들은 동전의 폐해보다 심각하지 않을 것이라고 판단했다.[31]

그럼에도 불구하고 이익은 동전은 1720년대 무렵 매우 널리 퍼져서 그 사용을 갑자기 금지할 수는 없다고 판단했는데, 주된 원인은 관원과 부자들이 그들의 부를 빼앗으려는 어떤 시도에도 저항할 것이기 때문이었다. 그 대신 그는 정부가 우선 앞으로 10년 동안 동전을 완전히 폐지하고 당분간 동전으로 납세를 금지한다는 법령을 공포해야 한다고 생각했다. 그는 이런 조처는 동전의 가치를 구리와 주석의 수준까지 떨어뜨림으로써 동전을 최종적으로 폐지해도 부자나 정부 관서는 심각한 부의 손실을 겪지 않을 것이라고 추정했다.[32]

기이하게도 이것은 좀더 많은 동전을 시장에 자유롭게 유통시켜 동전의 부족을 해결하고 높은 가치를 줄이려고 했던 일부 관원들의 제의와 같은 전술이었지만, 영조는 외국에서 동전이나 구리를 수입하는 데 재원을 추가로 사용하는 것을 주저했다. 동전 납세를 금지하고 미곡과 면포로 대체한 방안은 실제로 1726년(영조 2)에 채택됐지만 6개월 뒤 폐지됐다. 이런 방법으로 동전의 가치를 하락시키려는 이익의 계획은 적어도 10년은 걸릴 것이었다.

1727년 동전 납세의 금지가 폐지된 뒤 이익은 0.5냥의 무게가 나가고 50문의 가치를 가진 고액전을 발행해서 금속의 가격보다 10문이 넘는 잉여를 허락해 액면에는 60문을 표시하자고 제안했다. 그렇게 발생한 이득은 주전에 참여한 금속 공장들의 비용을 충당하는 데 사용되므로 새로운 고액전의 액면가는 생산 비용과 정확히 일치할 것인데, 이 생각은 앞서 유형원이 제안했던 것으로서, 동전의 가치를 파괴하려는 목적이 아니라 그 가치를 일정하게 유지하고 영속적인 교환수단으로 기능할 수 있도록 하려는 목적이었다. 이익은 시장에서 동전의 안정을 보장하기 위해서가 아니라 그 소멸을 야기하기 위해서 생산 가격과 정확히 일치하는 액면가의 동전을 만들고 싶어했기 때문에, 유형원의 저작을 읽었다면 그의 생각에 상당히 고무됐을 것이다. 그는 정부가 새로 만든 50문의 동전으로만 지출하고 징세를 통해서 사람들이 갖고 있는 모든 소액전을 거둔다면 그것은 곧 시장에서 사라질 것이라고 계산했다. 그 뒤 고액전이 다루기 힘들어 주전해도 이익이 남지 않는다고 밝혀지면 백성들은 고액전의 사용을 그만둘 것이며 교환수단으로는 미곡과 면포만이 남게 될 것이었다. 이 과정은 매우 점진적으로 일어나 정부 관서나 백성들은 고통을 느끼지 않을 것이었다.

원유한은 1720년대에 이익이 제안했던 방안은 독특했지만 그 뒤에는 정상기鄭尙驥(1678~1752)만이 동전의 가치가 너무 높아 상품 가격이 하락하고 농업은 물론 상업에 종사하는 백성들에게 경제적 고통을 야기하므로 동전을 폐지해야 한다는 의견을 되풀이했다고 지적했다. 그는 15문부터 시작해서 40년 이상 계속 발전시켜 1백 문의 고액전까지 주조하는 점진적인 계획을 제안했다. 그런 단계에 이르면 동전의 무게와 가치는 너무 커져서 백성들은 면포와 미곡이 동전보다 훨씬 편리하다는 사실을 알게 되어 동전의 사용을 완전히 폐기할 것이었다. 원유한은 이 생각을 이른바 실학자들의 사상에서 잘못되고 비현실적이며 비실용적 · 보수적 · 퇴보적 측면을 보여주는 가장 좋은 사례의 하나라고 평가했다.

고액전에 반대하는 사람들은 백성들이 동전의 액면가를 신뢰하지 않을 것이며 새로운 동전의 가치는 급격하게 하락할 것이라고 믿었다는 측면에서 원유한은 분명히 정확했다. 이 경우에는 1867년(고종 4) 당백전이 발행된 뒤 일어난 현상, 즉 고액전이 믿을 만한 동전을 시장에서 몰아낸 상황을 예측할 수 있다 — 후자가 가치가 없었기 때문이 아니라, 반대로 그것은 그 가치를 보유했고 그것을 소유한 사람들은 그레셤의 법칙에 따라 그것을 소비하기보다는 그것을 저축하려고 했기 때문이었다. 모든 형태의 동전에 반대한 이익과 정상기는 백성들이 고액전을 즉시 믿을 것이고 그것은 소액전을 흡수해 시장에서 몰아낼 것이며, 백성들은 고액전이 너무 무겁고 가치가 높아 사용하기 어렵다는 사실을 알게 될 것이라고 생각했다.

고액전에 찬성한 사람들은 동전을 유지하고 동전 주조세의 이익을 극대화하며 구리의 부족을 해결하려고 시도했지만, 보수론자들은 통화 팽창을 유발한다는 이유로 그 사용에 반대했다. 정상기와 이익은 동전을 완전히 폐지하기 위해서 그것의 사용을 촉진하려고 했다. 그들의 전략이 얼마나 기괴했든가에 상관없이 그들은 조선의 사회질서를 농업경제가 압도적으로 지탱하는 이상적인 단순함과 순수함으로 회귀시키려고 시도했던 다른 보수주의자들과 생각을 공유했다.[33]

이익은 경제적 변화의 흐름을 16세기의 상황으로 돌려야 한다고 판단했다. 미곡과 면포로 되돌아가는 방안이 문제를 야기한다면 일시적으로 비단으로 만든 동전을 사용해 해결할 수 있었다. 지폐는 금방 더러워지고 쉽게 위조되며 15세기에 주요한 현실적 시험에서 실패했기 때문에 종이보다는 비단이 좋았다. 아울러 이익은 비단이 소규모 거래에 사용하기에는 너무 비싸서 편리한 교환수단으로 백성들이 사용할 수 없기 때문에 시장에서 점차 사라지고 미곡과 면포로 다시 대체될 것이라고 예측했다.

너그럽게도 원유한은 아무도 생각하지 못했다는 의미에서 이 생각을 "독특하다"고 표현했지만, 그것은 면포와 미곡을 제외한 통화를 폐지하라는 국왕의 명령에 의지하는 대신 자연히 폐지될 수 있는 교환수단을 사용한다는 다소 이상한 생각일 뿐이었다. 또한 원유한은 동전을 긍정한 유형원과 그것을 부정한 이익은 서로 상반된 의견을 나타냈지만, 그들 모두 동전의 도입으로 사회에 어떤 결과가 생겨날 것인가를 예측하거나 그런 변화에 대응하는 정책을 통찰력 있게 고안하지는 못했다고 날카롭게 분석했다.[34]

영조의 주전 재개(1731)

1731년의 흉작

영조는 1731년(영조 7) 흉작으로 혜민서의 재원이 바닥날 때까지 동전을 폐지할지 좀더 주전할지 결정하지 못했다. 병조판서 김재로는 영조에게 수도에서 좀더 주전해 정부의 지출에 사용하고, 남부지방에서 중앙으로 보내는 세금은 현지에서 구휼에 사용하도록 남겨두자고 건의했다. 호조판서 김동필은 이런 방안에 동의하면서 호조에는 그해에 세입으로 예년 13만 섬의 절반을 조금 넘는 미곡 7만 섬밖에 받지 못해서 지방에 구휼할 수 없다고 보고했다. 그는 이전에 공물로 납부되던 품목을 시장에서 동전으로 살 것이지만, 재원이 너무 부족해서 이른바 응급상황에 대비해 "봉인해놓고 사용하지 않은封不動" 물량을 사용할 수밖에 없었다고 보고했다. 남아 있는 유일한 자원은 황해도에서 걷은 전세와 2만 냥 정도의 동전이었는데, 금방 바닥날 것이었다. 호조에 비축된 동전은 동전으로서 가치가 없었기 때문에 그는 그것을 녹여 대동법 이전에 공물로 납부되던 물품을 사자고 제안했다.

김재로는 여름에 세곡선이 수도로 오다가 난파되어 혜민서와 호조에 각각 4만 8천 섬과 1만 섬의 손실이 발생했다고 보고했다. 김동필은 혜민서와 호조는 대체로 각각 매년 30만 섬과 12만 섬의 세입을 걷는다고 덧붙였는데, 그것을 기준으로 생각하면 그 손실은 그 수입의 16퍼센트와 8.3퍼센트 정도 됐다. 그해 호조의 세입이 7만 섬이라는 김동필의 보고는 예년의 58.3퍼센트밖에 되지 않으므로 그해의 세입은 42.7퍼센트가 감소된 것이었다.

이조판서 송인명은 미곡이 너무 비싸져서 1냥으로 쌀 2말밖에 살 수 없지만, 창고에 비축한 미곡의 절반은 보존해두어야 한다는 규정에도 불구하고 곡식 대부 자금은 고갈됐으며, 군량도 남지 않았다고 지적했다. 혜민서에서 그해 전체에 사용할 수 있는 곡식은 4만~5만 섬밖에 되지 않았지만, 그는 그 비축은 다음해 봄 무렵 두세 차례 사용하면 완전히 고갈될 것이라고 추정했다. 또한 그는 영조가 강력히 반대한다는 사실을 알았지만, 정부의 미곡을 사용하지 않기 위해 동전과 면포의 사용을 추천했다.

영조는 동전을 좀더 주조하기로 결정하면 동전은 시장에서 높은 가치를 계속 가질 것이 확실하기 때문에 미곡 대신 정부에서 동전으로 지불받으려는 목적에서 군인과 상인들은 공물을 바치는 부류가 많아질 것이라고 지적했다. 그러나 김재로는 동전을 주조해도 문제는 계속될 것이며 동전의 가치는 낮아질 것이라고 경고했다. 보통 쌀 1섬(15말)은 3냥으로 살 수 있었지만(1냥당 5말) 이제는 5냥(1냥당 3말로 송인명이 보고한 가격보다 약간 좋았다)이 필요했다. 위기 상황을 해결하는 임시적 방편으로 영조는 이전의 정책을 포기하고 1696년(숙종 22) 이후 처음으로 추가적인 주전을 마지못해 승인했다.[35]

송진명과 고액전

그럼에도 불구하고 구리가 부족해지면 동전의 가치가 높아질 것을 걱정하던 일부 신하들은 적은 비용으로 동전 공급을 늘릴 수 있는 좀더 좋은 방법을 고안했다. 당시 가장 경제적인 두 대안은 지폐와 고액전이었지만, 지폐는 비판하는 사람이 많았고 유형원 같은 인물들은 일반 백성들이 고액전이 액면가를 보장할 것이라고 믿지 않았다.

그러나 1731년 주전이 다시 시행된 뒤 호조참판 송진명은 이성적이고 논리적인 용어로 그 유용성을 옹호함으로써 고액전에 대한 전통적인 편견을 극복하려고 시도했다. 한국의 화폐사를 훑어보면서 그는 지폐와 면포는 잠시 사용됐으며 그 사용에 일정한 문제점이 발견되자 곧 폐기됐지만, 중국에서 동전은 문제가 나타날 때마다 개혁과 제도 변경으로 해결하면서 2천 년 넘게 문제없이 사용되어왔다고 지적했다. 그는 그러나 조선에서는 동전의 사용과 관련된 문제가 발생하면 사람들은 "식사중에 목에 무엇이 걸려서 식사를 멈춘 사람처럼" 그것을 즉시 폐지하려고 한다고 말했는데, 이것은 영조의 태도에 대한 대담하고 위험한 희화였다.

계속해서 송진명은 3세기 촉한의 제갈량처럼 주의 경왕景王(재위 기원전 544~520)과 유파劉巴는 당백전을 사용했다는 사실을 지적함으로써 고액전을 정당화했다. 고액전과 소액전의 차이점은 전자가 후자보다 가치가 더 나간다는 것뿐이었는데, 이것은 비단·동전과 함께 금·은 같은 비싼 금속을 사용하는 것과 다를 것이 없는 원칙이었다. 고액전은 일반 동전보다 그 표면에 문양을 달리하고 가장자리를 넓고 두껍게 만들었으며 일반 동전의 5배나 10배의 가치를 가졌다. 일반 백성들이 새 동전을 거부하거나 소액전이 시장에서 사라지고 작고 값싼 물건의 판매가 중지될 염려는 없었다. 고액전을 주조해도 낡고 값싼 동전을 퇴출시킬 필요는 없었다. 실제로 소액전은 값싼 물품에 사용된 반면 고액전은 토지나 집 같은 비싼 물품에 사용됐으며, 국가가 고액전을 사용하고 소액전은 시장에서 백성들이 사용하도록 둘 수도 있었다. 그리고 상황에 변화가 생겨 어떤 동전이 사용되지 않으면 정부는 항상 동전의 단위를 변경할 수 있었다.

동전의 무게는 항상 바뀌었기 때문에 어떤 고정된 규정이 없었다. 일부의 견해와는 반대로 금이 은보다, 은이 동전보다 선호되거나 동전 10문이 은화 하나보다 가치가 있어서는 안 된다는 까닭은 없었다. 모든 품목은 서로 가치가 변했으며 우선순위에는 고정된 규칙이 없었다. 비단은 면포보다 가치가 높았지만 잘 직조된 품질 좋은 면포는 비단보다 비쌌다. 새로운 동전이 어떤 어려움도 겪지 않으리라는 예상은 타당하지 않았지만, 국가의 화폐제도를 계획하면서 많은 방안 중에서 최선의 대안을 선택하고 어떤 방안을 선택하기 전에 완벽한 성공을 기대하기보다는 그것을 채택한 뒤 나타나는 문제들에 따라 적절히 대응해야 했다.

그러나 그 뒤 조정에서 이어진 논의를 볼 때 소수의 관원만이 지폐는 물론 고액전에 대한 송진명의 시각에 동의했다. 좌의정 송인명과 이조참의 이종성은 이전에 이광도李廣道 또한 지폐를 발행하자고 제안했지만, 그것이 송 · 원대에 사용됐다고 해도 당시 조선에서는 너무 쉽게 혼란스러워지고 위조될 수 있어 믿을 수 없다고 언급했다.

영조도 일반 백성들은 고액전을 올바르게 인식하기에는 소액전에 너무 익숙해 있다면서 고액전의 유용성에 회의를 표명했다. 만약 고액전이 도입되면 소액전은 사라지고 고액전은 결국 부자들의 손에 모두 들어갈 것이라고 그는 확신했다. 이익처럼 영조도 가치가 떨어진 고액전만이 시장에 남아 있는 동안 소액전들은 그 가치를 보존하고 있기 때문에 부자와 빈자 모두에 의해서 시장에서 축출된다는 그레셤의 법칙을 이해하지 못했다.

동부승지 이일제李日躋는 주의 경왕도 "백성들을 이롭게 하기 위해서" 고액전의 사용을 승인했지만 목공穆公은 그것을 허가하지 않았다면서 영조의 우려에 동의했다. 중국은 물론 한국에서도 주가 멸망한 뒤 쇠퇴한 후대에 사는 사람들은 그것에 대해 의심할 것은 분명했다. 그러자 영조는 모든 관원들이 자신의 견해를 표명하도록 허락받고 백성들은 어떤 정책 결정에도 반대할 수 있게 하지 않은 상태에서, 어떤 변화를 추진하는 첫 제안을 수락하는 것은 현명치 않다면서 결정을 내리기 전 그 문제에 대한 더 많은 연구가 필요하다고 말했다.

이종성은 고액전은 동전 주조세의 이익을 높일 것이지만, 그런 이익은 위조자들에게 매우 매력적이어서 정부는 위폐가 시장으로 유입되는 것을 막을 수 없을 것이라고 덧붙였다. 이일제는 부자들은 고액전에 이끌려 막대한 분량을 축적해서 자신들의 부와 시장의 영향력을 국가보다 확대할 것이라고 예측했다. 그는 부자들이 그런 동전의 가치에 일반 백성들보다 조심스럽게 접근하고, 가치가 급락하는 동전에는 재산을 투자하지 않을 것이라는 사실을 깨닫지 못했다. 그는 고액전의 폐해를 사유지를 만들어낸 진이 폐기한 주대의 위대한 정전제의 패배에 비교했다. 지주가 부유하게 되면 그들은 동전도 축적할 수 있게 되며, 국가가 그것을 막기는 불가능했다. 달리 말하면 고액전을 도입하는 것은 조선 경제를 안정되고 보수적인 농업 생산에서 동전 위조와 조작으로 큰 부를 쌓을 수 있는 좀더 유동적이고 불안정한 화폐경제로 변화시키는 획기적인 개혁이었다. 그런 상황에서 조선은 위조를 방지하는 것이 주가 멸망한 이후 부유한 지주에 의한 토지의 독점을 막는 것만큼 어렵다는 사실을 알게 됐다.

이일제는 고액전을 주조하는 것은 일정한 유용성이 있지만 10년 정도일 뿐이라고 판단했는데, 그것은 소액전을 시장에서 몰아내 일반 농민들이 소규모 거래에 사용할 수 있는 교환수단이 없도록 만들고 부자들이 고액전을 모두 통제할 수 있도록 했기 때문이었다. 병조참판 조원명은 고액전은 중국사에서 주로 국가를 부강하게 하려는 수단으로 채택됐지만 그 정책은 오래 지속되지 못하고 곧 소액전으로 대체됐는데, 그 과정에서 커다란 재정 손실을 가져왔다고 언급했다. 달리 말하면 이일제와 조원명 같은 보수주의자들은 고액전의 위험성을 우려한 유형원의 생각에 동의한 것이었다.

반면 송인명은 고액전을 제한적으로 찬성했다. 그는 처음에는 동전에 그다지 관심을 기울이지 않았으며 실험적인 차원에서 도입하는 데 찬성했는데, 국왕은 그것이 효과가 없다면 폐기하려고 했기 때문이었다. 따라서 소액전은 그렇게 유용하지 않았으므로 국왕은 그것을 폐지하는 것이 나았다. 영조가 동전을 대체할 만한 수단을 묻자 그는 쌀은 소액 거래에, 면포나 비단은 큰 거래에 사용될 수 있으며, 20~30년 정도 지난 뒤 소액전을 다시 도입할 수 있을 것이라고 대답했다. 영조는 대답하지 않았지만, 송인명보다 경제에서 동전의 운영과 기능을 훨씬 날카롭게 이해하고 있는 대신들에게서 동전의 전면적 폐지에 동의를 얻기 위해 몇 년 동안 헛되이 노력한 결과 그를 최근 1726(영조 2)~27년에 벌어진 논쟁을 전혀 모르는 인물로 간주했다고 판단된다.

고액전은 위조를 자극할 것이라는 이유로 사용에 반대했던 이종성은 일정한 유연성을 보여주었다. 위조업자들은 동전 주조세에서 큰 이익을 기대했지만, 정부의 목적은 그 이익을 늘리는 것이 아니라 당시 동전과 관련된 문제를 해결하는 것이었다. 국왕은 소액 또는 고액 액면가의 동전 중에서 선택할 수 있는 권한을 가졌다. 만약 소액전을 선택해서 문제가 악화되면 그는 정책을 바꿔 고액전을 도입할 수 있었다. 영조가 어떤 동전을 사용해도 백성들은 고통을 받지 않을 것이라고 생각하느냐고 묻자 이종성은 실제로 중국사에서 다양한 동전이 사용됐으며 나쁜 효과는 분명히 없었다고 대답했다. 어떤 동전은 너무 가벼워서 "물 위에 뜨거나" 너무 약해서 "손에서 부서졌다." 지폐는 당 현종 때와 남송대에 사용됐으며 그런 사례들은 단일하거나 고정된 화폐제도가 없었다는 것을 증명하지만, 중국의 황제들은 상황에 따라 소액전에서 고액전으로 전환했다.

영조는 이제 소액전에서 고액전으로 전환하자는 의견이 올라오고 있지만, 앞으로 고액전을 다시 소액전으로 전환하게 되면 문제가 더욱 악화되지 않을지 확신할 수 없다고 말했는데, "물에 뜨거나 부서지는" 동전은 오래 전부터 상품의 가격 팽창을 자동적으로 야기하는 폐해를 묘사하는 정형화된 표현이었기 때문에 정당한 문제제기였다.[36] 1736년(영조 12) 당시 영조는 고액전에 대한 최종적 결정을 내리지 못했지만, 몇 달 뒤 이광좌가 그에게 고액전을 도입하지 않는 것이 현명할 것이라고 아뢰자 그 생각을 철회했다.[37] 그럼에도 불구하고 영조와 송진명을 포함한 일부 신하들은 고액전이 완전히 합당하지는 않지만 가능한 대안의 하나로 논의하려고 했다. 유형원은 동전의 액면가는 항상 주조 비용과 실제로 동일해야 한다고 믿었기 때문에 화폐정책의 논의 수준은 표면적으로는 반세기 전 유형원의 생각보다 좀더 자유로웠지만, 1731년에 벌어진 논쟁에서 신하들은 유형원의 생각을 전혀 몰랐지만, 결과적으로 지폐나 고액전을 비판하고 소액전을 선호한 유형원의 의견을 채택한 것이었다. 영조는 동전이 조선 경제에 필수적인 요소가 됐다고 인정했지만, 가장 보수적인 정책을 선호했다.

결론

17세기에 동전을 주도적으로 옹호한 인물들은 동전으로 납세하도록 전환하는 공격적인 정책을 시행해서 동전을 전국에 유통시키려고 했다. 그 정책은 전국에 동전을 보급하는 데 성공했지만, 주전을 통제하지 못하고 모든 세금을 동전으로 납부하는 데 충분한 동전이 지방까지 유통되기 전에 수도와 특정한 시장지역에 동전이 집중된 결과 주전을 확대하자는 의견은 시행되지 않았다. 1690년대 동전의 가치가 떨어지고 상품의 가격이 상승하자 숙종은 우선 주전을 제한했으며 1697년(숙종 23) 이후에는 금지했는데, 이 정책은 27년 뒤 영조가 즉위할 때까지 그대로 유지됐다.

17세기에 조선 경제에 동전을 도입하려는 시도가 성공한 뒤 시장의 수요를 맞추기 위해 더 많은 동전이 필요해졌지만, 정부는 그런 상황에 대처하기 위해 새로 주전해야 할 필요성을 이해하지 못했다. 그 대신

1696년 통화 팽창에 대응한 조처는 1724년(영조 즉위) 이후 영조에게 계승됐으며, 그는 해로운 통화수축정책을 고집했다.

영조는 자신이 동전의 가치와 가격을 안정시키기 위해서 동전의 공급을 규제할 책임이 있다고 인식하지 못했으며, 동전의 유통을 촉진시켜 조선을 중국의 경제 수준까지 높이려는 17세기의 정신을 계승하지도 못했다. 자신의 방안을 추진했다면 그는 동전을 완전히 폐지하고 16세기 후반 면포와 미곡이 사용되던 시대로 되돌아갔을 것인데, 그 두 교환수단이 교활한 조작에 맞서 무지한 농민들을 보호하는 마술 같은 효과를 가졌다고 소박하게 믿었기 때문이었다. 이전에 발생한 통화 팽창의 나쁜 결과와 인공적으로 유도된 가격 하락 및 높은 이율의 문제들은 국왕의 잘못된 경영과 무지 때문에 발생했기 때문에 동전을 유지시키려는 논쟁은 전면적으로 재개됐다.

주요 대신들은 규정의 기본 원리를 이해했기 때문에 영조에게 선입견은 무용하다고 설득했다. 1726년 홍치중의 절충안은 국왕과 신하의 상반된 의견의 자연스러운 산물이었다. 신하들은 정부가 보유한 동전을 지출하도록 허용하면 시장에서 동전을 계속 사용할 수 있으며, 어떤 교환수단이든 수요 · 공급 · 가격의 동일한 규정을 적용받기 때문에 면포 또한 동전만큼 어려움을 유발할 것이라고 영조를 설득했다. 홍치중은 긴급 상황에서는 동전으로 납세하도록 허락하라고 영조를 설득했으며, 시장에서는 동전이 유통되지만 정부 재정에서는 동전을 없애면 동전의 수요를 줄이고 동전의 가치를 떨어뜨려 궁극적으로는 시장을 다시 안정시킬 것이라고 확신시켰다. 시장을 다시 안정시킨다는 의미는 동전을 폐기하기보다는 계속 사용해야 한다는 주장이었지만, 영조는 그 의견을 승인했다. 이것은 동전뿐만 아니라 상업이나 비농업적 산업의 발전에 반대하면서 치세를 시작했던 국왕에게서 얻은 커다란 양보였다.

영조의 보수주의는 단순히 무지의 소치는 아니었는데, 유형원 이후 가장 유명한 경세학자인 이익 또한 동전에 대한 그의 도덕적 편견을 공유했기 때문이었다. 이것은 재야의 경세학자들이 대부분의 관원들보다 그 쟁점을 연구하는 데 더 많은 시간을 투여했다는 이유 때문에 반드시 완전히 진보적이며 발전적인 사상가라는 개념을 부정할 수 있는 가장 좋은 사례다.

1731년 영조는 마침내 동전의 유통과 추가적인 주전을 승인했지만, 이는 왕조의 후반을 휩쓴 잦은 가뭄과 국가의 재정 위기 때문이었으며 설득력 있는 주장의 가치에 동의했기 때문은 아니었다. 아울러 1726년에 시작된 논쟁에서 많은 신하들은 고액전과 지폐, 유형원의 단순한 '소액전'에 대한 생각을 훨씬 뛰어넘는 수준에서 이율의 제한에 관련된 진지한 주장을 제기했지만, 영조는 동전 문제에서 새롭고 진보적인 해결책을 적극적으로 찾으려고 하지 않았기 때문에 어느 주장도 받아들이지 않았다. 인조 · 효종 · 숙종의 모험적인 정신을 조금이라도 가졌다면 그는 이런 방안들 중 하나 또는 전부를 시도해보았을 것이다.

그 문제와 관련해서 지폐나 어음, 또는 은행을 도입하는 발전은 더이상 없었다. 1867년(고종 4)까지는 고액전은 시도되지 않았으며, 그것은 가치가 금방 떨어지고 상품 가격의 팽창을 야기했기 때문에 즉시 퇴출됐다. 그러나 그 까닭은 그것이 본질적으로 그런 변화에 영향을 받기 쉽기 때문이 아니라 대원군이 주로 세입을 올리는 데 치중하고 동전 공급을 제한할 필요성에 무지했기 때문이었다. 유통되는 동전의 분량은 17세기 중반 동전이 처음 도입된 뒤 현저하게 증가했지만, 19세기 무렵 그 분량과 품질은 떨어졌다. 위조가 성행하고 통일성과 신뢰가 결여된 결과 동전은 1876년 이후 일본 및 다른 외국과의 교역에 필요한 재원을 충당하는 데 사용되지 못했다.[38]

제 26 장

1731년 이후의 동전과 경제적 변화

1731년(영조 7) 영조가 추가로 주전을 결정한 사실은 보수주의의 시대가 끝나고 조선 경제에서 동전의 역할이 영구해졌음을 나타냈다. 실제로 동전은 이미 17세기 이후 상업 활동이 점차 확대되면서 그 위상을 굳혔으며, 조선의 국왕들이 그 필요성을 인정하는 것은 시간 문제일 뿐이었다. 조선 경제의 영속적인 부분으로 동전을 마지못해 받아들였다는 사실은 17세기에 전체적인 경제 분야에서 중요한 발전이 이루어졌다는 의미이며, 그렇다면 경제에서 동전과 상업의 역할에 대한 유형원의 방안은 그의 생각이 학자와 관원들 사이에 퍼지기 시작했을 때는 이미 무의미하고 시대에 뒤떨어진 내용으로 간주된 것인가.

유수원

상업자본의 발달

많은 학자와 관원들이 동전에 여전히 반대했지만, 좀더 개명한 인물들은 경제에서 상업의 역할이 커지고 있는 의미를 파악하기 시작했다. 어떤 점에서 가장 개명한 사람은 유수원이었는데, 그는 노론과의 당쟁에서 숙청된 소론의 관원이었다. 그는 경제에서 상업의 기능을 제한한 전통적 유교에 도전한 첫 번째 저술가 중 한 사람이었다.[1]

1729~37년 사이에 유수원은 『우서』를 써서 '천시받던' 상업과 공업에 종사하는 직업에 커다란 존경을 표시했으며, 문과에서 실패해 관직에 나아가지 못한 양반이 늘어나는 상황을 동정하면서 그 주제를 논의하기 시작했다. 조선의 법률은 조상이 상업이나 수공업에 종사한 사람은 과거에 응시하거나 고위 문반직을 갖는 것을 금지했으며, 양반가문들은 자손들에게 영구적인 저주를 부과할지도 모른다는 두려움에서 아무리 가난하고 절망적이더라도 그런 직업에 종사하지 못하도록 금지했다. 유수원의 목표는 양반계층이 학문과 나태한 생활에 세습적으로 제한되는 상황을 해방시키는 것이었다.

직업이 없는 양반의 문제는 18세기 무렵 더욱 커졌는데, 더 많은 인구가 세습적인 노비와 양인신분에서 벗어날 수 있었고 일부는 매득買得이나 기부로 관직에 나아갈 수 있는 자격을 획득했지만, 관직의 숫자는 그대로였고 관직을 열망하는 직업 없고 좌절한 사람은 더욱 늘어났기 때문이었다. 그들은 상업 활동으로는 생계를 유지할 수 없었기 때문에 가난으로 전락해 영향력 있는 후원자를 찾거나 생계를 위해서 고리대금업을 하거나 뇌물을 바쳤다.

유수원은 관직을 갖지 못한 유생들이 상업으로 생계를 유지할 수 있다면 스스로를 봉양할 수 있을 뿐만 아니라 좀더 교육받은 새로운 상인 계층을 양성할 수 있을 것이라고 믿었다. 그는 상업에 종사해도 그 자신이나 후손의 과거 응시자격을 박탈하지 않는 당시 청의 제도에서 영감을 얻었다.

유수원의 비판자들은 상업 활동이 이익 추구를 자극함으로써 양반 개인뿐만 아니라 그 후손의 도덕에 해로운 영향을 미친다고 믿었기 때문에 양반에게 상업에 종사하도록 허용하는 데 반대했다. 그러나 유수원은 상업과 산업은 천한 직업이 아니며, 사실 상인은 생계를 위해 방납과 고리대에 개입하고 날조된 소송을 통해 다른 사람에게서 노비와 토지를 탈취하려는 음모를 꾸미는 많은 몰락한 양반이나 부정한 관원보다 높은 도덕성을 유지했다고 반박했다.

그는 1720년대 후반 한양 · 평양 · 개성 · 전주 · 수원 같은 특정한 주요 도시에서는 시전만 허가됐다고 지적하면서, 주요한 행정도시뿐만 아니라 상업시장 도시에도 시전이 퍼지기를 희망했다. 그러나 그는 자유로운 시장의 상업 활동을 옹호하지는 않았는데, 정부가 승인하는 제도를 유지하려고 했으며 난전과 소규모의 보부상, 5일장, 또는 유형원이 반대했던 '개방적인' 시장의 성장에 반대했기 때문이었다.

협동적인 동업조합(길드)의 봉건적 유대가 파괴되어 개인들이 자신의 기업을 만들어 자유로운 시장제도에 참여해야만 자본주의가 발전할 수 있다는 서구적 개념에 묶여 있는 사람은, 모든 상인들이 국가의 통제를 받도록 강요하면서 상업 활동이 확대되기를 유수원이 기대했다면 그의 계획이 잘못됐거나 불합리하다고 믿는 것도 당연했다. 확실히 그는 상업의 확대를 바랐지만, 난전의 증가와 보부상의 경쟁을 억제하기 위해서 정부의 공인을 받은 시전을 강화함으로써 그렇게 하려고 했다. 그는 시전상인들은 이익과 자본축적의 기회를 보장받았기 때문에 더욱 커지고 강해질 것으로 기대했다. 정부 또한 난전과 보부상보다 그들에게서 세금을 걷기가 더 쉬웠기 때문에 이익이었다. 국민총생산의 증가는 그의 주요한 목적이 아니었다.

그러나 그는 정부가 개별 상품을 특정한 시전에서만 팔도록 제한하면 그 시전들은 그 상품의 판매를 즉시 중단해 가격과 이익을 올리려고 할 것이라는 사실을 알았다. 이런 가능성에 대응하기 위해서 그는 정부가 중앙과 지방의 여러 시장에서 같은 물건을 팔도록 허가하라고 조언했다. 국가가 후원하는 과점제도에서 구매자들은 만약 어떤 상점이 합리적인 가격에 팔지 않으면 다른 상점에서 살 수 있었다.[2]

유수원은 궁극적으로는 제한 없는 경쟁을 하는 소규모의 보부상들이 판매와 이익을 독점해 거대한 시전상인의 생존을 위협하며, 과점체제만이 자본 축적의 충분한 이익을 보장할 수 있다고 생각했다고 강만길은 주장했다. 그러나 유수원은 소상인을 궁핍하게 만들려고 하지 않았으며 그들을 대규모이며 좀더 경쟁력있는 단위로 조직하려고 했다. 그는 3개의 다른 형태의 조합을 상정했다. (1) 영세한 상인들이 소자본을 합자合資해 대규모의 상업을 영위하는 방법, (2) 국가의 공인을 받은 주요 상점에 자본을 투자한 양반과 중앙의 양반 소유주의 통제 아래서 지방 도시의 지점을 관리하거나 거래 매개자로 활동하던 상인이 서로 협동해 상업 활동을 전개하는 방안, (3) 상업자본을 가진 부상富商이 비용을 절감하고 고공을 고용해서 생산과 이익을 늘리며, 당시의 청에서 운영되던 대규모의 미곡시장처럼 작업과 기록 절차를 합리화하는 방식이었다. 유수원의 세 대안은 무책임한 제안이 아니며 자본주의의 점진적인 역사적 발전을 반영하는 것이라고 강만길은 지적했다. 그는 유수원이 고용노동에 대규모의 자본을 투자하는 데 주저했던 조선 상인들의 문제점을 해결했다는 측면에서 시대를 앞서나갔다고 평가했다.[3]

또한 유수원은 부상들이 지배하는 상업도시의 성장을 구상했지만, 경제 문제에만 국한된 것은 아니었다. 이런 상인들은 국가의 공인을 받는 제도로 이익과 부를 보장받았지만, 성벽 · 해자 · 교량 · 도로의 건설, 의학義學과 의장義莊의 설립 같은 민간사업에도 종사했다. 그는 이처럼 양반과 부상들이 협동과 투자를 통해 지방을 자치적으로 운영한다면 고대의 이상적인 정전제에서 묘사한 지방 행정을 대신할 수 있을 것으로 생각했다. 부상들은 의장을 설치해 굶주리는 백성을 구휼하고 의학을 설치해 유교교육을 시행했다. 그러나 그는 새로운 양반 상인계층은 상업 활동을 천시하는 조선의 윤리와 신성화된 유교적 규범을 수정해 당시 청의 수준까지 도달하도록 이끌지는 못했다고 인정했다.

강만길이 지적했듯이, 정부가 공인하는 상인을 유지하려는 유수원의 생각은 상업 발전을 저해하는 부정적인 반작용이 아니라 부상과 자본축적 및 도시화를 발달시킬 뿐만 아니라 정치에서 '자본가bourgeois'의 주도권을 촉진하는 긍정적인 방법이었다. 그러나 유수원의 '자본가'는 제한 없이 목적과 이익을 추구하는 최대의 개인적 자유에 기초한 부류가 아니었으며, 정부의 지배를 받으면서 상업세를 바치고 상호부조에 기초한 지방의 민간사업을 주도함으로써 정부와 협력하는 계층이었다.[4] 어쨌든 사회에서 상인의 역할에 대한 그의 시각은 17세기의 생각보다 현저히 진보한 것이었다.

화폐정책

또한 유수원은 1697년(숙종 23) 정부가 주전을 중지한 이후 주기적으로 일어나는 동전 부족의 해결책을 고안했다. 그는 동전 부족이 중앙과 지방의 문무 관서가 동전을 보유하기 때문이라는 일부 관원들의 비판에 동의했지만, 정부의 동전 보유를 모두 금지해야 한다는 그들의 해결책에 대해서는 비판했는데 관서들은 여전히 일정한 형태로 저축이나 잉여를 보유했기 때문이었다. 유감스럽게도 미곡이나 면포는 시간이 흐르면서 썩거나 해충에 쏠릴 수도 있었지만 동전은 보관에 적합한 유일한 수단이었다.

가능한 최선의 해결책은 정부 관서의 '사적' 축적을 금지하는 것이었는데, 그는 전통적으로 정부는 조세로 받은 재원을 보유해야 한다고 믿었기 때문이었다. 고대에는 기근이나 흉작에 대비해 9년치 식량을 저장하는 것이 이상이었지만, 정부의 창고에서는 그 비축분을 변동 없이 보관할 수 없었고 군량과 녹봉을 마련하기 위해 시장에서 동전을 이용해 곡식을 사서 매년 그것을 순환했으며, 그런 뒤 다음해의 세입에서 다시 보충했다. 유감스럽게도 정부의 문무 관서는 당시 '움직일 수 없는封不動' 비축분을 유지해야 한다는 몽매한 원칙을 굳게 지켰기 때문에 동전은 유통되지 않았고 그 가치는 상승했다.

또한 유수원은 상업 활동이 충분히 발달하지 않아서 동전은 유통되지 않고 부유한 가호의 금고로 흡수됐다고 믿었지만, 부상들이 동전을 비축하는 것을 금지하려는 많은 논자들의 해결책 또한 '어처구니없는' 것이었다. "부상들이 동전을 비축하거나 사용하는 것은 그들의 결정 사항이었기 때문에 포악한 진 시황이라도 그들이 자금을 비축하는 것을 막을 수 없었다."

유수원은 조선에서는 실제보다 외양을 중시하는 경향이 있다고 비판했다. 학문은 존중받았고 상업과 산업 활동은 멸시됐기 때문에 조선에서는 부당하게 이득을 취하는 부류가 상업을 경멸하고 떳떳하게 이익 활동에 참여하지 않으면서 동전을 축적해 고리로 대부하거나 방납에 빌려주었다. 달리 말하면 이익 추구와 상업 활동에 대한 일반적인 무시는 동전을 사용한 소비를 제한했으며, 소규모의 보부상들은 수공업제품을 팔아서는 상업 활동을 넓혀 자본을 축적할 만큼 많은 돈을 벌 수 없었다. 상인들은 대부분 매우 영세했기 때문에 도시로 함께 모일 수가 없었으며, 부상들은 상품을 동전으로 구매하려는 의사가 없었기 때문에 통화는 필연적으로 정체됐다.

그러므로 그 문제의 유일한 해결책은 화폐정책을 서투르게 수선하는 것이 아니라 사람들이 상업과 산업에 대해 갖고 있는 수치심을 없애고 상인들이 대규모의 조직을 결성해 많은 자본을 투자하고 상점을 세우도록 유도하는 것이었다. 그렇게 되면 상업은 현재보다 훨씬 발달하고 동전은 전국의 외딴 벽지까지 유통되며 사적인 동전 축적을 막을 것이었다.

동전의 영속적인 채택을 보장하는 세 번째 열쇠는 정부가 매년 주전 분량을 확정하고 공식적인 주전업자를 결정하며, 구리와 주석을 구입하고 품질이 떨어지는 동전의 생산이나 유통을 금지하는 것이었다. 만약 정부가 매년 주전하는 분량을 확정해서 유통되는 동전의 분량이 시장에서 팔리는 상품의 가치와 항상 일치하면 동전은 장기적으로 유통될 것이었다.

유감스럽게도 당시의 화폐정책과 관련된 문제는 "동전을 만들 줄은 알지만 동전을 올바르게 주조하고 사용하는 방법은 모른다"는 것이었다. 주전에 적합한 금속이나 높은 품질의 동전을 생산하기 위한 적당한 무게나 규격을 몰랐기 때문에 전국에 유통되는 동전은 크기 · 무게 · 품질이 서로 크게 달랐다. "동전이 정체되어 유통되지 않거나 무게가 일정치 않으며, 금방 주조됐다가 금방 폐기되고 너무 비싸거나 저렴하며, 농업은 물론 상업과 산업에도, 그리고 정부는 물론 개인에게도 커다란 문제를 일으킨다고 해도 놀라는 사람이 없었다." 다양한 크기와 무게의 동전은 폐기하거나 유통하지 말고 일정한 규격에 따라 새롭게 만들어진 동전으로 대체해야 했으며, 사적인 주전이나 위조는 금지해야 했다. 새로운 동전을 공급하려면 정부는 구리 · 철광 · 노동 비용에 적극적으로 지출해야 하며 — 이것은 유형원의 견해와 일치하는 것이다 — 상업과 산업을 백성에게 개방해야 했다. 동전의 성공적 유통을 보장하고 국

가의 '부와 권력'을 이루려면 이런 방법이 필요했다.[5]

유수원의 제안은 몇 가지 중요한 측면에서 전통적인 생각과 매우 멀어진 것이었다. 전통에 따라 농업과 검약을 존경하는 대신 그는 국가와 백성의 복리를 증진하기 위한 방법으로 상업과 소비를 촉진했다. 동전의 유통으로 소비가 자극되고 상품의 도매를 통해 이익을 기대할 수 있게 되면 상인들은 좀더 야심적으로 투자하게 될 것이었다. 상점과 상업도시가 늘어나고 동전의 수요가 커짐에 따라, 정부는 원재료를 구입해 당시 혼란스러운 크기와 기준을 가진 동전을 일정한 동전으로 대체해야 했다. 상업적 기업의 출현 가능성을 보장하기 위해서 국가는 상점을 모두 공인하고, 소상인을 대규모의 인가된 상인으로 재편해 과점체제를 만들어 경쟁시켜 사상들이 시장에 개입하지 못하게 하며, 개별 기업이 충분한 이익을 볼 수 있게 해야 했다. 양반은 상업 활동에 참여해서 교육받은 상인이라는 새로운 계층을 만들어 복지와 지방자치의 임무를 수행하도록 자극을 받았다. 요컨대 유수원이 제안한 상업적 · 시민적 의무의 문화를 가진 과점적 자본주의와 새로운 상업적 양반계층의 참여는 이익을 보장하고 무책임한 투기와 가격 조작을 방지하기 위해 국가가 추진하고 제한하는 것이었다.

유수원의 생각은 17세기에는 가능하지 않았지만, 사상의 늘어난 경쟁으로 동전 부족과 상업 이익의 감소에도 불구하고 이미 동전이 확고히 자리잡은 1730년대에 그의 해결책은 당시 조선 경제의 문제들에 대한, 드물기는 하지만, 합리적인 대응이었다. 아울러 그는 면세와 면역을 누리던 양반을 이익을 얻을 수 있는 상업에 종사하도록 유도함으로써 생산적인 시민으로 전환시켰다. 그의 저술이 그 당시나 후대에 큰 영향을 주었는지는 분명치 않지만, 적어도 그는 반세기 뒤 상업 활동을 촉진시키자고 주장한 박제가朴齊家의 선례가 됐다.

〔표 11〕 국가의 세입과 지출(1700~1807)

연도	세입(냥)	지출(냥)
1700	84,260	81,850
1723	115,026	106,675
1727	118,300	127,000
1731	-	198,790
1749	169,790	-
1785	219,830	-
1792	-	274,890
1807	306,986	323,338

* 전거 : 원유한, 「조선 후기 화폐 유통에 대한 일고찰」, 『한국사연구』 7, 1972. 3, 134쪽. 『만기요람』 「체용편」(경성, 조선총독부 중추원, 1938), 호조戶曹 일년 경비를 토대로 작성함.

또 다른 동전 부족의 대두(1742)

1731년(영조 7) 이후 동전의 공급은 확대됐지만, 영조는 매년 주전해 상업을 확대하고 동전의 공급을 지속적으로 늘리자는 유수원의 의견에 완전히 동의하지 않았다. 1731년 이후 조선에 공급된 화폐량을 측정하는 것은 가능하지 않지만, 중앙 정부의 동전 수입과 지출에서 일정한 상호 관련성을 발견할 수 있다. 〔표 11〕이 보여주듯이 중앙 정부의 동전 세입은 1700년(숙종 26)에 약 8만 2천 냥에서 1727년에 12만 냥으로 지속적으로 증가했으며, 1731년에는 20만 냥 정도까지 급증했다. 그것은 1749년(영조 25)에 다소 감소했다가 1785년(정조 9)에는 이전 수준까지 회복했으며 18세기 말엽에는 30만 냥에 근접했다(즉 820만 문에서 3천만 문, 또는 8천2백 관에서 3만 관).

동전 세입의 증가는 의심할 바 없이 동전 공급의 확대를 반영하는 것이지만, 동전 공급이 동전 수요와 반드시 보조를 맞추었다는 의미는 아니었는데, 동전의 유통은 나라의 다른 지역에 퍼져 있었고 판매 상품의 공급도 증가하고 있었기 때문이었다. 당시의 동전 공급을 추정하려면 좀더 많은 연구가 필요하지만, 1742년(영조 18) 한 신하의 발언에 따르면 영조는 분명히 매년 계속 주전을 승인하려는 생각이 아니었으며 1731년에 30만 냥(3백만 문, 또는 3천 관)의 주전을 허용했을 뿐이었는데, 그 총량은 1785년(정조 9)까지 〔표 11〕의 정부 세입과 지출을 반영하지 않은 것이 분명했다. 이처럼 영조가 이 분량을 승인한 지 10년 뒤인 1742년 박문수는 동전의 가치가 다시 올라갔다고 비판하면서 청에서 중국 동전을 수입하고 집기를 녹여 동전을 만들도록 지시해서 동전 부족을 극복하자고 제안했다.[6]

박문수 : 청에서 동전을 수입하다

동전의 분량과 가치의 주기적인 상승과 하강은 또 다른 위기를 만들었지만 중국에서 동전을 수입하는 데 찬성한 신하는 거의 없었다. 두 달 뒤 영의정 김재로는 그것은 밀수를 합법화하는 것과 똑같다는 이유로 거부했는데, 정부는 중국 동전의 수입을 막기 위해서 압록강을 따라서 동전이 사용되지 않는 완충지대를 설정했기 때문이었다.[7] 이 조처가 시행됐다고 해도 무지한 일반 백성들은 조선 동전과 중국 동전을 구분할 수 없었기 때문에 문제가 야기될 것이었다. 반면 조선 동전은 폐기되거나 유통되지 않고 중국 동전만 시장에서 허용되면 조선은 청에게 동전의 통제권을 이양하는 것이었다. 김재로는 박문수의 제안에 동의한 신하를 한 명도 찾을 수 없었다고 아뢰며, 영조는 2개의 다른 동전을 동시에 유통하는 것은 중대한 잘못이라는 데 즉시 동의했다.[8]

박문수는 숙종대의 신하들은 청에서 동전을 수입하는 데 찬성했다고 대응했지만 영조는 반응을 보이지 않았다. 그러자 박문수는 영조에게 동전을 완전히 폐지하거나, 좀더 주전하거나, 외국에서 일부를 수입하는, 세 가지 방안 중에서 하나를 선택해야 한다고 아뢨다. 가호들은 동전 부족으로 생계를 이을 수 없게 됐기 때문에 동전이 좀더 필요했다. 청의 동전을 수입할 수 없다면 그릇을 자기로 대체하고 금속은 동전을 좀더 주조하는 데 사용해야 했다. 그날 늦게 의정부 우참찬 윤양래尹陽來도 철전을 주조해서 화폐 공급을 늘리자고 제안했지만, 철은 품질 낮은 화폐를 위조하기에 가장 적합한 금속이므로 철을 사용해 주전하도록 정부에서 승인하면 위조업자가 만든 품질이 떨어지는 화폐를 합법화할 뿐이라는 김재로의 지적을 받은 결과 그 방안은 폐기됐다.

송인명 : 새로운 동전으로 예전의 동전을 대체하다

좌의정 송인명 또한 동전을 좀더 주조하는 것 외에는 대안이 없다는 데 동의했지만, 정부는 동전 공급을 계속 통제하고 개인이 위폐를 만들지 못하도록 해야 했다. 청의 동전을 수입하거나 철전을 도입하는 데 반대에 부딪히자 송인명은 적어도 더이상의 감축은 정부가 막아야 한다고 주장했다. 동전의 가치 상승은 소비보다는 동전의 비축을 유도했기 때문에 투기자들은 동전의 가치가 더욱 상승할 것이라는 예상에서 최대한 많은 동전을 비축했다. 이런 경향에 대응하기 위해서 그는 새로운 동전을 즉시 주조해서 3년 동안 이전의 동전과 함께 유통해야 한다고 제안했는데, 시장에서 동전의 가치를 떨어뜨리고 부유한 투기자의 이익을 봉쇄하려는 조처였다. 그런 뒤 정부는 오래된 동전을 금지해 부자들이 그것을 저축하지 못하게 하고 새로운 동전만을 유통시켰다. 3년 뒤 이전의 동전을 모두 녹여 새로운 동전을 주조하면 부유한 투기자들은 법화의 가치를 잃기 전에 모든 비축 분량을 소비할 수밖에 없으며, 그러면 시장에 동전이 공급되어 동전이나 구리를 수입할 필요가 줄어들 것이었다.

아직도 영조는 동전을 완전히 폐기하고 싶어했지만 좀더 주전하겠다는 의지를 표명했으며, 3년 뒤 현재의 모든 동전을 그것으로 대체하자는 송인명의 계획에도 동의했다. 그러나 영조나 신하들 모두, 지난 세기에 유형원이 주장했듯이, 주전을 확대하거나 일본에서 구리를 좀더 수입하는 데는 반대했지만, 이 시기에 일본은 구리 수출을 줄였기 때문에 그것은 어쨌든 가능하지 않았다.

송인명은 다시 주조해 동전 공급량을 늘리는 방안은 재차 시행할 수 있지만 50년마다 한 번씩만 가능한 방안이라고 덧붙였는데, 동전 부족은 1697년(숙종 23) 주전이 금지된 뒤 30년 만에, 1731년(영조 7) 영조가 추가 주전에 동의한 지 12년 만에 위기 상황에 도달했다는 사실을 감안하면 다소 보수적인 추정이었다. 박문수는 이전의 동전이 법화로서 일단 금지되면 그것이 새로운 동전으로 다시 주조되기까지 동전 공급은 급감해 가격의 급격한 위축을 야기할 것을 우려했다. 정부 관서가 주조하든 개인이 주조하든, 장인은 새로운 동전에 불법적으로 주석이나 철을 섞어 품질을 떨어뜨릴 것이었다. 주석이 들어가 품질이 떨어진 동전은 색깔이 짙어서 금방 식별할 수 있었으며, 정부는 동전을 다시 주조하는 과정에서 (구리의) 30~40퍼센트를 손실했다. 영조는 그 의견이 핵심을 잘 지적했지만 책임을 맡은 관원들이 그것을 막아야 한다고 지적했다.

김약로 : 고액전

저축을 시장에 방출하도록 강요하는 정책의 변경은 동전 부족을 해결하는 데 전혀 적합하지 않았기 때문에 예조참판 김약로金若魯는 다시 한번 예전의 소액전과 함께 사용할 수 있는 당십전이나 당백전 같은 고액전을 주조하자는 건의를 제기했다. 다른 두 명의 신하들은 김약로의 생각을 지지했으며 영조는 그렇게 하는 것이 좋을 것이라고 언급함으로써 이전의 태도를 완화했지만, 좌부승지 윤휘정尹彙貞은 소액전과 함께 고액전을 유통하는 것은 위조를 쉽게 할 뿐이라면서 반대했다. 윤휘정의 반대는 영조를 단념시키는 데 충분했다.

그 뒤에도 동전 공급을 늘리기 위한 네 가지 방안이 계속 논의됐다. 청의 동전을 수입하는 것, 철전을 주조하는 것, 고액전을 도입하는 것, 그리고 저축의 지출을 강요해 전체적인 동전 공급을 대체하는 것이었는데, 가장 조심스러운 마지막 방안만이 승인됐다. 그 뒤 논의는 이런 실제적인 해결 방안에서 동전 문제의 도덕적 원인을 근본적으로 고려하는 쪽으로 옮겨갔다. 홍문관 부응교 윤광의尹光毅는 유통되고 있는 동전의 분량이 아니라 국왕이 검약을 실천하고 백성의 복지에 특별한 관심을 보이는 것이 관건이라고 생각했지만, 영조는 윤광의에게 현실을 모르는 유생처럼 말한다고 지적했다.

영조는 유생과 관원들의 반대에도 불구하고 동전은 폐지되어야 한다고 항상 생각했다는 자신의 윤리적 관심을 표시하는 데 불편했을 것인데, 동전의 유통 분량은 예악의 번창과는 무관했지만 교화는 도덕적 변화와 밀접한 관련을 갖고 있기 때문이었다. 영조는 백성들의 마음이 점차 타락해서 동전을 폐지하기가 불가능하게 됐으며 좀더 주조하는 것 외에는 대안이 없게 됐다면서 전체 백성들에게 비난을 돌려 자신의 통치를 방어했다.

1731년 그는 자신의 도덕적 원칙과는 반대로 동전을 좀더 주조할 수밖에 없었지만 동전 공급을 늘리는 방안의 이점에 대해서는 여전히 회의적이었다. 이전에 윤지완尹趾完은 좀더 주전하는 것이 낫겠다고 말했지만, 그것은 큰 실수였다. 많은 사람들은 좀더 주전하면 개인보다는 국가에 이익이 될 것으로 생각했지만, 개인의 이익을 위한 사적인 주전이나 대규모의 위조가 발생했다. 영조 또한 집기를 녹여 주전에 사용할 구리를 채취하는 방안의 유용성을 의심했다. 앞서 박문수는 집기는 사치품이 아니라 필수품이므로 그것을 녹이면 일반 백성들에게 어려움을 야기할 수 있다면서 반대했다. 영조가 원래 동전 대신 면포를 사용하려고 했던 까닭은 일반 백성들의 단순하고 순수한 취향에는 그것이 좀더 적합하다고 생각했기 때문이었다.

민심을 조사한 영조

동전 부족을 해결하는 방안의 물질적 · 도덕적 이익과 불이익을 이처럼 심사숙고했음에도 불구하고 영조는 소수의 신하들을 넘어서 백성들의 의견을 조사하기로 결정했는데, 나중에는 이 방법을 더욱 자주 사용했다. 그는 동전을 좀더 주조하거나 고액전을 도입하는 방안에 대한 중앙과 지방 백성들의 의견을 조사하라고 한성부와 혜민서에 지시했다. 그러나 김약로는 전국이 아니라 수도의 백성만 조사하자고 건의했고, 송인명은 백성들의 의견을 모두 무시하고 결정하자고 주장했다. 박문수 또한 주전을 담당할 유능한 인재를 선발하도록 관찰사와 수령들에게 지시하자고 건의했다.[9]

10여 일 뒤 벌어진 논쟁에서는 동전 부족을 해결할 수 있는 모든 대안이 논의되면서 최종적 결론을 도출했다. 한성판윤 조상경趙尙絅은 수도의 일부 지식인과 많은 백성들은 고액전과 청의 동전에 확고히 반대하면서 현재의 소액전을 좀더 주조하는 데 동의했다고 보고했다. 형조판서 민응수閔應洙 또한 자신이 얘기해본 관원과 백성들에게서 같은 견해를 들었다고 아뢰었다.

조상경 또한 일부 응답자는 고액전은, 유수원이 동전 부족에 대해 분석한 것처럼, 부유한 투기자뿐만 아니라 중앙과 지방의 정부 관서 모두 동전을 비축해 '사용할 수 없는 비축분'으로 간주하고 있기 때문에 문제를 더욱 악화시킬 것이라고 보고했다. 만약 그런 관서들이 은을 대신 비축하고 보유하고 있는 동전을 사용하면 동전의 가격은 내려갈 것이었다. 또한 그들은 정부가 소액 은화를 주조하거나 1~2문의 소액전을 주조하거나 동전 대신 은화를 유통시키면 동전이 늘어나 그 가치가 떨어질 것이라고 생각했다.[10] 그러나 조상경은 두 견해 중 어떤 것이 옳은지는 확신하지 못했다.

민응수 : 은화 또는 추가적인 주전

혜민서 당상 민응수는 정부는 은화를 주조하고 사용하되 일반 백성들은 상거래에서 동전을 완전히 자유롭게 사용하도록 허락하면 시장에 좀더 많은 동전이 자유롭게 유통되고 동전의 높은 가치가 떨어질 것이라고 건의했다. 조선에는 그 방안을 시행할 수 있는 충분한 은이 있었지만, 그는 공인은 그것을 좋아하지 않으며 먼 지방에서 동전으로 내는 납세는 돌려보내 (은화로 대체해야) 할 것이라고 예측했다.

그러나 김재로는 동전 부족의 문제보다 위조업자들이 은화에서 얻을 이익을 좀더 걱정했다. 그는 정부가 인삼을 밀수출하는 상인을 금지한 것처럼 위조업자를 근절하는 데는 더 많은 어려움을 겪을 것으로 예상했으며, 대부분의 백성들은 고액전이나 은화를 시험하지 말고 예전의 동전을 그대로 사용하는 것을 선호한다고 단언했다. 영조는 금지를 강화할 능력이 없는 까닭은 백성들이 법률을 존중하지 않고 나라에는 법률과 질서의 정신이 결여되어 있기 때문이라는 데 동의했다.

또한 민응수는 이전의 동전을 불법적인 화폐로 선언하기 전 3년 동안 부유한 보유자들에게 그들이 비축한 분량을 써버리도록 하자는 송인명의 계획이 가진 효용성에 심각한 의문을 제기했는데, 사람들은 어떤 법률이 미래에도 오랫동안 지속될 수 있을지 의심했기 때문이었다. 동전을 소비하도록 강요해도 그들은 오히려 그것을 더욱 적극적으로 보유할 것이었다. 그는 정부 관서들이 보유한 동전을 시장에서 쌀과 은을 사도록 지시하는 방안을 선호했다 — 이것은 미곡의 가격을 안정시키는 데 사용했던 일반적인 정책과 비슷한 방안이었다. 영조는 3년 동안 동전을 완전히 전환하면 정부 법률의 타당성과 지속성에 대한 백성들의 신뢰가 모두 무너질 것이라는 민응수의 경고를 심각하게 받아들였다. 그는 그 제도를 시행할 수 있는 유일한 방법은 우선 사회의 기강을 세우는 것이며立綱, 통화 문제를 해결할 수 있는 유일한 방안은 동전을 좀더 주조하는 것이라는 데 동의했다.[11]

박문수 : 은화

또한 박문수는 동전 2냥(2백 문과 동일)의 가치(액면가?)를 지닌 은화 1냥(8~9성星)을 주조하자고 제안했다(1680년 동전의 가치보다 4백 퍼센트 상승한 것이었다). 영조는 사람들이 은화를 가질 수 있어도 동전을 계속 사용하려고 할 것인지 물었으며, 박문수는 그것이 사실이라고 해도 동전을 은화로 완전히 대체할 수 있는 은이 나라에 충분히 있다고 확언했다. 그러나 현실적으로 모든 은을 즉시 주전할 필요는 없었으며 은화가 동전을 대체하기까지는 매년 20만 냥의 은화(동전 2억 문과 같은데, 이것은 동전의 공급량을 너무 낮게 평가한 것이었다)만이 필요할 것이었다.

영조는 박문수에게 어처구니없다고 말했는데, 동전을 대체할 만큼 충분한 은을 채굴하거나 수입할 수 있다는 생각은 어리석다고 판단했기 때문이었다. 그러나 송인명은 박문수의 제안을 좀더 진지하게 받아들였다. 그는 중국에 사신으로 가면서 인삼을 무역할 수 있는 권리를 가진 의주 상인八包 몇 명과 동행했는데, 그들은 8만~9만 냥(은화가 아니라 무게로 단 은)을 가지고 갔다고 회상했다. 이중 8만 냥은 높은 품질의 은天銀이었고 1만 냥은 순수한 은精銀이었다. 그러나 그는 어디서 그렇게 많은 은이 났는지 알지 못했다.

영조는 정석삼鄭錫三이 한번은 그에게 중국의 은 채광에 대해서 말했다고 언급했으며, 송인명은 조선에 충분한 은이 없어도 20만~30만 냥은 채광할 수 있을 것이라고 판단했다. 그러나 그가 알기에 중국에서는 은의 사용은 상층(정부 또는 사회의 최고 계층)에만 국한된 반면 동전은 시정에서 사용되고 있지만, 충분한 동전을 갖고 있었다. 그는 박문수가 호조에 부속된 은점銀店에 비축된 은을 말한 것이 분명하다고 언급했다. 그는 군사 부대에서 군사들에게 매일 군량과 의복을 지급하기에 충분한 은을 채광할 수 있는지를 조사하기 위해서 관원을 파견하자고 제안했다.

영조는 박문수의 제안이 은화를 동전과 함께 사용하자는 영의정의 제안과 다소 다르다고 말했다. 영조는 정부가 은의 통제권을 가짐으로써 상인과 이익을 경쟁하는 것을 금지한 유교의 근본적 원리를 어길 것을 걱정했는데, 이것은 그가 정부가 동전을 주조하는 것에 대해서는 동일한 문제를 제기하지 않았다는 측면에서 이상한 태도였다. 어쨌든 박문수는 그렇게 하는 것은 자신의 의도가 아니라는 점을 분명히 밝혔으며, 은화는 상인들이 이익을 잃게 하지 않을 것이라고 보장했다. 그는 정부가 상인들과 이익을 경쟁해 야기될 문제를 해결하는 방안은 제시하지 않았다.

다수의 신하들은 은화를 강력히 지지했다. 김상경金尙絅은 많은 백성들의 견해를 조사한 결과 동전을 폐지하고 은화를 사용하는 데 찬성했다고 말했다. 훈련도감의 관원인 구성교具聖教는 은이 나라에서 가장 풍부하고 값비싼 금속이기 때문에 은화가 조선에서 사용되지 않는 것은 부끄러운 일이라고 생각했으며, 송인명은 사용할 수 없는 동전의 비축분이 얼마인지는 모르지만 놀고 있는 동전을 시장에 다시 유통시키는 방법으로 호조가 그 비축분을 은으로 교환하는 것은 좋은 생각이라고 말했다.

영조는 신하들에게 어떤 형태의 은화를 채택할 것인지 제시하라고 요구했다. 김재로는 10성星이 가장 적합하지 않겠느냐고 대답했다. 박문수 또한 10성의 은을 사용하는 데 찬성했지만, 송인명은 7~8성의 은은 조선에서 유통될 수 없다고 말했다. 박문수는 조선의 은은 일본의 은과 비슷하다고 생각했으며, 김상경은 최근 조선에서는 이전보다 일본에서 은을 많이 수입한다면서 은의 부족은 수입으로 충족시킬 수 있다고 말했다. 김약로는 은의 사용에 찬성했지만 일본의 은은 조선과는 다르다고 생각했다. 김상성은 (조선은 물론 일본의 은도) 사용하는 것이 좋지만 그 정책은 정부가 이익을 위해 상인과 경쟁하지 말아야만 받아들일 수 있다고 생각했다.

다른 사람들은 국내 공급의 문제를 제기했다. 민응수는 조선에는 천은이 많지만 은점이 많지 않다고 생각했다. 그는 (서울과 의주 사이의) 서로西路를 따라서 여행하면서 5만 냥을 모았으며, 지방의 진장과 수령들은 12만 냥 이상을 모았을 것이라고 들었다. 은점에서 은의 공급은 때때로 달라졌지만 그는 동전과 함께 은을 유통하는 데 백성들이 반대하지 않을 것이라고 믿었다. 영의정 김재로는 은광업자들은 현재 은을 많이 생산하지 않고 그들이 호조에 내는 세금은 그렇게 많지 않다고 말했으며 채광으로 많은 은을 얻을 수 있다고 예상하지는 않았다. 결국 영조는 은화가 채택되면 추가로 동전을 주조해야 하는지 물었고, 박문수는 그것은 생략할 수 없다고 대답했다. 그는 은은 국방비에만 사용되어야 한다고 생각했다.

일본에서 은을 수입하다

이 논쟁에 참여한 신하들은 조선과 일본의 은무역에 대해서 제한된 지식만을 갖고 있었다. 일본과의 교역은 1609년(광해군 1)에 재개됐지만 1637년(인조 15) 이후 사상들이 유황 · 화약 · 조총 · 칼을 일본과 직접 밀수입하면서 하락했다. 그들은 중국 · 일본과의 삼국 사무역에도 참여해서 동래를 통해 인삼을 일본에 팔고 은을 구입했으며 그 은을 중국 상품을 사는 데 사용했다.

일본이 조선에 수출한 은의 수치는 정확하지 않지만, 다시로 가쓰이田代和生는 1684(숙종 10)~95년(숙종 21) 동안에 매년 1만 7천 파운드(7,711.2킬로그램)의 은이 수출됐으며, 그 뒤에는 은의 함유량이 이전보다 훨씬 줄어든 결과 도쿠가와 막부에서 발행된 새로운 일련의 주화를 받는 데 조선 상인들이 주저했기 때문에 절반 정도로 줄었다고 추정했다. 1710년(숙종 36) 조선 교역의 매개지인 쓰시마에서 조선 상인들이 높은 품질의 인삼을 주고 품질이 떨어진 은을 받으려고 하지 않는다는 불평을 제기하자, 막부는 조선과의 교역을 위해 특별히 높은 품질의 주화를 주조하기로 결정했다. 그 뒤 일본과의 교역은 재개됐고 일본의 은 수출은 1714~32년 동안 1년당 평균 8천7백 파운드(3,946.3킬로그램)로 올라갔는데, 그 시기 일본에서 주조된 은화의 약 7~8퍼센트였다.

그런 교역의 확대는 매년 조선에 수출할 수 있는 은의 분량을 1686년(숙종 12) 1년에 9, 418파운드(4, 271.9킬로그램)로 제한됐으며, 1700년에는 1만 5, 696파운드(7, 119.7킬로그램)로 올라갔다. 1714년(숙종 40) 아라이 하쿠세키新井白石는 조선 · 류큐琉球 · 중국에 수출하는 은의 분량은 1년에 5천~6천 파운드(2, 267.9~2, 721.6킬로그램)로 제한해야 하지만 쓰시마의 소가宗家가 교역은 자신들의 복지와 외국에 대한 일본의 위신을 유지하는 데 필수적이라고 주장했기 때문에 조선과의 교역에서 그것을 강요할 수는 없었다고 지적했다. 은의 부족 때문에 1736년(영조 12) 막부는 다시 은화의 은 함유량을 17세기 중반처럼 거의 절반으로 줄일 수밖에 없었으며, 조선과의 교역을 위해서 은 함유량이 특히 높은 은화를 생산하는 정책은 너무 부담스러운 것으로 밝혀졌다. 1737년 막부는 쓰시마에 공급하는 은의 분량을 줄였으며, 1740년대 조선으로의 은 수출은 급감해서 1752년(영조 28)에는 끝나게 됐다. 그 뒤 쓰시마는 조선에 구리를 수출해 재정을 충당했다.[12]

요컨대 일본 내부의 상황은 영조가 동전을 은화로 완전히 대체하기로 결정할 경우 일본이 조선의 은 수요를 충족시키기는 어려웠지만, 동전의 공급을 늘리기 위한 합리적 방법으로 그가 은화를 주조해서 동전과 함께 유통시키지 못할 까닭은 없었다.

영조와 소액전에 대한 대안

마침내 왕조의 역사에서 동전 부족의 문제를 푸는 대안에 관련된 가장 복잡한 논의 중 하나를 거친 뒤 영조는 새로운 정책을 채택하는 대신 수도와 지방의 다양한 관서에서 동전을 좀더 주조하는 방안을 승인하기로 결정했다.[13] 이것은 영조가 은화의 위조에 대한 일부 대신들의 부정적 견해뿐만 아니라 백성들이 고액전을 사용하는 데 반대한다는 보고에 영향을 받았다는 의미였다. 또한 그는 현행의 동전을 완전히 교체해 부유한 투기자들이 축적해 놓은 동전을 시장에서 사용하도록 만들려는 생각도 폐기했다. 영조가 고액전을 거부하도록 설득한 것도 공론이었지만, 그 공론은 자신들의 저축과 대부의 가치를 줄이는 모든 '소액전'에 저항했던 도성의 부유한 주민들의 의견이 반영됐다고 생각된다.

고액전과 은화에 대한 반대가 제기된 결과 동전 부족의 유일한 해결책은 '소액전'을 좀더 주조하는 방안만이 남았다 — 상당히 이상하지만 이것은 유형원이 17세기 조선 사회를 동전이 없는 원시적 경제에서 해방시키는 진보적 개혁을 추진해야 한다는 주장의 한 부분으로 도달했던 결론이었다. 반면 영조는 반대 방향에서 독립적으로 같은 결론에 도달했다. 동전이 없는 단순한 경제로 돌아가기를 바랐던 그는 그것이 더 이상 가능하지 않다고 인정할 수밖에 없었으며, 소액전이 가장 폐단이 적다고 결론지었다.

그러나 유형원은 화폐경제에서 가격안정정책을 마련해야 하며, 그것의 가장 중요한 방안 중 하나는 구리를 자유롭게 수입해 충분한 동전의 공급을 보장하는 것이라고 판단했다. 김재로와 박문수도 거기에 동의했다. 그러나 박문수는 나라에는 동전을 공급할 수 있을 정도의 충분한 금속이 제공되지 않는다고 지적했다. 구리는 일본에서 수입할 수 있었지만 많은 분량은 아니었으며 당시의 상황에 꼭 맞는 정도였다. 영조는 집기를 녹여 구리를 얻는 방안을 싫어했지만, 사실 집기는 궁궐과 대신부터 천민까지 모든 사람이 어느 정도 갖고 있기 때문에 풍부했다. 좀더 많은 동전을 주조할 수 있는 자원이 공급됐다면 동전 부족은 해소됐을 것이었다.

마침내 영조는 중앙 관서, 평안도 · 경상도 · 전라도 관찰사, 개성유수, 통영의 통제영에서 50만 냥(5천만 문 또는 5만 관)의 동전을 주조하도록 승인했다. 당시 전체적인 동전 공급에 상관없이 1731년과 1742년 영조는 80만 냥(또는 8천만 문)의 동전을 주조하도록 승인했는데, 이는 동전을 성공적으로 도입하는 데 최소의 동전 공급으로 유형원이 추정했던 분량의 3분의 2였다. 영조는 우선 7년 동안 이 결정을 미루었고 그 뒤에도 다시 11년을 지연시킨 뒤 마지못해 동의했는데, 이것은 1730년대 유수원이 제시했던 좀더 적극적으로 동전과 상업을 지원하는 방안과는 전혀 동떨어진 것이었다.[14]

그 결정과 관련해서 실록에서는 중요한 여러 쟁점에 제기된 복잡한 논의를 거칠게 요약했다. 대부분의 관원들은 은화를 주조하자는 박문수의 제안에 반대했으며, 영조는 그것을 가치 없는 제안이라고 일축했지만 은화는 국방비를 충당하는 데 사용할 수 있다고 동의했다고 실록은 언급했다.[15] 논쟁이 확대되면서 영조는 중국에서 동전을 수입하는 방안을 거부했는데, 국가가 압록강 국경에서 동전의 사용을 금지한 조처를 어기고 동전의 통제권을 중국에 양도한다는 이유에서였다. 그는 많은 신하들과 '공론'의 반대 때문에 고액전의 도입을 포기했는데, 분명히 그 공론은 통화 팽창을 우려하고 될 수 있는 대로 동전의 가치를 유지하며 고리대의 이익을 바라는 도성의 부유하고 보수적인 주민들의 의견이었다. 그들의 반대로 그는 투기자들에게 동전을 시장으로 되돌리게 해 전체적인 동전 공급을 바꾸려는 흥미로운 생각을 포기했다.

당초 그는 동전과 함께 은화를 공급하자는 제안을 무시했지만, 은의 공급은 복본위제複本位制를 시행할 만큼 충분하다는 일부 신하들의 의견에 따라 그 방안을 심각하게 고려했다 — 그들은 1752년(영조 28) 이후 일본이 조선에 은 수출을 중단했지만 충분히 시행할 수 있다고 판단했다. 은에 관련된 중국의 경험은 복본위제의 유용한 선례로 인용됐지만, 중국은 처음부터 구리의 공급이 충분했기 때문에 은이 다소 성급하게 축출됐고 부유한 지배계층만이 은을 사용해 거래했다. 일본에서 은을 수입하고 조선에서 은을 채광하는 방안도 논의됐지만, 구체적인 행동은 취해지지 않았다.

영조는 표면적으로는 정책 대안에 관련된 다양한 의견에 개방적이었지만, 정부는 상인과 이익을 경쟁하지 말아야 할 도덕적 책임이 있다고 믿었기 때문에 상업의 성장이나 경제에서 상인의 역할을 제한하려고 적극적으로 시도하지는 않았다. 자비로운 국왕으로서 그는 가격 · 이율 · 조세의 불균형이나 불안정을 해소하기 위해서 동전 유통에 개입해야 하는 공적 의무를 갖고 있다는 것을 인정할 수밖에 없었지만, 동전에 대한 강한 편견 때문에 동전의 공급을 늘리는 데 적극 개입해야 한다는 주장을 점진적으로 받아들였다. 그는 통화 팽창을 유발할 것을 우려해서 어떤 형태의 값싼 동전이나 지폐 또는 고액전을 사용하는 데 주저했으며, 1731년 추가 주전에 마지못해 동의한 뒤에도 동전 공급을 낮춤으로써 동전이나 비농업적 경제의 발전을 심각하게 제어했다. 통화 팽창에 대한 이런 보수적인 우려는 유형원의 생각에 나타나는 특징이기도 했다.

유감스럽게도 영조의 정책은 동전의 높은 가치를 유지해 상품 가격을 낮추었으며, 이율을 높게 유지해 비농업적 산업에 투자하는 기회를 꺾었다. 그는 백성의 이익이나 전체적인 국가 경제를 위해서 산업 또는 비농업적 생산을 촉진하는 것이 자신의 의무라고 생각하지 않았으며, 경쟁 국가에 맞서 국부를 증가하려고 추구한 중상주의적 군주는 결코 아니었다. 반대로 그는 해외무역이 외국의 지배로 이어질 것을 두려워했으며, 특히 조선이 동전을 수입하기 위해 청에 의존하거나 구리를 수입하기 위해서 일본의 도쿠가와 막부에 의존하게 되는 상황을 우려했다.

농민들은 봄 모내기 철이나 홍수나 가뭄이 교차하는 동안 환자로 가난해졌기 때문에 영조의 엄격한 화폐정책은 높은 이자 비용과 무거운 동전 세금을 더함으로써 계속 퇴보하는 조세제도에 부담을 증가시켰으며, 1750년(영조 26)의 균역법으로 군포가 반감됨으로써 농민들의 부담은 부분적으로 치유됐을 뿐이었다. 1731년 이전 일부 동전 납세가 면포로 잠시 전환된 뒤 군포를 동전으로 납부하도록 선택할 수 있는 제도가 다시 도입됐다. 1750년 균역법이 채택된 직후 많은 관원들은 납세에 동전을 좀더 많이 사용하자는 요구에 부응해 고액전의 채택을 추천했다. 영조는 균역법에서는 납세하는 데 더 많은 동전이 필요하다는 데 동의했지만 일반적인 '소액전'만 좀더 주조하기로 결정했다.[16]

상업 활동이 전국적으로 확대되면서 늘어난 동전의 수요를 맞추기 위해서 주기적으로 소액전이 주조됐으며, 1750년 비변사는 가격이 상승해온 구리 사용을 절감하기 위해 하나의 관서에서 주전을 담당케 하자고 건의했지만, 그 방안은 1785년(정조 9) 정조가 호조에만 그 임무를 맡길 때까지 시행되지 않았다.[17]

영조는 동전을 폐지하기 위해서 매우 노력했지만, 상황은 그에게 당시 조선 경제에서 그것이 필수적이라는 사실만을 확인시켰다. 그는 그 자신의 보수적인 경향뿐만 아니라 일본에서의 구리 수입 감소 때문에 그렇게 할 수밖에 없었다. 극단적인 통화 수축의 불이익을 줄이기 위해서 동전을 좀더 주조하는 데 동의했지만, 그는 여전히 동전 공급을 최소화하는 보수적 정책을 유지했다. 그 정책의 최종적 결과는 상품 가격을 상승시키고 이율을 올림으로써 경제 성장과 발전의 잠재력을 억제하는 것이었다.

┃ 사적 상업 활동의 확대

공인된 독점에 대한 도전(1741~1813)

영조는 상업경제의 범위를 넓힘으로써 동전 수요의 증가와 사적이며 공인되지 않은 상인의 영향력을 마지못해 승인할 수밖에 없었다. 1730년대에 유수원이 썼던 것처럼, 1741년(영조 17) 한성판윤은 시전상인들의 우월한 지위는 이미 도성에 상점을 개설한 많은 소상인과 무역업자에게 위협받고 있다고 지적했다. 당시 정부는 경쟁을 금지하는 규정을 강화했다. 1753년(영조 29) 그들은 한강가의 난전상인들을 축출했고, 1769년(영조 45) 성균관의 하위 관원들은 파산한 염점鹽店을 인수해 도

매점을 열었다. 1782년(정조 6) 그들은 쌀을 비축한 뒤 가격을 올린 개인 미곡상인들을 처벌했다.

그러나 정부는 점차 난전과 사상들의 활동을 막지 말라는 압력도 받았다. 1742년(영조 18)과 1747년 정부 관서들은 결국 허가받지 않은 담배와 된장 상인의 활동을 규제에서 풀어주었는데, 원칙적으로 허가받지 않은 경쟁을 용인하기보다는 그들에게 독점할 수 있는 권리를 주는 방안을 선택했다. 1742년 한성좌윤 이보혁李普赫이 지난 16년 동안 도성에 세워진 새로운 상점을 모두 철폐하라고 요구하자 비변사는 그 제안을 필수품을 파는 데 경쟁하는 난전을 금지하는 것으로 수정했다.

난전을 금지하는 시전의 권한이 일단 무너지자 난전상인들은 지방 주요 도시에서 상점을 개설하고 도매업을 함으로써 사상과 경쟁하기 시작했으며, 자주 정부 관서의 관원 · 서리와 공모해서 공급에 대한 통제권을 얻어 가격을 조종하려고 시도했다.[18]

허가받지 않은 독점의 확립은 1779년(정조 3) 도성과 이른바 오강五江의 상인이 미곡시장을 매점해서 가격을 평소보다 '10배'나 높이는 심각한 폐해를 유발했다. 정부는 그 관행을 금지했지만 실패했다. 1786년(정조 10) 비슷한 위기가 미곡시장에서 발생했으며, 난전상인들은 생선 · 담배 · 삼 등의 공급을 매점함으로써 시전의 독점권을 계속 침해했다. 파주坡州의 부상과 수도의 도고都賈는 담배 생산의 일부를 차지했으며, 도성의 양반 상인들은 충청남도 7개 현의 삼 재배 농민과 직접 계약해 그 산물을 시장에 판매했다. 사상들은 종로의 시전지역을 벗어나 북동부의 양주 · 포천과 북부 교외인 누원점樓院店, 광주지역의 송파와 삼전 등지에 상점을 세우고 도성으로 유입되는 산물을 구매해 시전상인과 경쟁하면서 판매했다.

1754년(영조 30) 도성의 시전상인들은 송파장을 한 달에 6회만 열어야 하는데 실제로 그곳의 상인들은 상품을 쌓아놓고 매일 판다고 불평했다. 1789년(정조 13) 시전의 어물전 상인들은 도성에 도착한 어선에서 모든 어획량을 샀지만 이제 그 배들은 어획량의 10분의 1밖에 팔지 않고 나머지는 스스로 처분한다고 지적했으며, 1807년(순조 7) 그들은 파주 · 송파 · 삼전도의 사상들이 어시장을 매점하는 것을 관원들이 막지 못한다고 불평했다. 19세기 무렵 사상들은 전국적인 조직을 발전시켜 주요 도시뿐만 아니라 생산지역, 교통 요지, 새로운 시장도시, 의주와 동래 같은 수출도시, 그리고 생산거점까지 포괄했지만, 공인들의 도매 활동은 주요 도시의 소비시장에만 주로 국한됐다.[19] 소상인의 수입을 방해하는 도매상에 대한 비판도 제기됐다. 1781년(정조 5) 장령 구수온具修溫은 다음과 같이 언급했다.

> 신은 최근 도고가 출현해 한 상인이 다른 상인에게 물건을 팔지 못하도록 억제한다고 들었습니다. 부상들은 계방契房을 조직해 값싸게 물건을 구매한 뒤 계원이 아닌 사람들에게 두 배의 가격으로 팝니다. 그 결과 이익은 한 사람에게 집중되며 폐해가 막대합니다.[20]

공인들의 불만에도 불구하고 정부는 불법적인 경쟁을 금지할 수 없었으며 허가받은 독점제도 자체를 유지할 수도 없었다. 그 때문에 시전을 확대하고 국가의 통제 아래 과점을 창출하려는 유수원의 계획은 시행될 가능성이 낮아졌다. 1781년(정조 5) 도성의 감문監門이 모직 갓을 팔았다는 혐의로 그들을 체포하도록 갓을 독점한 상인들이 요구하자 정조는 시전을 책임진 관서에 관련 법률을 철저히 집행해서 상인들의 불만을 해소시키라고 지시했다. 시전상인들에 대한 부분적인 보상으로서 정부는 직조업자에게서 직접 징세해 그들의 세금 부담을 일부 줄여주려고 했지만, 호조는 거기에 반대하면서 시전상인들에게서 좀더 세금을 걷을 것을 요구한 결과 그들은 파산 직전에 몰렸다.

호조는 모직 도고에게 10년 동안 5천 냥을 대부해 중국에서 은을 살 수 있도록 하고 연루된 군사에게서 상인세를 거두게 함으로써 분쟁을 조정하려고 시도했지만, 모직 도고들은 공인받지 않은 사상들이 결국 자신들을 몰아낼 것을 걱정했다. 1782년(정조 6)에는 철 도고가, 1784년에는 칠기와 모직 도고가 상인과 장인들의 허가받지 않는 상업행위를 금지해달라고 정부에 요청했지만, 정부는 지방에서 이루어지는 그런 상업 활동을 막을 능력이 없다고 인정했다.

1787년 정부는 다시 타협책을 제시해서 공인받지 않는 상인과 장인의 경쟁을 어느 정도 조정하려고 시도했다. 그것은 칼의 판매를 독점했을 경우 공인받지 않고 칼을 파는 행위를 모두 금지할 수는 없으며 시전 근처에서 판매할 경우만 금지할 수 있다는 내용이었는데, 통공발매通共發賣라고 불린 정책이었다. 그 정책에서는 독립적인 철 제조자는 공인된 철점鐵店에서 고철을 사서 작은 집기를 만들어 시장에 팔 수 있도록 허용했지만, 도성의 시전상인 · 공인 · 감문에게 15만 7천 냥을 무이자로 대출해 그들의 재정적 곤란을 해결해주었다. 이런 정책적 모순이 지속된 결과 1788년 정부는 양초의 사적 판매는 금지했지만 꿀의 사적 판매는 허용했다. 1791년 공인받은 어물전 상인들은 어부들이 백성들에게 직접 생선을 판다고 불평했지만, 사상들은 그런 소규모의 직거래는 이미 관행이 됐다고 주장했다.[21]

확대된 상업에 대한 박제가의 옹호

서얼 출신인 박제가는 학문적 명성으로 1779년(정조 3) 규장각奎章閣의 검서檢書에 임명됐다. 그는 1776년부터 중국을 네 번 방문하고 돌아온 뒤 청 후기 문명의 우월성을 상찬하면서 중국의 수레 · 선박 · 성벽 · 벽돌 · 도로 · 교량 · 시장 · 의약 · 무기 등에 대한 저술을 썼다. 그는 농업과 목축기술에도 관심을 가졌지만 상업과 대외무역을 강력히 지지했으며, 40여 년 전 유수원처럼 기생적인 양반을 상업에 종사하게 함으로써 생산적인 개인으로 전환시킬 수 있다고 믿었는데, 이런 생각을 1786년(정조 10) 정조에게 올렸다. 그러나 청의 성취에 대한 그의 공개적인 찬사는 명을 멸망시키고 조선의 평화와 안전을 두 번이나 파괴한 야만족으로 청을 지속적으로 보고 있는 인물들의 비판을 받았다. 중앙에서 지방으로 좌천된 박제가는 1801년 신유박해 때 체포되어 고문받고 유배됐다.[22]

『북학의北學議』에서 그는 청의 북경과 그밖의 도시에서 목격한 번창하는 시장에 대해 서술했지만, 조선인들이 청의 상업 애호를 이익을 추구하는 저급한 행위로 간주해 제대로 평가하지 못한다고 안타까워했다. 박제가는 조선인들이 동전과 상업의 발달을 한 세기 넘게 경험했음에도 불구하고 아직도 상업을 사회의 필수적인 요소로 인식하지 못한다고 비판했다. 중국을 방문해 중국의 궁궐과 교통 수단 · 장신구 · 의복의 훌륭함과 번성을 목격했을 때 그들은 그것을 명의 몰락을 불러온 낭비적이고 화려한 소비의 사례로 비판했다.

박제가는 사실상 유형원의 심정에 공감하면서 상인은 가치 있는 물건을 생산하지 못하지만 상품을 유통시키는 유용한 직업에 종사한다고 주장했다. 고대의 성인들은 상품 유통의 핵심적인 유용성을 인식해서 보석과 조개를 교환수단으로 발명했으며, 지형적 장벽을 넘어 상품을 운반하기 위한 수단으로 수레와 선박을 발명했다.

박제가는 청과는 반대로 조선은 과시적 소비 때문이 아니라 검약에 대한 선호 때문에 몰락의 위험에 처해 있다고 생각했다. 유감스럽게도 조선인들은 어떤 물건을 사기 위해서 저축을 사용해서는 안 되는 것으로 검약을 해석했지만, 그런 성향은 중국과는 달리 대중적인 수요를 줄이고 상품 생산의 자극을 없애는 결과를 가져올 뿐이었다. 조선인들은 그런 물건의 효용성을 깨닫지 못했다.

> 어떤 물건의 유용성을 깨닫지 못하면 그것을 생산해야 할 까닭을 알 수 없다. 그렇게 되면 백성들은 더욱 빈곤에 빠질 것이다. 그런 물건은 우물에 비유할 수 있다. 우물에서 물을 길어내면 그것은 다시 차지만, 길어내지 않으면 우물은 말라버린다. 그러므로 비단옷을 입지 않으면 나라에서는 그것을 생산하지 않게 되어 여성들의 솜씨가 쇠퇴할 것이다. 깨진 그릇을 개의치 않으면 자기를 만드는 사람이 사라질 것이다. 농업이 쇠퇴하면 상업도 따라서 무너져 사민四民은 모두 곤경에 처해 서로 도울 수 없으며 나라 안의 재화를 소비할 수 없게 될 것이다. 외국에서는 부를 증진하지만 우리나라는 빈곤으로 빠져들고 있다.[23]

경제 활동의 역학에 도구적으로 접근한 결과 박제가는 수요와 생산의 관계를 파악하고, 도덕적인 차원에서 검약을 계속 강조하는 논리가 경제적 위기를 불러올 수 있다고 지적했다. 김용덕金龍德은 좀더 광범하고 다양한 생산을 촉진하는 수단으로서 저축보다 소비의 미덕에 대한 박제가의 믿음은 실학자들까지 포함한 조선의 사상에서 독특했으며, 근대적 경제사상의 특징이었다고 평가했다.[24] 유감스럽지만 오늘날 저축보다 소비를 강조하는 것이 반드시 '근대적' 사상의 특징인지는 분명치 않은데, 1980년대 후반과 1990년대 초반의 많은 경제학자들은 미국 경제의 하락은 부분적으로 낮은 저축률과 연관된 소비중심주의의 결과라고 설명했기 때문이다. 다른 사람들은 남한과 일본 같은 나라에서 생산적 투자를 위한 자본 형성의 수단으로 높은 저축률을 찬양했다. 진정한 문제는 자본주의 이전의 경제에서 저축의 오용, 즉 저축을 산업생산 · 시설기반 · 무역 · 시장거래에 투자를 확대하는 데 사용하지 않는 것이었다.

또한 박제가는 중국과 조선 경제 사이에는 두 가지의 근본적인 차이가 있다고 주장했는데, 중국에서는 상점과 시장의 넓은 조직과 상품의 우월한 유통과 분배, 그리고 상업 활동과 상인계층에 대한 큰 관용이 이루어진다는 것이었다. 중국에서는 상업이 천시되지 않았기 때문에 위신이나 명성에 타격을 입지 않고 누구나 상업에 종사할 수 있었다. 송·명대부터 국가의 최고 대신이라도 개인적으로는 수도의 시장구역에서 골동품 상점을 운영했다. 그러나 조선에서 사대부들은 그런 세속적 활동을 기피했는데, 그들은 박제가가 '공허한' 낙서라고 비판한 문학적 재능의 우월성에 압도적으로 종속됐기 때문이었다. 그들은 관직을 갖지 못하고 가난해도 농업의 경험과 지식이 없었다. 상업은 금기시됐기 때문에 그들은 생계를 마련할 수단 없이 지냈으며, 붓과 벼루만 가지고 무전으로 전국을 떠돌아다니면서 빚을 지거나 자선을 요구하거나 요행을 찾기도 했다. 그가 보기에 중국의 상인은 조선의 유생보다 훨씬 나았다.

또한 박제가는 외국무역의 확대가 조선의 복지에 핵심이라고 생각했다. 그는 조선은 그들에게 팔 상품이나 산물이 없었기 때문에 중국의 비단과 의약품을 수입하고 은을 수출하는 데 오랫동안 돈을 지출해왔으며 은의 고갈은 그 가격을 상승시켰다고 주장했다.[25]

박제가는 중국을 여행하면서 상업과 동전을 더욱 깊이 이해하게 됐으며, 상품 생산의 확대를 촉진하는 수단으로 좀더 많은 소비를 옹호하게 됐다. 그러나 17세기 이후 조선에서 진행된 경제적 변화는 조정의 신하가 상업과 산업의 이점을 더욱 깊이 이해하도록 하기에는 충분치 않았기 때문에 청의 발전된 경제가 그런 견해의 영감을 제공한 것은 우연이 아니었다. 유형원은 보수적인 입장에서 소액전을 옹호했지만, 상업의 이익에 대한 그의 개방적인 태도는 박제가의 좀더 진보된 시각에 토대가 됐다고 생각된다.

채제공의 통공정책(1791)

1780년대 사상(과 직접 만든 물건을 판매한 사공장)과 시전상인의 갈등의 결과는 자유로운 시장원칙을 향한 중요한 진보를 이뤘지만, 제한받지 않는 경쟁이 완전히 용인된 것은 아니었다. 정조는 1787년(정조 11)의 절충안을 제도화해서 1791년(정조 15)에 신해통공辛亥通共을 공포했다. 그 생각은 1780년대에 상업 활동을 옹호한 박제가 등을 알고 있던 우의정 채제공이 발의했는데, 그는 시전상인들이 상품의 공급을 통제해 상품 가격이 표면적으로 3~5배 올랐다고 지적했다. 그러나 그는 모든 독점적 특권을 폐지하는 대신 전통적으로 판매해온 육의전에만 독점적 특권을 허용하고 그밖의 상품은 사상들도 판매하도록 허용하자고 건의해 윤허를 얻었다. 1637년(인조 15)이나 임진왜란 이후 16세기 초반에 설립된 육의전은 진상과 정부의 수요를 충당해야 하는 가장 커다란 의무를 가진 도성의 최고 상점이었다.

채제공은 사상들에게 좀더 많은 기회를 허락함으로써 공인된 독점을 응징하려고 했지만, 국왕이 필요한 일정한 상품을 공급하기 위해서는 육의전에 의존해야 했기 때문에 모든 독점을 폐지하자고 주장하지는 못했다. 그럼에도 불구하고 그는 1730년대 유수원보다 독점이나 과점을 존중하지 않았는데, 유수원은 다른 마을과 도시에 많은 상점을 만들면 소수의 상인이 시장을 매점하는 것을 막을 수 있다는 이론에서 모든 상인을 공인된 과점으로 개편하려고 계획했다. 그는 자신이 생각한 새로운 '학식 있는 양반 상인'들이 정직하고 이타적으로 행동할 것으로 예상했으며, 그들이 시장을 조종하고 가격을 올리기 위해 술수를 부릴 것이라고는 상상하지 않았다. 채제공은 독점적 상인의 행태를 알았기 때문에 시장을 좀더 개방해 그들에게 대응하려고 했다.

시전상인들은 채제공의 방안에 분노했으며, 그가 수원유수로 전보되자 그곳까지 따라가 항의했다. 좀더 큰 자유를 준 채제공의 정책에 사상들이 환호하리라는 예상과는 달리 독립된 상점을 소유하고 있던 일부 사상들은 자유로운 시장경쟁의 개념을 믿지 않았고 자신들에게도 정부에서 주는 독점적 특권이 쥐어지기를 바랐기 때문에 그를 비난했다. 이제 그들은 그런 기회를 잃은 것이었다.

예컨대 어물전과 모시전은 시전에 포함됐지만, 1794년 정부는 그런 허가를 취소하고 공동 또는 개방적인 판매정책을 다시 시행했는데通共發賣, 이것은 육의전에서만 독점 판매를 허용한다는 뜻이었다. 강만길은 정부가 경쟁에서 독점을 더이상 보호할 수 없었기 때문에 모든 사상들에게 상업세를 부과해 이익을 얻으려는 재정적 동기에서 이런 결정이 이루어졌다고 주장했다. 그러나 채제공은 그의 통공정책을 독점의 영향력을 약화시키고 독립적인 상인의 성장을 허용하려고 입안했다고 생각된다.[26]

독점적 특권에 더이상 포함되지 않는 일부 상점에 나타난 영향은 반대였다. 1803년(순조 3) 16개의 난전은 파산했으며, 그들은 새로운 특권이나 예전의 특권, 또는 도매권을 허용하거나 세금과 요역을 감면해 구휼해 달라고 정부에 요청했다. 정부는 그들에게 다른 상인들에게서 세금을 거둘 수 있는 권한을 주려고 했지만, 상점을 다시 세워 도매할 수 있는 권한은 주지 않았는데 그것은 가난한 도성 주민들을 희생해 상품가격을 올리는 결과만을 초래했기 때문이었다.[27]

그러나 사적 도매는 금지에도 불구하고 계속됐으며, 1813년(순조 13) 어물전은 사상 도고들에게 사업을 빼앗겼다고 불평했다. 게다가 소규모의 독립적인 사상들 또한 대규모의 자본으로 공급을 독점해 가격을 올린 부상들에게 제압됐다. 그들의 어려움을 덜어주기 위해서 정부는 때때로 소규모의 사상들에게 물건을 정부에 팔도록 허락해주었다.[28]

18세기의 상업 발전은 유형원과 유수원의 전망을 뛰어넘었다. 전자는 항상 상업의 역할은 농업보다 부차적이라고 믿었으므로 사상의 독립을 불만스럽게 생각했을 것이며, 후자는 모든 소규모의 상인을 대규모의 조직으로 통합하고 주요한 상품을 과점하도록 바랐기 때문에 사상의 용인에 찬성하지 않았을 것이다.

1791년과 1794년 채제공의 통공정책 이후 정부의 해결책은 공인된 독점의 범위를 줄이고 자유로운 교역의 기회를 좀더 많이 만드는 것이었지만, (완전히 자유롭지는 않더라도) 좀더 자유로운 교역의 분위기에서 발생한 파산의 예상은 정부의 보호로 돌아가려는 복고적인 요구를 자극했다. 완전히 자유로운 시장 환경으로 나아가는 것도, 수도와 주요 도시에서 공인된 독점 판매로 회귀하는 것도, 그 문제에 대한 완전한 해결책은 아니었다. 그 결과 시전과 난전, 도고와 소규모 사상의 상업적 경쟁은 19세기가 끝날 때까지 계속됐다.

1785년 이후 동전의 확대

18세기 후반 공인된 독점의 퇴조와 사상의 성장은 동전의 수요를 증가시켰다. 영조는 동전을 좀더 주조하는 데 늘 주저했지만 1776년 그가 붕어하면서 동전 공급을 확대하는 데 있었던 장애는 사라졌다. 1785년 정조는 정상적으로(1785~98년 사이에 5회) 주전하기로 결정했으며, 동전의 원료를 공급하기 위해 일본에서 매년 5만~6만 냥의 구리를 수입하도록 지시했다.

일본에서 구리를 수입하는 데 찬성한 유형원의 생각이 정조에게 어떤 영향을 주었는지 궁금할 수밖에 없는데, 유형원의 『반계수록』은 1770년(영조 46) 경상도 관찰사의 소개로 처음 인쇄됐으며, 1780년대 초반 이만운은 국왕의 지시로 『증보문헌비고』를 편찬했기 때문이었다.

그 책에서 이만운은 『반계수록』에 언급된 동전의 이점에 대한 유형원의 주장을 인용했다.

유형원이 주장한 요점은 동전이 국가의 지출에 좀더 많은 재원을 공급하고 민생의 수준을 진보시키므로 모든 나라는 반드시 동전을 사용해야 한다는 것이었다. 조선은 (유형원이 살았을 때) 동전을 사용하지 않는 유일한 나라였지만, 조선인들은 다른 나라의 사람들과 전혀 다르지 않았기 때문에 그래야 할 이유는 없었다. 그들은 모두 농사를 짓고 같은 취향을 가졌으며 생산한 물건을 생산하지 못하는 물건과 교역해 살았다. 조선은 동전을 사용할 능력이 있었으므로 그렇게 하는 데 실패한 유일한 원인은 국왕들이 그것을 유통하는 데 필요한 지도력과 방향을 제공하지 못했기 때문이었다. 고려 숙종은 관원과 군사들에게 동전을 지급하고 동전을 받는 주점을 만들어 유통을 촉진하려고 했지만, 그와 동전의 교환을 촉진하려고 했던 그밖의 국왕들은 거기에 필요한 방법을 이해하지 못했다. 그들은 세금의 절반을 동전으로 걷고 녹봉의 절반을 동전으로 지급하면 동전은 더이상 논의할 필요 없이 자연스럽게 유통될 것이라고 잘못 판단했다.

조선의 국왕들은 여러 차례 동전의 유통을 결정했지만 그때마다 즉시 중단됐는데, 반대가 많았기 때문이 아니라 정부가 전세를 동전으로 걷으려고 하지 않았기 때문이었다. 추포가 시장에서 교환수단으로 기능했다는 단순한 사실은 동전은 기회가 주어지면 유통될 수 있다는 사실을 의심의 여지없이 증명했다. 정부가 추포의 사용을 금지해도 그 사용을 멈출 수 없었던 까닭은 동전이 아직 시장 전체에 유통되지 않았기 때문이었다.

구리와 주석이 조선에서 충분히 생산되지 않기 때문에 동전은 유통될 수 없다는 주장은 그런 금속을 합리적인 가격으로 수입할 수 있었기 때문에 잘못된 것이었다. 산간벽지의 초가집에 사는 빈농이라도 구리

〔표 12〕 동전의 주조세(1706~1814)

은 1냥당 구리의 분량		주전의 이익	
연도	구리(근)	연도	이익(퍼센트)
1706년	8.3	1731	50
1723년경	1.5	1775	30
1780년경	1.2	1798	20
1810년경	1.0	1814	10

로 된 식기를 사용했다. 전국에 산재한 사찰의 불상 · 범종 · 집기에서 구리를 얻거나 필요한 동전을 전국으로 보내는 것은 분명히 가능했는데, 특히 나라에 동광이 없었어도 일반 백성들은 이미 스스로 동전을 위조했기 때문이었다. 유형원이 결론 내렸듯이 동전이 유통되지 못할 까닭은 없었다.[29]

1785년(정조 9)의 시점에서 볼 때 유형원의 조언은 동전이 한 세기 동안 계속 사용되어왔으므로 시대에 뒤떨어진 것이었지만, 구리의 충분한 공급을 보장하는 문제는 아직도 주요한 문제였다. 그러나 중국과 일본에서 쉽게 구리를 수입할 수 있다고 확신한 정조는 조선의 국가적 자원을 보존하기 위해서 구리와 은의 채광을 금지하기로 결정했다. 유감스럽게도 통계적 증거는 도쿠가와 막부가 조선에 구리 수출을 1713~36년 1년에 10만 냥으로 제한했으며, 1760년대 중반 조선이 사용할 수 있는 수치는 그 분량에 머물러 있었음을 명확하게 보여준다.[30] 18세기 후반 일본은 구리 부족에 직면했고, 쓰시마의 소가宗家는 무역의 확대는 물론 현상을 유지하는 데 필요한 구리도 찾을 수 없었다. 따라서 정조의 자유무역정책에도 불구하고 1년의 구리 수입량은 1816년(순조 16) 총 2만 8천 냥으로 감소했다. 〔표 12〕에서 보듯이 공급 감소에 따라 구리 가격은 올랐으며 동전 주조세의 이익도 떨어졌다.

호조판서 김이양金履陽은 이런 금속을 중국과 일본에 의존하는 것은 운송 비용 때문에 그 가격을 올리고 동전 주조세의 이익을 줄인다고 비판했지만, 주요한 원인은 일본의 구리 부족과 구리 수출에 대한 막부의 금지 때문이었다. 그러자 순조는 주전을 중지하고 1787년(정조 11)에 시행했던 구리 채광의 금지를 철회할 수밖에 없었다.

1828년(순조 28)에서야 순조는 함경도 갑산에 동광을 만들어 공급 문제를 해결하고 그곳을 구리의 주요 산지로 발전시켰다. 1836년(헌종 2) 국내의 공급은 일본의 수입을 대체했고, 시장에서 구리 가격은 떨어졌다고 보고됐으며, 1840년대 무렵 전국에는 27개의 동광이 있었다.[31]

일본에서의 수입과 국내 생산으로 구리의 공급이 확대되기 전인 18세기 후반, 정부는 구리의 부족으로 수입된 동전 · 고액전 · 은화 · 지폐 · 어음 등을 좀더 경제적인 '소액전'으로 대체하는 방안을 고려했다. 정조대에는 고액전을 만들자는 요구가 일곱 차례 있었으며 순조가 즉위하면서 두 차례 제기됐지만 모두 받아들여지지 않았으며, 1816년(순조 16)부터 1866년(고종 3) 대원군이 당백전을 채택하기까지 더이상의 건의는 없었다. 동전의 액면가를 올리자는 제안 중 유일하게 채택된 것은 동전의 무게를 (1678년?) 구리 0.25냥에서 1724년에는 0.20냥으로, 1752년(영조 28)에는 0.17냥으로, 1757년에는 0.12냥으로 단계적으로 줄인 것이었다. 달리 말하면 표준 동전의 무게는 1757년에는 원래의 절반으로 떨어진 것이었다.[32]

자유무역의 확대, 채동採銅의 재개, 추가적 주전에 대한 정부의 의지 등에도 불구하고 이런 발전들은 고액전 · 은화 · 지폐 · 어음 · 은행 같은 좀더 발전된 교환수단을 자체적으로 창출하는 변화로 이어지지는 않았다.

실학자들의 상충된 화폐관

박제가와 우정규

18세기의 경제 발전에 따라서 18세기 후반과 19세기 전반 일부 실학자들은 자연히 유형원이나 이익보다 다른 전망에서 동전과 상업의 문제에 접근했다. 그 시기의 가장 중요한 발전은 18세기 후반 건륭제의 치세 동안 진보된 청 후반의 기술과 상업, 문화에 압도된 학자들이 늘었다는 것이며, 그들은 동전을 좀더 주조하거나 수입하는 방안을 포함해서 대체로 청의 상업적 실태를 따라가야 한다고 주장했다.

앞서 그의 상업관을 살펴보았지만, 박제가는 강희제와 건륭제 시대 청의 동전과 비교해 조선 동전은 품질이 낮고 통일성이 결여됐다고 비판하면서 우월한 청의 동전을 조선으로 수입하자고 제안했는데, 그런 생각은 이전에도 제기됐지만 1860년대 후반까지는 시도되지 않았다. 박제가는 조선 경제에 만연한 계속적인 동전 부족과 가치 하락을 완화시키기 위한 수단으로 청의 동전을 수입하는 방안을 선호했다.[33]

우정규禹禎圭는 18세기 후반 비교적 자유로운 경제적 시각을 가졌던 또 다른 학자이자 관원이었다. 1788년(정조 12) 그는 은화의 채택을 주장하는 상소를 올렸으며, 『경제야언經濟野言』에서는 금(즉 주화)은 미곡만큼 귀하므로 국가의 부와 번영의 비밀이라고 썼다. 은은 가볍고 가치가 있으므로 중국에서는 유용한 교환수단으로 사용됐으며, 그 때문에 사행에 참여했던 조선의 역관과 상인들은 북경에서 물건을 사고 중국과 교역을 촉진하기 위해서 많은 은을 가지고 갔다.

은의 수출은 조선의 은 보유량을 고갈시켰기 때문에 정부는 은 채광을 증가시키려고 노력했지만, 반대로 관원들은 조선의 은점銀店을 비판했으며, 정부는 그것을 금지하고 구리와 동점銅店을 허용했다. 그러나 만약 은점이 그렇게 나쁘다면 동점은 아무런 폐단이 없을 수 있는가.

반대로 우정규는 은점과 동점, 그리고 은화와 동전의 사용을 확대하는 것이 이롭다고 판단했다. 지방 관원에게는 은화를 주조하는 데 참여할 사람을 채용할 수 있는 권한을 주어야 한다. 그런 활동이 농민을 농업에서 이탈시킨다면 문제가 됐지만, 사실 그런 조처는 부상들이 자본을 투자해 토지를 갖지 못한 농민이나 농업에 종사하고 있지 않은 사람들을 고공으로 고용해 은을 채굴하고 동전을 주조하도록 유도했으며, 그들은 국가에 세금을 냈다. 은점과 은화에 대한 비난은 분명히 잘못된 것이었는데, "공사公私의 이익을 모두 이롭게 함으로써" 상인들은 투자를 보상받았고 토지를 갖지 못한 고공들은 생계를 이을 수 있는 충분한 돈을 벌었기 때문이었다.[34]

또한 그는 은화가 동전과 함께 유통되기를 의도했는데, 동전은 주대 이후 가장 중요한 교환수단으로 계속 사용됐기 때문이었다. 상품 가격의 불균형은 동전 공급을 늘리거나 줄여 규제했다. 유형원처럼 그도 한국은 은병과 지폐를 이전에 실험했지만 그것들은 너무 가볍거나 규격이 일정하지 않았기 때문에 통용되지 못했다고 언급했다. 동전은 백년 넘게 사용되어왔지만 사용하기가 어려워지면서(공급의 부족?) 폐지하자는 의견이 제기됐다. 비슷한 제안이 중국 한 · 진晉대에 나왔지만 거부됐다는 사실을 볼 때 이것은 분명한 실수였다.

우정규는 당시 20만~30만 관(2백~3백만 문)이나 되는 많은 동전이 세금으로 걷혀 국고에 비축됐기 때문에 동전의 가치가 높아졌다고 확신했다. 그런 세수 중 10~20퍼센트 정도만이 소비를 통해 시장으로 다시 유입됐으며, 최근 보유한 동전은 군사부대에서 구리와 철을 사서 비축하면서 더욱 많아졌다.

이 문제에 대한 해결책은 간단했는데, 모든 정부 관서에서 비축한 동전으로 미곡을 사거나 그것을 대부해 유통시키도록 지시하는 것이었다. 아울러 비축하고 있는 모든 구리와 그밖의 금속은 소액전뿐만 아니라 10배나 1백 배, 또는 1천 배의 고액전을 만드는 데 사용해야 했다. 그러면 동전은 상품과 동전 사이에서 '항상 일정하게' 기능해서 가격을 안정시킴으로써 동전 부족과 지나치게 높은 동전의 가치, 동전과 상품 유통의 정체 문제를 풀 수 있을 것이었다.[35]

박지원

박지원은 1779년(정조 3) 처음 중국을 방문한 이후 널리 알려진 여행기인 『열하일기熱河日記』를 쓴 유명한 여행자였다. 1776년 정조가 즉위했을 때 박지원은 스스로 유배를 가기로 결정했는데, 정조의 가장 가까운 측근 중 한 사람인 홍국영洪國榮이 박지원의 후원자이자 1762년(영조 38) 영조가 정조의 아버지인 사도세자를 처형할 때 동조했던 벽파 홍낙성洪樂性을 매우 싫어했기 때문이었다. 이 시기 박제가 · 홍대용洪大容 등 중국을 다녀온 많은 인물들처럼 박지원도 청 후기의 농업 · 양잠 · 목축뿐만 아니라 문명과 건축 · 선박 · 수레 · 벽돌 등의 높은 수준에 큰 감명을 받았다. 그는 1780년대 후반 출사했으며 1790년대 후반 지주의 사유지를 제한하는 한전限田 방안을 올렸다.

그의 유명한 소설 중 하나인 「허생전許生傳」의 내용 때문에 그는 상업과 무역의 진보적인 사상가로 명성을 얻었는데, 그 소설의 주인공은 부자에게서 돈을 빌려 외딴 섬으로 도적들을 이끌고 들어가 일본과의 무역으로 재산을 모았다. 그 뒤 그는 조선으로 돌아와 로빈 훗처럼 빈농들에게 인도적으로 재산을 나누어주었다. 친구와 대화하면서 허생은 중국과의 무역이 조선을 부유하게 만드는 방안이라고 극찬했으며, 조선 양반의 전통적인 긴 소매의 백의를 어리석고 비실용적인 의복으로 폄하했다.[36]

많은 학자들은 박지원의 진보적 시각을 찬양했지만 그의 상업과 화폐관에는 강한 보수적 경향도 들어 있었다. 전통적으로 그는 농업이 부의 주요한 원천이고 상업은 실제적인 생산과 부의 근원이 아니라 경제에서 부수적 역할을 할 뿐이며, 동전은 상품을 유통시키는 수단일 뿐이라고 믿었다. 이런 관점은 동전에 대한 보수적인 반대자들뿐만 아니라 유형원 같은 진보적 개혁자도 공유했다. 이런 개념의 원천은 고대의 위대한 유학자들만이 아니라 춘추시대의 현실적 정치가인 제의 관중과 진의 상앙도 포함됐다. 관중은 "농경지와 시장 구역에서 사람들은 서로 경쟁하며, 황금과 미곡은 가치있는 물건으로 선호된다"고 말했지만, 생산의 비밀은 토지를 경작하는 농민에게 있었는데 농업은 국가가 더 많은 생산과 부와 번영으로 가는 유일한 길이었기 때문이었다. 상앙도 황금과 미곡은 서로 상반된 관계라고 지적했다. "황금이 생산되면 미곡이 사라지며, 미곡이 생산되면 황금이 사라진다……나라에서 황금이 나오기를 바라면 황금과 미곡 모두 사라질 것이며 국부는 고갈되고 나라는 쇠락할 것이다. 미곡을 키우려고 하면 황금과 미곡이 모두 생산되어 국부가 넘치고 나라는 부강해질 것이다."

달리 말하면 춘추시대의 패도정치를 대표한 관중과 법가의 물질주의를 수립한 상앙은 농업 생산의 우위를 강조한 맹자와 그밖의 유학자들의 생각을 공유했던 것이다. 황금, 즉 동전은 식량 같은 실물 생산의 부속물로 만들어질 뿐이지만, 상업적 이익을 위해 농업을 포기하는 것은 노동력과 생산의 감소로 귀결될 것이었다. 불행하게도 대부분의 사람들은 가뭄과 추위가 닥쳤을 때 식량과 의복을 제공해주는 유용한 수단으로 동전을 생각했을 뿐이며, 홍수 · 가뭄 · 전쟁에 대비하기 위해서 평상시에 최대한 많은 동전을 비축해놓았지만 동전만으로는 충분치 않다는 사실을 깨닫지 못했다.[37] 그런데 이런 관점은 유형원의 그것과 멀리 떨어진 것이 아니었다.

화폐가 농업보다 부차적이라는 데 유형원과 분명히 동의했지만, 박지원은 유형원보다 진보적인 화폐개혁안을 구상했다. 1792년(정조 16)

좌의정 김이소金履素에게 쓴 편지에서 박지원은 상품가격을 안정시키기 위해 동전의 가치를 높이거나 낮춤으로써 유통되고 있는 상품의 분량에 따라 동전의 공급을 조정하는 문제와 관련된 자신의 견해를 상세히 설명했다. 당시 동전뿐만 아니라 구리 공급의 부족에 직면해서 그는 10퍼센트의 동전 주조세의 이익을 보장하면서 소액전과 함께 고액전뿐만 아니라 은화도 주조하는 데 찬성했다. 은은 그 자체가 귀하기 때문에 대중의 신뢰를 얻을 것이며, 조선인들은 은을 동전으로 사용하지 않았다.

또한 그는 조선 역관과 상인들이 중국과의 무역에서 은괴銀塊를 자금으로 사용한 방법을 언급했지만, 매년 평균 10만 냥의 은이 모전毛氈 갓 같은 사치품과 소비품을 수입하기 위해 중국에 수출됐기 때문에 우정규와는 반대로 그런 교역은 조선의 경제적 이익을 해친다고 판단했다. 조선이 은화를 주조하기 시작하면 수출할 수 있는 은의 공급이 감소하므로 정부는 중국과의 교역을 중단해 은의 유출을 막아야 했다. 정부는 조공 사행으로 북경에 가는 인원을 줄이고 의약품을 제외한 물품의 수입을 금지하는 것은 물론 중국에 은 수출을 금지해야 했다. 박지원은 동전의 유용성을 믿었고 한 세기 전 유형원보다 동전 공급에 대한 생각에서 좀더 '진보적'이었지만 은의 대규모 유출을 우려했는데, 조선 소비자들의 천박한 요구에 따라 아무런 쓸모없는 물품을 실제적인 부와 교환하는 것으로 인식했기 때문이었다. 원유한은 이런 생각을 민족의식을 나타내는 것으로 상찬했지만, 그렇다면 그것은 자유무역주의자보다는 근대적 중상주의자나 보호주의자의 민족주의였다. 박제가처럼 그도 지방의 산물을 전국으로 보급하기 위해서 도로와 교통수단을 발전시켜야 한다고 판단했지만 해외무역의 결과에 대해서는 걱정했는데, 실제로 그는, 자신의 주인공 허생이 「허생전」에서 말한 것과는 상관없이, 수출시장이 발전하리라는 가능성을 상상할 수 없었기 때문이었다.[38]

또한 박지원은 다른 곳에서 조선 정부는 사적 주전을 금지하고 주전에 대한 정부의 독점적인 관리를 유지하며 청의 동전을 수입하지 말아야 한다고 썼다. 그는 마지막 방안이 값싼 중국의 동전을 사면 적어도 6백 퍼센트의 이익을 남길 것으로 예상한 조선 역관들의 희망이 반영된 것이 아닌가 하고 의심했으며, 조선의 동전은 이미 너무 불규칙하고 혼란스럽다면서 거부했다. 동전은 1678년(숙종 4) 0.12냥의 무게로 처음 주조됐지만, 이듬해 그 무게는 0.25냥으로 두 배 증가해서 원래 동전 2개와 동일하게 취급됐는데, 이런 구전舊錢은 그 뒤 주조된 동전 중에서 가장 좋았다. 두 번째는 삼영전三營錢으로 그 세기 중반에 주조됐는데, 구리가 덜 함유되고 크기가 좀더 작았으며 유통된 동전 중에서 가장 나빴다. 이 시기에 주조된 동전에 함유된 구리는 1742년(영조 18) 0.20냥, 1753년(영조 29) 0.12냥, 1810년(순조 10) 무렵 0.12냥이었다. 끝으로 정조대에 주조된 동전은 신전新錢으로 불렸고 품질이 좋았는데, 결국 세 동전은 모두 같은 액면가로 유통됐다. 박지원은 가장 품질이 좋은 구전을 동전의 기준으로 삼고, 신전의 가치를 구전의 절반으로 깎으며, 품질이 떨어지는 삼영전 등의 동전은 모두 금지해야 한다고 주장했다. 이런 방법을 사용하면 정부는 동전에 대한 백성의 신뢰를 회복할 수 있을 것이었다.[39]

원유한과 권영익은 박지원의 화폐관이 그 자신의 민족주의적 자각의 산물이었다고 주장했다. 그의 화폐관의 핵심 개념은 상품만이 존재의 욕망을 만족시키기 때문에 진정한 유용성이 있지만 동전은 상품의 가치를 평가하고 균형을 맞추는 수단이므로 상대적인 경제적 가치만을 갖고 있다고 파악했다고 권영익은 설명했다. 그는 농업을 경제보다 근본적인 것으로 간주했지만 동전과 상업을 무시하거나 낮게 평가하지 않았다. 그러므로 박지원의 화폐론은 편견이 없고 객관적이며 현실적이었다. 그의 이론에 결여된 근대성의 유일한 측면은 아마도 구매력의 이론이나 양적인 분석이 결여된 측면이었다.

또한 권영익은 박지원이 동전을 주조하고 관리하는 권한을 완전히 국가에 맡기고 조선의 화폐제도에서 모든 외부적 영향을 제거해야 한다고 믿었다고 언급했다. 국가에서 자급하도록 하기 위해서 그는 동전을 주조하는 데 사용되는 은 같은 광물의 해외무역과 수출을 금지할 것을 제안했다. 이것은 통일된 국가를 위한 화폐제도였지만, (1930년대 일본의 극단적 쇼비니즘과 내셔널리즘과 비슷한) 국가를 핵심에 놓는 철학도 아니었으며 귀금속의 국가 소유를 최대화해 국력을 팽창시키려던 서구의 중상주의와도 전혀 무관했다.[40]

그러나 농업의 우위와 동전의 부차적인 역할에 대한 박지원의 강조는 17세기 중반으로 거슬러 올라가 유형원도 받아들였던 농업 생산과 동전의 관계를 규정한 고전적 발언이었다는 측면에서 권영익의 분석은 불만족스럽다. 거기에는 (근대적인 것은 고사하고) '객관적'인 측면이 전혀 없다. 완전히 일정하지는 않더라도, 쉽게 인식할 수 있는 가치를 가진 동전으로 구성된 화폐제도를 만들자는 그의 제안은 중국의 뛰어난 화폐이론가들의 또 다른 표준적 목표이자 유형원도 지지했던 방안과 거의 다르지 않았지만, 고액전과 은화를 옹호한 태도는 소액전을 선호한 유형원보다 좀더 개명된 화폐관을 보여주었다. 해외무역과 은 공급의 고갈에 대한 박지원의 걱정은 중상주의자의 태도가 아니라는 권영익의 단언은 그렇게 쉽게 증명될 수 없다. 중상주의자라면 적어도 교역의 상호 균형과 외국에서 정금正金의 유입이 유지되는 한 무역이 국가의 경제력을 확대하는 동력이라고 믿었을 것이다. 중국과의 무역이 현재의 무역 균형을 무너뜨린다는 이유로 반대했던 박지원의 태도는 중상주의적 함의를 갖고 있었지만, 그의 보수적인 보호주의는 조선의 경제성장을 촉진하는 수단으로 무역을 확대하는 데 도움이 되지 않았다.

다산 정약용

18세기 후반과 19세기 전반의 위대한 경세학자였지만 정약용은 대체로 보수적인 상업관을 갖고 있었으며 고액전에 대한 저명한 옹호자이기도 했다. 영조 · 이익 · 박지원, 그리고 그밖의 보수주의자들처럼 그도 상업에 대한 농업의 우위를 주장했으며 사치품을 과시적으로 소비하는 데 반대했다. 박지원처럼 그도 비단을 수입하기 위해 중국에 금은을 수출하는 데 반대했으며, 비단의 수입과 사적인 금 채광을 금지하는 데 찬성했다. 그는 편리한 해상운송으로 동전의 필요성이 줄어 조선 후기까지 동전의 유통이 활발하지 않았다고 설명했다. 그는 동전이 다른 교환수단보다 운반하기 쉽고 교역의 규모를 촉진한다고 인정했다. 그러나 조선에 도입된 동전은 번영을 창출하는 대신 사기를 통한 이익 추구와 과시적 소비, 이서의 뇌물과 부정, 농업의 포기, 농업 생산 및 농민 소득의 감소를 유발해 도덕을 손상시켰다.

그럼에도 불구하고 서학에 연루되어 19년에 걸친 유배를 1818년(순조 18)에 끝낸 뒤 그는 좀더 긍정적인 화폐관을 갖게 됐다. 조선의 동전은 품질이 낮고 가볍고 손상되기 쉬웠으므로 그는 그중 일부는 당십전이나 당백전 같은 고액전으로 다시 주조해서 일반 소액전과 함께 유통하자고 제안했다. 고액전은 먼 거리에서 대규모의 상업 거래에 유용하지만 소액전은 지방시장의 거래에서 계속 사용될 수 있었다.

그는 국외로 귀금속을 유출하는 것을 막기 위해서 동전의 50배 가치를 지닌 금화와 은화를 주조하고, 가장 중요한 의례나 축하에 사용될 물건을 제외하고는 중국의 비단을 수입해 소비하는 것을 금지하자는 박지원의 제안을 추천했다. 비단의 소비만 금지해도 금은의 수출을 현재의 90퍼센트까지 줄일 것이며, 앞으로 잠재적인 외적을 물리치고 국부를 충분히 유지할 수 있을 것이었다.[41]

또한 정약용은 동전이 미곡과 면포의 측정에 개재되는 속임수를 없했기 때문에 가장 좋은 납세 수단이라고 믿었으며, 다시 박지원처럼 그는 동전 생산의 높은 기준과 일정함을 유지하기 위해서 정부의 한 관서에서 주전을 전담케 하는 것이 중요하다고 생각했다. 그 관서는 무기와 악기의 생산도 독점할 수 있었다. 만약 이런 방안이 시행되면 동전(그리고 전체적으로 상업)은 상품을 교환하고 그런 상품을 전국에 적절하고 공평하게 보급하는 수단으로 기능할 것이었다.

더욱이 국세의 구조는 과도하게 전세에 의존했고 상인들은 거의 세금을 내지 않았으므로, 과세의 불균형은 상인에게 세금을 증가시켜 과세의 불균형을 교정해야 했다. 그러나 그들을 이중으로 과세하거나 조운선 및 역참에서 운반세를 걷는 관원들의 뇌물 요구로 착취해서는 안됐다. 그러나 이런 변화의 목적은 상업과 산업의 확대를 촉진하거나 농민을 그런 직업으로 이동시키려는 것이 아니라, 반대로 상인들이 오랫동안 축적한 이익을 박탈해 농민의 우위를 유지하고 모든 직업에서 얻은 수입을 공평하게 분배하려는 목적이었다. 정약용은 상업과 산업의 확대를 추진하지 않았기 때문에 경제사상에서 박제가나 유수원만큼 진보적이지 않았지만 농업 다음에 상업을 놓았으므로 이익보다는 진보적이었다고 김용덕은 평가했다.[42] 그러나 정약용에 대한 김용덕의 분석은 박지원에 대한 권영익의 판단보다 설득력이 없는데, 동전과 상업을 부차적인 역할로 위축시킨 정약용은 진보적이지 않을 뿐만 아니라 그것은 17세기 후반 유형원이 소개했던 고전적 지혜의 핵심이었기 때문이다.

고액전과 금화 · 은화를 지지했다는 측면에서 동전에 대한 정약용의 견해는 (박지원과 마찬가지로) 유형원보다는 진보한 것이었지만, 당시 그런 생각은 결코 혁신적이지 않았다. 더욱이 그는 구리 · 금 · 은의 채광을 적극 확대할 의도를 전혀 보이지 않았는데, 그것은 1828년(순조 28) 갑산 동광을 설치함으로써 부분적으로만 해결됐다.

원유한은 1866년(고종 3)까지 고액전의 주조에 실패한 까닭이 변화에 대한 보수적인 저항과 국내적 안정, 군사적 위협의 부재, 액면가가 금속 자체의 가치보다 높은 동전에 대한 전체적인 불신 때문이라고 설명했다. 고액전은 상품 가격을 상승시키고, 고리대금업자의 저축과 이익을 증가시키며, 동전 공급에 대한 중앙 정부의 통제를 약화시키고, 동전의 가치가 높아져 절도를 자극하고 백성의 도덕을 타락시킬 것이라는 우려 섞인 전망이 나왔다. 원유한은 이런 요소들 또한 전체적인 변화와 적용 능력이 제한됐던 원인이었다고 설명했다.[43]

원유한의 분석은 열거한 장애들이 너무 포괄적이고 일반적이며 근본적 문제를 조사하지 않았다는 문제점을 갖고 있다. 많은 신하들은 동전 공급을 늘리고 좀더 편리한 동전을 사용할 수 있는 방안을 건의했지만, 국왕들은 그런 대안들을 시행하고 적절한 정책으로 뒷받침하려고 하지 않았다. 아울러 고액전을 지지한 학자들은 상업과 산업의 발달과 성장을 급진적으로 지지한 인물들이 아니었다.

정약용의 보수주의는 미곡과 면포에서 동전으로 이행하는 데 반대했던 17세기 이전의 보수주의와 동일하지 않았다. 그것은 유형원의 제한적인 개혁주의와 좀더 가까웠는데, 유형원은 조선이 16세기 후반 명(또는 정약용의 경우 19세기 초반 청)이 아니라 주의 경제원칙을 따라야 한다고 믿었으며, 풍족한 곳에서 부족한 곳으로 상품을 옮겨야 할 필요성을 완화하는 유용한 기능을 할 수 있는 수준까지 상업을 발전시켜야 한다고 생각했다. 유수원과 박제가를 제외하면, 농업의 우위는 조선왕조와 실학자들의 지배적인 경제원칙으로 남았다.

19세기의 동전

모든 동전이 '소액'으로 남았지만 1828년(순조 28) 이후 국내의 광업

〔표 13〕 주조된 동전의 분량(1807~57)

연도	주조된 분량(냥)
1807	300,000
1814	326,400
1825	367,500
1830	733,600
1832	784,300
1855	1,572,500
1857	916,800
합계	5,001,100

* 전거 : 원유한, 「조선 후기 화폐정책에 관한 일고찰—고액전의 주용鑄用논의를 중심으로」, 『한국사연구』 6(1971. 9), 89~93, 95~97쪽.

으로 구리의 공급이 확대되자 주조된 동전의 분량은 1807~57년 사이에 5백만 1천1백 냥 또는 50억 문으로 크게 늘었으며, 1862년 함경도 함흥에 새로 설치된 주전소에서 만들어진 분량을 더하면 그 이상이 됐다. 게다가 동전 주조세의 이익은 1807년, 1814년, 1825년에는 10~12퍼센트밖에 되지 않았지만, 1828년 갑산 동광이 개설된 뒤 1830년, 1832년, 1855년, 1857년에는 20~27퍼센트로 증가했다(〔표 13〕 참조).

주전이 확대되면서 주전의 권한을 호조에 집중하려는 정부의 정책도 붕괴됐는데, 그것은 정약용이 없애려고 했던 경향이었다. 1806년(순조 6) 이후 혜민서와 그밖의 중앙 관서들은 주전을 승인받았는데, 호조는 1798년(정조 22) 이후 증가하는 동전의 수요를 따라갈 수 없었고 동전의 가치는 다시 올라갔기 때문이었다. 주전의 집중은 20년 정도밖에 지속되지 않았으며, 19세기 초반 중앙과 지방 관서 모두 생산 비용을 줄이려는 목적에서 개인에게 동전 주조의 책임을 이양하기 시작했다. 그런 개인들은 관원들에게서 허가를 요구해 일정한 분량의 동전을 사적으로 주조하는 모든 비용을 댔으며 그 특권에 대한 조세를 낸 부유한 사람들이었다. 중앙 정부는 주전을 허락해달라는 개인들의 요구를 공식적으로 허용하지는 않았지만 그 관행은 계속됐으며, 동전의 분량은 철종대(1850~64) 동안 증가했으며, 1874년(고종 11) 박규수朴珪壽는 사적 주전 때문에 열악한 품질의 동전이 늘어났다고 지적했다. 사적 주조자에게 남는 이익이 너무 적었기 때문에, 그들이 이익을 남길 수 있는 유일한 방법은 노동자를 초과 근무시키고 정부에서 승인받은 분량보다 많은 동전을 주조하는 것이었다.

원유한은 이런 수치가 전통적 관습과 이념에 국한된 상태에서 이익을 추구하는 방향으로 이행한 사실을 보여주며, 국가에서 개인으로 주전의 관리 유형이 바뀐 증거라고 간주했다. 또한 비록 소액전이 그것을 소지한 소비자에게 이익이 된 이유는 이해하기 어렵지만, 그는 1816년 이후 고액전을 만들어야 한다는 관원들의 요구가 사라진 주요한 원인은 구리의 공급이 남아돌고 동전 주조세의 적절한 이익이 그들에게 불필요하게 됐기 때문이었다고 파악했다. 또한 그는 이런 상황은 화폐경제가 건강하게 발전할 수 있다는 전망을 열었다고 믿었으며, 1862년(철종 13) 관원들은 세금과 국가의 환자를 동전으로 전환시키는 가능성에 대해서도 논의했다.[44]

그러나 모든 통계적 증거가 화폐경제의 지속적인 발전에 대한 원유한의 낙관적 견해를 보강하는 것은 아니다. 정부 세입에서 동전의 비율이 증가해서 결국 1820년(순조 20)에는 52.8퍼센트가 걷힘으로써 세입의 3분의 1을 목표로 했던 유형원의 목표를 초과했는데, 쌀은 29.2퍼센트였고 면포는 14.1퍼센트였다. 그럼에도 불구하고 이것은 세입에서 동전이 차지한 최고 수치였는데, 중앙 관서의 연말 대차계정은 1827~36년에는 48.7퍼센트가 동전으로 걷혔으며 1868~76년까지는 36.4퍼센트로 하락했기 때문이었다. 연말 대차계정에서 동전 세입의 총분량이 그해 동안 걷히거나 소비되지는 않았지만 안병태安秉珆는 연말 보유분의 하락은 중앙 정부에서 동전 세입뿐만 아니라 총생산에 대한 상품 생산의 비율도 하락했다는 사실을 보여준다고 결론지었다. 상품 생산과 판매는 1862년 임술민란으로 최고조에 달한 전체적인 정치적 · 사회적 혼란으로 하락했을 가능성이 있다.[45]

끝으로 조선 경제에서 동전 사용의 역사는 1864년에 고종이 즉위한 직후 역설적으로 변형됐다. 대원군의 지휘라고 생각되는데, 고종은 지방 주민들의 어려움을 유발한다는 이유에서 함흥의 주전을 중지하고 갑산의 동광을 폐쇄하도록 함경도 관찰사에게 지시했다. 이로써 정부는 국내의 구리 공급을 중단했는데, 당시는 외국의 위협에 직면해 국방비가 급증했고 임술민란으로 백성이 다시 동요했으며 왕실의 위엄을 높이기 위해 경복궁을 중건하면서 정부의 재원이 필요한 때였다.

새로운 정책은 북부지방의 채광과 주전을 중단하고 왕조 최초의 고액전인 당백전을 발행함으로써 이전의 동전정책을 뒤집었는데, 이것은 대원군 혼자만의 결정이 아니라 대신들도 모두 참여한 것이었다. 한 자료는 1867년(고종 4) 당백전의 주조는 1억 6천만 냥(소액전 160억 문)을 생산했다고 추정했으므로 새 동전의 급격한 통화 팽창과 가치 하락이 이전의 소액전을 시장에서 몰아낸 것은 놀라운 일이 아니었으며, 1867년 6월 정부는 당백전의 발행을 중지할 수밖에 없었다. 통화 팽창의 상황은 대원군에게 심각한 정치적 재앙을 가져왔는데, 그것은 고액전의 결과에 대한 몇 세기에 걸친 보수적 화폐관의 경고를 증명한 것이었기 때문이었다. 그러나 20세기의 관점에서 보면 이 경험은 동전 공급에는 조심스럽고 효과적인 운영이 필요하다는 사실을 증명할 뿐이며 고액전의 무용성을 보여주는 사례는 아니었다.[46]

제6부 결론

17세기 이후 동전의 역사와 상업과 산업의 발전을 살펴보면 대부분의 경세학자들은 이전 시기의 개혁적 관원들의 의견이나 진보적인 외국, 주로 중국의 사례를 따른 결과 제도적 변화를 자극하는 데 주요한 역할을 하지 못했다는 사실을 분명히 알 수 있다. 실제로 유형원의 핵심적인 생각 중 하나는 주대의 경제는 이미 당시 17세기 조선을 능가했다는 것이었으며, 그는 조선이 적어도 국가 세입의 3분의 1을 동전으로 받아 안전하고 믿을 만한 소액전을 정착시킴으로써 주의 수준을 따라잡을 수 있기를 바랐다.

여전히 농업의 우위를 믿었던 그는 독립적인 상인의 발전을 예측하거나 바라지 않았기 때문에 국가가 상인과 공장에게 최소한의 토지를 분급해주어야 한다고 생각했다. 그는 정부가 안정적인 가격을 보장하기 위해서 동전 공급을 규제하는 중요한 임무를 가졌다는 사실을 알았지만, 새로운 부는, 특히 비농업적 생산에 의해서, 무한정 창출될 수 있다고 믿지 않았기 때문에 경제의 규모가 커질 수 있고 커져야 한다고 생각하지는 않았다. 따라서 최적의 동전 공급에 관련된 그의 생각은 고정된 경제에 대한 잘못된 상상에 기초한 것이었다.

그는 가격과 이율의 문제들이 국가는 물론 지방의 동전 부족으로 야기될 수 있다는 사실을 예측하지 못했다. 그는 일본에서 수입해서 구리의 충분한 공급을 보장하려고 계획했지만, 일본의 구리 부족과 18세기 초반 아라이 하쿠세키의 치하에서 시작되어 18세기 후반과 19세기 초반까지 계속된 일본의 구리 수출 감축을 예상하지 못했다. 그는 동전 공급 · 가격 · 이율의 규제가 지속적인 관심이 필요한 어렵고 복잡한 문제라는 사실을 인식하지 못했다.

유형원의 화폐관이 제시된 이후 그의 계승자들이 항상 그의 진보적인 태도에 기초한 것은 아니었다. 17세기에는 동전에 우호적인 분위기였지만 18세기 초반에는 동전에 대한 적대감이 나타났으며, 이런 상황은 이익 같은 경세학자들에게 큰 영향을 주었다. 그러나 대부분의 정치가와 실학자들은 경제에서 동전의 확대를 지지했다. 1731년(영조 7) 추가적인 주전을 재개한 이후 1742년(영조 18) 영조는 지폐는 물론 고액전과 은화, 또는 중국의 동전 수입을 실험하자는 박문수 · 김약로 · 민응수 같은 진보적인 신하들의 제안을 거부함으로써 화폐의 발전을 제한했다.

동전은 18세기에 완전히 도입됐지만 소액전의 형태일 뿐이었다. 그 때문에 정부는 사상의 활동과 임금노동의 발전을 더욱 인정하게 됐고 국가가 승인한 독점의 약화에도 동참하게 됐지만, 사상의 팽창은 공인된 상업이나 중농주의의 한계를 끝내 극복하지 못했다.

18세기에 농업의 우위에 도전하기 시작한 극소수의 경세학자들은 여전히 전통의 어떤 측면에서 제약을 받았다. 유수원은 동전 유통과 상업 활동을 촉진하려고 했지만, 관직을 갖지 못한 양반을 다른 사람의 봉양에 기생적으로 계속 의존하기보다는 상업 활동으로 스스로를 봉양할 수 있는 유용하고 생산적인 시민으로 전환할 수 있는 대상으로 파악했다. 박제가와 박지원 또한 비슷한 생각에 찬성했는데, 상업은 선물이나 뇌물, 또는 백성의 일반적인 지원에 의존하는 양반의 숫자를 줄이고 그들을 좀더 유용한 삶으로 전환시키기 위해서 양인은 물론 양반에게도 열려 있다는 것이었다.[1]

그들은 당시 청에서 발전의 모범을 원용했는데, 이것은 그들이 양반의 마음에 깊이 뿌리박인 육체 노동과 상업에 대한 편견을 줄이고 청 후반과 비슷한 경제와 사회적 지배계층을 창출하려고 했다는 의미였다. 그들의 경제적 시각은 상업과 산업을 경제적 활력의 근원으로 파악하지 않았기 때문에 제한됐다. 그들은 기본 시설의 진보, 해외무역의 확대, 저축의 이동과 투자를 촉진하는 좀더 효율적인 제도를 발전시켜야 한다고 판단할 능력이 부족했다. 일부 학자와 관원들은 — 지폐와 은행은 물론이고 — 은화와 고액전의 이점을 인정했지만 관원들에게서 충분한 지원을 얻지 못했으며, 대담하게 시작할 수 있도록 국왕을 설득하지 못했다. 또한 일부는 신분의 제한에서 오는 폐해를 비판했으며 양반이 상업에 참여하도록 허락하자고 주장했지만, 대부분은 이익의 공개적인 추구를 폐단으로 인식했다. 사상들은 공인된 독점의 방패에 흠집을 내는 데 성공했지만, 그 결과는 둘 사이의 타협일 뿐이었다. 그들이 일단 장벽을 부수자 너무 많은 사상들이 공인된 독점체제를 완전히 파괴하기보다는 스스로 독점자가 되려고 추구했다. 유수원은 국가가 주도하는 경제 발전의 이점을 볼 수 있었지만, 개인적 기업 운영권의 기회를 창출하기 위해서 정부의 제한에서 완전히 해방되려고 한 사람은 거의 없었으며 정부는 그가 제안한 국가가 통제하는 과점계획을 채택하지 않았다. 18세기 말엽 국가는 급격한 경제발전을 향한 길을 주도하려고 나아가지 않으면서 공인된 독점과 사상 사이에서 심판의 기능에 만족했다.

흥미로운 변화는 이미 일어났기 때문에 농업과 상업에 대한 전통적인 태도가 스스로 모든 경제 발전을 막았다고 의심할 수도 있다. 그러나 사상과 도고, 공장은 조선 전기의 공인된 생산과 상업의 좁은 구조를 느슨하게 만드는 데 성공했지만, 자본가계층은 매우 제한된 규모였고, 대부분의 생산이 소규모의 수공업에 국한됐기 때문에 산업적 무산계급은 거의 존재하지 않았다.

정부는 경제의 확대를 주도할 능력이 없었다고 생각된다. 국가는 동전을 좀더 주조하는 데 동의했지만 소액전에만 국한됐고, 채광 활동을 제한하고 국내 교통을 개선하지 않았으며, 주로 이전의 공물을 구입하려는 목적에서 일정한 독점을 유지했으며, 중국과 조공관계로 좁게 국한되고 일본과 매우 제한된 대외무역을 유지했다. 외국의 무역상과 선교사들이 19세기 아편전쟁 이후 조선의 해안에 나타났을 때 조선 관원들은 그들이 국가를 멸망시키는 전조라고 간주했다.

맺음말

조선 유교적 경세론의 복잡성

이 책은 조선 후기에 나타난 하나의 유교적 경세론을 연구하는 데 바쳐졌지만, 그 사상뿐만 아니라 정부의 정책과 실천이 그것과 갖고 있는 관련성도 탐구했다. 여기서 이용한 자료는 여러 이유 때문에 유교적 경세론을 간단한 표현으로 정의하는 것이 불가능하지는 않지만 어렵다는 사실을 보여준다. 유교적 경세론의 전통을 형성한 사상이 항상 내적으로 일관된 것은 아니었다. 역사적 우연성과 이성적 유교의 목적 사이의 갈등은 그런 목적의 성취를 억제하거나 방해했다. 유교사상과 현실의 이율배반은 목적과 우선권을 둘러싸고 갈등을 일으켰으며, 주의 봉건제도에서 진의 중앙집권적 관료제도로 돌이킬 수 없이 이행한 결과 고전적 고대의 이상적 규범을 회복할 수 없다는 사실은 이상과 현실 사이의 타협이라는 핵심적 문제를 둘러싸고 의견의 차이를 피할 수 없었다는 의미였다. 이런 이유들 때문에 이 연구의 초점인 유형원의 경세사상은 조선의 유교적 경세사상의 유일하고 가장 훌륭하며 가장 대표적인 사례로 간주될 수 없다. 그의 어떤 생각들은 참으로 독특했고 일부는 대부분의 유학자들에게 받아들여질 수 있었지만 다른 방안들은, 그의 지적 제자로 자처한 사람들에 의해서도, 시행할 수 없다고 거부됐다. 필자가 그를 이 연구의 초점으로 선택한 까닭은, 그가 17세기 조선 사회의 약점에 대한 전체적이고 포괄적인 분석을 쓴 조선의 첫 번째 학자로서 경세론 저작을 이해하고 압박을 받고 있던 조선의 유교적 사회의 본질과 복잡성을 파악하는 데 훌륭한 경로를 제공해주기 때문이다. 그의 제도개혁안은 왕조 말엽 정책의 입안에 참여한 학자와 관원의 사상 및 정책과 비교할 수 있는 기초를 제공해준다.

| 유교적 전환의 불완전성

조선왕조가 개창될 때 철저한 유학자로 간주될 수 있는 사람은 거의 없었는데, 2천 년 동안 유교사상은 존재했지만 불교는 사회 상층의 지배적 종교로 기능했으며 애니미즘과 무속을 포함한 민간신앙은 지방 농민들 사이에 널리 퍼져 있었기 때문이다. 소수의 집단은 송의 성리학, 특히 12세기 주희가 압축하고 요약한 성리학으로 전환하도록 새 왕조를 이끌었다. 그들은 조선 전체가 성리학의 원칙을 신봉하고 유교규범을 실행하도록 변환시키려고 노력했다.

정부와 사회의 상층에서 그들과 그 후손들은 그런 목적을 이루기 위해 오랜 과정을 거쳤지만 그 임무를 완전히 달성하지는 못했다. 농민들은 결국 유교적 조상숭배와 부계적 가족조직 등을 따르도록 전환됐지만 민간신앙을 완전히 버리지는 않았다. 조선 사회를 유교적 신념으로 완전히 전환시키는 데는 교육기관의 재원이 충분하지 않았던 사정도 장애로 작용했다. 조선 전기의 공립학교제도는 15세기가 끝나기도 전에 실패했으며, 16세기 중반 이후 사립교육기관들도 몽매한 농민들을 모두 교육시키지는 못했다. 그들의 유교적 군주는 교실보다는 경작지에서 그들을 더욱 필요로 했다.

백성들의 교육이 부족했던 것이 실제 생활에서 유교적 규범과 기준을 따르지 않은 유일한 원인은 아니었다. 학교교육을 통해서 유교의 도덕기준을 주입받은 많은 관원들도 사회의 도덕적 모범자로서 자신들의 역할을 수행하는 대신 공공의 복리보다 사적 이익을 우선했고 뇌물을 받아 재산을 늘렸으며, 농민과 노비를 착취해 부를 늘리고 저당을 처분해서 토지를 늘렸다. 성리학적 관원들은 도덕적 질서에 따라 문제를 처리할 것으로 생각됐지만 대부분은 높은 도덕적 기준에 맞춰 살 수 없었다.

이런 의미에서 조선왕조의 역사는 견고한 신념을 진정하게 신봉한 사람들이 약하고 결점 많은 인간의 현실과 투쟁한 하나의 교훈적인 연극이었다. 성리학자들은 마음의 내부적인 선은 정신과 육체의 영향으로 흐려지거나 차단됐기 때문에 인간의 불완전성이 존속된다는 사실을 이해했다. 역사적 경험은 왕조가 정체되지도 영속되지도 않았다는 사실을 보여주었다. 왕조는 사회질서의 붕괴와 반란을 겪으면서 서서히 몰락해갔다.

그러나 유교는 도덕과 왕조의 몰락을 막지 못했지만, 혼돈과 무질서는 지도력이나 교육, 또는 제도의 잘못이지 도덕철학 자체의 잘못이 아니라고 판단됐기 때문에 불신되지는 않았다. 유교적 기준은 하나의 왕조보다 오래 살아남았으며 그 다음 왕조에 의해서 부활됐다. 그렇게 유교사상은 개별 왕조의 전복에도 불구하고 송대부터 청대까지 지배적인 신앙과 경세사상의 원천으로 존속했다. 한국에서 유교가 지배한 왕조는 조선왕조뿐이었다. 조선은 임진왜란으로 멸망했어야 했는데, 그때 조선은 실정失政과 당쟁, 불공정한 과세, 부의 집중, 책임의 회피, 그리고 국방의 약화로 허약해졌기 때문이었다. 만약 유학자들이 경영한 정부가 남긴 결과에 따라 판단한다면, 유교적 경세론은 1592년에 실패한 것이었다. 그러나 1598년 임진왜란이 끝난 뒤에도 조선과 그것을 이끈 유교사상은 그대로 유지됐다.

불확실한 상황 속의 유교

조선이 개창된 뒤 주도적인 신앙이자 이념으로 성리학을 채택했을 때 사회와 사회제도는 이미 잘 발달되어 있었다. 국가는 국왕이 통치하는 관료제도로 조직됐고, 사회는 신분 간의 엄격한 구분을 포함해서 세습적 또는 반半세습적 원칙에 따라 서열적으로 구성됐다. 이것은 조선 전기의 성리학이 이상적이지는 않은 제도를 물려받았다는 의미였다.

국왕과 중앙집권적 관료제도

공자 이후 유학자들은 국왕을 문명화된 정부에 필요한 존재로 인식해왔지만, 절대 군주와 중앙집권적 정부조직은 유교적 경세사상가들에게는 주요한 문제였다. 국왕은 대체로 도덕규범의 준수보다는 자신들의 정치적 권력을 유지하는 데 좀더 유의했기 때문에 유교도덕과 사회질서에 위험과 위협이 됐다. 유학자들은 국왕, 특히 폭군에 대해서 모순적이지는 않더라도 모호한 태도를 가졌다. 맹자는 비도덕적 국왕은 통치할 수 있는 천명을 잃었기 때문에 백성들은 그를 폐위시켜 다른 사람으로 대체할 수 있는 권한이 있다고 가르쳤다. 유학자들은 그런 폭군에게서 자신들의 충성을 정당하게 철회할 수 있었지만, 그를 부도덕에서 도덕으로 이끌도록 간언하는 것이 자신들의 임무라고 생각했다.

유교사상은 국왕에 대한 충성을 강조했기 때문에 특히 명·청대에 전제정치가 나타나는 데 이바지했다고 지적하는 견해도 있었다. 조선의 상황은 조금 달랐는데, 대부분의 유교적 관원들은 명예·부·위엄·신분의 오랜 역사를 가진 양반가문 출신이었기 때문이었다. 그들은 한 장군을 도와 새로운 왕조를 개창했는데, 사회를 불교와 토속신앙에서 유교로 바꾸는 데는 좀더 강력한 왕권이 관건이라고 생각했기 때문이었다. 그러나 새 왕조가 안정되자 유교적 관원들은 그 자신의 가문이 권력 · 부 · 지위를 유지하기 위해서, 그리고 국왕이 유교적 경세의 기준을 받아들이도록 유도하기 위해서 대부분의 국왕과 지루한 투쟁을 시작했다.

조선왕조가 등장했을 때 한국에서는 오랫동안 중앙집권적 관료제도가 시행되어왔지만, 적어도 대부분의 중국왕조의 기준과 비교하면 집중화는 완전하지 않았다. 새 왕조의 성리학적 후원자들은 중앙의 통제를 모든 지방으로 넓힘으로써 그런 결점을 성공적으로 극복했지만, 가장 훌륭한 정부조직 형태로서 중앙집권적 관료제도에 매혹되지는 않았는데, 그것은 기원전 3세기 후반 위대한 주의 봉건적 정치조직을 무너뜨린 진의 정치제도를 대표했기 때문이었다.

진의 관료제도는 유교적 도덕철학과 상반되는 법가사상에 기초했다. 법가는 인간 본성에 부정적인 견해를 가졌고, 도덕교육과 설득은 질서를 확립하는 데 쓸모없는 방법이라고 무시했으며, 인간을 통제하는 유일한 방법으로 포상과 처벌의 필요성을 주장했다. 진 이후 관료제도가 시행된 왕조에 봉사한 모든 유교적 관원들은 준법을 강화하는 수단으로 처벌을 사용했다. 일부는 유교적 관용으로 그것을 완화시키려고 했지만, 그밖의 인물들은 강제적 방법을 능숙하게 사용한 결과 처벌은 관료적 유교국가에서 도덕을 권고하는 중요한 수단이 됐다. 가장 도덕적인 성리학자들조차 무지하고 반항적인 부류를 유교의 도덕적 이상에 복종시키는 궁극적 수단으로 처벌을 사용했으며, 그런 측면은 학교에서의 행동을 규정한 유형원의 방안에서도 매우 명확하게 드러났다. 그러나 대부분의 유학자들은 완화되지 않은 처벌의 사용은 국왕과 국가가 도덕적으로 실패했다는 징후로 받아들였다.

유감스럽게도 중앙집권적 관료제도는 영속적인 체제로 증명됐으며, 유학자들이 자신의 철학을 존속시킬 수 있는 유일한 방안은 이런 불행한 상황에 적응하는 것이었다. 도덕적 권고와 강제라는 두 이상 사이의 갈등은 결코 풀리지 않았으며, 둘 사이의 구분은 자의적인 판단이나 상황에 맡겨졌다.

사회적 유산 : 세습 · 재산 · 노비제도

조선 전기의 지배계층은 탁월한 세습적 신분을 소유한 반半귀족적 관원으로 구성된 양반가문으로 이루어졌으며, 그들은 세습적 신분의 노비로 유지되는 노비제 사회를 지배했다. 왕조의 첫 번째 두 세기 동안 성리학자들은 유교적 원칙과 반세습적 관료제도와 세습적 노비제도 사이의 도덕적 갈등에 거의 문제를 제기하지 않았다. 유교적 관원들은 임진왜란 이후 일련의 파멸적인 침략으로 조선에 거대한 압박이 행사된 뒤에야 면역되던 양반과 노비도 군역을 이행해야 한다고 생각하기 시작했다.

양반이든 노비든 사회신분의 세습은 면세의 특권 때문에 세입의 부족과 국방의 약화를 유발했으며, 교육과 관직 취득의 확대된 기회라는 유교이상을 성취하는 데 커다란 장애가 됐다. 양반 지주와 노비 소유주들이 보존한 계층 이익은 지위 · 관직 · 부를 공평하게 분배하는 도덕적 기반으로 사회를 이행시키는 데 주요한 장애였지만, 개혁은 유교적 도덕제도 내부의 이율배반 때문에 이중으로 어려워졌다. 유학자들은 토지는 물론 노비를 포함해서 가계의 부계 상속을 유지하고 사회질서의 연장자와 상급자에게 절대적인 존경을 보여야 할 도덕적인 의무가 있었는데, 지주와 노비 소유주들은 사유재산과 노비를 합법화하는 데 그런 도덕적 의무를 사용했다.

이상주의적인 유학자들은 성군은 주의 정전제의 선례를 따라서 최소한의 경작지를 분급함으로써 일반 농민의 생존을 보장해야 한다는 데 동의했지만, 1천여 년 넘게 유지되어온 사유재산의 현실에 직면했다. 조선 전기의 국왕들은 국유화와 평등한 재분배의 요구를 무시하고 지주의 사유재산을 보장했으며, 그 결과 14세기 후반 만연한 부의 왜곡된 분배와 동일한 환경이 나타나게 됐다. 결국 대부분의 유학자들은 국유와 공평한 재분배의 개념을 말로만 찬성했을 뿐이었다.

10세기 또는 11세기부터 시행되어온 세습적 노비제도는 큰 관심 사항이 아니었는데, 노비제도 자체는 비도덕적인 제도라고 비난받지 않았기 때문으로 생각된다. 헌신적인 유학자라면 적어도 무고한 사람을 세습적으로 노비로 만드는 관행에 의문을 제기해야 했지만, 그런 사람은 거의 없었다. 어쨌든 노비제 사회에서 지주와 노비 소유주의 계층 이익은 이상주의적 순수한 유학자가 극복하기 어려운 장애였다.

상업과 산업에 대한 농업의 우위

이러한 계층 이익은 농업 생산이 부를 창출하는 유일한 합법적 방법이라는 유교적 학자와 관원들의 강력하고 지속적인 신념에 의해서 지원받았다. 식량과 의복은 생존에 필요했지만, 나머지는 모두 불필요하며 사치스럽고 비도덕적인 소비를 부추기는 것이었다. 산업과 상업은 필요한 활동으로 인정됐지만 제한적인 범위로 국한됐다. 장인은 필요한 비농업적 상품을 제공하는 역할을 했지만, 사치품의 생산 확대는 사람들의 도덕을 타락시킬 것이었다. 비슷하게 상업은 상품의 유통을 위해 필요했지만, 과도한 이익 추구는 농민들이 주요한 농업의 임무를 버리고 상업적 이익을 추구하게 유도함으로써 필수품의 생산을 줄일 것이었다.

이런 이상적 원칙들은 현실과 타협했기 때문에 귀족 · 양반 · 지주 ·

부자들은 사치스러운 삶을 즐길 수 있었고, 숙련된 장인들은 장신구 · 비단 · 도자기, 그리고 그밖의 과시적 소비의 '불필요한' 품목을 생산하는 데 주로 국가에 의해 고용됐으며, 상인들은 국왕과 상위계층에게 그런 품목을 공급하도록, 자주 독점적 허가의 지원을 받았다. 농민만이 검소한 유교적 도덕규범을 이행하도록 남겨졌지만, 그것은 추상적인 도덕규범을 고수한 결과가 아니라 착취와 가난 때문이었다. 단순함 · 검소 · 겸손 같은 유교규범을 위반하는 행태는 모든 왕조에서 나타났는데, 부자들은 사치품을 샀으며 그것 없이 생활하기를 거부했기 때문이었다. 유학자들은 계속적인 비판으로 저항하거나 인간의 연약함을 암묵적이거나 위선적으로 인정했다. 조선의 유학사상에서 농업 생산에 대한 중농주의적 강조와 그에 따른 산업과 상업 활동의 폄하는 장인과 상인의 자본 축적을 방해하고 그들에게 관직을 경쟁하는 데 참여하지 못하도록 금지함으로써 지주의 우월한 경제적 · 정치적 지위를 강화했다.

국제무역은 전반적으로 상업에 커다란 자극을 주지 못했는데, 중국과는 조공제도에 국한됐고 조선과 청은 서로 의심해 신뢰가 결여됐으며, 일본과는 15세기 왜구의 노략질, 16세기 일본의 내전, 1636년 시마바라島原의 반란 이후 해외무역이 다시 강력하게 제한됐기 때문이었다. 국제무역의 이런 실제적인 제한은 유교적 교리만큼 경제발전을 제약하는 원인이 됐다.

관료제도의 관행화와 위기

중국은 그들의 오랜 역사에서 왕조의 흥망을 매우 빈번하게 경험했기 때문에 왕조는 도덕의 상실만큼 관료제도의 관행화와 이완에 따라서 왕조의 존망이 좌우된다고 믿게 됐다. 한국의 왕조들은 여러 복잡한 원인으로 중국보다 훨씬 긴 기간 동안 지속됐지만, 조선왕조는 15세기 말엽 타락한 관료제도의 특징들을 노출하기 시작했다.

시간이 가면서 행정의 이완과 부패가 커진 결과 납세인구의 등록이 유지되지 않았고 조세와 요역은 빈농에게 좀더 무겁게 부과됐으며 군역에는 피역이 만연했다.

관료제도의 이완과 부패는 왕조 개창부터 이서에게 녹봉을 주지 않았기 때문에 악화됐다. 정규 관원들은 고려 후기의 지방 향리보다 자신을 높이고 그들을 정규 관원으로 승진하는 것을 막으려는 목적에서 그 정책을 추진했지만, 그것은 생계를 위해 뇌물과 선물을 요구하게 만드는 부패로 이서들을 몰아넣었다.

16세기 말엽 잘못된 행정의 문제를 교정할 수 있는 관료제도의 능력은 1575년(선조 8) 당쟁의 출현으로 약화됐다. 이런 불행한 과정은 1590년대 임진왜란의 파괴적 결과로 이어졌다. 1598년 일본군이 물러간 뒤 조선을 보았다면 조선왕조와 유교적 경세론의 실험은 실패했다고 결론 내릴 수도 있었다.

17세기 정부의 개혁방안

임진왜란이 일어나기 전에도 많은 유교적 관원들은 개혁을 호소했다. 이이는 국내 제도의 실패와 군사의 약화를 분석했고, 조헌은 행정과 상업, 그밖의 분야에서 명의 발전과 조선의 결점을 비교해서 제도적 개혁을 주도적으로 호소했지만, 그것들은 대부분 무시됐다.

역설적이게도 임진왜란의 참화는 왕조의 주요한 문제의 일부를 해결했고 유교적 경세론에 두 번째 기회를 주었다. 토지와 재산의 파괴는 국가의 세입은 물론 개인의 부를 줄였지만, 토지에 대한 인구 압박을 경감하고 일정 기간의 면세를 유도했으며 농민들이 농업 생산을 재개할 수 있는 시간을 허락했다. 정부는 과세 기반이 줄었지만 미래의 세입과 요역의 기반을 조성하기 위해서 다시 토지와 인구를 등록했다. 지방의 불규칙한 공납과 실제 운영의 부정은 그 제도의 전환을 이끌었다. 명의 관원들과 밀접하게 접촉하면서 조선 관원들은 중국의 상업과 경제활동의 커다란 발전을 알게 됐으며 명의 상업제도를 본받으려고 시도했다. 요컨대 17세기의 국가적 재앙은, 완전히 성공적이지는 않았지만 개혁의 노력을 위한 기반을 제공했으며 중요한 제도적 개혁을 가져왔다.

패전은 조세와 피역의 문제를 정부에 일깨웠고 양반 · 탈세자 · 노비도 군역을 지게 하는 방안을 강구하게 만들었다. 그것은 새로운 부대의 창설과 서양 화기火器의 도입을 촉진했다. 이런 개혁에서 주도적 역할을 한 부류는 탁상공론에 빠진 학자가 아니라 현직 관원들이었다.

물론 이 세기에 이룬 성취의 기록은 혼합되어 있다. 그 개혁의 노력에서 가장 명백한 실패는 국방력을 재건하려는 시도였다. 새로운 부대의 창설은 국방의 논리보다는 정치적 고려에서 더 큰 영향을 받았으며, 1624년 이괄의 난은 국방에서 반란의 예방으로 우선순위를 바꾸었다.

두 번째 측면은 충분한 병력을 징발해 재훈련시킬 수 있는 정부의 능력이 없었으며 무기와 그 사용의 훈련의 중요성을 인식하지 못했다는 것이었다. 정부는 1609년(광해군 1) 일본과의 조약체결 이후 그 노력을 늦추었고 청의 군사력을 과소평가했다.

그러나 두 차례 호란의 재앙이 닥친 가장 중요한 원인은 광해군대 대외정책의 변화였는데, 그것은 유교적 영향에 기인한 결과였다. 1623년 반정으로 권력을 잡은 서인은 임진왜란 때 파병한 명에 대한 도덕적 의무 때문에 명을 즉시 도와야 한다고 주장했다. 서인들은 광해군의 좀더 실용적인 외교정책을 지속할 수 있는 지적 · 도덕적 능력이 없었다. 더욱 나쁜 사실은 청이 조선을 침입한 뒤 조선 국왕들은 청의 감시 때문에 군사력을 재건할 수 없게 됐다는 것이었다.

그러나 청의 보호 아래서 외국의 침략 위협은 사라졌으며 강한 군사력은 필요 없게 됐다. 군사력은 국내의 안정을 보장하는 데 주로 사용됐지만, 그 목적을 위한 비용이 너무 많이 들었기 때문에 점점 강압적인 세금이 되어갔다. 처음부터 천시된 군역은 기피하려는 경향이 커졌으며 재정적 부담을 모두 감당할 수 있는 농민은 점점 줄었다. 그러나 청이 가져온 평화의 가장 심각한 약점은 19세기부터 청이 조선은 물론 자신을 방어할 수 있는 능력을 잃었다는 사실이며, 그 결과 조선은 아무것도 할 수 없는 채로 고립됐다.

실제로 군역을 이행하는 것은 아니지만 군포를 납부할 수 있는 양정의 필요는 노비를 군역에 포함시키거나 그들을 면천시키는 방안을 계속 자극했다. 임진왜란 동안 노비들은 상당한 숫자가 속오군에 편입됐고 군공이나 속신을 통해 면천됐지만, 전쟁이 끝난 뒤 속신의 가격은 노비인구의 상당한 감소를 허용하기에는 너무 높아졌다. 그러나 군역을 질 수 있는 양정의 수요는 노비를 보인으로 계속 유지시켰다. 같은 동기는 양천 교혼의 소생을 면천시키기 위한 종모법을 둘러싸고 1669년(현종 10)부터 시작된 오랜 논쟁의 기원을 설명해준다. 이것은 노비 소유주들이 자신의 노비를 통제하는 데 국가가 개입한 중요한 걸음이 됐다.

공납제도의 개혁안은 15세기 후반에 시작됐지만, 그 임무를 완성하는 데 필요한 자극 또한 임진왜란의 결과에서 발생했다. 15세기 후반부터 나타난 불법적인 방납은 현물 납부보다 시장에서 상품을 구입하는 방식의 이점을 보여주었으며, 관원들은 이미 일부 시도됐던 방안 — 추가적 세금으로 비용을 충당하는 것 — 을 단지 적용했을 뿐이었다. 17세기에 시행된 대동법은 이전보다 상업 활동을 증가시키는 데 기여했다.

대동법을 도입하는 데 주도적인 역할을 했던 거의 같은 관원들은 동전을 도입하는 데도 선구적인 역할을 했다. 그들은 명의 경제를 관찰해서 시장거래를 촉진하는 교환수단으로 동전을 도입해 곡물과 면포의 번거로운 사용을 극복해야 한다는 사실을 깨달았다.

17세기의 군사제도, 양천 교혼의 종모법, 대동법, 화폐제도의 개혁은 현직 관원들이 심각한 문제에 적극적으로 대응한 일련의 사례였으며, 그들의 정책은 새로운 경세학자들에게 영감과 모범을 제공했다.

| 유형원의 개혁안

위기에 대한 대응은 분명히 17세기 조선의 학자들이 유교의 도덕적 형이상학에서 경세론의 문제로 관심을 전환하기 시작하는 주요한 원인의 하나였다. 명 후기에도 같은 현상이 일어났고 그 결과 고염무와 황종희의 경세론 저술이 나왔지만, 그들의 존재를 알지 못했던 유형원은 그들에게서 전혀 영감을 얻지 못했다.

16세기 명에서 나타난 성리학에 대한 반작용은 주희와 성리학처럼 외부적이고 피상적인 방식으로 독서하고 경전을 해석하기보다는 자기 교정을 향한 내적이며 명상적인 접근을 강조한 왕양명의 사상이었다. 왕양명은 16세기 중반 조선의 이황에게서 이단으로 비판됐기 때문에 그의 사상을 따르는 조선 학자는 거의 없었다. 북인 가문에서 태어난 유형원은 이황의 비판을 따라 주희와 성리학의 가르침을 추종했지만, 독서뿐만 아니라 제도에 대한 연구는 자아와 사회를 교정하는 데 필수적이라고 주장했다.

관직에 임명할 도덕적인 인재를 찾기 위해 더 좋은 제도를 도입하는 것은 그가 구상한 계획의 일부였을 뿐이었다. 또한 그는 완벽한 제도를 위한 유일한 모범은 고대 중국의 성인들이 사용한 제도라고 믿었지만, 고대 제도를 문자 그대로 복원하는 것은 불가능하다는 데 동의했기 때문에 중앙집권적 관료제도라는 상당히 다른 상황에서 시행할 수 있는 원리를 추출하는 데 최선을 다했다.

고대의 제도에서 출발해서 당시의 현실과 절충한 범위는 제도마다 달랐다. 어떤 경우 그는 맹목적인 근본주의에 빠진 것처럼 보였는데, 그의 부인에도 불구하고 전체에서 어떤 특정한 부분을 부각시켜 그것이 인구 증가, 지리적 이동, 느슨한 등록으로 야기된 행정적 문제의 해결책이라고 주장할 때 그러했다. 다른 문제에서 그는 중국이나 조선의 다양성과 주대 이후의 현실을 타협함으로써 고대의 제도를 수정했다.

예컨대 그는 사유재산의 폐해를 없애기 위해서 토지를 국유화하고 재분배하는 계획을 요구하는 데 가장 단호했지만, 주대의 정전제를 단순히 모방하려는 생각을 거부했다. 그는 양반의 세습된 신분이나 그들의 작문 능력보다는 그가 생각한 새로운 관원들의 도덕적 능력에 따라 부의 서열을 창출해야 한다고 생각했기 때문에 그런 관원들에게 추가로 토지를 분급하도록 했다 — 그는 이 계획을 한의 한전제와 비교했다. 요컨대 그는 주대 이후의 상황에 가장 적합한 조정으로서 주와 한의 선례를 혼합했다고 주장한 것이었다. 아울러 그는 조선에는 백성들에게 지급할 충분한 토지가 있다고 증명함으로써, 고전에 맹목적으로 호소하기보다는 실제적인 증거에 입각해서 1백 묘의 기본적인 토지 분급안을 지지했다.

유형원은 합리적이며 경험적인 근거에서 고대 유형의 핵심적 요소를 추출했다고 주장했지만, 그의 선택 중 많은 부분은 매우 자의적이고 특이했다. 예컨대 다른 유학자들은, 사유재산의 몰수와 국유화의 필요성은 말할 것도 없고, 도드라진 정방형과 1백 묘 단위의 우월성에 대한 그의 주장을 무시할 수 있었고 그렇게 했다.

그는 세습적인 노비제도를 거부하면서 모든 인간이 근본적으로 동일하고 노비로 취급되어서는 안 되기 때문에 노비제도는 부당하다고 주장했지만, 이성적 근거에서 평등이나 정당화에 완전히 복종하지는 않았다. 반대로 그는 고전적 선례에 궁극적인 논거를 찾았는데, 그것은 노비제도를 무거운 범죄에 대한 적절한 처벌로 규정했지만 무고한 자손들도 세습하는 신분으로 규정하지는 않았다. 이런 원칙에 맞추어 그는 세습적 노비제도를 종식시키는 방안인 모든 노비의 전면적인 면천을 요구하지는 않았다. 반대로 그는 한 세대 이상의 일정 기간 동안 노비제도가 존속되도록 용인함으로써 조선의 전통과 타협하려는 의지를 분명히 보였다. 그는 그들이 주인을 위해서 계속 일하고 국가에서 토지를 분급받아서 군사와 보인으로 참여하도록 했으며, 관서에서 이예로 근무하고 자신이 만든 향약에서 부수적인 역할을 배당했다. 종모법의 도입을 지지한 사실 또한 사회에서 노비의 감소는 몇 세대가 걸릴 것이라는 그의 인정을 반영하는 것이었다.

그는 주의 민병제도의 미덕을 찬양했지만, 그의 군제 개혁안은 민병제도의 이상과 간접적으로만 관련됐다. 그 대신 그는 번상 정병이 보인의 후원을 받는 조선 전기의 제도로 돌아갈 것을 주장하면서, 그것은 국고에서 세입을 유출하지 않는 자급적인 재정 방법이라고 주장함으로써 민병제도와의 관련성을 정당화했다. 주대 이후 왕조들의 영토가 확장되면서 생겨난 직업군인에게 제공할 재원을 마련하기 위해서 정병에게 보인을 할당하는 제도는 백성들에게 무거운 세금을 부과하는 방식보다 훨씬 좋았다. 여기서 다시 그는 교조적인 경직과는 상반되는 유연성을 보여주었다. 결국 직업군인은 왜란과 호란에서 정규 조선군의 미흡한 대처에 비추어 조선에 반드시 필요한 제도였다.

그러나 그는 조선 전기의 군사제도를 존중했지만, 같은 시기의 공납제도는 조선 태조가 시행한 제도였어도 비판했다. 그는 물건의 매매와 국왕 및 국가의 행정 비용의 재원을 마련하는 방법으로는 전세를 증가하는 것이 논리적 · 경험적으로 우월한 방안이라고 확신했지만 그런 논리에만 의존하지는 않았다. 그는 공납, 특히 진상은 좀더 합리적인 조세제도로 통제되어야 하는 국왕의 비도덕적이며 제한되지 않은 욕심이 시행된 제도라는 논거에서 자신의 입장을 방어했다.

그가 대지주의 토지를 노비가 경작하거나 보상받지 못하는 양인의 요역을 대체하는 수단으로 고용 또는 임금노동을 찬성한 것은 고전적 선례를 교조적으로 모방하기보다는 변화하는 상황에 합리적이고 혁신적으로 대응했다는 사실을 분명히 보여주었다. 그는 이런 임금 또는 고용노동은 잔인하고 강제적으로 노비를 다루지 않을 것이므로 도덕적인 근거가 있고, 고공은 자유로운 선택과 자발적인 동의에 따라 고용에 참여하기 때문에 자유롭다는 측면에서 분명히 노비노동보다 좋다고 주장했다.

이런 주장은 인도주의와 자유주의의 요소를 분명히 가졌지만, 그의 생각은 그 시대와 관련된 제약에서 결코 자유롭지 않았다. 그는 당시의 사실에 대한 그 자신의 분석에 입각한 것이 아니라 중국의 임금노동에 대한 풍문에 근거해 임금노동의 우월성을 주장했다. 임금노동은 새로운 현상이 아니었으며, 조선이 개창하기 오래 전부터 한국의 사회 관습을 해치지 않으면서 시행되어왔다. 사실 그는 고용노동은 고공들의 자유를 진작하지 않을 것이라고 주장했다. 반대로 그는 중국의 경험은 고공들이 유교적 기준이 요구하는 대로 그들의 고용주를 존경하고 그에게 예속됐음을 보여준다고 보장했다. 고용주를 선택하는 것은 전체적으로 사회에서 선택의 자유를 창출하지도 않았으며, 고공을 자본주의 제도에서 필수적인 노동자로 변화시키지도 않았다.

유형원의 가장 중요한 주제 중 하나는 도덕적인 관원이 지배하는 진정으로 도덕적인 사회를 확립하는 것이었다. 그는 과거제도가 정직하고 헌신적인 관원을 양성하는 데 실패했다고 비판했으며, 해답은 고대의 제도, 특히 소멸해가는 공립학교제도를 부흥시키고 관직 후보자의 면접 심사를 시작하는 것이라고 보았다. 유형원이 생각한 이상적인 사회는 당시의 조선 사회처럼 위계적이었지만, 유교적 덕행을 존중하는 완전히 다른 기반에 기초한 것이었다.

유형원은 백성의 복지를 중시했지만, 일반 농민과 노비 · 하급 서리 · 여성에 대한 동정은 위계적 관계의 필요에 대한 그의 인정과 균형을 이루거나 차감됐다. 그는 양반과 지주의 토지를 몰수하고 노비를 줄여 사회를 공평하게 만들려고 시도했지만, 자주 귀족가문과 공신, 그들의 친척, 음자제의 세습적 지위를 수용함으로써 사회적 현실에 일정하게 양보했으며 서얼 · 서리 · 노비 · 여성을 폄하했다. 그는 양반은 아직 노비가 없으면 감정적으로나 육체적으로 불가능하다고 판단해서 노비제도가 시행되는 기간을 연장하려고 했다. 한 가지 측면에서 그는 양반들의 부와 교육에 대한 전통적인 존중은 자신의 새로운 학교제도에서 그 자제의 성공을 보장할 것이므로 개혁이 그 가문을 파괴하지 않을 것이라고 확언했다. 그는 서열적인 존중관계의 타당성을 인정했는데, 그 자신이 소속된 계층의 구성원들에 대한 동정 때문에 현존하는 특권에 그렇게 양보할 수 있었다.

학교를 일신하려는 그의 계획은 정규 관원을 양성하기 위한 것이었다. 그는 하급 서리들을 정규 관원과 같은 수준으로 올리지 않으면서 그들의 뿌리 깊은 부정을 치료해야 했다. 그의 해결책은 진보된 조세제도를 시행해 그들에게 녹봉을 지급하는 것이었다. 서리들에게 보장된 녹봉이 유형원이 바란 대로 부정을 없앨 수 있었는지 여부는 그 방안이 시도되지 않았기 때문에 알 수 없지만, 당시의 상황보다 개선됐다는 사실은 분명했다.

끝으로 관료제도의 가장 낮은 범주인 수령과 향리 · 향정들이 백성과 직접 접촉하는 지방 군현에 대해서 그는 송대에 창안된 선례를 모방해 덕망 있는 사람으로 구성된 향약과 사창 같은 반半자치적인 조직으로 대체함으로써 부패한 지방 관원의 폐해를 극복하려고 했다. 그들은 향촌 주민들에게 유교의 도덕기준을 실행하고 상호부조와 구휼, 대부, 범죄와 비행에 대한 상호 감시를 시행할 책임을 가졌다.

불행하게도 관료제도의 모든 수준에서 도덕적 개혁을 추진하려는 유형원의 방안은 그의 모든 사상 중에서 가장 효과가 적었다. 과거제도는 일신된 학교제도와 신중하고 일관된 천거제도로 대체되지 않았다. 하급 서리를 위한 녹봉제도는 왕조가 끝날 때까지 시행되지 않았으며, 향약은 몇 가지 사례에서만 시도됐다. 향촌에서 환자 행정을 자치하는 방안만이 1860년대 대원군의 치하에서 도입됐을 뿐이었다. 그밖에 지방의 자치조직에서 지방 양반들은 자신의 이익을 거의 배타적으로 지배했으며, 향리들은 규제받지 않고 뇌물에서 이익을 챙겼다.

경제의 발전을 위한 유형원의 제안, 특히 동전의 사용은 다음 세기에 일정한 영향을 주었다. 1650년 무렵 유형원이 자신의 걸작을 쓰기 시작했을 때 현직 관원들은 이미 시장거래를 촉진하기 위해 동전의 도입을 시도했다. 유형원은 그들의 선도에 응답했으며 중국 고전과 역사에 자문해 거기에 일부의 지혜를 보태려고 시도했다.

고전에 자문한 것이 그가 뒤떨어진 경제사상에 보수적으로 매여 있었음을 의미하지는 않는데, 그가 그런 자료에서 발견한 사실은 자주 당시 조선의 현실보다 더 발전된 것이었기 때문이었다. 실제로 주는 조선보다 더 넓은 상업 구역을 가졌으며, 분명히 동전의 사용도 더욱 진보했다. 일부 이론가들의 믿음대로 그는 산업과 상업이 해롭지는 않으며 사람들에게 필요한 물건을 생산하고 보급하는 데 유용하다고 생각했다. 그것들은 농업 생산보다는 부차적이었으며, 농민들이 농업 생산의 주된 직업을 버리고 이익을 추구하도록 하지 않기 위해서 제한되는 것은 정당했다.

유형원은 당시의 가장 진보적인 조선의 관원들과 시장의 발전을 촉진해야 한다는 데 동의했는데, 그것은 부패한 공납제도를 개혁하기 위한 수단이 분명했다. 그는 좀더 진보한 명의 경제에 대한 조헌의 보고를 존중했지만, 상인의 자제들도 과거를 치르도록 허락한 중국만큼 변화할 의도는 없었다. 그는 자신의 이상적인 토지분배계획에서 상인에게도 토지 분급을 포함했다는 측면을 감안하면, 상업 활동은 농업을 대체하는 것이 아니라 농업의 기본 수입을 보충하는 수단으로 기대했다고 생각된다. 그의 경제적 전망은 이전의 왕조들은 말할 것도 없고 명대 후반의 경제적 발전보다 상당히 뒤떨어져 있었다.

그럼에도 불구하고 과거 중국 왕조들에서 통화 운영의 실수로 야기된 통화 팽창의 역행하는 결과에 대한 우려는 그를 상당히 보수적으로 보이게 했다. 확실히 건전한 동전과 안정성을 옹호하는 20세기의 많은 경제학자들은 통화팽창정책의 역행하는 결과를 우려하고 있지만, 안정성에 대한 이런 걱정은 지속적으로 확대되는 건강한 자본주의의 경제적 능력에 대한 그들의 진보적 전망을 방해하지는 않는다. 그러나 유형원은 화폐경제가 시작됐을 때 동전의 가치에 강한 불신이 제기된 사실을 목격했다. 통화 팽창의 미세한 징후는 동전에 대한 신뢰를 무너뜨리고 전체적인 실험을 무산시킬 수 있었다. 그 때문에 그는 동전을 사용하는 유일하게 안전한 방법은 소액전으로 제한하는 것이었으며, 거기서 액면가는 금속의 고유한 가치보다 약간 높을 뿐이었다.

동전에만 기초한 화폐제도는 경제가 팽창할 가능성을 그 자체로 제약했다. 그의 경제 개념은 실용적 목적보다는 도덕적 목적에 긴박됐기 때문에 그는 그것을 선호했다. 지폐는 물론 고액전은 통화 팽창을 유발할 뿐만 아니라 탐욕을 자극하고 검소를 파괴하며 농민에게 농사를 버리고 쉬운 이익을 좇도록 유도함으로써 도덕적 부패로 진입하는 악의 씨앗이었다.

요컨대 유형원의 경제사상은 16세기의 상대적으로 퇴보적이었던 조선의 상황과 비교하면 진보적이었지만, 서양은 물론 명이나 일본의 도쿠가와 막부의 발전과 비교하면 상당히 제한적이었다.

18세기의 발전들

제도적 변화

18세기에는 유형원이 언급했던 노비 · 군역 · 토지 · 경제의 네 가지 분야에서 주요한 제도적 변화가 있었다. 노비제도의 개혁은 분명히 왕조의 개혁 중에서 가장 중요했다. 1730년(영조 6) 종모법이 영구히 채택됐고 공노비는 1801년(순조 1) 혁파됐으며 인구에서 사노비의 비율은 1780년(정조 4) 이후 10퍼센트 아래로 떨어졌지만, 세습적 노비제도의 전면적인 혁파는 19세기가 끝날 때까지 이루어지지 않았다. 김용섭 같은 학자는 이런 현상을 노비가 잉여생산을 축적해서 속신한 경영형 부농의 출현 때문이라고 설명했지만, 그 이론은 견고한 증거가 부족하다. 도망간 노비를 잡는 데 드는 높은 비용과 노비를 소작인과 고공으로 대체하는 쉬운 경제적 대안이 좀더 타당한 원인으로 생각되지만, 노비제도에 대한 유형원의 직접적인 도전이 유교의 도덕적 근거에 준 영향은 무시하기 어려운데 그의 견해는 18세기 후반 지식인들 사이에 널리 알려졌기 때문이었다. 노비제도와 노비제 사회인 조선의 몰락에 그가 기여한 것은 조선인의 생활을 개선시킨 그의 가장 뚜렷한 업적일 것이다.

유형원은 1750년(영조 26)의 균역법에 관련된 논쟁에는 거의 영향을 주지 못했다. 유형원의 생각은 보인이 번상 정병을 경제적으로 후원하는 군포를 이용해서 군사적 기반을 개편하고 재건하는 것이었다. 또한 그는 관원의 교육과 훈련에 군사적 측면을 다시 도입하고 서양의 화기를 수입하며, 국방체제를 재편해야 한다고 주장했다.

그러나 18세기 무렵 조선의 군사제도는 그 존재이유를 잃었으며, 군포의 부담은 양인 농민을 파멸시켰다. 등록과 복무의 광범한 도피 때문에 양인 농민은 군포를 전적으로 부담해야 했다. 유형원은 그런 결과를 예상하지 못했지만, 조세 부담의 불공평한 분배에 대한 그의 우려는 많은 현직 관원의 공감을 얻었으며, 그들은 노비를 양인으로 전환하고 면역한 양반과 탈세한 유생·학생을 보인으로 편입시켜 양인 농민의 조세 부담을 경감하는 방안을 시행했다. 노비들은 주로 도망가서 예속 상태를 벗어났지만, 공정하거나 부정한 방법으로 군적에서 벗어났다. 양반에게도 군포를 부과하자는 논의가 70년 넘게 이어진 결과는 그러나 실망스러웠는데, 영조가 마침내 그들의 이익에 항복해서 양인에 대한 세금만을 줄이기로 했기 때문이었다. 감세는 일시적이고 제한적인 효과만 있었는데, 그 때문에 그것은 19세기 중엽에 일어난 농민반란의 주요 원인 중 하나가 됐다.

또 다른 쟁점은 전세였는데, 그것은 유형원의 생각이 당시 시대의 능력을 훨씬 벗어난 사안이었다. 그는 전세가 아니라 토지의 불공평한 분배가 중농적 사회에서 농민이 빈곤한 주요 원인이라고 판단했다. 국가의 몰수와 재분배에 대한 그의 호소는 17세기에는 커다란 반향을 이끌어내지 못했는데, 아직도 전세는 상당히 가벼웠기 때문이었다. 그러나 공납을 대체할 재원을 제공하기 위한 대동미를 도입하면서 조세에서 전세는 무거운 부담이 됐다.

명목적인 전세의 비율은 여전히 상대적으로 낮았지만, 대지주가 토지를 집적하고 소농은 토지를 상실해 소작인과 고공으로 전락하는 경향은 농민의 경제적 어려움을 가중시켰다. 18세기 말엽 일정한 해결책을 시행할 때가 무르익었다. 18~19세기의 탁상공론적인 경세학자들은, 자주 실학자들로 불리는데, 통일된 해결책을 제시하지 않았다. 정약용 같은 사람은 급진적인 국유화와 재분배의 방안을 지지했지만, 이익 같은 사람은 유형원보다 좀더 보수적인 한전제를 선택했다. 가장 진지한 관원들은 토지재산의 방어가 너무 견고해졌으므로 재분배는 비현실적인 방안이라고 기각했다. 1790년대 정조가 토지 문제에 대한 조언을 요구하면서 전환점에 도달했지만, 그는 토지의 분배와 과세의 문제를 완화하는 본격적인 조처를 시행하지 못했다. 토지 문제는 파괴적인 결과를 가지고 19세기로 넘어감으로써 임술민란의 세 가지 주요 원인의 하나로 작용했다.

그 반란의 세 번째 주요 원인은 지방 수령과 향리의 잘못된 환곡과 구휼 행정이었다. 지주들에게 토지를 잃어 생존을 위협받고 자연재해로 기아에 처한 수많은 소농들은 구휼과 환곡에 의존할 수밖에 없게 됐다. 그들은 열악한 경제적 처지 때문에 환곡을 갚을 수 없었고, 그것은 계속 이월되어 이자는 영속화됐다. 임술민란이 일어났을 때 농민은 그들의 분노를 토지와 군역, 환곡의 행정을 맡은 지방 수령과 향리들에게 돌렸다.

1860년대 대원군의 개혁에서 유형원의 방안 중 일부는 작은 역할을 했다. 국유화와 재분배를 위한 그의 계획은 무시됐고, 공정한 전세의 징수를 위해서 마지못해 양전사업을 시행했으며, 천거로 관원을 등용하자는 그의 제안은 과거제도를 보충하는 방안으로 시도됐다. 대원군은 18세기 화폐 전문가들이 옹호한 고액전을 처음으로 발행했지만, 그 정책은 주화를 소액전으로 제한하자는 유형원의 조언과 반대됐다. 그것이 통화 팽창을 야기할 것이라는 그의 예측은 실현됐다.

반대로 관원을 제외한 모든 양정에게 군역을 확대하려는 그의 생각은 양반에게도 군포를 확대하려는 18세기의 논쟁과정에서 수정됐지만 결국은 채택됐다. 그리고 지방 수령에게서 재지의 주요한 향반에게 구휼과 환곡 행정을 이양하자는 그의 제안도 시행됐다.

17세기 유형원의 전망이 19세기의 상황에도 적절하게 남아 있으리라고 기대하기는 어려웠지만 유형원은 18세기의 저명한 많은 개혁자들에게 영감을 주었으며, 그의 일부 개혁안은 행정이 타락한 두 세기의 와중에서도 보존되어 왕조를 멸망에서 구원하기 위해서 노력한 대원군에 의해서 다시 생명력을 부여받았다.

상업과 산업

유형원은 17세기의 좀더 현실적인 상업경제의 출현에 관련된 논쟁에서 많은 사항을 배웠으며 그 시대의 맥락에서 발전을 옹호한 대변인의 한 사람이었다. 그는 지난 세기보다 경제에서 상업이 좀더 활동적인 역할을 하기를 기대했으며 좀더 자연스러운 거래를 촉진하기 위해 동전의 도입을 환영했지만, 그의 이상은 18세기로 접어들 때까지 소수에게만 알려졌을 뿐이었다. 17세기에는 진보적이었던 그의 방안 중 일부는 그의 생각이 알려진 18세기에는 보수적인 생각이 되어 있었다.

숙종은 통화 팽창을 막기 위해서 동전을 사용하던 주요한 교역에서 동전의 사용을 지속할 수 없었으며, 좌절 속에서 주전을 중지했다. 1720년대 영조도 통화 팽창을 우려했으며, 동전이 사용되지 않는 중농적 경제로 돌아가는 것이 백성들에게 좀더 좋다고 믿었다. 이런 두 국왕의 정책은 조정의 지배적인 의견을 반영하지 않았다. 15세기에 주화와 지폐를 도입하려고 시도했지만 성공하지 못했던 태종 · 세종 · 세조와는 반대로 사실 국왕들은 신하들보다 개명되거나 진보적이지 않았다. 영조만이 동전이 조선 경제에 영속적인 요소가 될 것이며 주전이 오랜 통화 수축으로 야기된 경제적 정체를 풀 수 있는 최선의 방법이라는 설득을 마지못해 받아들였다.

많은 현직 관원들은 개방적이고 진보적인 화폐관을 표명했으며 고액전과 은화, 지폐의 발행을 제안했지만, 영조는 소액전을 넘어서기를 거부했으며 그 정책은 1860년대 대원군의 통치까지 그대로 유지됐다. 이것은 17세기 중반 유형원과 거의 비슷한 태도였지만, 동전이 경제에 필수적인 요소가 된 이후 통화 팽창과 소액전에 대한 두려움은 심각한 통화 수축을 야기했고 경제 발전을 저해했다.

상업의 발전은 공인받지 않은 사상과 장인 — 상품의 공적인 생산은 물론 사적인 생산에도 참여한 공적 기반의 구성원들도 — 의 출현을 이끌었는데, 그들은 공인된 독점에 도전하고 정부의 허가 없이 시장에 개입했다. 이런 상황은 조선 전기의 공인된 독점제도에서 이탈한 것이었지만, 그럼에도 불구하고 정부 관원들은 그것을 용인했다. 그들은 그것을 유교적 원칙에서 받아들일 수 없는 위반으로 금지하지 않았다. 사실 유교적 관원들은 정부가 상업 활동에 직접 관여하는 것을 금지했는데, 그것은 너무 천박하고 사리를 추구하는 행위였기 때문이었다.

유형원은 이런 변화가 일어나리라고는 생각지 않았지만, 정부 관원들은 물론 그의 비현실적인 경세론의 계승자들도 그 문제를 다룰 정책을 고안했다. 그러나 그 논쟁은 20세기의 자유무역과 국가의 통제경제 사이에서 이루어진 것이 아니었다. 반대로 18세기의 조선 경제는, 산업적 공장 생산은 당시 조선에서 일어나지 않았다는 측면을 제외하면, 1990년대 초반 중국에서 진행되던 혼합 경제제도와 비슷했다. 수도의 공인된 시전과 공노비와 관공장과 함께 사공장과 사상도 있었다. 도고는 미곡과 생선 같은 상품을 시장에서 매점하거나 면화 생산자에게서 원재료를 구입했고, 관공장들은 남는 시간에 시장에 팔 상품을 생산해 수입을 보충했으며, 수도의 번상 정병은 시전과 경쟁하기 위해서 갓과 장갑의 교역에 뛰어들었다. 공인된 독점권을 가진 경쟁자들은 완전히 자유로운 시장을 옹호하면서 독점제도에 도전하지는 않았으며, 다수는 자신들도 특권을 가진 독점자들의 서열에 설 수 있기를 요구했다.

1720년대에 유수원은 정부가 소규모 상인들을 조직해서 자유로운 이익 추구의 폐해를 줄이면서 효율성을 높이고 가격을 낮추도록 경쟁시킬 수 있는 과점을 시행하자고 제안했다. 그의 유교적 생각은 공인된 독점의 구조를 넘어서 상업조직의 긍정적 측면을 고려하는 것을 방해하지 않았다. 중국의 커다란 발전을 존경한 박제가와 박지원도 국제무역을 늘리자고 주장했으며 그곳을 비유교적인 국가로 간주하지 않았다. 그럼에도 불구하고 거의 모든 사람들은 상업과 산업은 농업에 종속되어 있다는 데 여전히 동의했다.

어쨌든 탁상공론적인 학자들은 정부의 경제정책을 입안하지는 못했다. 그 대신 정부는 시장을 양분하고 있던 공인받은 상인 · 공장과 그렇지 못한 상인 · 공장을 타협시켜 논쟁을 중재했다. 이런 해결책은 분명히 대부분의 사람들이 받아들일 만했지만, 1880년대 해외무역이 도입된 이후 일정한 시간이 흐르기까지 경제는 제한된 독점으로 되돌아갔거나 산업자본주의를 향해 전진하지 않았다. 조선의 유교사상은 좀더 활발한 상업 활동을 쉽게 용인했지만, 경제에서 더 많은 생산과 교역을 촉진하는 자극은 없었다.

상업적 농업은 1880년대에 일본으로 미곡을 수출할 때까지 크게 상승하지 않았으며, 산업자본주의를 향한 본격적인 출발은 1919년 이후 일본의 식민정권이 개인 사업의 금지를 해제한 뒤에야 시작됐다. 대부분의 학문적 견해와는 반대로 왕조가 멸망할 무렵 상업과 산업경제는 중농적 농업경제를 크게 변형시키지 못했다.

경세학과 조선 후기

조선 후기에 대한 최근의 연구는 그 사회의 근본적인 양상의 일부를 잘못 이해했는데, 조선이 스스로 변화와 발전을 주도할 수 있었다는 증거를 찾았기 때문이었다. 그런 학문의 노력은 비농업적 상업 분야의 성장, 노비제도의 축소, 조세제도의 전환 같은 일부 주요한 변화가 일어났음을 입증하는 데는 성공했다. 그러나 진보를 입증하려는 열망은 농업의 지배와 양반 권력의 유지, 지식계층의 사고에 준 유교적 경세론의 영향에서는 관심을 거두었다.

이 책이 밝혔듯이 유교적 경세사상은 정책에 직접 반영되지는 않았지만, 정부의 도덕성을 강조한 그 논리는 국가가 인간의 약점, 부패, 부도덕으로 악화됐을 때도 영향력을 잃지 않았다. 유교의 기준에 따른 도덕적 질서를 창출하려는 궁극적인 목표는 유지됐다. 농업의 우위와 상업 및 이익 동기의 비도덕적 결과에 대한 우려는 여전히 중요하게 간주됐지만, 유교적 관원과 학자들은 경제적 활동의 어떤 이점을 인식했다. 상업경제의 성장에도 불구하고 상인과 장인은 여전히 소수였으며, 교육과 고위 관직을 지배하고 부와 토지, 농업 생산의 주요한 원천을 장악한 양반가문의 지배에 도전하기에 그들은 너무 약했다.

끝으로 경세사상의 중심은 중국 고전에 서술된 중국 고대의 제도에 머물러 있었는데, 현실적 경세론의 실천에서 주요한 지혜의 원천은 중국의 역사와 제도를 서술한 방대한 문헌이었으며 조선의 안전을 유지한 주요한 버팀목은 1894년 청일전쟁까지 청이 제공한 보호였다. 이것은 근대 한국의 민족주의자들에게는 해외 문화에 복종했다는 사실을 상기시키는 우울한 요소이지만, 조선의 유학자들이 한반도에 국한되지 않고 세계사의 대부분보다 훨씬 복잡하고 수준 높은 문명이 지배한 좀 더 넓은 세계에서 인정받고 참여했다는 상징이기도 하다.

| 옮긴이의 말 |

언젠가 한강변을 달릴 때였다. 목표한 반환점을 돌았을 뿐인데 지쳐버렸다. 돌아가야 할 곳은 아득했고, 몸과 마음은 후줄근했다. 목표는 너무 멀었고, 한강은 넓고 조용해서 멈춰 있는 듯싶었다. 신발과 옷을 제외하면 인공의 도움을 거의 받지 않는 달리기는 모든 과정에서 어떤 생략이나 단축을 허락하지 않았다. 한 발을 움직이면 그만큼 다가갔고, 가만히 서 있으면 거리는 좁혀지지 않았다.

그때 발밑을 보면서 뛰고 걸었다. 보이는 작은 전진에 집착하고 위안받고 답답해하면서 그렇게 집까지 겨우 왔다. 그런 뒤, 이런 경험을 가졌을 많은 사람들처럼, 그렇게 엄격하고 지루한 달리기가 무서워졌고 그만큼 좋아졌다. 이 책을 옮기면서 그때의 경험을 자주 떠올렸다.

이 책은 미국의 대표적인 한국사 연구자의 한 분인 제임스 버나드 팔레 James Bernard Palais 교수의 *Confucian Statecraft and Korean Institutions —Yu Hyŏngwŏn and the Late Chosŏn Dynasty*(1996)를 옮긴 것이다. 원서는 몇 가지 측면에서 압도적이었다. 우선 그 외형이었다. 웬만한

사전과 맞먹는 1천2백 쪽이 넘는 분량과, 아마도 한 권의 책으로 만들기 위해서 어쩔 수 없이 선택한 결과로 생각되지만, 여느 책들보다 훨씬 빽빽한 조판과 자형字形은 읽는 이를 가장 먼저 압도했다.

다음으로, 그런 압도적인 외형을 구성한 문체와 내용은 더욱 난감했다. 보통 서너 줄, 길게는 열 줄에 이르는 지독한 만연체와 몇 번씩 중첩되는 관형구는, 정확한 번역에 앞서 올바른 독해를 어렵게 만들었다. 그리고 인간의 주요한 생활의 범주에서 문화를 제외한 정치 · 경제 · 사회의 거의 모든 양상을 포괄한 이 책의 방대한 내용은 그런 문체로 직조됐다.

지금부터 12년 전 출간됐을 때 이 책은 한국사 연구자들에게 커다란 관심과 주목의 대상이 됐다. 저자의 학문적 위상과 그런 저자가 필생의 노력을 기울여 완성한 거대한 역작이라는 사실이 그런 현상의 가장 일차적인 요인이었지만, 한국사학계의 통설과 정면으로 배치되는 내용을 담고 있다는 소식은 그런 관심과 주목의 정도를 더욱 증폭시켰다. 그런 영향에서 역자도 이 책을 구입했지만, 앞서 말한 이유들 때문에 50쪽 남짓 읽고는 이 책을 덮었으며 그 뒤 몇 개의 서평을 읽었을 뿐이었다.

이 책에 좀더 강한 흥미를 느끼게 된 계기는 성균관대학교 동아시아 학술원장으로 재직하던 저자가 2003년 9월에 열었던 한 강연에 참석한 일이었다. 그때 한 질문이 제기됐는데, 저자는 자신의 책에서 그 내용을 상세히 설명했는데도 한국 학자들은 그것을 제대로 읽지 않은 채 질문하거나 연구한다고 비판했다. 한국사를 공부하는 말석에 있는 한 사람으로서 그런 지적에 정확히 해당됐기에 부끄러웠고, 그래서 그때 그 책을 꼭 한번 읽어봐야겠다는 오기나 집념 비슷한 마음이 들었던 것 같다. 그런 뒤에도 오랜 시간이 흐른 뒤에야 이 책을 다시 펼칠 수 있었고, 힘겹고 부족하게나마 번역까지 하게 됐다.

모든 뛰어난 연구가 그럴 것이지만, 이 책의 가장 중요한 특징과 강점은 일관된 논리와 비교의 관점이라고 생각한다. 저자는 유형원이 추구했던 제도개혁을 다양한 측면에서 철저하게 분석했으며, 그것을 고립적이고 자기완결적인 실체로 파악하지 않고 당시 또는 그 전후의 여러 개혁안과 비교함으로써 그 독창성과 현실성과 한계를, 그러니까 그것의 정확한 역사적 위치를 비정比定하려고 노력했다. 그는 방대한 사료와 연구성과를 치밀하게 섭렵해 유형원의 사상과 조선시대의 제도를 촘촘하게 묘사했으며, 그런 과정을 거쳐 얻은 역사상을 자신의 결론으로 제출했다. 그런 결론에 도달하기까지 그는 아마도 "조선 후기 유교적 경세론의 실체는 무엇인가"라고 요약할 수 있을 자신의 핵심적 질문과 논리를 집요하게 적용하고 검증했다.

그러나 저자는 그런 자신의 문제의식을 때로는 너무 경직되거나 엄격하게 적용해서 유연하거나 폭넓게 해석할 수 있는 여지를 줄였고, 그 결과 풍요롭게 재구성할 수도 있는 사실을 때로는 너무 앙상하게 형해화形骸化시킨 측면도 있다고 여겨졌다. 또한 그 문체와도 무관하지 않은 결과이겠지만, 어떤 부분은 좀더 압축적으로 서술해 유장한 전체의 흐름을 변화시켰다면 좀더 입체적이고 탄력적인 연구가 될 수 있었다는 생각도 들었다.

이 책을 옮기면서 이 책의 주제가 된 반계 유형원에 대해서 오랫동안 생각했다. 전라도 부안이라는 외지에서 실현은 고사하고 알아줄 가능성도 희박한 연구와 개혁안을 그토록 방대하고 치밀하게 구상하고 집필한 학자의 마음은 쉽게 헤아리기 어려웠다. 그리고 길고 먼 시간과 공간의 격절을 뛰어넘어 그런 유학자의 사상을 20년 넘게 탐구해온 한 서양학자의 노력에 대해서도 자주 생각했다.

그동안 저자를 포함한 여러 선구적 학자들의 개척적이며 정력적인 연구에 힘입어 구미의 한국사 연구는 상당한 분량이 축적됐으며 그 수준도 매우 높다고 평가되고 있다. 그런 사실 자체만으로도 그들의 연구는 주목할 만한 가치가 있지만, 좀더 중요한 측면은 그 연구의 대체적인 논지가 현재 한국에서 널리 받아들여지고 있는 통설과 상당히 다르다는 것이라고 생각된다. 이 책은 그런 흐름을 보여주는 가장 대표적이며 방대한 성과의 하나라는 측면에서 학문적 흥미와 도전의식을 동시에 던져준다. 최근 우리 학계에서도 구미의 연구성과에 많은 관심을 기울이면서 비판적으로 수용하고 있지만, 그런 노력은 좀더 확대될 필요가 있다고 생각한다.

언어와 공부 모두 이 책을 번역하기에는 부족한 수준이지만, 오역을 줄이기 위해서 나름대로 최선을 다했다. 원서의 체재와 내용을 충실하게 전달하려고 노력했으며, 문장을 분할하거나 통합하려는 시도는 최소화했다. 발견되는 문제점들은 계속 수정해서 좀더 정확한 번역이 되도록 노력하겠다. 여러 선생님들의 많은 도움을 부탁드린다.

길고 힘든 시간이었다. 그랬던 만큼 여러 분들의 도움과 이해를 많이 받았고 더욱 감사했다. 우선 부모님께 감사드린다. 봉양해드려야 마땅한 시점이 이미 오래 전에 지났지만, 아직도 그러지 못하고 그분들의 헌신에 감사드리는 자식은 송구스럽다. 장인 · 장모님께서도 커다란 애정과 관심으로 사위를 도와주셨다. 그야말로 물심 양면으로 지원해주신 네 분의 부모님께 깊이 감사드리며, 그분들께 보답할 수 있는 날이 빨리 왔으면 좋겠다.

지루할 때마다 지인들에게 기댔다. 중국에 있는 친구 김성중이 보내준 차를 마시면서 하루를 시작했고, 적적하거나 안부가 궁금할 때면 그와 소식을 주고받았으며, 중국사와 관련된 여러 사항을 물어보았다. 오랫동안 기울인 학문적 공력이 집약된 훌륭한 논문을 들고 그가 귀국하기를 손꼽아 기대한다. 가끔씩 만나서 술잔을 기울인 김중식 형에게 감사한다. 오랫동안 기다린 그의 새로운 글들이 하루 빨리 책으로 묶여 나왔으면 하는 마음이다. 동생은 뛰어난 일본어 실력으로 인명과 지명

등에 관련된 여러 문제를 해결해주었다. 사랑스러운 새 식구의 합류로 그의 가정은 더욱 행복할 것이다. 이 책의 가치를 인정하고 부족한 초학자에게 큰일을 맡겨주신 산처럼의 윤양미 사장님께도 감사드린다. 끝으로, 나와 가장 가까운 공간에서 가장 많은 시간을 함께 보내고 있는 아내와 두 아이에게 사랑의 마음을 전한다. 밤에 번역을 하다가 지루하거나 막힐 때면 그들이 자고 있는 모습을 보고 왔다. 평화로웠다. 그런 평화를 선물해준 그들에게 감사한다.

2008년 9월

김범

| 미주 |

| 제5부 관제개혁 |

제15장 국왕과 그의 조정朝廷

1 『반계수록』 25 : 12a.

2 같은 책, 15 : 26a~27a.

3 같은 책, 15 : 27a.

4 같은 책, 15 : 27b~28a. 이 문제와 관련해서 높은 품계는 儀賓과 公主 · 翁主 · 郡主 · 縣主의 남편에게도 할당됐다.

5 같은 책, 15 : 27a.

6 같은 책, 15 : 27b. 유형원은 주~송대의 품계와 명칭의 역사도 서술했다. 같은 책, 18 : 14b~17a.

7 송준호, 「조선시대의 과거와 양반 및 양인」, 『역사학보』 69, 1976, 101~135쪽.

8 Edward Willett Wagner, *The Literati Purges : Political Conflict in Early Yi Korea*, Cambridge : East Asian Research Center and Harvard University Press, 1974, 42~50, 70~73, 95~120쪽.

9 『반계수록』 15 : 28a~29b.

10 같은 책, 25 : 20a~26b.

11 같은 책, 25 : 13a~15a.

12 같은 책, 16 : 14a~15b.

13 같은 책, 16 : 15b. 그밖에 內資寺 · 內贍寺 · 司導寺 같은 관서들의 임무는 사옹원 · 봉상시 · 예빈시에서도 맡고 있으므로 혁파하자고 제안했다. 같은 책, 16 : 16a.

14 같은 책, 16 : 16b~17a. 여러 부수적인 관서의 혁파는 16 : 17a~18b 참조. 겸사복과 익림위의 장교도 혁파됐다. 司醞署도 기능이 중복됐기 혁파됐으며 義盈庫와 長興庫 등도 폐지하도록 했다. 같은 책, 16 : 20a~b.

15 같은 책, 7 : 13b~15b ; 16a~18a ; 26 : 15a~b.

16 같은 책, 7 : 18a ; 26 : 15b~17a.

17 같은 책, 7 : 15b~16a ; 26 : 13a~14a. 주대의 의례에 대한 서술은 16 : 14a~15a.

18 같은 책, 26 : 20b~25a.

19 같은 책, 26 : 17a~20b.

20 같은 책, 17 : 2b~3a. 六卿과 『상서』「주관」 부분에 대한 서술은 池田末利 編, 『全譯漢文大系』 11, 東京 : 集英社, 1976, 632~634쪽 참조.

21 송대의 張九齡도 삼공과 육경은 겸임할 수 있다는 비슷한 의견을 제시했다. 아울러 그는 고대에는 관원의 정원은 문제삼지 않았으며, 삼공에 합당한 사람이 없으면 공석으로 남겨놓았다는 내용이 『서경』에 있다고 지적했다.
蔡忱의 주석에서는 『주례』에서는 司空이 산업을 맡은 冬官으로 기술했다는 차이가 있으며, 그 전통은 학자들에 의해서 한대까지 유지됐다고 지적했다. 『반계수록』 17 : 2a~3b ; 『全譯漢文大系』 11, 634~635쪽.

22 『반계수록』 18 : 21b~22b.

23 정사농의 언급과 『경국대전』의 규정은 같은 책, 17 : 4a, 60명의 속관에 대해서는 17 : 5a~b 참조. 육경의 임무에 대한 자세한 서술은 주석과 함께 『주례』에서 인용했다. 17 : 4a~16b 참조. 아울러 유형원은 주대에는 왕궁과 기내에는 대략 3,190명의 관원이 있다고 파악했지만, 2,643명의 중앙 관원 제후에게 배속된 6만 1,032명의 지방 관원이 있다는 『통전』의 서술은 거부했다. 같은 책, 18 : 10b.

24 같은 책, 17 : 29b~32b ; 18 : 13a~14a.

25 같은 책, 15 : 2b ; 16 : 1b.

26 같은 책, 17 : 19b.

27 같은 책, 17 : 20a. 유형원은 애제(기원전 6~1) 때 관원의 총수는 13만 285명에 이르렀다고 지적하면서 최고 대신들의 인사에 드는 비용에 주된 관심을 갖고 있었다. 후한대에는 7,567명의 관원밖에 없었다고 지적한 부분은 정규 관원만을 가리킨 것이 분명하다. 같은 책, 18 : 10b.

28 황족인 이임보는 736년(당 현종 개원 24) 최고 대신에 올라 정적을 숙청하고 양국충에게 탄핵될 때까지 독재적 권력을 행사했다. 유명한 양귀비의 친척인 양국충은 752년(당 현종 천보 11) 이임보가 죽은 뒤 권력을 장악했다. 그는 친구인 안록산과 갈등을 빚었는데, 이것은 안록산이 반란을 일으키는 한 원인이 됐다. 8세기 대종의 중요한 신하였던 원재도 권력을 방종하게 행사했다. 『亞細亞歷史事典』 9, 東京 : 平凡社, 1962, 112, 318쪽 ; 3 : 150 ; C. A. Peterson, "Court and Province in Mid-and Late T'ang", In Denis Twitchett and John K. Fairbank, eds., *The Cambridge History of China*, Vol. 3, *Sui and T'ang China*, part 1, Cambridge : Cambridge University Press, 1979, 409~453쪽 ; Edwin G. Pulleyblank, *The Background of the Rebellion of An Lu-shan*, London : Oxford University Press, 1955, 82~104쪽.

29 『반계수록』 17 : 28b.

30 같은 책, 16 : 1b, 5a. 1555년 비변사가 설립된 뒤 광해군대에 의정부의 권한은 크게 약화되어 비변사에 그 기능을 이양했다. 이수광은 그것을 폐지하고 의정부를 복설해야 한다고 주장했다. 『문헌비고』 216 : 12b~14a, 22b~29a.

31 『반계수록』 17 : 39a~40a.

32 이상백, 『한국사—근세 전기편』, 서울 : 을유문화사, 1962, 159~160쪽.

33 『반계수록』 17 : 19b.

34 같은 책, 17 : 20a. 유형원은 애제(기원전 6~1) 때 관원의 총수는 13만 285명에 이르렀다고 지적하면서 최고 대신들의 인사에 드는 비용에 주된 관심을 갖고 있었다. 후한대에는 7,567명의 관원밖에 없었다고 지적한 부분은 정규 관원만을 가리킨 것이 분명하다. 같은 책, 18 : 10b(이 주석은 바로 위의 주 27과 동일하다—옮긴이).

35 같은 책, 17 : 28b~29b.

36 같은 책, 17 : 29b~32b ; 18 : 13a~14a. 유형원은 송대에 관원의 숫자가 많았다는 데 동의했지만 임무의 중복, 공석, 비정규 관직 등 대체로 일정하지 않다는 이유에서 그 정확한 숫자를 파악하려고 시도하지 않았다. 같은 책, 18 : 11a.

37 같은 부분.

38 같은 책, 18 : 22b~23b.

39 같은 책, 17 : 33a, 35b ; 18 : 14b. 유형원은 송대 관원의 총수를 2만 400명으로 추산했다. 같은 책, 18 : 11a.

40 같은 부분.

41 같은 책, 25 : 15b~18b.

42 같은 책, 25 : 5a~6b.

43 같은 책, 25 : 3a~5b.

44 같은 책, 25 : 6b~9b.

45 같은 책, 25 : 1a~3a.

46 같은 책, 25 : 12a ; 『국사대사전』 2, 1,383쪽.

47 『반계수록』 25 : 12a~13a.

48 같은 책, 13 : 4a~b.

49 『문헌비고』 216 : 24b~25a. 다른 견해는 같은 책, 24b~27b.

50 같은 책, 216 : 28a~29a.

제16장 중앙 관제의 개혁

1 『반계수록』 15 : 46b.

2 유형원은 夏의 관원은 2백 명(또는 120명)이며 殷(商)의 관원은 2백 명(또는 240명)이라고 추산했다. 괄호 안의 수치는 한의 주석가인 정현이 제시한 내용이다. 같은 책,

18 : 10a.

[3] 같은 책, 17 : 2b~3a. 육경에 대한 서술은 17 : 1a~b 참조. 『상서』 「주관」 부분은 池田末利 編, 『全譯漢文大系』 11, 東京 : 集英社, 1976, 632~634쪽 참조.

[4] 『반계수록』 17 : 19a.

[5] 간행 날짜는 『亞細亞歷史事典』 6, 東京 : 平凡社, 1962, 384~385쪽.

[6] 『반계수록』 17 : 20a~21a. 유형원은 한대 이후의 관원 감축을 진에서는 6,836명, 송에서는 6,172명, 북위에서는 7,764명, 후주에서는 2,989명이 준 것으로 파악했다. 같은 책, 18 : 10b.

[7] 유형원은 隋代에는 모두 1만 2,576명의 관원이 있었는데, 중앙과 지방에 각각 2,581명과 9,995명이 배치됐다고 파악했다. 같은 책, 18 : 10b~11a, 13a.

[8] 같은 책, 17 : 21b~22a. 필자의 동료 잭 덜은 상서는 한대에 황제의 비서였으며 구시는 한의 구경을 본뜬 것이지만 수·당에서는 한직이었다고 알려주었다. Michael Loewe, "The Former Han Dynasty", In *The Cambridge History of China*, Vol. 1, Cambridge : Cambridge University Press, 1986, 181쪽. 유형원은 이 부분의 補遺에서 한의 6상서에 대해서 서술했다. 같은 책, 17 : 33a. 당의 六部와 24司에 대해서는 같은 책, 17 : 34a~35a 참조.

[9] 『반계수록』 17 : 22a~25b. 유형원은 당에는 모두 1만 8,805명의 관원 중에서 중앙(內官)에는 2,621명이, 지방에는 1만 6,185명이 근무했다고 서술했다. 같은 책, 18 : 11a.

[10] 같은 책, 17 : 26a. 아울러 같은 책, 18 : 18b에서는 『통전』을 인용했다. Denis Twitchett and John K. Fairbank, eds., *The Cambridge History of China* 3, Cambridge : Cambridge University Press, 1986, 203쪽도 참조.

[11] 『朱子語類』에서 인용했다. 『반계수록』 17 : 27a.

[12] 『반계수록』 18 : 17b~18b.

[13] 같은 책, 18 : 19a.

[14] 같은 책, 18 : 19a~21b.

[15] 같은 책, 18 : 21b.

[16] 같은 책, 17 : 29b~32b ; 18 : 13a~14a. 유형원은 송대에 관원의 숫자가 많았다는데 동의했지만 임무의 중복, 공석, 비정규 관직 등 대체로 일정하지 않다는 이유에서 그 정확한 숫자를 파악하려고 시도하지 않았다. 같은 책, 18 : 11a(이 주석은 제15장 주 36과 동일하다—옮긴이).

[17] 같은 책, 17 : 3b.

[18] 같은 책, 17 : 17b.

[19] 같은 책, 15 : 1a~b.

[20] 같은 책, 16 : 10b~11b ; 『국사대사전』 1, 941쪽 ; 천관우, 「반계 유형원 연구」, 『근세

조선사연구』, 일조각, 1979, 308~309쪽.

21 『반계수록』 16 : 12a~13a ; 『국사대사전』 1, 426쪽.

22 『반계수록』 15 : 19a~10a.

23 같은 책, 16 : 13a~14a, 20b~22a.

24 같은 책, 16 : 2a~2b.

25 같은 책, 16 : 3b~4b.

26 같은 책, 16 : 4a.

27 같은 책, 16 : 18b~19b ; 『국사대사전』 1, 233쪽 ; 2, 1,330쪽.

28 『반계수록』 16 : 13a~14a.

29 최고 관원은 대제학 제학 부제학이다. 같은 책, 15 : 6b.

30 같은 책, 15 : 6b ; 16 : 9b~10a.

31 같은 책, 15 : 6b~8b.

32 같은 책, 15 : 2b~4b.

33 같은 책, 17 : 35a.

34 같은 책, 16 : 8a~9a ; 15 : 4a~5a.

35 1469년 처음 반포된 『경국대전』에는 掌隷司가 있었지만, 노비 장적을 관리했을 뿐 그 소유권과 신분을 둘러싼 소송의 판결은 맡지 않았다. 한우근 · 이성무 · 민현구 · 이태진 · 권오영 편, 『역주 경국대전』, 성남 : 한국정신문화연구원, 1985, 20쪽. 『경국대전』은 1865년 『대전회통』으로 증보됐다.

36 『반계수록』 15 : 2a~b, 4a, 11a ; 16 : 9a~b.

37 같은 책, 17 : 2a.

38 같은 책, 17 : 2a, 12b.

39 같은 책, 15 : 5b.

40 같은 책, 15 : 12a~13a.

41 같은 책, 15 : 13a~16a.

42 같은 책, 15 : 16b~18b.

43 같은 책, 15 : 19a~20a.

44 같은 책, 16 : 18b ; 15 : 20b~21a ; 『국사대사전』 2, 1,620쪽 平市署 항목. 이 관서는 1894년 갑오개혁까지 존속했는데, 전통이 조선인의 생활에 준 영향력을 보여준다.

45 『반계수록』 15 : 16b.

46 같은 책, 15 : 18b~19a.

47 같은 책, 15 : 22b, 23b.

48 같은 책, 15 : 22b~23b.

49 같은 책, 15 : 24a. 유형원에 의해 완전히 개편된 중앙 관제에서 각 관서는 육조 중 하

나의 관리를 받으면서 기능했다. 제16장 부록 참조(이 부분은 관서의 이름을 영문으로 표기한 것이어서 번역에서는 제외했다—옮긴이).

50 같은 책, 25 : 3a~5b.

51 같은 책, 15 : 30a. 주대의 이런 서리에 대한 서술은 같은 책, 18 : 23b~26a.

52 같은 책, 18 : 24b~25a.

53 같은 책, 15 : 30a.

54 같은 책, 15 : 29b~31a ; 한영우, 「조선 초기의 상급서리 '成衆官'」, 『동아문화』 10, 1971, 19쪽.

55 『성종실록』 33, 성종 4년 8월 계해. 이성무, 『조선 초기 양반 연구』, 서울 : 일조각, 1980, 105~107쪽, 특히 106쪽 주 278에서 인용. 한영우는 중앙에는 대략 4백~5백 명의 서리가 있었으며 20년 동안 근무하면 6품의 정식 품계를 받았다고 지적했다. 「조선 초기의 상급서리 '成衆官'」, 4~5, 18, 20~41쪽. 조선 전기에 대한 한영우의 대체적인 입장은 고려 후기의 귀족적이고 신분을 중시하는 경향이 과거를 중시하는 합리적이며 관료적인 체제로 대체됐지만, 이런 전체적인 분위기는 15~16세기에 상실됐다는 것이다. 그러나 조선 전기 사회의 급진적인 변화에 대한 한영우의 견해에는 반대하는 사람도 많다. 같은 글, 45쪽.

56 128명의 서리 중 19퍼센트인 24명의 녹사에 대한 규정은 1414년(태종 14)에 마련됐다. 육조에 배속된 18명의 서리는 녹봉을 받았다. 그 뒤 1460년(세조 6)에는 430명의 서리가 있었으며 그중 10퍼센트인 46명만이 체아직을 받았는데 주로 재정 부족 때문이었다. 전직이 너무 잦았기 때문에 서리들은 이전 수입의 절반밖에 얻지 못했다. 한영우, 같은 글, 70~78쪽.

57 유형원은 범죄자는 노비로 만들어 조예로 부려야 한다는 구준의 견해를 따랐지만 그런 일은 주대에는 적절치 않다고 판단했다. 『반계수록』 18 : 26a.

58 같은 책, 15 : 31b~33a.

59 같은 책, 15 : 33a~34a.

60 유형원은 중국 품계의 역사를 간단히 훑어보았다. 같은 책, 18 : 11a~12b.

61 같은 책, 18 : 22b~23b.

62 같은 책, 15 : 25b.

63 같은 책, 15 : 25a~b.

64 같은 책, 25 : 3a~5b.

65 같은 책, 25 : 27b~28b.

66 같은 책, 25 : 26b~28b.

67 같은 책, 25 : 31b~33b.

68 같은 책, 25 : 34a~36a.

69 같은 책, 25 : 36b.

70 같은 책, 25 : 36b~37b.

71 같은 책, 25 : 37b~38a ; 韓百謙, 『久庵遺稿』, 서울 : 열화당, 1972, 26~38쪽.

72 『반계수록』 25 : 44a~45b.

73 같은 책, 25 : 45a. 북한에서는 여기서 "오랑캐를 한족으로 변화시킨다"는 부분을 "낙후된 문화를 변화시킨다"는 표현으로 완곡하게 번역했다. 『반계수록』 4, 조선인민민주주의공화국 과학원 고전연구소 고전연구실 옮김, 1963, 332쪽.

74 『반계수록』 25 : 44a, 45a~b.

75 한영우는 1473년(성종 4) 이예(즉 주대의 부 · 사 · 서 · 도)는 士流의 일원이라는 徐居正의 발언을 인용했다. 「조선 초기의 상급서리 '成衆官'」, 78~82쪽.

76 『반계수록』 15 : 31b. 한영우는 기술관에 대한 편견이 시작된 시기를 1477년(성종 8)으로 잡았는데, 그 뒤 공신과 연산군에게 반대한 인물들의 지적 스승인 金宗直은 이미 1464년(세조 10)에 비슷한 발언을 했다. 한영우, 같은 글, 65~67쪽.

제17장 인사정책

1 『반계수록』 25 : 3a~5b.

2 같은 책, 14 : 1b~2a, 41a~b. 주대의 천거에 대해서는 E. A. Kracke, Jr., *Civil Service in Early Sung China, 960-1067*, Cambridge : Harvard University Press, 1953, 6~7쪽.

3 『반계수록』 14 : 3b~4a ; 41b~42b.

4 같은 책, 14 : 9b~10b.

5 같은 책, 14 : 14a~b. 연관된 부분은 14 : 31a~32b. 당의 실적평가 제도는 Ch'ing-lien Huang, "The Recruitment and Assessment of Civil Officials under the T'ang Dynasty," Ph. D. diss., Princeton University, 1986, 100~188쪽 참조. 1년과 3년마다 관원을 심사하는 제도의 기원은 103쪽 이하 참조.

6 『반계수록』 14 : 16b~17a ; 築山治三郎, 『唐代政治制度の硏究』, 大阪 : 創元社, 1967, 200쪽.

7 『반계수록』 14 : 29a~30a ; 『통전』 제18장, 103~104쪽.

8 기원전 178년(한 문제 2) 문제는 학자들을 관직에 추천하라고 하명했으며, 기원전 165년에도 제후 왕자 대신들에게 유능한 인재를 추천하도록 지시했다. 같은 책, 14 : 2b. 문제 외에 경제(재위 기원전 156~140)와 元帝(재위 기원전 48~32)도 대신에 임명할 인물을 추천하라고 하교했다. 같은 책, 14 : 2b~3b, 5a~8b(이 주석은 제4장 주 32와 동일하다—옮긴이).

9 같은 책, 14 : 8b~9a.

10 같은 책, 14 : 11a~b.

11 같은 책, 14 : 30a~b ; 『통전』 제18장 1 : 103쪽. Ch'ing-lien Huang, "The Recruitment and Assessment of Civil Officials under the T'ang Dynasty", 106쪽도 참조.

12 『반계수록』 14 : 15b~16a ; Huang, 같은 글, 283쪽 주 605.

13 『반계수록』 14 : 21a~22a.

14 같은 책, 14 : 23b~24a ; 『통전』 제18장 1 : 101~102쪽 ; Huang, 같은 글, 240쪽.

15 『반계수록』 14 : 11b~12a.

16 같은 책, 14 : 44b.

17 같은 책, 14 : 13a~b ; Huang, 같은 글, 107쪽.

18 『반계수록』 14 : 14a~b. 연관된 부분은 14 : 31a~32b. 당의 실적평가제도는 Huang, "The Recruitment and Assessment of Civil Officials under the T'ang Dynasty", 100~188쪽 참조. 1년과 3년마다 관원을 심사하는 제도의 기원은 103쪽 이하 참조(이 주석은 이 장의 주 5와 동일하다—옮긴이).

19 『반계수록』 14 : 14a~b. Huang, 같은 글, 62~63쪽에서는 그 과정을 좀더 자세하게 서술했다.

20 『반계수록』 14 : 14b. 황칭리엔은 馬周의 견해를 인용하면서(같은 글, 73~74쪽) 唐代의 등용과 평가제도에 대한 모든 비판을 주석에서 간략하게 요약했다(281~291쪽).

21 『반계수록』 14 : 17b~19a. 지방 수령의 후보자의 자질을 御史臺가 철저하게 심사해야 한다는 장구령의 주장은 築山治三郎, 『唐代政治制度の研究』, 大阪 : 創元社, 1967, 198, 201쪽 ; Denis Twitchett, "Hsüan-tsung", *The Cambridge History of China* 3, Cambridge : Cambridge University Press, 1979, 352~353쪽 참조. 697년(측천무후 神功 1)부터 710년(예종 景雲 1) 예종의 개혁까지 관원의 증가와 관직 매매에 관련된 부정의 확대에 대해서는 Huang, 같은 글, 206~211쪽 참조.

22 『반계수록』 14 : 20a ; Huang, 같은 글, 216~219쪽 ; Twitchett, 같은 글, 389쪽.

23 『반계수록』 14 : 43a~44a.

24 같은 책, 14 : 20a~b. 황칭리엔은 657년(당 고종 顯慶 2)부터 품계를 가진 관원의 숫자가 30퍼센트 증가해서 733년(당 현종 개원 21)에는 1만 7,686명으로, 737년에는 1만 8,085명으로 늘었다고 서술했다. 중앙과 지방의 하위 관원의 숫자도 589(수 문제 개황 9)~600년 18만 3,361명에서 737년에는 34만 9,863명으로 증가했다. 그러나 관직의 증가는 후보자의 증가를 따라가지 못했기 때문에 737년에는 1만 7천~1만 8천 개였던 관직보다 9배나 많은 16만 명의 후보자가 발생했다. "The Recruitment and Assessment of Civil Officials under the T'ang Dynasty", 95~98, 211~214쪽. 배광정의 개혁에 대한 좀더 상세한 논의는 같은 글, 219~220쪽 참조. 데니스 트윗쳇은 그 개혁으로 서리들은 정규 관직으로 진출할 수 있는 기회를 좀더 많이 갖게 되어 측

천무후 치하에서 과거에 급제한 사람들을 위협했으며, 연공을 중시하는 제도는 733년부터 약화되기 시작했다고 지적했다. Twitchett, "Hsüan-tsung", 393, 396~397쪽. 황칭리엔 또한 736년부터 과거를 관장하는 책임이 이부에서 예부로 이관됐다고 언급했다. 같은 글, 221~222쪽.

25 『반계수록』 14 : 20b~21a. 최량과 배광정에 대한 호치당의 비판은 14 : 32b~33b 참조. 황칭리엔에 따르면 품계에 따라 관원을 서열화시키는 제도는 669년(당 고종 總章 2) 배광정의 아버지가 시행했다. 730년 배광정은 같은 제도를 다시 도입해 연공에 따라 승진하도록 했다. 황칭리엔은 晋代에 연공에 따라 임명하는 제도의 기원을 연구했다. 같은 글, 155~58, 220쪽 주 248.

26 『반계수록』 14 : 22a~23b ; 築山治三郎, 『唐代政治制度の硏究』, 201~202쪽. 아울러 222쪽에서는 대종 대력 14년에 올린 심기제의 상소는 『자치통감』 권226에 실려 있다고 되어 있다. 8세기 후반의 배경에 대해서는 Huang, "The Recruitment and Assessment of Civil Officials under the T'ang Dynasty", 228~243쪽.

27 『반계수록』 14 : 29~30a ; 『통전』 제18장 1 : 103~104쪽.

28 『반계수록』 14 : 24b~25a.

29 같은 책, 14 : 5a~8b.

30 같은 책, 14 : 15b~16a ; Huang, "The Recruitment and Assessment of Civil Officials under the T'ang Dynasty", 283쪽 주 605.

31 『반계수록』 14 : 16a~b.

32 같은 책, 14 : 33b~35b. 황칭리엔은 육지가 792년(당 덕종 貞元 8)과 794년에 올린 두 상소를 언급했다. 거기서 육지는 관원의 짧은 임기와 잦은 교체를 비판했다. 그러나 덕종은 그의 생각을 받아들이지 않았다. Huang, "The Recruitment and Assessment of Civil Officials under the T'ang Dynasty", 183~187쪽 ; Denis Twitchett, "Lu Chih(754-805) : Imperial Adviser and Cout Official", *The Confucian Personalities*, Stanford, California : Stanford University Press, 1962, 105쪽(이 주석은 제4장 주 73과 동일하다—옮긴이).

33 『반계수록』 14 : 12b~13a. 고전적 모범에 대한 두우의 존경은 Pulleyblank, "Neo-Confucianism and Neo-Legalism in T'ang Intellectual Life, 755-805", in Arthur F. Wright, ed., *The Confucian Persuasion*, Stanford, California : Stanford University Press, 1960, 100쪽.

34 『반계수록』 14 : 13a~b. 고종 때 위현동도 위진 시대에 중앙 정부에서 관원과 이서를 임명하는 제도에 대해 비슷한 상소를 올렸다. 같은 책, 14 : 14b~15a, 30a.

35 같은 책, 14 : 44a. 효문제의 개혁 시도는 Huang, "The Recruitment and Assessment of Civil Officials under the T'ang Dynasty", 106쪽 참조.

36 『반계수록』 14 : 27a~30a ; 『통전』 제18장, 1 : 103~104쪽.

37 『반계수록』 14 : 24b~26b ; 『통전』 제18장, 1 : 103쪽.

38 『반계수록』 14 : 23b~24a ; Huang, "The Recruitment and Assessment of Civil Officials under the T'ang Dynasty", 237~241쪽.

39 『반계수록』 14 : 24b~26b ; 『통전』 제18장, 1 : 103쪽.

40 744년(당 현종 천보 3) 이임보는 현종의 인척만을 과거에 합격시켜 조정을 문란케 했으며 746년에는 정적을 대거 숙청했다. 안록산의 정적인 양국충도 과거와 관원 등용에서 비슷한 잘못을 저질렀다고 탄핵받았다. 양국충은 양귀비의 먼 친척이었다. 이임보에 대해서는 Huang, "The Recruitment and Assessment of Civil Officials under the T'ang Dynasty", 224~228쪽 ; Twitchett, "Hsüan-tsung", 398, 409~447쪽 참조. 양국충은 Twitchett, 같은 글, 428~430, 447~453쪽 참조.

41 Huang, 같은 글, 256~272쪽.

42 송대의 채용 · 승진 · 천거제도에 대한 개관은 Kracke, *Civil Service in th Early Sung China, 960~1067* 참조.

43 같은 책, 85쪽에서는 왕안석은 법률에 구애받지 않고 유능한 인재를 선발하려고 했다는 측면을 강조했다.

44 『반계수록』 14 : 35b~39a.

45 같은 책, 14 : 35b~39a. 유형원은 관원들이 서로 시기하고 연줄을 통해 승진하며 실무보다는 문장 능력에 따라 등용하는 것을 비판한 사마광의 견해를 상찬했다. 그는 명의 구준이 관원의 장기 근무를 지지한 왕안석과 사마광의 견해를 여러 번 강조하면서 실적을 충분히 심사하기보다는 연공에 따라 승진시킨 당의 제도를 비판했다고 지적했다. 구준은 관원의 숫자가 너무 많아졌기 때문에 실적을 충분히 심사할 수 없게 됐다고 개탄하면서 연공보다 능력을 강조한 동중서를 존경했다. 같은 책, 14 : 39a~b, 42a~b.

46 같은 글, 14 : 40a~41b.

47 Kracke, *Civil Service in th Early Sung China*, 165~168쪽. 후원에 대한 전반적인 내용은 103~185쪽 참조.

48 『반계수록』 13 : 8a~9a.

49 같은 책, 13 : 22b~23a. 이 문제는 崔異敦, 「16세기 郎官權의 형성과정」, 『한국사론』 14, 1986, 3~50쪽에서 자세하게 논의했다.

50 『반계수록』 13 : 4b~5a.

51 같은 책, 13 : 1b.

52 같은 책, 13 : 23a~b.

53 Edward Willett Wagner, *The Literati Purges*, Cambridge : East Asian Research

Center and Harvard University Press, 1974.

54 『반계수록』 13 : 2b~3a ; 이이의 언급은 5a~b 참조.

55 같은 책, 13 : 3a~b.

56 같은 책, 13 : 3b~4b.

57 같은 책, 13 : 12a.

58 Ray Huang, *1587, A Year of No Significance : The Ming Dynasty in Decline*, New Haven, Connecticut : Yale University Press, 1981.

59 『반계수록』 13 : 13a.

60 같은 책, 13 : 12a~13b.

61 같은 책, 13 : 13b~14a.

62 같은 책, 13 : 18a 이후.

63 Palais, *Politics and Policy in Traditional Korea*, 54쪽.

64 『반계수록』 13 : 9b~10a.

65 같은 책, 13 : 10a~b. 유형원은 추천인이 채워야 하는 항목의 보기를 제시했다. 13 : 10b~11a.

66 같은 책, 13 : 11a~11b. 당의 규정은 당 태종과 송 진종이 채택했다.

제18장 지방 행정

1 『반계수록』 7 : 34b~35b, 50a~b.

2 같은 책, 18 : 1a~3a ; Michael Loewe, "The Structure and Practice of Government", In Denis Twitchett and Michael Loewe, eds., *The Cambridge History of China*, Vol. 1, Cambridge : Cambridge University Press, 1986, 463~490쪽 ; Hans Bielenstein., "The Institutions of Later Han", 같은 책, 472~473, 506~522쪽.

3 『반계수록』 18 : 3a~6a.

4 같은 책, 18 : 7a~b.

5 같은 책, 15 : 39b~40a.

6 같은 책, 15 : 35a~36a. 秦代의 태수는 丞, 한대에는 尉 또는 都尉라는 하급 관원을 두었다. 같은 책, 18 : 3a.

7 같은 책, 18 : 15a ; 15 : 39b~40a. 鄕廳과 鄕案에 대해서는 Fujiya Kawashima, "The Local Gentry Association in Mid-Dynasty Korea : A Preliminary Study of the Ch'angnyŏng Hyangan, 1600-1839", *Journal of Korean Studies* 2, 1980, 113~138쪽 ; 김용덕, 『향청 연구』, 서울 : 한국연구원, 1978 참조.

8 Howard J. Wechsler, "The Founding of the T'ang Dynasty : Kao-tsu(Reign 618-626)", In Denis Twitchett and John K. Fairbank, eds., *The Cambridge History of*

China, Vol. 3, 466~468쪽.

[9] C. A. Peterson, "Court and Province in Mid-and Late T'ang", In Denis Twitchett and John K. Fairbank, eds., *The Cambridge History of China*, Vol. 3, part 1, Sui and T'ang China, Cambridge : Cambridge University Press, 1986, 466~468쪽.

[10] Ray Huang, *Taxation and Governmental Finance in Sixteenth-Century Ming China*, Cambridge : Cambridge University Press, 1974, 27~29쪽 ; Frederic Wakeman, Jr., *The Great Enterprise : The Manchu Reconstruction of Imperial Order in Seventeenth-Century China*, Berkeley and Los Angeles : University of California Press, 1985, 37~38쪽.

[11] Derk Bodde, "The State and Empire of Ch'in", In Denis Twitchett and Michael Loewe, eds., *The Cambridge History of China*, Vol. 1, 54쪽 ; Michael Loewe, "The Former Han Dynasty", 같은 책, 156~157쪽 ; 『반계수록』 18 : 17b~18a.

[12] 『반계수록』 18 : 8a~9a.

[13] 같은 책, 18 : 9a~10a.

[14] 『국사대사전』 1, 413쪽 ; 2, 1614쪽 ; 『경국대전』, 116~133쪽.

[15] 1744년(영조 20) 심약은 폐지됐다. 역승은 찰방으로 승격됐고 도승은 병조에 소속된 별장으로 대체됐다. 『속대전』, 94~99쪽 ; 『대전회통』, 136쪽.

[16] 『반계수록』 15 : 36a~37b. 경기도에는 병사가 없었고 전라도에는 좌 · 우 두 명의 수사가 있었으며 경상도에는 副兵使와 부수사가 있었다. 평안도에는 수사를 두지 않았지만 남 · 북에 두 명의 병사를 배치했으며, 함경도에는 부병사를 두었다. 강원도와 황해도에는 병사와 수사가 모두 없었지만, 임진왜란 이후 황해도에는 수사를 두었다. 아울러 임진왜란 이후 삼남지방에는 통제사를 신설해 수사를 겸임시켰다. 독립적인 병사나 수사가 배치되지 않은 도는 관찰사가 군사를 지휘했다. 유형원은 국방의 필요성에 따라 각 도의 군사 지휘관의 숫자를 변경하는 데 반대하지 않았다.

[17] 같은 책, 15 : 36a~38a.

[18] 같은 책, 15 : 39b~40a.

[19] 같은 책, 13 : 5b~6b.

[20] 같은 책, 15 : 40a~41a ; 13 : 14b~15a.

[21] 같은 책, 13 : 6b~7b.

[22] 유형원은 714년(당 현종 개원 2) 장구령이 현종에게 올린 상소에서 거의 모든 관원들이 연줄로 관직을 얻었기 때문에 유능한 인재가 거의 없다고 말한 것을 인용했다. 대부분의 관원들은 지방 관직을 유배와 마찬가지로 여겼으며, 거기에 배속된 군사와 이서들은 연공을 쌓은 기회로 그것을 이용했다. 이 제도는 지방 수령 중에서 중앙 관원을 선발하고 가장 뛰어난 관원을 지방 수령에 임명하는 주대의 제도와는 완전히 상반

되는 것이었다. 같은 책, 14 : 17b~19a.

23 같은 책, 13 : 15a~17a.

24 같은 책, 13 : 5b~6b.

25 같은 책, 15 : 42a~b.

26 같은 책, 15 : 42a~44a.

27 같은 책, 15 : 44a~45b.

28 金弼東, 「조선 후기 지방서리 집단의 조직구조」(상), 『한국학보』 28, 1982, 79~116쪽 ; (하), 『한국학보』 29, 1982, 87~116쪽.

29 『반계수록』 15 : 45b~46b.

30 같은 책, 15 : 41a.

31 고려 전기 12개의 江倉의 명단은 같은 책, 3 : 10a.

32 제안된 창고의 목록은 같은 책, 3 : 9a~b.

33 같은 책, 3 : 8b~15b ; 15 : 41b~42a.

34 샤오콩취엔(蕭公權)은 주희는 10퍼센트의 이자만 받도록 했다고 주장했지만, 유형원은 주희가 사창에서 1석당 2말, 즉 20퍼센트의 이율을 걷도록 했다고 기록했다. Hsiao Kung-chuan, *Rural China : Imperial Control in the Nineteenth Century*, 1960. Reprint, Seattle : University of Washington Press, 1967, 155, 175~176쪽 ; 『반계수록』 7 : 36a.

35 James B. Palais, *Politics and Policy in Traditional Korea*, Cambridge : Harvard University Press, 1975, 132~137쪽.

36 『반계수록』 7 : 31a~32a ; 『亞細亞歷史事典』 9, 東京 : 平凡社, 1962, 183쪽.

37 『반계수록』 7 : 32a~b.

38 같은 책, 7 : 33b.

39 같은 책, 7 : 34a~b.

40 같은 책, 7 : 34b~35b, 50a~b.

41 같은 책, 7 : 36b~37a. 유형원은 풍년이 들었을 때 잉여분량을 미리 비축해놓는 것이 최선의 방책이며 李悝의 상평창은 차선이라고 지적한 주희의 가까운 친구이자 동료인 여조겸의 발언을 인용했다. 그 다음으로 좋은 방책은 모든 수확을 백성들에게 나누어주고, 잉여분량이 있는 지역으로 그들을 이주시키는 것이었다. 최악의 방법은 죽을 쑤어 백성들에게 매일 배급하는 것이었다. 같은 책, 7 : 37a.

42 같은 책, 7 : 37a~38b.

43 같은 책, 3 : 49b~50a.

44 같은 책, 3 : 53a~b.

45 같은 책, 3 : 53b~54a.

[46] 같은 책, 3 : 54a.

[47] 같은 책, 3 : 54a～b.

[48] 같은 책, 3 : 54a.

[49] 이이, 『율곡전서』 16 : 45a～46b ; 田花爲雄, 『朝鮮鄕約敎化史の硏究』, 1972, 336～337쪽.

[50] 『반계수록』 3 : 54a, 55b～56b.

[51] 같은 책, 3 : 56b～57a.

[52] 같은 책, 3 : 54a.

[53] 같은 책, 3 : 57b～58a.

[54] Palais, *Politics and Policy in Traditional Korea*, 147～157쪽.

제19장 향약

[1] 『반계수록』 7 : 1b. 전거는 『주례』 대사도 항목을 참조. 가호의 숫자는 정현의 주석을 참조.

[2] 같은 책, 8 : 1a ; 『亞細亞歷史事典』 2, 東京 : 平凡社, 1962, 305～306쪽.

[3] 『반계수록』 7 : 2b～3a ; 和田淸, 『中國地方自治發達史』, 東京 : 汲古書院, 1975, 6～8쪽.

[4] 『반계수록』 7 : 3a～b.

[5] 같은 책, 7 : 3b～4b.

[6] 송의 보갑제는 여기서 검토하기에는 너무 복잡하지만, 유형원은 왕안석이 지지한 제도가 매우 유용하지 않는 한 거기에 좀처럼 찬성하지 않았다고 생각된다. 東一夫, 『王安石新法の硏究』, 東京 : 風間書房, 1970, 742～811쪽.

[7] 유형원은 가장 믿을 만한 문헌인 『朱文公文集』에서 그 자료의 대본을 참고했다고 생각되지만, 『성리대전』에는 일부 잘못 교정된 부분이 있다. 『반계수록』 11 : 3b～41a에 실린 「朱熹增損呂氏鄕約」과 같은 책, 11 : 28a～31b에 실린 「朱熹漳州榜諭」 참조. 아울러 田花爲雄, 『朝鮮鄕約敎化史の硏究』, 1972, 1～13쪽 ; Hsiao Kung-chuan, *Rural China : Imperial Control in the Nineteenth Century*, 1960. Reprint, Seattle : University of Washington Press, 1967, 201～202쪽도 참조.

[8] 田川孝三, 「李朝の鄕規について」 1, 『朝鮮學報』 76, 1975, 35～72쪽 ; 2, 『朝鮮學報』 78, 1976, 45～88쪽 ; 3, 『朝鮮學報』 81, 1976, 179～210쪽.

[9] 이태진, 「士林派의 留鄕所 復立運動」, 『한국사회사연구』, 서울 : 지식산업사, 1986, 125～130쪽 ; 田川孝三, 같은 글 1, 40쪽 ; 김용덕, 『향청 연구』, 서울 : 한국연구원, 1978, 16～21쪽. 이태진은 이극배의 설명에 찬성하면서 1482년(성종 13) 이시애의 난에 유향소의 품관들이 가담했기 때문에 세조가 유향소를 폐지했다는 승지 성준의 발

언을 받아들이지 않았다. 성종은 그 이유에 의심을 표시하면서 세조 때의 일기를 확인해보라고 신하들에게 지시했지만, 유향소를 복립하는 데는 곧 관심을 잃었다. 이태진은 1467년(세조 13)에 유향소를 폐지했다는 자료를 찾지 못했지만, 그 이후 함길도 관찰사로 나간 성준은 향반들이 유향소를 복립해 재기하지 못하도록 막음으로써 함길도의 향반들에 대한 자신의 정치적 영향력을 유지하려고 했다고 파악했다. 이태진, 같은 글, 157, 181~182쪽.

10 이태진, 같은 글, 136~149쪽. 예컨대 金瞻은 1400년 정종이 1백 가호 단위로 마을을 조직해 社稷壇을 세움으로써 음사를 막으려는 목적에서 명의 里社法을 도입하려고 했다고 확신했다. 그러나 그 정책은 그런 방식으로 향촌을 개편하거나 음사를 막는 데 실패했기 때문에 폐기됐다.

11 John Duncan, "The Social Background to the Founding of the Chosŏn Dynasty : Change or Continuity?", *Journal of Korean Studies* 6, 1988 · 89, 39~79쪽 ; "The Koryŏ Origins of the Chosŏn Dynasty", Ph. D. diss., University of Washington, 1988.

12 이태진, 「士林派의 留鄕所 復立運動」, 148~156쪽.

13 같은 글, 156~162쪽.

14 張志淵, 『조선유교연원』, 133~134쪽 ; 이태진, 같은 글, 165쪽에서 인용. 아울러 김용덕, 『향청 연구』, 22~25쪽도 참조.

15 『연산군일기』 31 : a~b, 연산군 4년 8월 계유 ; 이태진, 같은 글, 176~181쪽 ; 김용덕, 같은 책, 25~26쪽 ; Edward Willett Wagner, *The Literati Purges : Political Conflict in Early Yi Korea*, Cambridge : East Asian Research Center and Harvard University Press, 1974, 33~50쪽.

16 田花爲雄, 『朝鮮鄕約教化史の研究』, 21~53, 83~87쪽. 중종과 鄭光弼 사이의 토론은 53쪽 참조. 다바나 다메오는 김인범과 김안국 중 어떤 사람이 향약을 처음으로 발의했는지는 밝히지 않았다. 같은 책, 103~105쪽 ; 이태진, 「사림파의 향약 보급운동」, 『한국사회사연구』, 253~266, 268~274쪽 ; Wagner, 같은 책, 112쪽.

17 『중종실록』 38 : 2a~b ; Wagner, 같은 책, 104~112쪽 ; 田花爲雄, 『朝鮮鄕約教化史の研究』, 54~55, 108쪽. 다바나 다메오는 52쪽에서 『문헌비고』 권 84에는 중종이 향약을 수도는 물론 전국으로 확대하는 데 동의했다는 기록이 있지만, 실록에서는 그런 내용을 찾지 못했다고 밝혔다. 1521년(중종 16) 남곤은 향약과 유생들의 습속에 대한 비슷한 비판을 여러 차례 제기했다. 田花爲雄, 『朝鮮鄕約教化史の研究』, 57쪽. 에드워드 와그너는 1520년 중종이 향약의 중지를 지시했지만, 모두 폐지한 것은 아니었다고 지적했다. Wagner, 같은 책, 112쪽 ; 『중종실록』 38 : 2b. 아울러 이태진, 「사림파의 향약 보급운동」, 266~268쪽도 참조.

18 『중종실록』 38 : 2b~3b, 8a~b ; 田花爲雄, 같은 책, 55~57쪽.

19 Wagner, 같은 책, 121~123쪽.

20 이태진, 「16세기 川防(洑) 灌漑의 발달—사림세력 대두의 경제적 배경 일단」, 『한국사회사연구』, 187~219쪽 ; 「사림파의 향약 보급운동」, 274~288쪽 ; 「16세기 沿海地域의 堰田 개발—戚臣政治의 경제적 배경 一端」, 같은 책, 222~252쪽.

21 田花爲雄, 『朝鮮鄕約敎化史の硏究』, 63, 82~83, 97, 109~110, 126~159쪽.

22 같은 책, 183~197쪽 ; 田川孝三, 「李朝の鄕規について」, 37~43, 50쪽 ; Sakai Tadao, "Yi Yulgok and the Community Compact", In William Theodore de Bary and JaHyun Kim Haboush, eds., *The Rise of Neo-Confucianism in Korea*, New York : Columbia University Press, 1985, 323~327쪽 ; 『반계수록』 9 : 21a.

23 田花爲雄, 같은 책, 213~220쪽. 다바나 다메오는 겨우 2년 뒤 이이는 농민들의 곤경이 해결될 때까지는 향약을 도입해서는 안 된다고 주청했다는 사실을 근거로 원로들이 진정으로 그 계획에 동의했는지 의심했다.

24 같은 책, 213~220, 234~238쪽. 다바나 다메오는 『문헌비고』에서 국왕이 향약을 전국에 시행하도록 지시했다는 사실을 잘못 기록했다고 지적했다. 같은 책, 220쪽.

25 같은 책, 221~223쪽. 이이의 긴 발언은 『선조실록』에 실려 있는데, 『선조수정실록』의 내용은 그것과 약간 다르다.

26 田花爲雄, 같은 책, 223~226쪽.

27 같은 책, 226~227쪽. 그 뒤 음력 5월 선조는 몇 달 전 柳希春이 올린 건의에 따라 나이와 신분이 다른 사람 사이의 예절을 기록한 규정을 승인했다. 같은 책, 230~231, 287~290쪽 ; 『선조수정실록』 19 : a~b.

28 이 인용과 그 뒤에 나오는 조헌에 대한 자료에 대한 전거는 주 29 참조.

29 『선조수정실록』 36b~38b ; 田花爲雄, 『朝鮮鄕約敎化史の硏究』, 241~243, 247~248쪽.

30 John R. Watt, *The District Magistrate in Late Imperial China*, New York : Columbia University Press, 1972, 105~118쪽. 인용은 113~114, 117쪽.

31 같은 책, 119~138쪽.

32 같은 책, 139~151쪽 ; Joanna Handlin, *Action in Late Ming Thought*, Berkeley and Los Angeles : University of California Press, 1983, 41~54, 114, 125~129, 143~149, 151, 154, 186~207쪽. 존 와트는 여곤을 강압정치의 지지자 정도로만 생각했지만, 조안나 핸드린은 그의 인본주의적 측면을 자세히 조명했다.

33 Handlin, 같은 책, 232~234쪽.

34 이이, 『율곡전서』 16 : 2a~7a ; 田花爲雄, 『朝鮮鄕約敎化史の硏究』, 291~298쪽 ; Sakai Tadao, "Yi Yulgok and the Community Compact", 327~329쪽. 다바나 다메

오가 지적한 대로 이이의 서원향약에는 4대 의무와 『여씨향약』에 포함된 서로 예의로 교류해야 한다는 규정이 빠져 있다. 그는 장례, 미혼인 젊은 여성, 병들어 일할 수 없는 가호, 부당하게 범죄로 고소된 사람들을 돕는 규정만 두었다. 그는 주희의 규정을 따라 향회에서 향규를 낭독하도록 했지만, 음식과 의복의 규정을 간소화하고 좌석의 순서를 다르게 했으며 향회에서 따라야 하는 의례에 대해서는 언급하지 않았다. 그는 주희가 규정한 37가지의 덕행과 의무를 18가지로 줄였으며 그중 11개만이 주희가 증손한 여씨향약과 동일했다. 여씨향약과는 달리 이이는 26개의 악행을 다른 문건에서 나열했다.

35 Sakai Tadao, 같은 글, 300, 330~333쪽 ; 田花爲雄, 같은 책, 353~356쪽. 다가와 고조는 해주향약이 실시된 시기를 1578년이나 1579년으로 잡았다. 「李朝の鄕規について」 1, 63쪽.

36 田花爲雄, 같은 책, 353~356쪽.

37 같은 책, 298~304쪽 ; 이이, 『율곡전서』 16 : 7a~12a. 「여씨향약」에 대한 자료는 『율곡전서』 16 : 12a~26b, 향규를 낭독하는 의례에 대해서는 16 : 26b~32a 참조.

38 그 자료는 이이, 『율곡전서』 16 : 48a~60a ; 田花爲雄, 『朝鮮鄕約教化史の硏究』, 318~324쪽 ; 田川孝三, 「李朝の鄕規について」 1, 54~60쪽.

39 이이, 같은 책, 16 : 34a~45a ; 田花爲雄, 같은 책, 327~336쪽.

40 이익, 같은 책, 16 : 51a ; 田花爲雄, 같은 책, 346쪽.

41 田花爲雄, 같은 책, 344~345쪽 ; Sakai Tadao, "Yi Yulgok and the Community Compact", 340쪽.

42 田花爲雄, 같은 책, 345~348쪽 ; Sakai Tadao, 같은 글, 340쪽.

43 Sakai Tadao, 같은 글, 340~341쪽.

44 같은 글, 365~375쪽.

45 같은 글, 375~384, 388~395쪽.

46 田花爲雄, 『朝鮮鄕約教化史の硏究』, 401~405쪽.

47 같은 책, 427~435쪽.

48 같은 책, 450~454, 472~474쪽. 다바나 다메오는 이이가 채택하자고 추천한 향규는 그 자신이 작성했을 것이라고 판단했다. 같은 책, 474쪽.

49 같은 책, 454~458쪽.

50 황려향약에 대한 소개는 같은 책, 474~475, 495~502, 520~521쪽 참조.

51 Hsiao Kung-chuan, *Rural China : Imperial Control in the Nineteenth Century*, 184~205쪽.

제20장 유형원의 향약 규정

1 『반계수록』 9 : 12a~b.

2 『주례』의 鄕三物과 鄕八刑은 같은 책, 9 : 20b 참조. 다바나 다메오는 유형원이 효종대나 현종대에 이 부분을 썼다고 판단했다. 田花爲雄, 『朝鮮鄕約教化史の硏究』, 1972, 524쪽.

3 『반계수록』 9 : 21b~23a. 다바나 다메오는 『반계수록』에 전재한 조헌의 상소를 『선조수정실록』 8 : 36b~38a에 있는 같은 자료와 비교하면 몇 군데에서 착오가 발견된다고 지적했다. 유형원은 조헌이 중국의 향회는 매달 1일과 15일 두 번이 아니라 한번만 열린다고 썼다고 잘못 기록했다. 그는 중국에서는 약정과 직월 등은 지방 수령이 명 태조의 육유를 낭독하는 것을 듣기 위해 소집되며, 그 행사 이후 그 내용을 약원들에게 강의했다는 사실을 누락했다. 그는 중국의 향약에서는 새해 첫날과 동지, (황제의?) 생일에 모인다는 조헌의 발언을 빠뜨렸다. 대의는 비슷하지만 명 태조가 "各安生理"라고 표현한 부분을 조헌은 "勤作農桑"이라고 기록했다. 유형원은 원래 1,119자로 씌어진 문서를 610자로 줄였으며 56자를 덧붙였다. 田花爲雄, 같은 책, 52~53, 243~247쪽.

4 『반계수록』 3 : 1a~2a ; 9 : 14b~15a.

5 같은 책, 3 : 2a~b.

6 같은 책, 9 : 11a~b ; 和田清, 『中國地方自治發達史』, 東京 : 汲古書院, 1975, 2쪽.

7 같은 책, 9 : 18a~b ; 田花爲雄, 『朝鮮鄕約教化史の硏究』, 550~553쪽.

8 같은 책, 9 : 1a~b. 『반계수록』의 이 부분의 내용은 『주자증손여씨향약』과 거의 비슷하다. 田花爲雄, 같은 책, 7~8쪽.

9 『반계수록』 9 : 7b~8a.

10 같은 책, 9 : 15b, 16a. 사회적 지위와 관련된 처벌에 대한 좀더 상세한 내용은 이 장의 이후 부분 참조.

11 같은 책, 9 : 1a~3a, 15b~19b.

12 같은 책, 9 : 3a~7a.

13 같은 책, 9 : 8a~9b, 14b~15a.

14 같은 책, 9 : 12b~13a.

15 같은 책, 9 : 13b.

16 같은 책, 9 : 15a.

17 같은 책, 9 : 11b~12a. 다바나는 유형원이 양인을 위한 장부를 둘 필요가 없다고 생각했는지, 아니면 양인은 전혀 기록할 필요가 없다고 생각했는지에 대해 논의했다. 그는 유형원이 善籍과 惡籍에는 유생과 양인을 모두 기록한다고 규정했다고 지적하면서 누락된 양인들도 그런 방식으로 기록했을 것이라고 추정했다. 田花爲雄, 『朝鮮鄕

約敎化史の硏究』, 552~553쪽. 반면 유형원은 양인은 契籍에 기록된다고 말했다.

18 Fujiya Kawashima, "A Study of the Hyangan : Kin Groups and Aristocratic Localism in the Seventeeth and Eighteeth Century Korean Counrtyside", *Journal of Korean Studies* 5, 1984, 3~38쪽.

19 『반계수록』 9 : 12a~b.

20 같은 책, 9 : 15b~17a.

21 田花爲雄, 『朝鮮鄕約敎化史の硏究』, 8, 115~117쪽. 유형원이 사용한 자료는 주희의 판본과 상당히 다르다. Martina Deuchler, "'Heaven Does Not Discriminate' : A Study of Secondary Sons in Chosŏn Korea", *Journal of Korean Studies* 6, 1988, 121~163쪽.

22 『반계수록』 9 : 19b~20b.

23 같은 책, 9 : 10a ; 13b~14b.

24 田花爲雄, 『朝鮮鄕約敎化史の硏究』, 554쪽.

25 같은 책, 562~564쪽.

26 같은 책, 569~589쪽.

27 같은 책, 590~602쪽.

28 같은 책, 602~607, 617, 628쪽. 다바나 다메오는 최흥원은 이전의 문헌을 모두 섭렵한 뒤 자신의 규정을 만들었지만 이이보다는 여씨향약과 주희 이황에게서 좀더 영향을 받았다고 결론 내렸다. 최흥원이 처벌을 강조한 부분은 이이의 영향을 받은 것으로 생각된다.

29 같은 책, 607~630쪽.

30 같은 책, 652~658, 671쪽.

31 같은 책, 663~664쪽. 그러나 다바나 다메오는 계가 신분에 기초한 공식적 조직인지, 아니면 비공식적인 모임인지 결론짓지는 않았다.

32 같은 책, 659~672쪽. 또한 다바나 다메오는 이런 측면의 안정복의 생각은 유형원과 밀접하게 관련되어 있으며, 계를 사창과 결부시켜 독립적인 조직으로 운영하려고 생각했던 이이와는 달랐다고 파악했다. 주민들의 지위에 따라 나뉜 비공식적 집단에 좀더 가까웠던 안종복의 계는 향약조직의 일부로 기능했다. 다바나 다메오는 안정복의 경안면 이리동 향약과 사창이 다른 조직보다 사회신분의 차별을 좀더 강조했지만, 그 분야에 독창적인 공헌을 했다고 상찬했다. 그러나 안정복의 생각은 이전의 문헌과 거의 다른 측면이 없었다.

33 같은 책, 711~715쪽. 안정복은 3,336개의 가호(즉 1만 6,267명)로 구성된 향촌에서 계 하나당 평균 83.4개의 가호를 배당했다는 측면을 고려할 때 촌락의 인구가 아무리 적어도 독립적인 계가 조직됐다고 생각된다.

[34] 같은 책, 715~724쪽.

[35] 같은 책, 672~711쪽.

[36] 같은 책, 712~736쪽.

[37] 같은 책, 745~749쪽. 다바나 다메오가 이용한 두 문헌 중 하나에는 백성들이 기근으로 고통받고 있는 상황에서는 향약을 시행하기에 이르다는 이이의 발언이 인용되어 있다.

[38] 같은 책, 756쪽.

[39] 같은 책, 770~783쪽.

| 제6부 재정개혁과 경제 |

제21장 공납과 대동법의 개혁

1 『반계수록』 3 : 29b.

2 조광조, 『국역 정암조선생문집』, 서울 : 정암조선생기념사업회, 1978, 391쪽. 원문은 『정암집』 3 : 17a~18b. 한영국, 「湖西에 실시된 대동법」(상), 『역사학보』 13, 1960, 77쪽 주 1 ; Ching Young Choe, "Kim Yuk(1580-1658) and the Taedongbŏp Reform", *Journal of Asian Studies* 23, no. 1(November 1963), 23쪽 주 8에서 인용.

3 『반계수록』 3 : 29b~30a. 이이가 선조에게 올린 상소는 같은 책, 4 : 12b 및 이이, 『율곡전서』 「만언봉사」 5 : 31b~32b 참조. 공납은 고려시대부터 시행됐지만, 19세기 초반 정약용은 백성에게 잡다한 공납을 부과한 관행은 16세기 초반 연산군 때 시행됐다고 믿었는데, 그것은 17세기 중반에 기원한 생각이라고 다가와 고조는 지적했다. 그런 이야기는 연산군이 진상을 과도하게 요구했기 때문에 나온 것이었다. 그러나 1611년(광해군 3) 허균의 저작과 18세기 후반 이긍익이 쓴 『연려실기술』에서는 그것이 근거 없는 이야기라고 말했다. 田川孝三, 『李朝貢納制の研究』, 東京 : 東洋文庫, 1964, 1~2, 119쪽 주 11.

4 『반계수록』 3 : 27b~28b.

5 같은 책, 3 : 30a.

6 같은 책, 4 : 10b~12b ; 이이, 『율곡전서』 15 : 22b~24a, 324~325쪽. 그는 방납의 문제에 대해서도 1574년의 「만언봉사」에서 간략히 언급했다. 같은 책, 5 : 22a, 100쪽. 한영국, 「湖西에 실시된 대동법」(상), 77쪽 주 2에서 인용. 한영국은 이이의 제안에 반대가 제기된 이유를 설명했다. 아울러 田川孝三, 『李朝貢納制の研究』, 750~751쪽 ; Ching Young Choe, "Kim Yuk(1580-1658) and the Taedongbŏp Reform", 23쪽도 참조.

7 『반계수록』 4 : 12~13b ; 김옥근, 『조선 후기 경제사 연구』, 서울 : 서문당, 1977, 1~

15쪽.

8 『반계수록』 4 : 13b~15a ; 이이, 『율곡전서』 5 : 42b~44b.

9 다가와 고조는 이 사실을 1576년 이이가 성혼에게 보낸 편지에서 발견했다. 이이, 『율곡전서』 11 : 7a. 田川孝三, 『李朝貢納制の硏究』, 741쪽 ; 김옥근, 『조선 후기 경제사연구』, 15쪽 주 5에서 인용.

10 필자는 유형원이 같은 주제로 인용한 조헌의 두 상소를 재구성해 하나로 합쳤다.

11 Liang Fang-chung, *The Single-Whip Method of Taxation in China*, Cambridge : Chinese Economic and Political Studies, Harvard University, 1956.

12 Ray Huang, *1587, A Year of No Significance : The Ming Dynasty in Decline*, New Haven, Connecticut : Yale University Press, 1981, 62쪽 ; Liang Fang-chung, 같은 책.

13 『반계수록』 4 : 15a~18a ; 『국사대사전』 2, 1,439~1,440쪽.

14 田川孝三, 『李朝貢納制の硏究』, 743, 751~753쪽.

15 같은 책, 754~757쪽 ; 김옥근, 『조선 후기 경제사연구』, 17쪽.

16 『반계수록』 3 : 29b~31a ; 유성룡, 『서애문집』 16a~17a ; 『선조수정실록』 28 : 7a~8a, 선조 27년 4월 기유. 다가와 고조는 유성룡이 공납제도를 완전히 폐지하는 대신 방납을 허용하고 전세로 걷으려고 했다고 지적했다. 그럼에도 불구하고 대동법의 핵심은 공납을 폐지하고 전세로 대체하는 것이었는데, 조세계획은 공납 물품을 살 수 있는 수준으로 마련해야 했다. 달리 말하면 공납을 전세로 대체하려는 생각은 대동법의 도입을 통해 유지된 것이었다. 그렇게 되면 개별적으로 공납물품을 부과하지 않고 미곡이나 면포를 부과한 뒤 중앙 관서에서 그 예산을 가지고 공물을 구입할 수 있을 것이었다. 田川孝三, 『李朝貢納制の硏究』, 751, 757~759쪽.

17 같은 책, 760~765쪽.

18 『반계수록』 3 : 31a~33b. 1경당 16말 중에서 2말은 지방 수령의 개인적 비용과 관청의 유지비로 지급됐다. 선혜청에서는 앞서 음력 4월 공납제도의 일부 문제를 혁파하는 제안의 일부로 경기도에 대동법을 도입하자고 제안했으며, 이원익은 "백성들을 구휼하기 위한" 특별한 관청을 창설하는 데 선례를 제시했다고 다가와는 지적했다. 田川孝三, 『李朝貢納制の硏究』, 766~770쪽, 특히 769쪽 ; 김옥근, 『조선 후기 경제사연구』, 74~75쪽.

19 대동법에 대한 연구는 정형우(「대동법에 대한 一硏究」, 『사학연구』 2, 1958)가 처음 시작했지만 한영국은 6편의 논문을 통해 그 주제를 본격적으로 연구했다. 「湖西에 실시된 대동법」(상), 『역사학보』 13, 1960, 77~108쪽 ; (하), 『역사학보』, 14, 1961, 77~132쪽 ; 「湖南에 실시된 대동법」 1, 『역사학보』 15, 1961, 31~60쪽 ; 2, 『역사학보』 20, 1963, 29~80쪽 ; 3, 『역사학보』 21, 1963, 67~100쪽 ; 4(完), 『역사학보』 24, 1964, 91~118쪽. 김옥근의 『조선 후기 경제사 연구』 또한 거의 대부분 대동법을 다

뤘다. 그는 그 제도의 도입을 좀더 자세하게 연구했으며 17~19세기에 발생한 변화 또한 추적했다. 아울러 Ching Young Choe, "Kim Yuk(1580-1658) and the Taedongbŏp Reform", 21~35쪽도 참조.

20 한영국, 「실시된 대동법」(상), 80~81쪽. 인용은 『인조실록』 2 : 24b~25a, 인조 1년 7월 경자 ; 김옥근, 『조선 후기 경제사 연구』, 103쪽.

21 「論宣惠廳疏」, 『浦渚先生集』 권2. 한영국, 같은 글, 82~83 ; 김옥근, 같은 책, 104쪽에서 인용.

22 『인조실록』 6 : 48b~49b, 인조 2년 11월 신해. 한영국, 같은 글, 85~89쪽 ; 김옥근, 같은 책, 105~107쪽에서 인용.

23 『인조실록』 7 : 30a~b, 인조 2년 11월 계축 ; 같은 책, 7 : 46b, 인조 2년 12월 병술. 한영국, 같은 글, 91~92쪽 ; 김옥근, 같은 책, 107~108쪽에서 인용.

24 『인조실록』 7 : 48b~49a, 인조 2년 12월 정유. 이 자료는 한영국, 같은 글, 92~93쪽에서 다뤘지만, 부유한 지주들의 반대에 관련된 申欽의 핵심적인 언급은 빠뜨렸다.

25 『인조실록』 8 : 7a~b, 인조 3년 1월 임술 ; 김옥근, 『조선 후기 경제사 연구』, 108~110쪽. 특히 110쪽에 있는 김옥근의 설명을 참조.

26 한영국, 「호서에 실시된 대동법」(상), 95~96쪽 ; 『인조실록』 8 : 7a, 인조 3년 1월 신유.

27 한영국, 같은 글, 94~95쪽 ; 김옥근, 『조선 후기 경제사 연구』, 108~111쪽.

28 『인조실록』 28 : 45a, 인조 11년 10월 경자.

29 같은 책, 33 : 21a, 인조 14년 9월 갑인.

30 같은 책, 37 : 22b~23a, 인조 16년 10월 병술 ; 37 : 32a~b, 인조 16년 11월 무인 ; 한영국, 「호서에 실시된 대동법」(상), 95~96쪽 ; 김옥근, 『조선 후기 경제사 연구』, 156쪽.

31 한영국, 같은 글, 97~98쪽 ; 김옥근, 같은 책, 157쪽.

32 김옥근, 같은 책, 264~266쪽.

33 한영국, 「호서에 실시된 대동법」(상), 98~100쪽 ; 김옥근, 같은 책, 156~158쪽 ; Ching Young Choe, "Kim Yuk(1580-1658) and the Taedongbŏp Reform", 28~29쪽 ; 『효종실록』 2 : 20a~21a, 효종 즉위년 11월 경신.

34 『효종실록』 3 : 4a~5a, 효종 1년 1월 병자. 한영국, 같은 글, 101쪽 주 73 ; 김옥근, 같은 책, 159~160쪽 ; Ching Young Choe, 같은 글, 28~29쪽에서 인용.

35 『효종실록』 6 : 38a~b, 효종 2년 6월 무신 ; 같은 책, 6 : 57b, 효종 2년 6월 을축. Ching Young Choe, 같은 글, 30쪽 ; 김옥근, 같은 책, 160~161쪽에서 인용. 1650년(효종 1) 閔應亨은 임진왜란 이후 정부는 삼남지방의 공납 규정을 개정하지 않았다고 지적하면서 충청도는 전라도보다, 전라도는 경상도보다 조세 부담이 무거우므로 개혁이 필요하다고 주청했다. 김옥근, 같은 책, 160~161쪽 ; 『비변사등록』 14 : 176

~177, 효종 1년 6월 9일.

36 『효종실록』 7 : 3b, 효종 2년 7월 갑신 ; 7 : 5b~6a, 효종 2년 7월 을축 ; 7 : 8b~9a, 효종 2년 7월 무술 ; Ching Young Choe, 같은 글, 30쪽.

37 『효종실록』 7 : 23b~24b, 효종 2년 8월 기사 ; 한영국, 「호서에 실시된 대동법」(상), 104~105쪽 ; 김옥근, 『조선 후기 경제사 연구』, 163쪽.

38 Ching Young Choe, "Kim Yuk(1580–1658) and the Taedongbŏp Reform", 34쪽.

39 김옥근, 『조선 후기 경제사 연구』, 164쪽.

40 한영국, 「호서에 실시된 대동법」(상), 103~104쪽 ; 김옥근, 같은 책, 162쪽 ; 『효종실록』 7 : 14a~b, 효종 2년 8월 무신 ; 7 : 16a, 효종 2년 8월 기유. 효종은 영의정 김육, 좌의정 이시백, 우의정 한홍일이 올린 사직 상소를 반려했다. 같은 책, 7 : 17a.

41 『문헌비고』 152 : 13b. 한영국, 「호서에 실시된 대동법」(하), 130쪽에서 인용. 대동법에서 미곡과 면포의 교환 비율은 『문헌비고』 152 : 11b 참조. 이 규정은 충청도를 세 범주로 나누어 미곡 또는 면포로 납부하는 것을 결정했다. 해안지역의 35개 군현은 미곡으로 냈고 산간 또는 구릉에 위치한 13개 군현은 면포로 냈으며 해안과 산간의 중간에 있는 6개 군현에서는 미곡과 면포를 절반씩 내도록 했다. 『문헌비고』 152 : 12b.

42 김홍욱은 1652년 충청도 관찰사에 임명됐다. 『조선사』 5, 3 : 412, 효종 2년 10월 3일(정미).

43 『효종실록』 8 : 36b~38a, 효종 3년 4월 신축. 허적이 이 관직에 제수된 것은 『조선사』 5, 3 : 452, 효종 3년 3월 20일(신묘) 참조. 그러나 그는 곧 교체됐다. 김육은 1651년 우의정에 임명됐다. 『조선사』 5, 3 : 417, 효종 2년 12월 7일.

44 좀더 자세한 논의와 전거는 한영국, 「호서에 실시된 대동법」(하), 125~128쪽 참조.

45 같은 글, 128~29쪽 ; 『문헌비고』 152 : 13b. 양입위출에 대한 논의는 Liensheng Yang, "Notes on Dr. Swann's Food and Money in Ancient China", In idem, *Studies in Chines Institutional History*, Cambridge : Harvard University Press, 1961, 88쪽 참조.

46 한영국, 「湖南에 실시된 대동법」 1, 『역사학보』 15, 1961, 31~60쪽, 특히 31~34쪽 ; 김옥근, 『조선 후기 경제사 연구』, 198쪽.

47 『효종실록』 19 : 5a~6a, 효종 8년 7월 임자. 한영국, 「호서에 실시된 대동법」(하), 129쪽 ; 「호남에 실시된 대동법」 1, 34~35쪽 ; 김옥근, 같은 책, 199쪽. 최칭영은 이것을 김육이 "임종을 앞두고 올린 상소"라고 말했다. Ching Young Choe, "Kim Yuk (1580–1658) and the Taedongbŏp Reform", 32쪽.

48 『효종실록』 19 : 52a~b, 효종 8년 11월 병오 ; 한영국, 「호남에 실시된 대동법」 1, 35~38쪽 ; 김옥근, 같은 책, 199~200쪽 ; Ching Young Choe, 같은 글, 33쪽 ; 『문헌

비고』 152 : 13b~14a.

[49] 한영국, 「호서에 실시된 대동법」(하), 10쪽 주 121 ; Ching Young Choe, 같은 글, 33쪽 ; 『효종실록』 20 : 31a, 효종 9년 7월 정미.

[50] Edward Willett Wagner, *The Literati Purges : Political Conflict in Early Yi Korea*, Cambridge : East Asian Research Center and Harvard university press, 1974, 104~108쪽 ; 『효종실록』 20 : 36a~b, 효종 9년 9월 기해 ; Ching Young Choe, 같은 글, 33쪽. 1658년(효종 9) 김육이 올렸지만 다른 이차적 연구에서 논의되지 않은 상소는 『문헌비고』 152 : 15a~16b 참조. 첫 번째 상소에서는 백성들이 대동법에 반대한다는 전직 전라도 관찰사의 보고를 논박하면서 백성들의 의견을 직접 물어본 결과 15~20말 정도의 세율에도 대동법을 환영하고 있다고 지적했다. 아울러 그는 1결당 13말의 세율은 고정된 것이 아니며 감액될 수 있다는 사실을 백성들에게 알리는 것이 관찰사의 의무라고 말했다.

[51] 효종은 그해 초반인 음력 2월 1결당 13말을 제시했다. 한영국, 「호남에 실시된 대동법」 1, 39~40쪽 ; 김옥근, 『조선 후기 경제사연구』, 200~201쪽 ; 『문헌비고』 152 : 14a~b.

[52] 충청도의 비싼 목면 가격에 대한 호조판서 허적의 지적은 한영국, 같은 글, 43쪽 참조.

[53] 『현종실록』과 『현종개수실록』의 내용은 상이하지만 후자가 더 믿을 만하며, 한영국은 그것을 이용했다. 『현종실록』 3 : 6a~b, 현종 1년 6월 기해 ; 『현종개수실록』 3 : 49a~b, 같은 날짜. 한영국, 같은 글, 42쪽 ; 김옥근, 『조선 후기 경제사 연구』, 201~203쪽.

[54] 한영국, 같은 글, 42쪽 ; 김옥근, 같은 책, 203쪽.

[55] 『현종개수실록』 3 : 49a, 현종 1년 6월 기해 ; 한영국, 같은 글, 43쪽 ; 김옥근, 같은 책, 203쪽.

[56] 전라도의 대동법 규정은 1663년(현종 4)에 공포됐다. 그 규정은 1666~67년에 잠시 중단됐지만 실제로는 1662년부터 시행됐다. 한영국, 같은 글, 44~45쪽 ; 김옥근, 같은 책, 203쪽.

[57] 필의 치수에 대해서는 한영국, 「호서에 실시된 대동법」(하), 83쪽 참조.

[58] 이 부분에 대해서는 한영국, 「호남에 실시된 대동법」 2, 『역사학보』 20, 1963, 55~61쪽 ; 3, 『역사학보』 21, 1963, 여러 부분 ; 4(完), 『역사학보』 24, 1964, 91~99쪽 참조. 한영국은 1651년 이후 충청도에 시행된 대동법을 「湖西大同事目」을 바탕으로 연구했다. 「호서에 실시된 대동법」(하), 77~132쪽. 전라도에 적용된 사목은 같은 글, 67~100쪽 참조. 이것은 이후 충청도의 대동법을 자세히 이해하는 데 주요한 자료다. 대동법은 18세기에 편찬된 『문헌비고』 권 152~154에서 논의됐다. 충청도의 대동절목은 같은 책, 152 : 10~12b에 실려 있으며 전라도의 세율과 시행 첫 해의 세입은 같

은 책, 153 : 18b~19a 참조.

59 『문헌비고』 10b~11a.

60 한영국, 「호서에 실시된 대동법」(상), 90쪽 주 96 ; 한영국, 「호남에 실시된 대동법」 2, 33쪽.

61 한영국, 「호남에 실시된 대동법」 2, 33~34쪽.

62 한영국은 1744(영조 20)~1834년(순조 34) 충청도에서 과세할 수 있는 토지는 (71.4퍼센트에서) 76.9퍼센트로 상승했는데, 충청도의 과세 기준이 상승했기 때문에 두 도 사이의 조세 차이는 줄어들었다고 지적했다. 같은 글, 33쪽 주 67. 또한 그는 가호당 평균 인구는 3.5명이라는 점을 근거로 통계에는 아이는 제외되고 성인 남녀만 포함됐다고 판단했다.

63 한영국, 「호남에 실시된 대동법」 2, 39~47쪽.

64 1653년(효종 4) 개방된 시장을 통해 충분한 물품의 공급을 유도하기 위해서 사옹원에서 사용하는 식품을 충청도에서 걷은 대동세로 지불하도록 하는 법령이 발표됐으며 김육은 그동안 진상이나 의례에 사용됐던 값비싼 사슴을 좀더 값싼 돼지나 소로 대체해 비용을 줄이려고 시도했다. 한영국, 「호서에 실시된 대동법」(하), 90쪽 주 96, 90~96쪽 ; 「호남에 실시된 대동법」 2, 38, 57, 76쪽 주 115. 경주인에 대해서는 李光麟, 「京主人 연구」, 『인문과학』 7, 1962, 237~267쪽 참조. 1800년 경주인의 임금 상승에 대해서는 같은 글, 262쪽 참조.

65 한영국, 「호서에 실시된 대동법」(하), 90쪽 주 96, 90~96쪽 ; 「호남에 실시된 대동법」 2, 73~80쪽. 기인에 대해서는 田川孝三, 『李朝貢納制の研究』, 744~746쪽 참조.

66 한영국, 「호서에 실시된 대동법」(하), 99~125쪽 ; 「호남에 실시된 대동법」 3, 88~99쪽 ; 4, 91~121, 83~99쪽 ; 『문헌비고』 152 : 10b~11b.

67 한영국, 「호서에 실시된 대동법」(하), 118, 123~124쪽.

68 한영국, 「호남에 실시된 대동법」 1, 46쪽 주 41. 이 수치의 전거는 和田一郎, 『朝鮮土地制度及地稅制度調査報告書』, 京城 : 朝鮮總督府, 1920, 703~729쪽.

69 한영국, 「호서에 실시된 대동법」(하), 125쪽에서는 『숙종실록』 60 : 31b, 숙종 43년 8월 신해를 인용했다.

70 이만운은 1782(정조 6)~91년(정조 15)에 펴낸 『문헌비고』의 주석에서 1662년(현종 3) 전라도 고지대에서 면포로 걷기 이전인 1658년(효종 9)에 확정된 법령에 따라 대동세는 가을에는 1결당 7말, 봄에는 6말로 나뉘었다고 언급했다. 『문헌비고』 152 : 18b~19a.

71 『현종개수실록』 9 : 40a~45a, 현종 4년 10월 임인(1663). 한영국, 「호남에 실시된 대동법」 4, 100~102쪽 주 135 ; 「호남에 실시된 대동법」 1, 57~59쪽.

72 한영국, 「호남에 실시된 대동법」 4, 104쪽. 1665년 1필당 8말의 교환 비율은 『문헌비고』 152 : 18b ; 김옥근, 『조선 후기 경제사 연구』, 204~205쪽 참조.

73 사평에서는 모든 사람들이 대동법에 반대한다는 신하들의 의견에 따라 현종은 전라도의 고지대에서는 대동법을 중지하기로 결정했지만, 그것은 부유한 대가호들만의 의견이었다고 지적했다. 한영국, 같은 글, 107쪽. 김옥근 또한 비슷한 내용을 서술했다. 같은 책, 205~206쪽. 『문헌비고』에 실린 이만운의 주석에서는 현종 6년 정태화와 민유중의 발언을 기록했지만, 음력 12월은 1667년(현종 8) 1월이다. 암행어사의 보고와 현종의 결정 번복에 대해서는 『문헌비고』 152 : 19a~b 참조. 저지대에 부과한 대동미의 감세는 같은 책, 152 : 19b 참조.

74 한영국, 「호남에 실시된 대동법」 4, 104~107쪽 ; 김옥근, 『조선 후기 경제사 연구』, 206~207쪽 ; 『문헌비고』 152 : 19a~20a. 『문헌비고』에서는 민유중도 저지대에서 대동미를 1결당 12말로 줄이는 것은 충분치 않다면서 11말로 낮춰야 한다고 제안했다고 설명했다. 영의정 정태화는 백성들은 그 조처를 기뻐할 것이지만 정부는 세수 부족에 시달려 다시 세율을 올릴 수밖에 없을 것이라고 대답했다. 그러므로 잉여세입을 비축하고 그것이 충분해지면 앞으로 세율을 낮추는 것이 좋다는 생각은 효종대 대동법의 도입과 일치하는 것이었다. 『문헌비고』 152 : 19b~20a.

한영국은 1666년 전라도 고지대에서 미곡과 면포의 교환비율을 1필당 8말로 변경하면서 대동세가 매년 2만 섬 정도 줄어들었으며, 같은 해 후반 세율은 미곡에 대한 면포의 가치를 올리기 위해서 1결당 13말에서 12말로 줄었다고 파악했다. 교환비율을 처음으로 변경하면서 야기된 세입 감소는 6,068섬이었으며 두 번째 변경에서는 1만 2,723섬이었다. 교환 비율을 올리면 세입이 늘어나야 하지만 세입은 6천 섬 넘게 감소한 문제에 대해서 한영국은 경작지의 감소 때문이라고 설명했다. 「호남에 실시된 대동법」 2, 30쪽 주 60.

75 김옥근, 같은 책, 304~305쪽.

76 Ching Young Choe, "Kim Yuk(1580-1658) and the Taedongbŏp Reform", 34쪽.

77 민유중은 단지 조세를 둘로 나누려고 했지만 현종은 陳田의 조세를 가을에는 면포로 납부하도록 전환하고 新田의 조세는 봄에 미곡으로 걷으라고 지시했다. 그러나 관찰사는 1665년(현종 6)의 조세는 모내기 전에 이미 걷었으며, 1년에 두 번 걷는 방식에 따라 가을에도 징세한다면 농민들은 세금을 추가로 낸다고 생각할 것(즉 1결당 12말이 아니라 18말의 세율)이라면서 반대했다. 현종은 가을의 징세를 철회하자는 그의 건의를 받아들이고 신전과 진전의 조세를 모두 다음해 봄에 걷도록 했다. 새로운 규정에서는 30개의 해안 군현은 미곡으로 납세하고 21개의 고지대 군현은 동전과 면포로 절반씩 납부하며 2개 군현은 동전과 모시로 절반씩 내도록 했다. 한영국, 「호남에 실시된 대동법」 4, 107~108쪽 ; 『문헌비고』 152 : 20a.

78 기근으로 세입이 감소했기 때문에 1667년 이후 10년 동안 고아 · 과부 · 종친에게 지급되는 면세전과 선혜청에서 물건을 구입할 수 있도록 지급한 미곡과 면포의 분량은

줄었다. 한영국, 같은 글, 106~116쪽.

79 『현종개수실록』 27 : 42b, 현종 14년 11월 신사. 한영국, 같은 글, 115쪽 주 180에서 인용. 『문헌비고』에서는 1674년(현종 15) 충청도의 대동미를 (1결당) 2말 더 올리고 면포의 교환 비율을 (1필당 12말에서?) 6말로 낮추며, 경기도에서는 1필당 5말로 줄이자는 김민행(김민도?)의 건의를 현종이 윤허했다고 기록했다. 『문헌비고』 152 : 21a.

80 『현종개수실록』 27 : 46b, 현종 14년 12월 계축. 한영국, 같은 글, 116쪽에서 인용.

81 『숙종실록』 6 : 33b, 숙종 3년 6월 정사. 한영국, 같은 글, 182쪽에서 인용. 경상도에 제안된 첫 번째 대동세의 세율은 당시 전라도에서 시행되고 있던 것과 같은 1결당 12말이었지만, 선혜청은 세입이 심각하게 부족해질 것을 예상해 그것을 1결당 13말로 올리고 전라도의 1필당 12말의 절반을 조금 넘는 1필당 7말의 면포 교환 비율을 제시했다. 『문헌비고』 152 : 1a~b ; 김옥근, 『조선 후기 경제사 연구』, 237~239쪽.

82 한영국, 같은 글, 116쪽.

83 1665년 현종은 전라도 관찰사 민유중에게 백성들이 진정으로 어떻게 생각하고 있는지를 알아보라고 지시했다. 그전에 그는 대동법을 시행하는 데 주저했으며, 백성들은 대동법을 좋아하지 않으므로 폐지하자는 부자들의 견해에 의존했다. 한영국, 「호남에 실시된 대동법」 1, 47쪽 주 43.

84 『반계수록』 3 : 33b ; 『국사대사전』 2, 1,045쪽.

제22장 녹봉과 지출을 위한 대동법의 모범

1 『반계수록』 3 : 23a~24a.

2 같은 책, 19 : 17a~b.

3 같은 책, 3 : 34a~35b, 19b.

4 같은 책, 3 : 19a~b.

5 같은 부분.

6 같은 책, 3 : 34a~35b. 이 상소는 『문헌비고』 152 : 16b~17a에서 발췌한 것이다. 대동법을 지지하는 비슷한 주장은 『반계수록』 3 : 19a~b에도 있다.

7 『반계수록』 3 : 35b~36a.

8 같은 책, 3 : 16b~17a.

9 유형원은 이 부분에서 조광조를 인용했지만, 이이의 『동호문답』에 있는 왕실의 소비에 대한 공격은 인용하지 않았다. 제21장 참조.

10 『반계수록』 3 : 21b~22b.

11 같은 책, 3 : 23a~24a.

12 같은 책, 3 : 24a~25a.

13 같은 책, 3 : 25a. 고구려가 옥저를 복속한 사실은 Ki-baik Lee, *A New History of*

Korea, Trans., by Edward W. Wagner, Cambridge : Harvard University Press, 1984, 24쪽.

14 같은 책, 3 : 21b.

15 같은 책, 3 : 25b.

16 같은 책, 3 : 19a~b.

17 같은 책, 3 : 20a.

18 같은 책, 3 : 18b.

19 같은 부분.

20 같은 책, 19 : 11b, 5b.

21 같은 책, 19 : 16b.

22 같은 책, 19 : 16b~17a.

23 같은 책, 19 : 17b.

24 같은 책, 19 : 17a~b.

25 같은 책, 19 : 17b.

26 같은 부분.

27 같은 책, 19 : 14b~15a.

28 같은 책, 19 : 15a.

29 같은 책, 3 : 36b~38b.

30 같은 책, 3 : 38b. 『胡氏傳』에서 인용.

31 같은 책, 3 : 40a~b. 유형원은 砥平縣에서 칙사를 대접하는 데 쓴 비용을 보기로 제시했다. 거기서는 소 1마리(수령이 부패했을 경우는 2마리), 노루 3~4마리, 닭 수백 마리, 꿩 60~70마리와 돼지 · 계란 · 기름 · 꿀 · 魚物 · 야채 · 소금 · 간장 · 과일 · 쌀 · 국수 · 그릇 · 돗자리(草席) · 쓰레기통 · 빗자루 · 자기 · 가마솥 · 조롱박 · 침구 · 화문석 등 수많은 물건을 수레에 실어 우마로 수백 리를 운반해야 했다. 사신이 수도에 10일 넘게 머물면 지방에서 올라온 사람과 우마는 다시 돌아가 비슷한 물품을 준비해서 수도로 올라올 준비를 해야 했다. 같은 책, 3 : 41a~42a.

32 같은 책, 3 : 39a, 40a, 42a, 43a~b.

33 같은 책, 3 : 42b~43b.

34 같은 책, 3 : 43b~46a.

35 같은 책, 19 : 13a~b. 다른 세 현을 위한 예산은 같은 책, 19 : 12a~13b.

36 같은 책, 19 : 13b~14a.

37 같은 책, 19 : 15a~b, 18a~22a, 31b.

38 같은 책, 19 : 15b.

39 같은 책, 19 : 16a.

40 같은 책, 19 : 16a~b.

41 같은 책, 19 : 5b, 3 : 26a.

42 같은 책, 3 : 16b.

43 같은 책, 19 : 2a~b. 1623년(인조 1) 대동법을 둘러싼 논쟁에서 조식은 주대의 제도를 들어 국가가 모든 관원에게 녹봉을 지급해야 한다고 주장했지만, 유형원은 대동법을 살펴보면서 조식의 의견은 언급하지 않았다(앞의 제21장 참조).

44 같은 책, 20 : 1a~3b. 유형원은 봉건시대의 녹봉 등급을 제시한 『예기』「왕제」 편의 내용을 인용했다. 거기서는 관원으로 근무하는 양인들도 동일하게 녹봉을 지급했지만 下士는 1백 묘의 토지에서 9명을 봉양할 수 있는 上農夫와 같은 녹봉을 받았다고 기술했다. 당의 주서가인 賈公彥과 명의 주석가인 구준 또한 4등급으로 구성된 이서의 녹봉을 자세하게 서술했다. 같은 책, 20 : 3a~4b.

45 아울러 채씨의 주석도 참조. 같은 책, 20 : 4b. 그 내용은 다음과 같다. "관직에 있는 사람에게 녹봉을 지급한 뒤에야 그에게 직무를 잘 수행하도록 요구할 수 있다. 녹봉이 계속 지급되지 않고 의복과 음식도 공급하지 않으면 그는 안정된 가정 생활을 영위할 수 없어 범죄를 저지르게 될 것이다." 필자는 조선인민민주주의공화국 과학원 고전연구소 고전연구실에서 옮긴 『반계수록』 4, 1963, 42쪽의 번역을 참조했다. 아울러 『증보 반계수록』, 한국학기본총서, 경인문화사, 1974, 3권의 553쪽도 참조. 클래 월댐(Clae Waltham)의 번역은 의미가 모호하다(*Shu Ching : Book of History*, 128쪽). 제임스 레게의 번역도 적절치 않은 것으로 생각된다. "일정한 수입이 있는 사람들은 모두 올바른 행동을 할 것이다. 가정이 화목하지 못하면 그들은 범죄를 저지를 것이다." *Chinese Classics* 3 : 330~331, 335쪽, b. 4, par. 13.

46 『반계수록』 20 : 4b~5a. 11세기 중반 송대의 관원인 夏竦이 이 주제에 대해 언급한 내용을 참조하라.

47 같은 책, 20 : 5b.

48 같은 책, 20 : 6a~b.

49 같은 책, 19 : 2b~3a. 전한부터 명까지 녹봉의 목록은 같은 책, 20 : 6b~13b 참조.

50 같은 책, 19 : 2b.

51 같은 책, 20 : 14a~b.

52 같은 책, 20 : 16b~18a ; 3 : 25b.

53 같은 책, 3 : 26a.

54 같은 책, 19 : 1a~b, 4b. 유형원의 단위인 곡을 당시의 섬으로 전환하려면 10말을 곱한 뒤 15로 나누어야 한다.

55 같은 책, 3 : 29a.

56 같은 책, 19 : 3a.

57 같은 책, 18 : 3b~4a ;『증보 반계수록』 3 : 466.

58 같은 책, 19 : 5a.

59 같은 책, 19 : 4b~5a, 22b. 유형원은 廳直이라고 불리는 중앙의 小吏는 이서와 공노비의 자제였다고 지적했다. 그들은 경기도에서는 通印이라고 불렸다. 그러나 남부지방에서는 貢生이라고 불렸으며 관원과 이서의 자제 중에서 충원됐다. 북부지방에서는 공노비의 자제 중에서 선발됐으며 硯直이라고 불렸다.

60 같은 책, 19 : 4b~5a.

61 같은 책, 19 : 22b~28b.

62 같은 책, 19 : 29a~b.

63 경은 1백 묘 또는 16.7에이커(6만 7,583제곱미터)였으므로 유형원은 상농부는 1에이커당 1천3백~1천4백 말 또는 당시의 86.7~93.3섬(즉 유형원의 수치대로 10말이 아니라 15말), 또는 5.19~5.59섬을 생산할 것으로 추정했다. 중농부의 생산은 1경당 6백~7백 말 또는 1경당 40~46.7섬, 또는 1에이커당 2.4~2.8섬으로 잡았다.

64 『반계수록』 19 : 29b. 유형원은 수도의 녹사에게는 매달 40말(4곡), 서리에게는 35말(3곡 5말), 조예와 司奴에게는 25말을 지급하도록 규정했다. 그러나 소사는 15말밖에 배정하지 않았다. 같은 책, 19 : 4a~b.

65 토지면적과 평균소유, 생산량에 대한 주요한 자료는 김용섭, 『조선 후기 농업사 연구(I)』 참조. 대부분의 농민이 소유한 토지의 면적을 추산하기 위해서 필자는 240~245쪽에 실린 표의 D와 E 범주의 수치를 이용했는데, 그것은 246쪽에 있는 김용섭의 언급과 거의 동일하다. 좀더 자세한 사항은 소유권과 생산량에 대한 그의 부록을 참조하라.

66 『반계수록』 19 : 30a~b.

67 같은 책, 19 : 30b.

68 같은 부분.

69 James B. Palais, *Politics and Policy in Traditional Korea*, Cambridge : Harvard University Press, 1975, 61쪽.

70 한우근, 『이조 후기의 사회와 사상』, 서울 : 을유문화사, 1961, 33~35쪽. 1737년(영조 13)의 생산량은 40~50섬 또는 6백~750말이었지만, 한우근은 이것을 3백~375말로 계산한 측면을 볼 때 실록의 수치를 탈곡하지 않은 쌀로 본 것으로 생각된다. 탈곡미는 원래 수치의 절반으로 줄어든다.

71 한우근, 같은 책, 36~37쪽.

72 같은 책, 37~38쪽.

73 김옥근, 『조선 후기 경제사 연구』, 서울 : 서문당, 1977, 406~408쪽.

74 같은 책, 79~80쪽.

75 같은 책, 410~411쪽 ; 한우근, 『이조 후기의 사회와 사상』, 40~46쪽.

76 『반계수록』 15 : 16a~17a ; 3 : 34a~35b.

제23장 동전과 화폐제도

1 이태진, 「16세기 川防(洑) 灌漑의 발달—사림세력 대두의 경제적 배경 일단」, 『한국사회사연구』, 서울 : 지식산업사, 1986, 274~288쪽 ; 「士林派의 留鄕所 復立運動」, 같은 책, 125~185쪽.

2 원유한, 「조선 후기의 금속화폐 유통 정책—17세기 전반의 동전유통 시도기를 중심으로」, 『동방학지』 13, 1972, 100쪽.

3 『문헌비고』 159 : 5a~6a.

4 최호진, 『한국화폐소사』, 서울 : 서문당, 1974, 81~83쪽.

5 『인조실록』 28 : 52b~53a, 인조 11년 11월 임진.

6 같은 책, 29 : 6a~b, 인조 12년 2월 정축.

7 같은 책, 31 : 44a~b, 인조 13년 7월 임술.

8 이 문제에 대한 추가적 자료는 『문헌비고』 159 : 6a ; 장국종, 「17세기 금속화폐의 유통에 대하여」, 『역사과학』 6, 1961, 44~47쪽 ; 원유한, 「李朝 肅宗時代의 鑄錢 동기」, 『동국사학』 9 · 10, 1966, 40~41쪽 ; 「李朝 肅宗時代의 鑄錢에 대하여」, 『사학연구』 18, 1964, 627~674쪽 ; 「조선 후기의 금속화폐 유통정책—17세기 전반의 동전유통 시도기를 중심으로」, 『동방학지』 13, 1972, 107쪽 ; 『조선 후기 화폐사연구』, 서울 : 한국연구원, 1975, 27, 84~85쪽 ; 최호진, 『한국화폐소사』, 서울 : 서문당, 1974, 83~84쪽.

9 전해의 음력 12월이다.

10 장국종, 「17세기 금속화폐의 유통에 대하여」, 47쪽.

11 『인조실록』 45 : 46a~47b, 인조 22년 9월 병술. 원유한, 「조선 후기의 금속화폐 유통정책」, 104, 114~116쪽.

12 『문헌비고』 159 : 6b~7a ; 金堉, 「潛谷先生 遺稿補遺」, 5b~6b, 정해년 음력 12월이므로 1648년 1월로 생각된다. 『잠곡전집』, 서울 : 대동문화연구원, 1975, 279쪽. 김육은 1648년 음력 4월에 개성유수로 임명됐다. 「잠곡선생 연보」, 『잠곡전집』, 477쪽. 장국종은 김육이 언급한 1643년이 아니라 1634년 이전부터 동전은 이미 유통되고 있었으며 사적 주조도 이루어지고 있었다고 믿었다. 「17세기 금속화폐의 유통에 대하여」, 48~49쪽. 아울러 원유한, 「조선 후기의 금속화폐 유통정책」, 104, 112~116쪽도 참조.

13 1전은 동전 70관이나 1만 7천 문이었다. 80전은 5천6백 관이나 136만 문이다.

14 효종 2년 3월 경인 · 정해. 원유한, 「李朝 肅宗時代의 鑄錢에 대하여」, 634~635쪽 ; 「조선 후기의 금속화폐 유통정책」, 117~118쪽. 이 회합이 있기 며칠 전 효종은 의

주 · 안주 · 평양 등의 군량을 팔아 동전을 구입해 기근에 허덕이는 백성들을 구휼하는 데 동의했다. 이 조처는 동전이 매우 널리 유포된 결과 구휼을 위해서 각지로 미곡을 직접 운반하기보다는 동전으로 전환하는 방식을 선호했음을 보여준다. 위에서 인용한 원유한의 첫 번째 논고에서 암시한 것과는 달리 이것은 동전의 공급을 늘리기 위한 일반적인 정책의 일부는 아니었다.

15 『문헌비고』 159 : 7a ; 『효종실록』 6 : 25b, 효종 2년 4월 경오 ; 원유한, 「조선 후기의 금속화폐 유통정책」, 118쪽.

16 『효종실록』 6 : 31b, 효종 2년 5월 기축.

17 같은 책, 7 : 3b, 효종 2년 7월 갑신. 원유한, 「李朝 肅宗時代의 鑄錢에 대하여」, 636쪽.

18 『효종실록』 7 : 38b, 효종 2년 11월 계유. 원유한, 「조선 후기의 금속화폐 유통정책」, 118쪽 ; 「李朝 肅宗時代의 鑄錢에 대하여」, 641쪽에서 인용.

19 『효종실록』 8 : 20b, 효종 3년 2월 기유 ; 같은 책, 8 : 23a, 효종 3년 2월 갑인 ; 같은 책, 8 : 24a, 효종 3년 2월 을묘. 원유한은 윤순지는 서인이고 허적은 남인으로 서로 당파가 달랐기 때문에 상충된 의견을 보였다고 판단했다. 원유한, 「李朝 肅宗時代의 鑄錢에 대하여」, 641쪽 주 31 ; 「조선 후기의 금속화폐 유통정책」, 118~119쪽.

20 『효종실록』 10 : 16a, 효종 4년 1월 갑신.

21 같은 책, 10 : 37b~38a, 효종 4년 3월 무진. 원유한은 4년 3월 경오라고 날짜를 표기했지만 그 날짜는 실록에서 누락되어 있다. 「조선 후기의 금속화폐 유통정책」, 119쪽.

22 『효종실록』 12 : 18a, 효종 5년 3월 병진 ; 12 : 19a~b, 효종 5년 4월 신유 ; 12 : 29b, 효종 5년 4월 정묘 ; 원유한, 「李朝 肅宗時代의 鑄錢에 대하여」, 643쪽.

23 아래 주 25 참조.

24 아래 주 25 참조.

25 『효종실록』 12 : 39a~41a, 효종 5년 6월 무인 ; 『문헌비고』 159 : 7b~8a ; 원유한, 「李朝 肅宗時代의 鑄錢에 대하여」, 646~647쪽 주 42.

26 『문헌비고』 159 : 7a~b ; 김육, 「잠곡선생 유고」 4 : 22a~b ; 원유한, 『조선 후기 화폐사 연구』, 87쪽 ; 「李朝 肅宗時代의 鑄錢에 대하여」, 635쪽. 이 문제를 연구한 학자들이 실록이나 그밖의 자료에 실린 효종의 지시와 김육의 상소를 발견하지 못했다는 사실은 이상하다. 필자는 직접 연구할 시간은 없었지만 추포를 통화로 사용하지 못하도록 금지한 효종의 지시를 김육이 인용한 것을 볼 때 그 상소는 효종의 지시가 내려진 직후에 올려진 것으로 생각된다.

27 『효종실록』 15 : 1a, 효종 6년 7월 신묘 ; 15 : 33b~34a, 효종 6년 7월 신유 ; 원유한, 「李朝 肅宗時代의 鑄錢에 대하여」, 644~645쪽. 김육은 효종 6년 7월 갑인에 영의정으로 임명됐다(『효종실록』 15 : 2b).

28 『효종실록』 15 : 33b~34a, 효종 6년 12월 신유. 원유한, 「李朝 肅宗時代의 鑄錢에

대하여」, 645쪽 주 36에서 인용.

29 효종 6년 12월 계해.

30 『효종실록』 16 : 29a~b, 효종 7년 4월 경신 ; 『승정원일기』 7 : 783. 원유한, 「李朝 肅宗時代의 鑄錢에 대하여」, 644쪽에서 인용.

31 위와 같음.

32 『문헌비고』 159 : 9a~b ; 원유한, 「李朝 肅宗時代의 鑄錢에 대하여」, 644~645쪽.

33 가장 정확한 계산은 『승정원일기』 7 : 968~969, 효종 7년 9월 26일. 『비변사등록』 2 : 510~11의 설명은 축약되어 있지만, 이만운은 『문헌비고』 159 : 8b~9a의 설명을 『승정원일기』에서 가져온 것으로 생각된다.

효종이 환자를 미곡으로 상환하도록 지시하자 사간원의 하위 관원인 정언 민유중은 백성들에게 동전으로 상환하도록 허락하지 않고 미곡으로 갚도록 요구하는 것은 처음 환자를 빌려주었을 때 백성들에게 약속한 것을 어긴 조처이며, 대부분의 백성들은 상환하기 위해 동전을 모았으므로 원망하게 될 것이라고 비판했다. 『승정원일기』 7 : 979~988, 효종 7년 10월 15~23일.

34 『문헌비고』 159 : 9a~b.

35 『문헌비고』 159 : 10a~b.

36 원유한, 「李朝 肅宗時代의 鑄錢에 대하여」, 642~647쪽 ; 「조선 후기의 금속화폐 유통정책」, 122~132쪽.

제24장 화폐에 대한 유형원의 분석

1 『반계수록』 3 : 3b~4a.

2 『辭海』, 上海, 1947, 309쪽.

3 『반계수록』 8 : 1a~2a. 『한서』 「식화지」에서는 珠玉 · 黃金 · 刀布를 화폐로 사용했던 고대 태공(원서에서는 주공(Duke of Chou)으로 되어 있지만 『반계수록』에는 태공으로 되어 있어 거기에 따랐다—옮긴이)의 府圜法을 설명하면서 고대에 동전은 둥근 형태에 방형의 구멍이 있는 것이었다고 설명했다. 아울러 諸橋轍次, 『大漢和辭典』 1, 東京 : 大修館書店, 1960, 382쪽 참조.

4 『반계수록』 8 : 1a~2a.

5 같은 책, 8 : 2a~b.

6 같은 책, 8 : 10a~11b.

7 같은 책, 8 : 3a.

8 같은 책, 8 : 3a~b.

9 같은 책, 8 : 4b.

10 같은 책, 8 : 4b~5a.

[11] 같은 책, 8 : 5a~b.

[12] 같은 책, 8 : 5b.

[13] 같은 책, 8 : 7b~8a.

[14] 『亞細亞歷史事典』 6, 東京 : 平凡社, 1962, 276쪽에 실린 張軌의 전기 참조. 『반계수록』 8 : 8a~b.

[15] Gari Ledyard, *The Dutch Come to Korea*, Seoul : Royal Asiatic Society and Taewon Publishing Company, 1971.

[16] 『반계수록』 8 : 6a.

[17] 같은 책, 8 : 10a~11b.

[18] 같은 책, 8 : 8b~9a.

[19] 같은 책, 8 : 6b~7a.

[20] 같은 책, 8 : 8b~9a.

[21] 같은 책, 8 : 8b~9a.

[22] 같은 책, 8 : 9a~9b.

[23] 같은 책, 8 : 9b~10a.

[24] 같은 책, 8 : 11b~13a.

[25] 같은 책, 8 : 13b~14a.

[26] 같은 책, 8 : 14a~b.

[27] 같은 책, 8 : 14b~15a.

[28] 같은 책, 8 : 15a~17a.

[29] 같은 책, 8 : 17a~b. 인용한 전거는 葉夢得의 『石林燕語』다.

[30] 같은 책, 8 : 17b~18a.

[31] 같은 책, 8 : 18a~b. 클레블랜드 틸만은 호굉은 정전제를 문자 그대로 복구할 수 있다고 믿은 근본주의자 중 한 사람이었다고 평가했다. Hoyt Cleveland Tillman, *Utilitarian Con-fucianism : Ch'en Liang's Challenge to Chu Hsi*, Cambridge : Harvard University Press, 1982, 50~51쪽.

[32] David McLellan, *Karl Marx : His Life and Thought*, New York : Harper and Row, 1973 ; Harper Colophon edition, 1977, 162쪽 ; Tom Bottomore, ed., *A Dictionary of Marxist Thought*, Cambridge : Harvard University Press, 1983, 86, 377쪽.

[33] 『반계수록』 8 : 19a. 이전의 자료는 8 : 18b~19b 참조.

[34] Mark Elvin, *The Pattern of the Chinese Past*, Stanford, California : Stanford University Press, 1973, 215~225쪽. 왜구와 1570년 이후의 상업은 John E. Wills, Jr., "Maritime Chian from Wang Chih to Shih Lang", in Jonathan Spence and John E. Wilis, Jr., *From Ming to Ch'ing*, New Haven, Connecticut ; Yale University Press,

1979, 210~220쪽 참조.

35 『반계수록』 8 : 20a~b.

36 같은 책, 8 : 20a~b.

37 같은 책, 8 : 20b~21a.

38 같은 책, 8 : 21a~b. 8 : 21b 4행을 『고려사』 19 : 4b 2~3행과 비교하라.

39 三韓重寶 · 東國通寶 · 東國重寶 · 海東重寶 · 海東通寶다. 『반계수록』 8 : 21b.

40 승은 새와 같은 뜻이다.

41 『반계수록』 8 : 21b~22a ; 『고려사』 19 : 14b~15b.

42 원유한, 「반계 유형원의 긍정적 화폐론」, 『유홍렬박사 회갑기념논총』, 서울 : 탐구당, 1971, 300쪽.

43 같은 글, 295쪽.

44 『반계수록』 8 : 22a~23b.

45 『문헌비고』 159 : 10a~b. 權榮翼도 개혁을 성취하고 보수세력을 극복하기 위해서는 단호한 지도력이 필요하다고 강조한 유형원의 견해에 주목했다. 권영익, 「유형원의 화폐사상에 관한 연구」, 『대동문화연구』 11, 1977, 63~64쪽.

46 이 논의의 배경은 앞의 제23장 참조.

47 『반계수록』 3 : 3b~4a.

48 유형원은 두우의 『통전』에서 1냥은 24銖와 같다고 언급한 부분을 인용했다. 1전 또는 0.1냥은 2.4수이지만 도량형이 唐代보다 3배가 컸기 때문에 0.1냥의 무게는 7.2수가 된다. 유형원은 당시의 0.1냥(또는 1전)은 당시의 도량형으로 7수로 五銖錢보다 2수가 더 나갔다. 같은 책, 4 : 1a.

49 유형원은 豆錫의 가격은 도성이 비싸서 거기서는 3냥으로 常木 1필을 살 수 있었지만 동래에서는 4냥으로 1필을 살 수 있었다고 언급했다. 그는 새로운 동전을 주조하면 두석의 가격은 상승할 것이라고 예상했다. 같은 책, 4 : 4b.

50 같은 책, 4 : 1a~b, 5a.

51 〔표 9〕 참조.

52 『반계수록』 4 : 1b.

53 같은 책, 4 : 1a~b.

54 권영익, 「유형원의 화폐사상에 관한 연구」, 『대동문화연구』 11, 1977, 70쪽 주 40. 그의 주장에서 핵심적인 부분은 아니지만 그는 미곡과 동전에 대한 유형원의 추정을 오해한 것 같다. 원유한은 유형원이 매년 미곡으로 걷는 세금을 4백만~5백만 섬 정도로 추정했다고 서술했지만, 유형원은 곡이라는 용어를 사용했다. 곡은 당시 섬과 동의어로 사용될 수 있지만, 유형원은 당시 1섬이 15말이던 것과는 달리 1곡은 10말과 동일하다고 정의했다. 또한 유형원은 동전 10만~20만 관이 1백만~2백만 냥과 같다

고 추산했다고 원유한은 인용했지만, 그것은 가치보다는 동전의 숫자를 계산한 것으로 생각된다. 그밖에도 유형원은 은 1냥당 동전 2백 문의 교환비율을 제시했으므로 동전 10억~20억 문은 (은) 50만~1백 만 냥으로 계산되어야 한다. 유형원이 최적의 구리 수입을 추산한 부분에도 같은 규칙을 적용해야 한다. 원유한, 「반계 유형원의 긍정적 화폐론」, 295~296쪽. 같은 문제를 다룬 송찬식도 유형원이 국가의 세입을 미곡 40만~50만 곡으로 추산했다고 잘못 기록했는데, 그것은 4백만~5백만 곡이 되어야 한다. 아울러 그는 미곡 40만~50만 곡은 동전 80만~10억 관과 같다고 썼지만, 그것은 미곡 4백만~5백만 곡이나 4억~5억 말과 동전 80억~1백억 관이 되어야 한다. 송찬식, 「조선 후기 行錢論」, 『한국사상대계』 2, 사회경제사상편, 서울 : 대동문화연구원, 성균관대학교, 1976, 793쪽.

55 『반계수록』 4 : 5b~6a.

56 권영익은 이 마지막 사항을 강조했다. 「유형원의 화폐사상에 관한 연구」, 72~73쪽.

57 『반계수록』 4 : 1b~2b.

58 같은 책, 4 : 3b.

59 같은 책, 4 : 3a~b.

60 가격과 교환비율은 같은 책, 4 : 1b, 4b 참조.

61 같은 책, 4 : 5a. 권영익도 이 점을 강조하면서 섭몽득 · 범태 · 여조겸 등 송대 여러 학자들도 생산 규모는 화폐 공급만큼은 아니지만 가격 변동에 중요한 영향을 미친다고 생각했다는 사실을 보여주었다. 「유형원의 화폐사상에 관한 연구」, 75쪽 및 76쪽 주 52 참조. 아울러 송찬식, 「조선 후기 行錢論」, 791쪽 참조. 장국종의 연구는 은 · 미곡과 동전의 가치를 비교하는 데 매우 유용하다. 「17세기 금속화폐의 유통에 대하여」, 55쪽.

62 『반계수록』 4 : 5b. 흉년이 들면 은화 1전으로는 미곡 1말밖에 살 수 없었지만 풍년이 들면 3말을 살 수 있었다.

63 같은 책, 4 : 5a~b.

64 필자는 전통적인 관점에서 볼 때 화폐는 주로 상품의 교환을 돕는 교환수단이며 독립적으로 부를 생산하는 어떤 것은 아니라는 측면에서 유형원이 국가와 백성이 번영하는 데 토지와 농업 생산보다 화폐를 부수적인 것으로 간주했다는 원유한의 해석에 동의하지 않는다. 원유한, 「실학자의 화폐경제론」, 『동방학지』 26, 1981, 157, 161쪽 ; 「반계 유형원의 긍정적 화폐론」, 290쪽.

65 원유한은 유형원이 "사회의 생산 활동과 생산 능력" 특히 농업 생산과 면포 생산을 증대시키기를 바랐다고 주장했지만, 필자는 그가 부를 창출하는 주요한 방법으로 산업생산을 확대시키려고 했다는 증거를 발견하지 못했다. 원유한, 「실학자의 화폐경제론」, 163쪽.

66 같은 책, 4 : 6a~7a.

67 앞서 언급했듯이 원유한은 17세기 당시 좀더 발전한 중국의 기준을 조선에 적용하는 비현실적 오류를 저질렀다고 비판했지만, 필자는 당시 조선인들이 몇 가지 이유에서 동전을 성공적으로 도입할 수 있었다는 유형원의 주장에 동의한다. 그 이유들은 잉여 생산의 증가와 중앙의 시전상인들의 독점을 벗어난 사상들의 활동이 증가하면서 상업 경제는 이미 발달하고 있었고, 화폐는 1620~30년대, 1650년대 인조와 효종이 주전을 시작하면서 일부 지역에서 이미 유통됐으며 유형원이 사망한 지 5년 만에 영구적으로 도입됐다는 것이다. 원유한, 「반계 유형원의 긍정적 화폐론」 참조.

68 Arthur Schlesinger, Jr., *The Age of Jackson*, New York : Book Find Club, 1945.

제25장 통화 팽창과 위축의 순환

1 方基中은 이런 흐름을 추적해 1681년(숙종 7) 관원들은 법적으로 규정된 35척 길이의 5승포가 아니라 45척 길이의 8승포로 납세하도록 요구하고 있다는 송시열의 발언을 발견했다. 방기중은 또한 6승정포 1필은 추포 30필의 가치와 동일하다는 (1673년 이전의 어느 때인가 씌어진) 유형원의 언급을 인용했다. 방기중, 「17 · 18세기 전반 금납조세의 성립과 전개」, 『동방학지』 45, 1984, 147, 154쪽 주 117. 이 부분의 다른 자료는 아래 주 2 참조.

2 『승정원일기』 14 : 966a~b, 숙종 7년 1월 15일(기사). 원유한은 대동법 아래에서 미곡과 면포로 징세하는 데 나타난 속임수의 문제점에 대해서는 논의하지 않았다. 원유한, 「李朝 肅宗時代의 鑄錢에 대하여」, 『사학연구』 18, 1964, 657쪽.

3 『숙종실록』 13하 : 31a, 숙종 8년 11월 계유 ; 『숙종실록보궐정오』 13하 : 1b, 같은 날짜 ; 원유한, 같은 글, 657쪽.

4 『승정원일기』 15 : 818c, 숙종 9년 1월 30일. 이 기사는 다른 기록에는 2주 뒤에 실렸다. 『숙종실록』 14 상 : 4a, 숙종 9년 1월 을묘 ; 『비변사등록』 3 : 604, 숙종 9년 1월 15일 ; 원유한, 같은 글, 657쪽.

5 『승정원일기』 17 : 723a, 숙종 15년 3월 3일(경오) ; 『숙종실록』 20 : 21a, 숙종 15년 3월 경오. 1685년 이후 중앙 또는 지방 관서에서 주전하도록 허락해야 한다는 또 다른 요구는 원유한, 같은 글, 657쪽 참조. 방기중 또한 주전과 화폐유통에 대한 숙종의 주요한 목표는 정부의 세입을 올리려는 것이었다고 지적했다. 「17 · 18세기 전반 금납조세의 성립과 전개」, 159쪽.

6 『비변사등록』 4 : 236, 숙종 15년 9월 7일 ; 『승정원일기』 16 : 921b~922a, 숙종 15년 9월 7일(경자) ; 『숙종실록』 21 : 31a ; 원유한, 같은 글, 658쪽. 어떤 布稅가 이런 비율로 동전으로 전환됐는지 정확히 판단하기는 어렵지만, 1679년 면포와 동전의 교환비율을 도표로 작성한 방기중은 전라도와 경상도에서는 납세자가 동의했을 경우에 한해

서 면포로 내야 하는 대동세의 3분의 1을 동전으로 낼 수 있다고 지적했다. 다른 포세에서 동전으로 내도록 전환할 수 있는 비율은 50 또는 1백 퍼센트였다. 권대운은 그런 포세의 3분의 1을 모두 동전으로 전환하려고 의도했던 것으로 생각된다. 방기중, 「17 · 18세기 전반 금납조세의 성립과 전개」, 159쪽.

7 『비변사등록』 4 : 422, 숙종 17년 10월 24일 ; 『승정원일기』 18 : 569a~b, 숙종 18년 8월 23일(경자) ; 『숙종실록』 24 : 21b, 숙종 18년 8월 경자 ; 『비변사등록』 4 : 854, 숙종 18년 10월 4일.

8 『승정원일기』 18 : 742c~d, 숙종 19년 7월 3일(을사) ; 원유한, 「李朝 肅宗時代의 鑄錢에 대하여」, 659쪽 ; 田代和生, 『近世日朝通交貿易史の研究』, 東京 : 彰文社, 1981, 272~275쪽. 1693년(숙종 19)까지 매년 30만 근의 구리를 수입했는데 그것은 1693년 일본의 총 구리 수출의 44퍼센트였다(300,000/681,387근). 그런 수입량이 항구적이었다면 일본의 총수출이 각각 43만 7,667근과 42만 1,874근이었던 1691년과 1692년에는 68.5퍼센트와 71퍼센트가 된다. 다시로 가즈이는 1678년 이후 조선의 구리 요구가 증가한 결과 일본의 채광도 확대됐다고 주장했다. 같은 책, 274쪽 표 II-11.

9 『승정원일기』 19 : 266c~d, 숙종 21년 9월 13일(무인) ; 『비변사등록』 4 : 725~6, 숙종 21년 9월 29일, 10월 2일 ; 같은 책, 4 : 740, 숙종 21년 11월 21일 ; 『문헌비고』 159 : 12b.

10 1694년(숙종 20) 이런 가격을 유형원의 교환비율과 비교하면서 김옥근은 봄에 쌀 1말은 동전 0.5냥이나 50문의 가치가 있다고 말했다. 이 가격은 1말당 20문으로 고정한 유형원의 수치보다 2.5배가 높은 것이지만, 이것은 쌀값이 가장 싼 추수 이후 쌀과 동전의 교환비율과 일치했다. 평균 쌀값이 1냥당 3말이라면 유형원이 추산한 쌀값은 "실제의" 시장가격보다 40퍼센트 정도 비싼 것이었거나 1670~94년 동안 쌀값이 그 정도로 떨어진 것이었다.

11 『문헌비고』 159 : 13a~b.

12 『숙종실록』 29 : 33b, 숙종 21년 12월 무술 ; 원유한, 「李朝 肅宗時代의 鑄錢에 대하여」, 658쪽.

13 『숙종실록』, 같은 부분 ; 원유한, 같은 부분.

14 『숙종실록』 30 : 44a~b, 숙종 22년 8월 병술 ; 원유한, 같은 글, 662쪽 ; 田代和生, 『近世日朝通交貿易史の研究』, 274쪽. 일본의 구리 수출은 1697년 140만 근에서 1698년에는 2만 6,453근으로 급락했다. 이런 감소의 일부 원인은 수출을 좀더 엄격하게 제한했기 때문이었지만, 주된 이유는 더이상의 주전을 금지한 숙종의 조처 때문이었다. 같은 책, 274쪽.

15 유원동, 『한국 근대경제사 연구』, 서울 : 일지사, 1977, 214~224쪽. 강만길은 1710년(숙종 36) 중국에서 불어온 태풍 때문에 두 명의 사노비가 배 두 척에 소금을 싣고 평

안도에서 서울로 왔다고 언급했다. 그는 그들이 상인이었거나 경강상인의 고용인이었다고 판단했다. 강만길, 『조선 후기 상업자본의 발달』, 서울 : 고려대학교 출판부, 1973, 70쪽.

16 강만길, 「조선 후기 상업자본의 성장—京市廛 松商 등의 도가상업을 중심으로」, 『한국사연구』 1, 1968, 80~87쪽 ; 같은 책, 168~175쪽.

17 원유한, 「李朝 肅宗時代의 鑄錢에 대하여」, 662~663쪽 ; 장국종, 「17세기의 통화 주조와 전황 문제」, 『역사과학』 11, 1963, 41, 49쪽.

18 원유한, 같은 글, 664~665쪽 ; 『문헌비고』 159 : 14a ; 『승정원일기』 30 : 622c~d, 영조 2년 2월 9일(계축).

19 위의 언급은 두 가지 사례에 대해 영조가 내린 전교를 합친 것이다. 『비변사등록』 7 : 726~727, 영조 1년 8월 8일 ; 같은 책, 7 : 764~765, 영조 1년 10월 6일 ; 『문헌비고』 159 : 14a~b ; 원유한, 같은 글, 55쪽 ; 한국은행 편, 『증보 한국화폐사』, 1969, 49~50쪽.

20 『비변사등록』 8 : 68d~72b, 영조 3년 5월 11일 ; 원유한, 「18세기에 있어서의 화폐정책—동전의 주조사업을 중심으로」, 『사학연구』 19, 1967, 56쪽.

21 『비변사등록』 8 : 129d, 영조 3년 9월 21일 ; 원유한, 같은 글, 56쪽.

22 『영조실록』 13 : 7b, 영조 3년 9월 을축 ; 원유한, 같은 글, 57쪽.

23 동전을 폐지하는 데 반대한 그밖의 관원은 아래와 같다. 병조참의 柳萬重은 동전이 윤리를 무너뜨리고 절도를 자극하지만 그것을 대체할 만한 다른 수단이 없으므로 국왕은 그것을 좀더 주전해야 한다고 아뢨다. 호조참판 徐命淵은 영조가 동전을 폐지하려고 하지만 다른 교환수단도 현재의 문제와 비슷한 폐해를 일으킬 것이라는 일반적인 견해를 제시했다.

24 James B. Palais, *Politics and Policy in Traditional Korea*, Cambridge : Harvard University Press, 1975, 107쪽.

25 또는 1679년(숙종 5) 은화 1냥당 동전 2백 문 또는 1670년 무렵 유형원이 제시한 교환비율보다 4백 퍼센트가 높다.

26 이 제안은 2냥과 1필을 감세하는 것이며 1인당 3필을 내야 하는 납세자에게만 혜택이 있는 것이었다.

27 『승정원일기』 35 : 516a~526c, 영조 3년 11월 5일(정사) ; 『영조실록』 14 : 3a~b, 영조 3년 11월 정사. 간단한 요약은 원유한, 「18세기에 있어서의 화폐정책」, 56쪽.

28 이것은 지난 몇 년 동안 쌀값이 33 또는 67퍼센트 떨어졌다는 의미였지만, 유형원이 미곡과 동전의 교환비율을 1냥당 5말로 규정한 것을 볼 때 1670년대 초반 이후 다시 상승한 것이 분명했다.

29 위의 주 27 참조.

30 『승정원일기』 35 : 516a~526c, 영조 3년 11월 5일(정사) ; 『영조실록』 14 : 3a~b, 영조 3년 11월 정사. 간단한 요약은 원유한, 「18세기에 있어서의 화폐정책」, 56쪽.

31 한우근, 『이조 후기의 사회와 사상』, 서울 : 을유문화사, 1961, 218~223쪽, 인용은 222쪽 ; 원유한, 「성호 이익의 부정적 화폐론」, 『역사학보』 48, 1970, 53~66쪽.

32 원유한, 같은 글, 66~67쪽.

33 같은 글, 68, 70~72쪽.

34 같은 글, 69쪽. 아울러 원유한, 『조선 후기 화폐사 연구』, 190~198쪽도 참조.

35 『승정원일기』 40 : 469a~70b, 영조 7년 9월 20일(경진) ; 『영조실록』 30 : 26b, 같은 날짜 ; 원유한, 「18세기에 있어서의 화폐정책」, 57~58쪽 ; 한국은행 편, 『증보 한국화폐사』, 50쪽.

36 『승정원일기』 45 : 384c~385c, 영조 11년 2월 10일(을축) ; 『영조실록』 40 : 52b, 같은 날짜.

37 『영조실록』 41 : 8a, 영조 12년 2월 계사 ; 『승정원일기』 45 : 690a~b, 같은 날짜. 1737년에도 고액전의 발행은 거부됐다. 한국은행 편, 『증보 한국화폐사』, 51쪽.

38 Palais, *Politics and Policy in Traditional Korea*, 제8장 "Monetary Policy."

제26장 1731년 이후의 동전과 경제적 변화

1 유수원, 『우서』, 서울 : 서울대학교 출판부, 1971에 실린 한영국의 서문(1~9쪽) ; 강만길, 「조선 후기 상업의 문제점—『우서』의 상업정책 분석」, 『한국사연구』 6, 1971, 53쪽 주 1.

2 강만길, 같은 글, 54~61, 65~68쪽.

3 같은 글, 61~65쪽.

4 같은 글, 69, 72쪽.

5 유수원, 『우서』, 144~145쪽. 원서에서 제기된 주장의 순서를 다시 배열했다.

6 『영조실록』 55 : 26a, 영조 18년 4월 임자 ; 한국은행 편, 『증보 한국화폐사』, 1969, 52쪽.

7 『문헌비고』에는 1737년(영조 13) 북부 양도에서는 화폐의 사용을 금지했지만 백성들은 그런 금제를 모른다는 좌의정 송인명의 상소가 실려 있다. 그는 국가에서 백성들에게 그런 사실을 충분히 주지시키지 않았다면서 위반자를 즉시 처벌하는 데 반대했다. 그는 불법적으로 동전을 유통할 경우 엄격하게 처벌하겠다는 명령을 백성들에게 전달하도록 다시 관찰사들에게 명령하고, 그런 뒤 정부는 시장에서 동전으로 미곡을 구입해 다음해의 춘궁기에 앞서 백성들을 구휼하거나, 남부지방으로 동전을 보내 백성들에게 대부한 뒤 동전으로 상환케 해서 그 일부는 미곡을 구입하고 일부는 수령들의 수입으로 주자고 제안했다. 『문헌비고』 159 : 16a~b.

8 James B. Palais, *Politics and Policy in Traditional Korea*, Cambridge : Harvard University Press, 1975, 169쪽.

9 『영조실록』 55 : 30b~31a, 영조 18년 6월 신묘 ; 『승정원일기』 51 : 674a~675b, 같은 날짜. 『증보 한국화폐사』, 52쪽.

10 소액전인 當二錢은 1679년(숙종 5) 처음으로 주조됐다. 그것은 0.25냥(8.375그램)의 무게가 나갔다. 『증보 한국화폐사』, 43쪽.

11 『승정원일기』 51 : 691b~d, 영조 18년 6월 계묘 ; 『영조실록』 55 : 33a, 같은 날짜 ; 『증보 한국화폐사』, 52쪽.

12 田代和生, 『近世日朝通交貿易史の研究』, 東京 : 彰文社, 1981, 323~329, 334~339쪽.

13 『승정원일기』 51 : 695d~696c, 697c, 영조 18년 6월 병오 ; 『영조실록』 55 : 33b~34a, 같은 날짜 ; 『비변사등록』 11 : 270~271. 1742년의 논쟁에 대한 짧은 요약은 원유한, 「조선 후기 화폐정책에 관한 일고찰—고액전의 鑄用논의를 중심으로」, 『한국사연구』 6, 1971, 77쪽.

14 같은 부분.

15 『영조실록』 55 : 33b~34a, 영조 18년 6월 병오.

16 같은 책, 71 : 18a, 영조 26년 5월 신해 ; 『문헌비고』 159 : 16b~17a.

17 원유한, 「18세기에 있어서의 화폐정책」, 62쪽.

18 강만길, 「조선 후기 상업자본의 성장—京市廛 · 松商 등의 도가상업을 중심으로」, 『한국사연구』 1, 1968, 80~87쪽 ; 『조선 후기 상업자본의 발달』, 서울 : 고려대학교 출판부, 1973, 168~175, 197쪽.

19 유원동, 『한국 근대경제사 연구』, 서울 : 일지사, 1977, 224~228쪽 ; 강만길, 같은 책, 73, 175~183쪽. 육의전의 기원은 劉敎聖, 「서울 육의전 연구」, 『역사학보』 8, 1955, 377~434쪽.

20 『정조실록』 12 : 55b, 정조 5년 11월 기해. 강만길, 같은 책, 197쪽에서 인용.

21 강만길, 같은 책, 197쪽.

22 신석호, 「박제가, 『정유집』 해제」, 『정유집 : 부북학의』, 서울 : 국사편찬위원회, 1971, 1~5쪽.

23 박제가, 『정유집 : 부북학의』, 서울 : 국사편찬위원회, 1971, 408쪽 ; 김용덕, 『조선 후기 사상사 연구』, 서울 : 을유문화사, 1977, 170쪽.

24 김용덕, 같은 책, 170~171쪽.

25 박제가, 『정유집』, 408~409쪽 ; 김용덕, 같은 책, 170쪽.

26 유원동, 『한국 근대경제사 연구』, 229~237, 248~253, 290~293, 300쪽. 역설적이게도 고철로 집기를 만들어 독점적으로 판매할 수 있도록 허락받은 鐵匠들은 이전에 독

점권을 가졌던 鐵店이 사업을 다시 시작했기 때문에 이 결정으로 어려움을 겪었다. 강만길, 「조선 후기 상업자본의 성장—京市廛 · 松商 등의 도가상업을 중심으로」, 88~90쪽 ; 『조선 후기 상업자본의 발달』, 74~75, 188~195쪽 ; 유교성, 「서울 육의전 연구」, 『역사학보』 8, 1955, 389~393쪽.

27 1791년(정조 15) 채제공의 통공정책, 육의전과 철 · 모피 · 갓 등을 만든 장인의 독점권에 대한 제한을 철폐한 효과에 대한 논의는 강만길, 같은 책, 133~150쪽 ; 송찬식, 『이조 후기 수공업에 관한 연구』, 서울 : 서울대학교 출판부, 1973, 22~42쪽.

28 주 27 참조.

29 『문헌비고』 159 : 10a~b.

30 田代和生, 『近世日朝通交貿易史の研究』, 360~362, 367, 371~372쪽. 원유한은 조선의 기록에 있는 통계가 좀더 부정확하다는 사실을 발견했다. 그는 1734년(영조 10) 구리 수만 근이 수입되고 있다고 보고됐는데, 1634년에는 3만 근이 수입됐고 1693년에는 4만 5천 근이 수입됐다. 1742년 구리는 은으로 사기에 너무 비싸졌기 때문에 수입이 중지됐다. 중국에서 아연을 수입하는 것도 조선 정부가 은 수출을 줄이고 중국 정부가 아연의 유출을 제한하면서 감소됐다. 원유한, 「18세기에 있어서의 화폐정책」, 75~78쪽.

31 원유한은 일본에서 구리를 수입하는 데 의존하는 경향이 줄고 조선의 구리 생산이 증가한 것을 경제 발전의 중요한 요소로 해석했다. 「조선 후기 화폐정책에 관한 일고찰」, 『한국사연구』 6, 1971, 93~95쪽. 구리 채광에 대한 논의는 원유한, 「18세기에 있어서의 화폐정책」, 78~83쪽 참조.

32 수안현감 姜浚欽도 1813년(순조 13) 당이전을 제안했다. 원유한, 「조선 후기 화폐정책에 관한 일고찰」, 78~87쪽 ; Palais, *Politics and Policy in Traditional Korea*, 169쪽.

33 박제가, 『정유집』, 408~409쪽 ; 김용덕, 『조선 후기 사상사 연구』, 서울 : 을유문화사, 1977, 170쪽.

34 우정규, 이익성 옮김, 『經濟野言』, 서울 : 을유문화사, 1973, 295~296쪽.

35 같은 책, 293~295쪽.

36 丁益燮, 「박지원의 생애와 사상」, 『이을호박사 정년기념 실학논총』, 광주 : 전남대학교 출판부, 1975, 475~483쪽.

37 권영익, 「북학파의 화폐사상에 관한 연구」, 『한국경제』 4, 1976, 24~26쪽.

38 원유한, 「실학자의 화폐사상발전에 대한 고찰—금 · 은화의 통용론을 중심으로」, 『동방학지』 23 · 24, 1980, 152~156쪽 ; 권영익, 같은 글, 36~38쪽 ; 강만길, 「상업교역론」, 대동문화연구원 편, 『한국사상대계』 2, 489~565쪽, 서울 : 성균관대학교, 1976, 543~546쪽.

39 권영익, 같은 글, 35~36쪽 ; 원유한, 「18세기에 있어서의 화폐정책」, 73쪽.

40 권영익, 같은 글, 39~41쪽.

41 김용덕, 『조선 후기 사상사 연구』, 192~196쪽 ; 정약용, 『경세유표』, 『정다산전서』, 38쪽 ; 이익성 옮김, 『다산논총』, 서울 : 을유문고, 1972, 213~215, 312~313쪽 ; 원유한, 「실학자의 화폐사상발전에 대한 고찰」, 157~161쪽.

42 김용덕, 같은 책, 202~206쪽.

43 원유한, 「조선 후기 화폐정책에 관한 일고찰」, 87~89쪽.

44 같은 글, 89~93, 95~97쪽.

45 安秉珆, 『朝鮮近代經濟史硏究』, 東京 : 日本評論社, 1975, 109~114쪽.

46 원유한, 「조선 후기 화폐정책에 관한 일고찰」, 97~98쪽 ; Palais, *Politics and Policy in Traditional Korea*, 170~173쪽.

제6부 결론

1 박제가, 『정유집』, 서울 : 국사편찬위원회, 1971, 409쪽 ; 송찬식, 「박지원의 연암집」, 역사학회 편, 『실학연구입문』, 서울 : 일조각, 1973, 179~181쪽.

| 참고문헌 |

| 1차 사료 |

한국 사료

『經國大典』. 1469년 초간 ; 1485년 4차 교정. 경성 : 조선총독부 중추원 편, 1934.

『高麗史』 전3권. 서울 : 연세대학교 출판부, 1955.

『高麗史節要』. 서울 : 아세아문화사, 1973.

金堉, 『潛谷全集』. 서울 : 대동문화연구원, 성균관대학교, 1975.

『大典會通』. 경성 : 조선총독부 중추원 편, 1939.

『萬機要覽』 전2권. 「體用篇」. 경성 : 조선총독부 중추원, 1937 ; 「軍政篇」. 경성 : 조선총독부 중추원, 1938.

朴齊家, 『貞蕤集 : 附北學議』. 서울 : 국사편찬위원회, 1971.

『備邊司謄錄』 전16책. 서울 : 국사편찬위원회, 1949.

『三國史記』. 경성 : 고전간행회, 1931.

『續大典』. 경성 : 조선총독부 중추원 편, 1935.

宋時烈, 『宋子大典』 전258권. 대전 : 남윤정사, 1927.

『承政院日記』. 서울 : 국사편찬위원회, 1961~1977.

安鼎福, 『東史綱目』 전3권. 서울 : 경인문화사, 1970.

______, 『국역 동사강목』. 전10권. 서울 : 민족문화추진회, 1977.

______, 『雜同散異』. 전4권. 서울 : 한국학문헌연구회, 한국학고사전 총서, 1981.

禹禎圭, 이익성 옮김, 『經濟野言』. 서울 : 을유문화사, 1973.

柳成龍, 『西厓文集』. 서울 : 대동문화연구원 편, 1958.

______, 『磻溪先生年譜』. 서울 : 동국문화사, 1961.

______, 『서애선생문집』 20권, 1984.

______, 『국역 서애집』 2권. 서울 : 민족문화추진회, 1977.

______, 『懲毖錄』. 성균관 편, 『서애집』 수록. 서울 : 동아문화연구소, 1959.

______, 『국역 서애집』. 서울 : 경인문화사, 1959.

柳壽垣, 『迂書』. 서울 : 서울대학교 출판부, 1971.

柳馨遠, 『磻溪隨錄』 부록보유, 고전간행회 편, 서울 : 동국문화사, 1958.
______, 『증보 반계수록』 6권(한국학기본총서 10), 서울 : 경인문화사, 1974.
______, 한창경 옮김, 『국역 반계수록』 전6권, 대전 : 충남대학교 출판부, 1962.
______, 평양 : 조선인민민주주의공화국 과학원 고전연구소 고전연구실 옮김, 전4권, 1960, 1963.
______, 『반계잡고』, 서울 : 여강출판사, 1990.
李圭景, 『五洲衍文長箋散稿』 전2권, 서울 : 동국문화사, 1959.
李肯翊, 『燃藜室記述』 33권, 속7권, 경성 : 조선고서간행회, 1912~13, 6권.
李睟光, 『芝峰類說』, 1614. 서울 : 경인문화사, 1970.
李　珥, 『栗谷全書』, 서울 : 성균관대학교 대동문화연구원, 1958.
李　瀷, 『星湖僿說』, 서울 : 경희출판사, 1967.
______, 『星湖僿說 類選』, 안정복 편, 경성 : 조선고서간행회 영인, 1915. 서울 : 경인문화사, 1976년 영인.
______, 『성호선생 전집』, 76권, 경인문화사, 1974, 2권.
『日省錄』, 서울 : 서울대학교 출판부, 1966.
鄭道傳, 『三峰集』, 서울 : 국사편찬위원회, 1961.
丁若鏞, 『丁茶山全書』, 전4권, 서울 : 문헌편찬위원회, 1960, 1961.
______, 『牧民心書』, 『정다산전서』에 수록.
______, 이익성 옮김, 『다산논총』, 서울 : 을유문고, 1972.
趙慶男, 『亂中雜錄』, 서울 : 민족문화추진회, 1977.
趙光祖, 『국역 정암조선생 문집』, 서울 : 정암조선생기념사업회, 1978.
조선사편수회 편, 『조선사』 전35권, 경성, 1932~40.
『조선왕조실록』, 서울 : 국사편찬위원회, 1957.
조선총독부 중추원 편, 『李朝の財産相續法』, 경성, 1936.
『增補文獻備考』 250권, 서울 : 홍문관 찬집교정, 1907.
韓百謙, 『久庵遺稿』, 서울 : 열화당, 1972.
한우근 · 이성무 · 민현구 · 이태진 · 권오영 편, 『역주 경국대전』, 성남 : 한국정신문화연구원, 1985.

해외 사료

杜佑, 『通典』.
馬端臨, 『文獻通考』.
司馬光, 『資治通鑑』.
『辭海』, 上海, 1947.

『尙書』.
『元史』.
戚繼光, 『紀效新書』, 上海 : 商務印書館, 1939.
『春秋公羊傳』.
諸橋轍次, 『大漢和辭典』, 東京 : 大修館書店, 1960.
Legge, James, trans., *Chinese Classics*, 5 vols, Oxford : Clarendon Press, 1893~95.
Waltham, Clae, ed., *Shu Ching : Book of History, A Modernized Edition of the Translations of James Legge*, Chicago : H. Regnery, 1971.

| 2차 사료 |

한국 논저

姜萬吉, 『조선 후기 상업자본의 발달』, 서울 : 고려대학교 출판부, 1973.
______, 「조선 전기 貢上考」, 『역사학보』 12, 1961, 1~72쪽.
______, 「分院硏究—17~18세기 조선왕조 관영수공제의 운영실태」, 『아세아연구』 8권 4호, 1965, 79~116쪽. 영문 요약은 117~120쪽.
______, 「조선 후기 상업자본의 성장—京市廛 · 松商 등의 도가상업을 중심으로」, 『한국사연구』 1, 1968, 79~108쪽.
______, 「조선 후기 상업의 문제점—『우서』의 상업정책분석」, 『한국사연구』 6, 1971, 53~74쪽.
______, 「수공업」, 국사편찬위원회 편, 『한국사』 10, 서울 : 탐구당, 1974, 355~389쪽.
______, 「爲民施策과 정책반영」, 『이을호박사 정년기념 실학논총』, 광주 : 전남대학교 출판부, 1975, 159~179쪽.
______, 「조선 후기 고리채 발달」, 『한국사연구』 13, 1976, 59~84쪽.
______, 「상업교역론」, 대동문화연구원 편, 『한국사상대계』 2, 서울 : 성균관대학교, 1976, 489~565쪽.
______, 「군역 개혁론을 통해 본 실학의 성격」, 『동방학지』 22, 1979.
姜周鎭, 『이조당쟁사연구』, 서울 : 서울대학교 출판부, 1971.
姜晋哲, 『고려토지제도연구』, 서울 : 고려대학교 출판부, 1980.
______, 「한국사의 시대구분에 대한 一試論」, 『진단학보』 29 · 30, 1966, 175~198쪽.
高承濟, 『근세한국산업사연구』, 서울 : 대동문화사, 1959.
______, 「면업」, 국사편찬위원회 편, 『한국사』 10, 서울 : 탐구당, 1974, 320~335쪽.
權榮翼, 「북학파의 화폐사상에 관한 연구」, 『한국경제』 4, 1976, 23~41쪽.

______, 「유형원의 화폐사상에 관한 연구」, 『대동문화연구』 11, 1977, 55~78쪽.
權泰煥, 『한국의 인구』, 서울 : 서울대학교 출판부, 1975
______, 『한국사회의 인구와 발전』, 서울 : 서울대학교 출판부, 1978.
金世潤, 「고려 후기의 외거노비」, 『한국학보』 18, 1980, 63~81쪽.
金泳謨, 「조선 후기 신분구조와 그 변동」, 『동방학지』 26, 1981, 53~153쪽.
金玉根, 『조선 후기 경제사연구』, 서울 : 서문당, 1977.
金龍德, 『조선 후기 사상사연구』, 서울 : 을유문화사, 1977.
______, 『향청연구』, 서울 : 한국연구원, 1978.
______, 「소현세자연구」, 『사학연구』 18, 1964, 433~489쪽.
金容燮, 『조선 후기 농업사연구(I)—농촌경제, 사회변동』, 서울 : 일조각, 1970.
______, 『조선 후기 농업사연구(II)—농업변동, 농학사조』, 서울 : 일조각, 1971.
______, 『한국 근대 농업사연구』, 서울 : 일조각, 1975.
______, 「量案의 연구—조선 후기의 농가경제」(상), 『사학연구』 7, 1960, 1~95쪽 ; (하), 『사학연구』 8, 1960, 59~119쪽. 『조선 후기 농업사연구(I)』에 재수록.
______, 「조선 후기 신분제의 동요와 농지소유」, 『조선 후기 농업사연구(I)』, 336~444쪽.
______, 「조선 후기의 수도작 기술—이앙법의 보급에 대하여」, 『조선 후기 농업사연구(II)』, 2~18쪽. 원고는 『아세아연구』 7권 1호, 1964, 51~76쪽. 영문 요약은 77~78쪽.
______, 「조선 후기의 수도작 기술—도 · 맥 이모작의 보급에 대하여」, 『조선 후기 농업사연구(II)』, 40~71쪽, 서울 : 일조각, 1971. 원고는 『아세아연구』 7권 4호, 1964, 125~146쪽. 영문 요약은 147~148쪽.
______, 「조선 후기의 수도작 기술—이앙과 수리 문제」, 『조선 후기 농업사연구(II)』, 서울 : 일조각, 1971, 72~103쪽. 원고는 『아세아연구』 8권 2호, 1965, 281~305쪽.
______, 「18세기 농촌지식인의 농업관」, 『조선 후기 농업사연구(I)』, 4~25쪽.
______, 「18 · 19세기의 농업실정과 새로운 농업경영론」, 『한국근대 농업사연구』, 2~175쪽.
______, 「조선 후기 균역제 이정의 추이와 호포법」, 『성곡논총』 13, 1982, 7~46쪽.
______, 「조선 후기 균역제의 동요와 균역전」, 『동방학지』 32, 1982, 97~147쪽.
金載珍, 「田結制 연구」, 『경북대학교 논문집』 2, 1958, 75~113쪽.
金駿錫, 「유형원의 變法觀과 實理論」, 『동방학지』 75, 1992, 69~114쪽.
金俊亨, 「18세기 이정법의 전개—촌락의 기능 강화와 관련하여」, 『진단학보』 58, 1984, 69~96쪽.

金鎭鳳 · 車勇杰 · 梁起錫, 「조선시대 군역자원변동에 대한 연구—호서지방의 경우를 중심으로」, 『호서문화연구』 3, 1983, 55~113쪽.

金哲埈, 「최승로의 시무18조」, 조명기박사 화갑기념 불교사학논총 간행위원회 편, 『불교사학논총』, 서울, 1965. 『한국고대사회연구』, 서울 : 지식산업사, 1975 재수록.

______, 「한국고대사의 성격과 나말여초의 전환기」, 한국경제사학회 편, 『한국사시대구분론』, 서울 : 을유문화사, 1970, 29~56쪽.

金忠烈, 『고려유학사』, 서울 : 고려대학교 출판부, 1984.

金弼東, 「조선 후기 지방서리 집단의 조직구조」(상), 『한국학보』 28, 1982, 79~116쪽 ; (하), 『한국학보』 29, 1982, 87~116쪽.

閔賢九, 『조선 초기의 군사제도와 정치』, 서울 : 한국연구원, 1983.

______, 「근세전기 군제의 성립」, 육군사관학교 한국군사연구실 편, 『한국군제사—근세 조선 전기편』, 서울 : 육군본부, 1968, 1~197쪽.

______, 「신돈의 집권과 그 정치적 성격」(상), 『역사학보』 38, 1968, 36~88쪽 ; (하), 『역사학보』 40, 1968, 53~119쪽.

朴廣成, 「균역법 시행 이후의 양역에 대하여」, 『성곡논총』 3, 1972, 129~184쪽.

朴魯昱, 「조선시대 고문서상의 용어검토—토지노비 문제를 중심으로」, 『동방학지』 68, 1990, 75~121쪽.

朴秉濠, 『한국법제사 특수연구—이조시대의 不動産賣買及擔保法』, 서울 : 한국연구원, 1960.

______, 「한국 근세의 토지소유권에 관한 연구」, 『서울대학교 법학』 8권 1호, 1966, 63~93쪽 ; 8권 2호, 1966, 78~104쪽 ; 9권 1호, 1967, 157~185쪽.

朴成壽, 「雇工硏究」, 『사학연구』 18, 1964, 527~554쪽.

朴榮圭, 「조선조 효종 경신연간의 기근에 대하여」, 『향토서울』 19, 1963, 5~35쪽.

朴宗根, 「茶山丁若鏞の土地改革思想の考察—耕作能力に應じた土地分配お中心として」, 『朝鮮學報』 28, 1963, 75~111쪽.

한국은행 편, 『증보 한국화폐사』, 1969.

方基中, 「17 · 18세기 전반 금납조세의 성립과 전개」, 『동방학지』 45, 1984, 117~201쪽.

宋俊浩, 『조선사회사연구』, 서울 : 일조각, 1987.

______, 「조선시대의 과거와 양반 및 양인」, 『역사학보』 69, 1976, 101~135.

______, 「과거제도를 통해서 본 중국과 한국」, 역사학회 편, 『과거』, 서울 : 일조각, 1981.

______, 「조선의 양반제를 어떻게 해석할 것인가」, 『조선사회사연구』, 118~164쪽.

______, 「조선양반고」, 『조선사회사연구』, 165~259쪽.

______, 「南原에 들어오는 昌平의 월구실(維谷)柳氏—양반세계에 있어 혼인이 의미하였던 것」, 『조선사회사연구』.
宋贊植, 『이조 후기 수공업에 관한 연구』, 서울 : 서울대학교 출판부, 1973.
______, 「박지원의 연암집」, 역사학회 편, 『실학연구입문』, 서울 : 일조각, 1973, 177~217쪽.
______, 「조선 후기 行錢論」, 『한국사상대계』 2, 사회경제사상편, 서울 : 대동문화연구원, 성균관대학교, 1976.
申奭鎬, 「박제가, 『정유집』 해제」, 서울 : 국사편찬위원회, 1971, 11~5쪽.
申芝鉉, 「염업」, 국사편찬위원회 편, 『한국사』 10, 서울 : 탐구당, 1974, 389~412쪽.
양주동 · 민태식 · 이홍직 편, 『漢韓大辭典』, 서울 : 동아출판사, 1963.
역사학회 편, 『과거』, 서울 : 일조각, 1981.
吳洙彰, 「인조대 정치세력의 동향」, 『한국사론』 13, 1985, 49~119쪽.
元裕漢, 『조선 후기 화폐사연구』, 서울 : 한국연구원, 1975.
______, 「이조 숙종시대의 鑄錢에 대하여」, 『사학연구』 18, 1964, 627~674쪽.
______, 「이조 숙종시대의 鑄錢 동기」, 『동국사학』 9 · 10, 1966, 37~52쪽.
______, 「18세기에 있어서의 화폐정책—동전의 주조사업을 중심으로」, 『사학연구』 19, 1967.
______, 「이조 후기 淸錢의 수입유통에 대하여」, 『사학연구』 21, 1969, 145~155쪽.
______, 「성호 이익의 부정적 화폐론」, 『역사학보』 48, 1970, 53~72쪽.
______, 「반계 유형원의 긍정적 화폐론」, 『유홍렬박사 회갑기념논총』, 서울 : 탐구당, 1971, 287~301쪽.
______, 「조선 후기 화폐정책에 관한 일고찰—고액전의 鑄用논의를 중심으로」, 『한국사연구』 6, 1971, 75~101쪽.
______, 「조선 후기 화폐 유통에 대한 일고찰」, 『한국사연구』 7, 1972, 131~150쪽.
______, 「조선 후기의 금속화폐 유통정책—17세기 전반의 동전유통 시도기를 중심으로」, 『동방학지』 13, 1972, 97~134쪽.
______, 「실학자의 화폐사상발전에 대한 고찰—금 · 은화의 통용론을 중심으로」, 『동방학지』 23 · 24, 1980, 141~166쪽.
______, 「실학자의 화폐경제론」, 『동방학지』 26, 1981, 155~221쪽.
劉敎聖, 「서울 육의전연구」, 『역사학보』 8, 1955, 377~434쪽.
劉元東, 『한국근대경제사연구』, 서울 : 일지사, 1977.
______, 「상업」, 국사편찬위원회 편, 『한국사』 10, 서울 : 탐구당, 1974, 278~320쪽.
劉承源, 『조선 초기 신분제연구』, 서울 : 을유문화사, 1987.
柳承宙, 「조선 후기 군수광업의 발전」, 『사학지』 3, 1969, 1~35쪽.

______, 「광업」, 국사편찬위원회 편, 『한국사』 10, 서울 : 탐구당, 1974, 335~355쪽.
柳洪烈, 「萬科 設行의 정책사적 추이—조선 중기를 중심으로」, 『사학연구』 18, 1964, 207~246쪽.
육군사관학교 한국군사연구실 편, 『한국군제사—근세 조선 전기편』, 1968 ; 『한국군제사—근세 조선 후기편』, 서울 : 육군본부, 1977, 1~197쪽.
李光麟, 「이조 초기의 제지업」, 『역사학보』 10, 1958, 1~38쪽.
______, 「京主人연구」, 『인문과학』 7, 1962, 237~267쪽.
李景植, 『조선 전기 토지제도연구』, 서울 : 일조각, 1986.
______, 「16세기 지주층의 동향」, 『역사교육』 19, 1976, 139~183쪽.
______, 「조선 전기 場市의 성립과 그 기반」, 『한국사연구』 57, 1987, 43~91쪽.
李丙燾, 「광해군의 대후금정책」, 『국사상의 제문제』 1, 1959, 135~173쪽.
李相佰, 『한국사—근세 전기편』, 서울 : 을유문화사, 1962.
______, 『한국사—근세 후기편』, 서울 : 을유문화사, 1965.
______, 『庶孼差待의 淵源에 대한 일문제』, 『한국문화사연구논고』, 서울 : 을유문화사, 1947, 171~204쪽.
______, 「賤子隨母考」, 『진단학보』 25권 7호, 1964, 155~184쪽.
李成茂, 『조선 초기 양반연구』, 서울 : 일조각, 1980.
______, 「선초의 성균관연구」, 『역사학보』 35 · 36, 1967, 219~268쪽.
______, 「조선 초기의 향교」, 『이상옥박사 화갑논문집』, 1970, 235~254쪽.
______, 「조선 초기의 향리」, 『한국사연구』 5, 1970, 65~96쪽.
______, 「양반」, 국사편찬위원회 편, 『한국사』 10, 서울 : 탐구당, 1974, 549~594쪽.
李樹健, 『영남사림파의 형성』, 영남대학교 민족문화연구소, 1979.
李榮薰, 『조선 후기 사회경제사』, 서울 : 한길사, 1988.
李佑成, 「초기 실학과 성리학과의 관계—磻溪 柳馨遠의 경우」, 『동방학지』 58, 1989, 15~22쪽.
李載龒, 「조선 전기의 노비연구」, 『숭전대학교 논문집』 3, 1971, 169~188쪽.
李鍾英, 「조선조 화폐제의 변천」, 『인문과학』 7, 1962, 295~338쪽.
李俊九, 「조선 후기 양반신분 이동에 관한 연구—단성호적을 중심으로」(상), 『역사학보』 96, 1982, 139~84쪽 ; (하), 『역사학보』 97, 1983, 1~29쪽.
李泰鎭, 『조선 후기의 정치와 군영제 변천』, 서울 : 한국연구원, 1985.
______, 『한국사회사연구』, 서울 : 지식산업사, 1986.
______, 「사림파의 留鄕所 복립운동」, 『한국사회사연구』, 125~185쪽. 원고는 『진단학보』 34 · 35, 1972 · 73.
______, 「중앙오군영제의 성립과정」, 육군사관학교 한국군제사연구실 편, 『한국군제사

—근세 조선 후기편』, 서울 : 육군본부, 1977, 41~162쪽.
______, 「16세기 川防(洑) 灌漑의 발달—사림세력 대두의 경제적 배경 일단」, 『한국사회사연구』, 274~288쪽.
______, 「16세기 沿海地域의 堰田 개발—戚臣政治의 경제적 배경 一端」, 『한국사회사연구』, 지식산업사, 222~252쪽.
李熙承 편, 『민중 국어대사전』, 서울 : 민중서관, 1961.
李弘稙 편, 『국사대사전』 2권, 서울 : 집문각, 1962 · 1963.
李洪烈, 「만과설행의 정책사적 추이—조선 중기를 중심으로」, 『사학연구』 18, 1964, 207~246쪽.
李炯錫, 『임진전란사』 3권, 서울 : 신현실사, 1974.
이가원 · 권오돈 · 임창순 편, 『동아 한한대사전』, 서울 : 동아출판사, 1982.
李基白, 「신라통일기 및 고려 전기의 유교적 정치이념」, 『대동문화연구』 6 · 7, 1969, 141~161쪽.
______, 「고려시대 신분의 세습과 변동—한국 전통사회에 있어서의 신분」, 『민족과 역사』, 서울 : 일조각, 1971, 91~100쪽.
______, 「신라 골품제 하의 유교적 정치이념」, 『신라시대의 국가불교와 유교』, 서울 : 한국연구원, 1978, 153~185쪽.
______, 「고려 귀족사회의 형성」, 국사편찬위원회 편, 『한국사』 4, 서울 : 탐구당, 1974, 152~212쪽.
장국종, 「17세기 금속화폐의 유통에 대하여」, 『역사과학』 6, 1961, 44~54쪽.
______, 「17세기의 통화 주조와 전황 문제」, 『역사과학』 11, 1963, 40~55쪽.
全海宗, 『한중관계사연구』, 서울 : 일조각, 1970.
______, 「가도의 명칭에 관한 소고」, 『서울대학교 논문집』 인문사회과학 9, 1959.
全炯澤, 『조선 후기 노비신분연구』, 서울 : 일조각, 1989.
______, 「19세기 초 내시노비의 혁파」, 『한국사론』 4, 1978, 189~260쪽.
鄭求福, 「반계 유형원의 사회개혁 사상」, 『역사학보』 45, 1970, 1~53쪽. 영문 요약 55~60쪽.
鄭杜熙, 「조선 초기 三功臣 연구—그 사회적 배경과 정치적 영향력을 중심으로」, 『역사학보』 75 · 76, 1977, 121~176쪽.
鄭萬祚, 「조선 후기의 양역변통논의에 대한 검토—균역법 성립의 배경」, 『동대논총』 7, 1977, 5~29쪽.
鄭奭鍾, 『조선 후기 사회변동연구』, 서울 : 일조각, 1983.
______, 「조선 후기 사회신분법의 붕괴—울산부 호적대장을 중심으로」, 『대동문화연구』 9, 1972, 267~357쪽.

鄭演植, 「17 · 18세기 양역균일화 정책의 추이」, 『한국사론』 13, 1985, 121~185쪽.
丁益燮, 「박지원의 생애와 사상」, 『이을호박사 정년기념 실학논총』, 광주 : 전남대학교 출판부, 1975, 475~483쪽.
鄭亨愚, 「대동법에 대한 一硏究」, 『사학연구』 2, 1958.
車文燮, 『조선시대 군제연구』, 단국대 출판부, 서울 : 단국대학교 출판부, 1973.
______, 「임란 이후의 양역과 균역법의 성립」(상), 『사학연구』 10, 1961, 115~120쪽 ; (하), 『사학연구』 11, 1961, 83~146쪽.
______, 「조선조 후기의 營將에 대하여」, 『사총』 12 · 13, 1968, 495~518쪽.
______, 「선조조의 훈련도감」, 『사학지』 4, 1970, 11~30쪽 ; 『조선시대 군제연구』, 158~178쪽 재수록.
______, 「효종조의 군비확충」, 『단국대학교 논문집』 1, 1967 ; 『조선시대 군제연구』, 254~341쪽 재수록.
______, 「금위영 연구」, 『조선시대 군제연구』, 342~431쪽 재수록.
______, 「선초의 내금위」, 『조선시대 군제연구』, 52~89쪽 재수록.
______, 「선초의 충의 · 충찬 · 충순위」, 『조선시대 군제연구』, 90~135쪽 재수록.
______, 「중종조의 定虜衛」, 『조선시대 군제연구』, 136~157쪽 재수록.
______, 「속오군 연구」, 『조선시대 군제연구』, 179~228쪽 재수록.
千寬宇, 『한국사의 재발견』, 서울 : 일조각, 1974.
______, 『근세조선사연구』, 일조각, 1979.
______, 「반계 유형원 연구—실학 발생에서 본 이조사회의 일단면」(상), 『역사학보』 2, 1952, 9~83쪽 ; (하), 『역사학보』 3, 1953, 87~139쪽. 『근세조선사연구』, 227~336쪽 수정 재수록.
______, 「조선 초기 五衛의 兵種」, 「사학연구」 18, 1960. 9, 59~95쪽. 『근세조선사연구』, 88~119쪽 재수록.
______, 「한국토지제도사(하)」, 『한국문화사대계』, 서울 : 고려대학교 민족문화연구소, 1965, 1,381~1,516쪽.
______, 「조선 후기 실학의 개념 재론」, 『한국사의 재발견』, 107~185쪽 재수록.
______, 「반계 유형원」, 『한국사의 재발견』, 186~231쪽 재수록.
______, 「반계 유형원 연구 疑補」, 『근세조선사연구』, 337~347쪽 재수록.
______, 「실학의 개념 시비」, 『근세조선사연구』, 379~383쪽 재수록.
______, 「실학 개념 성립에 관한 사학사적 고찰」, 『근세조선사연구』, 392~410쪽 재수록.
崔永浩, 「幼學 · 學生 · 校生考」, 『역사학보』 101, 1984, 1~21쪽.
崔永禧, 『임진왜란중의 사회동태』, 서울 : 한국연구원, 1975.

崔潤晤, 「18~19세기 농업고용노동의 전개와 발달」, 『한국사연구』 77, 1992, 57~88쪽.
崔異敦, 「16세기 郎官權의 형성과정」, 『한국사론』 14, 1986, 3~50쪽.
崔虎鎭, 『韓國貨幣小史』, 서울 : 서문당, 1974.
平木實, 『조선 후기 노비제연구』, 서울 : 지식산업사, 1982.
______, 「17세기에 있어서의 노비종량」, 『한국사연구』 3, 1969, 89~121쪽.
______, 「十七·八世紀における奴良妻所生の歸屬について」, 『朝鮮學報』 61, 1971.
河炫綱, 「호족과 왕권」, 국사편찬위원회 편, 『한국사』 4, 서울 : 탐구당, 1974, 104~152쪽.
『한국사회, 인구와 발전』, 서울대학교 출판부, 1978.
韓相權, 「18세기 말~19세기 초의 장시발달에 대한 기초연구—경상도 지방을 중심으로」, 『한국사론』 7, 1981, 179~237쪽.
韓㳓劤, 『이조 후기의 사회와 사상』, 서울 : 을유문화사, 1961.
______, 『성호 이익 연구—인간 성호와 그의 정치사상』, 서울 : 서울대학교 출판부, 1980.
______, 『성호 이익의 사상연구』 1, 135~200쪽 ; 2 『이조 후기 사회와 사상』 재수록, 201~324쪽.
韓榮國, 「湖西에 실시된 대동법」(상), 『역사학보』 13, 1960, 77~108쪽 ; (하), 『역사학보』, 14, 1961, 77~132쪽.
______, 「湖南에 실시된 대동법」 1, 『역사학보』 15, 1961, 31~60쪽 ; 2, 『역사학보』 20, 1963, 29~80쪽 ; 3, 『역사학보』 21, 1963, 67~100쪽 ; 4(完), 『역사학보』 24, 1964, 91~118쪽.
______, 「조선 중엽의 노비결혼양태(상)—1609년의 울산호적에 나타난 사례를 중심으로」, 『역사학보』 75·76, 1977, 177~197쪽 ; (하), 『역사학보』 77, 1978, 105~125쪽.
______, 「조선 후기의 雇工—18~19세기 大邱府 호적에서 본 그 실태와 성격」, 『역사학보』 81, 1979, 81~124쪽.
韓永愚, 『정도전 사상의 연구』, 서울 : 한국문화연구소, 1973.
______, 「태종·세종조의 代私田施策—사전의 하삼도 이급 문제를 중심으로」, 『한국사연구』 3, 1969, 39~88쪽.
______, 「조선 초기의 상급서리 '成衆官'」, 『동아문화』 10, 1971, 1~89쪽.
______, 「柳壽垣의 신분개혁사상」, 『한국사연구』 8, 1972.
______, 「조선 초기 사회계층 연구에 대한 再論」, 『한국사론』 12, 1985, 305~358쪽.
洪承基, 『고려시대 노비연구』, 서울 : 한국연구원, 1981.
______, 『고려귀족사회와 노비』, 서울 : 일조각, 1983.

______, 「고려시대 공노비의 성격」, 『역사학보』 80, 1978, 27~57쪽.
洪以燮, 『정약용의 정치경제사상 연구』, 서울 : 한국연구원, 1959.

해외 논저

加藤繁, 『支那公田制の研究』, 京都 : 京都法學會, 1916.
岡本敬二, 「元代の奴婢制について」, 『東京教育大學校 文學部紀要』 66, 1969, 49~50쪽.
龜田敬二, 「高麗の奴婢について」 1 · 2, 『青丘學叢』 26 · 28, 1936 · 1937.
堀敏一, 『均田制の研究』, 東京 : 岩波書店, 1975.
宮崎市定, 『九品官人法の研究』, 京都 : 東洋史研究, 1956.
______, 「士大夫」, 『亞細亞歷史事典』 4, 174a, 東京 : 平凡社, 1962.
宮原兎一, 「朝鮮初期の銅錢について」, 『朝鮮學報』 2, 1951, 75~101쪽.
______, 「朝鮮初期の楮貨について」, 『東洋史學論集』 3, 東京教大 東洋史學研究室, 1954, 369~382쪽.
______, 「16世紀朝鮮の雇工について」, 『朝鮮學報』 11, 1957, 93~116쪽.
菱本長次, 『朝鮮米の研究』, 1938.
渡部學, 『近世朝鮮教育史研究』, 東京 : 雄山閣, 1969.
稻葉岩吉, 『光海君時代の滿鮮關係』, 京城 : 大阪屋號書店, 1933.
東一夫, 『王安石新法の研究』, 東京 : 風間書房, 1970.
四方博, 「李朝人口に關する一研究」, 『朝鮮社會經濟史研究』, 東京 : 岩波書店, 1937.
______, 「李朝人口に關する身分階級別的考察」, 『朝鮮經濟の研究』 3, 東京 : 岩波書店, 1938, 363~482쪽.
西嶋定生, 「中國古代奴婢制の再考察」, 『古代史研究』 7, 東京 : 學生社, 1963, 162~173쪽.
石井南國, 『韓國の人口增價の分析』, 1972.
濱口重國, 『唐王朝の賤民制度』, 京都 : 東洋史研究會, 1966.
______, 『秦漢隋唐史の研究』 1 · 2, 東京 : 東京大學出版會, 1966.
______, 「前漢の南北國について」, 『秦漢隋唐史の研究』 1, 東京 : 東京大學出版會, 1966, 251~267쪽.
______, 「府兵制より新兵制へ」, 『秦漢隋唐史の研究』 1, 3~83쪽. 원고는 『史學雜誌』 41, 1930 수록.
『亞細亞歷史事典』 10권, 東京 : 平凡社, 1962.
安秉珆, 『朝鮮近代經濟史研究』, 東京 : 日本評論社, 1975.
有井智德, 「李朝補充軍考」, 『朝鮮學報』 21 · 22, 1961, 295~338쪽.
仁井田陞, 『支那身分法史』, 東京 : 座右寶刊行會, 1943.

______, 『中國法制史』, 東京 : 岩波書店, 1952.
______, 『中國法制史研究』, 東京 : 東京大學東洋文化研究所, 1962.
田代和生, 『近世日朝通交貿易史の硏究』, 東京 : 彰文社, 1981.
田川孝三, 『李朝貢納制の硏究』, 東京 : 東洋文庫, 1964.
______, 「李朝の鄕規について」 1~3, 『朝鮮學報』 76 · 78 · 81, 1975 · 1976.
田花爲雄, 『朝鮮鄕約敎化史の硏究』, 1972.
朝鮮總督府 中樞院 編, 『李朝財産の相續法』, 京城, 1936.
周藤吉之, 『中國土地制度史硏究』, 東京 : 東京大學出版會, 1954.
______, 『唐宋社會經濟史硏究』, 東京 : 東京大學出版會, 1965.
______, 「鮮初における奴婢の辨正と推刷に就いて」, 『靑丘學叢』 22, 1935.
______, 「高麗末期より朝鮮初期に至る奴婢の硏究」 1~4, 『歷史學硏究』 9-1~4, 1939.
______, 「高麗朝より李朝初期に至る田制の改革」, 『東亞學』 3, 1940.
______, 「高麗末期より朝鮮初期に至る綿織物の發達」, 『社會經濟史學』, 12-3, 1942.
池田末利 編, 『全譯漢文大系』, 東京 : 集英社, 1976.
築山治三郎, 『唐代政治制度の硏究』, 大阪 : 創元社, 1967.
和田一郎, 『朝鮮土地制度及地稅制度調查報告書』, 京城 : 朝鮮總督府, 1920.
和田清, 『中國地方自治發達史』, 東京 : 汲古書院, 1975.

Asao Naohiro, "The Sixteenth-century Unification", In John Whitney Hall, ed., *The Cambridge History of Japan*, Vol. 4, Cambridge : Cambridge University Press, 1991, pp.40~95.

Barker, Ernest, *Greek Political Theory : Plato and His Predecessors, 1918*, London : Methuen and Co., 4th ed., 1951.

______, *The Politics of Aristotle*, New York : Oxford University Press, 1979.

Beattie, Hilary J., *Land and Lineage in China : A Study of T'ung-Cheng County, Anhwei, in the Ming and Ch'ing Dynasties*, Cambridge : Cambridge University Press, 1979.

Behrens, Betty, "Government and Society", in E. E. Rich and C. H. Wilson, *The Cambridge Economic History of Europe*, vol. 5, *The Economic Organization of Early Modern Europe*, Cambridge : Cambridge University Press, 1977, pp.573~620.

Bielenstein, Hans, "The Institutions of Later Han", In Denis Twitchett and Michael Loewe, eds., The *Cambridge History of China*, Vol. 1, Cambridge : Cambridge University Press, 1986, pp.491~519.

Bloch, Marc, William R. Beer, trans., *Slavery and Serfdom in the Meddle Ages*, Berkeley and Los Angeles : University of California Press, 1976.

Bloom, Allan, trans., *The Republic of Plato*, New York : Basic book, 1968.

Bodde, Derk, "The State and Empire of Ch'in", In Denis Twitchett and Michael Loewe, eds., *The Cambridge History of China*, Vol. 1, Cambridge : Cambridge University Press, 1986, pp.20~102.

Bol, Peter K., *This Culture of Ours : Intellectual Transitions in T'ang and Sung China*, Stanford, California : Stanford University Press, 1992.

Bottomore, Tom, ed., *A Dictionary of Marxist Thought*, Cambridge : Harvard University Press, 1983.

Braudel, Fernand. *Civilization and Capitalism, 15th-18th Century*, 3 vols, New York : Harper and Row, 1981~84.

Bray, Francesca, *Science and Civilization in China*, Edited by Joseph Needham, Vol. 6, *Biology and Biological Technology*, Part II : *Agriculture*, Cambridge : Cambridge University Press, 1984.

Buck, John Lossing, Owen L. Dawson, and Yuan-li Wu, *Food and Agriculture in Communist China*, New York : Frederick A. Praeger, 1966.

Chaffee, John, *The Thorny Gates of Learning in Sung China : A Social History of Examiniations*, Cambridge : Cambridge University Press, 1985.

Chan, Wing-tsit, *A Sourcebook in Chinese Philosophy*, Princeton, New Jersey : Princeton University Press, 1963.

Chance, Roger, *Until Philosophers Are Kings : A Study of the Political Theory of Plato and Aristotle in Relation to the Modern State*, New York : Oxford University Press, 1929.

Chang, Carsun, *The Development of Neo-Confucian Thought*, 2 vols, New York : Bookman Associates, 1957 · 1962.

Choe, Ching Young(Cho Chingyang), "Kim Yuk(1580-1658) and the Taedongbŏp Reform", *Journal of Asian Studies* 23, no. 1(November 1963), pp.21~35.

Choe, Yong-ho, "Commoners in Early Yi Dynasty Civil Examinations : An Aspect of Koreans Social Structure, 1392-1600," *Journal of Asian Studies* 33, no.4 (August 1974), pp.611~631.

______, *The Civil Examinations and the Social Structure in Early Yi Dynasty Korea : 1392-1600*, Seoul : Korean Research Center, 1987.

Ch'ü, T'ung-tsu, *Han Social Structure*, Edited by Jack Dull, Seattle : University of

Washington Press, 1972.
Chun Haejong, "Sino-Korean Tributary Relations in the Ch'ing Period", In John K. Fairbank, ed., *The Chinese World Order*, Cambridge : Harvard University Press, 1968, pp.90~111.
Cole, David C., and Princeton N. Lyman, *Korean Development : The Interplay of Politics and Economics*, Cambridge : Harvard University Press, 1971.
Crowell, William Gordon, "Government Land Policies and Systems in Early Imperial China", Ph. D. diss., University of Washington, 1979.
______, "The Land Limitations of Emperor Ai—A Reexamination", Paper Presented at the Asian Studies on the Pacific Coast Conference at Eugene, Oregon, June, 1977.
Cumings, Bruce, *The Origins of the Korean War*, Vol. 1, *Liberation and the Emergence of Separate Regimes* ; Vol. 2, *The Roaring of the Cataract, 1947-1950*, Princeton, New Jersey : Princeton University Press, 1981, 1990.
______, "Corporatism in North Korea", *Journal of Korean Studies* 4(1982-83), pp.269~294.
David, Paul A., Herbert G. Gutman, Richard Sutch, Peter Temin, Gavin Wright, Introduction by Kenneth M. Stampp, *Reckoning with Slavery : A Critical Study in the Quantitative History of American Negro Slavery*, New York : Oxford University Press, 1976.
Davis, David Brion, *The Problem of Slavery in Western Culture*, Ithaca, New York : Cornell University Press, 1966.
de Bary, Wm. Theodore, Wing-tsit Chan, and Burton Watson, compilers, *Sources of Chinese Tradition*, 2 vols, 1960, New York : Colombia University Press, 1964.
______ and the Conference on Seventeenth-Century Chinese Thought, *The Unfolding of Neo-Confucianism*, New York : Princeton University Press, 1975.
______ and JaHyun Kim Haboush, eds., *The Rise of Neo-Confucianism in Korea*, New York : Columbia University Press, 1985.
______, "Chu Hsi's Aims as and Educator", In Wm, Theodore de Bary and John Chaffee, eds., *Neo-Confucian Education : The Formative Stage*, Berkeley and Los Angeles : University of California Press, 1989, pp.186~218.
de Maddalena, Aldo, "Rural Europe, 1500-1750", in Carlo M. Cipolla, ed., *The Fontana Economic History of Europe : The Sixteenth and Seventeenth Centuries*,

Glasgow : William Collins Sons, 1974.

Deuchler, Martina, *The Confucian Transformation of Korea : A Study of Society and Ideology*, Cambridge : Harvard University Press, 1992.

______, "'Heaven Does Not Discriminate' : A Study of Secondary Sons in Chosŏn Korea", *Journal of Korean Studies* 6, 1988, pp.121~163.

Duby, Georges, *The Early Growth of the European Ecomnomy : Warriors and Peasants from the Seventh to the Twelfth Century*, Translated by Howard B. Clarke, Ithaca, New York : Cornell University Press, 1974.

Duncan, John Breckenridge, *The Koryŏ Origins of the Chosŏn Dynasty : Kings, Aristocrats, and Confucianism*, University of Washington Press, forthcoming.

______, "The Social Background to the Founding of the Chosŏn Dynasty : Change or Continuity?", *Journal of Korean Studies* 6, 1988 · 89, pp.39~79.

Eckert, Carter J., *Offspring of Empire : The Koch'ang Kims and the Colonial Origins of Korean Capitalism 1876-1945*, Seattle : University of Washington Press, 1991.

Elisonas, Jurgis, "The Inseparable Trinity : Japan's Relations with China and Korea", In John Whitney Hall, ed., *The Cambridge History of Japan*, Vol. 4, pp.235~301, Cambridge : Cambridge University Press, 1991.

Elvin, Mark, *The Pattern of the Chinese Past*, Stanford, California : Stanford University Press, 1973.

Fairbank, John K., "A Preliminary Framework", In John K. Fairband ed., *The Chinese World Order*, Cambridge : Harvard University Press, 1968, pp.1~9.

Fingarette, Herbert, *Confucius : The Secular as Sacred*, New York : Harper and Row, 1972.

Finley, Moses I., *The Ancient Economy*, Berkeley and Los Angeles : University of California Press, 1973.

______, *Ancient Slavery and Modern Ideology*, New York : Viking Press, 1980.

______, "Was Greek Civilization Based on Slave Labour", In idem, *Slavery in Classical Antiquity*, Cambridge : W. Heffer, 1960, pp.53~77.

Fogel, Robert William, and Stanley L. Engerman, *Time on the Cross : The Economics of American Negro Slavery*, Boston : Little, Brown and Co., 1974.

Fox-Genovese, Elizabeth, and Eugene D. Genovese, *Fruits of Merchant Capital : Slvery and Bourgeois Property in the Rise and Expansion of Capitalism*, New York : Oxford University Press, 1983.

Genovese, Eugene D., *The Political Economy of Slavery*, New York : Vintage Books, 1967.

______, *The World the Slaveholders Made*, New York : Pantheon Books, 1969.

______, *Roll, Jordan, Roll : The World the Slaves Made*, New York : Vintage Books, 1976.

Gerth, H. H., and C. Wright Mills, *From Max Weber, Essays in Sociology*, New York : Oxford University Press, 1946.

Gouldner, Alvin W., *Enter Plato : Classical Greece and the Origins of Social Theory*, New York : Basic Books, 1965.

Haboush, JaHyun Kim, *A Heritage of Kings : One Man's Monarchy in the Confucian World*, New York : Columbia University Press, 1988.

______, "A Heritage of Kings : One Man's Monarchy in the Confucian World", Ph. D. diss., Columbia University Press, 1978.

Hall, John Whitney, ed., *The Cambridge History of Japan*, Vols. 4~6, Cambridge : Cambridge University Press, 1991.

______, "The bakuhan System", In John Whitney Hall, ed., *The Cambridge History of Japan*, Vol. 4, Cambridge : Cambridge University Press, 1991, pp.128~182.

Handlin, Joanna, *Action in Late Ming Thought*, Berkeley and Los Angeles : University of California Press, 1983.

Hayami, Yūjirū and Saburō Yamada, "Agricultural Productivity at the Beginning of Industrialization", In Kazushi Ohkawa, Bruce F. Johnston, Hiromitsu Kaneda, eds., *Agriculture and Economic Growth : Japan's Experience*, Princeton, New Jersey : Princeton University Press, 1970, pp.105~135.

Hindess, Barry, and Paul Q. Hirst, *Pre-capitalist Modes of Production*, London, Henley and Boston : Routledge and Kegan Paul, 1975.

Ho Ping-ti, *The Ladder of Success in Imperial China : Aspects of Social Mobility, 1368-1911*, New York : Columbia University Press, 1962.

Holderness, B. A., *Pre-Industrial Englands : Economy and Society, 1500-1750*, Totowa, New Jersey : J. M. Dent and Sons, 1976.

Hopkins, Keith, *Conquerors and Slaves : Sociological Studies in Roman History*, Vol. 1, Cambridge : Cambridge University Press, 1978.

Hsiao, Kung-chuan, *Rural China : Imperial Control in the Nineteenth Century*, 1960. Reprint, Seattle : University of Washington Press, 1967.

Huang, Ch'ing-lien, "The Recruitment and Assessment of Civil Officials under the

T'ang Dynasty", Ph. D. diss., Princeton University, 1986.

Huang, Ray, *1587, A Year of No Significance : The Ming Dynasty in Decline*, New Haven, Connecticut : Yale University Press, 1981.

______, *Taxation and Governmental Finance in Sixteenth-Century Ming China*, Cambridge : Cambridge University Press, 1974.

______, "The Lung-ch'ing and Wan-li reigns, 1576-1620", In Frederick W. Mote and Denis Twitchett, eds., *The Cambridge History of China*, vol. 7, *The Ming Dynasty, 1368-1644*, Part 1, Cambridge : Cambridge University Press, 1988.

Hucker, Charles O., *A Dictionary of Official Titles in Imperial China*, Stanford, California : Stanford University Press, 1985.

Hurwitz, Edith F., *Politics and the Public Conscience : Slave Emancipation and the Abolitionist Movement in Britain*, London : George Allen and Unwin, New York : Barnes and Noble Books, 1973.

Hymes, Robert P., *Statesmen and Gentlemen : The Elite of Fu-chou, Chiang-hsi in Northern and Southern Sung*, Cambridge : Cambridge University Press, 1986.

Johnson, David G., *The Medieval Chinese Oligarchy*, Boulder, Colorado : Westview Press, 1977.

Johnson, Wallace, trans., *The T'ang Code*, vol. 1, Princeton, New Jersey : Princeton University Press, 1979.

Kang, Hugh, "Institutional Borrowing : The Case of the Chinese Civil Service Examination in Early Koryŏ", *Journal of Asian Studies* 24, no. 1, 1974, pp.109~126.

Kawashima, Fujiya, "The Local Gentry Association in Mid-Dynasty Korea : A Preliminary Study of the Ch'angnyŏng Hyangan, 1600-1839," *Journal of Korean Studies* 2, 1980, pp.113~138.

______, "A Study of the Hyangan Kim Groups and Aristocratic Localism in the Seventeenth-and Eighteenth-Century Korean Countryside", *Journal of Korean Studies* 5, 1984, pp.3~38

Kim, Ellen, "The Enduring Institution : A Case Study of Slavery in Traditional Korea", B. A. thesis, Harvard College, 1991.

Kolakowski, Leszek., "Mind and Body : Ideology and Economy in th Collapse of Communism", In Kazimierz A. Poznanski, ed., *Constructing Capitalism : The Reemergence of Civil Society and Liberal Economy in the Post-Communist World*, Boulder, Colorado : Westview Press, 1992, pp.9~23.

Kracke, E. A., Jr., *Civil Service in th Early Sung China, 960–1067*, Cambridge : Harvard University Press, 1953.

Kramers, Robert P., "The Development of the Confucian Schools", In Denis Twitchett and Michael Loewe, eds., *The Cambridge History of China*, Vol. 1, Cambridge : Cambridge University Press, 1986, pp.760~761.

Ledyard, Gari, *The Dutch Come to Korea*, Seoul : Royal Asiatic Society and Taewon Publishing Company, 1971.

Lee, Hoon K.(Yi Hun'gu), *Land Utilization and Rural Economy in Korea*, Shanghai, Hong Kong, Singapore : Kelly and Walsh, 1936.

Lee, Ki-baik, Trans., by Edward W. Wagner, *A New History of Korea*, Cambridge : Harvard University Press, 1984.

Lee, Thomas H. C., *Government Education and Examinations in Sung China*, Hong Kong : Chinese University Press, 1985.

Lenski, Gerhard E., *Power and Privilege, A Theory of Social Stratification*, New York : McGraw-Hill, 1966.

Levenson, Joseph R., "Ill Wind in the Well-field : The Erosion of the Confucian Ground of Controversy", In Arthur F. Wright, ed., *The Confucian Persuasion*, Stanford, California : Stanford University Press, 1960, pp.268~287.

Levinson, Ronald B., *In Defense of Plato*, Cambridge : Harvard University Press, 1953.

Liang Fang-chung, *The Single-Whip Method of Taxation in China*, Cambridge : Chinese Economic and Political Studies, Harvard University, 1956.

Loewe, Michael, "The Former Han Dynasty", In Denis Twitchett and Michael Loewe, eds., *The Cambridge History of China*, Vol. 1, Cambridge : Cambridge University Press, 1986, pp.103~222.

______, "The Structure and Practice of Government", In Denis Twitchett and Michael Loewe, eds., *The Cambridge History of China*, Vol. 1, Cambridge : Cambridge University Press, 1986, pp.463~490.

McLellan, David, *Karl Marx : His Life and Thought*, New York : Harper and Row, 1973 ; Harper Colophon edition, 1977.

Metzger, Thomas A., *Escape from Predicament : Neo-Confucianism and China's Evolving Political Culture*, New York : Columbia University Press, 1977.

Michael, Franz, *The Origin of Manchu Rule in China*, Baltimore : Johns Hopkins Press, 1942.

Michell, Tony, "Fact and Hypothesis in Yi Dynasty Economic History : The Demographic Dimension", *Korean Studies Forum*, no.6(Winter-Spring 1979/1981), pp.65~93.

Moore, Barrignton Moore, Jr., *Social Origins of Dictatorship and Democracy : Lord and Peasants in the Making of the Modern World*, Boston : Beacon Press, 1967.

Nakamura, James I., *Agricultural Production and the Economic Development of Japan, 1873-1922*, Princeton, New Jersey : Princeton University Press, 1966.

Ohkawa, Kazushi, Bruce F. Johnson, and Hiromitsu Kaneda, eds., *Agriculture and Economic Growth : Japan's Experience*, Princeton, New Jersey : Princeton University Press, 1970.

Palais, James B., *Politics and Policy in Traditional Korea*, Cambridge : Harvard University Press, 1975.

______, Review of Han Yǒng'u, *Chǒng Tojǒn Sasang ui yǒn'gu*, *Journal of Korean Studies* 2, 1980, pp.199~244.

______, Review of Yi Sǒngmu, *Chosǒn Ch'ogi yangban yǒn'gu*, *Journal of Korean Studies* 3, 1981, pp.191~202.

______, Review of Song June-ho, Kwagǒ, *Journal of Korean Studies* 3, 1981, pp.202~212.

______, "Land Tenure in Korea : Tenth to Twelfth Centuries," *Journal of Korean Studies* 4, 1982 · 83, pp.73~206.

______, "Confucianism and the Aristocratic/Bureaucratic Balance in Korea", *Harvard Journal of Asiatic Studies* 44, no. 2, 1984, pp.427~468.

Pan Ku, Translated by Homer H. Dubs, *History of the Former Han Dynasty*, Baltimore : Waverley Press, 1938.

Patterson, Orlando, *Slavery and Social Death : A Comparative Study*, Cambridge : Harvard University Press, 1982.

Perkins, Dwight H., *Agricululral Development in China, 1368-1968*, Chicago : Aldine, 1969.

Peterson, C. A., "Court and Province in Mid-and Late T'ang", In Denis Twitchett and John K. Fairbank, eds., *The Cambridge History of China*, Vol. 3, part 1, *Sui and T'ang China*, Cambridge : Cambridge University Press, 1979.

Population and Development Studies Center, Seoul National University, ed., *The Population of Korea*, Seoul : Seoul National University, 1975.

Pulleyblank, Edwin G., *The Background of the Rebellion of An Lu-shan*, London :

Oxford University Press, 1955.

______, "The Origins and Nature of Chattel Slavery in China", *Journal of the Economic and Social History of the Orient* 1, part 2, 1958, pp.18~220.

______, "Neo-Confucianism and Neo-Legalism in T'ang Intellectual Life, 755-805", In Arthur F. Wright, ed., *The Confucian Persuasion*, Stanford, California : Stanford University Press, 1960, pp.77~114.

Sakai Tadao, "Yi Yulgok and the Community Compact", In William Theodore de Bary and JaHyun Kim Haboush, eds., *The Rise of Neo-Confucianism in Korea*, New York : Columbia University Press, 1985, pp.323~348.

Salem, Ellen, "Slavery in Medieval Korea," Ph. D. diss., Columbia University, 1978.

Sansom, George, *A History of Japan*, 3 vols., Stanford, California : Stanford University Press, 1961.

Santangelo, Paolo, *La Vita e l'opera di Yu Suwŏn Pensatore Coreano del XVIII Secolo*, Naples : Istituto Universitario Orientale, Seminario di Studi Asiatici, 1981.

Scalapino, Robert A. and Chong-sik Lee, *Communism in Korea*, 2 vols, Berkeley and Los Angeles : University of California Press, 1972.

Schlesinger, Jr., Arthur, *The Age of Jackson*, New York : Book Find Club, 1945.

Schwartz, Benjamin, *The World of Thought in Ancient China*, Cambridge : Harvard University Press, 1985.

Shin, Susan, "The Social Structure of Kŭmhwa County in the Late Seventeenth Century", *Occasional Paper on Korea*, no. 1, 1974, pp.9~35.

Skocpol, Theda, *States and Social Revolutions : A Comparative Analysis of France, Russia, and China*, Cambridge : Cambridge University Press, 1979.

Smith, Thomas C., *The Agrarian Origins of Modern Japan*, Stanford, California : Stanford University Press, 1959.

Spence, Jonathan, and John E. Wilis, Jr., *From Ming to Ch'ing*, New Haven, Connecticut ; Yale University Press, 1979.

______, *The Search for Modern China*, New York : W.W. Norton, 1990.

Stampp, Kenneth M., *The Peculiar Institution : Slavery in the Ante-Bellum South*, New York : Vintage Books, 1956.

Suh, Dae-sook, "Communist Party Leardership", In Suh Dae-sook and Chae-jin Lee, eds., *Political Leadership in Korea*, Seattle : University of Washington Press, 1976, pp.159~191.

Takafusa, Nakamura, Robert A. Feldman trans., *Economic Growth in Prewar Japan*,

New Haven, Connecticut : Yale University Press, 1971.

Tawney, R. H., *Land and Labor in China*, 1932, Boston : Beacon Press, 1966.

Tillman, Hoyt Cleveland, *Utilitarian Confucianism : Ch'en Liang's Challenge to Chu Hsi*, Cambridge : Harvard University Press, 1982.

Toby, Ronald P., *State and Diplomacy in Early Modern Japan : Asia in the Development of the Tokugawa Bakufu*, Princeton, New Jersey : Princeton University Press, 1984.

Twichett, Denis, "Lu Chih(754-805) : Imperial Adviser and Court Official", In Arthur F. Wright, and Denis Twitchett, ed., *The Confucian Personasion*, Stanford, California : Stanford University Press, 1962, pp.84~122.

______, "Hsüan-tsung", In *The Cambridge History of China*, vol. 3, Cambridge : Cambridge University Press, 1979.

______, and Michael Loewe, eds., *The Cambridge History of China*, vol. 1, Cambridge : Cambridge University Press, 1986.

______, and John K. Fairbank, eds., *The Cambridge History of China*, Vol. 3, Cambridge : Cambridge University Press, 1979.

Vlastos, Gregory, "Slavery in Plato's Thought", *Philosophical Review* 50, 1941, pp.289~304. Reprinted in M. I. Finley, ed., *Slavery in Classical Antiquity*, Cambridge : W. Heffer and Sons, 1960, pp.133~149.

Wagner, Edward Willett, *The Literati Purges : Political Conflict in Early Yi Korea*, Cambridge : East Asian Research Center and Harvard University Press, 1974.

______, "The Ladder of Success in Yi Dynasty Korea", *Occasional Papers on Korea*, no. 1, 1974, pp.1~8.

______, "Social Stratification in Seventeenth-Century Korea : Some Obeservations from a 1663 Seoul Census Register", *Occasional Paper on Korea*, no. 1, 1974, pp.36~54.

Wakeman, Frederic Jr., *The Great Enterprise : The Manchu Reconstruction of Imperial Order in Seventeenth-Century China*, 2 vols, Berkeley and Los Angeles : University of California Press, 1985.

Wakita Osamu, "The Social and Economic Consequences of Unification", In John Whitney Hall, ed., *The Cambridge History of Japan*, vol. 4, Cambridge : Cambridge University Press, 1991.

Watt, John R., *The District Magistrate in Late Imperial China*, New York : Columbia University Press, 1972.

Weber, Max, *Economy and Society*, Edited by Guenther Roth and Claus Wittich, 2 vols, Berkeley and Los Angeles : University of California Press, 1968.

Wechsler, Howard J., "The Founding of the T'ang Dynasty : Kao-tsu(Reign 618-626)", In Denis Twitchett and John K. Fairbank, eds., *The Cambridge History of China*, Vol. 3, Cambridge : Cambridge University Press, 1979.

Westermann, William L., *The Slave Systems of Greek and Roman Antiquity*, Philadelphia : The American Philosophical Society, 1955.

Wilbur, C. Martin, *Slavery in China During the Former Han Dynasty, 206 BC-AD 25*, New York : Russell and Russell, 1943.

Williams, Eric, *Capitalism and Slavery*, Chapel Hill : University of North Carolina Press, 1944.

Wills, John E. Jr., "Maritime China from Wang Chih to Shih Lang", in Jonathan Spence and John E. Wilis, Jr., *From Ming to Ch'ing*, New Haven, Connecticut ; Yale University Press, 1979, pp.201~233.

Wilson, C. H., "Trade, Society and the State", In *Cambridge Economic History of Europe*, vol. 4, Cambridge : Cambridge University Press, 1967.

Wright, Arthur F., and Denis Twitchett, eds., *Confucian Personalities*, Stanford, California : Stanford University Press, 1962.

______, *Perspectives on the T'ang*, New Haven, Connecticut : Yale University Press, 1973.

Yang, Lien-sheng, "Notes on Dr. Swann's Food and Money in Ancient China", In idem, *Studies in Chinese Institutional History*, Cambridge : Harvard University Press, 1961, pp.85~118.

| 지은이 제임스 B. 팔레의 주요 연구업적 |

| 저서 |

Politics and Policy in Traditional Korea, Cambridge : Harvard University Press, 1975(이훈상 옮김, 『전통한국의 정치와 정책, 신원문화사, 1993).

Human Rights in Korea, Seattle : University of Washington Press, 1986.

Confucian Statecraft and Korean Institutions—Yu Hyŏngwŏn and the Late Chosŏn Dynasty, Seattle : University of Washington Press, 1996.

Views on Korean Social History, Seoul : Yonsei University Press, 1998.

History of Korea, 4 volumes, Cambridge : Cambridge University Press(책임편집, 출간 예정).

| 논문 |

"Political Leadership in the Yi Dynasty", In Suh, Dae-sook and Chae-jin, Lee eds., *Political Leadership in Korea*, Seattle : University of Washington Press, 1976.

"Review of Han Yŏng'u, Chŏng Tojŏn Sasang ui yŏn'gu", *Journal of Korean Studies* 2, 1980.

"Review of Yi Sŏngmu, Chosŏn Ch'ogi yangban yŏn'gu", *Journal of Korean Studies* 3, 1981.

"Review of Song June-ho, Kwagŏ", *Journal of Korean Studies* 3, 1981.

"Land Tenure in Korea : Tenth to Twelfth Centuries", *Journal of Korean Studies* 4, 1982 · 83.

"Confucianism and the Aristocratic/Bureaucratic Balance in Korea", *Harvard Journal of Asiatic Studies* 44, no. 2, 1984.

"Slavery and Slave Society in Korea", *Journal of Korean Studies* 5, 1984.

"West Goes East : Paul Georg von Mollendorff and Great Power Imperialism in Late

Yi Korea", *American Historical Review* 95, 1990.
"Retreat from Reform : Labor Rights and Freedom of Expression in South Korea", *Pacific Affairs* 65, 1993.
"Human Rights in Korea : Historical and Policy Perspectives", *Journal of Korean Studies* 17, 1993.
"Political Leadership and the Yangban in the Chosŏn Dynasty", in Leon Vandermeersch, ed., *La Societe Civile Face a L'etat : Dans les Tradiditions Chinoise, Japonaise, Coreenne, et Vietnamienne*(Paris : Ecole Francais D'extreme-orient, 1994).
"A Search for Korean Uniqueness", *Harvard Journal of Asiatic Studies*, Vol. 55, no. 2, 1995.
"Korea since 1850", *American Historical Review* 100, 1995.
「조선왕조의 관료적 군주제」, 조선시대사학회 편, 『동양 삼국의 왕권과 관료제』, 국학자료원, 1999.

| 지은이 제임스 B. 팔레와 이 책에 관련된 논문 · 서평 |

김성우, 「제임스 팔레의 조선왕조사 인식」, 『역사비평』 59, 2002.

정두희, 「서평 : James B. Palais, Confucian Statecraft and Korean Institutions—Yu Hyŏngwŏn and the Late Chosŏn Dynasty」, 『역사학보』, 1998.

______, 「반계 유형원 사상의 새로운 해석」, 『유교 전통 변용—미국의 역사학자들이 보는 한국사의 흐름』, 국학자료원, 2005.

한홍구, 「미국 한국학의 선구자 제임스 팔레 : 정년기념 대담」, 『정신문화연구』 83, 2001.

______, 「제임스 팔레의 학문과 삶」, 『역사비평』 77, 2006.

| 인명 찾아보기 |

| ㄴ |

| ㄷ |

| ㄹ |

| ㅁ |

| ㅂ |

| ㅅ |

| ㅇ |

| 사항 찾아보기 |

| ㅇ |

| ㅈ |

유교적 경세론과 조선의 제도들 1
유형원과 조선 후기

지은이 제임스 B. 팔레
옮긴이 김 범
펴낸이 윤양미
펴낸곳 도서출판 산처럼

등　록 2002년 1월 10일 제1-2979
주　소 서울시 종로구 사직로8길 34 경희궁의 아침 3단지 오피스텔 412호
전　화 02) 725-7414
팩　스 02) 725-7404
이메일 sanbooks@hanmail.net
홈페이지 www.sanbooks.com

제1판 제1쇄 2008년 11월 20일
제1판 제4쇄 2023년 3월 5일

값 55,000원

ISBN 979-89-90062-31-4 93910
979-89-90062-33-8 세트

* 잘못된 책은 바꾸어드립니다.